Rückstellungen in der Bilanzierungspraxis

Rückstellungen in der Bilanzierungspraxis

Ansatz, Ausweis und Bewertung
in Handels- und Steuerrecht

- Beispiele
- Praxistransfer
- ABC der Rückstellungen
  (über 700 Stichwörter)

von
**Karl Petersen,
Kai Peter Künkele**
und
Prof. Dr. Christian Zwirner

unter Mitarbeit von
Malte Kähler
und
Gregor Zimny

2. erweiterte und aktualisierte Auflage

Bibliografische Information der Deutschen Nationalbibliothek
Die Deutsche Nationalbibliothek verzeichnet diese Publikation in der Deutschen National-
bibliografie; detaillierte bibliografische Daten sind im Internet über
http://dnb.d-nb.de abrufbar.

Bundesanzeiger Verlag GmbH
Amsterdamer Straße 192
50735 Köln
Internet: www.bundesanzeiger-verlag.de
Weitere Informationen finden Sie auch in unserem Themenportal unter
www.betrifft-unternehmen.de

Beratung und Bestellung:
Tel.: +49 (0) 221 97668-291
Fax: +49 (0) 221 97668-271
E-Mail: wirtschaft@bundesanzeiger.de

ISBN (Print): 978-3-8462-0291-3
ISBN (E-Book): 978-3-8462-0292-0

© 2016 Bundesanzeiger Verlag GmbH, Köln

Alle Rechte vorbehalten. Das Werk einschließlich seiner Teile ist urheberrechtlich geschützt. Jede Verwertung außerhalb der Grenzen des Urheberrechtsgesetzes bedarf der vorherigen Zustimmung des Verlags. Dies gilt auch für die fotomechanische Vervielfältigung (Fotokopie/Mikrokopie) und die Einspeicherung und Verarbeitung in elektronischen Systemen. Hinsichtlich der in diesem Werk ggf. enthaltenen Texte von Normen weisen wir darauf hin, dass rechtsverbindlich allein die amtlich verkündeten Texte sind.

Herstellung: Günter Fabritius
Produktmanagement: Jörg Schick, Bettina Borchfeldt
Satz: Reemers Publishing Services GmbH, Krefeld
Druck und buchbinderische Verarbeitung: Medienhaus Plump GmbH, Rheinbreitbach
Titelabbildung: © from2015 (http://www.istockphoto.com)

Printed in Germany

Vorwort

Rückstellungen gehören nach wie vor zu den bedeutendsten Bilanzposten und sind zentraler Bestandteil des handelsrechtlichen Jahresabschlusses. Dies manifestiert sich in ihrem rein quantitativen Umfang, den ihnen innenwohnenden bilanzpolitischen Möglichkeiten und der umfangreichen Rechtsprechung zu ihrem Ansatz und ihrer Bewertung. Die Bilanzierenden sind im Zusammenhang mit Rückstellungen mit einer Vielzahl von Fragestellungen konfrontiert. Das vorliegende Werk geht auf die bilanziellen Fragen zu Ansatz, Bewertung und Ausweis von Rückstellungen ein. Dabei wird der aktuelle Meinungsstand in Rechtsprechung und Finanzverwaltung ebenso berücksichtigt wie gesetzliche Neuerungen. Einen Schwerpunkt stellt die Bilanzierung von Pensionsrückstellungen, als eine der wichtigsten Rückstellungsarten, dar. Problembereiche der Rückstellungsbilanzierung werden anhand von zahlreichen Schaubildern, Beispielen und Buchungssätzen verständlich aufbereitet. Für die Bilanzierungspraxis relevante Chancen und Risiken der Rückstellungsbilanzierung werden anhand von Praxistipps verdeutlicht.

In der Praxis sind Ansatz und Bewertung von Rückstellungen in den letzten Jahren immer komplizierter geworden. Ein Grund ist das zunehmende Auseinanderfallen von Handels- und Steuerbilanz durch das BilMoG. Der Steuergesetzgeber hat für Ansatz und Bewertung von Rückstellungen in der Steuerbilanz vielfältige Regelungen geschaffen. Mit der Abschaffung der umgekehrten Maßgeblichkeit steigen die Möglichkeiten einer unabhängigen Steuerbilanzpolitik. Daher werden in diesem Werk auch die steuerbilanziellen Optionen hinsichtlich Ansatz und Bewertung thematisiert. Ein weiterer Grund für die Aufwertung der Bilanzierungsprobleme im Bereich der Rückstellungen ist die zunehmende Rechtsprechung in diesem Bereich. „Rückstellungen in der Bilanzierungspraxis" stellt diese Änderungen dar und geht auf die Umstellung auf die aktuelle Rechtslage detailliert ein. Im Bereich der Rückstellungsbilanzierung weichen Handels- und Steuerrecht mitunter deutlich voneinander ab.

Zentraler Bestandteil des Werkes ist das äußerst umfangreiche ABC der Rückstellungen – rund 700 einzelne Stichwörter werden einzeln dargestellt. Damit enthält das Werk die ganz überwiegende Zahl der in Rechtsprechung, Stellungnahmen der Finanzverwaltung und Literatur behandelten Sachverhalte. Es unterstützt die Bilanzierenden in ihrer täglichen Arbeit. Der Praktiker kann nach einzelnen Rückstellungssachverhalten suchen und sich Klarheit über deren Ansatz, Bewertung und Ausweis verschaffen. Für eine große Zahl von Rückstellungssachverhalten wird die Frage geklärt, ob ein Ansatz von Rückstellungen infrage kommt oder nicht.

„Rückstellungen in der Bilanzierungspraxis" versorgt die Bilanzierenden mit der Lösung der zentralen Problemstellungen der Rückstellungsbilanzierung. Sachverhaltsspezifische Fragen zu einzelnen Rückstellungsarten können mithilfe des vorliegenden Werkes untersucht werden – schnell, klar und zielgerichtet. Ebenso lassen sich die Herausforderungen der Rechnungslegungspraxis, die das BilMoG mit sich gebracht hat, lösen. Ganz bewusst findet sich in dem Werk daher weiterhin ein kurzes Kapitel zum Übergang auf das BilMoG. Nicht zuletzt, da einzelne Umstellungseffekte bis heute fortdauern.

Für ihre Mitarbeit bei diesem Werk danken wir Herrn Malte Kähler, M.A., und Herrn Gregor Zimny, M.Sc., außerordentlich. Es wäre uns ohne ihren Einsatz nicht möglich gewesen, das

Vorwort

Werk in der nun vorliegenden Form fertigzustellen und mit der nun vorliegenden 2. Auflage an den Erfolg der Erstauflage anknüpfen zu können. Zudem danken wir Herrn Simon Lindmayr, B.Sc., für seine Unterstützung bei diesem vorliegenden Werk.

Dem Verlag, namentlich Herrn Jörg Schick, danken wir für die erneut vertrauensvolle und unkomplizierte Zusammenarbeit.

Wir hoffen, dass das Buch „Rückstellungen in der Bilanzierungspraxis" am Markt erneut eine positive Aufnahme erfahren wird. Da es unser vorrangiges Ziel ist, eine stets aktuelle und praxisnahe Auseinandersetzung mit dem Thema Rückstellungen bieten zu können, sind wir auf die Rückmeldungen der Leser dieses Buches angewiesen. Wir würden uns daher sehr freuen, wenn Sie uns Ihre Anregungen und Anmerkungen ebenso wie Fragen aus Ihrem praktischen Bilanzierungsalltag unter *bilanzrecht@kleeberg.de* zukommen lassen. Nur so können wir die aktuellen Entwicklungen, Fragestellungen und Probleme berücksichtigen und dafür Sorge tragen, dass auch künftige Auflagen dieses Werkes stets den Anforderungen der Praxis gerecht werden. Für Ihre Unterstützung diesbezüglich bedanken wir uns bereits heute.

München, im Juni 2016

Karl Petersen					Kai Peter Künkele					Christian Zwirner

Inhaltsverzeichnis

Vorwort V
Abkürzungsverzeichnis XIII
Literaturverzeichnis XIX

1 Einleitung

1.1 Begriff, Zweck und Bedeutung der Rückstellungen 3

1.2 Abgrenzung von anderen Posten der Bilanz 6
    1.2.1 Rücklagen 6
    1.2.2 Rechnungsabgrenzungsposten 7
    1.2.3 Eventualverbindlichkeiten 8
    1.2.4 Sonstige finanzielle Verpflichtungen 9
    1.2.5 Verbindlichkeiten 10

1.3 Rückstellungsarten 11

1.4 Bildung, Inanspruchnahme (Verbrauch) und Auflösung von Rückstellungen 13

1.5 Grundlagen der steuerbilanziellen Behandlung von Rückstellungen 18
    1.5.1 Zusammenhang zwischen Handels- und Steuerbilanz 18
    1.5.2 Bedeutung der BFH-Rechtsprechung 20
    1.5.3 Überblick über die steuerlichen Normen der Rückstellungsbilanzierung 21

2 Ansatz nach den Rückstellungsarten des § 249 HGB

2.1 Rückstellungen für ungewisse Verbindlichkeiten 27
    2.1.1 Überblick über die Passivierungsvoraussetzungen 27
    2.1.2 Ansatzkriterien im Einzelnen 28
        2.1.2.1 Wahrscheinlichkeitserfordernis 28
        2.1.2.2 Außenverpflichtung 29
        2.1.2.3 Rechtliches Entstehen oder wirtschaftliche Verursachung 30
        2.1.2.4 Betriebliche Veranlassung 40
        2.1.2.5 Tatsächliche Inanspruchnahme (Ungewissheit) 40
        2.1.2.6 Keine aktivierungspflichtigen Aufwendungen 41
        2.1.2.7 Kein Passivierungsverbot 41
        2.1.2.8 Konkurrenzverhältnis 42
    2.1.3 Rückstellungen für Gewährleistungen, die ohne rechtliche Verpflichtung erbracht werden 44

2.1.4 Steuerbilanziell abweichende Ansatzvorschriften 46
    2.1.4.1 Grundsatz 46
    2.1.4.2 Rückstellungen für erfolgsbedingte Rückzahlungsverpflichtungen 46
    2.1.4.3 Rückstellungen für Verpflichtungen aus der Verletzung von Patent-, Urheber- oder ähnlichen Rechten 47
    2.1.4.4 Rückstellungen für Jubiläumszusagen 48
    2.1.4.5 Rückstellungen für künftige Anschaffungs- oder Herstellungskosten eines Wirtschaftsguts 50
    2.1.4.6 Rückstellungen im Zusammenhang mit Kernbrennstoffen 50
    2.1.4.7 Rückstellungen im Zusammenhang mit Kernkraftwerken 50
    2.1.4.8 Rückstellungen für die steuerliche Verrechnungspreisdokumentation 51
    2.1.4.9 Ansammlungsrückstellungen: Stichtagsbezogene Anpassung des Ansammlungszeitraums 51
    2.1.4.10 Rückstellungen im Zusammenhang mit der (freiwilligen) Jahresabschlussprüfung 53
    2.1.4.11 Steuerliche Besonderheiten der Drohverlustrückstellung bei Bewertungseinheiten 55

2.2 Rückstellungen für drohende Verluste aus schwebenden Geschäften 59
  2.2.1 Zielsetzung und Begrifflichkeiten 59
  2.2.2 Beginn und Ende der Rückstellungspflicht 62
  2.2.3 Ansatzkriterium: Drohender Verlust 64
  2.2.4 Abgrenzungsnotwendigkeiten und Konkurrenzen 65
  2.2.5 Drohverlustrückstellungen bei einmaligem Leistungsaustausch 67
    2.2.5.1 Überblick 67
    2.2.5.2 Beschaffungsvorgänge über aktivierungsfähige Vermögensgegenstände/Leistungen 68
    2.2.5.3 Beschaffungsvorgänge über nicht aktivierungsfähige Leistungen 73
    2.2.5.4 Absatzgeschäfte 74
  2.2.6 Drohverlustrückstellungen bei Dauerschuldverhältnissen 75
    2.2.6.1 Überblick 75
    2.2.6.2 Dauerschuldverhältnisse bei Beschaffungsgeschäften 76
    2.2.6.3 Dauerschuldverhältnisse bei Absatzgeschäften 78
  2.2.7 Steuerbilanzielles Ansatzverbot 78

2.3 Rückstellungen für im Geschäftsjahr unterlassene Aufwendungen 79
  2.3.1 Überblick 79
  2.3.2 Unterlassene Instandhaltungsaufwendungen 80
  2.3.3 Unterlassene Aufwendungen für Abraumbeseitigung 84

3 Bewertungsgrundsätze

3.1 Überblick 87

3.2 Notwendiger Erfüllungsbetrag 91
    3.2.1 Begriff und Wesen 91
    3.2.2 Schätzung des notwendigen Erfüllungsbetrags 93
    3.2.3 Preis- und Kostenentwicklungen 102
    3.2.4 Einzubeziehende Kosten 107

3.3 Abzinsungsgebot 112

3.4 Steuerbilanziell abweichende Bewertungsgrundsätze 124
    3.4.1 Rückstellungsumfang bei Sachleistungsverpflichtungen 124
    3.4.2 Abzinsung 125
    3.4.3 Preis- und Kostensteigerungen sowie Preis- und Kostensenkungen 128
    3.4.4 Verteilung der Stilllegungsaufwendungen bei Atomkraftwerken 131

3.5 Steuerliche Bewertungsobergrenze 131

4 Ausweis- und Angabepflichten

4.1 Bilanzieller Ausweis von Rückstellungen 135

4.2 Ausweis in der GuV 135
    4.2.1 Grundsätzliches 135
    4.2.2 Ausweis der Ab- und Aufzinsungseffekte 137
    4.2.3 Ausweis von Erfolgseffekten im Zusammenhang mit Pensionsrückstellungen 141
    4.2.4 Sonderfall: Außerordentliche Effekte aus der BilMoG-Umstellung 141

4.3 Angabepflichten im Anhang 144

4.4 Aufzeichnungspflichten, Dokumentationserfordernisse und Prüfungshinweise 148

4.5 Sanktionen und Rechtsfolgen 151

5 Rückstellungen für Pensionen und ähnliche Verpflichtungen

5.1 Vorbemerkungen 155

5.2 Begriff der Pensionsverpflichtung und der ähnlichen Verpflichtung ... 155
5.2.1 Begriff der Pensionsverpflichtung ... 155
5.2.2 Begriff der ähnlichen Verpflichtung ... 157
5.2.3 Unmittelbare und mittelbare Pensionsverpflichtungen ... 161
5.2.4 Alt- und Neuzusagen ... 164

5.3 Ansatz von unmittelbaren Pensionsverpflichtungen in Handels- und Steuerbilanz ... 166
5.3.1 Bilanzierung in der Handelsbilanz ... 166
5.3.1.1 Passivierungspflicht für Neuzusagen ... 166
5.3.1.2 Passivierungswahlrecht für Altzusagen ... 168
5.3.1.3 Zuführung und Auflösung von Pensionsrückstellungen ... 170
5.3.2 Bilanzierung in der Steuerbilanz ... 173
5.3.2.1 Bedeutung des Maßgeblichkeitsprinzips für die steuerrechtliche Bilanzierung ... 173
5.3.2.2 Voraussetzungen für die steuerrechtliche Passivierung ... 177

5.4 Ansatz von mittelbaren Pensionsverpflichtungen in Handels- und Steuerbilanz ... 182
5.4.1 Bilanzierung in der Handelsbilanz ... 182
5.4.1.1 Passivierungswahlrecht für mittelbare Pensionszusagen ... 182
5.4.1.2 Pensionszusagen über Unterstützungskassen ... 183
5.4.1.3 Pensionszusagen über Pensionskassen und Direktversicherungen ... 184
5.4.1.4 Pensionszusagen über Pensionsfonds ... 184
5.4.1.5 Auflösung von Rückstellungen für mittelbare Pensionszusagen ... 185
5.4.2 Bilanzierung in der Steuerbilanz ... 185

5.5 Anpassung von Pensionsverpflichtungen ... 186
5.5.1 Anpassungsprüfungspflicht nach § 16 BetrAVG ... 186
5.5.2 Bilanzierungsfragen im Zusammenhang mit der Anpassungsprüfungspflicht ... 187

5.6 Saldierungen von Pensionsrückstellungen und Vermögensgegenständen (Deckungsvermögen) ... 188

5.7 Ansatz ähnlicher Verpflichtungen ... 189

5.8 Bilanzierung in ausgewählten Sonderfällen ... 190
5.8.1 Pensionszusagen an Gesellschafter-Geschäftsführer einer KapG ... 190
5.8.2 Pensionszusagen an Gesellschafter-Geschäftsführer einer PersG ... 192

5.8.3 Pensionssicherungsverein (PSVaG) 193
5.8.4 Contractual Trust Agreements 194

5.9 Bewertung 196
    5.9.1 Allgemein 196
    5.9.2 Besondere Bewertungsvorschriften für Rückstellungen für Altersversorgungsverpflichtungen oder vergleichbare langfristig fällige Verpflichtungen 199
    5.9.3 Bewertungsverfahren 202
    5.9.4 Bewertungsparameter 209
    5.9.5 Diskontierung 214
    5.9.6 Steuerrechtliche Bewertung von Pensionsrückstellungen 216
        5.9.6.1 Allgemein 216
        5.9.6.2 Entgeltumwandlungszusagen 219
        5.9.6.3 Überversorgung 219
    5.9.7 Bewertung von Rückstellungen für Pensionen und ähnliche Verpflichtungen in ausgewählten Sonderfällen 224
        5.9.7.1 Wertpapiergebundene Zusagen 224
        5.9.7.2 Saldierung von Pensionsrückstellungen und Vermögensgegenständen 228
    5.9.8 Zeitpunkt der Bewertung 234

5.10 Ausweis der Zuführungsbeträge zu Rückstellungen für Pensionen und ähnliche Verpflichtungen 235

5.11 Anhangangaben im Zusammenhang mit Rückstellungen für Pensionen und ähnliche Verpflichtungen 235
    5.11.1 Allgemeine Angaben zu Rückstellungen für Pensionen und ähnliche Verpflichtungen 235
    5.11.2 Angaben bei der Saldierung von Pensionsverpflichtungen mit Deckungsvermögen 237
    5.11.3 Angaben bei Ausweis einer unterdotierten Pensionsrückstellung 238

5.12 Auswirkungen eines Betriebsübergangs auf die Bilanzierung von Altersversorgungsverpflichtungen und vergleichbaren langfristig fälligen Verpflichtungen 239

6 Vorschriften zum Übergang auf den Rechtsstand nach BilMoG

6.1 Überblick 243

6.2 Beibehaltungswahlrechte für sonstige Rückstellungen 246

    6.2.1 Beibehaltung überdotierter Rückstellungen 246

    6.2.2 Beibehaltungswahlrecht für Aufwandsrückstellungen nach § 249 Abs. 1 Satz 3 und Abs. 2 HGB a.F. 248

6.3 Übergangsvorschriften bei der Bilanzierung von Pensionsrückstellungen 257

    6.3.1 Beibehaltung überdotierter Pensionsrückstellungen 257

    6.3.2 Verteilungswahlrecht bei unterdotierten Pensionsrückstellungen 261

    6.3.3 Zusammenfassung und Würdigung 267

    6.3.4 Geänderter Ausweis der BilMoG-Zuführungsbeträge durch BilRUG 269

7 Neue Bewertung von Rückstellungen für Altersversorgungsverpflichtungen

7.1 Gesetzlicher Hintergrund zur Bewertung von Rückstellungen 275

7.2 Folgen der Bewertung von Rückstellungen nach § 253 Abs. 2 Satz 1 HGB in der Praxis 276

7.3 Handlungsbedarf durch die lang anhaltende Niedrigzinsphase für den Gesetzgeber 278

7.4 Neue Bewertungsregeln für die Abzinsung von Rückstellungen für Altersversorgungsverpflichtungen nach § 253 Abs. 2 Satz 1 HGB 279

    7.4.1 Hintergrund zur Gesetzesänderung von § 253 HGB 279

    7.4.2 Anwendung der Neuregelung auf Pensionsverpflichtungen begrenzt 283

    7.4.3 Ertragsteuerliche Folgen 284

    7.4.4 Erstmalige Anwendung 284

    7.4.5 Würdigung der Neuregelung 285

8 Rückstellungs-ABC

8.1 Hinweise zur Anwendung des ABC 291

8.2 ABC der Rückstellungen 311

Stichwortverzeichnis 465

Abkürzungsverzeichnis

A

a.A.	anderer Ansicht
Abs.	Absatz
Abt.	Abteilung
abzgl.	abzüglich
a.F.	alte Fassung
AfA	Absetzung für Abnutzung
AIFM	Alternative Investment Fund Manager
AIFM-StAnpG	Gesetz zur Anpassung des Investmentsteuergesetzes und anderer Gesetze an das AIFM-Umsetzungsgesetz
AK	Anschaffungskosten
AktG	Aktiengesetz
Alt.	Alternative
AltTZG	Altersteilzeitgesetz
Anm.	Anmerkung
a.o.	außerordentlich
AO	Abgabenordnung
Art.	Artikel
AStG	Gesetz über die Besteuerung bei Auslandsbeziehungen
Aufl.	Auflage

B

BAG	Bundesarbeitsgericht
BayLfSt	Bayerisches Landesamt für Steuern
BB	Betriebs-Berater (Zeitschrift)
BBergG	Bundesberggesetz
BBK	Buchführung, Bilanz, Kostenrechnung (Zeitschrift)
BBodSchG	Gesetz zum Schutz vor schädlichen Bodenveränderungen und zur Sanierung von Altlasten
BC	Zeitschrift für Bilanzierung, Rechnungswesen und Controlling
Bd.	Band
BeckRS	Beck online Rechtsprechung
BeckVerw	Verwaltungsanweisungen-Datenbank Beck online
Begr.	Begründer
BetrAVG	Gesetz zur Verbesserung der betrieblichen Altersversorgung
BetrVG	Betriebsverfassungsgesetz
BewG	Bewertungsgesetz
BFH	Bundesfinanzhof
BFH/NV	Sammlung amtlich nicht veröffentlichter Entscheidungen des Bundesfinanzhofs
BFuP	Betriebswirtschaftliche Forschung und Praxis (Zeitschrift)
BGB	Bürgerliches Gesetzbuch
BGBl.	Bundesgesetzblatt
BGH	Bundesgerichtshof
BilMoG	Gesetz zur Modernisierung des Bilanzrechts (Bilanzrechtsmodernisierungsgesetz)
BImSchG	Gesetz zum Schutz vor schädlichen Umwelteinwirkungen durch Luftverunreinigungen, Geräusche, Erschütterungen und ähnliche Vorgänge (Bundesimmissionsschutzgesetz)
BilRUG	Bilanzrichtlinie-Umsetzungsgesetz
BMF	Bundesministerium der Finanzen
BpO	Betriebsprüfungsordnung
BRD	Bundesrepublik Deutschland
BRZ	Zeitschrift für Bilanzierung und Rechnungswesen
bspw.	beispielsweise
BStBl.	Bundessteuerblatt
BT	Bundestag
Buchst.	Buchstabe
BUrlG	Bundesurlaubsgesetz
bzgl.	bezüglich
bzw.	beziehungsweise

Abkürzungsverzeichnis

C

CFO	Chief Financial Officer
c.p.	ceteris paribus
CTA	Contractual Trust Arrangement, Agreement

D

DAV	Deutsche Aktuarvereinigung
DAX	Deutscher Aktienindex
DB	Der Betrieb (Zeitschrift)
DGVFM	Deutsche Gesellschaft für Versicherungs- und Finanzmathematik
d.h.	das heißt
Diss.	Dissertation
DRS	Deutscher Rechnungslegungsstandard
DStR	Deutsches Steuerrecht (Zeitschrift)
DStZ	Deutsche Steuer-Zeitung
d.Verf.	den Verfasser

E

EBIT	Earnings before Interest and Taxes
EBITDA	Earnings before Interest, Taxes, Depreciation and Amortization
EDL-G	Gesetz über Energiedienstleistungen und andere Energieeffizienzmaßnahmen
EDV	Elektronische Datenverarbeitung
EEX	European Energy Exchange
EFG	Entscheidungen der Finanzgerichte (Zeitschrift)
EG	Europäische Gemeinschaft
EGHGB	Einführungsgesetz zum Handelsgesetzbuch
einschl.	einschließlich
ElektroG	Elektro- und Elektronikgesetz
EnWG	Gesetz über die Elektrizitäts- und Gasversorgung
ERA	Entgeltrahmenabkommen
EStB	Ertrag-Steuerberater (Zeitschrift)
EStG	Einkommensteuergesetz
EStH	Amtliche Hinweise zu den Einkommensteuer-Richtlinien
EStR	Einkommensteuerrichtlinien
etc.	et cetera
EU	Europäische Union
EUR	Euro
Euribor	Euro Interbank Offered Rate
e.V.	eingetragener Verein
evtl.	eventuell
EZB	Europäische Zentralbank

F

f.	folgende
FB	FinanzBetrieb (Zeitschrift)
ff.	fortfolgende
FG	Finanzgericht
Fn.	Fußnote
FS	Festschrift

G

GbR	Gesellschaft bürgerlichen Rechts
GdPdU	Grundsätze zum Datenzugriff und zur Prüfbarkeit digitaler Unterlagen
GE	Geldeinheiten
gem.	gemäß
gesetzl.	gesetzlich
GewO	Gewerbeordnung
GF	Geschäftsführer
ggf.	gegebenenfalls
ggü.	gegenüber
GJ	Geschäftsjahr
GKV	Gesamtkostenverfahren
gl.A.	gleicher Ansicht
GmbH	Gesellschaft mit beschränkter Haftung
GoB	Grundsätze ordnungsmäßiger Buchführung
grds.	grundsätzlich
GrEStG	Grunderwerbsteuergesetz

GrS	Großer Senat des Bundesfinanzhofs	i.S.v.	im Sinne von
GuV	Gewinn- und Verlustrechnung	i.V.m.	in Verbindung mit

H

H	Hinweis
HB	Handelsbilanz
HFA	Hauptfachausschuss des IDW
HFR	Höchstrichterliche Finanzrechtsprechung (Zeitschrift)
HGB	Handelsgesetzbuch
HK	Herstellungskosten
h.M.	herrschende Meinung
Hrsg.	Herausgeber
Hs.	Halbsatz

I

IAS	International Accounting Standard
i.d.F.	in der Fassung
i.d.R.	in der Regel
i.d.S.	in diesem Sinne
IDW	Institut der Wirtschaftsprüfer
IDW FN	IDW Fachnachrichten
IDW RH	IDW Rechnungslegungshinweis
IDW RS	IDW Stellungnahme zur Rechnungslegung
i.e.S.	im engeren Sinne
IFRS	International Financial Reporting Standards
i.H.v.	in Höhe von
IKS	Internes Kontrollsystem
inkl.	inklusive
insb.	insbesondere
InsO	Insolvenzordnung
i.R.d.	im Rahmen der, des
i.R.e.	im Rahmen einer, eines
i.R.v.	im Rahmen von
i.S.d.	im Sinne der, des
i.S.e.	im Sinne einer, eines
iStR	Internationales Steuerrecht (Zeitschrift)

J

JFB	Jahresfehlbetrag
JStG	Jahressteuergesetz

K

KapG	Kapitalgesellschaft
Kfz	Kraftfahrzeug
KG	Kommanditgesellschaft
KMU	Kleine und mittlere Unternehmen
KoR	Zeitschrift für kapitalmarktorientierte und internationale Rechnungslegung
kösdi	Kölner Steuerdialog (Zeitschrift)
KrW-/AbfG	Gesetz zur Förderung der Kreislaufwirtschaft und Sicherung der umweltverträglichen Beseitigung von Abfällen
KSchG	Kündigungsschutzgesetz
KSt	Körperschaftsteuer
KStG	Körperschaftsteuergesetz
KStR	Körperschaftsteuerrichtlinien

L

Lkw	Lastkraftwagen
LSt	Lohnsteuer
LStDV	Lohnsteuer-Durchführungsverordnung
LuftBO	Betriebsordnung für Luftfahrtgerät
LuL	Lieferungen und Leistungen
LwAltSchG	Gesetz zur Änderung der Regelungen über Altschulden landwirtschaftlicher Unternehmen

M

mbH	mit beschränkter Haftung
MDK	Medizinischer Dienst der Krankenversicherung
Mio.	Million

Abkürzungsverzeichnis

MuSchG	Gesetz zum Schutz der erwerbstätigen Mutter (Mutterschutzgesetz)
MW	MedienWirtschaft – Zeitschrift für Medienmanagement und Kommunikationsökonomie
m.w.H.	mit weiteren Hinweisen
m.w.N.	mit weiteren Nachweisen

N

n.F.	neue Fassung
n.rkr.	nicht rechtskräftig
Nr.	Nummer
NW	Nennwert
NWB	Neue Wirtschafts-Briefe (Verlag/Zeitschrift)
NZB	Nichtzulassungsbeschwerde

O

o.Ä.	oder Ähnliches
OFD	Oberfinanzdirektion
OHG	Offene Handelsgesellschaft

P

p.a.	per annum/pro anno
PatG	Patentgesetz
pdf	portable document format
PersG	Personengesellschaft
PersHG	Personenhandelsgesellschaft
PH	Prüfungshinweis
PiR	Praxis der internationalen Rechnungslegung (Zeitschrift)
PKV	Private Krankenversicherung
Pkw	Personenkraftwagen
ProdHaftG	Gesetz über die Haftung für fehlerhafte Produkte (Produkthaftungsgesetz)
PRst.	Pensionsrückstellung
PSV	Pensionssicherungsverein
PSVaG	Pensionssicherungsverein auf Gegenseitigkeit

R

R	Richtlinie
rd.	Rund
REACH	Registration, Evaluation, Authorisation and Restriction of Chemicals (Europäische Chemikalienverordnung)
RefE	Referentenentwurf
Rev.	Revision
rkr.	rechtskräftig
Rn.	Randnummer
ROI	Return on Investment
RS	Rechnungslegungsstandard
RSt.	Rückstellung
RückAbzinsV	Rückstellungsabzinsungsverordnung

S

S.	Seite
SDAX	Small-Cap-DAX
SEPA	Single Euro Payments Area (Einheitlicher Euro-Zahlungsverkehrsraum)
SGB	Sozialgesetzbuch
sog.	sogenannt
StAnpG	Steueranpassungsgesetz
StB	Steuerbilanz, auch: Der Steuerberater (Zeitschrift)
SteuK	Steuerrecht kurzgefaßt (Zeitschrift)
StGB	Strafgesetzbuch
StuB	Steuern und Bilanzen (Zeitschrift)
StuW	Steuern und Wirtschaft (Zeitschrift)
StVO	Straßenverkehrsordnung

T

TA	Technische Anleitung
TEHG	Treibhausgas-Emissionshandelsgesetz
TEUR	Tausend Euro
TÜV	Technischer Überwachungsverein

Abkürzungsverzeichnis

U

u.a.	unter anderem, auch: und andere
u.Ä.	und Ähnliche, Ähnliches
Ubg	Die Unternehmensbesteuerung (Zeitschrift)
u.E.	unseres Erachtens
UKV	Umsatzkostenverfahren
UmwG	Umwandlungsgesetz
UmwStG	Umwandlungssteuergesetz
UN	Unternehmen
UrhG	Urhebergesetz
USchadG	Umweltschadengesetz
USD	US Dollar
US-GAAP	United States Generally Accepted Accounting Principles
usw.	und so weiter
u.U.	unter Umständen

V

v.a.	vor allem
VAG	Versicherungsaufsichtsgesetz
VerpackV	Verpackungsverordnung
VFE-Lage	Vermögens-, Finanz- und Ertragslage
vGA	verdeckte Gewinnausschüttung
vgl.	vergleiche
VJ	Vorjahr

W

WEA	Windernergieanlage
WPg	Die Wirtschaftsprüfung (Zeitschrift)
WpHG	Wertpapierhandelsgesetz
WP Praxis	Zeitschrift für die Praxis der Wirtschaftsprüfung

Z

z.B.	zum Beispiel
ZPO	Zivilprozessordnung
z.T.	zum Teil
zzgl.	zuzüglich

XVII

Literaturverzeichnis

Allgemeiner Teil

	zitiert
Adler/Düring/Schmaltz, Rechnungslegung und Prüfung der Unternehmen, 6. Aufl. 1995 ff.	ADS
Baetge/Kirsch/Thiele (Hrsg.), Bilanzrecht, 2002 ff., Stand: 67. Ergänzungslieferung März 2016	Baetge/Kirsch/Thiele/*Bearbeiter*
Bertram/Brinkmann/Kessler/Müller (Hrsg.), Haufe HGB Bilanz-Kommentar, 6. Aufl. 2015	Bertram/Brinkmann/Kessler/Müller/*Bearbeiter*
Böcking et al. (Hrsg.), Beck'sches Handbuch der Rechnungslegung, Stand: 49. Ergänzungslieferung März 2016	Beck HdR/*Bearbeiter*
Federmann/Kußmaul/Müller (Hrsg.), Handbuch der Bilanzierung, 1985 ff., Stand: Ergänzungslieferung 2/2016 April 2016	HdB/*Bearbeiter*
Grottel et al. (Hrsg.), Beck'scher Bilanz-Kommentar, 10. Aufl. 2016	Beck Bil-Komm/*Bearbeiter*
Hofbauer et al. (Hrsg.), Rechnungslegung, 2012 ff., Stand: 78. Ergänzungslieferung März 2016 (ursprünglich unter dem Titel „Bonner Handbuch Rechnungslegung")	Bonner Handbuch/*Bearbeiter*
Hoffmann/Lüdenbach, NWB Kommentar Bilanzierung, 7. Aufl. 2016	*Hoffmann/Lüdenbach*
IDW, WP-Handbuch, Band I, 14. Aufl. 2012	WP-Handbuch, Bd. I
IDW, WP-Handbuch, Band II, 14. Aufl. 2014	WP-Handbuch, Bd. II
Küting/Weber (Hrsg.), Handbuch der Rechnungslegung – Einzelabschluss, 5. Aufl. 2002 ff., Stand: 22. Ergänzungslieferung Februar 2016	HdR-E/*Bearbeiter*
Petersen/Zwirner/Brösel (Hrsg.), Handbuch Bilanzrecht, 2010	Handbuch Bilanzrecht/*Bearbeiter*
Petersen/Zwirner/Brösel (Hrsg.), Systematischer Praxiskommentar Bilanzrecht, 3. Aufl. 2016	Syst. Praxiskommentar Bilanzrecht/*Bearbeiter*
Schmidt (Hrsg.), Münchener Kommentar zum Handelsgesetzbuch, Band 4, 3. Aufl. 2013	MünchKommHGB/*Bearbeiter*
v. Wysocki et al. (Hrsg.), Handbuch des Jahresabschlusses (HdJ), 1984 ff., Stand: 64. Ergänzungslieferung Mai 2016	HdJ/*Bearbeiter*

Besonderer Teil

Abele, Stephan: BB-Kommentar „Anwaltliche Androhung von Schadensersatzansprüchen begründet noch nicht die Wahrscheinlichkeit der Inanspruchnahme"; in: BB, Heft 23, 2015, S. 1393.

Andresen, Ulf: Ansatz von Steuerrückstellungen bei Verrechnungspreisrisiken aus Geschäftsbeziehungen mit dem beherrschenden Gesellschafter, in: WPg, Heft 11, 2003, S. 593–599.

Bäcker, Roland M.: Rückstellungen für die Altlastensanierung – Anmerkungen zum Urteil des BFH vom 19.10.1993 – VII R 14/92, BB 1994, S. 37 ff., in: BB, Heft 10, 1995, S. 503–513.

Baetge, Jörg/Kirsch, Hans-Jürgen/Thiele, Stefan: Bilanzen, Düsseldorf, 13. Aufl. 2014.

Baumhoff, Hubertus/Liebchen, Daniel/Kluge, Sven: Die Bildung von Rückstellungen für die steuerliche Verrechnungspreisdokumentation, in: iStR, Heft 21, 2012, S. 821–829.

Behrens, Stefan: BB-Kommentar „Gesellschaftsvertragliche Pflichten gegenüber den Gesellschaftern sind nach BFH keine Außenverpflichtungen i.S.v. § 249 Abs. 1 S. 1 HGB", in: BB, Heft 38, 2014, S. 2290.

Berizzi, Walter/Guldan, Andreas: Auswirkungen der Verpackungsverordnung auf den Jahresabschluss, in: DB, Heft 12, 2007, S. 645–549.

Bieg, Hartmut: Bilanzierung und Bewertung von Financial Swaps – Teil II, in: StB, Heft 7, 2003, S. 259–263.

Blenkers, Michael/Czisz, Konrad/Gerl, Christian: Rückstellungen – aktuelle Darstellung in alphabetischer Reihenfolge inklusive Umweltbereich, Kissing 1994.

BMF v. 22.11.2013 - IV C 6 - S 2137/09/10004: Steuerliche Gewinnermittlung; Rückstellungen für Verpflichtungen, zu viel vereinnahmte Entgelte mit künftigen Einnahmen zu verrechnen (Verrechnungsverpflichtungen), in: BStBl. I 2013, S. 1502.

BMF v. 20.11.2012, IV C 6 – S 2137/09/10002, Steuerliche Gewinnermittlung; Rückstellungen für die Betreuung bereits abgeschlossener Versicherungen, in: BStBl. I 2012, S. 1100.

BMF v. 28.11.2011, IV C 6 – S 2137/09/10004, Steuerliche Gewinnermittlung; Rückstellungen für Verpflichtungen, zu viel vereinnahmte Entgelte mit künftigen Einnahmen zu verrechnen (Verrechnungsverpflichtungen), in: BStBl. I 2011, S. 1111.

BMF v. 22.06.2010, IV C 6 – S 2133/09/10001, Maßgeblichkeit der handelsrechtlichen Grundsätze ordnungsmäßiger Buchführung für die steuerliche Gewinnermittlung, in: BStBl. I 2010, S. 597.

BMF v. 11.05.2010, IV C 6 – S 2137/07/10004, Bilanzsteuerrechtliche Behandlung von schadstoffbelasteten Grundstücken; Bildung von Rückstellungen für Sanierungsverpflichtungen und Teilwertabschreibungen nach § 6 Absatz 1 Nummer 2 Satz 2 EStG, BStBl. I 2010, S. 495–496.

BMF v. 12.03.2010, IV C 6 – S 2133/09/10001, Maßgeblichkeit der handelsrechtlichen Grundsätze ordnungsmäßiger Buchführung für die steuerliche Gewinnermittlung; Änderung des § 5 Absatz 1 EStG durch das Gesetz zur Modernisierung des Bilanzrechts (Bilanzrechtsmodernisierungsgesetz – BilMoG) vom 15. Mai 2009 (BGBl. I S. 1102, BStBl. I S. 650), in: BStBl. I 2010, S. 239–242.

BMF v. 08.12.2008, IV C 6 – S 2137/07/10002, Rückstellungen für Zuwendungen anlässlich eines Dienstjubiläums; BMF-Schreiben vom 29. Oktober 1993 (BStBl. I S. 898) und vom 12. April 1999 (BStBl. I S. 434), in: BStBl. I 2008, S. 1013–1015.

BMF v. 04.07.2008, IV C 7 – S 2742–a/07/10001, Zinsschranke (§ 4h EStG; § 8a KStG), in: BStBl. I 2008, S. 718–729.

BMF v. 05.05.2008, IV B 2 – S 2176/07/0009, Bewertung von Pensionsrückstellungen nach § 6a EStG; Anhebung der Altersgrenzen der gesetzlichen Rentenversicherung durch das RV-Altersgrenzenanpassungsgesetz vom 20. April 2007 (BGBl 2007 I S. 554), in: BStBl. I 2008, S. 569–570.

BMF v. 29.01.2008, IV B 2 – S 2176/07/0001, Bilanzsteuerliche Behandlung von Pensionszusagen einer Personengesellschaft an einen Gesellschafter und dessen Hinterbliebene, in: BStBl. I 2008, S. 317–319.

BMF v. 28.03.2007, IV B 2 – S 2175/07/0002: Bilanzsteuerliche Berücksichtigung von Altersteilzeitvereinbarungen im Rahmen des so genannten „Blockmodells" nach dem Altersteilzeitgesetz (AltTZG), in: BStBl. I 2007, S. 297–300.

BMF v. 15.03.2007, IV B 2 – S 2176/07/0003, Betriebliche Altersversorgung; Berücksichtigung von Renten aus der gesetzlichen Rentenversicherung bei der bilanzsteuerrechtlichen Bewertung von Pensionsverpflichtungen und bei der Ermittlung der als Betriebsausgaben abzugsfähigen Zuwendungen an Unterstützungskassen (sog. Näherungsverfahren), in: BStBl. I 2007, S. 290–296.

BMF v. 26.01.2006, IV C 5 – S 2333 – 2/06, Betriebliche Altersversorgung – Vorgezogene Leistungen in Form eines Übergangsgelds vor dem 60. Lebensjahr, in: DB, Heft 12, 2006, S. 641–642.

BMF v. 06.12.2005, IV B 2 – S 2134 a–42/05, Ertragsteuerliche Behandlung von Emissionsberechtigungen nach dem Gesetz über den Handel mit Berechtigungen zur Emission von Treibhausgasen (Treibhausgas-Emissionshandelsgesetz – TEHG) vom 8. Juli 2004 (BGBl 2004 I S. 1578), in: BStBl. I 2005, S. 1047–1050.

BMF v. 26.05.2005, IV B 2 – S 2175 – 7/05, Abzinsung von Verbindlichkeiten und Rückstellungen in der steuerlichen Gewinnermittlung nach § 6 Abs. 1 Nrn. 3 und 3a EStG in der Fassung des Steuerentlastungsgesetzes 1999/2000/2002, in: BStBl. I 2005, S. 699–708.

BMF v. 03.11.2004, IV B 2 – S 2176 – 13/04, Zusagen auf Leistungen der betrieblichen Altersversorgung; Bilanzsteuerrechtliche Berücksichtigung von überdurchschnittlich hohen Versorgungsanwartschaften (Überversorgung), in: BStBl. I 2004, S. 1045–1048.

BMF v. 18.07.2003, IV C 3 – S 2211 – 94/03, Abgrenzung von Anschaffungskosten, Herstellungskosten und Erhaltungsaufwendungen bei der Instandsetzung und Modernisierung von Gebäuden; BFH-Urteile vom 9. Mai 1995 (BStBl. II 1996 S. 628, 630, 632, 637), vom 10. Mai 1995 (BStBl. II 1996 S. 639) und vom 16. Juli 1996 (BStBl. II S. 649) sowie vom 12. September 2001 (BStBl. II 2003 S. 569, 574) und vom 22. Januar 2003 (BStBl. II S. 596), in: BStBl. I 2003, S. 386–391.

BMF v. 21.01.2003, IV A 6 – S 2137 – 2/03, Rückstellungen für sog. Anpassungsverpflichtungen (nach TA Luft); Nichtanwendung des BFH-Urteils vom 27. Juni 2001 – I R 45/97, in: BStBl. I 2003, S. 125.

BMF v. 17.11.1999, IV C 2 – S 2175 – 30/99, Abzinsungszeiträume bei Rückstellungen für „bergrechtliche" Verpflichtungen nach § 6 Abs. 1 Nr. 3 a Buchstabe e Satz 2 EStG, in: BStBl. I 1999, S. 1127–1129.

BMF v. 14.05.1999, IV C 6 – S 2742 – 9/99, Steuerliche Behandlung von Pensionszusagen gegenüber beherrschenden Gesellschafter-Geschäftsführern (§ 8 Abs. 3 Satz 2 KStG); zu den Kriterien der „Wartezeit" (Abschnitt 32 Abs. 1 Satz 5 und 6 KStR) und der „Finanzierbarkeit" (Abschnitt 32 Abs. 1 Satz 9 KStR), in: BStBl. I 1999, S. 512–514.

BMF v. 18.11.1991, IV B 2 – S 2137 – 58/91, Rückstellungen für Prämien- bzw. Bonusverbindlichkeiten im Sparverkehr, in: DB, Heft 2, 1992, S. 67.

BMF v. 18.06.1999, IV C 2 – S 2137 – 66/99, Rückstellungen wegen der Verpflichtung zur Zahlung der Produktionsabgabe bei der Zuckerherstellung, in: DStR, Heft 27, 1999, S. 1113.

BMF v. 13.03.1987, IV B 1 – S 2176 – 12/87, Betr.: Steuerrechtliche Fragen der betrieblichen Altersversorgung der durch das Bilanzrichtlinien-Gesetz geänderten handelsrechtlichen Vorschriften, in: BStBl. I 1987, S. 365–366.

BMF v. 16.01.1981, IV B 2 – S 2137 – 39/80, Rückstellungen für Kosten des Jahresabschlusses, in: DB, Heft 8, 1981, S. 398–399.

Brink, Bettina Beate/Tenbusch, Hermann-Josef/Prinz, Markus: Restrukturierungsrückstellungen im Visier der Betriebsprüfung – Erwiderung und Replik zu dem Beitrag von Prinz, DB 2007, S. 353, in: DB, Heft 8, 2008, S. 363–367.

Broemel, Karl/Endert, Volker: Anpassung von Ansammlungsrückstellungen bei Vertragsverlängerung, in: BBK, Heft 4, 2015, S. 157–163.

Broemel, Karl/Endert, Volker: Bildung einer Rückstellung für strittige Feststellungen durch die Betriebsprüfung, in: BBK, Heft 15, 2014, S. 699–703.

Broemel, Karl/Endert, Volker: Bildung einer Rückstellung für strittige Feststellungen durch die Betriebsprüfung, in: BBK, Heft 15, 2014, S. 699–703.

Brösel, Gerrit/Mindermann, Torsten: Kommentierung des § 253 HGB, in: *Petersen, Karl/Zwirner, Christian* (Hrsg.), BilMoG, München 2009, S. 405–423.

Brösel, Gerrit/Mindermann, Torsten: Kommentierung des § 277 HGB, in: *Petersen, Karl/Zwirner, Christian* (Hrsg.), BilMoG, München 2009, S. 495–498.

Brösel, Gerrit/Zwirner, Christian: Bilanzierung von Sportrechteverträgen nach HGB, IFRS und US-GAAP aus Sicht eines werbefinanzierten Fernsehsenders, in: MW, Heft 1, 2004, S. 21–29.

Bünning, Martin: BB-Kommentar „Ist bei öffentlich-rechtlich begründeten Verpflichtungen die Rückstellungsbildung tatsächlich nur bei drohender Inanspruchnahme des berechtigten Grundstückeigentümers gerechtfertigt?", in: BB, Heft 39, 2014, S. 2354.

Literaturverzeichnis

Coenenberg, Adolf/Haller, Axel/Schultze, Wolfgang: Jahresabschluss und Jahresabschlussanalyse: Betriebswirtschaftliche, handelsrechtliche, steuerrechtliche und internationale Grundsätze – HGB, IFRS, US-GAAP, DRS, Stuttgart, 24. Aufl. 2016.

Daub, Sebastian: Rückstellungen nach HGB, US-GAAP und IAS, Diss., Baden-Baden 2000.

Deihle, Sieglinde/Jasper, Thomas/Lux, Corinna: 2006 als gutes Jahr für die Betriebsrenten – Die Pensionsverpflichtungen der führenden Unternehmen in Deutschland im Spannungsfeld von Kapitalmarkt und Finanzierungsstrategien, in: FB, Heft 1, 2008, S. 1–9.

Döllerer, Georg: Ansatz und Bewertung von Rückstellungen in der neueren Rechtsprechung des Bundesfinanzhofs, in: DStR, Heft 3, 1987, S. 67–72.

Drewes, Michael: Offene Fragen zur Bildung handelsrechtlicher Bewertungseinheiten im Konzern, in: DB, Heft 5, 2012, S. 241–243.

Eckstein, Hans-Martin/Fuhrmann, Sven: Steuerliche Nichtanerkennung von Drohverlustrückstellungen – Abgrenzung zu anderen Rückstellungen, in: DB, Heft 11, 1998, S. 529–532.

Eifler, Günter: Grundsätze ordnungsmäßiger Bilanzierung für Rückstellungen, Düsseldorf 1976.

Emig, Michael/Walter, Jan: Zur Bilanzierung im Rahmen eines Asset Deals erworbener Rückstellungen, NWB, Heft 7, 2010, S. 2124–2132.

Engel-Ciric, Dejan: Bildung und Bewertung sonstiger Rückstellungen nach BilMoG: Praxisleitfaden, in: BRZ, Heft 8, 2009, S. 362–366.

Euler, Roland/Hommel, Michael: Passivierungszeitpunkt von Rückstellungen – neuere Entwicklungen in der BFH-Rechtsprechung, in: BB, Heft 41, 2014, S. 2475–2479.

Fatouros, Nikos: Rückstellungen für ungewisse Verbindlichkeiten – Beginn einer Kehrtwende in der Rechtsprechung?, in: DB, Heft 3, 2005, S. 117–124.

Fechner, Frank: Medienrecht, Tübingen, 11. Aufl. 2010.

Fink, Christian/Kunath, Oliver: Bilanzpolitisches Potenzial bei der Rückstellungsbildung und -bewertung nach neuem Handelsrecht, in: DB, Heft 43, 2010, S. 2345–2352.

Frotscher, Gerrit: Kommentierung des § 4 EStG, in: *Frotscher, Gerrit* (Hrsg.), EStG – Kommentar zu Einkommensteuergesetz, Freiburg 2010.

Frotscher, Gerrit: Kommentierung des § 5 EStG, in: *Frotscher, Gerrit* (Hrsg.), EStG – Kommentar zu Einkommensteuergesetz, Freiburg 2010.

Führich, Georg: Theorie und Praxis der Rückstellungsbildung für die Entsorgung von Kernbrennelementen nach deutschem Bilanzrecht (Teil 1), in: WPg, Heft 20, 2006, S. 1271–1278.

Funk, Harry/Müller, Stefan: Produzenten- und Produkthaftungsrückstellungen nach HGB und IFRS, in: BB, Heft 36, 2010, S. 2163–2167.

Garvens, Michael/Lubitz, Dieter: Rückstellungen als Anschaffungskosten immaterieller Vermögenswerte – Am Beispiel von Lärmschutzaufwendungen und Betriebsgenehmigungen von Flughäfen, in: StuB, Heft 6, 2005, S. 248–253.

Literaturverzeichnis

Gelhausen, Wolf/Fey, Gerd: Rückstellungen für ungewisse Verbindlichkeiten und Zukunftsbezogenheit von Aufwendungen – Anmerkung zu dem BFH-Urteil vom 12.12.1991 IV R 28/91, in: DB, Heft 12, 1993, S. 593–597.

Gelhausen, Wolf/Fey, Gerd/Kämpfer, Georg: Rechnungslegung und Prüfung nach dem Bilanzrechtsmodernisierungsgesetz, Düsseldorf 2009.

Günkel, Manfred: Rechtsprechungsmodifizierung bei der Wahrscheinlichkeit der Verbindlichkeit als Voraussetzung für die Rückstellungsbildung, in: BB, Heft 35, 2015, S. 2091–2093.

Günkel, Manfred/Fenzl, Barbara: Ausgewählte Fragen zum Steuerentlastungsgesetz: Bilanzierung und Verlustverrechnung, in: DStR, Heft 16, 1999, S. 649–654.

Grützner, Dieter: Zulässigkeit der Rückstellungen von Ärzten für Honorarrückforderungen durch die kassenärztliche Vereinigung, in: StuB, Heft 14, 2015, S. 534–536.

Haaker, Andreas/Hoffmann, Wolf-Dieter: Aktivierung von Rückstellungsbeträgen?, in: PiR, Heft 1, 2010, S. 21–22.

Hagemann, Thomas/Oecking, Stefan/Roman, Olena: Pensionsverpflichtungen im DAX 30 – Konzernabschlüsse 2014, in: KoR, Heft 9, 2015, S. 426–433.

Happe, Peter: Grundsätze ordnungsmäßiger Buchführung für Swapvereinbarungen, Diss., Düsseldorf 1996.

Happe, Rüdiger: Digitaler Datenzugriff – Zulässigkeit der Bildung einer Rückstellung für GDPdU-Aufwand, in: BBK, Heft 14, 2010, S. 651–653.

Happe, Rüdiger: Urlaubsrückstellungen (nicht nur) bei abweichendem Wirtschaftsjahr, in: BBK, Heft 5, 2010, S. 225–229.

Harth, Hans-Jörg: Kap. 2.3: Bewertung von Altersversorgungsverpflichtungen und vergleichbaren langfristig fälligen Verpflichtungen, in: *Kessler, Harald/Leinen, Markus/Strickmann, Michael* (Hrsg.), Handbuch BilMoG – Der praktische Leitfaden zum Bilanzrechtsmodernisierungsgesetz, Freiburg, 2. Aufl. 2010, S. 348–385.

Hasenburg, Christof/Hausen, Raphael: Zur Umsetzung der HGB-Modernisierung durch das BilMoG: Bilanzierung von Altersversorgungsverpflichtungen (insbesondere aus Pensionszusagen) und vergleichbaren langfristig fälligen Verpflichtungen unter Einbeziehung der Verrechnung mit Planvermögen, in: DB, Heft 23, 2009, S. 38–46.

Heddäus, Birgit: Handelsrechtliche Grundsätze ordnungsmäßiger Bilanzierung für Drohverlustrückstellungen, Diss., Düsseldorf 1997.

Henckel, Niels-Frithjof: Praxishinweise zur Passivierung von Aufwand für die Aufbewahrung von Geschäftsunterlagen nach § 249 Abs. 1 HGB i.d.F. des BilMoG, in: BB, Heft 34, 2009, S. 1798–1802.

Herrmann, Carl/Heuer, Gerhard/Raupach, Arndt (Hrsg.), EStG/KStG, 21. Aufl. 1950 ff.

Herzig, Norbert: Rückstellungen wegen öffentlich-rechtlicher Verpflichtungen, insbesondere Umweltschutz, in: DB, Heft 27, 1990, S. 1341–1354.

Herzig, Norbert/Bohn, Alexander: Rückstellungspflichten aus den ERA-Einführungstarifverträgen in der Metall- und Elektroindustrie, in: BB, Heft 28, 2006, S. 1551–1562.

Herzig, Norbert/Briesemeister, Simone: Steuerliche Problembereiche des BilMoG-RegE, in: Ubg, Heft 3, 2009, S. 157–162.

Heubeck, Klaus: Die Prüfung von Pensionsrückstellungen, Düsseldorf 1987.

Heubeck, Klaus/Herrmann, Richard/D'Souza, Gabriele: Die Richttafeln 2005 G – Modell, Herleitung, Formeln –, in: Blätter der DGVFM, Heft 3, 2006, S. 473–517.

Höfer, Reinhold: Gesetz zur Verbesserung der betrieblichen Altersversorgung, Bd. II: Steuerrecht, München, 6. Aufl. 2010.

Höfer, Reinhold/Pisters, Manfred: Rückstellungen für Krankheitsbeihilfen an Rentner in der Steuerbilanz – Anmerkungen zu dem BFH-Urteil vom 30.1.2002 I R 71/00, in: DB, Heft 44, 2002, S. 2288–2291.

Höfer, Reinhold/Rhiel, Raimund/Veit, Annekatrin: Die Rechnungslegung für betriebliche Altersversorgung im Bilanzrechtsmodernisierungsgesetz, in: DB, Heft 31, 2009, S. 1605–1612.

Hoffmann, Wolf-Dieter: Die Neubewertung des Aufwands für Rückbauverpflichtungen, in: PiR, Heft 12, 2014, S. 388.

Hoffmann, Wolf-Dieter: Der Verkauf mit Rückgaberecht, in: PiR, Heft 2, 2008, S. 72–74.

Hoffmann, Wolf-Dieter: Keine Rückstellung für ausschließlich gesellschaftsvertraglich begründete Pflicht zur Prüfung des Jahresabschlusses, in: DStR, Heft 37, 2014, S. 1814–1818.

Hoffmann, Wolf-Dieter: Kommentierung des § 6 EStG, in: *Littmann, Eberhard* (Begr.)/*Bitz, Horst/Pust, Hartmut* (Hrsg.), Einkommensteuerrecht, Stuttgart 2016.

Hoffmann, Wolf-Dieter: Künftige Aufwendungen oder Ausgaben?, in: StuB, Heft 15, 2010, S. 561–562.

Hoffmann, Wolf-Dieter: Rückstellungen für Schallschutz, in: PiR, Heft 5, 2010, S. 146–148.

Hommel, Michael/Schulte, Oliver: Schätzungen von Rückstellungen in Fast-Close-Abschlüssen, in: BB, Heft 31, 2004, S. 1671–1678.

IDW HFA: 205. Sitzung des HFA, in: IDW FN, Heft 1–2, 2007, S. 107–109.

IDW HFA 3/1993: Zur Bilanzierung und Prüfung der Anpassungspflicht von Betriebsrenten, in: IDW FN, Heft 1–2, 1994, S. 4–6.

IDW RH HFA 1.009: Rückstellungen für die Aufbewahrung von Geschäftsunterlagen sowie für die Aufstellung, Prüfung und Veröffentlichung von Abschlüssen und Lageberichten nach § 249 Abs. 1 HGB, in: IDW FN, Heft 8, 2010, S. 354–355.

IDW RH HFA 1.013: Handelsrechtliche Vermerk- und Berichterstattungspflichten bei Patronatserklärungen, in: IDW FN, Heft 3, 2008, S. 116–119.

IDW RS HFA 3: Bilanzierung von Verpflichtungen aus Altersteilzeitregelungen nach IAS und nach handelsrechtlichen Vorschriften, in: IDW FN, Heft 12, 1998, S. 594–597.

IDW RS HFA 3, Handelsrechtliche Bilanzierung von Verpflichtungen aus Altersteilzeitregelungen IDW FN 2013. S. 309–314.

IDW RS HFA 4: Zweifelsfragen zum Ansatz und zur Bewertung von Drohverlustrückstellungen, in: IDW FN, Heft 7, 2010, S. 298–304.

IDW RS HFA 23: Bilanzierung und Bewertung von Pensionsverpflichtungen gegenüber Beamten und deren Hinterbliebenen, in: IDW FN, Heft 6, 2009, S. 316–322.

IDW RS HFA 28: Übergangsregelungen des Bilanzrechtsmodernisierungsgesetzes, in: IDW FN, Heft 12, 2009, S. 642–657.

IDW RS HFA 30: Handelsrechtliche Bilanzierung von Altersversorgungsverpflichtungen, in: IDW, Heft 10, 2010, S. 437–451.

IDW RS HFA 34: Einzelfragen zur handelsrechtlichen Bilanzierung von Verbindlichkeitsrückstellungen, in: IDW FN, Heft 7, 2015, S. 380.

IDW RS HFA 34: Einzelfragen zur handelsrechtlichen Bilanzierung von Verbindlichkeitsrückstellungen, in: IDW FN, Heft 1, 2013, S. 53–60.

IDW RS HFA 35: Handelsrechtliche Bilanzierung von Bewertungseinheiten, in: IDW FN, Heft 7, 2011, S. 445–459.

Kalus, Michael/Hahn, Christian: Der Kommentar zum Urteil der Woche – Rückstellungen für die Kosten einer Betriebsprüfung auch ohne Prüfungsanordnung, in: NWB, Heft 48, 2010, S. 3535.

Kessler, Harald: Rückstellungen in der Finanzrechtsprechung – Bestandsaufnahme und neuere Entwicklungen (Teil B) –, in: BBK, Heft 14, 1997, S. 691–709.

Kessler, Harald: Rückstellungen für schwebende Dauerbeschaffungsgeschäfte – Vorschlag einer begrenzt beschaffungsmarktorientierten Anspruchsbewertung, in: WPg, Heft 1, 1996, S. 2–16.

Kessler, Harald: Rückstellungen und Dauerschuldverhältnisse – Neue Ansätze zur Lösung aktueller Passivierungsfragen der Handels- und Steuerbilanz, Diss., Stuttgart 1992.

Kessler, Wolfgang/Scholz-Görlach, Ulrich: Die Abgrenzung des Saldierungsbereichs bei Drohverlustrückstellungen, in: PiR, Heft 11, 2007, S. 304–307.

Keßler, Marco: Pensionsverpflichtungen nach neuem HGB und IFRS – Auswirkungen von Contractual Trust Arrangements, Diss., Berlin 2010.

Kolb, Susanne/Roß, Norbert: Änderungen der Gewinn- und Verlustrechnung durch das BilRuG, in: WPg, Heft 17, 2015, S. 869–876.

Kreher, Markus/Sailer, Pier Stefano/Rothenburger, Manuel/Spang, Heiko: Zur Umsetzung der HGB-Modernisierung durch das BilMoG: Ausgewählte Anwendungsfragen zu aktienbasierter Mitarbeitervergütung, selbst geschaffenen immateriellen Vermögensgegenständen und der Bilanzierung von sonstigen Rückstellungen, in: DB, Heft 23, 2009, S. 99–108.

Kropff, Bruno: Rückstellungen für künftige Verlustübernahmen aus Beherrschungs- und/ oder Gewinnabführungsverträgen?, in: *Knobbe-Keuk, Brigitte/Klein, Franz/Moxter, Adolf*

(Hrsg.), Handelsrecht und Steuerrecht – Festschrift für Dr. Dr. h. c. Georg Döllerer, Düsseldorf 1988, S. 349–367.

Kulosa, Egmont: Kommentierung des § 6 EStG, in: *Schmidt, Ludwig* (Begr.), EStG, München, 29. Aufl. 2010.

Kunath, Oliver: Ermessensabhängige Bilanzierung und Bewertung von Rückstellungen, in: *Fink, Christian/Schultze, Wolfgang/Winkeljohann, Norbert* (Hrsg.), Bilanzpolitik und Bilanzanalyse nach neuem Handelsrecht, Stuttgart 2010, S. 153–181.

Künkele, Kai Peter: Kommentierung des § 249 HGB, in: *Petersen, Karl/Zwirner, Christian* (Hrsg.), BilMoG, München 2009, S. 495–498.

Künkele, Kai Peter/Zwirner, Christian: Durchbrechung der Maßgeblichkeit der Handels- für die Steuerbilanz: Auswirkungen auf die Steuerbilanzpolitik – Teil 1: Inhalte des neuen BMF-Schreibens, in: BC, Heft 5, 2010, S. 212–217.

Künkele, Kai Peter/Zwirner, Christian: Maßgeblichkeit bei der steuerlichen Rückstellungsbewertung, in: StuB, Heft 12, 2013, S. 439–444.

Künkele, Kai Peter/Zwirner, Christian: Steuerbilanzpolitik: Ausweitung der Möglichkeiten durch das BilMoG, in: DStR, Heft 44, 2010, S. 2263–2270.

Küting, Karlheinz: Die Erfassung von erhaltenen und gewährten Zuwendungen im handelsrechtlichen Jahresabschluß (Teil II), in: DStR, Heft 8, 1996, S. 313–316.

Küting, Karlheinz/Cassel, Jochen/Metz, Christian: XIII. Ansatz und Bewertung von Rückstellungen, in: *Küting, Karlheinz/Pfitzer, Norbert/Weber, Claus-Peter*: Das neue deutsche Bilanzrecht – Handbuch zur Anwendung des Bilanzrechtsmodernisierungsgesetzes (BilMoG), Stuttgart, 2. Aufl. 2009, S. 321–338.

Küting, Karlheinz/Kessler, Harald: Rückbauverpflichtungen im Spiegel der nationalen und internationalen Bilanzierung, in: PiR, Heft 11, 2007, S. 308–314.

Küting, Karlheinz/Kessler, Harald: Zur geplanten Reform des bilanzsteuerlichen Rückstellungsrechts nach dem Entwurf eines Steuerentlastungsgesetzes 1999/2000/2002, in: DStR, Heft 50, 1998, S. 1937–1946.

Lange, Jens: Rückstellungen für Stock Options in Handels- und Steuerbilanz, in: StuW, Heft 2, 2001, S. 137–149.

Leffson, Ulrich: Die Grundsätze ordnungsmäßiger Buchführung, Düsseldorf, 7. Aufl. 1987.

Lewe, Stefan/Peun, Michael: Rückstellungen für Betriebsprüfungsrisiken nach BilMoG, in: DStR, Heft 24, 2014, S. 1186–1191.

Loritz, Karl-Georg: Übergangsgelder im Steuer- und Arbeitsrecht, in: DStZ, Heft 19, 1995, S. 577–583.

Lüdenbach, Norbert: Im Aufstellungszeitraum durch Vergleich erledigte Passivklage, in: StuB, Heft 23–24, 2013, S. 922.

Lüdenbach, Norbert: Rückbauverpflichtungen nach internationaler Rechnungslegung und deutschem Bilanzrecht: Praktische Unterschiede und kritischer Rechtsvergleich, in: BB, Heft 16, 2003, S. 835–840.

Literaturverzeichnis

Lüdenbach, Norbert/Hoffmann, Wolf-Dieter: Faktische Verpflichtungen und (verdeckte) Aufwandsrückstellungen nach IFRS und HGB/EStG, in: BB, Heft 43, 2005, S. 2344–2349.

Madauß, Norbert: Rückstellungen für „Schmiergelder", in: DB, Heft 13, 1996, S. 637–641.

Maus, Günter: ABC der Rückstellungen, Herne 2008.

May, Gerhard/Querner, Immo/Schmitz, Udo: Entwicklung von Zinskurven für Zwecke der Bilanzierung nach IFRS/US-GAAP, in: DB, Heft 23, 2005, S. 1229–1237.

Meyering, Stephan/Gröne, Matthias: Der Erfüllungsbetrag bei der Bewertung von Rückstellungen in Handels- und Steuerrecht – Berücksichtigung künftig erwarteter Preis- und Kostensenkungen?, in: BFuP, Heft 66, 2014, S. 459–477.

Meyering, Stephan/Gröne, Matthias: Handels- und steuerrechtliche Rückstellungen für die Stilllegung von Kernkraftwerken – Ein adäquates Mittel zur Absicherung der Stilllegungskosten? –, in: DB, Heft 25, 2014, S. 1385–1390.

Moxter, Adolf: Bilanzrechtsprechung, Tübingen, 6. Aufl. 2007.

Moxter, Adolf: Grundsätze ordnungsgemäßer Rechnungslegung, Düsseldorf 2003.

Moxter, Adolf: Künftige Verluste in der Handels- und Steuerbilanz, in: DStR, Heft 14, 1998, S. 509–515.

Moxter, Adolf: Neue Ansatzregeln für Verbindlichkeitsrückstellungen? (Teil I), in: DStR, Heft 25, 2004, S. 1057–1060.

Moxter, Adolf: Neue Ansatzkriterien für Verbindlichkeitsrückstellungen? (Teil II), in: DStR, Heft 26, 2004, S. 1098–1102.

Naumann, Thomas K.: Zur Abgrenzung von künftig ertragsteuerrechtlich nicht mehr zu bildenden Drohverlustrückstellungen, insbesondere bei Kreditinstituten, in: BB, Heft 10, 1998, S. 527–531.

Niehues, Karl: Rückstellungen für leer stehende Mieträume, in: DB, Heft 20, 2007, S. 1107–1108.

Olbrich, Christian: Eine neue Rückstellung im Personalbereich – Zum Problem der Lohnfortzahlung im Todesfall –, in: WPg, Heft 13, 1989, S. 390–391.

Ortmann-Babel, Martina/Bolik, Andreas: BilMoG – Bilanzierung von Rückstellungen und latenten Steuern, in: SteuK, Heft 3, 2009, S. 51–54.

Oser, Peter: Ansammlungsrückstellungen und Verlängerung des Nutzungsverhältnisses, in: StuB, Heft 22, 2014, S. 855.

Oser, Peter: Bilanzrechtliche Implikationen qualifiziert faktischer Konzernierung im Spiegel des „TBB"-Urteils des BGH, in: WPg, Heft 10, 1994, S. 312–320.

Oser, Peter/Wirtz, Holger: Rückstellungsreport 2015, in: StuB, Heft 1, 2016, S. 1–15.

Oser, Peter/Wirtz, Holger: Rückstellungsreport 2014, in: StuB, Heft 1, 2015, S. 3–10.

Osterloh-Konrad, Christine: Rückstellungen für Prozessrisiken in Handels- und Steuerbilanz – Kriterien der Risikokonkretisierung und ihre Anwendung auf die Prozesssituation (Teil II), in: DStR, Heft 39, 2003, S. 1675–1680.

Patek, Guido: Bilanzielle Implikationen der handelsrechtlichen Normierung von Bewertungseinheiten, in: DB, Heft 20, 2010, S. 1077–1083.

Pellens, Bernhard/Sellhorn, Thorsten/Strzyz, Adam: Pensionsverpflichtungen nach dem Regierungsentwurf eines BilMoG – Simulation erwarteter Auswirkungen, in: DB, Heft 44, 2008, S. 2373–2380.

Perridon, Louis/Steiner, Manfred/Rathgeber, Andreas: Finanzwirtschaft der Unternehmung, München, 15. Aufl. 2009.

Petersen, Jochen: Rechnungslegung für Pensionsverpflichtungen nach HGB, US-GAAP und IAS, Diss., Düsseldorf 2001.

Petersen, Karl/Künkele, Kai Peter/Göttler, Thomas: Handels- und steuerrechtliche Behandlung von Remissionen im deutschen Buchhandel, in: DStR, Heft 42, 2012, S. 2141–2147.

Petersen, Karl/Zwirner, Christian: FAQ BilMoG, in: BB, Heft 27, 2010, S. 1651–1657.

Petersen, Karl/Zwirner, Christian: Rechnungslegung und Prüfung im Umbruch: Überblick über das neue deutsche Bilanzrecht – Veränderte Rahmenbedingungen durch das verabschiedete Bilanzrechtsmodernisierungsgesetz (BilMoG), in: KoR, Beihefter 1 zu Heft 5, 2009, S. 1–45.

Petersen, Karl/Zwirner, Christian/Froschhammer, Matthias: Die Bilanzierung von Bewertungseinheiten nach § 254 HGB, in: StuB, Heft 12, 2009, S. 449–456.

Petersen, Karl/Zwirner, Christian/Künkele, Kai Peter: Bilanzanalyse und Bilanzpolitik nach BilMoG, Herne, 2. Aufl. 2010.

Petersen, Karl/Zwirner, Christian/Künkele, Kai Peter: BilMoG in Beispielen, Herne 2010.

Petersen, Karl/Zwirner, Christian/Künkele, Kai Peter: Umstellung auf das neue deutsche Bilanzrecht: Übergangsregelungen des BilMoG nach IDW RS HFA 28 – Darstellung, Beispiele und Tipps für die Umsetzung in der Praxis, in: DB, Beilage 4 zu Heft 17, 2010, S. 1–27.

Pfitzer, Norbert/Schaum, Wolfgang/Oser, Peter: Rückstellungen im Lichte aktueller Rechtsentwicklungen, in: BB, Heft 16, 1996, S. 1373–1380.

Philipps, Holger: Kontaminierte Grundstücke im Jahresabschluß – Rückstellungen, außerplanmäßige Abschreibungen und sonstige finanzielle Verpflichtungen bei Boden- und Grundwasserverunreinigungen, Diss., Düsseldorf 1995.

Plewka, Harald/Schmidt, Lutz: Kommentierung des § 5 EStG, in: *Lademann, Fritz* (Hrsg.), EStG –Kommentar, 1999 ff.

Prinz, Markus: Bilanzierung von Rückstellungen nach dem BilMoG – Überblick über die geplanten Änderungen ab 2009, in: BBK, Heft 5, 2008, S. 237–246.

Prinz, Markus: Restrukturierungsrückstellungen im Visier der Betriebsprüfung – Gefährdungspotenziale für eine zeitgerechte und vollständige Bilanzierung von Sozialplanverpflichtungen, in: DB, Heft 7, 2007, S. 353–358.

Prinz, Ulrich: Keine Rückstellung für Kosten freiwilliger Jahresabschlussprüfung – Problematische neue BFH-Entscheidung vom 05.06.2014 – IV R 26/11, DB 2014 S. 2020 –, in: DB, Heft 39, 2014, S. 2188–2190.

Prinz, Ulrich: Leitlinien steuerbilanzieller Rückstellungsbildung: Eine besteuerungspraktische Bestandsaufnahme, in: DB, Heft 4, 2015, S. 147–153.

Prinz, Ulrich: Neues zur Rückstellung wegen Altersteilzeit nach dem Blockmodell, in: WPg, Heft 15, 2006, S. 953–957.

Prinz, Ulrich: Rückstellungen: aktuelles Praxis-Knowhow, in: WPg, Heft 23, 2015, S. 1223–1228.

Rätke, Bernd: Die doppelte Wahrscheinlichkeit bei der Rückstellungsbildung, in: StuB, Heft 17, 2015, S. 658–661.

Roser, Frank: Verbindlichkeitsrückstellungen dem Grunde und der Höhe nach – Auswirkungen der aktuellen Rechtsprechung?, in: WPg, Heft 14, 2015, S. 693–705.

Rößler, Nicolas: Contractual Trust Arrangements – eine rechtliche Bestandsaufnahme, in: BB, Heft 23, 2010, S. 1405–1414.

Russ, Wolfgang/Janßen, Christian/Götze, Thomas: BilRUG – Auswirkungen auf das deutsche Bilanzrecht: Kommentar zum Bilanzrichtlinie-Umsetzungsgesetz, Düsseldorf 2015.

Scherff, Susanne/Willeke, Clemens: Neufassung des IDW RH HFA 1.009 – Rückstellungen für Aufbewahrung von Geschäftsunterlagen sowie für Aufstellung, Prüfung und Offenlegung, in: BBK, Heft 24, 2010, S. 1169–1174.

Schlotter, Carsten: „Gekaufte" Drohverlustrückstellungen, in: Ubg, Heft 9, 2010, S. 635–645.

Schönnenbeck, Hermann: Bilanzierung drohender Verluste aus schwebenden Geschäften (Teil I), in: DB, Heft 40, 1962, S. 1281–1284.

Schubert, Daniela: Das neue Umweltschadensgesetz und mögliche Auswirkungen auf die Rückstellungsbilanzierung und -bewertung, in: WPg, Heft 11, 2008, S. 505–511.

Schülen, Werner: Entwicklungstendenzen bei der Bildung von Rückstellungen, in: WPg, Heft 23, 1983, S. 658–665.

Schulze-Osterloh: Ausgewählte Änderungen des Jahresabschlusses nach dem Referentenentwurf eines Bilanzrechtsmodernisierungsgesetztes, in: DStR, Heft 1–2, 2008, S. 63–73.

Schumann, Jan Christian: Ansatz und Bewertung von Rückstellungen, in: EStB, Heft 12, 2014, S. 441–448.

Seeger, Norbert: Contractual Trust Agreements auf dem Prüfstand, in: DB, Heft 13, 2007, S. 697–703.

Sick, Tobias/Lukaschek, Heiko: Rückstellung für die Jahresabschlussprüfung – Auswirkung der ergangenen BFH-Rechtsprechung auf „Konzernfälle", in: DStR, Heft 13, 2015, S. 712–716.

Siegel, Theodor: Rückstellungen für Anschaffungs- oder Herstellungskosten in Ausnahmefällen?, in: DB, Heft 17, 1999, S. 857–858.

Strahl, Martin: Beratungsrelevante Entwicklungen zum Bilanzsteuerrecht, in: kösdi, Heft 8, 2014, S.18965–18970.

Theile, Carsten: Bilanzrichtlinie-Umsetzungsgesetz (BilRUG), Herne 2015.

Theile, Carsten: Sozialplanverpflichtungen und Restrukturierungen – Konzeptionelle Mängel beim Passivierungsgebot für faktische Verpflichtungen, in: PiR, Heft 11, 2007, S. 297–303.

Theile, Carsten/Stahnke, Melanie: Bilanzierung sonstiger Rückstellungen nach dem BilMoG-Regierungsentwurf, in: DB, Heft 33, 2008, S. 1757–1760.

Thiele, Stefan: Zur Bilanzierung bedingt rückzugewährender Druckbeihilfen, in: BBK, Heft 22, 1997, S. 1145.

Thouet, Philipp: Die Änderung des Ansammlungszeitraumes bei der Ansammlungsrückstellung, in: DStR, Heft 51–52, 2014, S. 2550–2551.

Thurnes, Georg/Hainz, Günter: Auswirkungen des Bilanzrechtsmodernisierungsgesetzes auf Pensionsrückstellungen, in: BRZ, Heft 5, 2009, S. 212–217.

Thurow, Christian: Gerichtlich geltend gemachte Schadensersatzforderungen: Rückstellungen für ungewisse Verbindlichkeiten, in: BC, Heft 7, 2015, S. 281–282.

Thurow, Christian: Keine Rückstellung für die ausschließlich gesellschaftsvertraglich begründete Pflicht zur Prüfung des Jahresabschlusses, in: BC, Heft 10, 2014, S. 402.

Van Venrooy, Gerd J.: Handelsbilanz-Rückstellung wegen Patentverletzung, in: StuW, Heft 1, 1991, S. 28–32.

Veit, Annekatrin: Rückstellungen für Zuwendungen anlässlich eines Dienstjubiläums – Anmerkungen zum BMF-Schreiben vom 8.12.2008, in: StuB 2009, S. 102–104.

Vetter, Eberhard: Stillschweigender Grundsatzbeschluß der Hauptversammlung zur Bewilligung der Aufsichtsratsvergütung?, in: BB, Heft 7, 1989, S. 442–443.

Verband Deutscher Mineralbrunnen e.V.: Handelsrechtliche und steuerrechtliche Beurteilung von Leergut bei Mineralbrunnen, 2008.

Volk, Gerrit: Der Ausstieg aus der Atomkraft und die Rückstellungsproblematik, in: DStR, Heft 39, 2015, S. 2193–2197.

Volkmann, Markus: Rückstellungen für die Rücknahme und Verwertung von Altfahrzeugen – Auswirkungen der „Abwrackprämie" auf die Rückstellungsbildung, in: StuB 2009, S. 263–268.

Von Rönn, Ingrid: BB-Kommentar „Rückstellungen für Beitragsrückerstattung in der privaten Pflegeversicherung auf Grundlage der BFH-Rechtsprechung als erfolgsunabhängig qualifiziert", in: BB, Heft 25, 2014, S. 1522.

Weber-Grellet, Heinrich: Kommentierung des § 5 EStG, in: *Schmidt, Ludwig* (Begr.), EStG, München, 35. Aufl. 2016.

Weber-Grellet, Heinrich: Kommentierung des § 6a EStG, in: *Schmidt, Ludwig* (Begr.), EStG, München, 35. Aufl. 2016.

Weigel, Wolfgang/Löw, Edgar/Flintrop, Bernhard/Helke, Iris/Jessen, Ulf/Kopatschek, Martin/Vietze, Michael: Handelsrechtliche Bilanzierung von Bewertungseinheiten – Teil 1, in: WPg, Heft 2, 2012, S. 71–80.

Weigl, Roland/Weber, Hans-Georg/Costa, Martin: Bilanzierung von Rückstellungen nach dem BilMoG, in: BB, Heft 20, 2009, S. 1062–1066.

Werner, Eginhard: Rückstellungen für Verwaltungskosten künftiger Betriebsprüfungen: Praxis- und Gestaltungsüberlegungen, in: BRZ, Heft 9, 2008, S. 225–229.

Winter, Oliver: Zur Rückstellungsdotierung bei OTC-Zinsoptionen, in: BB, Heft 32, 1995, S. 1631–1638.

Wöhe, Günter: Einführung in die Allgemeine Betriebswirtschaftslehre, München, 24. Aufl. 2010.

Wolz, Matthias/Oldewurtel, Christoph: Bilanzierung von Pensionsverpflichtungen nach BilMoG, in: BBK, Heft 17, 2010, S. 815–825.

Wüstemann, Jens/Koch, Christopher: Zinseffekte und Kostensteigerungen in der Rückstellungsbewertung nach BilMoG, in: BB, Heft 18, 2010, S. 1075–1078.

Zeidler/Schmatz: Rückstellungen für Jahresabschluss-, Prüfungs- und Beratungskosten, in: BBK, Heft 6, 2015, S. 281–284.

Zülch, Henning/Hoffmann, Sebastian: Die Bilanzierung sonstiger Rückstellungen nach BilMoG, in: StuB, Heft 10, 2009, S. 369–373.

Zwirner, Christian: Abbildung von Altersteilzeitvereinbarungen nach HGB – Mehr bilanzielle Abbildungsflexibilität nach IDW RS HFA 3 –, in: BC, Heft 9, 2013, S. 395–398.

Zwirner, Christian: Bilanzielle Behandlung von Beihilferückstellungen nach BilMoG, in: WPg, Heft 4, 2012, S. 198–200.

Zwirner, Christian: BFH: Bilanzsteuerliche Behandlung von Pfandgeldern, in: SteuK, Heft 13, 2013, S. 275.

Zwirner, Christian: BFH: Zeitpunkt der Bildung einer Rückstellung für hinterzogene Mehrsteuern, in: SteuK, Heft 22, 2012, S. 465.

Zwirner, Christian: BGH: Rückzahlungspflicht anrechenbarer Kapitalertragsteuern, in: SteuK, Heft 10, 2014, S. 209.

Zwirner, Christian: Brennpunkt Pensionsrückstellungen: Neubewertung nach HGB, Überblick, Praxisbeispiele und Empfehlungen, Zeitschrift für Bilanzierung, in: BC 2016, S. 198–206.

Zwirner, Christian: Das BilRUG ist da – Überblick über die wesentlichen Unterschiede zwischen Regierungsentwurf und verabschiedeter Gesetzesfassung, in: DStR, Heft 29, 2015, S. 1640–1645.

Zwirner, Christian: Das BilRUG ist mehr als eine Rechnungslegungsreform: Auswirkungen auf Steuerungskennzahlen, in: BC, Heft 8, 2015, S. 338–339.

Zwirner, Christian: Drohverlustrückstellungen für nachhaltig verlustbringende Filialen, Wann darf oder muss ein schwebendes Geschäft bilanziert werden?, in: StuB, Heft 23, 2011, S. 891–895.

Zwirner, Christian: Entlastung bei der Bewertung von Pensionsrückstellungen – Wahlrecht noch für 2015, in: BC 2016, S. 95–96.

Zwirner, Christian: Handelsrechtliche Bilanzierung von Verbindlichkeitsrückstellungen – Anmerkungen zu IDW ERS HFA 34, in: BB, Heft 26, 2012, S. 1655–1660.

Zwirner, Christian: Handelsrechtliche Bilanzierung von Verpflichtungen aus Altersteilzeitregelungen – Anmerkungen zu IDW ERS HFA 3 n. F., in: StuB, Heft 19, 2012, S. 731–736.

Zwirner, Christian: Leser fragen – Experten antworten, Pensionsrückstellungen nach BilMoG: Handlungsanleitung für künftige Zuführung und Bewertung, in: BRZ, Heft 3, 2010, S. 98–99.

Zwirner, Christian: Neuregelung zur handelsrechtlichen Bewertung von Pensionsrückstellungen, Offene Fragen zur Änderung des § 253 HGB und Handlungsempfehlungen, in: StuB 2016, S. 207–213.

Zwirner, Christian: Neuregelung zur handelsrechtlichen Bewertung von Pensionsrückstellungen – Überblick, Praxisauswirkungen und offene Fragen, in: DStR 2016, S. 929–934.

Zwirner, Christian: Reform des HGB durch das BilRUG – Ein Überblick über die wesentlichen Detailänderungen im Einzelabschluss, in: DStR, Heft 36, 2014, S. 1784–1791.

Zwirner, Christian: Übergang auf das BilMoG bei überdotierten Rückstellungen, in: BB, Heft 45, 2010, S. 2747–2749.

Zwirner, Christian: Zinssatzschmelze: Ergebnis- und Eigenkapitalgefährdung wegen bilanzierter Pensionsrückstellungen, in: BC, Heft 5, 2013, S. 200–203.

Zwirner, Christian: Zunehmende Ergebnisbelastungen durch Pensionsrückstellungen, in: DStR, Heft 17, 2013, S. 875–879.

Zwirner, Christian/Boecker, Corinna: Bewertungseinheiten in Form antizipativer Hedges – Besonderheiten und Probleme, in: BB, Heft 47, 2012, S. 2935–2939.

Zwirner, Christian/Busch, Julia: Leser fragen – Experten antworten, BilMoG: Abzinsung von Rückstellungen – Maßgeblichkeit und Bestimmung der Restlaufzeit, in: BC, Heft 9, 2010, S. 410–412.

Zwirner, Christian/Busch, Julia/Kähler, Malte: Implikationen einer Buchwert-Marktwert-Lücke für die Werthaltigkeit des Geschäfts- oder Firmenwerts im Inland notierter Konzernunternehmen, in: KoR, Heft 12, 2015, S. 606–611.

Zwirner, Christian/Kähler, Malte: Rechnungsabgrenzungsposten im handels- und steuerrechtlichen Jahresabschluss, Unterschiedliche Behandlung von Verbrauchsteuern nach Handels- und Steuerrecht, in: BC, Heft 3, 2015, S. 133–136.

Zwirner, Christian/Zimny, Gregor: Auswirkungen des Energieaudits nach § 8 EDL-G auf handelsrechtliche Rückstellungsbildung und Berichtspflichten nach § 321 Abs. 1 S. 3 HGB, in: DStR, Heft 45, 2015, S. 2510–2514.

Zwirner, Christian/Zimny, Gregor: Rechnungslegung und Bewertung im Niedrigzinsumfeld, Auswirkungen anhaltend niedriger Zinsen auf Bilanzansätze und Bewertungsergebnisse, in: WP Praxis, Heft 1, 2016, S. 4–10.

1 Einleitung

Einleitung

1 Einleitung

1.1 Begriff, Zweck und Bedeutung der Rückstellungen

Rückstellungen sind wie Verbindlichkeiten **Schulden** des bilanzierenden Kaufmanns[1] und dementsprechend auf der Passivseite der Bilanz zu zeigen.[2] Es handelt sich bei Rückstellungen um Verpflichtungen, die dem Grunde und/oder der Höhe sowie ggf. dem Zeitpunkt (der Fälligkeit) nach ungewiss sind.[3] Fraglich ist also, ob und/oder in welcher Höhe das Unternehmen eine Verpflichtung zu erfüllen hat.

1

Praxistipp

 Die Frage, ob es sich bei einer (möglichen) Verpflichtung um einen rückstellungsbegründenden Sachverhalt handelt, ist zu verneinen, wenn:

1. die Verpflichtung bereits rechtswirksam entstanden ist und
2. die genaue Höhe der Verpflichtung bereits bekannt ist.

Der Ansatz von Rückstellungen dient dazu, Schulden, also u.a. auch solche, die noch nicht rechtswirksam entstanden sind, die zum Bilanzstichtag aber als wirtschaftlich verursacht anzusehen sind, vollständig zu erfassen (**vollständiger Schuldenausweis**).[4] In diesem Zusammenhang haben Rückstellungen den Zweck, die sich erst in Zukunft als Ausgaben realisierenden, aber dem abgelaufenen Geschäftsjahr wirtschaftlich zuzurechnenden Aufwendungen vorwegzunehmen und damit periodengerecht auszuweisen.[5] Rückstellungen dienen folglich auch der Verwirklichung des **Realisationsprinzips**[6] und des **Imparitätsprinzips** als Ausfluss des Vorsichtsprinzips[7]: Der vorsichtige Kaufmann hat zum Schutz der Gläubiger Vermögensminderungen,[8] die sich erst in späteren Perioden ergeben, aber ihre Verursachung in der jetzigen Periode finden, bereits in der jetzigen Periode bei Ermittlung des Reinvermögens zu berücksichtigen.

2

---

1 Vgl. Syst. Praxiskommentar Bilanzrecht/*Petersen/Künkele/Zwirner*, § 249 HGB Rn. 2; *Daub*, S. 54.
2 Vgl. *Baetge/Kirsch/Thiele*, S. 429.
3 Vgl. Syst. Praxiskommentar Bilanzrecht/*Petersen/Künkele/Zwirner*, § 249 HGB Rn. 4; *Wöhe*, S. 797.
4 Vgl. Baetge/Kirsch/Thiele/*Hommel*, § 249 HGB Rn. 4. Zu der Betrachtung der Zwecke der Rückstellungsbilanzierung im Licht der Bilanztheorien siehe *Coenenberg/Haller/Schultze*, S. 429 ff.; *Baetge/Kirsch/Thiele*, S. 432 f.
5 Vgl. auch HdR-E/*Mayer-Wegelin/Kessler/Höfer*, § 249 HGB Rn. 17 f.; *Roser*, WPg 2015, 693, 695.
6 Siehe *Moxter*, Grundsätze ordnungsgemäßer Rechnungslegung, S. 48.
7 Vgl. Syst. Praxiskommentar Bilanzrecht/*Wittmann*, § 243 HGB Rn. 31.
8 D.h. unter Vermeidung des Ausweises eines zu hohen ausschüttbaren Gewinns.

1 Einleitung

Praxistipp

 Der Bilanzierende hat sich zu verdeutlichen, dass sich Ansatz und Bewertung von Rückstellungen am Realisations- und am Imparitätsprinzip zu orientieren haben. D.h., dass im Zweifelsfall – nicht zuletzt wegen des der handelsrechtlichen Rechnungslegung zugrunde liegenden Vorsichtsprinzips sowie des Gläubigerschutzes – die Rückstellung eher und höher zu bilanzieren ist, im Vergleich zu Vermögensgegenständen auf der Aktivseite.

3   Die **zentralen Eigenschaften** von Rückstellungen – in der Abgrenzung zu anderen Bilanzposten (siehe hierzu Kap. 1.2, Rn. 7 ff.) – sind das Vorliegen einer Schuld (Schuldcharakter) sowie die Unsicherheit über Entstehen und/oder Höhe der Verpflichtung sowie über den genauen Zahlungs- bzw. Fälligkeitszeitpunkt. Mit Blick auf die Unsicherheit sind mehrere Fälle zu unterscheiden:[9]

- Unsicherheit dem **Grunde** nach,
- Unsicherheit der **Höhe** nach,
- Unsicherheit dem **Grunde** und der **Höhe** nach und/oder
- Unsicherheit dem **(Zahlungs-)Fälligkeitszeitpunkt** nach.

4   Es lässt sich also festhalten: Rückstellungen sind Schulden/Verpflichtungen des Unternehmens, die

- **wirtschaftlich verursacht** sind und
- mit deren **Eintreten** wahrscheinlich zu rechnen ist, die aber
- dem **Grunde** und/oder
- der **Höhe** sowie
- ggf. dem **Zeitpunkt** (der Fälligkeit) nach unsicher

sind.[10]

5   Rückstellungen stellen ein **bedeutendes Instrument der Innenfinanzierung** dar. Mit der Bildung der Rückstellung wird der ausschüttbare Gewinn um den entsprechenden Betrag gemindert, während der Zahlungsmittelbestand gleich bleibt. Dieser Betrag steht dem Unternehmen bis zur Fälligkeit der Verpflichtung zur freien Disposition.[11] Werden Rückstellungen im Rahmen bestehender Ermessensspielräume hoch bewertet, werden **stille Reserven** gebildet, die sich erst bei Inanspruchnahme oder Auflösung der Rückstellung auflösen. Überdies wird mit der aufwandswirksamen Einbuchung der Rückstellung die steuerliche Bemessungsgrundlage gemindert, sofern die Rückstellung steuerlich anerkannt wird. Zwar wird dieser Effekt im Jahr der Auflösung/Inanspruchnahme umgedreht, doch stehen dem Unternehmen auf-

---

9 Vgl. HdR-E/*Mayer-Wegelin*, § 249 HGB Rn. 49.
10 Vgl. *Coenenberg/Haller/Schultze*, S. 429 ff.; *Wöhe*, S. 797. Ist allein die Fälligkeit unsicher, erfolgt ein Ausweis als Verbindlichkeit; vgl. MünchKommHGB/*Ballwieser*, § 249 HGB Rn. 10.
11 Vgl. *Wöhe*, S. 649.

grund der niedrigeren Steuerlast im Jahr der Einbuchung zusätzliche Mittel zur Verfügung, die bis zu dem Zeitpunkt der Auflösung/Inanspruchnahme der Rückstellung genutzt werden können.[12] Die Steuer wird demnach gestundet (**Steuerstundungseffekt**) und die effektive Zahllast wird bei einer positiv rentierlichen Anlage des zunächst „gesparten" Betrags gemindert.

Beispiel

 Ein Unternehmen wird in t1 wegen einer angeblichen Vertragsverletzung verklagt. Das Unternehmen rechnet damit, den Prozess zu verlieren und stellt eine Prozesskostenrückstellung i.H.v. 300.000 EUR zurück. Die Ansatzkriterien des § 5 Abs. 3 EStG sind als erfüllt anzusehen.

Buchungssatz:

sonstige betriebliche Aufwendungen   300.000 EUR

an

sonstige Rückstellungen   300.000 EUR

Die daraus resultierende Steuerersparnis beträgt bei einem angenommenen Steuersatz von 30 % (0,3 x 300.000 EUR =) 90.000 EUR. Den entsprechenden Betrag legt das Unternehmen auf einem Tagesgeldkonto an. Das Geld wird annahmegemäß mit 2 % p.a. verzinst.

In t3 fällt das Gericht das Urteil. Das Unternehmen wird wider Erwarten von jeglichen Ansprüchen freigesprochen. Die Rückstellung wird vollständig aufgelöst. Es ergibt sich eine Steuerlast von 90.000 EUR. Unter Berücksichtigung der Zinsen auf den zurückgestellten Betrag i.H.v. 3.636 EUR (90.000 EUR x $1{,}02^2$ – 90.000 EUR) beträgt die „effektive" Steuerlast allerdings nur 86.364 EUR.

Die **Bedeutung der Rückstellungen in der Praxis** zeigt sich bspw. auch beim Umfang der bilanziell ausgewiesenen Pensionsverpflichtungen im Verhältnis zum Buchwert des Eigenkapitals. Für die DAX-30 Unternehmen ergibt sich auf Basis der Geschäftsberichte für das Geschäftsjahr 2014 ein Buchwert des Eigenkapitals i.H.v. rd. 665 Mrd. EUR[13] sowie bilanziell ausgewiesen Pensionsverpflichtungen i.H.v. rd. 371,5 Mrd. EUR[14]. Über sämtliche DAX-30 Unternehmen betrachtet ergeben sich im Durchschnitt bilanzielle ausgewiesene Pensionsverpflichtungen i.H.v. rd. 12 Mrd. EUR. Das entspricht einem Anteil der Pensionsverpflichtungen bei den DAX-Unternehmen von rd. 56 % des bilanziellen Eigenkapitals. Auch wenn die vorgenannten Befunde im Wesentlichen Bezug nehmen auf IFRS-Daten, gilt für die handelsrechtliche Rechnungslegung nichts anderes: Allein von seiner quantitativen Erscheinung her, sind Rückstellungen (und hier insb. **Pensionsverpflichtungen**) ein bedeutender Passivposten.

---

12 Vgl. *Perridon/Steiner/Rathgeber*, S. 515.
13 Vgl. *Zwirner/Busch/Kähler*, KoR 2015, 606, 609.
14 Vgl. *Hagemann/Oecking/Roman*, KoR 2015, 426, 426.

1.2 Abgrenzung von anderen Posten der Bilanz

1.2.1 Rücklagen

7 Rückstellungen werden häufig mit Rücklagen verwechselt. Während es sich bei Rückstellungen jedoch, mit Ausnahme jener **Rückstellungen** für innerbetriebliche Aufwendungen, um **Fremdkapital** handelt, sind die Rücklagen dem Eigenkapital zuzurechnen.[15] Rückstellungen werden **aufwandswirksam** gebildet (Buchung: Aufwand gegen Rückstellung), weil sie bilanziell bereits wirtschaftlich oder rechtlich verursachte, aber noch nicht realisierte Ausgaben abbilden. Rücklagen hingegen werden nicht aus Aufwendungen „gespeist" sondern ergeben sich durch bereits realisierte Gewinne (**Gewinnrücklage**)[16] bzw. durch eine Außenfinanzierung, wenn der Ausgabebetrag eines Geschäftsanteils ihren Nennwert (NW) übersteigt (**Kapitalrücklage**).[17]

Praxistipp

> **Rückstellungen** sind eine „Vorsorge" für zum Stichtag bereits **verursachte**, d.h. **bereits definierbare**, aber noch nicht realisierte Ausgaben. Rücklagen stehen dem Unternehmen grds. dauerhaft zur Verfügung und können zur Deckung späterer, noch **nicht verursachter** und i.d.R. **noch nicht definierter**[18] Aufwendungen verwendet werden.

8 Die folgende Tabelle fasst die Unterschiede zwischen den benannten Bilanzposten zusammen:

Abgrenzung der Rückstellungen von den Rücklagen

	Rückstellungen	Rücklagen
Bilanzielle Zuordnung	Fremdkapital	Eigenkapital
Bildung	Aufwandswirksam wegen bestimmter Außenverpflichtung (Rückstellung für ungewisse Verbindlichkeiten, Drohverlustrückstellung) oder bestimmter Innenverpflichtung (sog. Aufwandsrückstellung)	Aus realisierten Gewinnen durch Gewinnverwendungsbeschluss/Satzungsvorgaben etc. oder i.R.e. Außenfinanzierung (z.B. einer Kapitalerhöhung)

---

15 Vgl. *Blenkers/Czisz/Gerl*, S. 34; HdR-E/*Mayer-Wegelin*, § 249 HGB Rn. 22.
16 Vgl. *Eifler*, S. 34. Wobei hier natürlich anzumerken ist, dass Gewinne sich durch die Differenz aus (höheren) Erträgen und (niedrigeren) Aufwendungen ergeben.
17 Zur Kapitalrücklage zählen neben den aufgeführten auch noch andere Beträge. Siehe hierzu § 272 Abs. 2 HGB.
18 Eine Ausnahme besteht bei zweckgebundenen Rücklagen. Siehe hierzu Syst. Praxiskommentar Bilanzrecht/*Patek/Hartmann*, § 272 HGB Rn. 115.

1.2 Abgrenzung von anderen Posten der Bilanz

	Rückstellungen	**Rücklagen**
Verwendung	Für den Zweck, für den die Rückstellung gebildet wurde, also die bestimmte Außen- oder Innenverpflichtung	Mit Ausnahme zweckgebundener Rücklagen freie Verwendung – bspw. für spätere Ausschüttungen oder Investitionen

1.2.2 Rechnungsabgrenzungsposten

Rückstellungen sind ferner von Rechnungsabgrenzungsposten abzugrenzen. Bei **passiven Rechnungsabgrenzungsposten** handelt es sich um „[…] Einnahmen vor dem Abschlussstichtag […], soweit sie Ertrag für eine bestimmte Zeit nach dem Tag darstellen."[19] Die Abgrenzung ist insofern schon eingängig, als dass es sich bei passiven Rechnungsabgrenzungsposten um Einnahmen handelt, Rückstellungen aber stets mit (zukünftigen) Ausgaben im Zusammenhang stehen.

Wie Rückstellungen begründen sich **aktive Rechnungsabgrenzungsposten** aus bestimmten Aufwendungen. Während Rückstellungen auf bereits zu berücksichtigenden Aufwendungen basieren, die zu späteren Ausgaben führen; basieren aktive Rechnungsabgrenzungsposten auf Ausgaben, denen noch keine Aufwendungen gegenüberstehen.[20]

Praxistipp

*Wird eine Ausgabe getätigt für Aufwand späterer Perioden, sind aktive Rechnungsabgrenzungsposten zu bilden (**erst die Ausgabe, dann der Aufwand**). Fällt Aufwand an, dem in späteren Perioden Ausgaben folgen, sind Rückstellungen zu bilden (**erst der Aufwand, dann die Ausgabe**).*

Beispiel

*Wird im Dezember die Miete des Monats Januar überwiesen, ist zum Bilanzstichtag 31.12. ein aktiver Rechnungsabgrenzungsposten zu bilanzieren (**Ausgabe** im Dezember, **Aufwand** im Januar).*

*Werden im Dezember Produkte ausgeliefert, die wegen eines eklatanten Mangels zurückgerufen werden müssen, ist eine Rückstellung zu bilden (**Aufwand** im Dezember, **Ausgabe** im nächsten Jahr).*

Rechnungsabgrenzungsposten und Rückstellungen ist gemein, dass sie eine **periodengerechte Erfolgsermittlung** verfolgen, indem Aufwand und Ertrag den Perioden zugerechnet werden, in denen sie ihre wirtschaftliche und rechtliche Verursachung finden. Im Gegensatz zu den Rückstellungen sind die Aufwendungen

---
19 § 250 Abs. 2 HGB.
20 Vgl. § 250 Abs. 1 HGB.

eines aktiven Rechnungsabgrenzungspostens genau quantifizierbar,[21] da sie auf einen realisierten Zahlungsmittelabfluss zurückzuführen sind.[22]

1.2.3 Eventualverbindlichkeiten

12 Bis zum Inkrafttreten des BilRUG sind nach § 251 i.V.m. § 268 Abs. 7 HGB a.F. Eventualverbindlichkeiten **unter der Bilanz oder im Anhang** des Abschlusses auszuweisen.[23] Die Neufassung der handelsrechtlichen Regelungen durch das BilRUG schreibt künftig einen Pflichtausweis des Gesamtbetrags etwaiger finanzieller Verpflichtungen, Garantien oder Eventualverbindlichkeiten, die nicht Gegenstand der Bilanz sind, im Anhang vor.[24] Damit fällt der bisher mögliche Ausweis unter der Bilanz künftig weg. Da § 268 Abs. 7 HGB aber nur für Kapitalgesellschaften (bzw. diesen nach § 264a HGB gleichgestellte Personenhandelsgesellschaften) gilt, bleibt die durch das BilRUG nicht geänderte Regelung nach § 251 HGB unverändert.[25] Demnach haben diese Unternehmen, da sie keinen Anhang zu erstellen haben, die Angaben weiterhin unter der Bilanz vorzunehmen. Hierzu zählen bspw. Unternehmen in der Rechtsform der KG oder OHG.[26]

13 Diesen Haftungsverhältnissen sind alle Sachverhalte zu subsumieren, aus denen eine Inanspruchnahme erwachsen könnte, die jedoch zum Bilanzstichtag nicht als wahrscheinlich erscheint. Die Abgrenzung ggü. den Rückstellungen macht sich folglich an der **Wahrscheinlichkeit der Inanspruchnahme** fest. Wird mit hinreichender Wahrscheinlichkeit mit einer Inanspruchnahme gerechnet, ist eine Rückstellung zu bilanzieren, andernfalls ist nach § 251 i.V.m. § 268 Abs. 7 HGB lediglich die Eventualverbindlichkeit im Anhang anzugeben.

Beispiel

 Fall 1: Angabe von Haftungsverhältnissen bei Kapitalgesellschaften

Die Sigma GmbH hat in ihrem Jahresabschluss zum 31.12.2015 Haftungsverhältnisse i.H.v. 100.000 EUR unter der Bilanz angegeben. Im Jahresabschluss zum 31.12.2016 sind diese Angaben im Anhang zu machen.

Fall 2: Angabe von Haftungsverhältnissen bei Personenhandelsgesellschaften

Die Sigma OHG hat in ihrem Jahresabschluss zum 31.12.2015 Haftungsverhältnisse i.H.v. 100.000 EUR unter der Bilanz angegeben. Im Jahresabschluss zum 31.12.2016 sind diese Angaben weiterhin unter der Bilanz zu machen.

---

21 Vgl. *Eifler*, S. 38.
22 Vgl. *Zwirner/Kähler*, BC 2015, 133, 133 ff.; Syst. Praxiskommentar Bilanzrecht/*Heine/Zenger*, § 250 HGB Rn. 1 ff.
23 Vgl. § 251 i.V.m. § 268 Abs. 7 HGB.
24 Vgl. *Zwirner*, DStR 2015, 1640, 1641; *Zwirner* in: Zwirner, BilRUG, 2016, S. 448.
25 Vgl. *Zwirner*, DStR 2014, 1784, 1787; *Zwirner* in: Zwirner, BilRUG, 2016, S. 448.
26 Vgl. *Russ/Janssen/Götze/Mezger/Weiser*, BilRUG-Kommentar, § 268 HGB, Rn. 15.

1.2 Abgrenzung von anderen Posten der Bilanz

Praxistipp

Eine Eventualverbindlichkeit ist unter den Haftungsverhältnissen auszuweisen, wenn zum Bilanzstichtag nicht mit hinreichender Wahrscheinlichkeit mit einer Inanspruchnahme gerechnet wird. Ist hingegen eine Inanspruchnahme wahrscheinlich, ist eine Rückstellung zu bilanzieren.

Eine besondere Relevanz hat das Wahrscheinlichkeitserfordernis bei der **bilanziellen Abbildung von Bürgschaften**. Der bilanzierende Kaufmann muss hier zu jedem Bilanzstichtag anhand der Bonität des Schuldners abschätzen, ob eine Inanspruchnahme droht. Hier kann die vielzitierte Formel: „Es spricht mehr dafür als dagegen", nur als Richtschnur dienen, denn eine genaue Bemessung der 50 %-Grenze ist gerade nicht in jedem Einzelfall möglich.[27] Vom Kaufmann ist deshalb eine **vernünftige Einschätzung** vorzunehmen, ob eine **Inanspruchnahme** erwartet wird oder nicht. Diese Einschätzung ist jedoch in den seltensten Fällen dem Beweis durch die **51 %-Regel** zugänglich und kann wiederum nur anhand einer intuitiven Wahrscheinlichkeitsermittlung geprüft werden.

14

1.2.4 Sonstige finanzielle Verpflichtungen

Sonstige finanzielle Verpflichtungen, die nicht in der Bilanz enthalten sind, müssen – soweit sie für die Beurteilung der Finanzlage notwendig sind – von bestimmten Gesellschaften im Anhang angegeben werden.[28] „Nicht in der Bilanz enthaltene Geschäfte" umfassen auch Dauerschuldverhältnisse, die grds. keinen Eingang in die Bilanz finden. Besteht seitens des Bilanzierenden allerdings ein **Verpflichtungsüberschuss (d.h. stehen sich Leistung und Gegenleistung nicht ausgeglichen gegenüber)**, ist eine Drohverlustrückstellung zu bilanzieren. Bei Ausgeglichenheit von Leistung und Gegenleistung bleibt es bei der Anhangangabe. Hierbei sind die in § 285 Nr. 3 HGB genannten Voraussetzungen zu beachten.[29]

15

Praxistipp

Dauerschuldverhältnisse sind Grundlage von Drohverlustrückstellungen, wenn Leistung und Gegenleistung sich ungleich gegenüberstehen. Als sonstige finanzielle Verpflichtungen sind sie nur dann auszuweisen, wenn:
- *sich Leistung und Gegenleistung ausgeglichen gegenüberstehen,[30]*
- *die Angabe des Dauerschuldverhältnisses für die Beurteilung der Finanzlage notwendig ist,*

---

27 Eine Anwendung dieser „Formel" ist nur bei einer sehr großen Grundgesamtheit sinnvoll, sodass das „Gesetz der großen Zahl" greift; vgl. *Hoffmann/Lüdenbach*, § 249 HGB Rn. 46.
28 Vgl. § 285 Nr. 3 HGB; Syst. Praxiskommentar Bilanzrecht/*Roth/Prechtl*, § 285 HGB Rn. 14 ff.
29 Siehe hierzu ausführlich *Boecker/Zwirner* in: Zwirner, BilRUG, 2016, S. 498 ff.
30 Vgl. HdR-E/*Mayer-Wegelin*, § 249 HGB Rn. 22.

1 Einleitung

- es sich bei dem bilanzierenden Unternehmen um mittlere oder große KapG bzw. PersHG handelt[31].

1.2.5 Verbindlichkeiten

16 Im Gegensatz zu Verbindlichkeiten, die sowohl dem Grunde als auch der Höhe nach sicher sind,[32] ist den Rückstellungen stets zumindest ein **Ungewissheitsmoment** anhaftend. Die Fragen nach dem ob, nach dem wann und nach dem wie viel sind bei Verbindlichkeiten bereits beantwortet. Bei Rückstellungen ist zumindest eine dieser Fragen (noch) offen.

Abgrenzung der Verbindlichkeiten von den Rückstellungen;
© Petersen/Künkele/Zwirner

Beispiel

 Fall 1: Ein Kunde reklamiert ein fehlerhaftes Produkt, allerdings lassen sich die Reparaturkosten nicht genau abschätzen.

Fall 2: Ein Kunde reklamiert ein fehlerhaftes Produkt. Die Reparaturkosten können genau beziffert werden.

In beiden Fällen besteht Sicherheit über den Grund der Verpflichtung. Während im ersten Fall die Höhe der Verpflichtung ungewiss ist und damit die Bilanzierung einer Rückstellung erfordert, ist die Höhe der Verpflichtung im zweiten Fall bekannt und der Verpflichtung ist dementsprechend mit der Bilanzierung einer Verbindlichkeit Rechnung zu tragen.

---

31 Vgl. Syst. Praxiskommentar Bilanzrecht/*Roth/Prechtl*, § 285 HGB Rn. 17.
32 Vgl. HdR-E/*Mayer-Wegelin*, § 249 HGB Rn. 22; Syst. Praxiskommentar Bilanzrecht/*Lentz*, § 266 HGB Rn. 166.

1.3 Rückstellungsarten

Die Ansatzvorschriften nach § 249 HGB unterscheiden grds. zwischen drei grundlegenden Rückstellungsarten, deren Charakteristika an anderer Stelle noch genauer erläutert werden (siehe Kap. 2, Rn. 48 ff.).

Rückstellungen für ungewisse Verbindlichkeiten liegen dann vor, wenn zum Bilanzstichtag eine Außenverpflichtung besteht, aber Grund und/oder Höhe der Verpflichtung nicht verlässlich bestimmt werden können.[33] Sofern Grund und Höhe der Verpflichtung feststehen, liegen die Ansatzkriterien von Verbindlichkeiten vor. Die Bewertung richtet sich grds. nach den erwarteten, vorsichtig zu schätzenden Aufwendungen unter Berücksichtigung der für Rückstellungen gültigen Bewertungsgrundsätze nach § 253 Abs. 1 Satz 2 HGB.

Rückstellungen für drohende Verluste aus schwebenden Geschäften dienen der Berücksichtigung von bekannten und bestimmbaren künftigen Verlusten, die am Bilanzstichtag hinreichend abschätzbar sind, aber erst künftig anfallen. Die wirtschaftliche Verursachung der Verluste ist allerdings in dem Abschluss des bereits zum Bilanzstichtag bestehenden (schwebenden) Geschäfts zu sehen. Rückstellungen für drohende Verluste aus schwebenden Geschäften sind damit ein unmittelbarer Ausfluss des handelsrechtlichen Imparitätsprinzips,[34] das den Bilanzierenden zum Ausweis unrealisierter, aber bereits sich abzeichnender Verluste zum Bilanzstichtag zwingt.[35] Hinsichtlich der Bewertung der Rückstellungen für drohende Verluste ist auf den sich nach (kompensatorischer) Berücksichtigung etwaiger Erträge ergebenden Verpflichtungsüberschuss abzustellen.[36]

Aufwandsrückstellungen bilden Verpflichtungen ab, die im abgelaufenen Geschäftsjahr wirtschaftlich verursacht wurden, für die allerdings zum Bilanzstichtag – entgegen der Rückstellungen für ungewisse Verbindlichkeiten – keine Außenverpflichtung vorliegt. Mangels Vorliegen einer Außenverpflichtung handelt es sich bei Aufwandsrückstellungen um sog. Innenverpflichtungen, die keine Schulden i.S.d. § 247 HGB darstellen.[37] Um den Ansatz dieser Rückstellungen zu begrenzen, sieht § 249 Abs. 1 HGB allein den Ansatz von Aufwandsrückstellungen vor für:

- im Geschäftsjahr unterlassene Aufwendungen für Instandhaltung, die im folgenden Geschäftsjahr innerhalb von drei Monaten nachgeholt werden,
- im Geschäftsjahr unterlassene Aufwendungen für Abraumbeseitigung, die im folgenden Geschäftsjahr nachgeholt werden,
- Gewährleistungen, die ohne rechtliche Verpflichtung erbracht werden.

---

33 Vgl. MünchKommHGB/*Ballwieser*, § 249 HGB Rn. 10; *Roser*, WPg 2015, 693, 698 ff.; *Broemel/Endert*, BBK 2014, 699, 699.
34 Vgl. § 253 Abs. 1 Nr. 4 HGB.
35 Vgl. Syst. Praxiskommentar Bilanzrecht/*Brösel/Burgardt*, § 252 HGB Rn. 44.
36 Vgl. Beck Bil-Komm/*Schubert*, § 249 HGB Rn. 3.
37 Vgl. *Schumann*, EStB 2014, 441, 442.

1 Einleitung

21 Die Möglichkeit der Bildung von Rückstellungen für unterlassene Instandhaltungen, die nach Ablauf der drei Monate nach dem Bilanzstichtag aber **innerhalb der letzten neun Monate des folgenden Geschäftsjahrs nachgeholt** werden, ist durch das BilMoG seit 2010 aufgehoben wurden. Auch „ihrer Eigenart nach genau umschriebene, dem Geschäftsjahr oder einem früheren Geschäftsjahr zuzuordnende" Aufwandsrückstellungen (sog. **spezielle Aufwandsrückstellungen**) können seit dem BilMoG nicht mehr gebildet werden.[38] Die folgende Tabelle zeigt Ansatzverbote und Ansatzpflichten nach dem HGB, welche nunmehr im Einklang mit dem Steuerrecht stehen:

Ansatzpflichten und -verbote nach § 249 HGB

Rückstellungsart	HGB
Rückstellungen für ungewisse Verbindlichkeiten	Ansatzpflicht
Rückstellungen für drohende Verluste aus schwebenden Geschäften	Ansatzpflicht
Rückstellungen für im Geschäftsjahr unterlassene Aufwendungen für Instandhaltungen, die innerhalb der ersten drei Monate des folgenden Geschäftsjahrs nachgeholt werden	Ansatzpflicht
Rückstellungen für Abraumbeseitigungen, die im folgenden Geschäftsjahr nachgeholt werden	Ansatzpflicht
Rückstellungen für Gewährleistungen, die ohne rechtliche Verpflichtung erbracht werden	Ansatzpflicht
Rückstellungen für im Geschäftsjahr unterlassene Aufwendungen für Instandhaltungen, die nach Ablauf des Dreimonatszeitraums innerhalb der letzten neun Monate des folgenden Geschäftsjahrs nachgeholt werden	Ansatzverbot
Spezielle Aufwandsrückstellungen	Ansatzverbot

22 Während § 249 HGB den Ansatz der Rückstellungen regelt, sieht § 266 HGB den **bilanziellen Ausweis** der Rückstellungen vor. Zu den Rückstellungen für ungewisse Verbindlichkeiten zählen sowohl die Rückstellungen für Pensionen und ähnliche Verpflichtungen als auch die Steuerrückstellungen. Weitere Rückstellungen für ungewisse Verbindlichkeiten sind unter den „sonstigen Rückstellungen" auszuweisen. Aufwandsrückstellungen sowie Rückstellungen für drohende Verluste aus schwebenden Geschäften stellen sonstige Rückstellungen dar.

---

38 Vgl. Syst. Praxiskommentar Bilanzrecht/*Petersen/Künkele/Zwirner*, § 249 HGB Rn. 177 ff.

Praxistipp

 Die Rückstellungsarten des § 249 HGB stimmen nicht mit dem gesetzl. Gliederungsschema des § 266 HGB überein. Die meisten Rückstellungen sind unter den „sonstigen Rückstellungen" in der Bilanz auszuweisen.

Die folgende Tabelle gibt die unterschiedliche Kategorisierung von Rückstellungen in den §§ 249, 266 HGB wieder:

Kategorisierung der Rückstellungen

Nach Ansatzvoraussetzungen (§ 249 HGB)	Rückstellungen für ungewisse Verbindlichkeiten	Rückstellungen für drohende Verluste	Aufwandsrückstellungen
Nach Ausweis (§ 266 HGB)	Rückstellungen für Pensionen und ähnliche Verpflichtungen	Steuerrückstellungen	Sonstige Rückstellungen

1.4 Bildung, Inanspruchnahme (Verbrauch) und Auflösung von Rückstellungen

Die **Bildung** der jeweiligen Rückstellung hat über den **Aufwandsposten** der Gewinn- und Verlustrechnung (GuV) zu erfolgen, dem der künftig anfallende Aufwand zuzurechnen wäre bzw. dem der Aufwand zugerechnet worden wäre, wenn er noch im abgelaufenen Geschäftsjahr zu Ausgaben geführt hätte.[39] Rückstellungen sind demnach über verschiedene GuV-Posten zu bilden. In Betracht kommen regelmäßig alle Aufwandsarten bis auf die Abschreibungen. Ausgehend vom Gliederungsschema des § 275 Abs. 1 HGB bieten damit folgende Aufwandsposten Raum für die Bildung von Rückstellungen: Materialaufwand, Personalaufwand, sonstige betriebliche Aufwendungen, Zinsen und ähnliche Aufwendungen, außerordentliche Aufwendungen, Steuern vom Einkommen und Ertrag, sonstige Steuern.

23

Betrifft die Rückstellung verschiedene Aufwandsarten (bspw. beim Gewährleistungsaufwand, wenn sowohl Personal- als auch Materialaufwand notwendig sind), hat die Bildung der Rückstellung über den Posten **„sonstige betriebliche Aufwendungen"** zu erfolgen.[40] Dies gilt auch für die Fälle, in denen noch nicht erkennbar ist, welche Aufwandsarten in welchem Umfang betroffen sind.[41]

24

---

39 Vgl. Beck HdR/*Scheffler*, B 233 Rn. 44.
40 Vgl. so auch Beck HdR/*Scheffler*, B 233 Rn. 44.
41 Vgl. *Coenenberg/Haller/Schultze*, S. 434.

1 Einleitung

25 Der Zeitpunkt der Bildung einer Rückstellung hängt von ihrer wirtschaftlichen Verursachung ab. Demnach darf eine Rückstellung zum Bilanzstichtag nur dann angesetzt werden, wenn sie zu diesem Zeitpunkt **rechtlich oder wirtschaftlich** als **verursacht** anzusehen ist (siehe Kap. 2.1.2.3, Rn. 58 ff.).

Beispiel

 Die Beispiel AG hat in t1 Beratungsleistungen der „ABC Beratungen GmbH" in Anspruch genommen. Die Rechnung für die Leistungen ist zum Bilanzstichtag noch nicht eingegangen. Die Beispiel AG rechnet damit, dass die in t1 geleistete Beratung 12.000 EUR kosten wird.

Buchungssatz:

sonstiger betrieblicher Aufwand	12.000 EUR
an	
sonstige Rückstellungen	12.000 EUR

26 Spätestens i.R.d. **(Risiko-)Inventur** sind zum Bilanzstichtag alle Risiken abzuschätzen und hinsichtlich ihrer Verursachung und Wahrscheinlichkeit zu bewerten. Notwendige Voraussetzung für diese „**Inventur der Risiken**" ist eine vollständige Registrierung aller abgeschlossenen Verträge sowie etwaiger vorhandener Schadensersatzansprüche, Reklamationen u.Ä.[42]

27 Hinsichtlich der wirtschaftlichen Verursachung ist auch der Zeitraum zwischen Bilanzstichtag und Bilanzerstellung zu berücksichtigen. Hierbei wirken sog. **wertaufhellende Tatsachen** nach dem Bilanzstichtag auf die Rückstellungsbildung dem Grunde nach auf den Bilanzstichtag zurück.[43] Dies gilt im Besonderen neben der Frage des Ansatzes auch für Bewertungsfragen.

28 **Wertbegründende Tatsachen** nach dem Bilanzstichtag führen nicht zum Ansatz einer Rückstellung,[44] weil die Wertbegründung nicht dem abgelaufenen, sondern dem folgenden Geschäftsjahr zuzurechnen ist.

29 Nach der erstmaligen Bildung (und damit der vorgenommenen Zugangsbewertung) ist die Rückstellung spätestens zu jedem folgenden Abschlussstichtag neu zu bewerten. Sofern sich bewertungsbedingte Anpassungen ergeben, sind diese zu berücksichtigen. Während ein höherer Wert als **Zuführung** zu berücksichtigen ist,[45] wird ein geringerer Wert im Zuge des **Verbrauchs** (der Inanspruchnahme) und/oder einer **Auflösung** der Rückstellung erfasst. Die Berücksichtigung von ggf. vorhandenen Zinseffekten ist gesondert vorzunehmen.

---

42 Vgl. Beck HdR/*Petersen/Zwirner*, A 230 Rn. 69. Syst. Praxiskommentar Bilanzrecht/*Petersen/Zwirner*, § 240 HGB Rn. 56 f.
43 Vgl. ADS, § 249 HGB Rn. 254.
44 Vgl. Syst. Praxiskommentar Bilanzrecht/*Petersen/Künkele/Zwirner*, § 249 HGB Rn. 22.
45 Zuführungen können aber auch bei Ansammlungs- und Verteilungsrückstellungen gegeben sein, wobei es sich hier mehr um Sachverhalte des Ansatzes als der Bewertung handelt.

1.4 Bildung, Inanspruchnahme (Verbrauch) und Auflösung von Rückstellungen

Beispiel

 Zum Bilanzstichtag wird festgestellt, dass der Erfüllungsbetrag einer Entfernungsverpflichtung zu niedrig angesetzt wurde. Der Unterschiedsbetrag zum nunmehr geschätzten Erfüllungsbetrag ist der Rückstellung aufwandswirksam zuzuführen. Wieder ist zu buchen: sonstiger betrieblicher Aufwand an sonstige Rückstellungen.

30 Sofern eine Rückstellung unzulässigerweise nicht angesetzt wurde, ist diese schnellstmöglich, d.h. im letzten noch nicht festgestellten Jahresabschluss, gewinnmindernd anzusetzen.[46] In Abhängigkeit von der Wesentlichkeit des Fehlers ist die Beurteilung etwaiger Rechtsfolgen (z.B. Nichtigkeit des Jahresabschlusses) zu überprüfen.[47] Eine **Unterlassung** des Rückstellungsansatzes liegt dann aber nicht vor, wenn der Bilanzierende zum Abschlussstichtag von der Verursachung der Verpflichtung noch keine Kenntnisse hatte; in solchen Fällen ist regelmäßig von wertbegründenden Ereignissen auszugehen.

31 Die **Inanspruchnahme** der Rückstellung zum Zeitpunkt des Anfalls der Aufwendungen (durch unmittelbare Begleichung oder kreditorische Erfassung) ist über dasselbe Konto vorzunehmen, über das die Rückstellung gebildet worden ist. Sofern die Rückstellung in der zutreffenden Höhe gebildet worden ist, muss die Inanspruchnahme der Rückstellungen gegen das Aufwandskonto gebucht werden. Im Ergebnis darf sich im Jahr der Inanspruchnahme nur ein etwaiger Mehr- oder Minderaufwand (wenn die Rückstellung in zu geringer oder zu großer Höhe gebildet wurde) aufwands- oder ertragswirksam auswirken.

Beispiel

 Zum 31.12.t1 bucht die Herkules GmbH eine Rückstellung für die Aufwendungen im Zusammenhang mit der Erstellung und Prüfung des Jahresabschlusses ein. Dies geschieht, mangels Wissen über die genaue Zuordnung, gegen den sonstigen betrieblichen Aufwand. Sie rechnet mit Aufwand i.H.v. 20.000 EUR.

Buchungssätze (ohne Berücksichtigung von Steuern):

sonstige betriebliche Aufwendungen   20.000 EUR
an
sonstige Rückstellungen   20.000 EUR

In t2 fallen 15.000 EUR Personalaufwand für die Bilanzbuchhalter an, die den Jahresabschluss erstellen. Die Kosten der Prüfung belaufen sich auf 10.000 EUR. Es wird gebucht:

---

46 Vgl. Beck Bil-Komm/*Schubert*, § 249 HGB Rn. 19.
47 Ebenso Bertram/Brinkmann/Kessler/Müller/*Bertram*, § 249 HGB Rn. 18.

Personalaufwand	15.000 EUR
sonstige betriebliche Aufwendungen	10.000 EUR
an	
Bank	25.000 EUR

Ungeachtet der Verteilung des Gesamtaufwands auf Personalaufwand und sonstigen betrieblichen Aufwand, wird die Rückstellung gegen das Aufwandskonto in Anspruch genommen, gegen das sie gebildet wurde.

sonstige Rückstellungen	20.000 EUR
an	
sonstige betriebliche Aufwendungen	20.000 EUR

Für den Fall, dass das aufgespaltene Konto hierdurch negativ wird, hat eine entsprechende Korrektur zu erfolgen.

32 Entfällt zum Bilanzstichtag die **Ungewissheit einer Verpflichtung**, ist die gebildete Rückstellung erfolgsneutral in die Verbindlichkeiten **umzugliedern**.[48] Etwaige Bewertungsanpassungen sind hierbei unter den sonstigen betrieblichen Erträgen bzw. dem Aufwandsposten, über den die Rückstellung gebildet wurde, zu erfassen.

Beispiel

Zum 31.12.t1 ist eine Rückstellung für Beratungsleistungen i.H.v. 12.000 EUR gebildet worden. Im Januar t2 erreicht die Rechnung der „ABC Beratungen GmbH" über Beratungsleistungen des Geschäftsjahrs t1 die Beispiel AG. Die Kosten für die Beratung betragen wie geplant 12.000 EUR. Wie in der Praxis üblich, bucht die Kreditorenbuchhaltung der Beispiel AG den Rechnungsbetrag als Verbindlichkeit ein.

Buchungssätze (ohne Berücksichtigung von Steuern):

sonstige betriebliche Aufwendungen	12.000 EUR
an	
Verbindlichkeiten aus Lieferungen und Leistungen	12.000 EUR

sonstige Rückstellungen	12.000 EUR
an	
sonstige betriebliche Aufwendungen	12.000 EUR

---

48 Vgl. Baetge/Kirsch/Thiele/*Hommel*, § 249 HGB Rn. 241.

1.4 Bildung, Inanspruchnahme (Verbrauch) und Auflösung von Rückstellungen

Durch die zweite Buchung wird die ansonsten das Ergebnis verfälschende erste Buchung korrigiert. Die Rückstellung wird aufgelöst und der erfasste Aufwand, welcher der Periode t2 zugerechnet wurde, storniert.

Abwandlung: Der Rechnungsbetrag beläuft sich auf 11.000 EUR.

Buchungssätze *(ohne Berücksichtigung von Steuern):*

sonstige betriebliche Aufwendungen	11.000 EUR
an	
Verbindlichkeiten aus Lieferungen und Leistungen	11.000 EUR
sonstige Rückstellungen	12.000 EUR
an	
sonstige betriebliche Aufwendungen	11.000 EUR
sonstige betriebliche Erträge	1.000 EUR

Der niedrigere Rechnungsbetrag führt zu einem erhöhten Ergebnis, indem 1.000 EUR als sonstiger betrieblicher Ertrag gebucht werden.

Die **Auflösung** einer Rückstellung darf erst dann vorgenommen werden, wenn die Rückstellung nicht mehr oder nicht in der vorgesehenen Höhe benötigt wird, weil die Gründe für die Rückstellungsbildung weggefallen sind.[49] Die gesetzl. Regelung des § 249 Abs. 2 Satz 2 HGB folgt dabei dem handelsrechtlichen Vorsichtsprinzip. Eine Auflösung der Rückstellung kommt demnach in Betracht, wenn mit ihrer Inanspruchnahme zum Bilanzstichtag nicht mehr zu rechnen ist. Dies kann bspw. auf eine andere rechtliche Einschätzung oder neue Informationen zurückzuführen sein.[50] 33

In der Vergangenheit angesetzte Rückstellungen sind zu jedem Bilanzstichtag erneut auf die Erfüllung der jeweiligen Ansatzkriterien hin zu untersuchen. Sofern sich die zuvor geschätzte Höhe durch **neuere Kenntnisse im Zeitablauf** geändert hat, kann ebenso eine Teilauflösung erforderlich sein.[51] Ebenso wie bei der Bildung sind auch mit Blick auf die Auflösung von Rückstellungen wertaufhellende Tatsachen bis zum Zeitpunkt der Bilanzerstellung zu berücksichtigen, nicht aber wertbegründende Tatsachen. 34

Die Auflösung einer Rückstellung war bis zum Inkrafttreten des BilRUG unter den **„sonstigen betrieblichen Erträgen"** zu zeigen (Buchung: Rückstellung an sonstige betriebliche Erträge). Zudem waren die Beträge als **periodenfremde** Erträge nach § 277 Abs. 4 Satz 3 HGB im Anhang anzugeben, sofern sie nicht von untergeordneter Bedeutung sind. Mit der Einführung des BilRUG wird der bisherige § 277 Abs. 4 Satz 3 i.V.m. Satz 2 HGB a.F. in den neuen § 285 Nr. 31 HGB verschoben.[52] 35

---
49 Vgl. *Roser*, WPg 2015, 693, 703 f.
50 Vgl. Beck Bil-Komm/*Schubert*, § 249 HGB Rn. 326. Vgl. auch HdJ/*Herzig/Köster*, Abt. III 5 Rn. 32 ff.
51 Vgl. HdR-E/*Mayer-Wegelin*, § 249 HGB Rn. 254.
52 Vgl. *Zwirner* in: Zwirner, BilRUG, 2016, S. 468 f.

1 Einleitung

Inhaltlich unverändert muss im Anhang auch weiterhin über periodenfremde Erträge und Aufwendungen **berichtet werden**, sofern die Beträge nicht von untergeordneter Bedeutung sind (siehe Kap. 4.3, Rn. 357).[53] In der Praxis findet sich in Einzelfällen auch die Saldierung von Rückstellungsauflösungen mit Zuführungen der Periode. Dies kann im Einzelfall und unter Wesentlichkeitsaspekten vertretbar sein. Häufig erfolgt eine saldierte Behandlung, bspw. im Zusammenhang mit der Bildung von Pensionsrückstellungen bzw. Folgebewertungen. Steuerrückstellungen sind über die GuV-Position „Steuern vom Einkommen und Ertrag" aufzulösen.

Praxistipp

 Grundsätzlich hat die Auflösung von in Vorperioden gebildeten Rückstellungen, die zum Bilanzstichtag nicht mehr dem Grunde bzw. der Höhe nach gerechtfertigt sind, unter den sonstigen betrieblichen Erträgen zu erfolgen. Zudem handelt es sich um einen periodenfremden Effekt i.S.v. § 285 Nr. 31 HGB.

36 Neben der auf Nominalwerten basierenden Bewertung sind zu jedem Bilanzstichtag etwaige vorhandene **Zinseffekte**[54] zu berücksichtigen (siehe Kap. 3.3, Rn. 282 ff.). Diese sind gesondert nach § 277 Abs. 5 Satz 1 HGB in der GuV unter den Zinserträgen bzw. Zinsaufwendungen auszuweisen.[55]

1.5 Grundlagen der steuerbilanziellen Behandlung von Rückstellungen

1.5.1 Zusammenhang zwischen Handels- und Steuerbilanz

37 Grds. gelten aufgrund des sog. **Maßgeblichkeitsprinzips**[56] die Regelungen des Handelsrechts auch für die Steuerbilanz.[57] Dies gilt jedoch nur solange keine steuerlichen Sondervorschriften der handelsrechtlichen Norm entgegenstehen. „In diesen Fällen gehen in der StB die steuerlichen Bilanzierungs- und Bewertungsvorschriften den handelsrechtlichen vor."[58] Im Übrigen gilt der vom Großen Senat des BFH aufgestellte Grundsatz, dass ein handelsrechtliches Passivierungswahlrecht und ein handelsrechtliches Passivierungsverbot in der Steuerbilanz zu einem Passivierungsverbot führen.[59] Das zusammenfassende Schaubild verdeutlicht die vorstehenden Ausführungen:

---

53 Vgl. *Boecker/Zwirner* in: Zwirner, BilRUG, 2016, S. 515 ff.
54 Vgl. § 253 Abs. 2 Satz 1 HGB.
55 Vgl. Syst. Praxiskommentar Bilanzrecht/*de la Paix*, § 277 HGB Rn. 41 f.
56 Vgl. § 5 Abs. 1 Satz 1 EStG. Vgl. auch weiterführend *Schumann*, EStB 2014, S. 441 ff. Ebenso Schmidt/*Weber-Grellet*, EStG § 5 Rn. 350 ff.
57 Siehe Handbuch Bilanzrecht/*Künkele/Zwirner*, C.IV. Rn. 6.
58 Handbuch Bilanzrecht/*Künkele/Zwirner*, C.IV. Rn. 7.
59 Vgl. BFH v. 03.02.1969, GrS 2/68, BStBl. II 1969, 291.Siehe hierzu mit umfassender Kritik und m.w.N. *Kessler*, S. 50 ff. Dieser aufgestellte Grundsatz wurde auch nochmal durch das *BMF* v. 12.03.2010, IV C 6 – S 2133/09/10001, BStBl. I 2010, 239 betont.

1.5 Grundlagen der steuerbilanziellen Behandlung von Rückstellungen

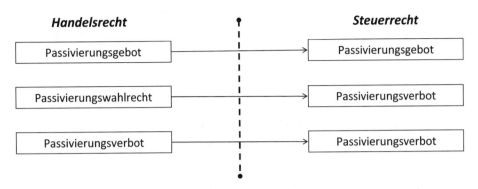

Darstellung des grds. Zusammenhangs zwischen Handels- und Steuerbilanz bzgl. Passivposten; © Petersen/Künkele/Zwirner

Für die Rückstellungen, wie sie in § 249 HGB beschrieben sind, gilt ein Passivierungsgebot, weswegen diese grds. auch in der Steuerbilanz zu bilden wären. Hinsichtlich der **Drohverlustrückstellungen**[60] wird dieser Grundsatz allerdings durch § 5 Abs. 4a EStG durchbrochen: Für die **Steuerbilanz** gilt demnach ein **Passivierungsverbot** für Rückstellungen für drohende Verluste aus schwebenden Geschäften.[61]

Beispiel

 Im Rahmen eines Sukzessivlieferungsvertrags mit einem Hopfenbauern hat sich ein Brauereiunternehmen die Lieferung von einer bestimmten Menge Hopfen gesichert. Der vereinbarte Preis liegt weit über dem aktuellen Marktpreis von Hopfen, sodass ein Verlust aus der Bierproduktion droht, da der Brauereibetreiber die höheren Preise nicht an die Kunden abwälzen kann. Es ist eine Drohverlustrückstellung zu bilden.

Buchungssatz:

sonstige betriebliche Aufwendungen   an   Drohverlustrückstellung

Steuerrechtlich darf diese Rückstellung nicht gebildet werden. Bis zur Zahlung des Preises für die einzelnen Lieferungen bleibt der Verlust steuerlich unberücksichtigt.

Ist handelsrechtlich ein Wahlrecht normiert und erteilt das Steuerrecht für denselben Sachverhalt auch ein Wahlrecht, so können die Wahlrechte in Handels- und

---

60 Vgl. § 249 Abs. 1 Satz 1 Alt. 2 HGB.
61 Vgl. Schmidt/*Weber-Grellet*, EStG § 5 Rn. 450.

Steuerbilanz unterschiedlich ausgeübt werden.[62] So kann bspw. das handels- und steuerrechtliche Wahlrecht für die **Passivierung von Pensionsrückstellungen für Altzusagen** in der einen Bilanz genutzt werden, während in der anderen darauf verzichtet wird.[63]

40 Die soeben erläuterten Grundsätze gelten auch für die **Bewertung**, sodass gilt: Die steuerrechtliche Rückstellungsbewertung hat stets der handelsrechtlichen Bewertung zu folgen, wenn das Steuerrecht keine eigenständige Bewertungsvorschrift vorsieht (zu den steuerrechtlichen Bewertungsvorschriften siehe Kap. 3.4, Rn. 308 ff.).

1.5.2 Bedeutung der BFH-Rechtsprechung

41 Der BFH entscheidet in oberster Instanz über Streitigkeiten hinsichtlich des Ansatzes und der Bewertung von Rückstellungen in der Steuerbilanz. Damit legt das oberste Finanzgericht jedoch **mangels steuerrechtlicher Sondernormen** vorrangig Handelsrecht aus.[64] Dies liegt in der Maßgeblichkeit der handelsrechtlichen Rückstellungsbilanzierung für die Steuerbilanz begründet.

42 Die Mehrheit der später folgenden Grundsätze zur Rückstellungsbilanzierung, insb. zum Ansatz, entstammen Urteilen des BFH und deren Abhandlung in der Literatur.[65] Dies belegt die ungebrochene Bedeutung der höchstrichterlichen Rechtsprechung auch für die **handelsbilanzielle Behandlung** von Rückstellungssachverhalten.

43 Durch die mit dem BilMoG einhergehende **Abschaffung der Umkehrmaßgeblichkeit**[66] entfaltet die BFH-Rechtsprechung keine (unmittelbare) Wirkung mehr auf die Handelsbilanz. Gleichwohl bleibt es im Fall fehlender steuerlicher Sondernormen bei der mittelbaren Auslegung von Handelsrecht durch den BFH. Diese Auslegung muss zudem den handelsrechtlichen GoB gerecht werden. Ergeht eine Rechtsprechung aus steuerlicher Sicht und ist hiervon grds. ein Sachverhalt betroffen, der sowohl nach Handelsrecht als auch nach Steuerrecht den Ansatz oder die Bewertung einer Rückstellung bedingt, kann diese Rechtsprechung, die zu den GoB ergeht, auch handelsrechtliche Bedeutung entfalten. Daher kommt der steuerlichen Rechtsprechung nach wie vor eine Bedeutung für die handelsrechtliche Rückstellungsbilanzierung zu.

---

62 Vgl. *BMF* v. 12.03.2010, IV C 6 – S 2133/09/10001, BStBl. I 2010, 239, 240. Siehe hierzu auch *Künkele/Zwirner*, DStR 2010, 2263, 2263 ff.
63 Vgl. *BMF* v. 12.03.2010, IV C 6 – S 2133/09/10001, BStBl. I 2010, 239, 240.
64 Vgl. bspw. mit Bezug auf das Apothekerurteil und der damaligen Auslegung der GoB für Drohverlustrückstellungen (mangels fehlenden Passivierungsverbots für derartige Posten) *Kessler/Scholz-Görlach*, PiR 2007, 304, 305.
65 Zur Bilanzrechtsprechung siehe ausführlich *Moxter*, Bilanzrechtsprechung, S. 1 ff.
66 Hierunter ist die überholte Maßgeblichkeit der Steuer- für die Handelsbilanz zu verstehen.

1.5.3 Überblick über die steuerlichen Normen der Rückstellungsbilanzierung

Die vom Handelsrecht losgelösten, steuerbilanziellen Normen zu Ansatz und Bewertung von Rückstellungen finden sich in den §§ 3, 5, 6 und 6a EStG. Demnach sind **steuerbilanziell** – einschränkend ggü. dem HGB – für Rückstellungen u.a. die nachstehenden Normen **zu beachten**:

44

- kein Ansatz von Rückstellungen für Verpflichtungen, die nur zu erfüllen sind, soweit künftige Einnahmen oder Gewinne anfallen[67] (siehe Kap. 2.1.4.2, Rn. 100),
- Rückstellungen wegen Verletzung fremder Patent-, Urheber- oder ähnlicher Schutzrechte[68] (siehe Kap. 2.1.4.3, Rn. 101 ff.),
- Rückstellungen für Jubiläumszusagen[69] (siehe Kap. 2.1.4.4, Rn. 105 ff.),
- kein Ansatz von Drohverlustrückstellungen[70] (siehe Kap. 2.2.7, Rn. 209 f.),
- kein Ansatz von Rückstellungen für künftige Anschaffungs- oder Herstellungskosten eines Wirtschaftsguts[71] (siehe Kap. 2.1.4.5, Rn. 110),
- Rückstellungen im Zusammenhang mit Kernbrennstoffen[72] (siehe Kap. 2.1.4.6, Rn. 111 f.),
- Rückstellungen im Zusammenhang mit Kernkraftwerken (siehe Kap. 2.1.4.7, Rn. 113 f.),
- Rückstellungen für die steuerliche Verrechnungspreisdokumentation (siehe Kap. 2.1.4.8, Rn. 115 ff.),
- Rückstellungen im Zusammenhang mit der (freiwilligen) Jahresabschlussprüfung (siehe Kap. 2.1.4.10, Rn. 122 ff.),
- Drohverlustrückstellungen bei Bewertungseinheiten (siehe Kap. 2.1.4.11, Rn. 125 ff.),
- Stichtagsbezogene Anpassung des Ansammlungszeitraums bei Ansammlungsrückstellungen (siehe Kap. 2.1.4.9, Rn. 118 ff.) sowie
- Pensionsrückstellungen[73] (siehe Kap. 5.3.2, Rn. 438 ff.).

Unterschiede in Handels- und Steuerbilanz ergeben sich ferner hinsichtlich der Behandlung von Rückstellungen für **nicht abziehbare Betriebsausgaben** i.S.d. § 4 EStG. Wird eine solche Rückstellung in der Handelsbilanz gebildet, ist der so erfasste Aufwand für Zwecke der Ermittlung der steuerlichen Bemessungsgrund-

45

---

67 Vgl. § 5 Abs. 2a EStG.
68 Vgl. § 5 Abs. 3 EStG.
69 Vgl. § 5 Abs. 4 EStG.
70 Vgl. § 5 Abs. 4a EStG.
71 Vgl. § 5 Abs. 4a EStG.
72 Vgl. § 5 Abs. 4b Satz 2 EStG.
73 Vgl. § 6a EStG.

lage wieder zu korrigieren. Als Beispiele nicht abziehbarer Betriebsausgaben sind zu nennen:

- von einer Behörde oder einem Gericht der BRD oder der EU festgesetzte Geldbußen, Ordnungsgelder und Verwarnungsgelder (siehe jedoch bzgl. der Abschöpfung eines wirtschaftlichen Vorteils Kap. 7.2, Rn. 669 ff.),[74]
- Zinsen auf hinterzogene Steuern nach § 235 AO,[75]
- Zuwendungen von Vorteilen, die eine rechtswidrige Handlung darstellen, die den Tatbestand eines Strafgesetzes oder eines Gesetzes verwirklicht, das die Ahndung mit einem Bußgeld zulässt („Schmiergeld"),[76]
- Gewerbesteuer und darauf entfallende Nebenleistungen.[77]

Praxistipp

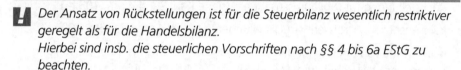
Der Ansatz von Rückstellungen ist für die Steuerbilanz wesentlich restriktiver geregelt als für die Handelsbilanz.
Hierbei sind insb. die steuerlichen Vorschriften nach §§ 4 bis 6a EStG zu beachten.

46 Im Ergebnis sind **in der Steuerbilanz** Rückstellungen anzusetzen für:

- ungewisse Verbindlichkeiten (inkl. Pensionsrückstellungen unter Beachtung der Einschränkung nach § 6a EStG),
- im Geschäftsjahr unterlassene Instandhaltungsaufwendungen, die in den ersten drei Monaten des folgenden Geschäftsjahres nachgeholt werden,
- im Geschäftsjahr unterlassene Aufwendungen für Abraumbeseitigung, die im folgenden Geschäftsjahr nachgeholt werden,
- Gewährleistungen ohne rechtliche Verpflichtungen.

47 Hinsichtlich der **steuerbilanziellen Bewertung** sind die gesonderten Regelungen der §§ 6 Abs. 1 Nr. 3a, 6a EStG zu beachten:

- Normen zur Bilanzierung von Rückstellungen, die nicht Pensionsrückstellungen sind:
  - Ermittlung von Pauschalrückstellungen mithilfe von Erfahrungswerten,[78]
  - Bewertung von Sachleistungsverpflichtungen mit den Einzelkosten und angemessenen Teilen der notwendigen Gemeinkosten (siehe Kap. 3.4.1, Rn. 308 ff.),[79]

---

74 Vgl. § 4 Abs. 5 Nr. 8 EStG.
75 Vgl. § 4 Abs. 5 Nr. 8a EStG.
76 Vgl. § 4 Abs. 5 Nr. 10 EStG.
77 Vgl. § 4 Abs. 5b EStG.
78 Vgl. § 6 Abs. 1 Nr. 3a Buchst. a) EStG.
79 Vgl. § 6 Abs. 1 Nr. 3a Buchst. b) EStG.

1.5 Grundlagen der steuerbilanziellen Behandlung von Rückstellungen

- Saldierung mit bestimmten künftigen Vorteilen (siehe Kap. 3.2.2, Rn. 244 ff.),[80]
- Bewertung von Verpflichtungen zur Rücknahme von vor Inkrafttreten gesetzl. Regelungen in Verkehr gebrachten Produkten,[81]
- Diskontierungszins von 5,5 % für unverzinsliche Rückstellungen mit einer Laufzeit von mehr als zwölf Monaten (siehe Kap. 3.4.2, Rn. 312 ff.),[82]
- Abzinsungszeitraum bei Sachleistungsverpflichtungen (siehe Kap. 3.4.2, Rn. 312),[83]
- Stichtagsprinzip bei der Bewertung (siehe Kap. 3.4.3, Rn. 320 ff.),[84]
• Norm zur Bilanzierung von Pensionsrückstellungen:
- Teilwertbewertung bei der Ermittlung der Pensionsrückstellungen (siehe Kap. 5.9.6., Rn. 572 ff.)[85]

Praxistipp

 Wegen der unterschiedlichen Ansatz- und Bewertungsregelungen in Handels- und Steuerbilanz ist für die Handelsbilanz die korrekte Abbildung latenter Steuern zu beachten!

---

80 Vgl. § 6 Abs. 1 Nr. 3a Buchst. c) EStG.
81 Vgl. § 6 Abs. 1 Nr. 3a Buchst. d) Satz 2 EStG.
82 Vgl. § 6 Abs. 1 Nr. 3a Buchst. e) i.V.m. Nr. 3 Satz 2 EStG.
83 Vgl. § 6 Abs. 1 Nr. 3a Buchst. a) i.V.m. Nr. 3 Satz 2 EStG.
84 Vgl. § 6 Abs. 1 Nr. 3a Buchst. f) EStG.
85 Vgl. § 6a Abs. 3 EStG.

2
Ansatz nach den Rückstellungsarten des § 249 HGB

2 Ansatz nach den Rückstellungsarten des § 249 HGB

2.1 Rückstellungen für ungewisse Verbindlichkeiten

2.1.1 Überblick über die Passivierungsvoraussetzungen

Entsprechend der **abschließenden Aufzählung** der anzusetzenden Rückstellungen nach § 249 Abs. 1 HGB ist im Folgenden auf die drei unterschiedlichen **Rückstellungsarten** (Verbindlichkeitsrückstellungen, Drohverlustrückstellungen sowie Aufwandsrückstellungen) einzugehen. Hinsichtlich des bilanziellen Ausweises ist zu beachten, dass die Steuerrückstellungen sowie die Pensionsrückstellungen als Teilmenge der Rückstellungen für ungewisse Verbindlichkeiten gesondert auszuweisen sind. Ansonsten sind alle übrigen Rückstellungen dem Posten „sonstige Rückstellungen" zu subsumieren.

48

Rückstellungen für ungewisse Verbindlichkeiten sind dadurch gekennzeichnet,[1] dass

49

1. eine sichere oder zumindest wahrscheinliche Verpflichtung (siehe Kap. 2.1.2.1, Rn. 51 ff.),
2. im Außenverhältnis (ggü. Dritten) vorliegt (siehe Kap. 2.1.2.2, Rn. 55 ff.),
3. die rechtlich oder wirtschaftlich verursacht (siehe Kap. 2.1.2.3, Rn. 58 ff.),
4. betrieblich veranlasst (siehe Kap. 2.1.2.4, Rn. 82 f.) und
5. mit deren tatsächlicher Inanspruchnahme (hinreichend sicher) zu rechnen ist (siehe Kap. 2.1.2.5, Rn. 84 f.) und
6. es sich nicht um Aufwendungen für künftig aktivierungspflichtige Anschaffungs- oder Herstellungskosten handelt (siehe Kap. 2.1.2.6, Rn. 88 f.) sowie
7. kein Passivierungsverbot (siehe Kap. 2.1.2.7, Rn. 90 f.) vorliegt.

Die **zentralen Tatbestandsmerkmale** von Rückstellungen für ungewisse Verbindlichkeiten (Verbindlichkeitsrückstellungen) sind einerseits der vorliegende **Schuldcharakter**, der rechtlicher und/oder wirtschaftlicher Natur sein kann und ggü. Dritten (**Außenverpflichtung**) gilt und andererseits die **Ungewissheit** über Bestehen bzw. Entstehen der Verbindlichkeit und/oder deren Höhe und/oder deren Fälligkeit.[2]

50

---

[1] Vgl. zu den einzelnen charakteristischen Merkmalen von Verbindlichkeitsrückstellungen Beck Bil-Komm/*Schubert*, § 249 HGB Rn. 24 ff.; HdR-E/*Mayer-Wegelin*, § 249 HGB Rn. 32 ff.; Baetge/Kirsch/Thiele/*Hommel*, § 249 HGB Rn. 31 ff. sowie verkürzt R 5.7 Abs. 2 EStR.

[2] Vgl. WP-Handbuch, Bd. I, Buchst. E Rn. 149; ADS, § 249 HGB Rn. 42 ff. Vgl. zu den Arten der Ungewissheit Baetge/Kirsch/Thiele/*Hommel*, § 249 HGB Rn. 39 ff.; HdJ/*Herzig/Köster*, Abt. III 5 Rn. 80 ff.

2.1.2 Ansatzkriterien im Einzelnen

2.1.2.1 Wahrscheinlichkeitserfordernis

51 Die **handelsrechtliche Bilanzierung** ist vom **Vorsichtsprinzip** geprägt. Eine Rückstellung ist dann anzusetzen, wenn die Verpflichtung hinreichend sicher besteht bzw. mit der Inanspruchnahme ernsthaft zu rechnen ist.[3] Für das Bestehen der Verpflichtung müssen überwiegende Gründe sprechen. Dies ist im **Regelfall** bei einer mehr als **50 %igen Wahrscheinlichkeit** zu bejahen.[4] Allerdings kann dies auch bei einer weniger als 50 %igen Wahrscheinlichkeitseinschätzung bereits gegeben sein.[5] Hierbei ist auf den jeweiligen Einzelfall Bezug zu nehmen, für den es zu beurteilen gilt, ob bspw. ein potenzieller Erwerber bei einem Erwerb des Unternehmens für die mit Unsicherheit behaftete Verpflichtung eine stille Last bei der Kaufpreisfindung in Form eines entsprechenden Abschlags berücksichtigen würde.[6] Außerdem muss der Gläubiger seinen Anspruch kennen.

52 Die **vernünftige kaufmännische Beurteilung** schließt einerseits die Beachtung des Vorsichtsprinzips ein und gestattet es andererseits nicht, Rückstellungen außerhalb einer wirtschaftlich vertretbaren Begründung anzusetzen.[7] Umgekehrt verstößt eine alleinige Orientierung an statistischen Wahrscheinlichkeiten (z.B. Ansatz der Rückstellung erst ab einer überwiegenden Wahrscheinlichkeit von mehr als 50 %) gegen das handelsrechtliche Vorsichtsprinzip.[8]

Praxistipp

 Die Wahrscheinlichkeit der Inanspruchnahme muss in jedem Einzelfall gesondert geprüft werden. Statistische Wahrscheinlichkeiten können hier allenfalls wichtige Anhaltspunkte geben. Aufgrund der mit dem Ansatz einhergehenden Schätzungen wird der Ansatz von Rückstellungen regelmäßig für Zwecke der Bilanzpolitik genutzt.[9] Eine solche Bilanzpolitik ist allein in den handelsrechtlich zulässigen Grenzen und im Rahmen des hiermit verbundenen Ermessensspielraums möglich.

53 Der BFH hat mit seinem Urteil vom 16.12.2014 – VIII R 45/12 seine Rechtsprechung hinsichtlich des Wahrscheinlichkeitserfordernisses als Voraussetzung der Rückstellungsbildung modifiziert.[10] Es bleibt zwar beim zweistufigen Verfahren der Prüfung der

---

[3] Vgl. umfassend HdR-E/*Mayer-Wegelin*, § 249 HGB Rn. 53 ff. Vgl. ebenso HdJ/*Herzig/Köster*, Abt. III 5 Rn. 104 ff.
[4] Vgl. zur „51 %-Regel" *Hoffmann/Lüdenbach*, § 249 HGB Rn. 46 m.w.N.
[5] Vgl. *Moxter*, DStR 2004, 1057, 1058, der eine vorsichtige Bilanzierung erst bei einer Berücksichtigung von Verpflichtungen mit unter 50 %iger Eintrittswahrscheinlichkeit sieht.
[6] Vgl. *Moxter*, DStR 2004, 1057, 1057.
[7] Vgl. WP-Handbuch, Bd. I, Buchst. E Rn. 89.
[8] So auch Baetge/Kirsch/Thiele/*Hommel*, § 249 HGB Rn. 44 f.
[9] Vgl. *Fink/Kunath*, DB 2010, 2345, 2346; Syst. Praxiskommentar Bilanzrecht/*Petersen/Künkele/Zwirner*, § 249 HGB Rn. 9.
[10] Vgl. BFH v. 16.12.2014, VIII R 45/12, BStBl. II 2015, 759.

Wahrscheinlichkeit. Hinsichtlich des Wahrscheinlichkeitserfordernisses unterscheidet der BFH zwischen der Wahrscheinlichkeit des Bestehens einer Verbindlichkeit und der Wahrscheinlichkeit der Inanspruchnahme der Verbindlichkeit. Im Zusammenhang mit der Bildung einer Rückstellung für eine drohende Schadensersatzforderung prüft der BFH zudem die Prozessaussichten, sodass dieser eine **differenzierte Wahrscheinlichkeitsprognose** anwendet.[11] Es müssen mehr Gründe dafür als dagegen sprechen, dass aufgrund einer gerichtlich geltend gemachten Schadensersatzforderung eine Inanspruchnahme überwiegend wahrscheinlich ist. Eine bloße ggf. anwaltlich angedrohte Schadensersatzforderung reicht für die Bildung einer Rückstellung nicht aus.[12]

Allein eine **drohende Möglichkeit** einer etwaigen künftigen Inanspruchnahme des Bilanzierenden reicht für den Ansatz einer Rückstellung nicht aus.[13]   54

2.1.2.2 Außenverpflichtung

Der Ansatz der Rückstellung setzt eine zum Bilanzstichtag bestehende sichere oder zumindest wahrscheinliche **Außenverpflichtung** voraus.[14] Diese Ansatzvoraussetzung dient der Erfüllung des Objektivierungsprinzips, denn bloße Innenverpflichtungen liegen zu stark im Ermessen des Kaufmanns.[15] Tatbestandsmerkmal der Außenverpflichtung ist, dass es sich nicht um eine sich vom Bilanzierenden selbst auferlegte Verpflichtung handelt, sondern Ansprüche von **fremden Dritten** geltend gemacht werden (können). Eine nur interne betriebswirtschaftliche Verpflichtung rechtfertigt keine Schuldrückstellung. Neben den direkten Ansprüchen der fremden Dritten sind ebenso unselbstständige Nebenpflichten bzw. Nebenleistungen zu berücksichtigen (siehe bspw. zu Abrechnungskosten Kap. 8.2, Rn. 706).[16] Auch wenn es sich hierbei um interne Aufwendungen handelt, sind diese dann im Rückstellungsansatz zu berücksichtigen, wenn die internen Aufwendungen notwendig sind, um die externe Verpflichtung begleichen zu können.[17]   55

Bei der Beurteilung der vorliegenden Außenverpflichtung kommt es nicht auf die **Einklagbarkeit** der Verpflichtung an.[18] Neben rechtlich bedingten Verpflichtungen sind auch faktische Leistungsverpflichtungen (siehe Kap. 2.1.2.3, Rn. 79) zu berücksichtigen.   56

---

11 Vgl. *Günkel*, BB 2015, 2091, 2091 ff.; *Prinz*, WPg 2015, 1223, 1223 ff.; *Rätke*, StuB 2015, 658, 658 ff.; *Hennrichs*, BB 2015, 1841, 1841.
12 Vgl. FG Baden-Württemberg v. 19.03.2015, 13 K 540/13, rkr. *Abele*, BB 2015, 1393, 1393.
13 So auch HdR-E/*Mayer-Wegelin*, § 249 HGB Rn. 53; Baetge/Kirsch/Thiele/*Hommel*, § 249 HGB Rn. 43.
14 Vgl. ADS, § 249 HGB Rn. 42 ff.
15 Vgl. *Moxter*, DStR 2004, 1057, 1057.
16 Vgl. HdR-E/*Mayer-Wegelin*, § 249 HGB Rn. 36. Vgl. zu den Nebenpflichten und unselbstständigen Nebenleistungen ADS, § 249 HGB Rn. 56 ff.
17 Weiterführend Beck Bil-Komm/*Schubert*, § 249 HGB Rn. 27 f.
18 Vgl. ADS, § 249 HGB Rn. 45.

Praxistipp

> Die Außenverpflichtung kann sowohl rechtlich bedingt als auch wirtschaftlich – durch eine faktische Leistungsverpflichtung – gegeben sein.

57 **Abgrenzungsschwierigkeiten** ergeben sich **ggü. den Aufwandsrückstellungen** (diese bedürfen keiner Außenverpflichtung zur Begründung der Rückstellung), wenn sich faktische Verpflichtung und eigenbetriebliches Interesse decken. In der überwiegenden Zahl der Fälle wird dann keine eindeutige Grenzziehung möglich sein. Zu fragen ist, welcher Kategorie der Aufwand eher zuzuordnen ist, also welcher Umstand sich für den Aufwandsanfall verantwortlich zeichnet: Die faktische Verpflichtung oder das eigenbetriebliche Interesse?[19]

2.1.2.3 Rechtliches Entstehen oder wirtschaftliche Verursachung

58 Zum Bilanzstichtag muss die Verpflichtung **rechtlich entstanden oder wirtschaftlich verursacht** sein.

59 Eine Verpflichtung ist dann **rechtlich entstanden**, wenn alle Tatbestandsmerkmale erfüllt sind, die es dem Gläubiger ermöglichen, die Verpflichtung ggü. dem Bilanzierenden geltend zu machen.[20] Die **wirtschaftliche Verursachung** ist nicht durch formale Kriterien eindeutig bestimmbar, sondern unter Abwägung des jeweiligen Einzelfalls zu beurteilen.[21]

60 Die Einschätzung der Verursachung nimmt unmittelbar Bezug auf den **Zeitpunkt**, zu dem die Verpflichtung als hinreichend verursacht anzusehen ist.[22] In diesem Zusammenhang ist das Vorsichtsprinzip bzw. Imparitätsprinzip zu beachten, das i.V.m. dem Vollständigkeitsgrundsatz eine vollständige Erfassung der zum Bilanzstichtag bestehenden Risiken fordert.

61 Sofern die **Zeitpunkte** der rechtlichen Verursachung und der wirtschaftlichen Verursachung **auseinanderfallen**, ist auf den früheren der beiden Zeitpunkte Bezug zu nehmen.[23] Folgende drei Fälle sind hierbei zu unterscheiden:[24]

Fall 1: Die wirtschaftliche Verursachung liegt vor der rechtlichen Entstehung: Die Rückstellung ist zum Zeitpunkt der wirtschaftlichen Verursachung anzusetzen, weil das zum Bilanzstichtag vorhandene Vermögen mit der Verpflichtung belastet ist und daher eine Aufwandserfassung erfolgen muss.

---

19 Vgl. *Lüdenbach/Hoffmann*, BB 2005, 2344, 2347.
20 Vgl. *Strahl*, kösdi 2014, 18961, 18968.
21 Vgl. ADS, § 249 HGB Rn. 64 ff. Zu den unterschiedlichen Interpretationen der wirtschaftlichen Verursachung vgl. auch Bertram/Brinkmann/Kessler/Müller/*Bertram*, § 249 HGB Rn. 38 f.
22 Vgl. ausführlich zum Passivierungszeitpunkt Baetge/Kirsch/Thiele/*Hommel*, § 249 HGB Rn. 69 ff.
23 A.A. *Hoffmann/Lüdenbach*, § 249 HGB Rn. 25 f.
24 Vgl. ADS, § 249 HGB Rn. 68 ff.

Fall 2: Die wirtschaftliche Verursachung und die rechtliche Entstehung fallen auf denselben Zeitpunkt:
Der Rückstellungsansatz hat zum gegebenen Zeitpunkt zu erfolgen.

Fall 3: Die wirtschaftliche Verursachung liegt nach der rechtlichen Entstehung:
Die Rückstellung ist bereits zum Zeitpunkt der rechtlichen Entstehung anzusetzen.

Beispiel

Gilt eine Verpflichtung im Dezember als wirtschaftlich verursacht, erfolgt hingegen eine rechtliche Konkretisierung erst im neuen Geschäftsjahr, ist dennoch bereits zum Bilanzstichtag (31.12.) eine Rückstellung dem Grunde nach anzusetzen.

Praxistipp

Fallen die Zeitpunkte von wirtschaftlicher Verursachung und rechtlichem Entstehen der Außenverpflichtung zeitlich auseinander, ist für den Rückstellungsansatz auf den früheren der beiden Zeitpunkte Bezug zu nehmen.

Sofern zum Bilanzstichtag noch keine rechtliche Verursachung gegeben ist, stellt die vorliegende **wirtschaftliche Verursachung** das den Rückstellungsansatz konkretisierende Tatbestandsmerkmal dar. Hiervon ist dann auszugehen, wenn die wirtschaftlich wesentlichen Tatbestandsmerkmale der Verpflichtung erfüllt sind[25] und allein unwesentliche Tatbestandsmerkmale für das rechtliche Entstehen der Verpflichtung verantwortlich sind.[26]

62

Eine Auffassung konkretisiert die wirtschaftliche Verursachung mithilfe des Realisationsprinzips. Diese maßgeblich durch *Moxter* geprägte Ansicht fand bisweilen Eingang in die BFH-Rechtsprechung.[27] Nach der ***Moxter'schen* Alimentationsthese** sind Aufwendungen den Perioden zuzuordnen, in denen die „zugehörigen" Erträge angefallen sind. Umgemünzt auf den Sachverhalt der Rückstellungen bedeutet dies: Rückstellungen sind dann zu bilanzieren, wenn die künftigen Ausgaben im Zusammenhang mit bereits realisierten Erträgen stehen.[28] Eine solche Betrachtungsweise kann aber dazu führen, dass rechtlich bereits vollständig entstandene Verpflichtungen keine Beachtung in der Bilanz finden, wenn sie nicht mit der Realisierung von Erträgen in Verbindung standen.[29] Dieses Manko wird durch die ergänzende Beachtung des Kriteriums der rechtlichen Verursachung gelöst. In diesem Zusammenhang wird im Schrifttum darauf hingewiesen, dass für rechtliche

63

---

25 Vgl. BFH v. 27.06.2001, I R 45/97, DB 2001, 1698 f.
26 Vgl. Beck Bil-Komm/*Schubert*, § 249 HGB Rn. 36; Beck HdR/*Scheffler*, B 233 Rn. 141; *Döllerer*, DStR 1987, 67, 67.
27 Siehe *Moxter*, Bilanzrechtsprechung, S. 116 ff.
28 Vgl. *Moxter*, DStR 2004, 1098, 1101. Siehe ausführlich zur Kritik *Hoffmann/Lüdenbach*, § 249 HGB Rn. 28 ff.
29 Vgl. *Kessler*, S. 108.

Verpflichtungen zunächst zu vermuten ist, dass diese (auch) wirtschaftlich verursacht und daher aufgrund des Realisationsprinzips zu passivieren sind. Dabei kann die Vermutung durch den Abgleich mit objektivierten Kriterien entkräftet werden, sodass kein (ernsthafter) Zweifel daran bestehen kann, dass die künftigen Aufwendungen durch künftige Erträge alimentiert werden.[30] D.h.: Künftiger Aufwand ist zu erfassen, sofern er bereits mit realisierten Erträgen in Verbindung steht. Künftiger Aufwand ist nicht zu erfassen, soweit er künftigen Erträgen zuzuordnen ist.

64 Für den Ansatz einer Rückstellung ist es gem. dem **Vollständigkeitsgebot** und dem **Grundsatz der periodengerechten Zurechnung** der im abgelaufenen Geschäftsjahr wirtschaftlich verursachten Aufwendungen unerheblich, welcher der beiden Zeitpunkte, d.h. die rechtliche Verpflichtung oder die wirtschaftliche Verursachung, vor dem jeweils anderen Zeitpunkt liegt. Eindeutig ist bei einer gegebenen wirtschaftlichen Verursachung die Ansatzpflicht der Rückstellung zu bejahen; eine später folgende rechtliche Verpflichtung wirkt allenfalls konkretisierend. In dem Fall, dass vor dem Bilanzstichtag eine rechtliche Verpflichtung besteht, die wirtschaftliche Verursachung allerdings erst im folgenden Geschäftsjahr eintritt, ist eine Rückstellungspflicht zum Stichtag ebenso zu bejahen.[31]

65 Sofern das Entstehen der Rückstellung bzw. deren Verursachung nicht zu einem einzelnen Zeitpunkt erfolgt, sondern sich über einen längeren Zeitraum (und damit über mehrere Bilanzstichtage) erstreckt, ist der Erfüllungsbetrag der Verpflichtung im Rahmen sog. **Ansammlungsrückstellungen** jährlich anteilig („pro rata temporis") zuzuführen. Die dem Grunde nach bestehende Verpflichtung ist demnach über mehrere Perioden hinweg zuzuführen. Hierbei ist auf die jeweilige Bewertung der Rückstellung zu achten. Mit Blick auf die zutreffende Aufwandserfassung im Zusammenhang mit Verteilungsrückstellungen kommen grds. (und nach Auffassung des *IDW*[32]) zwei mögliche Bewertungsverfahren infrage, um den notwendigen Erfüllungsbetrag über die gesamte Erfüllungsperiode zu verteilen: einerseits das **Gleichverteilungsverfahren**, andererseits das **Barwertverfahren**.[33]

66 Bei einer **zwischenzeitlichen Verlängerung** des ursprünglichen **Verteilungszeitraums** der betreffenden Rückstellung, ist die bereits erfolgte Dotierung um den Betrag aufzulösen, der bei einem bereits zu Beginn der Rückstellungsbildung bestehenden verlängerten Ansammlungszeitraums noch nicht zugeführt worden wäre (**retrospektive Anpassung**).[34]

---

30 Vgl. *Euler/Hommel*, BB 2014, 2475, 2476. Die Aufwands-Ertrags-Verknüpfung ist selbst wieder im Gefüge der GoB zu verstehen, d.h. Einschränkungen durch andere GoB sind zu beachten. Siehe hierzu ausführlich seinen Standpunkt verteidigend *Moxter*, DStR 2004, 1098, 1098 ff.
31 Vgl. BFH v. 27.06.2001, DB 2001, 1698 f. Eine zum Bilanzstichtag rechtlich entstandene Verpflichtung ist unabhängig von der Zuordnung künftiger Erträge zu bilanzieren. Vgl. ausführlich Beck BilKomm/*Schubert*, § 249 HGB Rn. 34.
32 Vgl. *IDW* RS *HFA* 34, IDW FN 2013, 53, 56.
33 Vgl. zu den Unterschieden zwischen den beiden Verfahren und den entsprechenden Auswirkungen auf die GuV bereits *Zwirner*, BB 2012, 1655, 1655.
34 Vgl. BFH v. 02.07.2014, I R 4/12, BStBl. II 2014, 979.

2.1 Rückstellungen für ungewisse Verbindlichkeiten

Beispiel

Die Back GmbH hat zum 01.01.t1 einen Mietvertrag über eine Immobilie abgeschlossen, aus dem sich zum 31.12.t14 eine erwartete Rückzahlungsverpflichtung (unter Berücksichtigung aller relevanten Preis- und Kostensteigerungen) i.H.v. 300.000 EUR ergibt. Die Backfiliale soll 15 Jahre betrieben werden. Die wirtschaftlichen Vorteile fallen jährlich gleichmäßig verteilt an.

Zum 31.12.t1 setzt die Back GmbH in ihrem handelsrechtlichen Jahresabschluss eine Rückstellung i.H.v. 9.915 EUR an (Zuführungsbetrag 300.000 EUR/15 Jahre, abgezinst bei 14 Jahren Restlaufzeit zum 31.12.t1, Zinssatz 5,14 %). Bei einem angenommenen Zinssatz von 5,00 % für eine Restlaufzeit von zwölf Jahren zum 31.12.t3 setzt die Back GmbH zutreffend eine Rückstellung i.H.v. 33.410 EUR an. Im Jahr t4 verändert die Back GmbH ihr Geschäftsmodell und sie schließt die Filiale. Die Räume können bis zum Ende der Mietlaufzeit weder anders genutzt noch untervermietet werden. Da zum 31.12.t4 keine künftigen wirtschaftlichen Vorteile mehr anfallen, ist die Rückstellung nominal mit 300.000 EUR anzusetzen. Dieser Betrag ist entsprechend der verbleibenden Restlaufzeit bis zum Erfüllungszeitpunkt um elf Jahre mit dem laufzeitadäquaten Zinssatz abzuzinsen. Bei einem angenommenen Zinssatz von 4,90 % ergibt sich zum 31.12.t4 ein Bilanzansatz i.H.v. 177.252 EUR und ein Aufwand (= Zuführungsbetrag) i.H.v. 143.842 EUR. Dieser teilt sich auf in einen Zinsaufwand i.H.v. 2.040 EUR und einen operativen Aufwand i.H.v. 141.802 EUR. Der Zinsaufwand bestimmt sich aus dem Vergleich des zum 31.12.t4 abgezinsten Betrags (33.410 EUR; nominal 60.000 EUR) und dem zum 31.12.t5 mit einem Zinssatz von 4,90 % und einer Restlaufzeit von elf Jahren abgezinsten Nominalbetrag über 60.000 EUR i.H.v. 35.450 EUR.

Abzugrenzen von den Ansammlungsrückstellungen sind die **Verteilungsrückstellungen**. Hierbei handelt es sich um Rückstellungen, die bereits wirtschaftlich und/oder rechtlich vollumfänglich verursacht sind, aber bei denen eine ratierliche Zuführung gleichwohl möglich ist (bspw. **Entfernungsverpflichtungen**).[35]

Beispiel

A schließt zum 01.01.t1 mit B einen Mietvertrag über die Anmietung eines Bürogebäudes über die befristete Laufzeit von zehn Jahren. Darin wird festgelegt, dass alle Mietereinbauten zum Ablauf des Mietvertrags entfernt werden müssen.

A lässt in t1 einen Fahrstuhl in die Büroeinheit einbauen. Zum Bilanzstichtag (31.12.t1) ist mit voraussichtlichen Kosten i.H.v. 10.000 EUR für die Entfernung

---

35 Siehe *Hoffmann/Lüdenbach*, § 249 HGB Rn. 33. Nicht ganz so eindeutig, jedoch auch zwischen Ansammlungs- und Verteilungsrückstellungen unterscheidend Beck Bil-Komm/*Schubert*, § 249 HGB Rn. 35.

zu rechnen. A hat dafür jedes Jahr 1.000 EUR (10.000 EUR/zehn Jahre) zurückzustellen.

Für die handelsbilanzielle Bewertung gilt: Künftige Preis- und Kostensteigerungen sind zu beachten. Ist am Bilanzstichtag des 31.12.t2 mit Entfernungskosten i.H.v. 12.000 EUR zu rechnen, sind diese zu berücksichtigen. Der nominelle Zuführungsbetrag in t2 beträgt somit 1.222,22 EUR (11.000 EUR [ausstehender Erfüllungsbetrag]/neun Jahre). Die Rückstellung hat demnach zum 31.12.t2 einen Wert von 2.222,22 EUR (1.000 EUR aus t2 + 1.222,22 EUR als Zuführung).

Außerdem ist die Rückstellung gem. § 253 Abs. 2 HGB abzuzinsen.

68 Bei einer Änderung des voraussichtlichen Nominalbetrags einer **Verteilungsrückstellung**, wie bspw. einer Rückbauverpflichtung, ist der Rückstellungsansatz entsprechend anzupassen. Im **Fall** einer **Verlängerung** des **Verteilungszeitraums** steht der damit einhergehenden Verringerung des Rückstellungsansatzes das Auflösungsverbot des § 249 Abs. 2 Satz 2 HGB nicht entgegen, da es sich auf die Bilanzierung dem Grunde nach und nicht auf die Bilanzierung der Höhe nach bezieht. Im **Fall** einer **Verkürzung** des **Verteilungszeitraums** ist die Rückstellung sofort um den nicht anteilig angesammelten, aber wirtschaftlich bereits verursachten Betrag zu erhöhen.[36]

Beispiel

 Fall 1: Verlängerung des Verteilungszeitraums

A schließt zum 01.01.t1 mit B einen Mietvertrag über die Anmietung eines Bürogebäudes über die befristete Laufzeit von zehn Jahren. Darin wird festgelegt, dass alle Mietereinbauten zum Ablauf des Mietvertrags entfernt werden müssen. Zum Bilanzstichtag (31.12.t1) ist mit voraussichtlichen Kosten i.H.v. 10.000 EUR für die Entfernung zu rechnen. A hat dafür jedes Jahr 1.000 EUR (10.000 EUR/zehn Jahre) zurückzustellen.

Zum Bilanzstichtag (31.12.t5) wird der Mietvertrag von A über die Anmietung des Bürogebäudes um fünf Jahre verlängert, sodass die Vertragslaufzeit des Mietvertrags 15 Jahre beträgt. A hat den bis dahin angesammelten bzw. auf die ursprüngliche Vertragslaufzeit hin ausgerichteten Rückstellungsbetrag unter Berücksichtigung der am jeweiligen Stichtag zu ermittelnden Kosten für den Rückbau des Fahrstuhls entsprechend der neuen Vertragslaufzeit anteilig aufzulösen. Da A bis zum Bilanzstichtag (31.12.t5) für den Rückbau des Fahrstuhls in dem Bürogebäude 5.000 EUR zurückgestellt hat, sich der Nominalbetrag der Rückstellung unter Berücksichtigung der neuen Vertragslaufzeit zum Bilanzstichtag (31.12.t5) auf 3.333,33 EUR verringert, ist auf die bestehende Rückstellung eine (Teil-)Auflösung i.H.v. 1.666,67 EUR vorzunehmen.

---

36 Vgl. *IDW* RS *HFA* 34, IDW FN 2015, 380, 380; vgl. *Oser/Wirtz*, StuB 2016, 1, 3 f.

2.1 Rückstellungen für ungewisse Verbindlichkeiten

Fall 2: Verkürzung des Verteilungszeitraums

A schließt zum 01.01.t1 mit B einen Mietvertrag über die Anmietung eines Bürogebäudes über die befristete Laufzeit von zehn Jahren. Darin wird festgelegt, dass alle Mietereinbauten zum Ablauf des Mietvertrags entfernt werden müssen. Zum Bilanzstichtag (31.12.t1) ist mit voraussichtlichen Kosten i.H.v. 10.000 EUR für die Entfernung zu rechnen. A hat dafür jedes Jahr 1.000 EUR (10.000 EUR/zehn Jahre) zurückzustellen.

Zum Bilanzstichtag (31.12.t5) vereinbaren die beiden Vertragspartner A und B, dass die Vertragslaufzeit des Mietvertrags über die Anmietung des Bürogebäudes um vier Jahre verkürzt wird. Folglich beträgt die Laufzeit des Mietvertrags sechs Jahre, sodass der Mietvertrag zum Bilanzstichtag (31.12.t6) ausläuft. A hat bis zum Bilanzstichtag (31.12.t5) für den Rückbau des Fahrstuhls in dem Bürogebäude 5.000 EUR zurückgestellt. Aufgrund der verkürzten Vertragslaufzeit des Mietvertrags erhöht sich zum Bilanzstichtag (31.12.t5) der Nominalbetrag der Rückstellung auf 8.333,33 EUR. Infolgedessen ist die bestehende Rückstellung sofort um den nicht anteilig angesammelten, aber wirtschaftlich bereits verursachten Betrag i.H.v. 3.333,33 EUR zu erhöhen.

Bisher wurde im Schrifttum vereinzelt die Meinung vertreten, dass sich bei Ausübung einer Verlängerungsoption bei dem Bilanzierenden (auch) die Frage stellen kann, ob der bis dahin angesammelte bzw. der auf die ursprüngliche Vertragslaufzeit hin ausgerichtete Nominalbetrag der Rückstellung für die Rückbauverpflichtung unter Berücksichtigung der am jeweiligen Abschlussstichtag zu ermittelnden Kosten beibehalten werden kann. In diesem Fall wäre dann der bisherige Rückstellungsansatz (der Höhe nach) beizubehalten und der verbleibende Restbetrag der Rückbauverpflichtung auf die „neue" Vertragslaufzeit zu verteilen.[37] Durch die **Überarbeitung des IDW RS HFA 34,** Tz. 20, IDW FN 2015, 380 wurde diese Möglichkeit aufgegeben und die **Pflicht zur (Teil-)Auflösung** der bestehenden Rückstellung eingeführt.[38] 69

Die **rechtlichen Verpflichtungen** sind zu unterscheiden in öffentlich-rechtliche Verpflichtungen sowie privatrechtliche (insb. zivilrechtliche, d.h. bürgerlich-rechtliche) Verpflichtungen. 70

Öffentlich-rechtliche Verpflichtungen beruhen auf allgemeinen gesetzl. Pflichten (z.B. im Zusammenhang mit der Rechnungslegung, steuerlichen Pflichten etc.) oder auf speziellen Verwaltungsakten (bspw. im Zusammenhang mit § 118 AO) mit oder ohne sanktionsbelegten Auflagen. Im Fokus des Rückstellungsansatzes steht das Verhältnis zwischen Kaufmann und Staat bzw. öffentlicher Verwaltung.[39] 71

---

37 Vgl. *Hoffmann/Lüdenbach*, § 249 HGB Rn. 67.
38 Vgl. *Oser/Wirtz*, StuB 2016, 1, 3 f.
39 Vgl. ausführlich Baetge/Kirsch/Thiele/*Hommel*, § 249 HGB Rn. 54 ff.; ADS, § 249 HGB Rn. 49 ff.; HdR-E/*Mayer-Wegelin*, § 249 HGB Rn. 35 und HdR-E/*Mayer-Wegelin/Kessler/Höfer*, § 249 HGB Rn. 93 ff. (im Zusammenhang mit Umweltschutzverpflichtungen); ebenso hierzu ADS, § 249 HGB Rn. 118 ff.; *Hoffmann/Lüdenbach*, § 249 HGB Rn. 56 ff.

2 Ansatz nach den Rückstellungsarten des § 249 HGB

Beispiele für öffentlich-rechtliche Verpflichtungen sind (siehe hierzu auch Kap. 8.2, Rn. 1127 m.w.N.):

- Steuerzahlungen,
- gesetzl. Verpflichtung zur Erstellung und Prüfung des Jahresabschlusses sowie Pflicht zur Buchführung,
- Verpflichtung zur Erstellung der Steuererklärungen,
- Aufbewahrungspflichten,
- Einhaltung des Datenschutzes,
- Kosten der Betriebsprüfung,
- Altlastensanierung und Entsorgungsverpflichtungen,
- Rekultivierungsverpflichtung sowie weitere Umweltschutzverpflichtungen.

72 Nach Ansicht der Finanzverwaltung ist eine öffentlich-rechtliche Verpflichtung dann **hinreichend konkretisiert**, wenn das Gesetz dem Bilanzierenden eindeutige Pflichten auferlegt, die Erfüllung der Pflichten innerhalb eines bestimmten Zeitraums fordert und die Nichterfüllung sanktionsbewehrt ist.[40] Regelmäßig ist bei einer sanktionsbewehrten öffentlich-rechtlichen Verpflichtung die erforderliche Konkretisierung als erfüllt anzusehen.[41] Zumindest für die Handelsbilanz ist u.E. in Übereinstimmung mit *Bertram* die Verpflichtung bereits dann hinreichend konkretisiert, wenn „[…] eine Rechtsnorm existiert, aus der dem Bilanzierenden Aufwendungen zur Umsetzung dieser rechtlichen Vorgaben erwachsen […]."[42] Dies sollte auch für die Steuerbilanz gelten,[43] wird aber von der Finanzverwaltung verkannt.

73 Grds. üben sowohl **öffentlich-rechtliche** und **privatrechtliche Verpflichtungen**, wie Erneuerungs-, Rückbau- oder Abbruchverpflichtungen ebenso wie Umweltschutzverpflichtungen (auch) eine große Ausstrahlwirkung auf die Besteuerungspraxis aus. In der jüngeren Vergangenheit wurde vom BFH hinsichtlich des Ansatzes von Rückstellungen in diesem Rückstellungssegment ein Urteil gesprochen, das von besonderer Bedeutung ist. Im **Grundsatzurteil** des **BFH v. 17.10.2013 – IV R 7/11** wird der Ansatz einer öffentlich-rechtlichen Anpassungsrückstellung bei einem Luftfahrtunternehmen abgelehnt. Der BFH verweist in seinem Urteil auf die mangelnde rechtliche/wirtschaftliche Außenverpflichtung des betreffenden Unternehmens zum Bilanzstichtag, da die gesetzliche/behördliche Anpassungsfrist für die durchzuführende Maßnahme nach dem Bilanzstichtag liegt. Der BFH bergründet seine Entscheidung im ersten Leitsatz wie folgt: „Eine öffentlich-rechtliche Verpflichtung, die lediglich darauf gerichtet ist, die objektive Nutzbarkeit eines Wirtschaftsguts in Zeiträumen nach Ablauf des Bilanzstichtags zu ermöglichen, ist in

---
[40] Vgl. R 5.7 Abs. 4 EStR.
[41] Vgl. umfassend HdJ/*Herzig/Köster*, Abt. III 5 Rn. 114 ff.
[42] Bertram/Brinkmann/Kessler/Müller/*Bertram*, § 249 HGB Rn. 29.
[43] Andernfalls würde ein Sonderrecht für öffentlich-rechtliche Lasten geschaffen, welches nicht durch § 29 Abs. 1 Satz 1 HGB gestützt wird – vgl. *Kessler*, S. 95.

den bis dahin abgeschlossenen Rechnungsperioden wirtschaftlich noch nicht verursacht."[44] Insofern wird deutlich, dass dem **Außenverpflichtungscharakter** einer zu passivierenden Rückstellung auch in der **Besteuerungspraxis** eine hohe Bedeutung zukommt.[45] Das vorstehende Beispiel kann auf die regelmäßige Verpflichtung von TÜV-Prüfungen übertragen bzw. hieran verdeutlicht werden. Eine TÜV-Überprüfung (bspw. von Fahrzeugen, Aufzügen, Geräten etc.) ist nicht notwendig, weil der zu überprüfende Gegenstand in der Vergangenheit genutzt wurde, sondern weil er in der Zukunft weiter genutzt werden soll. Damit fehlt es an der für die Rückstellungsbildung notwendigen, in der Vergangenheit liegenden wirtschaftlichen Verursachung.

Rückstellungen für Jahresabschlussprüfungen dürfen nur in den Fällen gebildet werden, in denen eine Außenverpflichtung vorliegt. Nach der Rechtsprechung des BFH liegt eine Außenverpflichtung im Bezug auf eine Jahresabschlussprüfung vor, sofern ein Unternehmen durch gesetzliche Vorschriften zur Durchführung einer Jahresabschlussprüfung verpflichtet ist. Ist ein Unternehmen nicht nach gesetzlichen Vorschriften, sondern nur gesellschaftsvertraglich zur Durchführung einer Jahresabschlussprüfung verpflichtet ist, fehlt es der Verpflichtung am Charakter einer Außenverpflichtung, sodass der Ansatz einer Rückstellung nicht in Betracht kommt.[46]

74

Bisher konnten Gesellschaften sowohl im Handels- als auch im Steuerrecht Verbindlichkeitsrückstellungen bilden, bspw. für die zu erwartenden Aufwendungen zur Durchführung und Offenlegung einer freiwilligen Jahresabschlussprüfung. Der BFH hat in seinem **Urteil v. 05.06.2014 – IV R 26/11** entschieden, dass fortan keine Rückstellungen mehr für die Durchführung und Offenlegung freiwilliger Jahresabschlussprüfungen in der **Steuerbilanz** gebildet werden dürfen, wenn eine Gesellschaft zu dieser bspw. „nur" aufgrund ihres Gesellschaftsvertrags verpflichtet ist. Begründet wird das Urteil des BFH damit, dass in diesen Fällen die zu erwartenden Aufwendungen ausschließlich reine Selbst- und Innenverpflichtungen darstellen, die trotz ihrer Einklagbarkeit keine rückstellungsfähige Außenverpflichtung begründen können[47] (siehe zur Außenverpflichtung Kap. 2.1.2.2., Rn. 55 ff.). Somit darf in der Steuerbilanz keine Rückstellung angesetzt werden.[48]

75

Handelsrechtlich wird hingegen eine gegenteilige Meinung durch das *IDW* vertreten. Nach Ansicht des *IDW* ist auch in den Fällen, in denen eine freiwillige Jahresabschlussprüfung durchgeführt werden soll, der Ansatz einer Rückstellung geboten. Begründet wird dies damit, dass die Gesellschafter aufgrund des zugrunde liegenden Gesellschaftsvertrags die Jahresabschlussprüfung gerichtlich einklagen können und insoweit im Verhältnis zur Gesellschaft ebenfalls als **fremde Dritte** zu verstehen sind, sodass eine Außenverpflichtung vorliegt. Somit darf in der Handelsbilanz eine Rückstellung angesetzt werden.[49]

76

---

44 BFH v. 17.10.2013, IV R 7/11, BStBl. II 2014, 302.
45 Vgl. hierzu *Prinz*, DB 2015, 149, 149 ff.
46 Vgl. BFH v. 05.06.2014, IV R 26/11, BStBl. II 2014, 886.
47 Vgl. BFH v. 05.06.2014, IV R 26/11, BStBl. II 2014, 886.
48 Vgl. Schmidt/*Weber-Grellet*, EStG § 5 Rn. 550.
49 Vgl. *Zeidler/Schmatz*, BBK 2015, 281, 281 ff.

2 Ansatz nach den Rückstellungsarten des § 249 HGB

Beispiel

 Die Alpha GmbH ist nach § 267 HGB (sowie nach § 141 AO) als kleine Kapitalgesellschaft zu qualifizieren. Für kleine Kapitalgesellschaften entfällt nach § 316 ff. HGB die Pflicht zur Prüfung. Im Gesellschaftsvertrag der Alpha GmbH ist jedoch die Durchführung einer Jahresabschlussprüfung vorgesehen. Die Alpha GmbH entscheidet sich daher dafür, eine freiwillige Jahresabschlussprüfung zum Abschlussstichtag 31.12. von dem Abschlussprüfer Herrn Stark durchführen zu lassen. Für die Durchführung der freiwilligen Jahresabschlussprüfung zum Abschlussstichtag 31.12. erwägt die Alpha GmbH den Ansatz einer Rückstellung.

Steuerrechtliche Beurteilung:

Steuerrechtlich scheidet der Ansatz einer Rückstellung für die Durchführung einer freiwilligen Jahresabschlussprüfung aus. Das lässt sich damit begründen, dass die Alpha GmbH nicht nach gesetzlichen Vorschriften dazu verpflichtet ist, zum Abschlussstichtag 31.12 eine Jahresabschlussprüfung durchführen zu lassen. Somit fehlt es der Verpflichtung am Charakter einer Außenverpflichtung, sodass der Ansatz einer Rückstellung nicht in Betracht kommt.

Handelsrechtliche Beurteilung:

Handelsrechtlich ist hingegen der Ansatz einer Rückstellung für die Durchführung einer freiwilligen Jahresabschlussprüfung zum Abschlussstichtag 31.12. geboten. Das lässt sich damit begründen, dass die Gesellschafter der Alpha GmbH aufgrund des zugrunde liegenden Gesellschaftsvertrags die Jahresabschlussprüfung gerichtlich einklagen können und insoweit im Verhältnis zur Gesellschaft ebenfalls als fremde Dritte zu verstehen sind, sodass eine Außenverpflichtung vorliegt. Somit darf in der Handelsbilanz eine Rückstellung angesetzt werden.

77 Rückstellungen für **Umweltschutzverpflichtungen** stellen einen typischen Anwendungsfall der Rückstellungen für ungewisse Verbindlichkeiten dar. Gesonderter Regelungen hinsichtlich des Ansatzes bedarf es daher nicht.[50] Beispiele für den Ansatz einer Rückstellung im Zusammenhang mit Umweltschutzverpflichtungen sind:[51]

- die Beseitigung von Altlasten,
- Anpassungsverpflichtungen,
- Abfallbeseitigung,
- Entsorgungs- und Rücknahmeverpflichtungen,
- Rekultivierungsverpflichtungen sowie
- die Pflicht zur Wiederaufforstung.

---

50 So auch HdR-E/*Mayer-Wegelin/Kessler/Höfer*, § 249 HGB Rn. 92.
51 Vgl. umfassend HdR-E/*Mayer-Wegelin/Kessler/Höfer*, § 249 HGB Rn. 98 ff.

Privatrechtliche Verpflichtungen basieren u.a. auf dem Verhältnis zwischen dem Kaufmann und anderen Personen des Zivilrechts. Für den Ansatz einer Rückstellung kommt es nicht darauf an, ob der Dritte seinen Anspruch bereits geltend gemacht hat,[52] sondern dass mit einer Geltendmachung ernsthaft gerechnet werden muss. Beispiele für bürgerlich-rechtliche Verpflichtungen sind (siehe auch Kap. 8.2, Rn. 839 m.w.H.):

- Haftungsansprüche,
- Ansprüche aus Vertragsverhältnissen und
- Schadensersatzverpflichtungen.

Neben einer rechtlichen Verursachung ist eine etwaige wirtschaftliche Verursachung aus **faktischen Leistungs- bzw. Verpflichtungszwängen** heraus zu prüfen.[53] Faktische Verpflichtungen beruhen nicht auf rechtlichen Ansprüchen, sondern auf Zwängen, denen sich der Bilanzierende aus tatsächlichen oder wirtschaftlichen Gründen nicht entziehen kann (siehe Kap. 2.1.3, Rn. 93 ff.).[54] Beispiele für faktische Leistungszwänge sind:[55]

- freiwillige, aber übliche Kulanzleistungen,
- noch nicht vorgeschriebene Umweltschutzmaßnahmen, die aufgrund des öffentlichen Drucks durchgeführt werden müssen,
- Aufwendungen für geplante Betriebsänderungen sowie
- Verpflichtungen aus nichtigen Verträgen, die durchgeführt werden.

Sofern es sich um **faktische Verpflichtungen** handelt, ist nicht auf den Zeitpunkt der rechtlichen Entstehung abzustellen. Vielmehr ist allein der Zeitpunkt der wirtschaftlichen Verursachung[56] für den Rückstellungsansatz entscheidend.[57] Darüber hinaus muss der Wille des Kaufmanns gegeben sein, der Erwartungshaltung des/der Dritten nachzukommen und die faktische Verpflichtung zu erfüllen.[58]

Die **Passivierungsvoraussetzung der Außenverpflichtung** gilt für alle Rückstellungen mit Ausnahme der Aufwandsrückstellungen nach § 249 Abs. 1 Satz 2 HGB (siehe hierzu Kap. 2.3.1, Rn. 212 ff.).

---

52 Vgl. m.w.N. *Kessler*, S. 90.
53 Vgl. HdR-E/*Mayer-Wegelin*, § 249 HGB Rn. 38 ff.
54 Vgl. Beck Bil-Komm/*Schubert*, § 249 HGB Rn. 31; *Hoffmann/Lüdenbach*, § 249 HGB Rn. 14; *Kessler*, S. 96 f. In diesem Zusammenhang führt Beck HdR/*Scheffler*, B 233 Rn. 109 aus, dass es sich hierbei regelmäßig um Verpflichtungen handelt, die „ein ordentlicher Kaufmann auch ohne rechtliche Verpflichtungen als Schuld empfindet und die er aus sittlichen oder geschäftlichen Erwägungen oder nach Treu und Glauben oder entsprechend bisheriger Übung erfüllen wird".
55 Vgl. auch ADS, § 249 HGB Rn. 53.
56 Ein Zusammenhang mit bereits realisierten Erträgen muss gegeben sein – vgl. *Lüdenbach/Hoffmann*, BB 2005, 2344, 2348.
57 Vgl. ADS, § 249 HGB Rn. 70.
58 Vgl. *Lüdenbach/Hoffmann*, BB 2005, 2344, 2347.

2 Ansatz nach den Rückstellungsarten des § 249 HGB

2.1.2.4 Betriebliche Veranlassung

82 Eine **betriebliche Veranlassung** ist immer dann gegeben, wenn die Aufwendungen als Betriebsausgaben anzusehen sind. Die steuerliche Anerkennung von Betriebsausgaben konkretisiert hinreichend die betriebliche Veranlassung.[59] Auch Schadensersatzverpflichtungen aus strafbaren Handlungen können damit Betriebsschulden sein.

83 **Abgrenzungsschwierigkeiten** ergeben sich regelmäßig dann, wenn keine klare Zurechnung zur **betrieblichen** und **privaten Sphäre** (insb. im Zusammenhang mit PersG) getroffen werden kann. Sofern in einem Verbund mehrerer Unternehmen zum Bilanzstichtag eine Verpflichtung (unter Erfüllung der weiteren Ansatzkriterien) zu berücksichtigen ist, erfolgt der Ansatz auf Ebene des Unternehmens, bei dem diese wirtschaftlich (d.h. in diesem Fall betrieblich) verursacht worden ist.

Praxistipp

 Eine Rückstellung ist allein dann anzusetzen, wenn es sich um eine betriebliche Veranlassung auf der Ebene des Bilanzierenden handelt.

2.1.2.5 Tatsächliche Inanspruchnahme (Ungewissheit)

84 Die Unsicherheit hinsichtlich der tatsächlichen Inanspruchnahme kann sich im Einzelfall auf verschiedene Aspekte beziehen. Zum einen kann es unsicher sein, **ob** die **Verpflichtung** überhaupt **eintritt** – und wenn, in welcher **Höhe** –, zum anderen, **ob** sie überhaupt **ggü. dem Bilanzierenden geltend gemacht** wird (**Bestehen**).

Beispiel

 Im Zusammenhang mit der Beurteilung des Ansatzes einer Rückstellung für eine Gewährleistungsverpflichtung ist zum einen unsicher, ob die Verpflichtung dem Grunde nach besteht (tritt der Gewährleistungsfall ein?). Zum anderen ist – auch bei einer gegebenen rechtlichen Verpflichtung – unsicher, ob der Bilanzierende tatsächlich aufgrund der Gewährleistung in Anspruch genommen wird (wird ein Anspruch geltend gemacht?).

85 Der Ansatz der Rückstellung setzt voraus, dass die Inanspruchnahme **hinreichend sicher** ist bzw. mit ihr **ernsthaft gerechnet** wird. Diese Konkretisierung lässt sich nicht mathematisch-statistisch messen (siehe Kap. 2.1.2.1, Rn. 51 ff.). Bestehende Zweifel über einen etwaigen Zeitpunkt, zu dem der Anspruch geltend gemacht wird, sind für den Rückstellungsansatz unerheblich.

86 Sofern der Bilanzierende davon ausgehen kann, dass der **Anspruchsberechtigte** die Grundlage eines etwaigen Anspruchs nicht kennt und auch in absehbarer Zukunft nicht kennen wird, kann regelmäßig nicht ernsthaft mit der tatsächlichen

---

[59] Vgl. Syst. Praxiskommentar Bilanzrecht/*Petersen/Künkele/Zwirner*, § 249 HGB Rn. 70 ff.

Inanspruchnahme gerechnet werden. Ein Rückstellungsansatz scheidet demnach aus. Solange der Bilanzierende mit Sicherheit davon ausgehen kann, dass seine Verpflichtung unentdeckt bleibt (z.B. Mängel, Untreue, Beratungsfehler etc.), darf keine Rückstellung angesetzt werden.

Zudem rechtfertigt nicht jede Möglichkeit eines Bestehens einer Verpflichtung den Ansatz einer Rückstellung. Vielmehr müssen zum Bilanzstichtag **nachvollziehbare Gründe** vorliegen.[60]

87

Praxistipp

 Unsicherheit über die Inanspruchnahme kann der Höhe oder dem Bestehen der Verpflichtung nach gegeben sein. Der Ansatz einer Rückstellung ist dann geboten, wenn mit der Inanspruchnahme ernsthaft gerechnet werden kann.

2.1.2.6 Keine aktivierungspflichtigen Aufwendungen

Bei den in der Rückstellung erfassten Aufwendungen darf es sich nicht um **aktivierungspflichtige Anschaffungs- oder Herstellungskosten** handeln. Für diese besteht ein Rückstellungsverbot. Dies ergibt sich bereits aus dem Erfordernis der wirtschaftlichen Verursachung, wonach die Verpflichtung Ausgaben zum Inhalt haben muss, die das abgelaufene GJ betreffen.

88

In diesem Zusammenhang kommt der **Abgrenzung** sofort abzugsfähiger Aufwands von nachträglichen Anschaffungskosten oder aktivierungspflichtigen Erhaltungsaufwendungen eine besondere Bedeutung zu (dies gilt ebenso beim Ansatz von unterlassenen Instandhaltungsaufwendungen; siehe Kap. 2.3.2, Rn. 217 ff.).

89

Praxistipp

 Sind die Aufwendungen, die zum Bilanzstichtag in Form einer Rückstellung erfasst werden sollen, im Folgejahr zu aktivieren, darf keine Rückstellung angesetzt werden.

2.1.2.7 Kein Passivierungsverbot

§ 249 Abs. 2 HGB regelt, dass für andere als in § 249 Abs. 1 HGB genannte Zwecke keine Rückstellungen gebildet werden dürfen. Damit besteht ein **Passivierungsverbot** bspw. für:

90

- Aufwendungen für in regelmäßigen Abständen stattfindende Generalüberholungen (ohne rechtliche Verpflichtung),
- Aufwendungen für unterlassene Instandhaltungen, die später als drei Monate nach dem Bilanzstichtag nachgeholt werden,

---

60 Vgl. ADS, § 249 HGB Rn. 73.

2 Ansatz nach den Rückstellungsarten des § 249 HGB

- unterlassene Forschungs-, Marketing- oder Werbeaufwendungen,
- künftige Verluste (außerhalb der Berücksichtigung der Verlustantizipation i.R.d. Rückstellungen für drohende Verluste),
- allgemeine unternehmerische Risiken sowie
- entgangene Gewinne.

91 Die Formulierung des § 249 Abs. 2 Satz 1 HGB hat hierbei klarstellenden Charakter.[61]

Praxistipp

 Für andere als die im Gesetz explizit genannten Fälle sind keine Rückstellungen anzusetzen.

2.1.2.8 Konkurrenzverhältnis

92 Ergänzend zu den vorgenannten **Passivierungsvoraussetzungen** für Rückstellungen für ungewisse Verbindlichkeiten ist noch das Konkurrenzverhältnis zur Vornahme außerplanmäßiger Abschreibungen von Vermögensgegenständen zu prüfen.[62] Demnach geht eine **aktive Risikovorsorge** (d.h. die Vornahme einer außerplanmäßigen Abschreibung auf bilanzierte Vermögensgegenstände) stets der Bildung einer Rückstellung (sog. **passive Risikovorsorge**) vor. Besondere Bedeutung kommt diesem Konkurrenzverhältnis im Zusammenhang mit der Bildung von Rückstellungen für drohende Verluste zu (siehe hierzu Kap. 2.2, Rn. 138 ff.).

Beispiele

 Fall 1:

Die Alpha GmbH vereinbart mit dem Kunden A im Rahmen eines Liefervertrages den Verkauf einer Maschine. Der Kaufpreis für die Maschine beträgt 100.000 EUR. Zum Bilanzstichtag (31.12.t1) hat die Alpha GmbH unfertige Erzeugnisse in Höhe der bisher angefallenen Herstellungskosten i.H.v. 30.000 EUR aktiviert. Die Alpha GmbH geht zum Bilanzstichtag (31.12.t1) davon aus, dass die endgültigen Herstellungskosten für die Maschine 150.000 EUR betragen werden. Somit droht der Alpha GmbH ein Verlust i.H.v. 50.000 EUR. Eine aktive Risikovorsorge, d.h. die Vornahme einer außerplanmäßigen Abschreibung, geht der Bildung einer Rückstellung stets voraus. Bei den unfertigen Erzeugnissen handelt es sich um Vermögensgegenstände des Umlaufvermögens. Daher hat die Alpha GmbH nach § 253 Abs. 4 HGB zunächst eine außerplanmäßige Abschreibung i.H.v. 30.000 EUR auf die aktivierten Herstellungskosten für die unfertigen Erzeugnisse vorzunehmen. Für den verbleiben-

---

61 So auch Baetge/Kirsch/Thiele/*Hommel*, § 249 HGB Rn. 241. Vgl. ebenso *Hoffmann/Lüdenbach*, § 249 HGB Rn. 214 ff.
62 Vgl. hierzu umfassend Bonner Handbuch/*Kirsch*, § 249 HGB Rn. 111 ff.

2.1 Rückstellungen für ungewisse Verbindlichkeiten

den Restbetrag ist eine Drohverlustrückstellung i.H.v. 20.000 EUR zu bilden. In der Handelsbilanz der Alpha GmbH ist zu buchen.

Buchungssätze:

außerplanmäßige Abschreibung	30.000 EUR
an	
Maschine	30.000 EUR
Aufwand	20.000 EUR
an	
Drohverlustrückstellung	20.000 EUR

Fall 2:

Die Alpha GmbH vereinbart mit dem Kunden A im Rahmen eines Kaufvertrags den Verkauf eines Grundstücks, das zum Betriebsvermögen der Alpha GmbH gehört. Der Kaufpreis für das Grundstück beträgt 1.000.000 EUR. Die Eintragung in das Grundbuch soll im Februar des Geschäftsjahres t2 erfolgen. Der Kaufvertrag wird erst rechtskräftig, wenn der Notar B die Beurkundung vornimmt und eine Eintragung ins Grundbuch erfolgt. Erst dann ist der Kunde A Eigentümer des Grundstücks mit allen dazugehörigen Rechten und Pflichten. Zum Bilanzstichtag (31.12.t1) hat ein vorbeifahrender Lkw mit Erdöl einen Unfall in der unmittelbaren Umgebung des Grundstücks der Alpha GmbH. In der Folge wird das Grundstück von den zuständigen Behörden für verseucht erklärt. Daher ist zum Bilanzstichtag (31.12.t1) absehbar, dass das Grundstück nicht mehr verkauft werden kann. Das Grundstück hat einen Buchwert i.H.v. 800.000 EUR.

Eine aktive Risikovorsorge, d.h. die Vornahme einer außerplanmäßigen Abschreibung, geht der Bildung einer Rückstellung stets voraus. Bei dem Grundstück der Alpha GmbH handelt es sich um einen Vermögensgegenstand des Anlagevermögens. Daher hat die Alpha GmbH nach § 253 Abs. 3 HGB aufgrund einer voraussichtlich dauernden Wertminderung zunächst eine außerplanmäßige Abschreibung auf das Grundstück i.H.v. 800.000 EUR vorzunehmen. Für den verbleibenden Restbetrag ist eine Drohverlustrückstellung i.H.v. 200.000 EUR zu bilden. In der Handelsbilanz der Alpha GmbH ist zu buchen:

Buchungssätze:

außerplanmäßige Abschreibung	800.000 EUR
an	
Grundstück	800.000 EUR
Aufwand	200.000 EUR
an	
Drohverlustrückstellung	200.000 EUR

2 Ansatz nach den Rückstellungsarten des § 249 HGB

Praxistipp

 Eine aktive Risikovorsorge ist vorrangig ggü. der Bildung einer Rückstellung zu Zwecken der passiven Risikovorsorge vorzunehmen.

2.1.3 Rückstellungen für Gewährleistungen, die ohne rechtliche Verpflichtung erbracht werden

93　Ausdrücklich durch § 249 Abs. 1 Satz 2 Nr. 2 HGB gefordert, sind Rückstellungen auch für Gewährleistungen ohne rechtliche Verpflichtung zu bilden. Der Rückstellungsansatz muss gleichwohl durch eine wahrscheinliche Außenverpflichtung begründet werden. Eine solche ist gegeben, wenn der Kaufmann einer **faktischen Verpflichtung** unterliegt.

94　Eine faktische Verpflichtung ist regelmäßig dann gegeben, wenn:

1. der Gewährleistungsaufwand im Zusammenhang mit einer vorausgegangenen **erbrachten Lieferung/Leistung des Bilanzierenden** steht;

2. es sich um einen **Mangel** handelt, der weder auf einen natürlichen Verschleiß noch eine falsche Behandlung zurückzuführen ist, sondern der dem Bilanzierenden anzulasten ist;

3. der Bilanzierende eine **Zusage** zur Behebung des Mangels (ohne rechtliche Verpflichtung) gemacht hat bzw. die Vorgehensweise des Kaufmanns in der Vergangenheit eine entsprechende **Kulanzleistung** erwarten lässt.

95　Nicht auf rechtlicher Grundlage gemachte Zusagen über Kulanzleistungen sind dann als Rückstellungen für Gewährleistungen ohne rechtliche Verpflichtung anzusetzen, wenn sie über das gesetzliche oder vertraglich vereinbarte Maß hinausgehen und aufgrund der **betrieblichen Praxis** regelmäßig erbracht werden. Ein faktischer Leistungszwang muss gegeben sein. Hierbei ist auf die tatsächlichen Verhältnisse der letzten Geschäftsjahre Bezug zu nehmen.[63]

Beispiele

 Fall 1:

Ein Hersteller von Industrieanlagen hat in den letzten zehn Jahren seiner Geschäftstätigkeit bei seinen Kunden auch nach dem Ablauf der gesetzl. Gewährleistungsfrist kostenlose Reparaturen für ein weiteres Jahr durchgeführt. Eine Verpflichtung zur Erbringung dieser Leistung bestand zu keiner Zeit. Dennoch erwarten die Kunden aufgrund der ständigen Übung eine solche Leistung. Das Unternehmen hat deswegen eine Rückstellung für Gewährleistungen ohne rechtliche Verpflichtung zu bilden.

63　Vgl. HdR-E/*Mayer-Wegelin/Kessler/Höfer*, § 249 HGB Rn. 91.

Fall 2:

Ein Automobilhersteller wirbt seit Jahren mit einer siebenjährigen Garantiezeit. Die Garantiezeit des Automobilherstellers geht deutlich über die gesetzlich vorgeschriebene Garantiezeit von zwei Jahren hinaus, sodass die rechtliche Verpflichtung zur Durchführung von kostenlosen Reparaturen zu keiner Zeit (rechtlich) bestand. Dennoch wirbt der Automobilhersteller seit Jahren mit einer siebenjährigen Garantiezeit. Daher erwarten die Kunden des Automobilherstellers, dass dieser aufgrund der ständigen Übung kostenlose Reparaturen an den Fahrzeugen auch noch nach Ablauf der gesetzlichen Verpflichtung von zwei Jahren durchführen lässt. Der Automobilhersteller hat eine Rückstellung für Gewährleistungen ohne rechtliche Verpflichtung zu bilden.

Beim Ansatz von Gewährleistungsrückstellungen sind entsprechende **Nachweis- und Dokumentationsanforderungen** zu beachten. In diesem Zusammenhang ist auf Folgendes hinzuweisen: Der BFH hat zwar die Passivierung bspw. Gewährleistungsrückstellungen, interne Kosten der Jahresabschlusserstellung oder die Begleitung einer steuerlichen Außenprüfung durch Betriebsangehörige, die i.e.S. betriebsinternen Aufwand darstellen, anerkannt.[64] Gleichwohl werden an die Passivierung solcher Rückstellungen zum Teil erhöhte Nachweis- und Dokumentationsanforderungen geknüpft.[65]

96

Praxistipp

 Insb. mit Blick auf die steuerliche Betriebsprüfung ist es wichtig, die „Branchenüblichkeit" bzw. die ständige Erbringung der rechtlich nicht geforderten (Kulanz-)Leistungen nachzuweisen.

Hinsichtlich der Beurteilung des faktischen Leistungszwangs sowie der weiteren Kriterien ist auf die allgemeinen Tatbestandsmerkmale für den Ansatz von Rückstellungen Bezug zu nehmen (siehe Kap. 2, Rn. 48 ff.).

97

Sofern die faktische Verpflichtung, also eine wirtschaftliche Belastung, der sich der Unternehmer nicht mehr entziehen kann, gegeben ist, hat der Ansatz der Rückstellungen **auch in der Steuerbilanz** zu erfolgen.[66]

98

---

64 Vgl. BFH v. 06.06.2012, I R 99/10, BStBl. II 2013, 196; BFH v. 19.07.2011, X R 26/10, BStBl. II 2012, 856; BFH v. 12.12.2013, X R 25/11, DStR 2014, 840; BFH v. 07.01.2014, X B 191/13, BFH/NV 2014, 695.
65 Vgl. hierzu *Strahl*, kösdi 2014, 18961, 18961 ff.
66 Vgl. BFH v. 06.04.1965, I 23/63 U, BStBl. III 1965, 383; R 5.7 Abs. 12 EStR. Vgl. auch HdJ/*Herzig/Köster*, Abt. III 5 Rn. 361.

2.1.4 Steuerbilanziell abweichende Ansatzvorschriften

2.1.4.1 Grundsatz

99 Grds. gilt aufgrund des **Maßgeblichkeitsgrundsatzes** bei Erfüllung der genannten Ansatzkriterien (siehe Kap. 2, Rn. 51 ff.) ein Passivierungsgebot auch in der Steuerbilanz. Der Gesetzgeber weicht allerdings in einzelnen Fällen (siehe Kap. 1.5.3, Rn. 44 ff.) von diesem Grundsatz ab. Das handelsrechtliche Ansatzgebot findet folglich seine Grenzen in den im Folgenden erläuterten, steuerrechtlich abweichenden Ansatzvorschriften.

2.1.4.2 Rückstellungen für erfolgsbedingte Rückzahlungsverpflichtungen

100 § 5 Abs. 2a EStG verbietet die **Passivierung bedingt rückzahlbarer Darlehen/Zuwendungen** in der Steuerbilanz. Hiervon betroffen sind z.B.:

- Druckbeihilfen (siehe Kap. 8.2, Rn. 874),
- Explorationskredite (siehe Kap. 8.2, Rn. 913),
- Filmkredite (siehe Kap. 8.2, Rn. 921).

Die Norm ist einzig fiskalisch motiviert und widerspricht dem GoB des **Imparitätsprinzips**.[67] Steuerrechtlich geht damit die Realisierung eines Ertrags aus der Zuwendung/dem Darlehen einher, welcher der Besteuerung unterliegt. Handelsrechtlich wird demgegenüber, sofern ernsthaft mit dem Eintritt der schuldbegründenden Bedingung gerechnet wird,[68] eine Rückstellung bilanziert.[69]

Beispiel

 Die Druckfrisch Verlags GmbH veröffentlicht Werke zu Spezialthemen des Rechnungs- und Finanzwesens. Um das Risiko eines neuen Werks zu minimieren, vereinbart sie mit den Autoren eine Druckbeihilfe. Demnach sollen die Autoren vor Druck des Werks ein bedingt rückzahlbares Darlehen i.H.v. 10.000 EUR an den Verlag leisten. Der Verlag hat die Beihilfe zurückzuzahlen, wenn mindestens 2.000 Exemplare verkauft wurden.

In der Handelsbilanz ist beim Verlag zu buchen:

Bank 10.000 EUR

an

sonstige betriebliche Erträge 10.000 EUR

Der Verlag rechnet mit dem Erreichen der Absatzschwelle. Dies schlägt sich in der folgenden Buchung nieder:

---

67 Siehe kurz zum Imparitätsprinzip Syst. Praxiskommentar Bilanzrecht/*Brösel/Burgardt*, § 252 HGB Rn. 43.
68 Vgl. ADS, § 246 HGB Rn. 122.
69 Vgl. WP-Handbuch, Bd. I, Buchst. E Rn. 151. Siehe auch *Küting*, DStR 1996, 313, 313.

sonstige betriebliche Aufwendungen 10.000 EUR
an
sonstige Rückstellungen 10.000 EUR

Die letzte Buchung ist in der Steuerbilanz aufgrund des § 5 Abs. 2a EStG zu korrigieren. Damit einher geht, bei einem angenommenen Steuersatz von 30 %, eine steuerliche Belastung i.H.v. 3.000 EUR.

Die abweichende Normierung in beiden Regelwerken kann die Bilanzierung aktiver latenter Steuern in der Handelsbilanz erforderlich machen.

2.1.4.3 Rückstellungen für Verpflichtungen aus der Verletzung von Patent-, Urheber- oder ähnlichen Rechten

Durch § 5 Abs. 3 Satz 1 EStG ergibt sich zunächst keine Einschränkung ggü. dem Handelsrecht,[70] wenn gefordert wird, dass „Rückstellungen wegen Verletzung fremder **Patent-, Urheber- oder ähnlicher Schutzrechte** […] erst gebildet werden [dürfen], wenn: **101**

1. der Rechtsinhaber Ansprüche wegen der Rechtsverletzung geltend gemacht hat oder
2. mit einer Inanspruchnahme wegen der Rechtsverletzung ernsthaft zu rechnen ist."[71]

Schutzrechte, die von der Norm erfasst werden, sind neben Patentrechten (siehe Kap. 8.2, Rn. 1136) und den Urheberrechten (siehe Kap. 8.2, Rn. 1335) u.a.:[72]

- Gebrauchsmusterrechte,
- Geschmacksmusterrechte,
- Halbleiterschutzrechte,
- Markenrechte,
- Sortenschutzrechte,
- ausschließliche Nutzungsrechte.

Eine Durchbrechung der Maßgeblichkeit ergibt sich durch § 5 Abs. 3 Satz 2 EStG, wonach die nach § 5 Abs. 3 Satz 1 EStG gebildete Rückstellung im dritten auf das Geschäftsjahr der Bildung folgenden Wirtschaftsjahr aufzulösen ist (**Auflösungsgebot**).[73] Eine Auflösung in der Handelsbilanz ist demgegenüber erst **102**

---

70 „[…] der Vorschrift [kommt] weitestgehend nur deklaratorische Bedeutung zu." – Lademann/*Plewka*/Schmidt, § 5 EStG Rn. 1262. Dabei ist zu beachten, dass die Beweislast hinsichtlich einer fehlenden Wahrscheinlichkeit der Inanspruchnahme bei der Finanzverwaltung liegt; vgl. Frotscher/*Frotscher*, § 5 EStG Rn. 458.
71 Hervorhebungen durch d.Verf.
72 Vgl. auch Schmidt/*Weber-Grellet*, EStG § 5 Rn. 398.
73 Auch diese Norm ist fiskalpolitisch begründet; vgl. auch *Kessler*, S. 61, der diese Norm als „[…] unvereinbar mit den allgemeinen Besteuerungsgrundsätzen" ansieht.

dann geboten, wenn der Rechtsanspruch des Verletzten zivilrechtlich verjährt ist (siehe bspw. zu Patentrechtsverletzungen Kap. 8.2, Rn. 1136).

103 Auch bei einer fortlaufenden Verletzung der in Rede stehenden Rechtsgüter bemisst sich die Frist zur Auflösung nach Maßgabe der **erstmaligen Verletzung**,[74] denn es handelt sich um ein und dasselbe Schutzgut, auf dessen Ansatz die Norm abzielt.[75]

Beispiel

Die Verletzer AG nutzt illegal ein patentiertes Produktionsverfahren zur Herstellung ihrer gewerblich vertriebenen Waren. Mit der illegalen Nutzung des Patents wurde im Mai t1 begonnen. In den Jahren t2 und t3 wurden der Rückstellung weitere Beträge zugeführt. Die Produktion dauert zum 31.12.t4 (Bilanzstichtag) noch an.

Obwohl die Rechtsverletzung weiterhin vorgenommen wird, ist die Rückstellung für Ansprüche aus Patentrechtsverletzungen bereits zum 31.12.t4 gewinnerhöhend aufzulösen. Diese Auflösung muss insgesamt, d.h. unter Einschluss der Zuführungsbeträge aus den Jahren t2 und t3, vorgenommen werden.

104 Wurde ein zivilrechtlich nicht verjährter Anspruch aus Verletzung eines Schutzrechts geltend gemacht, nachdem die Rückstellung hierfür bereits aufgelöst wurde, so ist die Rückstellung **erneut zu bilden**. Das Auflösungsgebot steht dem nicht entgegen.

2.1.4.4 Rückstellungen für Jubiläumszusagen

105 § 5 Abs. 4 EStG schränkt den Ansatz für Rückstellungen im Zusammenhang mit **Jubiläumszusagen** (siehe hierzu auch Kap. 8.2, Rn. 866) auf die Fälle ein, in denen:

- das Dienstverhältnis zum Bilanzstichtag mindestens zehn Jahre bestanden hat,
- das Dienstjubiläum das Bestehen eines Dienstverhältnisses von mindestens 15 Jahren voraussetzt,
- die Zusage schriftlich erteilt wurde,
- und der Zuwendungsberechtigte seinen Anspruch nach dem 31.12.1992 erwarb.[76]

Diese Restriktionen sind auf Dienstjubiläen anzuwenden, **nicht** jedoch auf **Firmenjubiläen**.[77] Für diese gelten die allgemeinen (handelsrechtlichen) Ansatzkriterien ohne Einschränkung.

---

[74] Vgl. BFH v. 09.02.2006, IV R 33/05, BStBl. II 2006. 517.
[75] Vgl. Lademann/*Plewka/Schmidt*, § 5 EStG Rn. 1281.
[76] Siehe abermals kritisierend *Kessler*, S. 61.
[77] Vgl. *Hoffmann/Lüdenbach*, § 249 HGB Rn. 217.

2.1 Rückstellungen für ungewisse Verbindlichkeiten

Praxistipp

 Um unangenehme steuerliche Folgen zu vermeiden, sollte der Bilanzierende die steuerliche Sondervorschrift des § 5 Abs. 4 EStG uneingeschränkt und zweifelsfrei erfüllen.

Wirtschaftlich betrachtet wird die Jubiläumszuwendung über die einzelnen Dienstjahre erdient. Dementsprechend ist die Rückstellung bis zum Zeitpunkt des Jubiläums **ratierlich anzusammeln**.[78] Aufgrund des Ansatzverbots in den ersten zehn Jahren des Dienstverhältnisses kommt es deswegen beim erstmaligen Ansatz zu einer hohen Einmalzuführung in Höhe des versicherungsmathematischen Barwerts des in den ersten zehn Jahren erdienten Anteils der Jubiläumszuwendung.[79] Diese dürfen aber nicht eine ggf. vor dem **31.12.1992** erdiente Anwartschaft beinhalten, weil bis zum genannten Datum noch ein Passivierungsverbot für derartige Rückstellungen bestand.[80]

106

Bei der Bestimmung der **Dauer der Betriebszugehörigkeit** (mindestens zehn Jahre) und der Zeit zwischen Diensteintritt und Jubiläum (mindestens 15 Jahre) sind entgegen anderslautender Jubiläumszusagen keine Vordienstzeiten bei anderen Arbeitgebern einzubeziehen. Dies gilt nur dann nicht, wenn die **Vordienstzeiten** bei einem mit dem jetzigen Arbeitgeber organschaftlich oder konzernmäßig verbundenen Arbeitgeber geleistet wurden.[81]

107

Die Erfüllung des **Schriftformerfordernisses** wird in *R 6a Abs. 7 EStR* erläutert. Nach Auffassung des *BMF* gelten diese mit Blick auf die Pensionszusagen gemachten Ausführungen für Jubiläumszusagen entsprechend (siehe hierzu Kap. 5.3.2.2, Rn. 457 f.).[82]

108

Für die Rechtmäßigkeit des steuerbilanziellen Ansatzes ist es **ohne Bedeutung**, ob die Zusage rechtsverbindlich, unwiderruflich und vorbehaltlos erteilt wird.[83] Das *BMF* fordert bei einer widerruflichen Zusage aber eine besonders sorgsame Prüfung, „ob die Entstehung der Verbindlichkeit nach der bisherigen betrieblichen Übung oder nach den objektiv erkennbaren Tatsachen am zu beurteilenden Bilanzstichtag wahrscheinlich […] ist."[84] Insofern besteht jedoch keine Abweichung ggü. dem handelsbilanziellen Vorgehen. Auch dort wird die Wahrscheinlichkeit der Inanspruchnahme gefordert (siehe Kap. 2.1.2.1, Rn. 51 ff.).

109

---

78 Vgl. Frotscher/*Frotscher*, § 5 EStG Rn. 458; *Kessler*, S. 315.
79 A.A. Frotscher/*Frotscher*, § 5 EStG Rn. 458, der auch das Gegenwartswertverfahren als legitim erachtet.
80 Vgl. Lademann/*Plewka/Schmidt*, § 5 EStG Rn. 1292.
81 Vgl. Frotscher/*Frotscher*, § 5 EStG Rn. 458.
82 Vgl. *BMF* v. 08.12.2008, IV C 6 – S 2137/07/10002, BStBl. I 2008, 1013.
83 Vgl. BFH v. 18.01.2007, IV R 42/04, BStBl. II 2007, 956.
84 *BMF* v. 08.12.2008, IV C 6 – S 2137/07/10002, BStBl. I 2008, 1013.

2.1.4.5 Rückstellungen für künftige Anschaffungs- oder Herstellungskosten eines Wirtschaftsguts

110 § 5 Abs. 4b Satz 1 EStG beinhaltet eine **Klarstellung**, die auch handelsrechtlich gilt. Es gilt ein grundsätzliches Passivierungsverbot. Es kann deswegen auf die entsprechenden Ausführungen verwiesen werden (siehe allgemein Kap. 2.1.2.6, Rn. 88 f. sowie Kap. 8.2, Rn. 718 mit dem Hinweis auf eine Ausnahme von diesem Grundsatz).[85]

2.1.4.6 Rückstellungen im Zusammenhang mit Kernbrennstoffen

111 Im Zuge der Neueinfügung des **§ 5 Abs. 4b EStG** wurde auch das bis dato nur als Verwaltungsmeinung vertretene Passivierungsverbot für Aufwendungen für die „[...] schadlose[n] Verwertung radioaktiver Reststoffe sowie ausgebauter oder abgebauter radioaktiver Anlagenteile, [die] [...] im Zusammenhang mit der Bearbeitung oder Verarbeitung von Kernbrennstoffe[n] gewonnen worden sind und keine radioaktiven Abfälle darstellen"[86] kodifiziert.

112 Kongruenz mit § 5 Abs. 4b Satz 1 EStG besteht bei solchen **Aufwendungen, die ohnehin aktivierungspflichtig** und damit nicht passivierungsfähig sind. So zu kategorisieren sind bspw. Kosten der Wiederaufbereitung radioaktiver Reststoffe, die der Fertigung „neuer" Brennelemente dienen. Die Norm schränkt somit nur den Ansatz von Rückstellungen für **sofort abzugsfähige Aufwendungen** ein. Diese dürfen nur dann angesetzt werden, wenn sie im Zusammenhang mit der Entsorgung radioaktiver Abfälle stehen und nicht der Wiederaufbereitung von Anlageteilen dienen. Der typische Fall der Beseitigung radioaktiven Abfalls erfährt hingegen keine Einschränkung.[87]

2.1.4.7 Rückstellungen im Zusammenhang mit Kernkraftwerken

113 Da es keine handelsrechtlichen Vorschriften gibt, nach denen die Bilanzierung von Rückstellungen für die Stilllegung von Kernkraftwerken vorgenommen werden kann, orientiert sich die handelsrechtliche Bilanzierung an den konkreten steuerlichen Vorschriften. Nach § 6 Nr. 3a Buchst. d) EStG sind Rückstellungen für die **Stilllegung von Kernkraftwerken** zu passivieren, sofern hierzu die in Kap. 2.1.1, Rn. 48 ff. genannten Passivierungsvoraussetzungen erfüllt sind. Demnach handelt es sich entweder um rechtlich entstandene oder wirtschaftlich verursachte Verpflichtungen, die ggü. **fremden Dritten** bestehen (Außenverpflichtung) und die eine hinreichend konkretisierte Eintrittswahrscheinlichkeit aufweisen.

114 Bei Rückstellungen für die Stilllegung von Kernkraftwerken handelt es sich um öffentlich-rechtliche Verpflichtungen, die den **Umweltschutzverpflichtungen** zuzuordnen sind. Daraus folgt, dass eine hinreichend konkretisierte Eintrittswahr-

---

85 Siehe auch Schmidt/*Weber-Grellet*, § 5 EStG Rn. 369.
86 § 5 Abs. 4b Satz 2 EStG.
87 Siehe ausführlich Lademann/*Plewka/Schmidt*, § 5 EStG Rn. 1419 ff. sowie *Küting/Kessler*, DStR 1998, 1937, 1942.

scheinlichkeit daran geknüpft ist, dass eine gesetzliche Vorschrift inhaltlich ein bestimmtes Handeln innerhalb eines definierten Zeitraums vorschreibt, dessen Missachtung Sanktionen für den Bilanzierenden nach sich zieht (zur Bewertung von Rückstellungen für die Stilllegung von Kernkraftwerken siehe Kap. 3.4.4, Rn. 324 f.).

2.1.4.8 Rückstellungen für die steuerliche Verrechnungspreisdokumentation

Die Bildung von Rückstellungen für die **steuerliche Verrechnungspreisdokumentation** betrifft Sachverhalte, bei denen ein Steuerpflichtiger grenzüberschreitende Geschäftsbeziehungen zu nahestehenden Personen (i.S.d. § 1 Abs. 2 AStG) pflegt. In diesen Fällen unterliegen die im Rahmen dieser Geschäftsbeziehungen getätigten Geschäftsvorfälle hinsichtlich der Verrechnungspreisdokumentation besonderen Aufzeichnungspflichten. | 115

Die Aufzeichnungspflichten sind in § 90 Abs. 3 AO kodifiziert. Demnach ist ein Steuerpflichtiger dazu verpflichtet, bei internationalen Geschäftsbeziehungen mit nahestehenden Personen, Aufzeichnungen über die Art und den Inhalt dieser Geschäftsbeziehungen zu erstellen. Die Aufzeichnungspflicht bezieht sich sowohl auf die wirtschaftlichen als auch auf die rechtlichen Grundlagen für eine den **Grundsatz des Fremdvergleichs** beachtende Vereinbarung von Preisen und anderen Geschäftsbeziehungen mit nahestehenden Personen. | 116

Steuerlich dürfen Rückstellungen gebildet werden, sofern diese die Passivierungsvoraussetzungen (siehe Kap. 2.1.1.1, Rn. 48 ff.) erfüllen. Die nach § 90 Abs. 3 AO geforderte Verrechnungspreisdokumentation stellt für einen Steuerpflichtigen eine **öffentlich-rechtlich begründete Verpflichtung** dar, sofern diese inhaltlich hinreichend bestimmt, zeitlich konkretisiert sowie sanktionsbewährt ist. In diesen Fällen ist der Ansatz von Rückstellungen für die Erstellung der Verrechnungspreisdokumentation (dem Grunde nach) zulässig. Eine demensprechend notwendige Konkretisierung ist für die Dokumentation gewöhnlicher Geschäftsvorfälle regelmäßig und für die Dokumentation außergewöhnlicher Geschäftsvorfälle stets gegeben.[88] | 117

2.1.4.9 Ansammlungsrückstellungen: Stichtagsbezogene Anpassung des Ansammlungszeitraums

Ansammlungsrückstellungen zeichnen sich dadurch aus, dass ihr Entstehen bzw. ihre Verursachung nicht zu einem bestimmten Zeitpunkt erfolgt, sondern sich über einen längeren Zeitraum, d.h. über mehrere Jahre hinweg, erstreckt. Während dieses Zeitraums ist der Erfüllungsbetrag der betreffenden Verpflichtung ratierlich anzusammeln (siehe hierzu Kap. 2.1.2.3, Rn. 65 ff.). | 118

Eine **Abbruchverpflichtung** stellt bspw. eine Ansammlungsverpflichtung dar. Für diese ist sowohl nach Handels- als auch nach Steuerrecht eine Rückstellung zu bilden. Unterschiede zwischen Handels- und Steuerrecht bestehen hinsichtlich der | 119

---

88 Vgl. hierzu ausführlich *Baumhoff/Liebchen/Kluge*, IStR 2012, 821, 821 ff.

Bemessung des Erfüllungsbetrags am Bilanzstichtag (Preis- und Kostenverhältnisse) sowie der Abzinsung.[89] Dem vereinbarten Ansammlungszeitraum kommt eine besondere Bedeutung zu. Dies gilt sowohl für den Ansatz (dem Grunde nach) als auch für die Bewertung (der Höhe nach) einer Ansammlungsrückstellung.

120 In diesem Zusammenhang sind besonders die Fälle interessant, in denen eine Rückstellung für eine Abbruchverpflichtung zum Bilanzstichtag bereits vollständig in der Handels- bzw. Steuerbilanz passiviert ist, sich jedoch der vertraglich vereinbarte **Ansammlungszeitraum** bzw. Nutzungsverhältnis **verlängert**. Hierbei stellt sich die Frage, ob der gewählte Wertansatz der Rückstellung in der Handels- und Steuerbilanz beibehalten oder (zeitanteilig) aufzulösen ist. Steuerlich ist im Zusammenhang mit der Beantwortung dieser Frage auf das BFH-Urteil v. 02.07.2014 – I R 46/12 Bezug zu nehmen. Der BFH hat in seinem Urteil entschieden, dass Rückstellungen für Abbruchverpflichtungen, die in der Steuerbilanz bereits vollständig passiviert sind, aufgrund des bilanzrechtlichen Stichtagsprinzips anteilig aufzulösen sind. Begründet wird die Entscheidung des BFH damit, dass, sofern sich der Ansammlungszeitraum einer Abbruchverpflichtung verlängert, (auch) der vertraglich vereinbarte Zeitpunkt zur Erfüllung der Verpflichtung hinausgeschoben wird, der in diesem verlängerten Nutzungszeitraum unterhaltende laufende Betrieb des Nutzenden im wirtschaftlichen Sinne für das Entstehen der Abbruchverpflichtung ursächlich sei.[90]

121 Handelsrechtlich dürfen Rückstellungen nach § 249 HGB nur in den Fällen aufgelöst werden, in denen der Grund für ihre Bildung entfällt. Das Auflösungsverbot zielt jedoch vordergründig auf den Ansatz einer Rückstellung (dem Grunde nach) und nicht etwa auf ihre Bewertung (der Höhe nach) ab. Das *IDW* hat hinsichtlich der Bewertung von Rückstellungen (der Höhe nach) eine Überarbeitung des **IDW RS HFA 34** im Jahr 2015 vorgenommen, um die Verlautbarung an die Rechtsprechung des BFH anzupassen. Nach den Regelungen des *IDW* RS *HFA* 34 wurde das bisherige Wahlrecht, dass sich bei einer **Verlängerung des Verteilungszeitraums** bei einer Verteilungsrückstellung ergab, aufgehoben.[91] Nach der bisherigen Regelung wurde dem Bilanzierenden das Wahlrecht eingeräumt, den Rückstellungsansatz (der Höhe nach) entweder in der Periode (anteilig) aufzulösen, in der sich der Verteilungszeitraum verlängert hat, oder den Rückstellungsansatz (der Höhe nach) beizubehalten und den (Rest-)Betrag der Verpflichtung über den verlängerten Verteilungszeitraum zu verteilen. Künftig wird das Wahlrecht aufgehoben, sodass der Bilanzierende in den Fällen, in denen sich der Verteilungszeitraum einer Verteilungsrückstellung verlängert, dazu verpflichtet ist, den Rückstellungsansatz (der Höhe nach) (teil-)aufzulösen.[92]

---

89 Vgl. *Oser*, StuB 2014, 855, 855.
90 Die Entscheidung steht überdies im Einklang mit der bisherigen Rechtsprechung des BFH. Der BFH hat bereits in seinem Urteil v. 19.02.1975 entschieden, dass der Rückstellungsaufwand ausgehend von den Preisverhältnissen des jeweiligen Bilanzstichtags (Stichtagsprinzip) den Wirtschaftsjahren bis zur Erfüllung der Verpflichtung zuzuordnen ist und damit auch den Gewinn in den Folgeperioden (anteilig) belastet. BFH v. 19.02.1975, I R 28/73, BStBl. II 1975, 480.
91 Vgl. *Oser/Wirtz*, StuB 2016, 1, 3 f.
92 Vgl. *IDW* RS *HFA* 34, IDW FN 2015, 380, 380.

Beispiel: Verlängerung des Verteilungszeitraums

 A schließt zum 01.01.t1 mit B einen Mietvertrag über die Anmietung eines Bürogebäudes über die befristete Laufzeit von zehn Jahren. Darin wird festgelegt, dass alle Mietereinbauten zum Ablauf des Mietvertrags entfernt werden müssen. Zum Bilanzstichtag (31.12.t1) ist mit voraussichtlichen Kosten i.H.v. 10.000 EUR für die Entfernung zu rechnen. A hat dafür jedes Jahr 1.000 EUR (10.000 EUR/zehn Jahre) zurückzustellen.

Zum Bilanzstichtag (31.12.t5) wird der Mietvertrag von A über die Anmietung des Bürogebäudes um fünf Jahre verlängert, sodass die Vertragslaufzeit des Mietvertrags 15 Jahre beträgt. A hat den bis dahin angesammelten bzw. auf die ursprüngliche Vertragslaufzeit hin ausgerichteten Rückstellungsbetrag unter Berücksichtigung der am jeweiligen Stichtag zu ermittelnden Kosten für den Rückbau des Fahrstuhls entsprechend der neuen Vertragslaufzeit anteilig aufzulösen. Da A bis zum Bilanzstichtag (31.12.t5) für den Rückbau des Fahrstuhls in dem Bürogebäude 5.000 EUR zurückgestellt hat, sich der Nominalbetrag der Rückstellung unter Berücksichtigung der neuen Vertragslaufzeit zum Bilanzstichtag (31.12.t5) auf 3.333,33 EUR verringert, ist auf die bestehende Rückstellung eine (Teil-)Auflösung i.H.v. 1.666,67 EUR vorzunehmen.

2.1.4.10 Rückstellungen im Zusammenhang mit der (freiwilligen) Jahresabschlussprüfung

Für Unternehmen besteht eine (gesetzliche) Verpflichtung zur Erstellung einer Bilanz, zur Durchführung einer Jahresabschlussprüfung sowie zur Abgabe einer Steuererklärung. Die hiermit verbundenen Aufwendungen sind wirtschaftlich dem Geschäftsjahr zuzuordnen, in denen die betreffende Bilanz erstellt, eine Jahresabschlussprüfung durchgeführt sowie eine Steuererklärung abgegeben wird. Sowohl in der Handels- als auch in der Steuerbilanz sind hierfür **Verbindlichkeitsrückstellungen** zu bilden, bspw. für die zu erwartenden Aufwendungen einer gesetzlich vorgeschriebenen Jahresabschlussprüfung durch einen Abschlussprüfer und Veröffentlichung des Jahresabschlusses im Bundesanzeiger oder für die zu erwartenden Aufwendungen zur Erstellung einer betrieblichen Steuererklärung.

Bisher konnten Gesellschaften sowohl im Handels- als auch im Steuerrecht Verbindlichkeitsrückstellungen bilden, bspw. für die zu erwartenden Aufwendungen zur Durchführung und Offenlegung einer **freiwilligen Jahresabschlussprüfung**. Der **BFH** hat in seinem Urteil v. 05.06.2014 – IV R 26/11 entschieden, dass fortan keine Rückstellungen mehr für die Durchführung und Offenlegung freiwilliger Jahresabschlussprüfungen in der Steuerbilanz gebildet werden dürfen, wenn eine Gesellschaft zu dieser bspw. „nur" aufgrund ihres Gesellschaftsvertrags verpflichtet ist. Begründet wird das Urteil des BFH damit, dass in diesen Fällen die zu erwartenden Aufwendungen ausschließlich reine Selbst- und Innenverpflichtungen darstellen, die trotz ihrer Einklagbarkeit keine rückstellungsfähige Außenverpflichtung begründen können⁹³ (siehe zur Außenverpflichtung Kap. 2.1.2.2, Rn. 55 ff.). Somit darf in der Steuerbilanz keine Rückstellung angesetzt werden.

124 **Handelsrechtlich** wird hingegen eine gegenteilige Meinung durch das *IDW* vertreten. Nach Ansicht des *IDW* ist auch in den Fällen, in denen eine freiwillige Jahresabschlussprüfung durchgeführt werden soll, der **Ansatz einer Rückstellung geboten**. Begründet wird dies damit, dass die Gesellschafter aufgrund des zugrunde liegenden Gesellschaftsvertrags die Jahresabschlussprüfung gerichtlich einklagen können und insoweit im Verhältnis zur Gesellschaft ebenfalls als **fremde Dritte** zu verstehen sind, sodass eine Außenverpflichtung vorliegt. Somit darf in der Handelsbilanz eine Rückstellung angesetzt werden.⁹⁴

Hinweis

Das Urteil des BFH im Zusammenhang mit der Bildung von Rückstellungen für die Durchführung von freiwilligen Jahresabschlussprüfungen geht über den dem Urteil zugrunde liegenden Sachverhalt einer Personengesellschaft hinaus, da dieses auf Gesellschaften aller Rechtsformen übertragbar ist und somit eine große Ausstrahlwirkung in der Steuerpraxis entfaltet.

Beispiel

Die Alpha GmbH ist nach § 267 HGB (sowie nach § 141 AO) als kleine Kapitalgesellschaft zu qualifizieren. Für kleine Kapitalgesellschaften entfällt nach § 316 ff. HGB die Pflicht zur Prüfung. Im Gesellschaftsvertrag der Alpha GmbH ist jedoch die Durchführung einer Jahresabschlussprüfung vorgesehen. Die Alpha GmbH entscheidet sich daher dafür, eine freiwillige Jahresabschlussprüfung zum Abschlussstichtag 31.12. von dem Abschlussprüfer Herrn Stark durchführen zu lassen. Für die Durchführung der freiwilligen Jahresabschlussprüfung zum Abschlussstichtag 31.12. erwägt die Alpha GmbH den Ansatz einer Rückstellung.

Steuerrechtliche Beurteilung:

Steuerrechtlich scheidet der Ansatz einer Rückstellung für die Durchführung einer freiwilligen Jahresabschlussprüfung aus. Das lässt sich damit begründen, dass die Alpha GmbH nicht nach gesetzlichen Vorschriften dazu verpflichtet ist, zum Abschlussstichtag 31.12 eine Jahresabschlussprüfung durchführen zu lassen. Somit fehlt es der Verpflichtung am Charakter einer Außenverpflichtung, sodass der Ansatz einer Rückstellung nicht in Betracht kommt.

Handelsrechtliche Beurteilung:

Handelsrechtlich ist hingegen der Ansatz einer Rückstellung für die Durchführung einer freiwilligen Jahresabschlussprüfung zum Abschlussstichtag 31.12. geboten. Das lässt sich damit begründen, dass die Gesellschafter der Alpha

---

93 Vgl. BFH v. 05.06.2014, IV R 26/11, BStBl. II 2014, 886.
94 Vgl. *Zeidler/Schmatz*, BBK 2015, S. 281, 281 ff.

GmbH aufgrund des zugrunde liegenden Gesellschaftsvertrags die Jahresabschlussprüfung gerichtlich einklagen können und insoweit im Verhältnis zur Gesellschaft ebenfalls als fremde Dritte zu verstehen sind, sodass eine Außenverpflichtung vorliegt. Somit darf in der Handelsbilanz eine Rückstellung angesetzt werden.

2.1.4.11 Steuerliche Besonderheiten der Drohverlustrückstellung bei Bewertungseinheiten

Die Bildung von **Bewertungseinheiten** wird handelsrechtlich in § 254 HGB geregelt. Demnach bilden Vermögensgegenstände, Schulden, schwebende Geschäfte oder mit hoher Wahrscheinlichkeit erwartete Transaktionen, die mit Finanzinstrumenten zusammengefasst werden, um gegenläufige Wertänderungen oder Zahlungsströme aus vergleichbaren Risiken auszugleichen, eine Bewertungseinheit i.S.d. § 254 HGB. Eine Bewertungseinheit besteht somit aus einem Vermögensgegenstand (dem sog. **Grundgeschäft**) und einem Finanzinstrument (dem sog. **Sicherungsgeschäft**). Zwischen dem Grundgeschäft und dem Sicherungsgeschäft besteht ein wirtschaftlicher Zusammenhang, der eine kompensierende Wirkung entfaltet.[95]

125

Die Effektivität einer solchen Bewertungseinheit beeinflusst unmittelbar ihre bilanzielle Abbildung.[96] Während für den **effektiven Teil** die handelsrechtlichen Vorschriften des § 249 Abs. 1 HGB, § 252 Abs. 1 Nr. 3 HGB, § 252 Abs. 1 Nr. 4 HGB, § 253 Abs. 1 Satz 1 HGB und § 256a HGB nicht anzuwenden sind, unterliegt der **ineffektive Teil** den allgemeinen Bilanzierungs- und Bewertungsvorschriften des HGB, sodass es zu einem Ausweis von Verlusten kommen kann. Ein etwaiger Gewinn aus einer Überkompensation darf allerdings aufgrund des außerhalb der Bewertungseinheit geltenden Realisationsprinzips nicht erfasst werden.[97]

126

- Ein **positiver Saldo** (Überhang der positiven Wertänderungen über die negativen Wertänderungen) darf aufgrund des Realisationsprinzips des § 252 Abs. 1 Nr. 4 Hs. 2 HGB nicht erfolgswirksam erfasst werden (ausgenommen von dieser Regelung ist nach § 256a Satz 2 HGB allein ein positiver Überhang aus Vermögensgegenständen und Schulden in fremder Währung mit einer Restlaufzeit am Abschlussstichtag von höchstens einem Jahr).

- Ein **negativer Saldo** (Überhang der negativen Wertänderungen über die positiven Wertänderungen) ist entsprechend den Regeln des Imparitätsprinzips im Regelfall aufwandswirksam zu erfassen. Im Fall einer aus einer antizipativen Bewertungseinheit resultierenden negativen Ineffektivität ist für den Betrag des Überhangs eine Rückstellung nach § 249 Abs. 1 Satz 1 HGB zu bilanzieren.

---

95 Vgl. *Drewes*, DB 2012, 241, 241.
96 Vgl. Syst. Praxiskommentar Bilanzrecht/*Zepp/Sopp*, § 254 HGB Rn. 25 ff.; Vgl. ausführlich zur bilanziellen Behandlung von Bewertungseinheiten bspw. *Jonas*, Die Bildung von Bewertungseinheiten im handelsrechtlichen Jahresabschluss, 2011, S. 59 ff.
97 Vgl. *Zwirner/Boecker*, BB 2012, 2935, 2935.

127 Nach § 5 Abs. 1a Satz 2 EStG werden steuerlich nur Bewertungseinheiten erfasst, die auch in der handelsrechtlichen Rechnungslegung zur **Absicherung finanzwirtschaftlicher Risiken** gebildet wurden. Hieraus resultieren auf den ersten Blick zwei Voraussetzungen für eine steuerrechtliche Berücksichtigung der Bewertungseinheiten. Zum einen muss die Sicherungsbeziehung auch in der Handelsbilanz als Bewertungseinheit abgebildet und behandelt werden, zum anderen darf sich die Absicherung nur auf finanzwirtschaftliche Risiken beziehen.

128 Unstrittig ist festzuhalten, dass die **Handhabung in der Handelsbilanz** für die steuerliche Behandlung des Sachverhalts **maßgebend** ist – der Gesetzeswortlaut lässt keine andere Einschätzung zu.[98] Insoweit wird im Fachschrifttum auch von einer strengen formellen Maßgeblichkeit gesprochen.[99] Grundsätzlich werden alle handelsrechtlich gebildeten Bewertungseinheiten auch für steuerliche Zwecke beibehalten.

129 Die Ergebnisse der in der handelsrechtlichen Rechnungslegung zur **Absicherung finanzwirtschaftlicher Risiken** gebildeten Bewertungseinheiten sind auch für die steuerliche Gewinnermittlung maßgebend. Da § 254 HGB lediglich die bisherige Praxis festschreibt, resultieren daraus keine steuerlichen Konsequenzen.[100]

Mit Blick auf die steuerliche Behandlung von Bewertungseinheiten stellen sich – trotz der vermeintlich eindeutigen Regelung in § 5 Abs. 1a Satz 2 EStG – insbesondere die folgenden beiden Fragen:

1. Werden alle handelsrechtlich gebildeten Bewertungseinheiten auch für steuerliche Zwecke beibehalten?
2. Entfalten auch antizipative Bewertungseinheiten eine Wirkung für das Steuerrecht?

Die zu konstatierende Unsicherheit ist insbesondere auf die abweichende Formulierung zwischen den handelsrechtlichen (§ 254 HGB) und dem steuerrechtlichen (§ 5 Abs. 1a Satz 2 EStG) Regelungen zurückzuführen.

130 Nach § 5 Abs. 1a Satz 2 EStG werden steuerlich nur **Bewertungseinheiten** erfasst, die auch in der handelsrechtlichen Rechnungslegung zur Absicherung finanzwirtschaftlicher Risiken gebildet wurden. Hieraus resultieren auf den ersten Blick zwei Voraussetzungen für eine steuerrechtliche Berücksichtigung der Bewertungseinheiten. Zum einen muss die Sicherungsbeziehung auch in der Handelsbilanz als Bewertungseinheit abgebildet und behandelt werden, zum anderen darf sich die Absicherung nur auf finanzwirtschaftliche Risiken beziehen.

131 Unstrittig ist festzuhalten, dass die Handhabung in der Handelsbilanz für die steuerliche Behandlung des Sachverhalts maßgebend ist – der Gesetzeswortlaut lässt

---

98 „Die Ergebnisse der in der handelsrechtlichen Rechnungslegung [...] gebildeten Bewertungseinheiten sind auch für die steuerliche Gewinnermittlung maßgeblich" (§ 5 Abs. 1a Satz 2 EStG).
99 Vgl. *Schiffers*, in Korn u.a. (Hrsg.), Einkommensteuergesetz, 67. Aktualisierung 2012, § 5 EStG, Rn. 450.
100 Vgl. BT-Drucks. 16/10067, S. 59. Vgl. hinsichtlich der steuerlichen Folgen der Regelungen *Zwirner/Boecker*, BB 2012, 2935, 2935 ff. m.w.N.

keine andere Einschätzung zu.[101] Insoweit wird im Fachschrifttum auch von einer **strengen formellen Maßgeblichkeit** gesprochen.[102] Dieses Ergebnis liefert einen ersten Anhaltspunkt zur Beantwortung der ersten Frage: Grundsätzlich werden alle handelsrechtlich gebildeten Bewertungseinheiten auch für steuerliche Zwecke beibehalten.

Darüber hinaus ist die **Bedeutung der Begrifflichkeit** „finanzwirtschaftlicher Risiken" zu beachten. Hieraus könnte auf den ersten Blick geschlussfolgert werden, dass u.U. nur ein Teilbereich der handelsrechtlich gebildeten Bewertungseinheiten von § 5 Abs. 1a Satz 2 EStG erfasst wird. Dies ist jedoch nicht der Fall. So wurde bereits in der Regierungsbegründung zum BilMoG auf die enge Verknüpfung zwischen § 254 HGB und § 5 Abs. 1a Satz 2 EStG hingewiesen.[103] Darüber qualifizierte der Referentenentwurf des BilMoG § 5 Abs. 1a Satz 2 EStG (explizit) als steuerliches „Pendant"[104] zu § 254 HGB und ging somit vom Gleichklang der beiden Vorschriften aus.[105] Schließlich führte auch die Gesetzesbegründung zur Einführung von § 5 Abs. 1a Satz 2 EStG seinerzeit aus, dass diese Regelung „einer weiteren Differenzierung von Handels- und Steuerrecht entgegen[106] [wirkt]."

132

Deswegen kann unter **Würdigung der Gesamtumstände** nach der hier vertretenen Auffassung nichts anderes gelten, als das alle für handelsrechtliche Zwecke nach § 254 HGB gebildeten Bewertungseinheiten auch bei der steuerlichen Gewinnermittlung erfasst werden.[107] Dies hat auch das **OFD Münster** bestätigt.[108] Der sprachlichen Abweichung zwischen handelsrechtlichem und steuerlichem Gesetzeswortlaut – die zugegebenermaßen unglücklich ist – kommt somit keinerlei Bedeutung zu. Dies gilt nicht zuletzt vor dem Hintergrund, dass der Begriff der finanzwirtschaftlichen Risiken ohnehin im Schrifttum uneinheitlich und nicht überschneidungsfrei, sondern eher je nach Perspektive des Betrachters verwendet wird.[109] Allein deswegen verbietet sich bei der Interpretation von § 5 Abs. 1a Satz 2 EStG die Heranziehung dieser sprachlichen Differenzierung als Unterscheidungs- bzw. Entscheidungsmerkmal.

133

---

101 „Die Ergebnisse der in der handelsrechtlichen Rechnungslegung […] gebildeten Bewertungseinheiten sind auch für die steuerliche Gewinnermittlung maßgeblich" (§ 5 Abs. 1a Satz 2 EStG).
102 Vgl. *Schiffers*, in Korn u.a. (Hrsg.), Einkommensteuergesetz, 67. Aktualisierung 2012, § 5 EStG, Rn. 450.
103 Vgl. BT-Drucks. 344/08, S. 124 ff.
104 Referentenentwurf zum BilMoG vom 08.11.2007, 119 (abrufbar unter www.wpk.de/pdf/BmJ_Referentenentwurf_BilMoG.pdf).
105 Vgl. *Herzig/Briesemeister*, Ubg 2009, 157, 158.
106 Vgl. BT-Drucks. 16/634, S. 10. § 5 Abs. 1a Satz 2 EStG wurde durch das Gesetz zur Eindämmung missbräuchlicher Steuergestaltungen vom 28.04.2006 neu in das EStG aufgenommen.
107 Vgl. *Schiffers*, in Korn u.a. (Hrsg.), Einkommensteuergesetz, 67. Aktualisierung 2012, § 5 EStG, Rn. 452; Beck Bil-Komm/*Schmidt/Usinger*, § 254 HGB Rn. 6; *Herzig/Briesemeister*, Ubg 2009, 157, 158.
108 Vgl. zu dieser Ansicht auch OFD Münster, 04.09.2012 – Kurzinfo ESt Nr. 17/2012, StuB 2012, 763, 763 f. Dort führt das OFD Münster explizit aus, dass ausgehend von den nach § 254 Abs. 1 HGB gebildeten Bewertungseinheiten kein steuerlicher Korrekturbedarf besteht.
109 Vgl. *Herzig/Briesemeister*, Ubg 2009, 157, 158. Häufig werden zu den finanzwirtschaftlichen Risiken neben Preisrisiken (denen wiederum vor allem Zinsänderungs-, Währungs-, und Rohstoffpreisrisiken subsumiert werden) auch Ausfallrisiken und Liquiditätsrisiken gezählt. Vgl. hierzu auch Herrmann/Heuser/Raupach/*Hick*, EStG/KStG, 2012, § 5 EStG, Rn. 1645.

134 Zusätzlich ist vor diesem Hintergrund auf § 5 Abs. 4a Satz 2 EStG hinzuweisen, der ausnahmsweise die Übernahme einer handelsrechtlich gebildeten Drohverlustrückstellung im Zusammenhang mit Bewertungseinheiten auch **für steuerliche Zwecke zulässt** – damit erstreckt sich die konkrete Maßgeblichkeit des § 5 Abs. 1a Satz 2 EStG auch auf etwaige Drohverlustrückstellungen.[110] Sofern allerdings in Ausübung des Wahlrechts des § 254 HGB auf die Bildung einer Bewertungseinheit in der Handelsbilanz verzichtet wird, gilt für in diesem Zusammenhang nach § 249 Abs. 1 Satz 1 HGB gebildete Drohverlustrückstellungen das allgemeine steuerliche Passivierungsverbot in § 5 Abs. 4a Satz 1 EStG.

Praxistipp

> § 5 Abs. 4a Satz 2 EStG greift nur im Zusammenhang mit § 5 Abs. 1a Satz 2 EStG. Damit entsteht bei Nichtbildung einer Bewertungseinheit in der Handelsbilanz ggf. handelsrechtlich ein höherer Aufwand, sofern eine Drohverlustrückstellung zu bilden ist. Diese Rückstellung und damit der Aufwand sind in diesem Fall steuerlich nicht anerkannt, sodass sich eine höhere Steuerbelastung ergibt.

135 Grds. basiert die Bilanzierung von Bewertungseinheiten auf dem Vorhandensein eines Grund- und eines Sicherungsgeschäfts, deren vergleichbare Risiken durch den Kompensationseffekt neutralisiert werden.[111] Bei einer **antizipativen Bewertungseinheit** kommt allerdings mangels rechtsgeschäftlicher Vereinbarung (noch) keine bilanzielle Abbildung eines Grundgeschäfts in Betracht. Allein die Aussicht, dass der Abschluss mit hoher Wahrscheinlichkeit zu erwarten ist, bewirkt keine Bilanzierungsfähigkeit. Sofern alle Voraussetzungen zur Bildung eines antizipativen Hedge erfüllt sind, werden deshalb für Zwecke der bilanziellen Behandlung das Gegenüberstehen von Grundgeschäft und Sicherungsgeschäft sowie der Ausgleich aller gegenläufigen Wert- oder Zahlungsstromänderungen so lange in einer Nebenrechnung simuliert, bis die erwartete Transaktion, d.h. der Abschluss des Grundgeschäfts, tatsächlich erfolgt.[112] Zu diesem Zeitpunkt werden die bisher außerbilanziell festgehaltenen Wertänderungen in der Rechnungslegung – entweder als Bestandteil der Anschaffungskosten des Grundgeschäfts (etwa wenn der Bezug von Waren gegen Währungsrisiken abgesichert wurde) oder in der GuV (bspw. bei der Währungsabsicherung im Zusammenhang mit künftigen Umsatzerlösen oder Zinsen) – erfasst.[113]

136 Die Frage nach der Wirkung, die antizipative Bewertungseinheiten für die **steuerliche Gewinnermittlung** entfalten, lässt sich ebenfalls aus dem Gesetz selbst sowie anhand entsprechender Gesetzesmaterialien beantworten. Zunächst formuliert § 5 Abs. 1a Satz 2 EStG wörtlich, dass die Ergebnisse der in der handelsrechtlichen

---

110 Vgl. Herrmann/Heuser/Raupach/*Hick*, EStG/KStG, 2012, § 5 EStG, Rn. 1647.
111 Vgl. *Zwirner/Boecker*, BB 2012, 2935, 2936 f.
112 Vgl. Petersen/Zwirner/*Petersen/Zwirner/Froschhammer*, BilMoG, 2009, S. 439; *Patek*, DB 2010, 1077, 1080; Küting/Pfitzer/Weber/*Scharpf*, Das neue deutsche Bilanzrecht, 2. Aufl. 2009, S. 223.
113 Vgl. *Zwirner/Boecker*, BB 2012, 2935, 2936.

Rechnungslegung gebildeten Bewertungseinheiten auch für die steuerliche Gewinnermittlung maßgeblich sind. Diese Formulierung umfasst alle nach § 254 HGB bilanzierten Bewertungseinheiten (sog. strenge formelle Maßgeblichkeit). Der Wille des Gesetzgebers, antizipative Bewertungseinheiten hiervon auszuschließen, ist daraus nicht ableitbar. Wäre dies beabsichtigt gewesen, hätte die steuerrechtliche Formulierung entsprechend ausgestaltet werden müssen, dies ist nicht erfolgt.[114] Deswegen greift § 5 Abs. 1a Satz 2 EStG auch für antizipative Bewertungseinheiten, d.h., auch diese werden steuerlich nachvollzogen.[115]

Die Beantwortung der Frage, inwieweit die Bezugnahme auf finanzwirtschaftliche Risiken in § 5 Abs. 1a Satz 2 EStG bei der steuerlichen Berücksichtigung von antizipativen Bewertungseinheiten eine Rolle spielt, ergibt sich aus den oben gemachten Ausführungen. Die **sprachliche Differenzierung** zwischen dem handelsrechtlichen und dem steuerrechtlichen Gesetzeswortlaut hat **keine inhaltlichen Auswirkungen**. Außerdem ist festzuhalten, dass auch antizipative Bewertungseinheiten zur Absicherung von Währungs-, Zins-, oder Preisrisiken des – noch nicht abgeschlossenen – Grundgeschäfts eingesetzt werden. Diese Risiken werden regelmäßig zu den finanzwirtschaftlichen Risiken gerechnet.[116]

137

Praxistipp

 Auch die handelsrechtlich gebildeten antizipativen Bewertungseinheiten werden steuerlich nachvollzogen.

2.2 Rückstellungen für drohende Verluste aus schwebenden Geschäften

2.2.1 Zielsetzung und Begrifflichkeiten

Schwebende Geschäfte i.S.d. § 249 Abs. 1 HGB sind „verpflichtende Verträge, die auf einen Leistungsaustausch gerichtet sind und aus Sicht jedes Vertragspartners einen Anspruch und eine Verpflichtung begründen (gegenseitige Verträge, die auf einen wirtschaftlichen Austausch gerichtet sind)"[117].

138

Schwebende Geschäfte finden grds. keinen Eingang in die Bilanz (**Grundsatz der Nichtbilanzierung** schwebender Geschäfte).[118] Bei Vorliegen eines schwebenden

139

---

114 Vgl. *Herzig/Briesemeister*, Ubg 2009, 157, 159.
115 Vgl. *Herzig/Briesemeister*, Ubg 2009, 157, 158; *Schiffers*, in Korn u.a. (Hrsg.), Einkommensteuergesetz, 67. Aktualisierung 2012, § 5 EStG, Rn. 462. Vgl. auch Hinweis OFD Münster, 04.09.2012, Kurzinfo ESt Nr. 17/2012, StuB 2012, 763, 763 f.; *Zwirner/Boecker*, BB 2012, 2935, 2936.
116 Vgl. *Herzig/Briesemeister*, Ubg 2009, 157, 158.
117 IDW RS HFA 4, IDW FN 2010, 298, 298. Vgl. weiterführend HdR-E/*Mayer-Wegelin*, § 249 HGB Rn. 61 ff.; Baetge/Kirsch/Thiele/*Hommel*, § 249 HGB Rn. 107 f.; ADS, § 249 HGB Rn. 139; HdJ/*Herzig/Köster*, Abt. III 5 Rn. 239 ff.; Beck HdR/*Scheffler*, B 233 Rn. 325 ff.
118 Vgl. Baetge/Kirsch/Thiele/*Hommel*, § 249 HGB Rn. 112 f.; ADS, § 249 HGB Rn. 136; HdJ/*Herzig/Köster*, Abt. III 5 Rn. 242.

2 Ansatz nach den Rückstellungsarten des § 249 HGB

Geschäfts (bspw. eine zum Bilanzstichtag vorliegende Bestellung, langfristige Verträge über Mietverhältnisse, Lieferzusagen) ist regelmäßig davon auszugehen, dass sich bei Erfüllung des Geschäfts Leistung und Gegenleistung ausgleichen (**Vermutung der Ausgeglichenheit**).[119]

140 Mangels einer zum Bilanzstichtag noch nicht erfolgten Realisation scheidet der Ansatz eines Vermögensgegenstands oder einer Schuld auf Grundlage eines schwebenden Geschäfts aus. Das **Imparitätsprinzip** erfordert indes die Berücksichtigung unrealisierter Verluste zum Bilanzstichtag.[120] Dieser Ausfluss des Vorsichtsprinzips ist dafür verantwortlich, dass für drohende Verluste aus schwebenden Geschäften zum Bilanzstichtag – zwecks zutreffender und periodengerechter Aufwandserfassung – eine **Rückstellungspflicht** besteht. Hier liegt eine **Ausnahme vom Grundsatz der Nichtbilanzierung schwebender Geschäfte** vor.[121] Ein drohender Verlust ist dabei unter Rückgriff auf das **bilanzrechtliche Synallagma**[122] zu bestimmen, wonach nur der Verpflichtungsüberschuss berücksichtigt werden darf, welcher nicht i.R.d. Saldierung von Leistung und Gegenleistung des Austauschverhältnisses kompensiert wird (siehe Kap. 2.2.3, Rn. 160 ff.). Der **drohende Verlust** ist dann – unter Beachtung der entsprechenden Bewertungsregeln (siehe Kap. 3, Rn. 229 ff.) – als Rückstellung anzusetzen.[123] **Steuerrechtlich** hingegen ist der Ansatz von Drohverlustrückstellungen nicht anerkannt.[124]

141 Drohverlustrückstellungen sind handelsrechtlich nur dann **ansatzpflichtig**, wenn aus einem zum Bilanzstichtag bestehenden, aber noch schwebenden Geschäft hinreichend sicher Verluste zu erwarten sind. Für den Ansatz von Drohverlustrückstellungen sind damit zwei Begrifflichkeiten abzugrenzen: „schwebend" und „Geschäft".

Praxistipp

 Der Ansatz einer Drohverlustrückstellung setzt zunächst das Vorliegen eines ***schwebenden Geschäfts*** *voraus. Aus diesem Geschäft muss zudem ein* ***Verpflichtungsüberschuss*** *für den Bilanzierenden resultieren.*

142 Die Verpflichtung, die aus einem „**Geschäft**" resultiert, muss hierbei auf einen Vertrag zurückzuführen sein, der den Bilanzierenden in seiner dispositiven Entscheidungsfreiheit in der Weise bindet, dass er die Vertragserfüllung – auch unter Inkauf-

---

[119] Vgl. dazu auch Baetge/Kirsch/Thiele/*Hommel*, § 249 HGB Rn. 117 ff.; HdJ/*Herzig/Köster*, Abt. III 5 Rn. 243.
[120] Vgl. Baetge/Kirsch/Thiele/*Hommel*, § 249 HGB Rn. 105 ff.; ADS, § 249 HGB Rn. 136.
[121] Vgl. weiterführend Baetge/Kirsch/Thiele/*Hommel*, § 249 HGB Rn. 114.
[122] Siehe *Kessler*, S. 229. Der Begriff Synallagma bezeichnet dabei das Austauschverhältnis von Leistung und Gegenleistung beim Vertrag. Das bilanzrechtliche Synallagma hat dabei i.S.e. wirtschaftlichen Betrachtungsweise alle Ansprüche und Verpflichtungen zu umfassen, also auch Nebenleistungspflichten und -ansprüche.
[123] Vgl. Beck Bil-Komm/*Schubert*, § 249 HGB Rn. 57 f. mit Verweis auf BFH v. 23.06.1997, GrS 2/93, BStBl. II 1997, 738. Die gesetzl. Normierung erfolgt in § 249 HGB Abs. 1 Satz 1 HGB.
[124] Vgl. § 5 Abs. 4a EStG.

2.2 Rückstellungen für drohende Verluste aus schwebenden Geschäften

nahme von Verlusten – nicht verhindern kann. Der drohende Verlust ist somit als **Verpflichtungsüberschuss** seitens des Bilanzierenden zu sehen.[125]

Ein derartiger Verpflichtungsüberschuss kann allein bei zweiseitig oder mehrseitig bindenden **Verträgen** gegeben sein, weswegen einseitige Vereinbarungen (z.B. Verpflichtungen aus Gerichtsurteilen) bei der Beurteilung von Drohverlustrückstellungen nicht zu beachten sind.[126] Sofern einseitige Vereinbarungen vorliegen, sind die Tatbestandsmerkmale des Vorliegens einer Verbindlichkeitsrückstellung (siehe Kap. 2.1, Rn. 48 ff.) zu prüfen. 143

Da das Vorliegen eines schwebenden Geschäfts den Ansatz einer Verbindlichkeitsrückstellung nicht zwangsläufig ausschließt,[127] ist zu jedem Bilanzstichtag zu prüfen, ob für das schwebende Geschäft statt des Ansatzes einer Drohverlustrückstellung nicht eher der Ansatz einer Verbindlichkeitsrückstellung (siehe Kap. 2.1, Rn. 48 ff.) erfolgen muss (siehe zu dem entsprechenden **Konkurrenzverhältnis** Kap. 2.2.4, Rn. 165 ff.). 144

Ein Geschäft ist dann als **schwebend** anzusehen, wenn eine der beiden Vertragsparteien ihrer Verpflichtung noch nicht nachgekommen ist. Hierbei kann es sich aus Sicht des Bilanzierenden um eine Sach- oder Dienstleistungsverpflichtung handeln.[128] 145

Gegenstand eines schwebenden Geschäfts kann sowohl ein **einmaliger Leistungsaustausch** (z.B. einmaliger Beschaffungsvorgang, Kaufverträge, Werk(liefe-rungs)verträge, Dienstleistungsvertrag) oder ein **Dauerschuldverhältnis** (z.B. Arbeitsverträge, Miet- oder Pachtverhältnis, Leasingverträge, Kreditverträge) sein. Auch Sukzessivlieferungsverträge (z.B. über Strom, Gas, Wasser) stellen Dauerschuldverhältnisse dar (siehe auch m.w.H. Kap. 8.2, Rn. 857).[129] 146

Während ein einmaliger Leistungsaustausch regelmäßig einem bestimmten Zeitpunkt zuzurechnen ist, zeichnen sich Dauerschuldverhältnisse durch einen **Zeitraumbezug** aus. Hierbei ist der Umfang der zu berücksichtigenden Verpflichtung unmittelbar von dem jeweiligen Zeitraum abhängig. 147

Unabhängig von der Fragestellung, ob im zu beurteilenden Fall ein einmaliger Leistungsaustausch oder ein Dauerschuldverhältnis vorliegt, kann sich die Leistungsverpflichtung aus einem **Beschaffungsgeschäft** oder einem **Absatzgeschäft** ergeben. 148

Grds. sind damit folgende **Ausprägungen** der schwebenden Geschäfte respektive der mit diesen im Zusammenhang stehenden Drohverlustrückstellungen zu unterscheiden.[130] 149

---

125 Vgl. *Moxter*, DStR 1998, 509, 512; HdR-E/*Mayer-Wegelin*, § 249 HGB Rn. 66.
126 Vgl. *Kessler*, S. 204 f.
127 Vgl. *Moxter*, DStR 1998, 509, 513; *Naumann*, BB 1998, 527, 527; BFH v. 16.09.1970, I R 184/67, BStBl. II 1971, 85.
128 Vgl. Beck Bil-Komm/*Schubert*, § 249 HGB Rn. 53.
129 Vgl. HdR-E/*Kessler*, § 249 HGB Rn. 116.
130 Vgl. auch Beck Bil-Komm/*Schubert*, § 249 HGB Rn. 53; ADS, § 249 HGB Rn. 151 ff.; ebenso *Hoffmann/Lüdenbach*, § 249 HGB Rn. 151 ff.

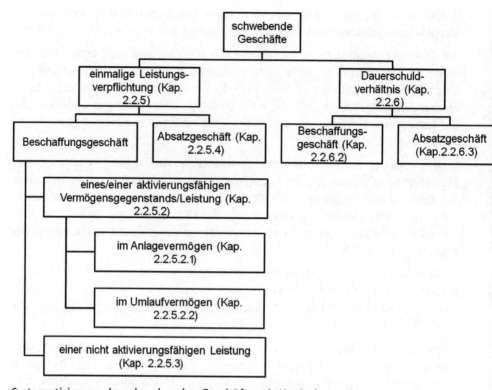

Systematisierung der schwebenden Geschäfte mit Kapitelverweis;
© *Petersen/Künkele/Zwirner*

150 Gesondert wird neben den vorgenannten Arten von schwebenden Geschäften vielfach auch der Bereich der **Finanzinstrumente** angeführt.[131] In der Praxis kommen individualvertragliche Devisentermingeschäfte ebenso in Betracht wie Optionen und Futures. Sofern aus den Geschäften (unter Berücksichtigung der Regelungen zur Erfassung von Bewertungseinheiten nach § 254 HGB) ein Verpflichtungsüberschuss resultiert, ist der Ansatz einer Drohverlustrückstellung für diese Geschäfte geboten (siehe zu Einzelfällen Kap. 8.2, Rn. 709, 821, 843, 922, 1129, 1180, 1297, 1300, 1382, 1387, 1421, 1422).

151 Aus dem Beginn und Ende des schwebenden Geschäfts ergeben sich unmittelbare Auswirkungen auf Beginn und Ende der korrespondierenden Rückstellungspflicht für den Fall drohender Verluste.

2.2.2 Beginn und Ende der Rückstellungspflicht

152 Entscheidend für den Ansatz einer Drohverlustrückstellung ist der eingetretene Schwebezustand (**Beginn**). Erst wenn zum Bilanzstichtag ein schwebendes Geschäft vorliegt, das sich noch nicht (vollständig) bilanziell niedergeschlagen hat, ist der Ansatz einer Drohverlustrückstellung zu prüfen. Hierbei ist regelmäßig auf

---

131 Vgl. ADS, § 249 HGB Rn. 160 ff. m.w.N.

2.2 Rückstellungen für drohende Verluste aus schwebenden Geschäften

einen zum Bilanzstichtag bestehenden Vertrag, zumindest einen bindenden Vorvertrag abzustellen.[132]

Eine unverbindliche Absichtserklärung („**Letter of Intent**" bzw. „**Memorandum of Understanding**") ist im Einzelfall nicht ausreichend.[133] Die rechtliche Bindung und die sich daraus ergebende wirtschaftliche Belastung, der sich der Bilanzierende nicht mehr entziehen kann, sind im Einzelfall abzuschätzen.[134]

153

Spätestens mit der **Annahme eines Vertragsangebots** beginnt der Schwebezustand.[135]

154

Neben eine rechtliche Sichtweise tritt eine **wirtschaftliche Betrachtungsweise**. Kann sich der Bilanzierende zwar aus einem rechtlichen (Vor-)Vertragsverhältnis lösen, unterliegt aber wirtschaftlichen Zwängen (z.B. Kundenbindung), den Vertrag auch verlustbringend zu erfüllen, begründet dies den Ansatz einer Drohverlustrückstellung. Nichts anderes gilt, wenn der Bilanzierende das Geschäft bewusst und in Kenntnis des auf ihn zukommenden Verlusts eingegangen ist.[136]

155

Der **Zeitpunkt des Beginns** der Rückstellungspflicht bestimmt sich damit primär nach rechtlichen Aspekten unter weitergehender Berücksichtigung wirtschaftlicher Zwänge.

156

Für den Fall, dass der Abschluss eines Vertrags **rechtlichen Vorbehalten** (z.B. Gremienvorbehalt) unterliegt, ist der Vertrag zum Bilanzstichtag noch nicht rechtswirksam geschlossen. Damit liegt kein schwebendes Geschäft vor, weil Anspruch und Verpflichtung bis dahin nicht rechtlich entstanden sind. Allerdings ist darauf Bezug zu nehmen, ob die rechtlich aufschiebende Bedingung im Bereich des Bilanzierenden liegt. Dominiert (faktisch) ein Zustimmungszwang (aus rechtlichen und/oder wirtschaftlichen Gründen), ist im Einzelfall trotz fehlender rechtlicher Vertragskonkretisierung von einem schwebenden Geschäft auszugehen.[137]

157

Das **Ende der Rückstellungspflicht** tritt dann ein, wenn der Schwebezustand beendet ist, d.h., dass die vertragsgemäß vereinbarten Lieferungen und Leistungen im Wesentlichen erbracht wurden. Das Ende des Schwebezustands bestimmt sich hierbei nicht nach rechtlicher, sondern nach wirtschaftlicher Betrachtungsweise.[138] Hierbei stehen noch ausstehende unwesentliche Nebenpflichten der wirtschaftlichen Erfüllung des schwebenden Geschäfts und damit der Auflösung des Schwebezustands nicht mehr entgegen.[139]

158

---

132 Vgl. *Hoffmann/Lüdenbach*, § 249 HGB Rn. 153 f.
133 I.d.S. auch IDW RS HFA 4, IDW FN 2010, 298, 299. Weiterführend HdJ/*Herzig/Köster*, Abt. III 5 Rn. 247.
134 Vgl. Beck HdR/*Scheffler*, B 233 Rn. 326.
135 Vgl. weiterführend zum Beginn des Schwebezustands Baetge/Kirsch/Thiele/*Hommel*, § 249 HGB Rn. 109.
136 Vgl. ADS, § 249 HGB Rn. 145 m.w.N.; Beck Bil-Komm/*Schubert*, § 249 HGB Rn. 61; Baetge/Kirsch/Thiele/*Hommel*, § 249 HGB Rn. 121.
137 Vgl. IDW RS HFA 4, WPg 2000, 716, 717.
138 Vgl. BFH v. 23.06.1997, GrS 2/93, BStBl. II 1997, 737 m.w.N.; vgl. Baetge/Kirsch/Thiele/*Hommel*, § 249 HGB Rn. 110.
139 Vgl. HdJ/*Herzig/Köster*, Abt. III 5 Rn. 248.

159 Sofern ein **Teil des schwebenden Geschäfts** zum Bilanzstichtag erfüllt worden ist, ist der Ansatz einer Drohverlustrückstellung für den ausstehenden Teil zu prüfen.

2.2.3 Ansatzkriterium: Drohender Verlust

160 Grds. richtet sich der Ansatz von Drohverlustrückstellungen **nach den für die Verbindlichkeitsrückstellungen gültigen Kriterien** (siehe Kap. 2.1, Rn. 48 ff.). Die einzelnen Tatbestandsmerkmale sind indes mit Blick auf die Verlustantizipation entsprechend zu konkretisieren.

Praxistipp

 Die allgemeinen Ansatzkriterien für Rückstellungen für ungewisse Verbindlichkeiten (siehe Kap. 2.1, Rn. 48 ff.) sind auch bei der Bilanzierung von Drohverlustrückstellungen zu beachten.

161 Ein drohender Verlust ist dann anzunehmen, wenn der Wert der **Leistungsverpflichtung** des Bilanzierenden zum Bilanzstichtag den Wert der Gegenleistung übersteigt. Hieraus ergibt sich aus Sicht des Bilanzierenden zum Bilanzstichtag ein **Verpflichtungsüberschuss**, der den Ansatz einer Drohverlustrückstellung begründet. Ein rechtlicher oder faktischer Leistungszwang muss gegeben sein.[140]

162 Der Ansatz einer Drohverlustrückstellung setzt voraus, dass das Eintreten des Verlusts hinreichend wahrscheinlich ist (der Verlust „droht"). Hierfür müssen **konkrete Anzeichen** vorliegen; eine bloße Möglichkeit des Verlusteintritts ist nicht ausreichend.[141]

163 Die **Objektivierung** des zu erwartenden Verlusts muss zum Bilanzstichtag (spätestens im Wertaufhellungszeitraum bis zur Bilanzerstellung) hinreichend wahrscheinlich sein. Dies ist immer dann anzunehmen, wenn die zuverlässig schätzbaren Aufwendungen, die seitens des Bilanzierenden zu erbringen sind, über der entsprechenden Gegenleistung liegen.

164 Der Umfang der Rückstellung ist in dem zum Bilanzstichtag zu ermittelnden **Verpflichtungsüberschuss** zu sehen. Hierbei müssen die mit dem schwebenden Geschäft in Verbindung stehenden Leistungen und Gegenleistungen analysiert und

---

140 Vgl. HdJ/*Herzig/Köster*, Abt. III 5 Rn. 251.
141 Vgl. Beck Bil-Komm/*Schubert*, § 249 HGB Rn. 60; ADS, § 249 HGB Rn. 144. In diesem Zusammenhang ist auch das Urteil des OLG Frankfurt a. M. v. 12.11.2013 – 5 U 14/13 zu verstehen. Hier wurde der Frage nachgegangen, ob die Deutsche Bank verpflichtet ist, eine Rückstellung wegen etwaiger Schadensersatzansprüche bezüglich einer Interviewäußerung ihres damaligen Vorstandsvorsitzenden in die Jahresbilanz 2011 einzustellen. Nach Ansicht des OLG Frankfurt a. M. ist das nicht der Fall. Begründet wird dies vom OLG Frankfurt a. M. u.a. damit, dass bei der Aufstellung bzw. dem Beschluss des Jahresabschluss 2011 keine überwiegende Wahrscheinlichkeit für eine Schadensersatzverpflichtung in bestimmter Höhe für die Deutsche Bank bestand. Vgl. OLG Frankfurt a.M. v. 12.11.2013, 5 U 14/13, n.rkr., AG 2014, 95, 95 ff.

bewertet werden. Der sich nach Saldierung und Kompensation[142] der einzelnen gegenläufigen Effekte ergebende Differenzbetrag stellt den Ausgangspunkt der Rückstellungsbewertung dar.[143]

2.2.4 Abgrenzungsnotwendigkeiten und Konkurrenzen

Der Ansatz einer Drohverlustrückstellung stellt unter Berücksichtigung der handelsrechtlichen Regelungen ein **Ansatzgebot** dar. Demnach müssen die weiteren Vorschriften des Handelsrechts, die zur Berücksichtigung von unrealisierten Verlusten zum Bilanzstichtag dienen (können), betrachtet werden.

165

Ein **Konkurrenzverhältnis**[144] im Zusammenhang mit der Beurteilung des Ansatzes einer Drohverlustrückstellung kann sich ergeben ggü.:

166

- dem Ansatz einer Rückstellung für ungewisse Verbindlichkeiten oder
- der Vornahme außerplanmäßiger Abschreibungen.

Sofern zum Bilanzstichtag ein Erfüllungsrückstand vorliegt, ist vorrangig eine **Rückstellung für ungewisse Verbindlichkeiten** anzusetzen.[145] Während die Drohverlustrückstellung im Zusammenhang mit künftigen Verlusten, die sich aus der Realisierung schwebender Geschäfte in der Zukunft ergeben, steht, bildet eine Verbindlichkeitsrückstellung einen bereits zum Bilanzstichtag bestehenden **Erfüllungsrückstand**, der seine Verursachung in der Vergangenheit hat, ab. Vorrangig ist daher in solchen Fällen eine Verbindlichkeitsrückstellung (die zudem entgegen der Drohverlustrückstellung steuerlich anerkannt ist) zu bilden.[146]

167

---

142 Vgl. zum Saldierungsbereich *IDW* RS *HFA* 4, IDW FN 2010, 298, 301 f.; Beck Bil-Komm/*Schubert*, § 249 HGB Rn. 63 f.; Baetge/Kirsch/Thiele/*Hommel*, § 249 HGB Rn. 130 ff.; HdJ/*Herzig/Köster*, Abt. III 5 Rn. 255 ff.; *Kessler/Scholz-Görlach*, PiR 2007, 304, 304 ff.
143 Siehe zur Bewertung von Drohverlustrückstellungen auch *IDW* RS *HFA* 4, IDW FN 2010, 298, 302 f.
144 Vgl. Beck Bil-Komm/*Schubert*, § 249 HGB Rn. 66 ff.
145 Vgl. *Moxter*, DStR 1998, 509, 514; *Eckstein/Fuhrmann*, DB 1998, 529, 530; *Naumann*, BB 1998, 527, 528; ausführlich HdJ/*Herzig/Köster*, Abt. III 5 Rn. 320 ff.
146 Vgl. *IDW* RS *HFA* 4, IDW FN 2010, 298, 300. In diesem Zusammenhang ist auf Folgendes hinzuweisen: Steuerlich ist die Bildung einer Rückstellung wegen Erfüllungsrückstands anerkannt. Gleichwohl geht aus dem Urteil des BFH v. 27.02.2014 – III R 14/11 hervor, dass der Ansatz einer solchen Rückstellung u.a. voraussetzt, dass der Steuerpflichtige zum Ausgleich des Erfüllungsrückstands rechtlich verpflichtet ist. Das Urteil wurde in Bezug auf die Rechtspflicht zur Nachbetreuung von Versicherungsverträgen gesprochen und entspricht auch der bisherigen Rechtsprechung des BFH. So geht aus dem Urteil des BFH v. 19.07.2011 – X R 26/10, BStBl. II 2012, 856 hervor, dass eine Rückstellung wegen Erfüllungsrückstands zu bilden ist, wenn ein Versicherungsvertreter die Abschlussprovision nicht nur für die Vermittlung der Versicherung, sondern auch für die weitere Betreuung des Versicherungsvertrags erhält. Demnach setzt ein Erfüllungsrückstand voraus, dass der Steuerpflichtige zur Betreuung der Versicherungen rechtlich verpflichtet ist. Leistungen, die ohne Rechtspflicht von dem Steuerpflichtigen erbracht werden, sind hingegen für den Ansatz/Bemessung einer Rückstellung ohne jegliche Bedeutung. Vgl. BFH v. 27.02.2014, III R 14/11, DStR 2014, 1593, 1593 ff.

2 Ansatz nach den Rückstellungsarten des § 249 HGB

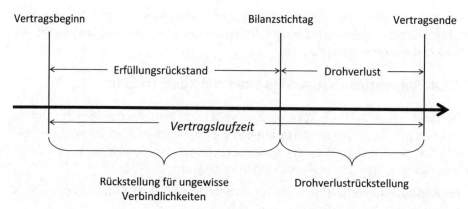

Abgrenzung von Erfüllungsrückstand und Drohverlust[147];
© Petersen/Künkele/Zwirner

168 Sofern der zu beurteilende Sachverhalt sowohl zeitliche Aspekte mit Bezug auf die Vergangenheit als auch mit Blick in die Zukunft aufweist, ist der insgesamt zum Bilanzstichtag zu berücksichtigende Verlust durch den Ansatz einer Verbindlichkeitsrückstellung einerseits und den Ansatz einer Drohverlustrückstellung andererseits zu berücksichtigen. Hierbei ist zu beachten, dass eine zutreffende **Aufteilung** des insgesamt zu erwartenden Aufwands erfolgt.

169 Im Zusammenhang mit Absatzgeschäften ist auf die Vornahme einer **außerplanmäßigen Abschreibung** auf die zum Absatz vorgesehenen (un- oder teilfertigen) Erzeugnisse zu achten.[148] Die Verlustantizipation zum Bilanzstichtag kann grds. durch die Bildung einer Drohverlustrückstellung bei gleichbleibender Vorratsbewertung oder durch eine Anpassung der Vorratsbewertung mittels einer außerplanmäßigen Abschreibung erfolgen. Entgegen dem Ansatz einer Drohverlustrückstellung ist die Vornahme einer Teilwertabschreibung auch steuerlich (bei Vorliegen einer voraussichtlich dauernden Wertminderung) anerkannt. Im Ergebnis ist die Teilwertabschreibung der Drohverlustrückstellung vorzuziehen.[149]

Praxistipp

 Eine aktive Risikovorsorge (außerplanmäßige Abschreibung) ist ggü. einer passiven Risikovorsorge (Drohverlustrückstellung) vorrangig vorzunehmen.

170 Im Einzelfall ist die **Höhe des** zu berücksichtigenden **Aufwands** zu ermitteln und auf eine Drohverlustrückstellung sowie außerplanmäßige Abschreibungen **aufzuteilen**. Dies ist immer dann der Fall, wenn die Differenz der zum Bilanzstichtag

---

147 Modifiziert entnommen aus Bertram/Brinkmann/Kessler/Müller/*Bertram*, § 249 HGB Rn. 133.
148 Siehe *IDW* RS *HFA* 4, IDW FN 2010, 298, 300 f. Im Einzelfall ist zwischen Vermögensgegenständen zu unterscheiden, die unmittelbar Gegenstand des schwebenden Absatzgeschäfts sind, und Vermögensgegenständen, die nur mittelbar Gegenstand des schwebenden Absatzgeschäfts sind. Siehe allgemein zum Konkurrenzverhältnis HdJ/*Herzig/Köster*, Abt. III 5 Rn. 206 ff.
149 So auch *IDW* RS *HFA* 4, IDW FN 2010, 298, 301; Bertram/Brinkmann/Kessler/Müller/*Bertram*, § 249 HGB Rn. 135 ff.

vorhandenen Anschaffungs- oder Herstellungskosten des im Zusammenhang mit dem verlustbringenden schwebenden Geschäft stehenden Vermögensgegenstands zum niedrigeren Wert des Vermögensgegenstands nicht ausreicht, um den erwarteten Verlust zu decken. Für den die Anschaffungs- oder Herstellungskosten (voraussichtlich) übersteigenden Betrag ist dann – nach Vornahme einer vollständigen außerplanmäßigen Abschreibung des Vermögensgegenstands – eine Drohverlustrückstellung anzusetzen (siehe Kap. 8.2, Rn. 873).[150]

Sofern bei einem Vertragsabschluss über Rechte (bspw. im Zusammenhang mit Übertragungsrechten für Sportereignisse o.Ä.) vor dem Bilanzstichtag **noch keine Auszahlung** erfolgt ist, umfasst die zu bildende Rückstellung für drohende Verluste aus schwebenden Geschäften den Saldo zwischen allen greifbaren Erträgen und dem Wert der eigenen Verpflichtungen i.S.v. Aufwendungen. Auch für den Fall, dass bereits Auszahlungen geleistet und als aktiver Rechnungsabgrenzungsposten bilanziert wurden, ist der erwartete negative Erfolgsbeitrag zum Bilanzstichtag durch die Passivierung einer Drohverlustrückstellung zu antizipieren. Eine „außerplanmäßige Abschreibung" des Rechnungsabgrenzungspostens kommt nicht in Betracht (siehe Kap. 2.2.5.2.3, Rn. 185).[151]

171

2.2.5 Drohverlustrückstellungen bei einmaligem Leistungsaustausch

2.2.5.1 Überblick

Drohverlustrückstellungen bei einmaligem Leistungsaustausch können sich ergeben im Zusammenhang mit (siehe Kap. 2.2.1, Rn. 149):

172

- **Beschaffungsgeschäften** über **aktivierungsfähige** Vermögensgegenstände oder Leistungen im Anlage- oder Umlaufvermögen,
- **Beschaffungsgeschäften** über **nicht aktivierungsfähige** Leistungen sowie
- **Absatzgeschäften**.

Im Zusammenhang mit der Beurteilung des Ansatzes einer Drohverlustrückstellung ist stets auf die **Aktivierungskriterien** des HGB Bezug zu nehmen, um zu beurteilen, ob es sich bei der „beschafften" Leistung um einen aktivierungsfähigen Vermögensgegenstand handelt oder nicht.

173

Die Verpflichtung zum Ansatz einer Drohverlustrückstellung ergibt sich grds. aus dem **Vergleich des vereinbarten Leistungsentgelts und den zum Betrachtungszeitpunkt relevanten Marktpreisen**. Es ist zu untersuchen, zu welchen Konditionen aus Sicht des Bilanzstichtags bei einer Neuverhandlung des Geschäfts die Leistungen zu bewerten wären.

174

Im Einzelnen ergibt sich der Ansatz einer Drohverlustrückstellung aus der zum Bilanzstichtag nicht (mehr/weiter) gegebenen Ausgeglichenheit der Geschäfte.

175

---

150 Vgl. Beck Bil-Komm/*Schubert*, § 249 HGB Rn. 68.
151 Vgl. *Brösel/Zwirner*, MW 2004, 21, 25.

2 Ansatz nach den Rückstellungsarten des § 249 HGB

2.2.5.2 Beschaffungsvorgänge über aktivierungsfähige Vermögensgegenstände/Leistungen

176 Bei zum Bilanzstichtag schwebenden Beschaffungsgeschäften über bilanzierungsfähige Vermögensgegenstände sind Rückstellungen für bis zum Abschlussstichtag eingetretene Wertminderungen anzusetzen. Hierbei sind die aus den **ungünstigen Beschaffungsverträgen** zu erwartenden Verluste zu passivieren.[152]

2.2.5.2.1 ... im Anlagevermögen

177 Bei **Beschaffungsgeschäften** über **aktivierungsfähige Vermögensgegenstände des Anlagevermögens** ist eine Drohverlustrückstellung anzusetzen für die Differenz zwischen der vertraglich vereinbarten Zahlungsverpflichtung und dem zum Bilanzstichtag anzusetzenden Wert des Vermögensgegenstands für den Fall, dass dieser bereits geliefert worden wäre.[153] Demnach muss (mit Ausnahme von Finanzanlagen) eine zum Bilanzstichtag festzustellende Wertminderung voraussichtlich dauerhaft sein. Nur wenn die Wiederbeschaffungskosten nachhaltig gesunken sind, ist eine Drohverlustrückstellung geboten.[154]

Beispiel

Die Pluto AG bestellt eine neue Maschine zum Kaufpreis von 100.000 EUR. Die Maschine wird im März t2 geliefert. Zum 31.12.t1 ist der Wert (= Kaufpreis bei Neubestellung) der Maschine wegen technischer Neuerungen nachhaltig auf 80.000 EUR gesunken. Zum 31.12.t1 ist eine Drohverlustrückstellung i.H.v. 20.000 EUR anzusetzen.

In t2 ist die Maschine mit 80.000 EUR anzusetzen. Dies geschieht durch einen Ansatz von 100.000 EUR und einer Abschreibung von 20.000 EUR. Die Drohverlustrückstellung ist in derselben Periode aufzulösen.

Buchungssatz in t1:

sonstige betriebliche Aufwendungen	20.000 EUR
an	
Drohverlustrückstellung	20.000 EUR

Buchungssatz in t2:

Maschine	100.000 EUR
an	
Verbindlichkeiten	100.000 EUR

---

152 Vgl. WP-Handbuch, Bd. I, Buchst. E Rn. 153.
153 Siehe *Kessler*, S. 359 f.
154 Vgl. auch Beck HdR/*Scheffler*, B 233 Rn. 363.

2.2 Rückstellungen für drohende Verluste aus schwebenden Geschäften

Abschreibungen	20.000 EUR
an	
Maschinen	20.000 EUR

Drohverlustrückstellungen	20.000 EUR
an	
sonstige betriebliche Aufwendungen	20.000 EUR

Eine **voraussichtlich nur vorübergehende Wertminderung** erlaubt keinen Ansatz einer Drohverlustrückstellung bei Beschaffungsvorgängen im Anlagevermögen, weil § 253 Abs. 3 Satz 3 HGB zu beachten ist.[155] **178**

Für den Fall des **Erwerbs von Finanzanlagen** ist eine Drohverlustrückstellung dann zu bilden, wenn nach dem Zeitpunkt der vertraglichen Vereinbarung und dem Zeitpunkt der rechtlichen Übertragung Tatsachen aufgetreten sind, die eine Wertminderung der Anteile bedingen.[156] **179**

2.2.5.2.2 ... im Umlaufvermögen

Bei **Beschaffungsvorgängen im Umlaufvermögen** sind zum Bilanzstichtag der vereinbarte Kaufpreis und die gesunkenen Wiederbeschaffungskosten zu vergleichen. **180**

Beispiel

Unternehmer U erwirbt in t1 Waren im Wert von 80.000 EUR. Die Lieferung der Ware erfolgt in t2. Ende des Jahres t1 stellt U fest, dass er die gleiche Ware nun zu einem Kaufpreis von 60.000 EUR beziehen könnte.

In t1 ist aufwandswirksam eine Rückstellung i.H.v. 20.000 EUR zu bilden. Bei der Lieferung der Ware in t2 erfolgt der Ansatz zu den gesunkenen Beschaffungskosten von 60.000 EUR, die Rückstellung wird aufgelöst.

Handelsrechtliche Buchungen in t1:

sonstige betriebliche Aufwendungen	20.000 EUR
an	
sonstige Rückstellungen	20.000 EUR

Handelsrechtliche Buchungen in t2:

Waren	60.000 EUR
sonstige Rückstellungen	20.000 EUR
an	
Bank	80.000 EUR

---

155 Siehe hierzu Syst. Praxiskommentar Bilanzrecht/*Brösel/Scheren/Wasmuth*, § 253 HGB Rn. 96 ff.
156 Vgl. Syst. Praxiskommentar Bilanzrecht/*Brösel/Scheren/Wasmuth*, § 253 HGB Rn. 100.

In t1 wird die Abschreibung der Waren über die Bildung einer Rückstellung antizipiert.

Steuerrechtliche Buchungen in t1:

keine Buchung

Steuerrechtliche Buchungen in t2:

Waren	80.000 EUR
an	
Bank	80.000 EUR
Abschreibungen	20.000 EUR
an	
Waren	20.000 EUR

In der Steuerbilanz wird der notwendige Aufwand der Teilwertabschreibung erst in t2 vorgenommen. Im Ergebnis erfolgt die Aufwandserfassung später als nach handelsrechtlicher Bilanzierung.

181 Neben der Beschaffungssicht ist **auch auf den Absatzmarkt** Bezug zu nehmen, wenn die bezogenen Waren (z.B. Handelswaren) weiterveräußert werden. Sofern die Waren zu einem höheren Preis weiterveräußert werden können, ist auf diesen Preis abzustellen.

Beispiel

Die Pluto AG bestellt 100.000 aufblasbare Schlauchboote in Fernost. Die Verträge werden im Sommer t1 abgeschlossen, als gerade Schlauchbootmangel an den beliebten Ferienstränden herrscht. Es wird ein Kaufpreis von 10 EUR je Schlauchboot vereinbart. Die Schlauchboote sollen im April t2 geliefert werden. Ende t1 bricht der Schlauchboot-Markt zusammen. Die Wiederbeschaffungskosten für Schlauchboote sinken auf 5 EUR je Schlauchboot. Der ursprünglich geplante Verkaufspreis sinkt von 22 EUR auf

a) 12 EUR je Schlauchboot.

b) 8 EUR je Schlauchboot.

Im Fall a) darf die Pluto AG keine Drohverlustrückstellung ansetzen. Der Wiederverkaufspreis liegt über dem Einkaufspreis.

Im Fall b) muss die Pluto AG eine Drohverlustrückstellung von 200.000 EUR ([10 EUR – 8 EUR] x 100.000) ansetzen.

Der Ansatz einer Drohverlustrückstellung für **Beschaffungsvorgänge im Umlaufvermögen** setzt voraus, dass zum Bilanzstichtag von keiner nennenswerten Markterholung auszugehen ist. Hierbei ist für die Bemessung der Höhe der Rückstellung auch auf den Wertaufhellungszeitraum bis zum Zeitpunkt der Bilanzaufstellung Bezug zu nehmen.

182

Sofern die bezogenen Vorräte Eingang in den weiteren Produktionsprozess finden, ist auf einen etwaigen Verlust aus der Produktion/Veräußerung des **Endprodukts** infolge der gesunkenen Wiederbeschaffungskosten der Erzeugnisse abzustellen. Mindern gesunkene Preise zum Bilanzstichtag lediglich die endgültige Gewinnmarge und ergibt sich weiterhin ein positiver Ergebnisbeitrag aus dem Endprodukt, scheidet der Ansatz einer Rückstellung aus.

183

Praxistipp

Für Beschaffungsvorgänge im Umlaufvermögen ist eine Drohverlustrückstellung nur dann anzusetzen, wenn aus der Veräußerung bzw. Weiterverarbeitung der Erzeugnisse am Absatzmarkt letztlich ein Verlust entsteht.

Die Ausführungen in Kap. 2.2.5.2, Rn. 176 ff. gelten gleichermaßen für den Bezug von **aktivierungsfähigen Leistungen**.

184

2.2.5.2.3 ... bei Rechnungsabgrenzungsposten

Sofern i.R.e. Vertragsabschlusses – bspw. über Rechte – bereits Auszahlungen geleistet und als aktiver Rechnungsabgrenzungsposten bilanziert wurden, ist ein **erwarteter negativer Erfolgsbeitrag** zum Bilanzstichtag durch die Passivierung einer Drohverlustrückstellung zu antizipieren. Eine „außerplanmäßige Abschreibung" des Rechnungsabgrenzungspostens kommt nicht in Betracht (vgl. auch Kap. 2.2.4, Rn. 165).[157]

185

Beispiel

Für die Live-Übertragung eines zweiwöchigen Hallentennisturniers hat der Fernsehsender A (Geschäftsjahr = Kalenderjahr) die Rechte erworben. Vertraglich vereinbart ist eine Zahlung von 1.000.000 EUR, die noch im Dezember zu leisten ist. Das Tennisturnier findet im Januar statt. Bilanziell wurde diesem Sachverhalt durch Bildung eines aktiven Rechnungsabgrenzungspostens nachgekommen.

Buchungssatz:

aktiver Rechnungsabgrenzungsposten	*1.000.000 EUR*
an	
Bank	*1.000.000 EUR*

---

157 Vgl. *Brösel/Zwirner*, MW 2004, 21, 25.

Ende Dezember verletzen sich zwei Teilnehmer, die weitläufig als Werbeträger bekannt sind und als Titelfavoriten gehandelt wurden. Beide müssen ihre Teilnahme absagen.

Für diesen Fall hat der Kleidungshersteller und Ausrüster der beiden Spieler sich ggü. dem Fernsehsender abgesichert: Die sonst zu zeigenden Werbespots werden aus den Werbeblöcken entfernt und es besteht kein Vergütungsanspruch des Senders. Dem Fernsehsender droht ein Verlust aus der Übertragung.

Ende Dezember ist keine Abschreibung des Rechnungsabgrenzungspostens vorzunehmen. Stattdessen muss eine Drohverlustrückstellung in der Höhe gebildet werden, in der die Aufwendungen für die Übertragung die voraussichtlichen Werbeeinnahmen übersteigen. Die infolge des Wegfalls der Vergütung gesunkenen Werbeeinnahmen werden zum Bilanzstichtag die Werbeeinnahmen auf 800.000 EUR geschätzt.

Buchungssatz:

sonstige betriebliche Aufwendungen	200.000 EUR
an	
Drohverlustrückstellung	200.000 EUR

Im nächsten Jahr sind der aktive Rechnungsabgrenzungsposten und die Drohverlustrückstellung auszubuchen:

Buchungssatz:

sonstige betriebliche Aufwendungen	1.000.000 EUR
an	
aktiver Rechnungsabgrenzungsposten	1.000.000 EUR
Drohverlustrückstellung	200.000 EUR
an	
sonstige betriebliche Aufwendungen	200.000 EUR

2.2.5.2.4 Zusammenfassung der Ansatzregeln

186 Grds. sind für den Ansatz der Drohverlustrückstellungen im Zusammenhang mit Beschaffungsgeschäften die handelsrechtlichen Bewertungsvorgaben zu beachten. Da es sich bei Drohverlustrückstellungen um ansatzpflichtige Rückstellungen handelt, ergibt sich die Ansatzpflicht aus den allgemeinen Bewertungsnormen des HGB (insb. § 253 Abs. 3 und 4 HGB). Aus diesen abgeleitet ergeben sich folgende **Grundsätze für die Ansatzpflicht von Drohverlustrückstellungen im Zusammenhang mit Beschaffungsvorgängen**:

1. Ansatz bei einer voraussichtlich dauernden Wertminderung im Zusammenhang mit Vermögensgegenständen des Anlagevermögens (außer Finanzanlagen),
2. Ansatz bei einer Wertminderung (zum Bilanzstichtag bzw. im Wertaufhellungszeitraum) im Zusammenhang mit Finanzanlagen und
3. Ansatz bei einer Wertminderung (zum Bilanzstichtag bzw. im Wertaufhellungszeitraum) im Zusammenhang mit Vermögensgegenständen des Umlaufvermögens unter Beachtung der entsprechenden Vergleichsmaßstäbe.

Die Ausführungen in Rn. 186 gelten gleichermaßen für den Bezug von **aktivierungsfähigen Leistungen**. 187

Praxistipp

 Drohverlustrückstellungen bei Beschaffungsvorgängen, die zu aktivierungsfähigen Vermögensgegenständen führen, sind regelmäßig dann zu berücksichtigen, wenn sich zwischen dem Zeitpunkt des Beginns des Schwebezustands des Rechtsgeschäfts und dessen Erfüllung die wirtschaftlichen Parameter zuungunsten des Bilanzierenden verändert haben.

2.2.5.3 Beschaffungsvorgänge über nicht aktivierungsfähige Leistungen

Bei der Frage nach dem Ansatz einer Drohverlustrückstellung im Zusammenhang mit nicht aktivierungsfähigen Leistungen stellt sich zunächst die Problematik der **Bewertung der Ausgeglichenheit**. 188

Grds. ist bei **Abschluss des Vertrags** von der Ausgeglichenheit des Geschäfts auszugehen. Allerdings kann sich der Ansatz einer Drohverlustrückstellung dann ergeben, wenn: 189

- die Leistung zum Bilanzstichtag zu einem günstigeren Preis bei gleichem Nutzen zu erhalten wäre oder
- die Leistung nicht mehr benötigt wird und sich aus Sicht des Bilanzstichtags damit als Fehlmaßnahme herausstellt.[158]

Beispiel

 Die Neptun GmbH gibt im Jahr t1 ein rechtliches Gutachten in Auftrag, dass im Jahr t2 erstellt werden soll. Es geht um die Beurteilung der Erschließungsmöglichkeiten neuer strategischer Absatzmärkte. Zum 31.12.t1 beschließt die Geschäftsführung der Neptun GmbH, keine strategische Weiterentwicklung in den kommenden zwölf Jahren zu verfolgen. Das Gutachten verliert völlig seinen Wert.

---

158 Vgl. Beck Bil-Komm/*Schubert*, § 249 HGB Rn. 73.

2 Ansatz nach den Rückstellungsarten des § 249 HGB

> *Da das Gutachten erst in der Zukunft erstellt wird, der wirtschaftliche Wert der Leistung für die Gesellschaft zwischenzeitlich aber wertlos geworden ist, muss eine Drohverlustrückstellung gebildet werden. Der Ansatz einer Verbindlichkeitsrückstellung scheidet aus, weil mit den Arbeiten zum 31.12.t1 noch gar nicht begonnen wurde.*

190 Mit Blick auf den Ansatz einer Drohverlustrückstellung für Beschaffungsgeschäfte im Zusammenhang mit nicht aktivierungsfähigen Leistungen ist stets auf den **wirtschaftlichen Wert der Leistung** Bezug zu nehmen.[159] Regelmäßig kommt der Ansatz einer Rückstellung nur in Betracht bei „vollends fehlender oder nicht nennenswerter Nutzungs- und Verwertungsmöglichkeit"[160] der Leistung im Unternehmen.

Praxistipp

In der Praxis stellt der Ansatz von Drohverlustrückstellungen für in Auftrag gegebene Leistungen, die nicht aktivierungsfähig sind, eine Ausnahme dar.

2.2.5.4 Absatzgeschäfte

191 Die Voraussetzungen für den Ansatz einer Drohverlustrückstellung für **Absatzgeschäfte** sind dann erfüllt, wenn der Bilanzierende zum Bilanzstichtag künftige Aufwendungen[161] für in der Zukunft zu erfüllende Geschäfte ermittelt, die durch die entsprechenden Erlöse nicht mehr gedeckt werden.[162]

192 Ein typischer **Anwendungsfall** für drohende Verluste bei Absatzgeschäften ist in einer im Zeitablauf von der Entwicklung überholten wirtschaftlichen Rahmensituation zuungunsten des Bilanzierenden zu sehen. Dies ist regelmäßig dann der Fall, wenn die noch zu erbringenden Leistungen (bewertet zu den entsprechenden Kosten) unerwartet gestiegen sind, sich diese Kostensteigerung allerdings nicht auf den – bereits im Vorfeld vereinbarten – Verkaufspreis umlegen lässt. Ein weiteres **Beispiel** kann in der bewussten Inkaufnahme von Verlusten aus Absatzgeschäften gesehen werden, um eine Wettbewerbsposition zu halten oder auszubauen.

Beispiel

*Ein Beispielsachverhalt für mögliche Drohverlustrückstellungen bei Absatzgeschäften ist die Produktion von Fischkonserven. Während der **Fischpreis** meist nach der Fangquote **laufend angepasst** wird, bestehen mit den Großabnehmern der Konserven – bspw. Supermärkten – regelmäßig **Verträge**, die*

---

159 So auch *IDW* RS *HFA* 4, IDW FN 2010, 298, 302.
160 WP-Handbuch, Bd. I, Buchst. E Rn. 153.
161 Die entsprechende Bewertung der Rückstellung hat auf Grundlage der Vollkosten ohne Berücksichtigung der allgemeinen Verwaltungs- und Vertriebskosten zu erfolgen. Vgl. WP-Handbuch, Bd. I, Buchst. E Rn. 155. Zum Umfang der zu berücksichtigenden Aufwendungen siehe Kap. 3.2.4, Rn. 279 ff.
162 Vgl. BFH v. 19.03.1998, IV R 1/93, DB 1998, 126; Beck HdR/*Scheffler*, B 233 Rn. 369 ff.

> *nur **halbjährlich angepasst** werden. Sofern die Fischpreise steigen, ohne dass die Absatzkonditionen angepasst werden, kann sich die Notwendigkeit der Bildung von Drohverlustrückstellungen ergeben, da der Konservenhersteller die gestiegenen Einkaufspreise nicht weitergeben kann.*

Ebenso können **Absatzvereinbarungen**, die einen flexiblen Verkaufspreis vorsehen, dazu führen, dass diese bei gesunkenen Absatzpreisen und/oder gestiegenen Einstandspreisen nur noch unter Realisation von Verlusten erfüllt werden können. **193**

Sofern sich **Wechselkurse** zuungunsten des Bilanzierenden entwickelt haben und aus geschlossenen Geschäften künftige Verluste zu erwarten sind, müssen diese – soweit sie hinreichend sicher bestimmt und wahrscheinlich sind – durch Bildung einer Drohverlustrückstellung zum Bilanzstichtag berücksichtigt werden. **194**

Die genannten **Beispiele für den Ansatz von Drohverlustrückstellungen** bei Absatzgeschäften sind nachfolgend zusammenfassend dargestellt: **195**

- bewusste Inkaufnahme von Verlusten aus wirtschaftlichen, wettbewerbsorientierten Gründen,
- Fehlkalkulationen,
- Anlaufkosten,
- technische Schwierigkeiten,
- unerwartete nachträgliche Preissteigerungen, die nicht weiterbelastet werden können,
- gesunkene Absatzpreise bei flexiblen Vereinbarungen sowie
- Wechselkursänderungen.

2.2.6 Drohverlustrückstellungen bei Dauerschuldverhältnissen

2.2.6.1 Überblick

Drohverlustrückstellungen bei Dauerschuldverhältnissen können sich ergeben im Zusammenhang mit (vgl. auch Kap. 2.2.1, Rn. 149): **196**

- **Beschaffungsgeschäften** sowie
- **Absatzgeschäften**.

Grds. gelten für den Ansatz von Drohverlustrückstellungen in diesen Fällen die allgemeinen Grundsätze (siehe Kap. 2.2, Rn. 138 ff.) sowie die besonderen Regelungen im Zusammenhang mit der Betrachtung einmaliger Leistungsbeziehungen (siehe Kap. 2.2.5, Rn. 172 ff.). **197**

Das typische Merkmal von Dauerschuldverhältnissen ist der **Zeitraumbezug**. Entgegen einem auf einen einmaligen Leistungsaustausch gerichteten Geschäft erstreckt sich das Erfüllungsgeschäft im Zusammenhang mit Dauerschuldverhältnissen regelmäßig über einen längeren Zeitraum. Hieraus resultiert, dass zum jeweili- **198** gen Bilanzstichtag stets auf den verbleibenden Zeitraum der gegenseitigen Vertragsbeziehungen abzustellen ist. Gegenstand der Drohverlustrückstellung ist damit nur der künftige Leistungsaustausch.[163]

199 Der zum Bilanzstichtag noch nicht erfüllte Teil des schwebenden Geschäfts[164] ist Gegenstand der Bewertung zum Bilanzstichtag (sog. **Restwertbetrachtung**).[165] Der abgewickelte Teil ist nicht Gegenstand der Bewertung zum Stichtag.

Praxistipp

Die Höhe des Verpflichtungsüberschusses ist ausgehend vom Bilanzstichtag bis zum Ende des Dauerschuldverhältnisses zu ermitteln. Ist diese Restlaufzeit länger als ein Jahr, muss zwingend eine Abzinsung vorgenommen werden (siehe Kap. 3.3, Rn. 282 f.).

2.2.6.2 Dauerschuldverhältnisse bei Beschaffungsgeschäften

200 Im Zusammenhang mit **Dauerschuldverhältnissen** müssen die seitens des Bilanzierenden regelmäßig gegen Entgelt beschafften Leistungen zum Bilanzstichtag bewertet und mit einem sachgerechten Vergleichsmaßstab verglichen werden.

201 Eine Drohverlustrückstellung ist dann anzusetzen, wenn die **beschaffungsmarktorientierte Bewertung** (basierend auf den vertraglich vereinbarten Kosten) über einem marktüblichen Preis für die gleiche Leistung liegt.[166]

202 **Beispiele** für eine Drohverlustrückstellung bei Beschaffungsgeschäften im Zusammenhang mit Dauerschuldverhältnissen können bspw. Leasingverträge oder Mietverträge sein, die in der Vergangenheit abgeschlossen wurden und deren Konditionen zum Bilanzstichtag marktunüblich, d.h. aus Sicht des Bilanzierenden überhöht, sind. Dies gilt auch für den Fall einer vertraglichen Beziehung zu einem verbundenen Unternehmen. Die Drohverlustrückstellung würde im Fall des Einbezugs beider Unternehmen in einen Konzernabschluss i.R.d. Schuldenkonsolidierung eliminiert werden.[167]

Beispiel

Die Merkur GmbH hat in t1 einen Mietvertrag mit 20-jähriger Laufzeit (bis 31.12.t20) über ihr Bürogebäude abgeschlossen. Die Bürofläche beträgt 2.240 qm. Pro qm hat die Merkur GmbH 10 EUR monatlich vereinbart. Der Mietzins wurde für die komplette Laufzeit als konstant festgelegt. In t13 wird der Bau einer neuen Autobahn neben dem Bürogebäude begonnen. Der markt-/ortsübliche Mietzins sinkt ab t14 auf 8 EUR je qm.

---

163 Vgl. *IDW RS HFA 4*, IDW FN 2010, 298, 300; vgl. auch Beck Bil-Komm/*Schubert*, § 249 HGB Rn. 76.
164 Der Schwebezustand bezieht sich explizit nur auf den noch ausstehenden, künftigen Leistungsaustausch nach dem Bilanzstichtag und den sich daraus ergebenden Verpflichtungsüberschuss.
165 Vgl. Baetge/Kirsch/Thiele/*Hommel*, § 249 HGB Rn. 125 ff.; ADS, § 249 HGB Rn. 146.
166 Im Ergebnis so auch Beck Bil-Komm/*Schubert*, § 249 HGB Rn. 77 m.w.N.
167 Siehe Syst. Praxiskommentar Bilanzrecht/*Witte*, § 303 HGB Rn. 18 ff.

2.2 Rückstellungen für drohende Verluste aus schwebenden Geschäften

Zum 31.12.t13 hat die Merkur GmbH eine Rückstellung für die Mietdauer von t14 bis t20, also sieben Jahre, in folgender Höhe (nominal) anzusetzen:

7 Jahre × 12 Monate × 2.240 qm × 2 EUR = 376.320 EUR.

Die Rückstellung ist entsprechend ihrer Laufzeit abzuzinsen (siehe Kap. 3.3, Rn. 282 ff.).

Grds. ist auch der Ansatz von Drohverlustrückstellungen im Zusammenhang mit **Arbeitsverhältnissen** denkbar. Allerdings wird bei solchen Geschäften regelmäßig die Ausgeglichenheit zwischen Leistung und Gegenleistung vermutet. Da „der Wert der Arbeitsleistung überwiegend nicht hinreichend objektiv bestimmt werden kann, scheidet die Bildung von Drohverlustrückstellungen [...] regelmäßig aus"[168] Etwas anderes gilt dann, wenn im Zusammenhang mit Abfindungs- bzw. Freistellungsvereinbarungen dem zu zahlenden Entgelt keine Gegenleistung gegenübersteht. — 203

Die Beurteilung der Ansatzpflicht einer Drohverlustrückstellung im Zusammenhang mit Beschaffungsgeschäften in Form eines Dauerschuldverhältnisses erfordert stets den **Vergleich zwischen Leistung und Gegenleistung**. Hierbei muss zudem ein Vergleich zwischen den vermeidbaren Aufwendungen sowie den nicht vermeidbaren Aufwendungen erfolgen. Im Einzelfall muss ein Vergleich zwischen dem Verlust bei sofortiger Beendigung des Beschaffungsgeschäfts (unter Einbezug aller möglicherweise vereinbarten Strafen) und einer Fortführung des belastenden Vertrags erfolgen. — 204

Hierbei sind neben dem bestehenden Dauerschuldverhältnis auch weitere Rechtspositionen (bspw. **Betreiberpflicht**) in die Beurteilung einzubeziehen. Die Beurteilung und Bewertung von Drohverlustrückstellungen im Zusammenhang mit **unrentierlichen Verträgen** ist hierbei auf den geringsten, nicht vermeidbaren Verlust begrenzt.[169] — 205

Beispiel

Die Back GmbH hat in der Vergangenheit ein Ladenlokal angemietet (langfristiges Mietverhältnis als Dauerschuldverhältnis) und sich verpflichtet, über die gesamte Mietzeit an diesem Standort ein Backgeschäft unter ihrem Namen zu betreiben (Betreiberpflicht). Bei Abschluss des Mietvertrags wurde über die vertraglich vereinbarte Gesamtmietdauer ein Totalgewinn erwartet. Aufgrund veränderter Marktbedingungen decken die Umsätze aus dem Backgeschäft nicht weiter die Mietaufwendungen sowie die weiteren Aufwendungen, weswegen über die Restmietzeit ein Verlust erwartet wird. Zum 31.12.t1 beträgt die Restlaufzeit der Mieträume noch 64 Monate. Der monatliche Mietzins beträgt 10.000 EUR. Der Schadensersatzanspruch bei Nichterfüllung der Betreiberpflicht durch vorzeitige Schließung der Filiale wird auf 180.000 EUR geschätzt. Der negative Deckungsbeitrag aus der Filiale über die kommenden 64 Monate wird auf 8.000 EUR monatlich (bereits unter Berücksichtigung

---

168 Bonner Handbuch/*Kirsch*, § 249 HGB Rn. 278 m.w.N.
169 Vgl. grundlegend zum Ansatz von Drohverlustrückstellung im Zusammenhang mit der Fortführung unrentierlicher Verträge *Zwirner*, StuB 2013, 891, 891 ff. m.w.N.

erwarteter Preis- und Kostensteigerungen) geschätzt. Für die Back GmbH ist es unter wirtschaftlichen Gesichtspunkten günstiger, die Filiale defizitär fortzuführen. Da es ihr aufgrund der Betreiberpflicht und des bestehenden Backsortiments nicht möglich ist, das Entstehen negativer Deckungsbeiträge in den kommenden Monaten (bis zum vertraglichen Auslaufen der Mietzeit) zu vermeiden, ist eine Drohverlustrückstellung zum 31.12.t1 i.H.v. 512.000 EUR (= 64 Monate x 8.000 EUR) anzusetzen. Der Bilanzansatz hat zudem unter Berücksichtigung der Abzinsung nach § 253 Abs. 2 HGB zu erfolgen.

2.2.6.3 Dauerschuldverhältnisse bei Absatzgeschäften

206 Im Zusammenhang mit Dauerschuldverhältnissen müssen die seitens des Bilanzierenden zu erbringenden Leistungen zum Bilanzstichtag bewertet und mit einem **sachgerechten Vergleichsmaßstab** verglichen werden. Die Verpflichtung ist hierbei mit dem Geldwert der noch zu erbringenden Leistungen anzusetzen.[170]

207 Eine Drohverlustrückstellung ist dann anzusetzen, wenn die absatzmarktorientierte Bewertung (basierend auf dem vertraglich vereinbarten **Absatzpreis**) unter einem marktüblichen Preis für die gleiche Leistung liegt. Die vom Bilanzierenden zu erbringende Leistung ist mit den entsprechenden Aufwendungen zu bewerten, die zur Leistungserbringung anfallen. Für entgangene Gewinne scheidet der Ansatz einer Drohverlustrückstellung aus.[171]

208 **Beispiele** für eine Drohverlustrückstellung bei Absatzgeschäften im Zusammenhang mit Dauerschuldverhältnissen können Leasingverträge oder Mietverträge sein, die in der Vergangenheit abgeschlossen wurden und deren Konditionen zum Bilanzstichtag marktunüblich, d.h. aus Sicht des Bilanzierenden zu niedrig, sind.

2.2.7 Steuerbilanzielles Ansatzverbot

209 Rein fiskalpolitisch motiviert und das handelsrechtliche Vorsichtsprinzip mit Füßen tretend, verbietet § 5 Abs. 4a EStG die Bildung von Drohverlustrückstellungen in der Steuerbilanz.[172] Durch die **spiegelbildliche Buchung** der handelsbilanziellen Buchung ist der Rückstellungsansatz in der Steuerbilanz zu revidieren (Drohverlustrückstellung an sonstige betriebliche Aufwendungen).

210 Wegen der steuerrechtlichen Nichtanerkennung besteht das **Erfordernis der Abgrenzung** der Drohverlustrückstellungen von außerplanmäßigen Abschreibungen sowie Rückstellungen für ungewisse Verbindlichkeiten (siehe Kap. 2.2.4, Rn. 165 ff.).

---

170 Vgl. HdR-E/*Kessler*, § 249 HGB Rn. 190.
171 Vgl. Baetge/Kirsch/Thiele/*Hommel*, § 249 HGB Rn. 115.
172 Dabei handelt es sich um eine partielle Abkehr vom Vermögensvergleich hin zu einer Einnahmenüberschussrechnung, die nicht systemkonform ist; siehe anschaulich *Hoffmann*, StuB 2010, 561, 562. A.A. Schmidt/*Weber-Grellet*, EStG § 5 Rn. 450.

Nicht gelten soll das Ansatzverbot für negative Ergebnisse gebildeter **Bewertungseinheiten**.¹⁷³ Hierin ist eine Ausnahme vom Bilanzierungsverbot zu sehen. § 5 Abs. 4a Satz 2 EStG erlaubt entgegen dem Grundsatz des § 5 Abs. 4a Satz 1 EStG die Bildung für drohende Verluste für (den ungesicherten Teil) von Bewertungseinheiten.¹⁷⁴

211

Beispiel

Die Schlaubi GmbH & Co. KG verkauft im Dezember t1 Maschinen zu einem Preis von 1,2 Mio. USD. Das vereinbarte Zahlungsziel ist der 05.03.t2. Der Bilanzstichtag der Schlaubi GmbH & Co. KG ist der 28.02.t2. Der Wechselkurs zum Veräußerungszeitpunkt sei 1,2 USD/EUR. Um sich gegen Wechselkursschwankungen abzusichern, schließt das Unternehmen Futures i.H.v. 1 Mio. USD ab.

Zum Bilanzstichtag sei der Wechselkurs 1,3 USD. Der drohende Verlust beträgt (0,2 Mio. USD / 1,2) – (0,2 Mio. USD / 1,3) = 12.821 EUR

In Höhe der 12.821 EUR darf auch in der Steuerbilanz eine Drohverlustrückstellung gebildet werden.

2.3 Rückstellungen für im Geschäftsjahr unterlassene Aufwendungen

2.3.1 Überblick

§ 249 Abs. 1 Satz 2 Nr. 1 HGB fordert den **Ansatz von Rückstellungen** für:

212

1. im Geschäftsjahr unterlassene Aufwendungen für Instandhaltung, die im folgenden Geschäftsjahr innerhalb von drei Monaten, und
2. für Abraumbeseitigung, die im folgenden Geschäftsjahr nachgeholt werden.

Die Rückstellungen für unterlassene Instandhaltungen sowie Abraumbeseitigung dienen der periodengerechten Erfassung von Aufwendungen. Es handelt sich um Innenverpflichtungen des Bilanzierenden (im Gegensatz zu Verbindlichkeitsrückstellungen), für die der Gesetzgeber den Ansatz von **Aufwandsrückstellungen** verpflichtend vorsieht.

213

Diese **Aufwandsrückstellungen** sind durch das BilMoG als einzig zulässige Rückstellungen ohne Außenverpflichtungscharakter verblieben.¹⁷⁵ Die nach alter Rechtsfassung mögliche Bildung von Rückstellungen für „[...] ihrer Eigenart nach

214

---

173 Vgl. § 5 Abs. 4a i.V.m. Abs. 1a Satz 2 EStG.
174 Vgl. zur Bildung von Bewertungseinheiten weiterführend bspw. *Petersen/Zwirner/Künkele*, BilMoG in Beispielen, S. 175 ff.; Syst. Praxiskommentar Bilanzrecht/*Zepp/Sopp*, § 254 HGB, Rn. 1 ff.; *Zwirner/Boecker*, BB 2012, 2935, 2937 f.
175 Zur kritischen Würdigung der Änderungen bzgl. der vorher möglichen Aufwandsrückstellungen durch das BilMoG siehe *Petersen/Zwirner/Künkele*, S. 395 f.; Fink/Schultze/Winkeljohann/*Kunath*, S. 155 f.

2 Ansatz nach den Rückstellungsarten des § 249 HGB

genau umschriebene, dem Geschäftsjahr oder einem früheren Geschäftsjahr zuzuordnende Aufwendungen [...]" ist durch das BilMoG entfallen.

215 **Charakterisierendes Merkmal** der Aufwandsrückstellungen ist die Tatsache, dass der Bilanzierende keine Verpflichtung ggü. einem fremden Dritten eingegangen ist. Sofern eine derartige Verpflichtung besteht (z.B. Verpflichtung zur Instandhaltung eines gemieteten Vermögensgegenstands), liegt eine Verbindlichkeitsrückstellung vor.[176]

216 Der **Ansatz der Aufwandsrückstellungen** erfolgt gleichermaßen in Handelsbilanz und Steuerbilanz. Über den Grundsatz der Maßgeblichkeit[177] wirken die handelsrechtlichen Passivierungsgebote auf die steuerliche Gewinnermittlung durch. Einschränkende steuerliche Ansatzgebote bestehen nicht.[178]

Praxistipp

> Die bilanzierenden Unternehmen haben seit BilMoG nicht mehr die Möglichkeit, Aufwandsrückstellungen nach § 249 Abs. 2 HGB a.F. zu bilden. Es ist daher zu empfehlen, die Sachverhalte, die bisher zu einer gewünschten Aufwandsrückstellung geführt haben, daraufhin zu untersuchen, ob durch neue oder geänderte vertragliche Gestaltungen eine **Verbindlichkeitsrückstellung ausgelöst** werden kann. Vorstellbar wäre es z.B., für Maßnahmen der regelmäßigen Generalüberholung Verträge mit Dienstleistern abzuschließen, die das bilanzierende Unternehmen in die vertragliche Pflicht versetzen, die Generalüberholung durchzuführen.

2.3.2 Unterlassene Instandhaltungsaufwendungen

217 Der **Begriff** „Instandhaltung" umfasst im Wesentlichen die Instandsetzung, Reparatur, Wartung und Inspektion von Vermögensgegenständen des Anlagevermögens, im Einzelfall auch von immateriellen Vermögensgegenständen.[179]

218 Unterlassene Instandhaltungsaufwendungen sind allein dann rückstellungspflichtig, wenn die einzelnen Maßnahmen nicht **zu aktivierungspflichtigen Aufwendungen** führen (bspw. nachträgliche Anschaffungs- und Herstellkosten, aktivierungspflichtiger Erhaltungsaufwand).[180]

---

176 So auch ADS, § 249 HGB Rn. 166.
177 Vgl. § 5 Abs. 1 EStG.
178 Vgl. zu Auswirkungen aus der Anwendung der Übergangsregelungen des EGHGB im Zusammenhang mit in der Vergangenheit gebildeten Aufwandsrückstellungen Handbuch Bilanzrecht/*Zwirner/Künkele*, C.III. Rn. 37 ff. Vor der Reformierung des HGB sah das HR weitere Möglichkeiten des Ansatzes von Aufwandsrückstellungen vor, die steuerlich nicht anerkannt waren.
179 Vgl. HdJ/*Herzig/Köster*, Abt. III 5 Rn. 339 f.; ADS, § 249 HGB Rn. 168 f.; *Hoffmann/Lüdenbach*, § 249 HGB Rn. 228.
180 Vgl. m.w.N. auch Bonner Handbuch/*Kirsch*, § 249 HGB Rn. 306 ff.

2.3 Rückstellungen für im Geschäftsjahr unterlassene Aufwendungen

An den Ansatz von Aufwandsrückstellungen für unterlassene Instandhaltung sind drei **Voraussetzungen** geknüpft:[181]

219

1. Die Instandhaltungsaufwendungen sind **zum Bilanzstichtag unterlassen** worden, d.h., sie waren wirtschaftlich bereits vor oder spätestens zum Bilanzstichtag geboten.

Beispiel

Eine Maschine ist im November t1 ausgefallen und muss für den weiteren Betrieb gewartet werden. Der Bilanzierende hat die notwendigen Ersatzteile nicht rechtzeitig bekommen, sodass die Instandhaltung erst im nächsten Jahr erfolgen kann. Zum 31.12.t1 ist grds. (unter den sonstigen Voraussetzungen) eine Rückstellung anzusetzen.

2. Der unterlassene Aufwand muss sich auf das abgelaufene Geschäftsjahr beziehen. Damit kann kein unterlassener Ansatz einer Rückstellung vom Vorjahr nachgeholt werden (**Nachholverbot**).

Beispiel

Im Jahr t1 wurde keine Rückstellung für unterlassene Instandhaltung gebildet, obwohl eine Instandhaltung bereits zum 31.12.t1 geboten war. Da die Ergebnissituation in t2 sehr gut ist, will der Bilanzierende im Frühjahr t3 (binnen der ersten drei Monate) die Instandhaltung vornehmen. Zum 31.12.t2 ist keine Rückstellung anzusetzen, weil die Verursachung der unterlassenen Instandhaltung nicht im abgelaufenen Geschäftsjahr, sondern bereits im Vorjahr zu sehen ist.

3. Die Aufwendungen müssen **in den ersten drei Monaten** des auf den Bilanzstichtag folgenden Geschäftsjahres nachgeholt werden. Eine Nachholung liegt nur dann vor, wenn die Arbeiten bis zum Ablauf der drei Monate tatsächlich abgeschlossen werden. Bei der Beurteilung der Möglichkeit des Abschlusses der Arbeiten bis zum Ablauf der Dreimonatsfrist sind alle Ereignisse und Erkenntnisse nach dem Bilanzstichtag bis zur Aufstellung der Bilanz zu berücksichtigen. Demnach scheidet ein Rückstellungsansatz dann aus, wenn zum Zeitpunkt der Bilanzaufstellung die Nachholung der Instandhaltungsaufwendungen bis zum Abschluss der Dreimonatsfrist nicht mehr möglich erscheint.[182]

Beispiel

Im Jahr t1 haben sich durch ein Unwetter Schäden an dem Fabrikgebäude ergeben, die dringend repariert werden müssen. Aufgrund des schlechten

---

181 Vgl. Beck Bil-Komm/*Schubert*, § 249 HGB Rn. 105 ff.; ebenso WP-Handbuch, Bd. I, Buchst. E Rn. 265. Vgl. zu den Tatbestandsmerkmalen auch Baetge/Kirsch/Thiele/*Hommel*, § 249 HGB Rn. 155 ff.; ADS, § 249 HGB Rn. 171 ff.; HdJ/*Herzig/Köster*, Abt. III 5 Rn. 342 ff.
182 Vgl. HdR-E/*Mayer-Wegelin/Kessler/Höfer*, § 249 HGB Rn. 81.

2 Ansatz nach den Rückstellungsarten des § 249 HGB

> *Wetters kann mit den Arbeiten erst im Februar t2 begonnen werden. Sie werden im April t2 abgeschlossen. Der Ansatz einer Rückstellung ist nicht möglich.*

220 Unterlassene Instandhaltungsaufwendungen sind allein dann rückstellungspflichtig, wenn die einzelnen Maßnahmen **nicht zu aktivierungspflichtigen Aufwendungen** führen (bspw. nachträgliche Anschaffungs- oder Herstellungskosten). Vor diesem Hintergrund erlangt die Abgrenzung nachträglicher Herstellungskosten (aktivierungspflichtig) von Erhaltungsaufwand (nicht aktivierungspflichtig und somit rückstellungsfähig) besondere Bedeutung.[183]

221 **Nachträgliche Herstellungskosten** liegen dann vor, wenn die Aufwendungen zu einer Erweiterung oder einer wesentlichen Verbesserung des Vermögensgegenstands über seinen ursprünglichen Zustand hinaus führen.[184] Dieses Kriterium ist immer dann zu bejahen, wenn die kostenverursachende Maßnahme eine Substanzmehrung oder eine wesentliche Gebrauchswerterhöhung hervorruft. So sind als nachträgliche Herstellungskosten zu kategorisieren und damit keine Grundlage von Rückstellungen für unterlassene Instandhaltungen:

- erstmaliger Einbau eines Fahrstuhls in ein Gebäude,[185]
- Anbau oder Aufstockung eines bestehenden Gebäudes um ein weiteres Geschoss,
- Ausbau des Dachgeschosses, wenn hierdurch zusätzlich nutzbare Fläche entsteht,[186]
- Erweiterung der Kapazität,[187]
- Installation einer Alarmanlage,[188]
- Einbau einer Sonnenmarkise,[189]
- Kosten, die zu einer Steigerung des Wohnstandards führen,[190]
- Kosten, die zu einer erhöhten Ausbringungsmenge einer Maschine führen.[191]

222 Demgegenüber ist immer dann von **Erhaltungsaufwand** auszugehen, wenn unselbstständige Teile eines Vermögensgegenstands ersetzt werden, ohne dabei dessen Funktion zu verändern.[192] Hierunter fällt bspw. der Ersatz eines verschlissenen Teils einer Maschine oder die Modernisierung einer „in die Jahre" gekommenen Fassade.

---

[183] Zur Abgrenzung siehe auch Syst. Praxiskommentar Bilanzrecht/*Richter/Künkele/Zwirner*, § 255 HGB Rn. 203.
[184] Vgl. § 255 Abs. 2 Satz 1 HGB.
[185] Vgl. ADS, § 255 HGB Rn. 122.
[186] Vgl. *BMF* v. 18.07.2003, IV C 3 – S 2211 – 94/03, BStBl. I 2003, 388.
[187] Vgl. BFH v. 10.06.1992, I R 9/91, BStBl. II 1993, 41 ff.
[188] Vgl. BFH v. 16.02.1993, IX R 85/88, BStBl. II 1993, 544 ff.
[189] Vgl. BFH v. 29.08.1989, IX R 176/84, BStBl. II 1990, 430 ff.
[190] Siehe *BMF* v. 18.07.2003, IV C 3 – S 2211 – 94/03, BStBl. I 2003, 387.
[191] Siehe Syst. Praxiskommentar Bilanzrecht/*Richter/Künkele/Zwirner*, § 255 HGB Rn. 193.
[192] Vgl. BFH v. 13.09.1984, IV R 101/82, BStBl. II 1985, 50.

2.3 Rückstellungen für im Geschäftsjahr unterlassene Aufwendungen

Beispiel

Fall A: Bei der Minokles GmbH fällt kurz vor Weihnachten t1 eine wichtige Maschine wegen Defekts eines Ersatzteils aus. In der Folge kann die Arbeit in dem Werk nicht fortgesetzt werden. Da die Betriebsferien in wenigen Tagen beginnen, entscheidet sich das Unternehmen die Maschine erst im Januar des Folgejahres reparieren zu lassen. Die Reparatur der Maschine führt zu Erhaltungsaufwand.

Fall B: Grds. ist von dem in Fall A genannten Sachverhalt auszugehen. Auf Anfrage im Dezember t1 äußert sich der externe Wartungsmechaniker zu der geplanten Reparatur. Nach seiner Auskunft sei es möglich, ein neuartiges Ersatzteil einzubauen, mit dessen Hilfe die Maschine schneller betrieben werden könnte. Die Reparatur der Maschine führt zu nachträglichen Herstellungskosten.

Wird von einem dem Kalenderjahr gleichlautenden Geschäftsjahr ausgegangen, muss im Fall A für die unterlassene Instandhaltung eine Rückstellung gebildet werden. Im Fall B hingegen darf keine Buchung einer Rückstellung vorgenommen werden. Das Ersatzteil führt nämlich zu einer wesentlichen Verbesserung des Vermögensgegenstands „Maschine". Demnach stellen diese Aufwendungen im nächsten Geschäftsjahr aktivierungspflichtige nachträgliche Herstellungskosten dar.

Eine von der handelsbilanziellen Behandlung abweichende Sondernorm sieht das Steuerrecht in § 6 Abs. 1 Nr. 1a EStG vor, wonach sog. **anschaffungsnahe Aufwendungen** zu den Herstellungskosten eines **Gebäudes** zählen. Damit scheiden auch solche Aufwendungen als Grundlage einer etwaigen **steuerrechtlichen (!)** Rückstellungsbildung aus.[193] Mit anschaffungsnahen Aufwendungen meint der Gesetzgeber „Aufwendungen für Instandsetzungs- und Modernisierungsmaßnahmen, die innerhalb von **drei Jahren** nach der Anschaffung des Gebäudes durchgeführt werden, wenn die Aufwendungen ohne die Umsatzsteuer **15 Prozent** der Anschaffungskosten des Gebäudes übersteigen [...]."[194]

223

Abgrenzungsprobleme im Zusammenhang mit der Bildung von Aufwandsrückstellungen können sich ergeben, wenn der Vermögensgegenstand, für den die Rückstellung für im Geschäftsjahr unterlassene Instandhaltung zu bilden ist, zum Bilanzstichtag einen niedrigeren Wert aufweist. Sofern dieser Wert durch die Vornahme der Instandhaltungsmaßnahmen im Folgejahr wieder erhöht wird, ist keine Abschreibung vorzunehmen, sondern eine Rückstellung zu bilden.[195]

224

Beispiel

Das Dach der Lagerhalle wurde durch einen Sturm im Dezember t1 zerstört. Das Dach soll sofort repariert werden. Aufgrund schlechter Witterungsbedingungen kann das Leck jedoch nicht mehr im Jahr t1 behoben werden.

---

193 Vgl. Syst. Praxiskommentar Bilanzrecht/*Richter/Künkele/Zwirner*, § 255 HGB Rn. 205.
194 Vgl. § 6 Abs. 1 Nr. 1a EStG, Anm. durch d.Verf.
195 Vgl. ADS, § 249 HGB Rn. 170; HdJ/*Herzig/Köster*, Abt. III 5 Rn. 341.

Die Lagerhalle ist durch den Dachschaden nicht dauerhaft in ihrem Wert gemindert, denn der ursprüngliche Zustand kann durch die Reparatur im neuen Jahr wiederhergestellt werden. Eine Abschreibung scheidet aus.

Stattdessen zwingt § 249 Abs. 1 Satz 2 Nr. 1 HGB zur Bildung einer Rückstellung, wenn die Reparatur bis spätestens zum 31.03. des Folgejahres erfolgt.

Praxistipp

 Die Bildung einer Rückstellung für unterlassene Instandhaltung hat Vorrang vor der Vornahme einer außerplanmäßigen Abschreibung, wenn die Instandhaltungsmaßnahmen zu einer Wertaufholung des Vermögensgegenstands führen.

2.3.3 Unterlassene Aufwendungen für Abraumbeseitigung

225 Als Abraum wird das Material bezeichnet, das die Rohstoffe überlagert und abgetragen werden muss, um die Rohstoffe fördern zu können. Sofern im abgelaufenen Geschäftsjahr keine Aufwendungen für eine wirtschaftlich entstandene **Abraumbeseitigung** angefallen sind, müssen diese i.R.e. Aufwandsrückstellung zum Bilanzstichtag erfasst werden, sofern die Abraumbeseitigung im folgenden Geschäftsjahr nachgeholt wird. Die öffentlich-rechtliche Verpflichtung zur Abraumbeseitigung kommt i.d.R. bei der Gewinnung von Bodenschätzen (z.B. Braunkohle oder Kies) i.R.d. Tagebaus vor.[196]

226 Der Ansatz einer Aufwandsrückstellung kommt nur dann in Betracht, wenn zum Bilanzstichtag keine (öffentlich-)rechtliche Verpflichtung besteht.[197] Liegt eine (öffentlich-)rechtliche Verpflichtung vor, sind die Aufwendungen i.R.e. **Verbindlichkeitsrückstellung** zu erfassen.

227 Eine **Nachholung** von in früheren Jahren verursachten Abraumbeseitigungsaufwendungen kommt dann zur Anwendung, wenn bislang der Ansatz der Rückstellung unterblieben ist, weil die Aufwendungen nicht im folgenden Geschäftsjahr nachgeholt wurden. Ist zum Bilanzstichtag die Nachholung der entsprechenden Aufwendungen im folgenden Geschäftsjahr gegeben, ist die Rückstellung im Umfang der gesamten geschätzten Aufwendungen anzusetzen.[198]

228 **Steuerrechtlich** ist die Rückstellung ebenso anzusetzen wie handelsrechtlich.[199]

---

[196] Vgl. Bonner Handbuch/*Kirsch*, § 249 HGB Rn. 316 ff. m.w.N.
[197] So auch WP-Handbuch, Bd. I, Buchst. E Rn. 265.
[198] Vgl. Beck Bil-Komm/*Schubert*, § 249 HGB Rn. 111 mit Verweis auf ADS, § 249 HGB Rn. 181. A.A. HdJ/*Herzig/Köster*, Abt. III 5 Rn. 355, die keine Nachholung von in Vorjahren unterlassenen und nicht als Rückstellung erfassten Aufwendungen für zulässig erachten.
[199] Vgl. R 5.7 Abs. 11 EStR.

3
Bewertungsgrundsätze

3 Bewertungsgrundsätze

3.1 Überblick

Die Bewertung von Rückstellungen ist gesondert im § 253 Abs. 1 Satz 1 HGB geregelt. Rückstellungen sind demnach mit ihrem nach vernünftiger kaufmännischer Beurteilung notwendigen **Erfüllungsbetrag** anzusetzen. Hierbei sind Preis- und Kostensteigerungen zu berücksichtigen und langfristige Rückstellungen nach § 253 Abs. 2 HGB abzuzinsen. Zu beachten ist, dass die Bewertung von Rückstellungen zum Erfüllungsbetrag eine – in Abhängigkeit vom der Rückstellungsbildung zugrunde liegenden Sachverhalt – aufwendige Ermittlung darstellt. In diesem Zusammenhang diskutiert *IDW* RS *HFA* 34 zahlreiche Besonderheiten, die bei der Bewertung von Verbindlichkeitsrückstellungen zu beachten sind.[1]

229

§ 253 Abs. 1 Satz 2 HGB fordert die Bemessung der „[…] Rückstellungen in Höhe des nach vernünftiger kaufmännischer Beurteilung notwendigen **Erfüllungsbetrages** […]"[2]. Die „vernünftige kaufmännische Beurteilung" schränkt die Rückstellungsbewertung derart ein, dass eine **willkürliche Bewertung** der Rückstellung durch den Kaufmann **ausgeschlossen** ist.[3] Die Rückstellung soll objektiv, d.h. weder bewusst zu hoch noch bewusst zu niedrig, angesetzt werden.[4] Das grds. für die Passivseite geltende **Höchstwertprinzip**[5] wird folglich durch den Wunsch eines „objektiven Werts" – also einem den tatsächlichen Verhältnissen entsprechenden Werts[6] – **eingeschränkt**.[7] Mit der Verwendung des Begriffs „Erfüllungsbetrag" ist ausdrücklich die Einbeziehung von Preis- und Kostensteigerungen bei Ermittlung dieses Werts beabsichtigt (vgl. auch hinsichtlich Preis- und Kostenminderungen Kap. 3.2.3, Rn. 265 ff.).

230

Die **Einbeziehung von Preis- und Kostensteigerungen** in die handelsrechtliche Rückstellungsbewertung ergibt sich auch aus § 6 Abs. 1 Nr. 3 f) EStG. Hier heißt es, dass für steuerliche Zwecke Preis- und Kostensteigerungen nicht zu berücksichtigen, sondern die Wertverhältnisse am Bilanzstichtag maßgebend sind. Durch die Durchbrechung des Maßgeblichkeitsprinzips wird nochmals verdeutlicht, dass handelsrechtlich künftige Preis- und Kostensteigerungen mit einzubeziehen sind.

231

---

1 Vgl. zudem zur Bewertung nach *IDW* RS *HFA* 34 bereits *Zwirner*, BB 2012, 1655, 1655 ff.
2 Hervorhebungen durch d. Verf.
3 Dies allgemein formulierend *Eifler*, S. 67. Ähnlich auch Syst. Praxiskommentar Bilanzrecht/*Brösel/ Scheren/Wasmuth*, § 253 HGB Rn. 134.
4 Vgl. Syst. Praxiskommentar Bilanzrecht/*Brösel/Scheren/Wasmuth*, § 253 HGB Rn. 134; HdJ/*Herzig/ Köster*, Abt. III 5 Rn. 154; Beck Bil-Komm/*Schubert*, § 253 HGB Rn. 152.
5 Als ein Teil des Imparitätsprinzips.
6 Vgl. auch WP-Handbuch, Bd. I, Buchst. E Rn. 137.
7 Vgl. zu diesem Grundsatz § 264 Abs. 2 Satz 1 HGB. Ein sachverständiger Dritter soll diesen Wert nachvollziehen und als sachgerecht erachten können; vgl. ADS, § 253 HGB Rn. 198.

232 Als **steuerliche Bewertungsobergrenze** für Rückstellungen gilt nach R.6.11 Abs. 3 EStR – mit Ausnahme von Pensionsrückstellungen – höchstens der handelsrechtlich zulässige Wert.[8] Diese steuerliche Regelung ist insbesondere für langfristige Erfüllungsverpflichtungen mit einer Laufzeit von mehr als zwölf Monaten von Bedeutung. Handelsrechtlich kann sich hier ein niedriger Rückstellungsbetrag ergeben, da eine Abzinsung auf den Zeitpunkt des voraussichtlichen Endes des Erfüllungszeitraums durchzuführen ist. Steuerlich ist hingegen der voraussichtliche Beginn des Erfüllungszeitraums maßgeblich. Damit gilt bei der steuerlichen Rückstellungsbewertung trotz eigenständiger steuerlicher Bewertungsvorschriften die Maßgeblichkeit der Handelsbilanz.

233 Der **Einschätzung der (Rest-)Laufzeiten** für langfristige Rückstellungen kommt eine besondere Bedeutung zu, weil für eine sachgerechte Abzinsung nach § 253 Abs. 2 HGB die Aufstellung eines Zahlungsplans notwendig ist, um die entsprechenden unterschiedlichen Laufzeiten bei der Abzinsung mit dem jeweils anzuwendenden Zinssatz zu berücksichtigen.[9] Weitere Besonderheiten bei der Abzinsung von Verbindlichkeiten ergeben sich im Zusammenhang mit nicht ganzjährigen Restlaufzeiten, Restlaufzeiten von mehr als 50 Jahren sowie Fremdwährungsverpflichtungen.[10]

234 Darüber hinaus sieht das HGB ein **Abzinsungsgebot** für Rückstellungen vor. Dieses gilt grds. für alle Rückstellungen mit einer Restlaufzeit über einem Jahr. Für Rückstellungen mit Restlaufzeiten unter einem Jahr gilt diesbzgl. ein faktisches Wahlrecht (siehe Kap. 3.3, Rn. 289). Auf Besonderheiten bei der Abzinsung von Pensionsrückstellungen wird gesondert eingegangen (siehe Kap. 5.9.5, Rn. 568 ff.).

235 Die **Zugangsbewertung der Rückstellung** kann zum Nominalbetrag (Bruttomethode) oder zum abgezinsten Betrag (Nettomethode) erfolgen. Der Gesetzestext sieht hierzu keine klaren Vorgaben vor. Bei Anwendung der Bruttomethode ist der Abzinsungseffekt gesondert als Zinsertrag zu erfassen.[11] Bei Anwendung der Nettomethode (für die sich auch *IDW* RS *HFA* 34 ausspricht) kommt es zu keiner gesonderten Berücksichtigung des Abzinsungseffekts zum Zeitpunkt der erstmaligen Erfassung der Rückstellung.[12]

236 Rückstellungen können zudem als **Einzel- oder Sammel- bzw. Pauschalrückstellungen** gebildet werden. Kombinationen beider Rückstellungsarten sind auch möglich.[13] Während die **Einzelrückstellung** auf dem Grundsatz der Einzelbewertung beruht, ist die **Sammel- oder Pauschalrückstellung** das Ergebnis praxisorientierter Bilanzierung i.S.d. Grundsatzes der Wirtschaftlichkeit.[14] Das Erfordernis zur Bildung

---

8 Vgl. *Künkele/Zwirner*, DStR 2013, 1199, 1199 ff.
9 Der bilanzpolitische Spielraum wird durch das BilMoG diesbzgl. nur vordergründig eingeschränkt; vgl. *Petersen/Zwirner/Künkele*, StuB 2009, 789, 792. Vgl. zur Ermittlung der bewertungsrelevanten Restlaufzeit auch *IDW* RS *HFA* 34, IDW FN 2012, 53, 53 ff.
10 Vgl. dazu *IDW* RS *HFA* 34 sowie *Zwirner*, BB 2012, 1655, 1655 ff.
11 Vgl. Petersen/Zwirner/Brösel/Mindermann, S. 497.
12 Vgl. zu beiden Methoden sowie gleichzeitig zur Tendenz der Nettomethode *Petersen/Zwirner/Künkele*, BilMoG in Beispielen, S. 221.
13 Vgl. WP-Handbuch, Bd. I, Buchst. E Rn. 141.
14 Vgl. Syst. Praxiskommentar Bilanzrecht/*Brösel/Burgardt* § 252 HGB Rn. 4.

von Pauschalrückstellungen wird insb. bei Garantierückstellungen deutlich, bei denen eine Vielzahl gleichartiger Geschäfte zu berücksichtigen ist, während bei solchen Sachverhalten die Ermittlung und Bewertung von Einzelrückstellungen zu zeit- und kostenintensiv wäre.[15] Bei **Garantieverpflichtungen** ist für den Einzelfall oftmals auch keine hinreichende Wahrscheinlichkeit des Entstehens gegeben, während bezogen auf die statistische Gesamtheit der Eintritt von Garantiefällen so gut wie sicher sein kann. Daher ist die Bildung von Sammelrückstellungen auch unter Vorsichtsaspekten geboten. Hierbei werden z.B. auf der Grundlage von Erfahrungswerten mit gleichartigen Produkten Pauschalrückstellungen für die im abgelaufenen Geschäftsjahr am Mark abgesetzten Produkte gebildet. Darüber hinaus sind Pauschalrückstellungen für Wechselobligos (vgl. Kap. 8.2, Rn. 1395), Bürgschaftsverpflichtungen (vgl. Kap. 8.2, Rn. 840) sowie für Bergschäden (vgl. Kap. 8.2, Rn. 800) zulässig.[16]

Darstellung von Einzel- und Pauschalrückstellungen

Methoden der Rückstellungsmitteilung		
Bildung von Einzelrückstellungen	**Bildung von Pauschalrückstellungen**	**Bildung von Einzel- und Pauschalrückstellungen**
Für eindeutig abgrenzbare Einzelrisiken in Bezug auf einen konkreten Sachverhalt	Für eine Vielzahl von Einzelrisiken; Zusammenfassung gewährleistet eine mit hoher Wahrscheinlichkeit zutreffende Bewertung	Kombination aus Rückstellungsbildung für konkret bekannte Einzelrisiken und latent vorhandene Risiken
z.B. Rückstellung im Zusammenhang mit einem laufenden Prozess	z.B. Rückstellung im Zusammenhang mit Garantiezusagen	z.B. Rückstellung im Zusammenhang mit Gewährleistungszusagen für zum Bilanzstichtag eingegangene Reklamationen und/oder Reklamationen, die erfahrungsgemäß erst zu einem späteren Zeitpunkt nach dem Bilanzstichtag eingehen

Beispiel zur Bildung von Garantierückstellungen

 Für ein Massenprodukt für Endkonsumenten mit einem Preis von 100 EUR gilt eine Garantiefrist von zwei Jahren.[17] Die abgesetzte Stückzahl beträgt in den Perioden t = 0 (erstmalige Produktion):

5.000, in t = 1: 7.000 und in t = 2: 8.000. Im ersten Jahr nach Verkauf wird bei 2 % der Produkte und im zweiten Jahr bei weiteren 1,5 % der Produkte mit Reklamationen gerechnet, wobei angenommen wird, dass dem Kunden der

---
15 Vgl. BFH v. 22.11.1988, VIII R 62/85, BStBl. II 1989, 359.
16 Vgl. HdJ/*Herzig/Köster*, Abt. III 5 Rn. 166.
17 Vgl. zu diesem Beispiel Syst. Praxiskommentar Bilanzrecht/*Petersen/Künkele/Zwirner*, § 249 HGB Rn. 34.

volle Kaufpreis zu erstatten ist. Dementsprechend betragen unter Vernachlässigung der Abzinsung die Garantierückstellungen R_t zu den Bilanzstichtagen am Ende der Perioden t = 0, 1 und 2:

R_0 = 5.000 x 100 x 0,02 + 5.000 x 100 x 0,015 = 17.500 EUR

R_1 = 5.000 x 100 x 0,015 + 7.000 x 100 x 0,02 + 7.000 x 100 x 0,015 = 32.000 EUR

R_2 = 7.000 x 100 x 0,015 + 8.000 x 100 x 0,02 + 8.000 x 100 x 0,015 = 38.500 EUR

Beispiel zur Bildung von Gewährleistungsrückstellungen

 Ein Unternehmen bildet Rückstellungen für mögliche Inanspruchnahmen aus der gesetzlichen Gewährleistungsfrist von zwei Jahren (vgl. § 438 Abs. 1 Nr. 3 BGB).[18] Dabei hat es die folgenden Daten zur Verfügung (mit dem Abwicklungsjahr 0 ist der Eintritt des Gewährleistungsfalls im Jahr der Produktion gemeint):

Jahr	Umsatz-erlöse (GE)	Gewährleistungsaufwand im Abwicklungsjahr			Summe (GE)
		0	1	2	
t1	2.000	92	68	40	200
t2	1.500	83	52	15	150
t3	1.500	67	50		117
t4	4.000	200			200

Aus Erfahrung weiß der Rechnungswesenleiter, dass der Gewährleistungsaufwand für die Produktion eines Jahres rd. 10 % des Umsatzes beträgt (für die Produktion des Jahres t1 fielen 200 GE Gewährleistungsaufwand an, während der Umsatz 2.000 GE betrug [= 10 %], für die Produktion aus t2 fielen 150 GE bei einem Umsatz von 1.500 GE an [= 10 %]. Zum 31.12.t4 ist nun der Erfüllungsbetrag für die möglichen Gewährleistungsaufwendungen zu schätzen.

Für die Produktion aus t3 ergibt sich auf Basis des Erfahrungswerts eine Rückstellung i.H.v. 33 GE ([0,1 x 1.500] − [67 + 50]). Dieser Betrag bezieht sich auf die Inanspruchnahmen im Jahr t5. Aufgrund der Kurzfristigkeit dieser erwarteten Inanspruchnahmen kann eine Abzinsung unterbleiben.

Für die Produktion des Jahres t4 müssen die erwarteten Gewährleistungsaufwendungen auf die Jahre t5 und t6 verteilt werden. Bezüglich dieser Verteilung kann abermals auf die Erfahrung der Vergangenheit zurückgegriffen werden. Danach betragen die Gewährleistungsaufwendungen im Abwicklungsjahr 1

---

18 Vgl. zu diesem Beispiel *Liebscher/Zwirner*, BC 2011, 195, 195 f.

durchschnittlich rd. 70 % der nach dem Abwicklungsjahr 0 verbleibenden, geschätzten Gesamtaufwendungen ([68 / (200 – 92) + 52 / (150 – 83)] / 2); der Restbetrag von 30 % der verbleibenden, geschätzten Gesamtaufwendungen fällt sodann erfahrungsgemäß im Abwicklungsjahr 2 an.

Auf Basis dieser Erfahrungswerte ergeben sich für die Produktion des Jahres t4:

Für das Abwicklungsjahr 1 (= t5) geschätzte Aufwendungen i.H.v. 140 GE (= 0,7 x 200),

für das Abwicklungsjahr 2 (= t6) hingegen Aufwendungen i.H.v. 60 GE (= 0,3 x 200).

Der Erfüllungsbetrag der Rückstellung beträgt in Summe 233 GE (33 GE [Produktion t3, Gewährleistung t5] + 140 GE [Produktion t4, Gewährleistung t5] + 60 GE [Produktion t4, Gewährleistung t6]. Dabei sind die geschätzten Aufwendungen des Jahres t6 abzuzinsen. Wird von einem gleichmäßigen Anfall der Aufwendungen ausgegangen, ist es sachgerecht, die Abzinsung über die mittlere Laufzeit dieser Aufwendungen (1,5 Jahre) vorzunehmen: $60/1,03825^{1,5}$ ≈ 57 GE (bei Anwendung des linearen interpolierten Zinses für eine Restlaufzeit von 1,5 Jahren). Der Wertansatz zum 31.12.t4 beträgt dann 230 GE (= 33 GE + 140 GE + 57 GE).

Pauschal- bzw. Sammelrückstellungen sind über die Geschäftsjahre fortzuschreiben, d.h., Zuführungen und Auflösungen sind für den Gesamtposten zum Bilanzstichtag zu erfassen. Bei Einzelrückstellungen sind hingegen unterjährige Verbräuche sowie individuelle Auflösungen und Zuführungen vorzunehmen. Diese Wertveränderungen sind im sog. Rückstellungsspiegel gesondert aufzuführen.

237

Eine (fortbestehende) abgezinste Rückstellung ist zu den folgenden Abschlussstichtagen **unter Beachtung der verbleibenden Restlaufzeit** aufzuzinsen. Der entsprechende Zinsaufwand ist nach § 277 Abs. 5 HGB gesondert zu erfassen.[19]

238

3.2 Notwendiger Erfüllungsbetrag

3.2.1 Begriff und Wesen

§ 253 Abs. 1 Satz 2 HGB fordert die Bemessung der „[...] Rückstellungen in Höhe des nach vernünftiger kaufmännischer Beurteilung notwendigen **Erfüllungsbetrags** [...]"[20]. Die „vernünftige kaufmännische Beurteilung" schränkt die Rückstellungsbewertung derart ein, dass eine **willkürliche Bewertung** der Rückstellung durch den Kaufmann **ausgeschlossen** ist.[21] Die Rückstellung soll

239

---

19 Vgl. Syst. Praxiskommentar Bilanzrecht/*de la Paix*, § 277 HGB Rn. 33 ff.
20 Hervorhebungen durch d. Verf.
21 Dies allgemein formulierend *Eifler*, S. 67. Ähnlich auch Syst. Praxiskommentar Bilanzrecht/*Brösel/Scheren/Wasmuth*, § 253 HGB Rn. 137.

objektiv, d.h. weder bewusst zu hoch noch bewusst zu niedrig, angesetzt werden.[22] Das grds. für die Passivseite geltende **Höchstwertprinzip**[23] wird folglich durch den Wunsch eines „objektiven Werts" – also einem den tatsächlichen Verhältnissen entsprechenden Wert[24] – **eingeschränkt**.[25] Mit der Verwendung des Begriffs „Erfüllungsbetrag" ist ausdrücklich die Einbeziehung von Preis- und Kostensteigerungen bei Ermittlung dieses Werts beabsichtigt (vgl. auch hinsichtlich Preis- und Kostenminderungen Kap. 3.2.3, Rn. 265 ff.).

240 Als **Erfüllungsbetrag** ist der voraussichtlich aufzubringende Betrag zur Begleichung der Schuld im Erfüllungszeitpunkt zu verstehen.[26] Bei Geldleistungsverpflichtungen ist dies der entsprechende Geldbetrag, bei Sachleistungsverpflichtungen sind die im genannten Erfüllungszeitpunkt voraussichtlich anfallenden Aufwendungen maßgeblich.[27]

241 Bei der Bewertung von **Sach- und Dienstleistungsverpflichtungen** umfasst der Erfüllungsbetrag die voraussichtlichen Vollkosten, d.h. Einzel- und notwendige Gemeinkosten.[28] Sofern der zur Erfüllung einer Sachleistungsverpflichtung notwendige Vermögensgegenstand erst noch beschafft werden muss, ist die Rückstellung mit dem für die Herstellung bzw. Beschaffung des Vermögensgegenstands erforderlichen Betrag anzusetzen und bei entsprechender Restlaufzeit abzuzinsen. Für den Fall, dass sich der Gegenstand, den der Bilanzierende zum Erfüllungszeitpunkt zu liefern hat, bereits in seinem Besitz befindet und zur Erfüllung der Sachleistungsverpflichtung zur Verfügung steht, entspricht der Buchwert der Sachleistungsverpflichtung dem Buchwert des aktivierten Vermögensgegenstands, zzgl. etwaiger weiterer Transaktionskosten. Eine Abzinsung kommt in diesen Fällen nicht in Betracht.[29]

242 Mit der Bemessung der Rückstellung nach Maßgabe des Erfüllungsbetrags werden auch künftige **Preis- und Kostensteigerungen**, die bis zum Erfüllungszeitpunkt anfallen, mit berücksichtigt (siehe hierzu sowie zu Preis- und Kostenminderungen Kap. 3.2.3, Rn. 265 ff.).[30]

243 Aufgrund der fehlenden Möglichkeit einer Voraussage der genauen Höhe der Verpflichtung zum Bilanzstichtag ist der Erfüllungsbetrag zu schätzen. Daraus resultieren, wenngleich durch das Objektivierungserfordernis begrenzt, **Ermessensspielräume**.[31]

---

22 Vgl. Syst. Praxiskommentar Bilanzrecht/*Brösel/Scheren/Wasmuth*, § 253 HGB Rn. 138; HdJ/*Herzig/Köster*, Abt. III 5 Rn. 154; Beck Bil-Komm/*Schubert*, § 253 HGB Rn. 152.
23 Als ein Teil des Imparitätsprinzips.
24 Vgl. auch WP-Handbuch, Bd. I, Buchst. E Rn. 137.
25 Vgl. zu diesem Grundsatz § 264 Abs. 2 Satz 1 HGB. Ein sachverständiger Dritter soll diesen Wert nachvollziehen und als sachgerecht erachten können; vgl. ADS, § 253 HGB Rn. 198.
26 Vgl. Bertram/Brinkmann/Kessler/Müller/*Bertram/Kessler*, § 253 HGB Rn. 30; *Engel-Ciric*, BRZ 2009, 362, 364; *Zülch/Hoffmann*, StuB 2009, 369, 370.
27 Vgl. BT-Drucks. 16/10067, S. 52.
28 Vgl. *IDW* RS *HFA* 34, IDW FN 2012, 53, 56.
29 Vgl. *IDW* RS *HFA* 34, IDW FN 2012, 53, 56 f.; *Zwirner/Busch/Boecker*, KoR 2010, 664, 664 f.
30 Vgl. *Ortmann-Babel/Bolik*, SteuK 2009, 51, 51. Vgl. auch die Regierungsbegründung zum BilMoG BT-Drucks. 16/10067, S. 52, die jedoch nur Preis- und Kostensteigerungen thematisiert.
31 Vgl. *Hoffmann/Lüdenbach*, § 249 HGB Rn. 47.

3.2 Notwendiger Erfüllungsbetrag

Praxistipp

 Dem Bilanzierenden bieten sich bei der Rückstellungsbewertung Ermessensspielräume, die bilanzpolitisch genutzt werden können. Dabei muss jedoch beachtet werden, dass die Wertfindung insb. mit Blick auf Jahresabschluss- und Außenprüfungen nachvollziehbar ist und auf einer fundierten Datengrundlage beruht. D.h., dass alle vorliegenden Informationen in die Rückstellungsbewertung einfließen müssen.

3.2.2 Schätzung des notwendigen Erfüllungsbetrags

Das Gesetz verlangt, dass bei der **Schätzung des Wertansatzes** eine vernünftige kaufmännische Beurteilung vorzunehmen ist. Dies bedeutet, dass der durch die Schätzung gewonnene Wert innerhalb einer plausiblen Bandbreite möglicher Inanspruchnahmen aus der Verpflichtung liegen muss. Die Bandbreite ist unter Berücksichtigung sämtlicher bei der Abschlussaufstellung verfügbarer Informationen über die tatsächlichen Verhältnisse am Abschlussstichtag, d.h. unter Berücksichtigung wertaufhellender Ereignisse, zu bestimmen. Die Bandbreite darf weder zu pessimistisch noch besonders optimistisch abgegrenzt werden; vielmehr sind mögliche Be- oder Entlastungen ausgewogen zu berücksichtigen. Im Rahmen dieser Bandbreite ist sodann unter Berücksichtigung des Vorsichtsprinzips der konkret anzusetzende Wert zu bestimmen.

244

Das „Schätzproblem", das zwangsweise mit der Rückstellungsbewertung einhergeht, wurde schon verschiedentlich im Schrifttum abgehandelt. Hierbei haben sich **unterschiedliche Lösungsansätze** ergeben.

245

Die vielerorts diskutierten **mathematisch-statistischen Verfahren** haben zweifelsfrei den Vorteil, nachprüfbare Ergebnisse zu liefern.[32] Zu kritisieren ist jedoch stets die damit verbundene „Scheinobjektivierung", da die Schätzungsungenauigkeiten nur auf eine andere Ebene verlagert werden. Bspw. wird bereits die Frage einer zutreffenden Wahrscheinlichkeitsverteilung meist nur mittels Näherungslösungen beantwortet werden können.

246

Hoffmann/Lüdenbach empfehlen in diesem Zusammenhang eine vereinfachende **„Praktikerlösung"**.[33] Danach soll zunächst ein Intervall möglicher Aufwandshöhen festgelegt und daraus der Mittelwert gebildet werden. Dabei werden Wahrscheinlichkeiten außer Acht gelassen. Als Vorteil führen die Autoren korrekterweise an, dass der mögliche Schätzfehler bei einem solchen Vorgehen maximal 50 % betragen könne.

247

---

32 Zu einem Vorschlag zur Objektivierung der Rückstellungsbewertung *Baetge/Kirsch/Thiele*, S. 411.
33 Siehe *Hoffmann/Lüdenbach*, § 253 HGB Rn. 62.

Beispiel

 Ein Unternehmen rechnet in Höhe der folgenden Wahrscheinlichkeiten mit der Inanspruchnahme aus Gewährleistungsverpflichtungen:

Aufwand	=	0 EUR	15 %
Aufwand	=	100.000 EUR	20 %
Aufwand	=	200.000 EUR	35 %
Aufwand	=	500.000 EUR	30 %

Nach der vorgenannten „Praktikerlösung" ergäbe sich ein Rückstellungswert von 250.000 EUR

(0 EUR + [500.000 EUR / 2]).

248 Unter dem Gesichtspunkt des **Vorsichtsprinzips** scheint eine solche Lösung jedoch nicht in allen Fällen sachgerecht zu sein. Hierzu sei in Abwandlung des vorherigen Beispiels Folgendes ausgeführt:

Beispiel

 Der Gewährleistungsaufwand wird nunmehr wie folgt geschätzt:

Aufwand	=	0 EUR	30 %
Aufwand	=	400.000 EUR	70 %

Nach der soeben umschriebenen Praktikerlösung würde sich ein Wert von 200.000 EUR

(0 EUR + [400.000 EUR / 2])

ergeben, wobei der Erwartungswert bei 280.000 EUR liegt. Eine Rückstellung i.H.v. 200.000 EUR scheidet mit Blick auf das Vorsichtsprinzip aus.

249 Oftmals stehen zur Beurteilung der Rückstellungshöhe unterschiedliche Beträge und deren **Eintrittswahrscheinlichkeiten** zur Verfügung, die geschätzt worden sind. Zur Ermittlung der Rückstellungshöhe ist dabei auf den Einzelfall abzustellen.[34] Je nach Verteilung der Wahrscheinlichkeiten ist nicht unbedingt der Wert mit der höchsten Wahrscheinlichkeit maßgebend. Es ist i.R.d. gebotenen vernünftigen kaufmännischen Beurteilung vielmehr erforderlich, sowohl die Differenzen zwischen den einzelnen Beträgen als auch zwischen den einzelnen Wahrscheinlichkeiten zu betrachten. Ist die Differenz zwischen der höchsten und der nächsthöheren Wahrscheinlichkeit nur geringfügig, ist unter Beachtung des Vorsichtsprinzips der

---

34 Vgl. hierzu auch *Hoffmann/Lüdenbach*, § 253 HGB Rn. 62, die in diesem Zusammenhang von einer erforderlichen „Praktikerlösung" sprechen.

höhere der Beträge zu berücksichtigen.[35] Mittelwerte können als Orientierung zum Wertansatz dienen, jedoch resultieren hieraus keine ausreichend begründbaren Wertansätze – auch nicht bei der Annahme einer Normalverteilung. Der Wertansatz ist so zu wählen, dass die Vermögensbelastung zum Erfüllungszeitpunkt mit hoher Wahrscheinlichkeit nicht den passivierten Betrag überschreitet.

Praxistipp

Die Bewertung von Rückstellungen ist einzelfallabhängig vorzunehmen. Der Gesetzgeber verweist in diesem Zusammenhang auf die vernünftige kaufmännische Beurteilung; der Kaufmann sollte dabei dem Objektivierungserfordernis zumindest insofern gerecht werden, als die Bewertung nicht auf bilanzpolitische Ziele auszurichten ist, sondern sich vielmehr am Vorsichtsprinzip orientieren sollte.

Beispiel

C strebt aufgrund einer Patentrechtsverletzung durch U eine Unterlassungsklage gegen U an und verklagt U darüber hinaus auf Schadensersatz. U rechnet im Hinblick auf den Prozess mit einer Niederlage und ermittelt für die Höhe des Schadensersatzes folgende Wahrscheinlichkeiten:

Schadensersatz = 0 EUR ca. 8 %,

Schadensersatz = 50.000 EUR ca. 15 %,

Schadensersatz = 100.000 EUR ca. 23 %,

Schadensersatz = 200.000 EUR ca. 22 %,

Schadensersatz = 250.000 EUR ca. 22 %,

Schadensersatz = 300.000 EUR ca. 10 %.

Die Gerichtskosten belaufen sich höchstwahrscheinlich auf 20.000 EUR. Da U davon ausgeht, den Prozess zu verlieren, muss er voraussichtlich auch die Gerichtskosten zahlen und eine entsprechende Rückstellung hierfür bilden. Aufgrund der kaufmännischen Beurteilung unter Beachtung des Vorsichtsprinzips sollte U zusätzlich Rückstellungen i.H.v. 250.000 EUR bilden.

Zwar ist der Unterschied in den Wahrscheinlichkeiten zwischen 100.000 EUR, 200.000 EUR und 250.000 EUR nur gering (maximal 1 %), aufgrund der starken Abweichung in der Höhe der Beträge wären jedoch eher 200.000 EUR oder 250.000 EUR als 100.000 EUR zurückzustellen. Da die Belastung von 200.000 EUR und die von 250.000 EUR gleiche Wahrscheinlichkeiten aufweisen, sind unter Beachtung des Vorsichtsprinzips 250.000 EUR in der Bilanz zurückzustellen. Dieser Betrag wird mit einer Wahrscheinlichkeit von 90 % nicht überschritten. Zusammen mit den Gerichtskosten ergeben sich somit Rückstellungen aus Prozessrisiken i.H.v. 270.000 EUR.

---

35 Vgl. Beck Bil-Komm/*Schubert*, § 253 HGB Rn. 155.

3 Bewertungsgrundsätze

Abwandlung 1

U ermittelt für die Höhe des Schadensersatzes folgende Wahrscheinlichkeiten:

Schadensersatz = 50.000 EUR ca. 80 %,

Schadensersatz = 200.000 EUR ca. 20 %.

Zwar ist die Wahrscheinlichkeit, mit nur 50.000 EUR in Anspruch genommen zu werden, signifikant höher als die mögliche Inanspruchnahme i.H.v. 200.000 EUR. Da diese mit 20 % jedoch nicht unwesentlich ist und den vierfachen Betrag ausmacht, wäre hier ein Wert zwischen den beiden Beträgen anzusetzen. Der Erwartungswert beträgt 80.000 EUR. Aus Gründen der Vorsicht wäre in diesem Fall mindestens eine Rückstellung i.H.v. 80.000 EUR zu passivieren. Unter Berücksichtigung der Gerichtskosten erscheint folglich eine Rückstellung von 100.000 EUR vertretbar. Dieser Betrag wird lediglich mit einer Wahrscheinlichkeit von 20 % überschritten.

Abwandlung 2

U ermittelt für die Höhe des Schadensersatzes folgende Wahrscheinlichkeiten:

Schadensersatz = 50.000 EUR ca. 50 %,

Schadensersatz = 200.000 EUR ca. 50 %.

Da hier die Wahrscheinlichkeiten gleich hoch sind, spricht unter Rückgriff auf das Vorsichtsprinzip nichts dagegen, eine Rückstellung i.H.v. 200.000 EUR (zzgl. 20.000 EUR für die Gerichtskosten) zu bilden. Dieser Betrag wird laut Schätzung mit einer Wahrscheinlichkeit von 100 % nicht überschritten.

Abwandlung 3

U ermittelt für die Höhe des Schadensersatzes folgende Wahrscheinlichkeiten:

Schadensersatz = 100.000 EUR ca. 25 %,

Schadensersatz = 200.000 EUR ca. 25 %,

Schadensersatz = 300.000 EUR ca. 25 %,

Schadensersatz = 400.000 EUR ca. 25 %.

Aufgrund der hohen Bandbreite der gleichverteilten Eintrittswahrscheinlichkeiten könnte eine Rückstellung i.H.v. 400.000 EUR eine zu vorsichtige Bewertung darstellen. 200.000 EUR erscheinen in diesem Fall als zu optimistisch. Rückstellungen i.H.v. 300.000 EUR sind vor dem Hintergrund vertretbar, dass die Inanspruchnahme maximal ein Drittel höher als der Rückstellungsbetrag ausfallen kann. Dieser Betrag wird aber mit einer Wahrscheinlichkeit von 25 % überschritten. Auch hier sind die Gerichtskosten zusätzlich zu berücksichtigen.

3.2 Notwendiger Erfüllungsbetrag

Der Versuch einer **Objektivierung des Rückstellungswerts** unter Beachtung des Vorsichtsprinzips wird auch von *Leffson* und *Baetge/Kirsch/Thiele* unternommen.[36] Dem Vorgehen liegt die Annahme zugrunde, dass ein Erwartungswert nicht dem Vorsichtsprinzip ausreichend Rechnung trägt,[37] sondern um eine **Vorsichtskomponente** zu ergänzen ist.[38] Es wird ein Intervall gesucht, in dem der tatsächlich eintretende Wert zu einer vorgegebenen Wahrscheinlichkeit liegt (bspw. 95 %). Der nach den Autoren zutreffende Wert liegt dann genau an der oberen Grenze des Intervalls.

250

Beispiel

 Es wird erneut das Beispiel aus Rn. 247 aufgegriffen:

Aufwand	=	0 EUR	15 %
Aufwand	=	100.000 EUR	20 %
Aufwand	=	200.000 EUR	35 %
Aufwand	=	500.000 EUR	30 %

x	W(X=x)	W(X≤x)	E(x)
0	0,15	0,15	0
100.000	0,20	0,35	20.000
200.000	0,35	0,70	70.000
500.000	0,30	1,00	150.000
			Σ = 240.000

W = Wahrscheinlichkeit; x = Verpflichtungshöhe; E = Erwartungswert; X = tatsächliche Verpflichtungshöhe

Der gesuchte Wert, der zu 95 % nicht überstiegen wird, ist durch lineare Interpolation zu ermitteln.[39]

200.000 EUR + ([500.000 EUR – 200.000 EUR] /[1,00 – 0,70]) × (0,95 – 0,7)
= 450.000 EUR

Der vorsichtige Wert würde hier 450.000 EUR betragen.

Ein Problem eines solchen Vorgehens ist die Suche nach der Wahrscheinlichkeitsfunktion. Eine solche kann sich aus **historischen Daten** ergeben, wobei diese auf ihre Anwendbarkeit überprüft werden müssen. Bspw. können neue Produktionsverfahren die historischen Daten für Gewährleistungsverpflichtungen überflüssig machen. Negativ beeinflussend wirkt auch eine mit sinkendem Informationsgrad immer mehr zunehmende Bandbreite möglicher Verpflichtungshöhen.

251

---

36 Siehe *Leffson*, S. 477 ff.
37 Vgl. *Leffson*, S. 478 f., der den Erwartungswert als risikoneutral bezeichnet.
38 Vgl. *Baetge/Kirsch/Thiele*, S. 440.
39 Wir nehmen im Beispiel an, dass die Wahrscheinlichkeitsfunktion eine solche Interpolation zulässt, weil der Verlauf zwischen den einzelnen Schätzpunkten ein linearer ist.

252 Neben die mathematisch-statistische Ermittlung des Rückstellungswerts tritt die **einzelfallabhängige Ermittlung**.[40] Hier ist mit Blick auf das Vorsichtsprinzip und das Objektivierungserfordernis eine zweckgerechte Lösung zu suchen. Dabei sind grds. ebenfalls die Eintrittswahrscheinlichkeiten zu beachten. Jedoch ist weder der wahrscheinlichste Einzelwert noch der Erwartungswert stets der maßgebliche Wert; vielmehr ist in jedem Einzelfall eine Abwägung vorzunehmen.

Beispiel

 Abwandlung zum vorherigen Beispiel:

Aufwand	=	0 EUR	11 %
Aufwand	=	100.000 EUR	20 %
Aufwand	=	200.000 EUR	36 %
Aufwand	=	500.000 EUR	33 %

Der wahrscheinlichste Wert für den Aufwand ist in diesem Beispiel ein Betrag i.H.v. 200.000 EUR. Der Erwartungswert beträgt 257.000 EUR. Mit Blick auf das Beispiel wird deutlich, dass einem Aufwand i.H.v. 200.000 EUR sowie einem Aufwand i.H.v. 500.000 EUR in etwa eine gleich hohe Wahrscheinlichkeit zugrunde gelegt wird. Da zwischen beiden Beträgen eine große Differenz besteht, ist die Rückstellung in diesem Fall mit 500.000 EUR anzusetzen.[41]

253 Es bleibt festzuhalten, dass mathematisch-statistische Verfahren nur bei einer **hinreichend großen Anzahl** zugrunde liegender Geschäfte „vernünftige" Ergebnisse liefern (Gesetz der großen Zahl). Im Übrigen muss eine einzelfallabhängige Schätzung der Rückstellungshöhe vorgenommen werden.

Praxistipp

 Mathematisch-statistische Verfahren kommen nur bei ausreichend fundierter Datengrundlage zur Anwendung. Dann allerdings führen sie zu einer objektiven Darstellung, die gleichsam einer intersubjektiven Nachprüfbarkeit (bspw. durch den Abschlussprüfer) dient. Bei Pauschalrückstellungen für Sachverhalte, bei denen das **Gesetz der großen Zahl** *gilt, kann eine Rückstellung auch mittels Erwartungswert bestimmt werden.*[42]

Für spezielle Einzelfälle, bspw. für Verpflichtungen aus Kartellverstößen oder Schadensersatzfälle[43] *ist nur eine Einzelfallbetrachtung möglich.*

254 Wertaufhellende Tatsachen, d.h. Tatsachen, die nach dem Bilanzstichtag bekannt aber schon davor begründet wurden, sind auch im Zusammenhang mit der Schät-

---

40 Siehe z.B. Syst. Praxiskommentar Bilanzrecht/*Brösel/Scheren/Wasmuth*, § 253 HGB Rn. 144.
41 Vgl. hierzu Beck Bil-Komm/*Schubert*, § 253 HGB Rn. 155.
42 So auch *Hoffmann/Lüdenbach*, § 253 HGB Rn. 59; *Kessler*, S. 417.
43 Vgl. *Hoffmann/Lüdenbach*, § 253 HGB Rn. 60.

3.2 Notwendiger Erfüllungsbetrag

zung des Erfüllungsbetrags zu beachten. So können bspw. die historischen Daten für die Rückstellungsbewertung durch nach dem Bilanzstichtag bekannt gewordene Tatsachen verändert werden.

Bestehen bei ungewissen Verbindlichkeiten Ersatzansprüche ggü. Dritten, z.B. aus Bürgschaften, gesamtschuldnerischer Haftung o.Ä., sind diese erst zu aktivieren, sobald diese rechtlich entstanden sind und den Charakter eines Vermögensgegenstands aufweisen. Nur wenn diese Ansprüche direkt und ohne Einrede bei einem evtl. Ausfall geltend gemacht werden können und in unmittelbarem Zusammenhang mit dem Sachverhalt stehen, für den eine Rückstellung zu bilden wäre, dürfen noch nicht aktivierte Ansprüche mit den Rückstellungen verrechnet werden.[44] Hierbei muss die bedingte Wahrscheinlichkeit, dass der **Erstattungsanspruch** bei Eintritt der Verpflichtung besteht, mit nahe 100 % angenommen werden können. — 255

Eine Verrechnung des Erfüllungsbetrags mit etwaigen **Ersatzansprüchen** ist grds. verboten (**sog. Saldierungsverbot**)[45]. Die Ansprüche sind zu aktivieren, sofern sie wirtschaftlich und rechtlich entstanden sind.[46] Eine Aufrechnung ist allerdings vorzunehmen, wenn die in Rede stehenden Ansprüche in „[...] unmittelbaren Zusammenhang mit der drohenden Inanspruchnahme stehen, in rechtlich verbindlicher Weise der Entstehung oder Erfüllung der Verbindlichkeit nachfolgen und vollwertig sind, weil sie vom Rückgriffsschuldner nicht bestritten werden und dessen Bonität nicht zweifelhaft ist"[47], und die Voraussetzungen für den Ansatz einer Forderung (noch) nicht vorliegen. Insofern besteht Einklang mit der steuerbilanziellen Bewertung.[48] — 256

In der Vergangenheit angesetzte Rückstellungen sind zu jedem Bilanzstichtag erneut auf die Erfüllung der jeweiligen Ansatzkriterien hin zu untersuchen. Sofern sich die zuvor geschätzte Höhe durch **neuere Kenntnisse im Zeitablauf** geändert hat, kann ebenso eine Teilauflösung erforderlich sein.[49] Ebenso wie bei der Bildung sind auch mit Blick auf die Auflösung von Rückstellungen wertaufhellende Tatsachen bis zum Zeitpunkt der Bilanzerstellung zu berücksichtigen, nicht aber wertbegründende Tatsachen. — 257

Der Ansatz des Erfüllungsbetrags beruht auf einer Schätzung. Sofern sich diese Schätzung aufgrund einer neuen Informationslage und/oder Erkenntnissen ändert, gilt es eine **Anpassung der Schätzung** vorzunehmen, die der Rückstellungsbilanzierung zugrunde liegt. im konkreten Sachverhalt kann die betreffende Schätzung des Erfüllungsbetrags entweder zu hoch oder zu niedrig ausgefallen sein. — 258

Sofern die **Schätzung** des Erfüllungsbetrags im Rahmen der Rückstellungsbilanzierung **zu hoch** ausgefallen ist und/oder nach § 249 Abs. 2 Satz 2 HGB der Grund für die Rückstellungsbilanzierung entfallen ist, ist die betreffende Rückstellung aufzulösen. Die Auflösung einer Rückstellung ist in diesem Fall unter den **sonstigen betrieblichen** — 259

---

44 Vgl. Beck Bil-Komm/*Schubert*, § 253 HGB Rn. 157.
45 Siehe Syst. Praxiskommentar Bilanzrecht/*Tanski*, § 246 HGB Rn. 80 f.
46 Vgl. Beck Bil-Komm/*Schubert*, § 253 HGB Rn. 157.
47 Beck Bil-Komm/*Schubert*, § 253 HGB Rn. 157. Ähnlich auch *Schubert*, WPg 2008, 505, 509.
48 Vgl. § 6 Abs. 1 Nr. 3a Buchst. c) EStG.
49 Vgl. HdR-E/*Mayer-Wegelin*, § 249 HGB Rn. 254.

Erträgen zu zeigen. Zudem sind die Beträge als **periodenfremde** Erträge nach § 285 Nr. 31 HGB im Anhang anzugeben, sofern dies nicht von untergeordneter Bedeutung ist.[50] In der Praxis findet sich in Einzelfällen auch die Saldierung von Rückstellungsauflösungen mit Zuführungen der Periode. Dies kann im Einzelfall und unter Wesentlichkeitsaspekten vertretbar sein. Häufig erfolgt eine saldierte Behandlung bspw. im Zusammenhang mit der Bildung von Pensionsrückstellungen bzw. Folgebewertungen.

260 Sofern die **Schätzung** des Erfüllungsbetrags **zu niedrig** ausgefallen ist, ist die betreffende Rückstellung zu erhöhen. Die Erhöhung einer Rückstellung ist stets über die originäre Aufwandsposition vorzunehmen. D.h., dass die Erhöhung einer Rückstellung (Rückstellung für Urlaub) über die ursächliche Aufwandsposition (Personalaufwand) in der GuV abgebildet wird.

Praxistipp

Grundsätzlich hat die Auflösung von in Vorperioden gebildeten Rückstellungen, die zum Bilanzstichtag nicht mehr dem Grunde bzw. der Höhe nach gerechtfertigt sind, unter den sonstigen betrieblichen Erträgen zu erfolgen. Zudem handelt es sich um einen periodenfremden Effekt i.S.v. § 285 Nr. 31 HGB.

261 Eine Besonderheit hinsichtlich der Bilanzierung besteht bei **Verteilungsrückstellungen**. Hierbei handelt es sich um Rückstellungen, die bereits wirtschaftlich und/oder rechtlich vollumfänglich verursacht sind, aber bei denen eine ratierliche Zuführung gleichwohl möglich ist (bspw. **Entfernungsverpflichtungen**).[51]

Beispiel

A schließt zum 01.01.t1 mit B einen Mietvertrag über die Anmietung eines Bürogebäudes über die befristete Laufzeit von zehn Jahren. Darin wird festgelegt, dass alle Mietereinbauten zum Ablauf des Mietvertrags entfernt werden müssen.

A lässt in t1 einen Fahrstuhl in die Büroeinheit einbauen. Zum Bilanzstichtag (31.12. t1) ist mit voraussichtlichen Kosten i.H.v. 10.000 EUR für die Entfernung zu rechnen. A hat dafür jedes Jahr 1.000 EUR (10.000 EUR/zehn Jahre) zurückzustellen.

Für die handelsbilanzielle Bewertung gilt: Künftige Preis- und Kostensteigerungen sind zu beachten. Ist am Bilanzstichtag des 31.12.t2 mit Entfernungskosten i.H.v. 12.000 EUR zu rechnen, sind diese zu berücksichtigen. Der nominelle Zuführungsbetrag in t2 beträgt somit 1.222,22 EUR (11.000 EUR [ausstehender Erfüllungsbetrag]/neun Jahre). Die Rückstellung hat demnach zum 31.12.t2 einen Wert von 2.222,22 EUR (1.000 EUR aus t2 + 1.222,22 EUR als Zuführung).

Außerdem ist die Rückstellung gem. § 253 Abs. 2 HGB abzuzinsen.

---

50 Vgl. *Boecker/Zwirner* in: Zwirner, BilRUG, 2016, S. 518.
51 Siehe *Hoffmann/Lüdenbach*, § 249 HGB Rn. 33. Nicht ganz so eindeutig, jedoch auch zwischen Ansammlungs- und Verteilungsrückstellungen unterscheidend, Beck Bil-Komm/*Schubert*, § 249 HGB Rn. 35.

3.2 Notwendiger Erfüllungsbetrag

Bei einer **Änderung des voraussichtlichen Nominalbetrags** einer Verteilungsrückstellung, wie bspw. einer Rückbauverpflichtung, ist der Rückstellungsansatz entsprechend anzupassen.

262

Im Fall einer **Verlängerung des Verteilungszeitraums** steht der damit einhergehenden Verringerung des Rückstellungsansatzes das Auflösungsverbot des § 249 Abs. 2 Satz 2 HGB nicht entgegen, da es sich auf die Bilanzierung dem Grunde nach und nicht auf die Bilanzierung der Höhe nach bezieht.

263

Beispiel

 Fall 1: *Verlängerung des Verteilungszeitraums*

A schließt zum 01.01.t1 mit B einen Mietvertrag über die Anmietung eines Bürogebäudes über die befristete Laufzeit von zehn Jahren. Darin wird festgelegt, dass alle Mietereinbauten zum Ablauf des Mietvertrags entfernt werden müssen. Zum Bilanzstichtag (31.12.t1) ist mit voraussichtlichen Kosten i.H.v. 10.000 EUR für die Entfernung zu rechnen. A hat dafür jedes Jahr 1.000 EUR (10.000 EUR/zehn Jahre) zurückzustellen.

Zum Bilanzstichtag (31.12.t5) wird der Mietvertrag von A über die Anmietung des Bürogebäudes um fünf Jahre verlängert, sodass die Vertragslaufzeit des Mietvertrags 15 Jahre beträgt. A hat den bis dahin angesammelten bzw. auf die ursprüngliche Vertragslaufzeit hin ausgerichteten Rückstellungsbetrag unter Berücksichtigung der am jeweiligen Stichtag zu ermittelnden Kosten für den Rückbau des Fahrstuhls entsprechend der neuen Vertragslaufzeit anteilig aufzulösen. Da A bis zum Bilanzstichtag (31.12.t5) für den Rückbau des Fahrstuhls in dem Bürogebäude 5.000 EUR zurückgestellt hat, sich der Nominalbetrag der Rückstellung unter Berücksichtigung der neuen Vertragslaufzeit zum Bilanzstichtag (31.12.t5) auf 3.333,33 EUR verringert, ist auf die bestehende Rückstellung eine (Teil-)Auflösung i.H.v. 1.666,67 EUR vorzunehmen.

Im Fall einer **Verkürzung des Verteilungszeitraums** ist die Rückstellung sofort um den nicht anteilig angesammelten, aber wirtschaftlich bereits verursachten Betrag zu erhöhen.[52]

264

Beispiel

 Fall 2: *Verkürzung des Verteilungszeitraums*

A schließt zum 01.01.t1 mit B einen Mietvertrag über die Anmietung eines Bürogebäudes über die befristete Laufzeit von zehn Jahren. Darin wird festgelegt, dass alle Mietereinbauten zum Ablauf des Mietvertrags entfernt werden müssen. Zum Bilanzstichtag (31.12.t1) ist mit voraussichtlichen Kosten i.H.v. 10.000 EUR für die Entfernung zu rechnen. A hat dafür jedes Jahr 1.000 EUR (10.000 EUR/zehn Jahre) zurückzustellen.

---

52 Vgl. *IDW* RS *HFA* 34, IDW FN 2015, 380, 380. Vgl. *Oser/Wirtz*, StuB 2016, 1, 3 f.

> Zum Bilanzstichtag (31.12.t5) vereinbaren die beiden Vertragspartner A und B, dass die Vertragslaufzeit des Mietvertrags über die Anmietung des Bürogebäudes um vier Jahre verkürzt wird. Folglich beträgt die Laufzeit des Mietvertrags sechs Jahre, sodass der Mietvertrag zum Bilanzstichtag (31.12.t6) ausläuft. A hat bis zum Bilanzstichtag (31.12.t5) für den Rückbau des Fahrstuhls in dem Bürogebäude 5.000 EUR zurückgestellt. Aufgrund der verkürzten Vertragslaufzeit des Mietvertrags erhöht sich zum Bilanzstichtag (31.12.t5) der Nominalbetrag der Rückstellung auf 8.333,33 EUR. Infolgedessen ist die bestehende Rückstellung sofort um den nicht anteilig angesammelten, aber wirtschaftlich bereits verursachten Betrag i.H.v. 3.333,33 EUR zu erhöhen.

3.2.3 Preis- und Kostenentwicklungen

265 Da **ermessensfreie Prognosen** i.R.d. Bewertung von Rückstellungen **nahezu unmöglich** sind, besteht ein Objektivierungserfordernis.[53] Der Hinweis auf die „vernünftige kaufmännische Beurteilung" zieht nach sich, dass es bei der Bewertung von Rückstellungen weder zu bewussten Über- noch zu bewussten Unterdotierungen kommen darf. Unabhängig davon besteht bei der Bewertung von Rückstellungen ein erheblicher bilanzpolitischer Spielraum.[54] Hierbei ist nach dem Vorsichtsprinzip ein Wertansatz zu wählen, den die tatsächliche Vermögensbelastung mit hoher Wahrscheinlichkeit nicht überschreitet.

266 Mit dem Verweis auf den Erfüllungsbetrag werden auch künftige Preis- und Kostensteigerungen in die Bewertung der Rückstellungen einbezogen. In diesem Zusammenhang ist auf Folgendes hinzuweisen: Im Schrifttum wird hinsichtlich der Ermittlung des Erfüllungsbetrags einer Verpflichtung regelmäßig die Berücksichtigung von Preis- und Kosten**steigerungen** genannt, die Berücksichtigung künftiger Preis- und Kosten**minderungen** bleibt indes unerwähnt. Fraglich bleibt insofern, ob auch künftige Minderaufwendungen zur Erfüllung der Verpflichtung in die Bewertung einfließen müssen.

267 Der Verweis auf den Erfüllungsbetrag impliziert, dass künftige (absehbare) **Preis- und Kostensteigerungen** bei der Bewertung der Rückstellungen zu berücksichtigen sind, weil für die Ermittlung des Rückstellungsbetrags die **Preis- und Kostenverhältnisse** zum voraussichtlichen Erfüllungszeitpunkt relevant sind.[55] Steuerrechtlich bleiben Preis- und Kostensteigerungen nach § 6 Abs. 1 Nr. 3 f) EStG unberücksichtigt, was zur Bildung aktiver latenter Steuern führen kann.[56] Gem.

---

[53] Vgl. Petersen/Zwirner/Brösel/Mindermann, S. 415.
[54] Vgl. HdR-E/Brösel/Olbrich, § 253 HGB Rn. 26.
[55] Vgl. BR-Drucks. 344/08, S. 112; Theile, S. 76; Petersen/Zwirner, KoR 2009, 1, 13; Roth/Wittmann, Stbg 2008, 74, 74. Zur kontroversen Diskussion bzgl. der Berücksichtigung von Preis- und Kostensteigerungen vgl. Küting/Cassel/Metz, DB 2008, 2317. 2317.
[56] Vgl. Syst. Praxiskommentar Bilanzrecht/Petersen/Zwirner/Busch, § 274 Rn. 50 f.

§ 341e Abs. 1 Satz 3 HGB sind zukünftige Kosten- und Preissteigerungen bei versicherungstechnischen Rückstellungen hingegen nicht zu berücksichtigen. Ebenso dürfen solche Rückstellungen in Abweichung zu den nachfolgenden Erläuterungen nicht abgezinst werden.

Der Gesetzgeber stellt klar, dass – unter Wahrung des Stichtagsprinzips – künftige Preis- und Kostensteigerungen bei der Rückstellungsbewertung zu berücksichtigen sind.[57] Bezüglich der Beurteilung künftiger Preis- und Kostensteigerungen dürfen stichtagsbezogen allerdings nur Erkenntnisse Eingang in die Bewertung finden, die auf **begründeten Erwartungen** basieren. Das bedeutet zum einen, dass voraussehbare Preis- und Kostensteigerungen berücksichtigt werden müssen, soweit sie zum jeweiligen Stichtag hinreichend objektivierbar sind. Zum anderen impliziert die Begrifflichkeit „notwendig", dass die Kosten – und auch nur diese Kosten – Eingang in die Rückstellungsbewertung finden, die tatsächlich erforderlich sind, um die entsprechende Verpflichtung zu erfüllen.[58]

268

Bei der Ermittlung der vorhersehbaren Preis- und Kostenänderungen sind primär **unternehmens- sowie branchenspezifische Daten** zugrunde zu legen. Nur in den Fällen, in denen keine derartigen Daten vorliegen und auch nicht mit vertretbarem Aufwand beschafft werden können, kann im Rahmen der Schätzung künftiger Preis- und Kostensteigerungen auf die allgemeine Inflationsentwicklung und die Prognosen der Europäischen Zentralbank (EZB) Bezug genommen werden.[59]

269

Für den Eintritt von berücksichtigungswürdigen Preis- und Kostensteigerungen müssen „ausreichend objektive Hinweise"[60] bzw. „hinreichend sichere Erwartungen"[61] gegeben sein. Im Hinblick auf zukünftige Preis- und Kostenentwicklungen ist aus **Objektivierungsgründen** gegen sachgerechte Trendfortschreibungen nichts einzuwenden.[62] Analog zur Zinsermittlung ist diesbzgl. anzuraten, die Entwicklung der vergangenen sieben GJ zu betrachten. Die Berücksichtigung noch nicht eingetretener externer Ereignisse, „wie z.B. unbekannte Technologien oder Gesetzesänderungen, die noch nicht quasisicher sind"[63], verbietet sich jedoch im Hinblick auf den Objektivierungsgedanken.

270

Absehbare Preis- und Kostenminderungen werden hingegen von der gesetzl. Regelung – und auch i.S.d. Vorsichtsprinzips – nicht erfasst.[64] Unter Berücksichtigung des **Höchstwertprinzips** als Ausfluss des primären Zwecks des Gläubigerschutzes handelsrechtlicher Bilanzierung sind diese also nicht zu berücksichtigen, sofern zuvor berücksichtigte Preis- und Kostensteigerungen nicht der Grund zur Bildung

271

---

57 Vgl. *IDW* RS *HFA* 34, IDW FN 2012, 53, 54.
58 Vgl. *IDW* RS *HFA* 34, IDW FN 2012, 53, 57; *Petersen/Zwirner/Künkele*, BilMoG in Beispielen, S. 113.
59 Vgl. *IDW* RS *HFA* 34, IDW FN 2012, 53, 57.
60 BR-Drucks. 344/08, S. 112.
61 *Schulze-Osterloh*, DStR 2008, 63, 70.
62 Vgl. *Theile/Stahnke*, DB 2008, 1757, 1758 f.
63 *Theile/Stahnke*, DB 2008, 1757, 1759.
64 Vgl. Petersen/Zwirner/*Brösel/Mindermann*, S. 414 f.; a.A. *IDW* RS *HFA* 34, IDW FN 2012, 53, 57.

der Rückstellung waren. Dies gilt auch, wenn dadurch die Darstellung der VFE-Lage beeinträchtigt wird.[65]

Beispiel

 Bei mehrperiodiger Fertigung können zum Stichtag absehbare Preis- und Kostensteigerungen zu Drohverlustrückstellungen aus schwebenden Geschäften führen. Stellt sich am darauffolgenden Stichtag (und bei weiterhin andauernder Fertigung im Hinblick auf den in Rede stehenden Sachverhalt) heraus, dass die Kostensteigerungen doch nicht eintreten werden oder gar mit Kostenminderungen zu rechnen ist, sind die hierfür gebildeten Rückstellungen wieder aufzulösen, weil der Grund für die Rückstellungen (die erwarteten Kostensteigerungen) entfallen ist. Zukünftige Kostenminderungen sind in diesem Fall keine Frage der Bewertung, sondern wirken sich auf den Ansatz von Rückstellungen aus.

Praxistipp

 Im Unterschied zu absehbaren Preis- und Kostenminderungen sind absehbare Preis- und Kostenerhöhungen bei der Bewertung der Rückstellungen zu berücksichtigen.

272 In Anlehnung an *Brösel/Scheren/Wasmuth*[66] ist mit Blick auf das Vorsichtsprinzip eine **differenzierte Behandlung** angebracht: Preis- und Kosten**steigerungen** müssen bereits dann in die Bewertung einfließen, wenn ausreichend objektive Hinweise für sie vorliegen.[67] Dagegen müssen Preis- und Kosten**minderungen** dann Eingang in die handelsrechtliche Bewertung finden, wenn diese bereits verbindlich vereinbart wurden[68] oder wenn ansonsten die VFE-Lage wesentlich unrichtig dargestellt würde.

---

65 *Meyering/Gröne* weisen ebenfalls darauf hin, dass für die Berücksichtigung künftiger Preis- und Kostensenkungen im Rahmen der deutschen Rechnungslegung grundsätzlich kein Platz ist. Begründet wird dies von den Autoren damit, dass der Ermittlung der Ausschüttungsbemessungsgrundlage im Zusammenhang mit der Auskehrung unsicherer Vermögensmehrungen im Handelsrecht „klare" Grenzen gesetzt sind. Dies wird sowohl durch das Vorsichtsprinzip als auch durch das Realisationsprinzip belegt. Gleichwohl weisen *Meyering/Gröne* ebenfalls auf die Informationsfunktion eines Abschlusses hin. Vor dem Hintergrund der Informationsfunktion erscheint es im Interesse der Bilanzadressaten zu sein, (auch) künftige Preis- und Kostensenkungen bei der Rückstellungsbilanzierung zu berücksichtigen, sofern für diese ausreichend objektiver Hinweise vorliegen und diese zur Beurteilung der VFE-Lage einer Gesellschaft wesentlich sind. Die Berücksichtigung kann allerdings nur außerbilanziell, d.h. durch eine zusätzliche Angabe im Anhang, vorgenommen werden. Vgl. hierzu ausführlich *Meyering/Gröne*, BFuP, 2014, 459, 459 ff.
66 Vgl. Syst. Praxiskommentar Bilanzrecht/*Brösel/Scheren/Wasmuth*, § 253 HGB Rn. 135.
67 Vgl. BT-Drucks. 16/10067, S. 52.
68 Ausdrücklich dagegen Beck Bil-Komm/*Schubert*, § 253 HGB Rn. 158; unter der Voraussetzung der Quasi-Sicherheit für eine Berücksichtigung geringerer Aufwendungen *Gelhausen/Fey/Kämpfer*, Buchst. I Rn. 20. Ebenfalls für eine Ausweitung auf Minderaufwendungen *Kunath*, in: Fink/Schultze/Winkeljohann, S. 158; *Baetge/Kirsch/Thiele*, S. 418; Syst. Praxiskommentar Bilanzrecht/*Brösel/Scheren/Wasmuth*, § 253 HGB Rn. 137: Nur wenn „[...] zuvor berücksichtigte Preis- und Kostensteigerungen nicht der Grund zur Bildung der Rückstellung waren oder eine unterlassene Anpassung nicht zu einer wesentlich unrichtigen Darstellung der VFE-Lage führt".

3.2 Notwendiger Erfüllungsbetrag

Praxistipp

 Zweifelsfragen sind unter Zugrundelegung der GoB – und hier insb. mit Blick auf das Vorsichtsprinzip – zu lösen.

Im Zusammenhang mit der Berücksichtigung künftiger Preis- und Kostensteigerungen stellt sich die Frage, was unter **„objektiven Hinweisen"** zu verstehen ist. Dabei muss es sich um Hinweise handeln, die durch sachverständige Dritte nachvollziehbar sind und als hinreichend sicher beurteilt werden.[69] Dem Objektivierungserfordernis muss dabei ein hohes Gewicht eingeräumt werden, um die Ermessensspielräume einzuschränken.[70] Diesem Anspruch werden zweifelsfrei **rechtlich bereits verbindliche Vereinbarungen** gerecht.[71] Noch nicht eingetretene externe Ereignisse sind mit ins Kalkül einzubeziehen, wenn ihr Eintreten „quasi sicher"[72] ist, d.h., dass ihr Eintreten nicht von sachverständigen Dritten bezweifelt wird (bspw. ein bereits besprochener Gesetzesentwurf, dem alle Fraktionen bereits öffentlich Zuspruch erteilt haben).

273

Beispiel

 Fall 1: Das Parlament hat zum Bilanzstichtag bereits ein Gesetz beschlossen, welches die Erhöhungen der Sozialversicherungsbeiträge um 20 % im nächsten Jahr zur Folge hat. Die Ratifizierung des Gesetzes durch den Bundespräsidenten steht noch aus.

Fall 2: Die Gewerkschaft fordert seit Längerem Lohnsteigerungen von 10 %. Bis jetzt fanden keine weiteren Verhandlungen statt. Der Ausgang der Tarifverhandlungen ist zum Bilanzstichtag ungewiss.

Der **Fall 1** begründet eine Erhöhung des Rückstellungswerts. Im **Fall 2** ist hingegen keine „Quasi-Sicherheit" der Preis- und Kostensteigerungen erkennbar, weswegen eine Erhöhung des Rückstellungswerts unterbleiben muss.

Zulässig ist auch, die künftigen Preis- und Kostensteigerungen anhand historischer Daten in die Zukunft fortzuschreiben (**Trendfortschreibung**).[73] Dabei kann die Fortschreibung auf Basis einer Extrapolation bestimmter Durchschnittswerte oder durch Regressionsanalysen vorgenommen werden. Trendfortschreibungen bieten sich bspw. an für:[74]

274

- Inflations-/Deflationsraten,
- Löhne/Gehälter,

---

69 Ähnlich auch *Gelhausen/Fey/Kämpfer*, Buchst. I Rn. 18.
70 Vgl. *Wüstemann/Koch*, BB 2010, 1075, 1078.
71 Vgl. *Zülch/Hoffmann*, StuB 2009, 369, 370.
72 *Theile/Stahnke*, DB 2008, 1757, 1759.
73 Vgl. auch *IDW* RS *HFA* 4, IDW FN 2010, 298, 303.
74 Dies gilt nur, solange keine „Trendbrüche" zu erwarten sind.

- Materialkosten,
- bestimmte Rohstoffpreise.

Praxistipp

 Die Trendfortschreibung setzt voraus, dass ausreichend große Zeitreihen verfügbar sind und es keine Anzeichen wesentlicher Änderungen der Gegebenheiten in der Zukunft gibt.

Beispiel

 Für die Berechnung einer Drohverlustrückstellung betrachtet ein Unternehmen die Entwicklung der Preise eines Rohstoffs. Dabei kommen die Mitarbeiter zu dem Ergebnis, dass die Kosten für den Rohstoff in den letzten zehn Jahren um durchschnittlich 5 % p.a. gestiegen sind. Im Jahr des Bilanzstichtags allerdings stiegen die Kosten um 20 % aufgrund einer sprunghaft gestiegenen Nachfrage.

Eine Berechnung einer möglichen Drohverlustrückstellung mit einer jährlichen Steigerungsrate von 5 % gilt hier als überholt und ist nicht als Berechnungsgrundlage zu wählen. Auch der Zehnjahresdurchschnitt unter Beachtung der letztjährigen Steigerung i.H.v. 20 % kann nur angewendet werden, wenn die letzte Preissteigerung nicht als nachhaltig anzusehen ist. Wird die Preissteigerung vom vernünftig beurteilenden Kaufmann als nachhaltig eingeschätzt, ist auch für die Zukunft von diesen Preisverhältnissen (nicht Preissteigerungen!) auszugehen. Für diese Einschätzung sind alle in einem angemessenen Kosten-Nutzen-Verhältnis erwerbbaren Informationen zu verwerten (insb. eine Expertenprognose usw.).

275 Für **Geldleistungsverpflichtungen** sind mögliche Trendfortschreibungen restriktiver auszulegen. Eine unternehmensspezifische Fortschreibung muss in solchen Fällen unterbleiben.[75] Dennoch sollten künftige Preissteigerungen beachtet werden. Dies sollte auf Basis veröffentlichter Inflationsprognosen geschehen.[76] In diesem Zusammenhang schlagen *Zülch/Hoffmann* die Berechnung des arithmetischen Mittels aus der Vielzahl veröffentlichter Inflationsprognosen in Deutschland vor.[77] U.E. kann diesem Vorschlag gefolgt werden.

Praxistipp

 Bei der Ermittlung der Inflationsprognosen für Zwecke der Trendfortschreibung von Rückstellungen für Geldleistungsverpflichtungen kann auf die veröffentlichten Daten deutscher Wirtschaftsforschungsinstitute zurückgegriffen

---

75 *Zülch/Hoffmann*, StuB 2009, 369, 371: „[…] da für Inflationserwartungen objektivere Daten vorliegen".
76 Vgl. *Fink/Kunath*, DB 2010, 2345, 2347.
77 Vgl. *Zülch/Hoffmann*, StuB 2009, 369, 371.

werden. Hierbei empfiehlt es sich, aufgrund der Abweichung der einzelnen Prognosen einen Mittelwert zu bilden.[78]

Bei kurzfristigen Rückstellungen wird die Berechnung künftiger Preis- und Kostensteigerungen regelmäßig aufgrund des **Grundsatzes der Wesentlichkeit** entfallen.[79] Auch bei langfristigen Verpflichtungen fordern Stimmen im Schrifttum aufgrund der **fehlenden Objektivierung** langfristiger Trends auf die Einbeziehung von Preis- und Kostensteigerungen zu verzichten.[80] Insb. mit Blick auf die gesetzl. geforderte Abzinsung würde sich dadurch aber, unter Verstoß gegen die Schutzfunktion des handelsrechtlichen Jahresabschlusses, ein zu geringer Bilanzwert ergeben. Durch die gesetzl. Normierung beider Parameter (Abzinsung und Kostensteigerungen) erübrigt sich eine weitergehende Diskussion.

276

Die zuvor gemachten Ausführungen über Preis- und Kostensteigerungen gelten nicht für **versicherungstechnische Rückstellungen**. Diese sind nach den Wertverhältnissen am Bilanzstichtag zu bewerten.[81]

277

Für **Drohverlustrückstellungen** gilt, dass zukünftige Kosten- und Preisänderungen, die auf singulären Ereignissen nach dem Abschlussstichtag basieren, bei der Ermittlung des drohenden Verlusts nicht berücksichtigt werden dürfen.[82] Einzubeziehen sind nach IDW RS HFA 4 Preis- und Kostenänderungen (sowohl positiv als **auch negativ**)[83] bei begründeten Erwartungen, die sich bspw. aus der Vergangenheit ergeben. Auf dieser Grundlage werden Erträge und Aufwendungen gegenübergestellt und ein Überhang an Aufwendungen als Drohverlustrückstellung ausgewiesen.

278

3.2.4 Einzubeziehende Kosten

Sachleistungsverpflichtungen sind mit den **Vollkosten** zu bewerten.[84] Hierzu zählen die direkt der Verpflichtung zurechenbaren Einzelkosten, sowie die notwendigen Gemeinkosten (siehe auch zu den steuerrechtlichen Vorgaben Kap. 3.4.1, Rn. 308 ff.).[85] Nicht notwendig und damit auch nicht rückstellungsfähig sind die Wahlrechtsbestandteile der Herstellungskosten nach § 255 Abs. 2 HGB:[86]

279

- Kosten der allgemeinen Verwaltung,
- Aufwendungen für freiwillige soziale Leistungen,
- Kosten der betrieblichen Altersvorsorge.

---

78 Es könnte auch ein gewichtetes Mittel in Betracht kommen, indem neuere Veröffentlichungen aufgrund einer verbesserten Informationslage höher gewichtet werden, wohingegen frühere Prognosen weniger stark ins Gewicht fallen. Eine solche Berechnung wird jedoch selten in einem angemessenen Kosten-Nutzen-Verhältnis stehen.
79 So auch *Fink/Kunath*, DB 2010, 2345, 2347.
80 Vgl. z.B. *Kessler*, S. 493, der einen Verzicht auf die Abzinsung von Rückstellungen mit einer Laufzeit über fünf Jahre vorschlägt.
81 Vgl. § 341e Abs. 1 Satz 3 HGB.
82 Vgl. IDW RS HFA 4, IDW FN 2010, 298, 303; *Gelhausen/Fey/Kämpfer*, Buchst. I Rn. 72.
83 Vgl. Beck Bil-Komm/*Schubert*, § 253 HGB Rn. 174.
84 Vgl. Bertram/Brinkmann/Kessler/Müller/*Bertram/Kessler*, § 253 HGB Rn. 42; *Hoffmann/Lüdenbach*, § 253 HGB Rn. 64.; IDW RS HFA 34, Tz. 21.
85 Vgl. hierzu *Zwirner/Busch/Boecker*, KoR 2010, 664, 664 ff.
86 Vgl. *Fink/Schultze/Winkeljohann/Kunath*, S. 159; IDW RS HFA 34, IDW FN 2012, 53, 56.

3 Bewertungsgrundsätze

Beispiel 1

 Unternehmen U verkauft Waschmaschinen, die selbst produziert werden. Aufgrund von Sachmängeln werden erfahrungsgemäß 10 % der jährlich 1.000 umgesetzten Waschmaschinen ausgetauscht. Je Waschmaschine fallen folgende Aufwendungen an:

- Einzelkosten: 250 EUR
- Material- und Fertigungsgemeinkosten sowie Abschreibungen: 125 EUR
- Allgemeine Verwaltungskosten: 25 EUR

Die allgemeinen Verwaltungskosten dürfen sich nicht im Rückstellungsansatz wiederfinden. Hingegen sind die anderen Einzel- und Gemeinkosten i.H.v. 375 EUR pro Waschmaschine einzubeziehen.

Unter Beachtung des voraussichtlichen Rücklaufs an Waschmaschinen von 100 Stück ergibt sich ein Erfüllungsbetrag i.H.v. 37.500 EUR.

Beispiel 2

 Die Handel GmbH ist eine große Kapitalgesellschaft i.S.d. § 267 HGB, deren Geschäftstätigkeit im Handel mit verschiedenen Rohstoffen (z.B. Erzen, Mineralien) besteht. Als Tochterunternehmen der weltweit operierenden Konzern AG wird die Handel GmbH in den IFRS-Konzernabschluss mit einbezogen. Zur Ausnutzung günstiger Einkaufskonditionen erwirbt die Konzern AG die Rohstoffe in großen Mengen und überträgt diese im Wege einer Sachleihe unentgeltlich auf ihre Tochtergesellschaften und damit auch auf die Handel GmbH. Die Handel GmbH kann ihrerseits die erhaltenen Rohstoffe auf Verlangen an die Konzern AG zurückübertragen. Ein bestimmter Rückgabetermin wurde nicht vereinbart. Sollten im Zeitpunkt der Rückforderung der Konzern AG nicht mehr ausreichend Rohstoffe bei der Handel GmbH vorhanden sein, muss diese zur Erfüllung der Verpflichtung die fehlenden Rohstoffe auf dem Weltmarkt einkaufen. Am 31.12.2015 überträgt die Konzern AG der Handel GmbH Rohstoffe im Wert von 1.200.000 EUR. Darüber hinaus gelten folgende Annahmen:

Variante 1: Der Wert der Rohstoffe ist zum 31.12.2016 auf 1.176.000 EUR gesunken.

Variante 2: Der Wert der Rohstoffe ist zum 31.12.2016 auf 1.245.000 EUR gestiegen.

Die Handel GmbH erstellt einen HGB-Einzelabschluss und wird darüber hinaus von der Konzern AG zur Erstellung eines Abschlusses nach IFRS verpflichtet. Der für die Steuerabgrenzung relevante Steuersatz der Handel GmbH liegt bei 30 %. Die weitere Betrachtung nach HGB und IFRS hat sowohl zum Zugangszeitpunkt als auch zum 31.12.2016 zu erfolgen.

Hinsichtlich der Zugangsbewertung ist im vorliegenden Sachverhalt stets der beizulegende Zeitwert der Rohstoffe relevant. Zunächst werden die Rohstoffe an die Handel GmbH übertragen und dort mit dem beizulegenden Wert im

Umlaufvermögen aktiviert. In gleicher Höhe passiviert die Handel GmbH die Sachleistungsverpflichtung als Verbindlichkeit. Da im Zugangszeitpunkt keine anderen Informationen vorliegen verkörpert der zu diesem Tag geltende Wert (1.200.000 EUR) den Erfüllungsbetrag der Verpflichtung.

Buchungssatz zum 31.12.2015:

Waren   1.200.000 EUR   an   Verbindlichkeiten   1.200.000 EUR
aus LuL

Für die Folgebewertung ist hingegen eine Differenzierung erforderlich, ob die erforderlichen Rohstoffe im Zeitpunkt der Bewertung vorhanden sind oder von der Handel GmbH erst noch beschafft werden müssen. Damit stellen sich im vorliegenden Sachverhalt hinsichtlich der bilanziellen Abbildung vier unterschiedliche Fallkonstellationen zur Beurteilung:

- *Die zurückzugebenden Rohstoffe sind noch bei der Handel GmbH vorhanden, der Wert der Rohstoffe ist allerdings gemäß Variante 1 im Zeitablauf gesunken (im Folgenden **Fall 1**).*
- *Die zurückzugebenden Rohstoffe sind noch bei der Handel GmbH vorhanden, der Wert der Rohstoffe ist allerdings gemäß Variante 2 im Zeitablauf gestiegen (im Folgenden **Fall 2**).*
- *Die zurückzugebenden Rohstoffe sind nicht mehr bei der Handel GmbH vorhanden und müssen zur Rückgabe wiederbeschafft werden, der Wert der Rohstoffe ist allerdings gemäß Variante 1 im Zeitablauf gesunken (im Folgenden **Fall 3**).*
- *Die zurückzugebenden Rohstoffe sind nicht mehr bei der Handel GmbH vorhanden und müssen zur Rückgabe wiederbeschafft werden, der Wert der Rohstoffe ist allerdings gemäß Variante 2 im Zeitablauf gestiegen (im Folgenden **Fall 4**).*

Sofern die Rohstoffe zur Verpflichtungserfüllung noch mengenmäßig in ausreichender Zahl zur Verfügung stehen, wirken sich Wertänderungen des Rohstoffpreises nicht auf die (Folge-)Bewertung der Sachleistungsverpflichtung aus. Falls die Rohstoffe mengenmäßig nicht mehr vorliegen, hat eine imparitätische Bewertung der Sachleitungsverpflichtung zu erfolgen, die – unter Berücksichtigung des Anschaffungskostenprinzips sowie des Höchstpreisprinzips – zu einer Aufwertung (Ausweis eines Aufwands) führen kann. In Abhängigkeit der weiteren Preisentwicklung kann diese Aufwertung in der Folgezeit ggf. wieder reduziert werden, jedoch nicht unter den ursprünglichen Zugangswert der Verpflichtung.

Die folgenden Fallkonstellationen verdeutlichen die sich für die Folgebewertung ergebenden Bewertungskonsequenzen. Hierbei ist zwischen der Bewertung der Rohstoffe auf der Aktivseite (soweit noch vorhanden) sowie der Bewertung der Sachleistungsverpflichtung zu unterscheiden.

3 Bewertungsgrundsätze

Fall 1: Rohstoffpreis gesunken (1.176.000 EUR), Rohstoff vorhanden

Auf der Aktivseite hat eine Abschreibung der Rohstoffe auf den niedrigeren Wert zu erfolgen.

Buchungssatz am 31.12.2015:

Abschreibungen 24.000 EUR an Waren 24.000 EUR

Die Veränderung der Wiederbeschaffungskosten wirkt sich nicht auf den Wert der Sachleistungsverpflichtung aus, d.h., diese bleibt unverändert bei einem Wert von 1.200.000 EUR. Die Realisierung eines Gewinns aus gesunkenen Wiederbeschaffungskosten kann erst im Zeitpunkt der Rückgabe der Rohstoffe nach den dann herrschenden Wertverhältnissen erfolgen.

Buchungssatz bei Gewinnrealisierung (und unverändertem Preisrückgang) im Zeitpunkt der Rückgabe:

Verbindlichkeiten 1.200.000 EUR an Waren 1.176.000 EUR
ggü. verb.
Unternehmen

an sonstige 24.000 EUR
betriebliche
Erträge

Fall 2: Rohstoffpreis gestiegen (1.245.000 EUR), Rohstoff vorhanden:

Auf der Aktivseite bleibt der Wertansatz der Rohstoffe unverändert (Anschaffungskostenprinzip). Die Veränderung der Wiederbeschaffungskosten wirkt sich aufgrund des Vorhandenseins der zur Erfüllung notwendigen Vermögensgegenstände nicht auf den Wert der Sachleistungsverpflichtung aus, d.h., diese bleibt unverändert bei 1.200.000 EUR.

Im Zeitpunkt der Rückgabe der Rohstoffe werden die Waren sowie die Verbindlichkeit mit dem ursprünglichen Wert ausgebucht. Es kommt zu keiner Erfolgswirkung aus der Rückgabe.

Buchungssatz bei Rückgabe der Rohstoffe und unverändertem Preisanstieg:

Verbindlichkeiten 41.200.000 EUR an Waren 1.200.000 EUR
ggü. verb.
Unternehmen

Fall 3: Rohstoffpreis gesunken (1.176.000 EUR), Rohstoff nicht vorhanden:

Auf der Aktivseite werden die Rohstoffe nicht mehr ausgewiesen, da sie von der Handel GmbH veräußert wurden. Eine Abwertung der Sachleitungsver-

pflichtung kommt nur in Betracht, wenn diese im Vergleich zum Zugangswert bereits aufgewertet worden war (z.B. von 1.200.000 EUR auf 1.221.000 EUR zum 30.06.2011).

Im Beispielfall darf die passivierte Schuld nie einen Wert von 1.200.000 EUR unterschreiten (Höchstwert-/Vorsichtsprinzip). Eine Anpassung der Schuld im Vergleich zum Zugangszeitpunkt kann folglich nur dann eintreten, wenn der Rohstoffpreis an einen vorher liegenden Bilanzstichtag vorübergehend gestiegen ist.

Buchungssatz am 30.06.2015:

Sonstige betriebliche Aufwendungen	21.000 EUR	an	Verbindlichkeiten ggü. verb. Unternehmen	21.000 EUR

Buchungssatz am 31.12.2015:

Verbindlichkeiten ggü. verb. Unternehmen	21.000 EUR	an	sonstige betriebliche Erträge	21.000 EUR

Fall 4: Rohstoffpreis gestiegen (1.245.000 EUR), Rohstoff nicht vorhanden:

Auf der Aktivseite werden die Rohstoffe nicht mehr ausgewiesen, da sie von der Handel GmbH veräußert wurden. Die gestiegenen Wiederbeschaffungskosten der Rohstoffe machen aufgrund des geltenden Höchstwert- bzw. Vorsichtsprinzips eine Anpassung der passivierten Sachleistungsverpflichtung erforderlich.

Buchungssatz am 31.12.2015:

Sonstige betriebliche Erträge	45.000 EUR	an	Verbindlichkeiten ggü. verb. Unternehmen	45.000 EUR

Ein **Ansatzverbot** gilt, allgemeiner formuliert, für all die Kostenkomponenten, die **nicht i.R.d. Erfüllung der Verpflichtung anfallen,** also nicht notwendig sind. Mit anderen Worten: Fallen die Kosten ungeachtet der Erfüllung der Verpflichtung an, sind sie nicht mit in die Berechnung des Rückstellungswerts einzubeziehen.

Ebenfalls nicht in den Rückstellungswert mit einzubeziehen sind **Leerkosten.**[87] Diese Kosten der Unterbeschäftigung könnten ohne Auswirkung auf die Erfüllungshandlung reduziert werden und sind demnach nicht Bestandteil einer Schuld.[88]

---

87 Siehe hierzu Syst. Praxiskommentar Bilanzrecht/*Richter/Künkele/Zwirner*, § 255 HGB Rn. 156.
88 Vgl. Bertram/Brinkmann/Kessler/Müller/*Bertram/Kessler*, § 249 HGB Rn. 171.

3.3 Abzinsungsgebot

282 Handelsrechtlich ist eine **Abzinsungspflicht** grundsätzlich bei sämtlichen langfristigen Rückstellungen vorgesehen. Das HGB unterscheidet dabei nicht zwischen verzinslichen Verpflichtungen, d. h. Verpflichtungen, die selbst einer gesetzlichen Verzinsung unterliegen (z. B. Steuernachzahlungen, Prozesskosten), und nicht verzinslichen Verpflichtungen. Somit sind auch verzinsliche Verpflichtungen grundsätzlich mit dem nach HGB geforderten laufzeitadäquaten Zinssatz abzuzinsen.[89] Nach *IDW* RS *HFA* 34 (Tz. 35) kann eine gesonderte Abzinsung der Verpflichtungen allerdings erfolgen, wenn der vertraglich vereinbarte oder gesetzlich vorgeschriebene Zinssatz der Verpflichtung nur unwesentlich von dem relevanten laufzeitadäquaten Zinssatz abweicht. Im Ergebnis sind solche Verpflichtungen zum Bilanzstichtag dann mit ihrem Nominalbetrag anzusetzen.[90]

283 Gem. § 253 Abs. 2 Satz 1 HGB sind Rückstellungen mit einer **Restlaufzeit**[91] **von mehr als einem Jahr** entsprechend ihrer Restlaufzeit abzuzinsen. Das so kodifizierte Abzinsungsgebot gilt für alle langfristigen Rückstellungen, also unabhängig davon, ob es sich um eine Geld- oder Sachleistungsverpflichtung oder um eine Verpflichtung in EUR oder in Fremdwährung handelt.[92] Es ist unerheblich, ob die voraussichtliche Verpflichtung einen Zinsanteil enthält oder nicht.[93] Von der Norm ebenfalls erfasst sind Drohverlustrückstellungen.[94]

Praxistipp

 Rückstellungen mit einer Restlaufzeit von mehr als einem Jahr sind abzuzinsen, auch wenn in der Verpflichtung kein Zinsanteil enthalten ist.

284 Die Restlaufzeit einer Rückstellung bestimmt sich grundsätzlich aus dem **Zeitpunkt** zwischen dem betrachteten Abschlussstichtag und dem voraussichtlichen Erfüllungszeitpunkt der Verpflichtung. Im Zusammenhang mit Verträgen, denen eine bestimmte, bindende **(Mindest-)Laufzeit** zugrunde liegt, ist grundsätzlich auf diese (Mindest-)Laufzeit Bezug zu nehmen. Dies gilt auch in den Fällen, in denen eine **Verlängerungsoption** besteht. Nur dann, wenn die Verlängerungsoption zum Bilanzstichtag bereits ausgeübt wurde, d.h. rechtlich vereinbart worden ist, oder andere rechtliche und/oder tatsächliche Gegebenheiten die Ausübung der Option als wahrscheinlich erscheinen lassen, ist diese bei der Beurteilung der Rückstellung zum Bilanzstichtag zu berücksichtigen.

285 Im Einzelfall ist es nicht möglich, den genauen **Erfüllungszeitpunkt** einer Verpflichtung hinreichend sicher zu bestimmen, weil die Erfüllung der Verpflichtung nicht zu einem bestimmten Zeitpunkt, sondern über einen bestimmten Zeitraum

---

89 Vgl. *IDW* RS *HFA* 34, IDW FN 2012, 53, 58.
90 Vgl. *IDW* RS *HFA* 34, IDW FN 2012, 53, 58.
91 Als Restlaufzeit ist die Zeit bis zur voraussichtlichen Erfüllung gemeint.
92 Vgl. Beck Bil-Komm/*Schubert*, § 253 HGB Rn. 180.
93 Vgl. Syst. Praxiskommentar Bilanzrecht/*Brösel/Scheren/Wasmuth*, § 253 HGB Rn. 142.
94 Siehe auch *IDW* RS *HFA* 4, IDW FN 2010, 298, 303.

erfüllt wird. In diesen Fällen ist im Hinblick auf eine zutreffende Bewertung zum Bilanzstichtag die Rückstellung in mehrere Teilrückstellungen, sog. Jahresscheiben, aufzuteilen (vgl. *IDW* ERS *HFA* 34, Tz. 39). Die einzelnen „Jahresscheiben" sind dann jeweils entsprechend ihrer Laufzeit abzuzinsen. Hinsichtlich der Frage der Inanspruchnahme der jeweiligen Rückstellung ist es zulässig, vereinfachende Annahmen hinsichtlich des Zeitpunkts zu treffen. Alternativ kann für die gesamte Verpflichtung ein mittlerer Erfüllungszeitpunkt ermittelt werden.

Im Hinblick auf die Abzinsung von Rückstellungen mit nicht ganzjähriger Restlaufzeit macht das HGB keine Angaben. Nach *IDW* RS *HFA* 34 (Tz. 42) sind bei der Bestimmung des Abzinsungssatzes allerdings drei Möglichkeiten denkbar. **286**

- Lineare Interpolation ausgehend von dem Zinssatz für die nächstlängere bzw. nächstkürzere Restlaufzeit,
- Verwendung des Zinssatzes für die Restlaufzeit, die am nächsten am erwarteten Erfüllungszeitpunkt liegt,
- Verwendung des Zinssatzes für die nächstkürzere ganzjährige Restlaufzeit, im Fall einer normalen Zinsstrukturkurve.

Nach § 253 Abs. 2 HGB sind Rückstellungen mit einer Restlaufzeit von mehr als einem Jahr mit dem ihrer Restlaufzeit entsprechenden durchschnittlichen Marktzinssatz der vergangenen sieben Geschäftsjahre abzuzinsen (**Abzinsungsgebot**). Wie schon die Ermittlung der Preis- und Kostensteigerungen zum Stichtag erfolgen muss, sind auch die zum jeweiligen Stichtag geltenden Zinssätze der Abzinsung der Rückstellungen zugrunde zu legen. Nach dem Stichtag erfolgte Veränderungen des Zinsniveaus sind wertbegründende Ereignisse des Folgejahres.[95] **287**

Grundsätzlich müssen die relevanten Bewertungsparameter hierbei für jede Rückstellung gesondert festgelegt werden (**Einzelbewertungsgrundsatz**). Es ist indes nicht zuletzt aus Gründen der Praktikabilität möglich, typisierte Bewertungsannahmen festzulegen, bspw. bei der Bewertung sog. Pauschalrückstellungen. Die anzuwendenden Abzinsungssätze werden von der Deutschen Bundesbank nach Maßgabe der Rückstellungsabzinsungsverordnung ermittelt und monatlich bekannt gegeben.[96] **288**

Die **Abzinsungspflicht** für Rückstellungen bezieht sich allein auf Rückstellungen, die zum Bilanzstichtag eine Restlaufzeit von mehr als einem Jahr haben. Rückstellungen mit einer **Restlaufzeit unter einem Jahr** sind nicht zwingend abzuzinsen, wobei die (Rest-)Laufzeit immer ausgehend vom erstmaligen bilanziellen Ansatz zu ermitteln ist.[97] Die h.M. geht von einem **Abzinsungswahlrecht** für Rückstellungen mit einer Restlaufzeit unter einem Jahr aus.[98] Dieses Wahlrecht wird in seiner Anwendbarkeit jedoch durch den Stetigkeitsgrundsatz eingeschränkt.[99] **289**

---

95 Vgl. *IDW* RS *HFA* 34, IDW FN 2012, 53, 54.
96 Vgl. *IDW* RS *HFA* 34, IDW FN 2012, 53, 59.
97 Vgl. *Hoffmann/Lüdenbach*, § 253 HGB Rn. 113 ff.; Vgl. *IDW* RS *HFA* 34, IDW FN 2012, 53, 59.
98 So z.B. *IDW* RS *HFA* 4, IDW FN 2010, 298, 303; Bertram/Brinkmann/Kessler/Müller/*Bertram/Kessler*, § 253 HGB Rn. 123; *Gelhausen/Fey/Kämpfer*, Buchst. I Rn. 45; HdR-E/*Brösel/Olbrich*, § 253 HGB Rn. 366. A.A. Beck Bil-Komm/*Schubert/Pastor*, § 253 HGB Rn. 180, die von einem Abzinsungsverbot schreiben.
99 Vgl. § 252 Abs. 1 Nr. 6 HGB.

3 Bewertungsgrundsätze

Praxistipp

 Das faktische Abzinsungswahlrecht für Rückstellungen mit einer Restlaufzeit unter einem Jahr kann bilanzpolitisch genutzt werden. Hierbei ist jedoch die Bindung durch den Stetigkeitsgrundsatz zu beachten.

Beispiel[100]

 Zum 31.12.2014 liegt eine Rückstellung vor, die am 31.12.2019 fällig ist. Die Restlaufzeit beträgt damit fünf Jahre.

Zum 31.12.2014 muss der Bilanzierende unter der Annahme einer fünfjährigen Restlaufzeit die Rückstellung abzinsen. Er hat dafür den Zinssatz einer Restlaufzeit für fünf Jahre zu wählen und als Exponent bei der Abzinsung die tatsächliche Restlaufzeit zu wählen: fünf Jahre.

Zum 31.12.2018 hat der Bilanzierende allerdings die Möglichkeit, die Abzinsung zu unterlassen. Er könnte dann die Rückstellung mit dem Nominalbetrag ansetzen. Damit muss jedoch ein vergleichsweise hoher Aufzinsungsaufwand gebucht werden.

Praxistipp

 Das faktische Abzinsungswahlrecht für das letzte Jahr vor Fälligkeit einer langfristigen Verpflichtung führt bei Nichtanwendung zu erhöhten Aufzinsungsbeträgen bei der letztmaligen zinsbedingten Zuführung.

Beispiel

 Im Jahr 2015 ist eine Rückstellung zu bilden, welche unter Berücksichtigung der Preis- und Kostensteigerungen voraussichtlich im Jahr 2020 zu einem Abfluss i.H.v. vermutlich 10.000 EUR führen wird. In den Jahren 2014 bis 2019 ergeben sich keine Hinweise auf die Berücksichtigung einer abweichenden Preis- und Kostensteigerung, weshalb der geschätzte Nominalbetrag i.H.v. 10.000 EUR durchgehend der Bewertung zugrunde gelegt wird. Die Entwicklung der Rückstellung ergibt sich somit wie folgt:

**Buchungssatz per 31.12.2020
(Aufzinsungseffekt des Jahres 2020 [10.000 EUR ./. 9.804 EUR]):**

Jahr	Zinssatz für die Restlaufzeit [in %]	Diskontierungsfaktor	Wertansatz zum Jahresende [in EUR]
2015	2,74	0,8736	8.736
2016	2,54	0,9045	9.045

---

100 In Anlehnung an *Zwirner/Busch*, BC 2010, 410, 411.

3.3 Abzinsungsgebot

Jahr	Zinssatz für die Restlaufzeit [in %]	Diskontierungs-faktor	Wertansatz zum Jahresende [in EUR]
2017	2,34	0,9330	9.330
2018	2,16	0,9582	9.582
2019	2,02	0,9804	9.804
2020	–	1,0000	10.000

Zinsaufwand   196 EUR   an   Rückstellungen   196 EUR

Im Jahr 2021 wird die Inanspruchnahme der Rückstellung gebucht. Zinseffekte sind nicht weiter zu berücksichtigen, da die zum 31.12.2020 angesetzte Rückstellung als kurzfristige Rückstellung bereits mit ihrem Nominalbetrag angesetzt wurde und keine Abzinsung berücksichtigt worden ist.

Unterstellt man einen Zinssatz von 2,02 % bei einer einjährigen Laufzeit und rechnet der Bilanzierende mit einer Inanspruchnahme der Rückstellung zum 30.08.2021, ergibt sich der mögliche Wertansatz zum 31.12.2020 in folgender Höhe (aus Vereinfachungsgründen werden die Werte des vorherigen Beispiels ansonsten beibehalten):

10.000 EUR/1,0228/12 = 9.856 EUR.

Buchungssatz per 31.12.2020 (Aufzinsungseffekt des Jahres 2020 [abgezinster Barwert per 31.12.2020 i.H.v. 9.856 EUR – Buchwert per 31.12.2019 i.H.v. 9.804 EUR]):

Zinsaufwand   52 EUR   an   Rückstellungen   52 EUR

Hierbei ist darauf hinzuweisen, dass der Zinsaufwand des Jahres 2020 geringer ausgewiesen wird, weil die Rückstellung nicht wie ursprünglich geplant zum 31.12.2020 mit dem Nominalwert, sondern mit dem Barwert (trotz kurzfristiger Laufzeit) angesetzt wird. Da der Bilanzierende zuvor die Abzinsung der Rückstellung nur bis zum 31.12.2020 und nicht bis zum 30.08.2021 vorgenommen hat, ergibt sich der geringere Zinsaufwand in 2020. Über den Bewertungswechsel müsste der Bilanzierende berichten. Der Effekt ließe sich damit in

- *einen regulären Zinsaufwand aus der ursprünglichen Aufzinsung i.H.v. 196 EUR und*
- *einen ergebnispositiven Abzinsungseffekt i.H.v. 52 EUR*

aufteilen.

Im Ergebnis erfolgt die Bewertungsanpassung der Rückstellung durch Berücksichtigung des geringeren Zinsaufwands i.H.v. 52 EUR. Der Effekt der Bewertungsänderung beträgt 144 EUR und entspricht dem in t7 letztmals zu erfassenden Zinsaufwand.

> *Im Jahr 2020 ergäbe sich dann ein letztmaliger Zinsaufwand aus der Aufzinsung i.H.v. 144 EUR (10.000 EUR – 9.856 EUR):*
>
> *Zinsaufwand   144 EUR   an   Rückstellungen   144 EUR*
>
> *Im August t7 wird die Rückstellung in Anspruch genommen und mit ihrem Nominalbetrag in i.H.v. 10.000 EUR ausgebucht.*

290 Rückstellungen mit einer **Restlaufzeit unter einem Jahr** sind nicht zwingend abzuzinsen, wobei die (Rest-)Laufzeit immer ausgehend vom erstmaligen bilanziellen Ansatz zu ermitteln ist.[101] Die h.M. geht von einem **Abzinsungswahlrecht** für Rückstellungen mit einer Restlaufzeit unter einem Jahr aus.[102] Dieses Wahlrecht wird in seiner Anwendbarkeit jedoch durch den Stetigkeitsgrundsatz eingeschränkt.[103]

291 Als **relevanter Zinssatz** für die jeweilige Rückstellung gilt gem. § 253 Abs. 2 Satz 1 HGB der laufzeitadäquate Marktzinssatz. Dieser wird als Durchschnittswert der letzten sieben Jahre von der Deutschen Bundesbank nach § 253 Abs. 2 Satz 4 HGB ermittelt und monatlich von dieser veröffentlicht. Die Zinssätze werden dabei für Laufzeiten von maximal 50 Jahren bis auf die zweite Nachkommastelle vorgegeben. Bei Rückstellungen mit Laufzeiten von mehr als 50 Jahren, z.B. für Rekultivierungen bei langlebigen Rohstoffvorkommen oder bei Atommüll(zwischen)lagern, werden derzeit noch keine verbindlichen Zinssätze vorgegeben.[104] Diese wären dann jährlich an den aktuellen Zinssatz für Laufzeiten von 50 Jahren anzupassen. Eine solche retrospektive Ermittlung des relevanten Zinssatzes soll der Eliminierung kurzfristiger Zufallseffekte dienen.[105] In diesem Zusammenhang ist auf Folgendes hinzuweisen: Für die Bewertung von sonstigen Rückstellungen ist auch weiterhin der durchschnittliche Zinssatz von sieben Jahren zu verwenden (siehe zur Laufzeit des durchschnittlichen Zinssatzes bei Pensionsrückstellungen Kap. 7, Rn. 669 ff.).

292 Die Zinssätze werden monatlich von der **Deutschen Bundesbank** auf Basis der **RückAbzinsV** berechnet und auf den Internetseiten der Institution bekannt gegeben.[106] Diese Zinssätze sollen die Renditeerwartungen der Marktteilnehmer an Industrieanleihen widerspiegeln, weshalb die Zerobond-Euro-Zinsswapkurve, welche auf Euro-Festzins-Swapsätzen beruht, über die gesamte Laufzeit um einen einheitlichen Aufschlag erhöht wird. Die so zu berechnenden Daten werden/wurden für die letzten sieben Jahre ermittelt. Daraus wird dann der laufzeitentsprechende

---

101 Vgl. *Hoffmann/Lüdenbach*, § 253 HGB Rn. 113 ff.
102 So z.B. *IDW* RS *HFA* 4, IDW FN 2010, 298, 303; Bertram/Brinkmann/Kessler/Müller/*Bertram/Kessler*, § 253 HGB Rn. 123; *Gelhausen/Fey/Kämpfer*, Buchst. I Rn. 45; HdR-E/*Brösel/Olbrich*, § 253 HGB Rn. 366. A.A. Beck Bil-Komm/*Schubert/Pastor*, § 253 HGB Rn. 180, die von einem Abzinsungsverbot schreiben.
103 Vgl. § 252 Abs. 1 Nr. 6 HGB.
104 Vgl. BMJ v. 25.11.2009, BGBl. I 2009 Nr. 75.
105 Vgl. *Prinz*, BBK 2008, 237, 237.
106 Dies dient auch einer Objektivierung der Rückstellungsbewertung; vgl. *Hoffmann/Lüdenbach*, § 253 HGB Rn. 121.

3.3 Abzinsungsgebot

Durchschnittszins berechnet. Damit sollen kurzfristige Zinseffekte vermieden und die Zinsstruktur geglättet werden.[107]

Praxistipp

 Die von der Bundesbank veröffentlichten Zinssätze sind unter der Internetseite https://www.bundesbank.de einsehbar.

Bei der Berechnung findet das **unternehmensindividuelle Ausfallrisiko**, das sich sonst in höheren Kapitalbeschaffungskosten ausdrückt, **keine Berücksichtigung**. Andernfalls würde eine sinkende Bonität eines Unternehmens zu höheren Abzinsungssätzen, und damit zu geringeren Rückstellungsbilanzwerten und höheren Erträgen aus der Abzinsung führen. Dies würde im Widerspruch zum Höchstwertprinzip stehen.[108] **293**

Der von der Bundesbank bekannt gegebene Zinssatz muss in der Form verwendet werden, wie er veröffentlicht worden ist. D.h., **Rundungen** des auf zwei Nachkommastellen angegebenen Zinssatzes sind **nicht zulässig**.[109] **294**

Die Abzinsung hat entsprechend der (Rest-)Laufzeit der Rückstellungen zu erfolgen, d.h. eine Rückstellung, die zum 31.12.2015 gebildet und wahrscheinlich zum 31.12.2017 verbraucht wird, ist mit dem veröffentlichten Zinssatz für eine Laufzeit von zwei Jahren abzuzinsen. Aufgrund des **Stichtagsprinzips** sind die aktuell veröffentlichten Zinssätze zum Bilanzstichtag maßgeblich.[110] Für den 31.12.2015 sind das die folgenden: **295**

Abzinsungssätze zum 31.12.2015 lt. Deutscher Bundesbank[111]

Restlaufzeit in Jahren	1	2	3	4	5	6	7	8	9	10
Zinssatz [in %]	2,02	2,16	2,34	2,54	2,74	2,92	3,09	3,23	3,36	3,48
Restlaufzeit in Jahren	11	12	13	14	15	16	17	18	19	20
Zinssatz [in %]	3,59	3,68	3,76	3,83	3,89	3,92	3,94	3,96	3,98	4,00
Restlaufzeit in Jahren	21	22	23	24	25	26	27	28	29	30
Zinssatz [in %]	4,00	3,99	3,98	3,98	3,97	3,96	3,94	3,93	3,91	3,90

---

107 Da jedoch eine Normierung für den Nenner der Berechnung (den Abzinsungsfaktor) vorliegt, wohingegen der Zähler keiner vergleichbaren Normierung unterliegt, kommt es de facto zu einer steigenden Volatilität des Rückstellungswerts in der Bilanz – siehe insb. *Wüstemann/Koch*, BB 2010, 1075, 1075 ff.
108 Vgl. BT-Drucks. 16/10067, S. 54 f.
109 Gl.A. Syst. Praxiskommentar Bilanzrecht/*Brösel/Scheren/Wasmuth*, § 253 HGB Rn. 147; a.A. *Hoffmann/Lüdenbach*, § 253 HGB Rn. 121.
110 Vgl. Syst. Praxiskommentar Bilanzrecht/*Brösel/Scheren/Wasmuth*, § 253 HGB Rn. 143.
111 Vgl. http://www.bundesbank.de.

3 Bewertungsgrundsätze

Restlaufzeit in Jahren	31	32	33	34	35	36	37	38	39	40
Zinssatz [in %]	3,89	3,88	3,87	3,86	3,86	3,85	3,84	3,83	3,83	3,82
Restlaufzeit in Jahren	41	42	43	44	45	46	47	48	49	50
Zinssatz [in %]	3,82	3,82	3,81	3,81	3,81	3,81	3,81	3,80	3,80	3,80

Beispiel

 Das Unternehmen X hat für seinen in 2015 geschlossenen Tagebau noch Rekultivierungsmaßnahmen durchzuführen. Diese plant es über drei Jahre zu verteilen. Insgesamt werden Ausgaben i.H.v. 3.000.000 EUR erwartet. Es wird davon ausgegangen, dass die Ausgaben jeweils zum Jahresende getätigt werden. Das Unternehmen erwartet jährliche Preis- und Kostensteigerungen i.H.v. 2 %.

Stichtag	Teilbeträge [in EUR]	(Teil-)Erfüllungs- beträge [in EUR]	Relevanter Zinssatz [in %]	Abgezinster Betrag [in EUR]
31.12.2015	1.000.000	1.000.000	–	1.000.000
31.12.2016	1.000.000	1.020.000	2,02	998.043
31.12.2017	1.000.000	1.040.400	2,16	996.870
			Buchwert	**2.994.913**

Durch Multiplikation der einzelnen Teilbeträge in den jeweiligen Geschäftsjahren mit dem Preissteigerungsfaktor $1,02^{Restlaufzeit}$ ergibt sich der jeweilige (Teil-)Erfüllungsbetrag, der mit dem relevanten Zinssatz entsprechend seiner Restlaufzeit abgezinst wird. Im Beispiel wird der abgezinste Erfüllungsbetrag des in 2018 fälligen Teils wie folgt ermittelt:

1.000.000 EUR x $1,02^2$ /$(1 + 0,0216)^2$ = 996.870 EUR

296 Weist eine Verpflichtung zum Abschlussstichtag eine voraussichtlich **Restlaufzeit von mehr als 50 Jahren** aus, ist es aus Wesentlichkeitsgründen zulässig, bei der Bewertung den Zinssatz für 50-jährige Restlaufzeiten zugrunde zu legen.[112] Die Abzinsung ist dann zu jedem Bilanzstichtag mit dem dann gültigen Zinssatz vorzunehmen und der Rückstellungswert anzupassen.[113]

297 Die Abzinsung von Rückstellungen für Verpflichtungen in **fremder Währung** kann ebenso auf Grundlage der Abzinsungssätze der Deutschen **Bundesbank** für die entsprechenden Laufzeiten erfolgen. Dies lässt sich damit begründen, dass die restlaufzeitensprechenden Zinssätze für die nach § 253 Abs. 2 Satz 1 und 2 HGB auf

---

[112] Vgl. *IDW* RS *HFA* 34, IDW FN 2012, 53, 59.
[113] Vgl. Syst. Praxiskommentar Bilanzrecht/*Brösel/Scheren/Wasmuth*, § 253 HGB Rn. 147; *Gelhausen/Fey/Kämpfer*, Buchst. I Rn. 57.

Grundlage einer Null-Kupon-Euro-Zinsswapkurve (i.S.d. §§ 1 und 2 RückAbzinsV) ermittelt werden. Im Einzelfall kann es jedoch sachgerecht sein, einen währungskongruenten Abzinsungszinssatz zu verwenden. Gleichwohl besteht für die Verwendung landesspezifischer, **währungskongruenter Zinssätze** keine Pflicht. Wird zur Abzinsung ein solcher Zinssatz verwendet, ist dieser entsprechend § 253 Abs. 2 Satz 1 HGB als restlaufzeitensprechender durchschnittlicher Marktzinssatz der letzten sieben Jahre zu bestimmen; die Verwendung eines nicht geglätteten Stichtagszinssatzes kommt nicht in Betracht.[114]

Die von der Bundesbank bekannt gegebenen Zinssätze sind grds. auch für **Fremdwährungsverpflichtungen** anzuwenden. „Etwas anderes gilt, wenn die Anwendung des durch die Deutsche Bundesbank ermittelten Abzinsungszinssatzes zu einer den tatsächlichen Verhältnissen nicht entsprechenden Darstellung der VFE-Lage führt. In diesem Fall ist der Abzinsungszinssatz nach den Vorgaben des § 253 Abs. 2 Satz 1 HGB selbst zu ermitteln oder von privaten Anbietern zu beziehen."[115]

298

Grds. ist bei Verpflichtungen, die über einen **längeren Zeitraum** (d.h. über mehrere Jahre) erfüllt werden, jeder einzelne Erfüllungs-(Teil-)Betrag entsprechend seiner jeweiligen Restlaufzeit abzuzinsen. Bei strenger Anwendung wäre dann jeder einzelne Erfüllungsteil tag- oder monatsgenau zu prognostizieren und abzuzinsen. Vor dem Hintergrund der unsicheren Datenlage und dem nicht zu verachtenden Aufwand, der damit verbunden ist, kann von diesem Grundsatz insoweit abgewichen werden, als dass die Erfüllungsbeträge für die einzelnen Geschäftsjahre zusammengefasst und abgezinst werden.[116] Keinesfalls darf jedoch bei mittel- und langfristigen Verpflichtungen eine Restlaufzeit nur **bis zum Beginn der Erfüllungsverpflichtung** der Abzinsung zugrunde gelegt werden, wie es für Sachleistungsverpflichtungen im Steuerrecht gefordert wird (siehe Kap. 3.4.2, Rn. 312 ff.).

299

Praxistipp

> Die Abzinsung der Rückstellungen kann auch vereinfachend unter der Annahme vorgenommen werden, dass die einzelnen Teilerfüllungsbeträge eines Geschäftsjahres „gebündelt" zum Geschäftsjahresanfang bzw. zum Geschäftsjahresende anfallen. Wird allerdings für Zwecke der Steuerbilanz eine tag- oder monatsgenaue Rückstellungsfälligkeit bestimmt, sollte diese auch im handelsrechtlichen Jahresabschluss genutzt werden.[117] Dabei muss die Methode gewählt werden, die am ehesten den tatsächlichen Verhältnissen entspricht.

---

114 Vgl. *IDW* RS *HFA* 34, IDW FN 2012, 53, 59 f.
115 BT-Drucks. 16/10067, S. 54.
116 Dies entspricht dann der Annahme, dass die jeweiligen Erfüllungsbeträge eines jeden Jahres jeweils genau zum Ende bzw. genau zum Anfang des Geschäftsjahres anfallen würden.
117 Vgl. *Zwirner/Busch*, BC 2010, 410, 411.

300 Bei mehrjährigen Erfüllungszeiträumen ist es auch möglich, die **durchschnittliche Kapitalbindungsdauer** für die Bestimmung des Zinssatzes heranzuziehen. Dafür ist der gewichtete Durchschnitt der einzelnen (Teil-)Erfüllungsbeträge zu berechnen.[118] Dieses Konzept kann auch dahingehend erweitert werden, dass nicht die Teilerfüllungsbeträge in nomineller, sondern in abgezinster Höhe Grundlage für die Bestimmung des gewichteten Mittels sind (**Duration**; siehe auch bzgl. Pensionsrückstellungen Kap. 5.9.5, Rn. 568 ff.). Die Bestimmung der Restlaufzeit mittels der Berechnung der durchschnittlichen Kapitalbindungsdauer dürfte i.d.R. ausreichend sein.[119]

Beispiel

 Zum 31.12.2015 ermittelt die Maulwurf AG die Rückstellungen für die Wiederauffüllung und Rekultivierung eines ausgehobenen Tagebaus. Es wird angenommen, dass sich die gesamten Kosten der Verpflichtung wie folgt verteilen:

2016   35 %
2017   40 %
2018   15 %
2019   10 %

Die mittlere Kapitalbindungsdauer beträgt sodann (0,35 + 2 × 0,4 + 3 × 0,15 + 4 × 0,1 =) 2.

Für die einheitliche Abzinsung des (gesamten) Erfüllungsbetrags ist der Zinssatz für eine Restlaufzeit von zwei Jahren anzuwenden (Stand April 2016: 1,95 %).

301 Im Fall längerer Erfüllungszeiträume bestehen erhöhte Anforderungen an die **Dokumentation** der Rückstellungsbilanzierung. So sind allein schon für Zwecke der Jahresabschlussprüfung die **Schätzungen**, welche Erfüllungsbeträge in welches Geschäftsjahr fallen, detailliert festzuhalten. Das entsprechende Berechnungsschema zum 31.12.2015 könnte das folgende Format besitzen:

Dokumentation der Rückstellungsbewertung bei mehrjährigen Erfüllungszeiträumen

Jahr:	2015	2016	2017	2018	2019
abzuzinsende Jahre:	0	1	2	3	4
Betrag [in EUR]:	100.000	67.000	32.000	14.000	2.000
Zinssatz [in %]:	–	2,02	2,16	2,34	2,54
Barwert für das jeweilige Jahr [in EUR]:	100.000	65.558	30.661	13.061	1.809
Barwert kumuliert [in EUR]:	100.000	165.558	196.219	209.280	211.089

---

118 Vgl. Bertram/Brinkmann/Kessler/Müller/*Bertram/Kessler*, § 253 HGB Rn. 130 f.
119 Vgl. Bertram/Brinkmann/Kessler/Müller/*Bertram/Kessler*, § 253 HGB Rn. 130 f.

3.3 Abzinsungsgebot

Des Weiteren sind die **Grundlagen für diese Schätzungen** zu dokumentieren und aufzubewahren. Aus den Aufzeichnungen muss ersichtlich werden, wie die Erfüllungsbeträge der einzelnen Geschäftsjahre ermittelt wurden. Hierbei sind die wesentlichen Kostentreiber zu identifizieren, um daraus angemessene Verrechnungsschlüssel abzuleiten (siehe z.B. die Ausführungen zu den Aufbewahrungsaufwendungen Kap. 8.2, Rn. 762).

302

Praxistipp

 Da die Auswirkungen der Abzinsung maßgeblich von der Laufzeit der Rückstellungen determiniert werden, sollten die bilanzierenden Unternehmen ein verstärktes Augenmerk auf die Bestimmung der Laufzeiten legen.

Fällt eine Verpflichtung (einmalig) unterjährig an, stellt sich die Frage, welcher Zinssatz zu wählen ist. Nach h.M. besteht hier für den Bilanzierenden ein **Wahlrecht**, den niedrigeren Zinssatz für eine geringere Restlaufzeit oder den höheren Zinssatz für eine längere Restlaufzeit zu wählen oder zwischen den beiden vorgenannten Zinssätzen zu interpolieren.[120] Eingeschränkt wird dieses Wahlrecht durch das Stetigkeitsprinzip, wonach die einmal gewählte Methode grds. beizubehalten ist. Dies gilt nicht für notwendige Anpassungen der Bewertungsparameter.

303

Beispiel

 Ein Unternehmen hat zum 31.12.t1 eine Rückstellung zu buchen, deren Restlaufzeit 3,5 Jahre beträgt. Der Erfüllungsbetrag bemisst sich undiskontiert auf 250.000 EUR. Zum 31.12.t1 stehen folgende Zinssätze zur Verfügung:

Restlaufzeit in Jahren	**Zinssatz**
3	2,34 %
4	2,54 %

Bei linearer Interpolation ergibt sich ein Zinssatz von 2,34 % + (2,54 % − 2,34 %) × 0,5 = 2,44 %. Bei den verschiedenen Alternativen ergeben sich die folgenden Bilanzwerte:

Restlaufzeit in Jahren	**Zinssatz**	**Bilanzwert[121]**
3	2,34 %	233.240,40 EUR
3,5	2,44 %	229.771,69 EUR
4	2,54 %	226.134,46 EUR

Alle drei Möglichkeiten entsprechen nicht dem „wahren Wert", sondern stellen vereinfachende Lösungsmöglichkeiten dar.[122] Bei der Interpolation linearer

---

120 Vgl. *Fink/Kunath*, DB 2010, 2345, 2348; *Zülch/Hoffmann*, StuB 2009, 371, 372 f., welche dies mit dem Grundsatz der Wesentlichkeit begründen.
121 Der Bilanzwert ergibt sich durch Abzinsung mit dem angegebenen Zinssatz unter Beachtung einer Restlaufzeit von 3,5 Jahren.
122 *Fink/Kunath*, DB 2010, 2345, 2348 beschreiben diese Verfahren als die mit Hinblick auf Kosten-Nutzen-Erwägungen einzig anwendbaren Verfahren.

3 Bewertungsgrundsätze

Art wird insb. vernachlässigt, dass die Zinsstrukturkurve keinen linearen Verlauf aufweist. Dennoch gilt der so gefundene Wert als gute Näherungslösung, die den beiden anderen vorzuziehen ist.[123]

304 Grundsätzlich kann die Erfassung von Rückstellungen nach der **Bruttomethode** oder der **Nettomethode** vorgenommen werden. Im Ergebnis führen beide Methoden zu demselben Jahresergebnis, aber zu unterschiedlichen **EBIT-Größen**. Dies lässt sich damit begründen, dass die Zinseffekte in der GuV bei beiden Methoden unterschiedlich berücksichtigt werden.

305 Unter Anwendung der **Bruttomethode** gilt hinsichtlich der erstmaligen Erfassung von Rückstellungen, dass diese in nomineller Höhe als Aufwand – unter Berücksichtigung (künftiger) Preis- und Kostensteigerungen – zu erfassen sind. Die Abzinsungseffekte sind gesondert als Zinsertrag im Jahr der Bildung zu erfassen. Nur so kann sichergestellt werden, dass sich im Zeitablauf die Effekte aus der Abzinsung der Rückstellungen und der in den folgenden Jahren vorzunehmenden Aufzinsung ausgleichen (siehe zum Ausweis der entsprechenden Abzinsungserträge und Aufzinsungsaufwendungen Kap. 4.2.2, Rn. 341 ff.).[124]

306 Allerdings ist auch die Erfassung des abgezinsten Betrags als Aufwand nach der **Nettomethode** möglich.[125] Dann stehen der geringeren Aufwandserfassung in den Folgejahren die Aufzinsungseffekte gegenüber. Aufgrund der abgezinsten Aufwandserfassung bei Anwendung der Nettomethode ist hier das EBIT höher.[126] Das *IDW* spricht sich hinsichtlich der erstmaligen Erfassung einer Rückstellung für die Verwendung der Nettomethode aus. D.h., dass der Ansatz einer Rückstellung ohne Buchung eines Zinsertrags in Höhe des nach kaufmännischer Beurteilung notwendigen Erfüllungsbetrags zu erfolgen hat. Die Aufzinsung des Erfüllungsbetrags erfolgt in den Folgeperioden zulasten des Finanzergebnisses.[127]

Praxistipp

 *Zur Erreichung einer höheren EBIT-Größe ist bei der Einbuchung der Rückstellung die **Nettomethode** zu empfehlen. Zudem wird mit der Anwendung der Nettomethode der Vorgabe des IDW entsprochen.*[128]

---

123 Vgl. auch *Zwirner/Busch*, BC 2010, 410, 411.
124 Vgl. *Gelhausen/Fey/Kämpfer*, Buchst. I Rn. 61.
125 Vgl. *Hoffmann/Lüdenbach*, § 253 HGB Rn. 129, welche die Nettomethode als die einzig zulässige Methode anführen. Auch das *IDW* favorisiert diese Methode; vgl. *IDW RS HFA* 4, IDW FN 2010, 298, 303.
126 Vgl. auch *Weigl/Weber/Costa*, BB 2009, 1062, 1064.
127 Vgl. *IDW* RS *HFA* 34, IDW FN 2012, 53, 55.
128 Vgl. *IDW* RS *HFA* 34, IDW FN 2012, 53, 56. Die IFRS schreiben in IAS 37.45 gar die Nettomethode für Fälle einer wesentlichen Wirkung des Zinseffekts vor.

3.3 Abzinsungsgebot

Beispiel

 Die Beispiel OHG schätzt zum 31.12.t1 eine ungewisse Verbindlichkeit aus der Beseitigung produktionsbedingter Kontaminationsschäden auf 400.000 EUR. Die Produktion an dem betroffenen Standort wurde zwischenzeitlich eingestellt. Die Gesellschaft rechnet damit, dass die ungewisse Verbindlichkeit in vier Jahren – zum 31.12.t5 – fällig wird. Zum 31.12.t1 beträgt der anzuwendende Marktzinssatz bei einer vierjährigen Laufzeit 3,26 %. Kosten und Preissteigerungen sind nach Ansicht des Unternehmens nicht zu berücksichtigen.

Buchungsmethodik Bruttomethode:

sonstige betriebliche Aufwendungen	400.000 EUR
an	
sonstige Rückstellungen	400.000 EUR
sonstige Rückstellungen	48.171 EUR
an	
sonstige Zinsen und ähnliche Erträge	48.171 EUR

Der Effekt auf das Jahresergebnis beträgt –400.000 + 48.171 = –351.829 EUR.

Der Effekt auf das EBIT beträgt –400.000 EUR.

Buchungsmethodik Nettomethode:

sonstige betriebliche Aufwendungen	351.829 EUR
an	
sonstige Rückstellungen	351.829 EUR

Der Effekt auf das Jahresergebnis beträgt –351.829 EUR.

Der Effekt auf das EBIT beträgt –351.829 EUR. Ggü. der Bruttomethode wird das EBIT um 48.171 EUR höher ausgewiesen.

Nach § 277 Abs. 5 Satz 1 HGB sind sowohl die erstmalige Bildung einer Rückstellung als auch Erhöhungen und Auflösungen des Erfüllungsbetrags einer Verpflichtung im operativen Ergebnis zu zeigen. **Erträge aus der Ab- bzw. die Aufwendungen aus der Aufzinsung** im Finanzergebnis als „Sonstige Zinsen und ähnliche Erträge" bzw. „Zinsen und ähnliche Aufwendungen" zu zeigen. Im Rückstellungsspiegel sollten die Auf- und Abzinsungsbeträge gesondert gezeigt werden.[129]

307

---

129 Vgl. *IDW* RS *HFA* 34, IDW FN 2012, 53, 60.

Praxistipp

 Um den Bilanzadressaten mit nützlichen Informationen zu versorgen und dem Grundsatz der Klarheit zu entsprechen, sollten die Auf- und Abzinsungsbeträge im Rückstellungsspiegel gesondert gezeigt werden (siehe Kap. 4.3, Rn. 355).

3.4 Steuerbilanziell abweichende Bewertungsgrundsätze

3.4.1 Rückstellungsumfang bei Sachleistungsverpflichtungen

308 Während der Erfüllungsbetrag von Geldleistungsverpflichtungen bereits durch den (geschätzten) Geldbetrag bestimmt wird, der wahrscheinlich aufzuwenden sein wird, ergibt sich bei Sachleistungsverpflichtungen der Erfüllungsbetrag aus den Aufwendungen, die das Unternehmen zur Lieferung einer Sache, Herstellung eines Werks usw. aufwenden muss.[130] **Sachleistungsverpflichtungen** sind bspw.:

- Garantie- und Gewährleistungsverpflichtungen,
- Abbruchverpflichtungen,
- Rekultivierungsverpflichtungen,
- Pflicht zur Erstellung und Prüfung eines Jahresabschlusses,
- Instandhaltungsverpflichtungen.

§ 6 Abs. 1 Nr. 3a Buchst. b) EStG postuliert die Begrenzung des Umfangs der Rückstellungen für **Sachleistungsverpflichtungen** auf **Einzelkosten und den angemessenen Teil der notwendigen Gemeinkosten**. Fraglich ist, was unter den Begriffen „angemessen" und „notwendig" zu verstehen ist. Der Gesetzgeber hat hierfür keine Erklärung geliefert.[131]

309 Bzgl. der **Angemessenheit** gilt nichts anderes als für die handelsrechtlichen Herstellungskosten.[132] Demnach dürfen nur aufwandsgleiche Kosten berücksichtigt werden, also bspw. keine:[133]

- neutralen Aufwendungen (Aufwand, dem keine Kosten gegenüberstehen),
- Leerkosten (Kosten der Unterbeschäftigung),
- kalkulatorischen Kosten (kalkulatorische Miete bspw.).

310 Als **notwendig** sollen die Kosten der Verpflichtungserfüllung dann gesehen werden, wenn für diese eine Aktivierungspflicht i.R.d. Herstellung besteht[134] und diese

---

130 Vgl. hierzu *Künkele/Zwirner*, StuB 2013, 439, 439 ff.
131 Vgl. *Günkel/Fenzl*, DStR 1999, 649, 654.
132 Siehe hierzu ausführlich Syst. Praxiskommentar Bilanzrecht/*Richter/Künkele/Zwirner*, § 255 HGB Rn. 148 ff.
133 Vgl. auch *Günkel/Fenzl*, DStR 1999, 649, 654.
134 So *Frotscher/Frotscher*, § 5 EStG Rn. 384.

im Zusammenhang mit der Erfüllung der Sachleistungsverpflichtung gesehen werden können. Ansatzpflichtig i.R.d. Rückstellungsbewertung wären dann bspw.:

- Kosten der
  - Lagerhaltung,
  - Fertigungsmaterialprüfung,
  - Räume,
- Transportkosten,
- Löhne.

Vom Ansatz ausgeschlossen wären hingegen die **handelsrechtlichen Wahlrechtsbestandteile des Herstellungskostenumfangs**,[135] wie Kosten der allgemeinen Verwaltung, Aufwendungen für soziale Einrichtungen, für betriebliche Altersvorsorge, Fremdkapitalzinsen usw.[136] Ferner sollen Abschreibungen sich nicht im Rückstellungsansatz niederschlagen, weil diese auch ohne die konkrete Verpflichtung entstanden wären.[137] Dies ist u.E. unzutreffend und kann nicht gefordert werden. Es wird in der Praxis durchaus Fälle geben, in denen die Wertminderung des Anlagevermögens durch die Erfüllungsverpflichtung hervorgerufen wird.

Eine abweichende Handhabe der Einbeziehung von Kostenbestandteilen zwischen Handels- und Steuerbilanz ist nicht zu sehen. Zwar ist das Kriterium der Angemessenheit nicht für den handelsrechtlichen Rückstellungsansatz kodifiziert, gleichwohl wird es nach h.M. als Restriktion beachtet (siehe Kap. 3.2.4, Rn. 279 ff.). 311

3.4.2 Abzinsung

Im Zusammenhang mit der Abzinsung von Sachleistungsverpflichtungen ist auf Folgendes hinzuweisen: Steuerrechtlich ist nach § 6 Abs. 1 Nr. 3a Buchst. e) Satz 2 EStG bezüglich der **Abzinsung einer Sachleistungsverpflichtung** die Restlaufzeit bis zum Beginn der Erfüllung der Verpflichtung zu wählen. Handelsrechtlich ist bei der Abzinsung einer Sachleistungsverpflichtung entweder die Abzinsung der einzelnen Tranchen oder die Abzinsung einer Sachleistungsverpflichtung mit (gewichteter) mittlerer Laufzeit der Zahlungsreihe vorzunehmen. 312

Beispiel

 Zum Bilanzstichtag 31.12.t1 besteht eine Sachleistungsverpflichtung i.H.v. 200.000 EUR. Die Erfüllung der Sachleistungsverpflichtung soll ab dem 01.01. t3 gleichmäßig über fünf Jahre erfolgen. Es wird ein Steuersatz i.H.v. 30 % unterstellt.

Der steuerbilanzielle Wertansatz zum 31.12.t1 beträgt: 200.000 EUR / 1,055 = 189.573 EUR (Abzinsung für ein Jahr, da Beginn der Verpflichtung ab 01.01.

---

135 Siehe § 255 HGB.
136 Siehe auch R 6.3 Abs. 4 EStR.
137 Vgl. *Frotscher/Frotscher*, § 5 EStG Rn. 384.

t3) *Der handelsrechtliche Wertansatz beträgt zum Bilanzstichtag 31.12.t1: 200.000 EUR / 1,0234^3 = 186.592 EUR. Folglich entsteht ein Unterschiedsbetrag i.H.v. 2.981 EUR. Die passiven latenten Steuern auf den Unterschiedsbetrag betragen: 2.981 EUR x 30 % = 894 EUR.*

313 Im Rahmen der Einkommensteuer-Änderungsrichtlinien 2012 wurde – mit Ausnahme der Pensionsrückstellungen – festgelegt, dass der steuerliche Wertansatz den handelsrechtlichen Wertansatz nicht überschreiten darf. Somit entsteht faktisch eine **Deckelung des steuerlichen Rückstellungsansatzes**. Aus der steuerlichen Regelung folgt unmittelbar, dass neben einer zutreffenden Ermittlung des steuerlichen Wertansatzes für Rückstellungen auch der korrespondierende handelsrechtliche Wertansatz ermittelt werden muss, um den Abgleich beider Wertansätze durchzuführen und somit der Vorgabe der steuerlichen Richtlinie zu entsprechen.[138]

314 Bezogen auf das Beispiel in Rn. 312 folgt daraus, dass korrespondierend zur Handelsbilanz (auch) in der Steuerbilanz ein Wertansatz für die Rückstellung i.H.v. 186.592 EUR anzusetzen ist, da der isolierte steuerliche Wertansatz für die Sachleistungsverpflichtung, den handelsrechtlichen Wertansatz für die Sachleistungsverpflichtung übersteigt. Infolgedessen ermittelt sich ein Unterschiedsbetrag zwischen handels- und steuerrechtlichen Wertansatz i.H.v. 0 EUR, sodass auch keine latenten passiven Steuern entstehen. Durch die Vorgabe im Rahmen der Einkommensteuer-Änderungsrichtlinien 2012 hinsichtlich des Wertansatzes für Sachleistungsverpflichtungen können sich (neue) steuerbilanzielle Ermessensspielräume ergeben.

Beispiel

 Es besteht eine Sachleistungsverpflichtung zum 31.12.t1. Diese Sachleistungsverpflichtung ist allerdings nicht zu einem bestimmten Zeitpunkt, sondern über mehrere Geschäftsjahre zu erfüllen. Annahmegemäß teilt sich die gesamte Sachleistungsverpflichtung in unterschiedliche Tranchen (Teilrückstellungen) auf, wobei jeder einzelnen Tranche eine gesonderte Restlaufzeit zuzuordnen ist. Vereinfachend wird unterstellt, dass die Inanspruchnahme der Tranchen zum jeweiligen Jahresende erfolgt. Zudem darf innerhalb der Restlaufzeit eine (zahlungsgewichtete) durchschnittliche Restlaufzeit verwendet werden. Ab dem Geschäftsjahr t1 wird mit jährlichen Kosten- und Preissteigerungen i.H.v. 3,0 % gerechnet.

In der Handelsbilanz ergibt sich zum Bilanzstichtag 31.12.t1 für die Sachleistungsverpflichtung folgender Wertansatz:

Jahr	t1	t2	t3	t4	t5
Tranche [in EUR]	40.000	41.200	42.436	43.709	45.020
Zinssatz [in %]	2,02	2,16	2,34	2,54	2,74

---

138 Vgl. *Künkele/Zwirner*, DStR 2013, 1199, 1199 ff.

3.4 Steuerbilanziell abweichende Bewertungsgrundsätze

Jahr	t1	t2	t3	t4	t5	
Barwertfaktor	0,9804	0,9582	0,9330	0,9045	0,8736	
Summe	39.216	39.478	39.686	39.535	34.944	192.859

Der steuerbilanzielle Wertansatz zum 31.12.t1 beträgt: 200.000 EUR / 1,055 = 189.573 EUR (Abzinsung für ein Jahr, da Beginn der Verpflichtung ab 01.01.t3). In der Steuerbilanz wird ein Wert i.H.v. 189.573 EUR angesetzt, da dieser unterhalb des handelsrechtlichen Wertansatzes liegt.

Praxistipp

 Die Berücksichtigung von Preis- und Kostensteigerungen im Rahmen der Ermittlung des handelsrechtlichen Wertansatzes kann zu einer Erhöhung des steuerlichen Wertansatzes für Sachleistungsverpflichtungen führen.

Unterschiede zwischen Handels- und Steuerbilanz ergeben sich hinsichtlich des **Abzinsungszeitraums bei Sachleistungsverpflichtungen**. Steuerlich ist auf den **Beginn der Erfüllung** der Verpflichtung abzustellen.[139] Bei Verpflichtungen, die nicht in einem einzigen Zeitpunkt bzw. einem einzigen Jahr erfüllt werden, sind dann selbst die Ausgaben späterer Jahre mit dem Zinssatz der ersten Ausgaben zur Verpflichtungserfüllung abzuzinsen. Handelsrechtlich hingegen sind die einzelnen Verpflichtungsbestandteile grds. entsprechend ihrer jeweiligen Restlaufzeit abzuzinsen. Dieser Grundsatz kann jedoch aus Vereinfachungsgründen und mit Blick auf den Wesentlichkeitsgrundsatz eingeschränkt angewendet werden (siehe Kap. 3.3, Rn. 299).

315

Entgegen der handelsrechtlichen Bewertung sind **Rückstellungen** für Verpflichtungen, die **verzinslich** sind, **nicht abzuzinsen**.[140] Als Zins sind nicht nur Kapitalleistungen anzusehen, sondern u.a. auch die unentgeltliche Überlassung eines Wirtschaftsguts.[141] Voraussetzung hierfür ist, dass diese Leistungen als Entgelt für die Überlassung von Kapital oder einer Sache erbracht werden. Hierzu muss jedoch der Frage nachgegangen werden, ob es sich um eine verzinsliche oder unverzinsliche Verpflichtung handelt. Zur Beantwortung der Frage, ob es sich um eine verzinsliche oder unverzinsliche Verpflichtung handelt, kann auch auf die Faustformel reduziert werden: „Eine Verpflichtung, die jederzeit zu ihrem Barwert abgelöst werden könnte, ist verzinslich."

316

Als Sachverhalte, die als **unverzinsliche** Rückstellungen gelten, sind u.a. **Rückstellungen für verzinsliche Steuerschulden** zu nennen.[142] Dabei kann aus Vereinfachungsgründen auch dann von einer Abzinsung dieser Rückstellungen abgesehen werden, wenn möglicherweise Zinsen gar nicht festgesetzt werden.[143]

317

---

139 Vgl. § 6 Abs. 1 Nr. 3a Buchst. e) Satz 2 EStG.
140 Vgl. § 6 Abs. 1 Nr. 3a Buchst. e) i.V.m. § 6 Abs. 1 Nr. 3 Satz 2 EStG.
141 Vgl. *BMF* v. 26.05.2005, IV B 2 – S 2175 – 7/05, BStBl. I 2005, 701.
142 Vgl. § 233a AO.
143 Vgl. *BMF* v. 26.05.2005, IV B 2 – S 2175 – 7/05, BStBl. I 2005, 703.

3 Bewertungsgrundsätze

318 Für nicht verzinsliche Rückstellungen mit einer Restlaufzeit größer als zwölf Monate gilt entsprechend ein Abzinsungsgebot. Hierfür ist jedoch nicht der von der Bundesbank bekannt gegebene Zinssatz anzuwenden, sondern einheitlich ein Zinssatz von **5,5 %** zugrunde zu legen.[144] Die Erträge und Aufwendungen aus der Ab- und Aufzinsung von Rückstellungen sind dabei für die Zinsschrankenregelung des § 4h EStG irrelevant.[145]

319 Das *BMF* fordert für die Abzinsung von Rückstellungen, **eine taggenaue Ermittlung der Restlaufzeit**.[146] Diese Forderung kann mit Blick auf den Schätzcharakter von Rückstellungen in den seltensten Fällen erfüllt werden. Die in der Praxis verbreitete Ermittlung der Restlaufzeit nach Monaten oder nach Jahren[147] ist deswegen nicht zu beanstanden und auch für die handelsrechtliche Bewertung ausreichend (siehe Kap. 3.3, Rn. 299).

3.4.3 Preis- und Kostensteigerungen sowie Preis- und Kostensenkungen

320 § 6 Abs. 1 Nr. 3a Buchst. f) EStG verbietet die Berücksichtigung künftiger **Preis- und Kostensteigerungen** ebenso wie die Berücksichtigung künftiger Preis- und Kostensenkungen i.R.d. Rückstellungsbewertung.[148] Im Zusammenhang mit der Berücksichtigung künftiger **Preis- und Kostensenkungen** ist darauf hinzuweisen, dass es hierzu bisher kein einheitliches Meinungsbild im Schrifttum gibt. Zudem wurde die zuvor als „eindeutige Regelung" beschriebene steuerliche Nichtberücksichtigung künftiger Preis- und Kostenentwicklungen durch zwei inhaltsgleiche Verfügungen der Oberfinanzdirektionen Münster sowie Rheinland ausgehebelt bzw. relativiert.[149] Inhaltlich wird im Rahmen der beiden Verfügungen darauf abgestellt, dass der steuerliche Wertansatz von Rückstellungen nur in den Fällen maßgeblich ist, in denen dieser nicht höher ist als der handelsrechtliche Wertansatz. Dies beschränkt den steuerbilanziellen Wert nach oben.

321 Im Wesentlichen resultiert für die Bilanzierenden hieraus ein **zweistufiger Prüfungsansatz**. So muss von dem Bilanzierenden in einem ersten Schritt für die betreffende Rückstellung zunächst ein Wertansatz nach den steuerlichen Vorschriften ermittelt werden. In einem sich daran anschließenden zweiten Schritt muss dann der Wertansatz nach den handelsrechtlichen Vorschriften ermittelt werden. Anschließend hat der Bilanzierende die beiden zuvor ermittelten Wertansätze miteinander zu vergleichen und den niedrigeren Wertansatz in die Steuerbilanz zu übernehmen. Im Ergebnis erlangt die Frage nach der handelsrechtlichen Berücksichtigung von **Preis- und Kostensenkungen** daher auch steuerliche Bedeutung.

322 Für den steuerbilanziellen Ansatz der Höhe nach müssen die Wertverhältnisse zum Bilanzstichtag als Grundlage genommen werden. Die historische Entwicklung der

---

144 Vgl. § 6 Abs. 1 Nr. 3a Buchst. e) EStG.
145 Vgl. *BMF* v. 04.07.2008, IV C 7 – S 2742–a/07/10001, BStBl. I 2008, 720.
146 Vgl. *BMF* v. 26.05.2005, IV B 2 – S 2175 – 7/05, BStBl. I 2005, 702.
147 Vgl. *Zwirner/Busch*, BC 2010, 410, 410.
148 Vgl. *Meyering/Gröne*, BFuP 2014, 459, 464.
149 Vgl. *OFD Münster*, Verfügung v. 13.07.2012 – S 2170a-234 – St 12-33; *OFD Rheinland*, Verfügung v. 13.07.2012 – S 2133-2011/0003-St 141, DB 2012, 1779, 1779.

3.4 Steuerbilanziell abweichende Bewertungsgrundsätze

Pensionsbemessungsgrößen ist für die steuerliche Rückstellungsbemessung ohne Bedeutung.[150] Aufgrund dieses Bewertungsunterschieds kann sich c.p. die Notwendigkeit der Bilanzierung **aktiver latenter Steuern** ergeben.[151] Dadurch werden die Effekte aus der höheren Rückstellungsbilanzierung in der Handelsbilanz auf die Eigenkapitalquote und den Verschuldungsgrad z.T. kompensiert.

Die **Unterschiede** zwischen **handels- und steuerrechtlichem Wertansatz** zeigt das folgende, stark vereinfachte Beispiel.

323

Beispiel

 Das Unternehmen U hat zum 01.01.t1 einen Mietvertrag über eine Produktionshalle geschlossen. Der Mietvertrag ist befristet auf den 31.12.t5. Für ihre Produktion baut U eine Gebäudevorrichtung in der Produktionshalle ein, dessen Entfernung unter den Preisverhältnissen vom 01.01.t1 50.000 EUR kosten würde. Das Unternehmen rechnet allerdings mit jährlichen Preissteigerungen von 2,5 %, sodass der notwendige Erfüllungsbetrag auf 56.570 EUR geschätzt wird (50.000 EUR x $1{,}025^5$). Die Rückstellung ist über fünf Jahre linear anzusammeln und abzuzinsen.

Die Zinssätze sollen als gegeben angenommen werden.

Es ergeben sich Unterschiede im Wertansatz in Handels- und Steuerbilanz.

Handelsbilanzieller Wertansatz:

Jahr	Angesammelter Erfüllungsbetrag [in EUR][152]	Zinssatz für Restlaufzeit [in %]	Bilanzwert [in EUR][153]
t1	11.314	3,26	9.951
t2	22.628	3,07	20.666
t3	33.942	2,90	32.056
t4	45.256	2,80	44023
t5	56.570	0	56.570

Steuerbilanzieller Wertansatz:

Jahr	Angesammelter Erfüllungsbetrag [in EUR]	Zinssatz für Restlaufzeit [in %]	Bilanzwert [in EUR]
t1	10.000	5,5	8.072
t2	20.000	5,5	17.032

---

150 Vgl. *Heubeck*, S. 19.
151 Vgl. Syst. Praxiskommentar Bilanzrecht/*Brösel/Scheren/Wasmuth*, § 253 HGB Rn. 139; Handbuch Bilanzrecht/*Brähler/Scholz/Walther*, D.III. Rn. 38.
152 Ergibt sich durch Division des notwendigen Erfüllungsbetrags durch die Anzahl der Geschäftsjahre, in denen die Ansammlung stattfindet.
153 Bilanzwert in EUR = angesammelter Erfüllungsbetrag in EUR / (1 + Zinssatz)^Restlaufzeit in Jahren.

3 Bewertungsgrundsätze

Jahr	Angesammelter Erfüllungsbetrag [in EUR]	Zinssatz für Restlaufzeit [in %]	Bilanzwert [in EUR]
t3	30.000	5,5	26.954
t4	40.000	5,5	37.915
t5	50.000	0	50.000

Unterschiede zwischen handels- und steuerrechtlichem Wertansatz, sowie Darstellung latenter Steuern:[154]

Jahr	HB-Wert [in EUR]	StB-Wert [in EUR]	Unterschiedsbetrag [in EUR]	Aktive latente Steuer [in EUR]
t1	9.951	8.072	1.879	564
t2	20.666	17.032	3.634	1.090
t3	32.056	26.954	5.102	1.531
t4	44.023	37.915	6.108	1.832
t5	56.570	50.000	6.570	1.971

Die Nichtberücksichtigung von Preis- und Kostensteigerungen sowie der größere Zinssatz bei der steuerbilanziellen Bewertung der Rückstellung führen zu einer konstanten Unterdotierung ggü. dem handelsrechtlichen Wertansatz. Daraus kann die Notwendigkeit der Bilanzierung aktiver latenter Steuern folgen. Zum 31.12.t1 ergeben sich aufgrund der Wertdifferenz aktive latente Steuern i.H.v. 564 EUR. Zum 31.12.t1 ist in der Handelsbilanz zu buchen (bei Anwendung der Nettomethode und der Aktivierung latenter Steuern).

Buchungssätze:

sonstige betriebliche Aufwendungen	9.951 EUR
an	
sonstige Rückstellungen	9.951 EUR
aktive latente Steuern	564 EUR
an	
latenter Steuerertrag	564 EUR

Die negative Erfolgswirkung der Einbuchung der Rückstellung wird somit in geringerem Maß durch die Bildung aktiver latenter Steuern kompensiert.

Die aktiven latenten Steuern werden im Jahr der Erfüllungsverpflichtung aufgelöst (latenter Steueraufwand an aktive latente Steuern).

---

154 Es wird ein Steuersatz von 30 % angenommen.

3.4.4 Verteilung der Stilllegungsaufwendungen bei Atomkraftwerken

Durch § 6 Abs. 1 Nr. 3a Buchst. d) Satz 3 EStG werden die Aufwendungen für die **Verpflichtung zur Stilllegung eines Atomkraftwerks** über den Zeitraum der individuellen Nutzung des Kernkraftwerks, d.h. bis zum Stilllegungszeitpunkt des Kernkraftwerks bzw. falls kein solcher feststeht über 25 Jahre, angesammelt. Über diesen Zeitraum ist der Erfüllungsbetrag ratierlich anzusammeln. Zudem sind diese mit einem Zinssatz von 5,5 % abzuzinsen. Eine solche klare Regelung lässt das Handelsrecht vermissen. Daher richtet sich die handelsrechtliche Bilanzierung von Rückstellungen für die Stilllegung von Kernkraftwerken nach den steuerlichen Regelungen. Der praktische Anwendungsbereich wird aufgrund der bekannten/geplanten Stilllegungszeitpunkte in Deutschland auf ausländische Kraftwerke beschränkt sein.[155]

324

Meyering/Gröne führen im Zusammenhang mit der Bilanzierung von Rückstellungen für die Stilllegung von Kernkraftwerken aus, dass diese in der Bilanzierungspraxis keineswegs unumstritten sind. Sie sehen die Bilanzierung solcher Rückstellungen dennoch als „unverzichtbaren" Bestandteil einer periodengerechten handels- als auch steuerrechtlichen Gewinnermittlung an. Gleichwohl weisen *Meyering/Gröne* (explizit) darauf hin, dass derartige **Rückstellungen im Insolvenzfall wertlos** sein können. Um in einem solchen Fall der Belastung der öffentlichen Hand entgegenzuwirken, schlagen diese vor, dass der Gesetzgeber einer Insolvenzsicherung diese Rückstellungen gesetzlich vorschreiben (sollte). Dies könnte in Analogie zu anerkannten Regelungen bei Pensionsrückstellungen in Form einer Verrechnung mit dem Planvermögen erfolgen.[156]

325

3.5 Steuerliche Bewertungsobergrenze

Die **steuerliche Bewertungsobergrenze** für den Rückstellungsansatz wird in § 6 Abs. 1 Nr. 3a ff. EStG geregelt. Im Rahmen der einkommensteuerlichen Vorschrift wird damit (explizit) geregelt, dass der steuerlich zulässige Höchstbetrag für Rückstellungen einerseits entsprechend der handelsrechtlichen GoB, andererseits nach steuerlichen Grundsätzen zu ermitteln ist. Steuerlich sind Rückstellungen nach folgenden Grundsätzen anzusetzen:

326

- Erfahrungen aus der Vergangenheit,
- Rückstellungen für Sachleistungsverpflichtungen mit den Einzelkosten sowie den angemessenen Teilen der notwendigen Gemeinkosten,
- künftige Vorteile, die mit der jeweiligen Verpflichtung verbunden sein werden, sind wertmindernd zu berücksichtigen,
- unter bestimmten Voraussetzungen sind Ansammlungsrückstellungen zu bilden,

---

155 Vgl. hierzu ausführlich *Meyering/Gröne*, DB 2014, 1385, 1385 ff.
156 Vgl. *Meyering/Gröne*, DB 2014, 1385, 1390.

- ein abweichendes Abzinsungsgebot ist zu beachten und
- die Wert- und Preisverhältnisse am Abschlussstichtag sind maßgeblich.

327 Die Forderung des Gesetzgebers, dass die Bewertung von Rückstellungen (der Höhe nach) auf Grundlage von **Erfahrungen aus der Vergangenheit**, soll insbesondere dazu führen, dass der in der Steuerbilanz angesetzte Rückstellungswert nicht zu hoch ausgewiesen wird.

328 Eine **Sachleistungsverpflichtung** ist mit ihren Einzelkosten zzgl. angemessener Gemeinkosten zu bewerten. Gleichwohl gilt es bei der Ermittlung des steuerlichen Wertansatzes für Sachleistungsverpflichtungen zu berücksichtigen, dass dieser die jeweiligen Wert- und Preisverhältnisse am Abschlussstichtag zugrunde zu legen sind.[157] Künftige Preis- und Kostenänderungen dürfen bei der Ermittlung des steuerlichen Wertansatzes für (Sachleistungs-)Verpflichtungen nicht berücksichtigt werden. Unterschiedliche Wertansätze zwischen Handels- und Steuerbilanz gehen im Wesentlichen auf unterschiedliche Interpretationen des Stichtagsprinzips zurück. Gleichwohl kann seit der Einführung des *IDW RS HFA* 34 das Entstehen von passiven latenten Steuern verhindert werden, da in der Steuerbilanz der handelsrechtliche Wert grds. den zulässigen Höchstwert darstellt (eine Ausnahme davon stellen Pensionsrückstellungen dar, vgl. R 6.11 Abs. 3 EStR).

329 Analog zu den handelsrechtlichen Vorschriften zur Bewertung von Rückstellungen findet sich auch bei den steuerlichen Vorschriften zur Rückstellungsbewertung ein **Abzinsungsgebot**. Das Abzinsungsgebot bezieht sich grundsätzlich auf Rückstellungen mit einer Laufzeit von mehr als zwölf Monaten. Ausgenommen von dieser Regelung sind Verpflichtungen deren Laufzeit geringer als zwölf Monate ist sowie Verbindlichkeiten, die verzinslich sind oder auf einer Anzahlung oder Vorauszahlung beruhen. Gleichwohl besteht eine Besonderheit bei dem steuerlichen Abzinsungsgebot im Vergleich zur handelsrechtlichen Regelung darin, dass Rückstellungen grundsätzlich mit einem festen und unveränderbaren Zinssatz von 5,50 % abzuzinsen sind, während nach der handelsrechtlichen Vorschrift die Zinssätze der Deutschen Bundesbank für die Rückstellungsbewertung maßgeblich sind. Hieraus folgt unmittelbar, dass sofern der für die handelsrechtliche Rückstellungsbewertung herangezogene Zinssatz größer (kleiner) als der steuerliche Zinssatz ist, es in der Steuerbilanz zu einer Unterbewertung (Überbewertung) der Rückstellung kommen kann.

Praxistipp

Aufgrund der steuerlichen Abzinsung mit einem Zinssatz von 5,5 % im Vergleich zu einer handelsrechtlichen Abzinsung mit dem jeweiligen laufzeitäquivalenten Zinssatz ergeben sich regelmäßig Bewertungsunterschiede zwischen Handels- und Steuerbilanz, die zur Abgrenzung latenter Steuern führen.

---

157 Vgl. *Künkele/Zwirner*, StuB 2013, 439, 439 ff.

4

Ausweis- und Angabepflichten

4 Ausweis- und Angabepflichten

4.1 Bilanzieller Ausweis von Rückstellungen

In der Bilanz sind die Rückstellungen auf der **Passivseite** auszuweisen. Hierbei ist das gesetzl. (Mindest-)Gliederungsschema des § 266 HGB zu beachten, das unter dem Buchstaben B. auf der Passivseite den gesonderten Ausweis fordert von: **330**

1. Rückstellungen für Pensionen und ähnliche Verpflichtungen (siehe Kap. 5, Rn. 376 ff.),
2. Steuerrückstellungen (siehe Kap. 8.2, Rn. 1276),
3. sonstigen Rückstellungen.

Es steht dem Bilanzierenden frei, unter Verweis auf § 265 HGB, aus Gründen der Übersichtlichkeit bzw. zur besseren Darstellung der Vermögenslage, die Gliederung zu erweitern.[1]

Das **Gliederungsschema** des § 266 HGB stimmt nicht mit der Gliederung nach Rückstellungsarten gem. § 249 HGB überein. Die meisten Rückstellungssachverhalte sind den „sonstigen Rückstellungen" zuzurechnen (siehe Kap. 1.3, Rn. 17 ff.). **331**

4.2 Ausweis in der GuV

4.2.1 Grundsätzliches

Nach § 253 Abs. 2 HGB sind Rückstellungen mit einer Restlaufzeit von mehr als einem Jahr mit dem ihrer Restlaufzeit entsprechenden durchschnittlichen Marktzinssatz der vergangenen Geschäftsjahre abzuzinsen (**Abzinsungsgebot**). Die anzuwendenden Abzinsungssätze werden von der Deutschen Bundesbank nach Maßgabe einer Rechtsverordnung ermittelt und monatlich bekannt gegeben (siehe Kap. 3.3, Rn. 291). Im Umkehrschluss gilt damit, dass Rückstellungen mit einer Restlaufzeit **von weniger als einem Jahr** nicht abgezinst werden müssen. Vielmehr besteht ein **faktisches Wahlrecht** (siehe Kap. 3.3, Rn. 290). Abweichend von der grds. restlaufzeitadäquaten Abzinsung der Rückstellungen nach § 253 Abs. 2 Satz 1 HGB dürfen Rückstellungen für laufende Pensionen oder Anwartschaften auf Pensionen pauschal mit dem bei einer angenommenen Restlaufzeit von 15 Jahren geltenden durchschnittlichen Marktzinssatz abgezinst werden (siehe Kap. 7, Rn. 667 ff.).[2] **332**

---

[1] Siehe hierzu allgemein Syst. Praxiskommentar Bilanzrecht/*Wittmann*, § 265 HGB Rn. 25.
[2] Vgl. § 253 Abs. 2 Satz 2 HGB.

4 Ausweis- und Angabepflichten

333 Die erstmalige Bildung einer Rückstellung sowie Erhöhungen auf Auflösungen des Erfüllungsbetrags einer Verpflichtung sind grundsätzlich im operativen Ergebnis zu erfassen, es sei denn, sie sind dem außerordentlichen[3] oder dem Steuerergebnis zuzurechnen. Dies gilt ebenso für die jeweiligen „Jahresscheiben" von Verteilungsrückstellungen. Erträge und Aufwendungen aus der Auf- und Abzinsung sind im Finanzergebnis **gesondert** unter den „sonstigen Zinsen und ähnlichen Erträgen"[4] bzw. „Zinsen und ähnlichen Aufwendungen"[5] auszuweisen.[6] Um den gesonderten Ausweis unter den jeweiligen Posten zu erreichen, bietet es sich an, die Ab- und Aufzinsungseffekte durch einen **Davon-Vermerk** darzustellen (siehe Kap. 4.2.2, Rn. 341 f.).

334 Soweit **Änderungen des Erfüllungsbetrags** auf eine Ausweitung oder Verringerung des Verpflichtungsumfangs, eine Verlängerung oder Verkürzung des Ansammlungszeitraums bei Verteilungsrückstellungen oder eine Veränderung der angenommenen künftigen Preis- und Kostensteigerungen zurückzuführen sind, sind die korrespondierenden Erfolgswirkungen innerhalb des operativen Ergebnisses auszuweisen, es sei denn, sie sind dem außerordentlichen[7] oder dem Steuerergebnis zuzurechnen.[8]

335 Soweit die Änderungen des Erfüllungsbetrags nicht dem außerordentlichen oder dem Steuerergebnis zuzurechnen sind, dürfen Erfolge aus **Änderungen des Abzinsungszinssatzes** zwischen zwei aufeinanderfolgenden Abschlussstichtagen sowie Zinseffekte einer geänderten Schätzung der Restlaufzeit einheitlich im operativen oder im Finanzergebnis ausgewiesen werden.[9]

336 § 277 Abs. 5 Satz 1 HGB sieht einen **gesonderten Ausweis** der Erträge aus der Abzinsung in der Gewinn- und Verlustrechnung in dem Posten „sonstige Zinsen und ähnliche Erträge" sowie der Aufwendungen (aus der Aufzinsung) in dem Posten „Zinsen und ähnliche Aufwendungen" vor. Im Fall ihres Ausweises im **Finanzergebnis** sind hiervon auch Erfolge aus Änderungen des Abzinsungszinssatzes erfasst. Der gesonderte Ausweis darf in Form eines Davon-Vermerks, durch eine Aufgliederung der Vorspalte oder – im Hinblick auf die Klarheit und Übersichtlichkeit der Darstellung der Gewinn- und Verlustrechnung – durch die Angaben im Anhang erfolgen. Der Sonderausweis betrifft ausschließlich Auf- und Abzinsungserfolge aus der Rückstellungsbewertung nach § 253 Abs. 2 HGB, nicht sonstige Auf- und Abzinsungserfolge bspw. aus der Bewertung langfristiger un- oder unterverzinslicher Forderungen.[10]

---

[3] Durch das BilRUG ist das außerordentliche Ergebnis entfallen. Siehe zu der Behandlung nach BilRUG auch Kap. 6.3.4, Rn. 663 ff.
[4] Vgl. § 275 Abs. 2 Nr. 11, Abs. 3 Nr. 10 HGB.
[5] Vgl. § 275 Abs. 2 Nr. 13, Abs. 3 Nr. 12 HGB.
[6] Vgl. *IDW* RS *HFA* 34, IDW FN 2012, 53, 60.
[7] Durch das BilRUG ist das außerordentliche Ergebnis entfallen. Siehe zu der Behandlung des außerordentlichen Ergebnisses nach BilRUG Kap. 6.3.4, Rn. 663 ff.
[8] Vgl. *IDW* RS *HFA* 34, IDW FN 2012, 53, 60.
[9] Vgl. *IDW* RS *HFA* 34, IDW FN 2012, 53, 60.
[10] Vgl. *IDW* RS *HFA* 34, IDW FN 2012, 53, 60.

Auch **Aufwendungen und Erträge aus der Auf- und Abzinsung von Altersversorgungsverpflichtungen** und aus dem zu **saldierenden Deckungsvermögen** sind zu verrechnen (siehe näher hierzu Kap. 5.6, Rn. 491 ff.). Der Ausweis hat im Finanzergebnis zu erfolgen. Liegt netto ein Aufwand vor, ist dieser unter „Zinsen und ähnliche Aufwendungen" auszuweisen, liegt netto betrachtet ein Ertrag vor, ist dieser unter „sonstige Zinsen und ähnliche Erträge" auszuweisen. Im Finanzergebnis sind auch Erfolgswirkungen aus der **Änderung des Diskontierungszinssatzes** (siehe Kap. 4.2.2, Rn. 343) sowie Erfolgswirkungen aus der **Zeitwertbewertung des Deckungsvermögens** darzustellen.

337

Bei der **Bildung** von oder der **Zuführung** zu Rückstellungen ist der Aufwand in dem Posten auszuweisen, in dem er auch bei sofortiger Erfüllung der Verpflichtung ausgewiesen worden wäre. Sind mehrere Aufwandsarten betroffen und kann nicht deutlich gesagt werden, in welchem Umfang die einzelnen Posten angesprochen werden, ist der gesamte Aufwand den „sonstigen betrieblichen Aufwendungen"[11] zuzuordnen. Selbiges gilt dann, wenn der Charakter des Aufwands dem Bilanzierenden nicht bekannt ist (siehe hierzu auch Kap. 1.4, Rn. 23 f.).

338

Die **Inanspruchnahme** der Rückstellung ist über das gleiche Aufwandskonto vorzunehmen, über das auch die Bildung der Rückstellung erfolgte (siehe Kap. 1.4, Rn. 31).

339

Beispiel

Die Orakel AG hat eine Rückstellung für ungewisse Gewährleistungsverpflichtungen gebildet (Buchung: sonstige betriebliche Aufwendungen an Rückstellungen für Gewährleistungsverpflichtungen). Sobald die Ausgaben für diese Verpflichtungen tatsächlich anfallen, ist die Rückstellung über die Buchung „Rückstellungen für Gewährleistungsverpflichtungen an sonstige betriebliche Aufwendungen" in Anspruch zu nehmen.

Die **Auflösung** der Rückstellung geschieht durch Buchung gegen das Konto „sonstige betriebliche Erträge"[12] (siehe zur Auflösung auch Kap. 1.4, Rn. 33).

340

4.2.2 Ausweis der Ab- und Aufzinsungseffekte

In § 277 Abs. 5 HGB wird der Ausweis der Abzinsungsbeträge normiert. Danach sind die Erträge aus der Abzinsung von Rückstellungen **gesondert** im **Finanzergebnis** unter „**sonstige Zinsen und ähnliche Erträge**"[13] auszuweisen. Zwar bezieht sich die Norm lediglich auf die Abzinsung, eine Beschränkung auf derartige Beträge ist allerdings nicht sachgerecht. Der Zweck der Norm liegt nämlich im Ausweis eines von Zinseffekten bereinigten operativen Ergebnisses.[14] Daraus erschließt

341

---
11 Vgl. § 275 Abs. 2 Nr. 8, Abs. 3 Nr. 7 HGB.
12 Vgl. § 275 Abs. 2 Nr. 4; Abs. 3 Nr. 6 HGB.
13 Vgl. § 275 Abs. 2 Nr. 11 HGB (GKV) bzw. § 275 Abs. 3 Nr. 10 (UKV).
14 Gl.A. Syst. Praxiskommentar Bilanzrecht/*de la Paix*, § 277 HGB Rn. 41, 43; a.A. *Hoffmann/Lüdenbach*, § 277 HGB Rn. 58.

sich, dass auch die mit der Aufzinsung korrespondierenden Aufwendungen ins Finanzergebnis, nämlich unter die **„Zinsen und ähnlichen Aufwendungen"**[15] fallen.[16]

Beispiel

 Für das folgende Beispiel wird durchgängig ein Zinssatz von 5 % unterstellt:

Eine Rückstellung mit einem Nominalbetrag von 25.000 EUR und einer Laufzeit von fünf Jahren wurde zum Bilanzstichtag netto mit 19.588 EUR angesetzt (25.000 EUR / $1,05^5$).

Im Folgejahr ergibt sich bedingt durch die Verringerung der Laufzeit ein Zinsaufwand von 979 EUR (19.588 EUR × 0,05). Dieser ist unter den „Zinsen und ähnlichen Aufwendungen" auszuweisen und rückstellungserhöhend zu buchen, sodass der Bilanzwert zum Stichtag 20.567 EUR (979 EUR + 19.588 EUR) beträgt.

342 Aufgrund der gesetzl. Forderung nach einer gesonderten Angabe der Auf- und Abzinsungsbeträge bietet es sich an, unter den jeweiligen GuV-Posten einen **Davon-Vermerk** oder einen entsprechenden **Vorspaltenausweis** zu setzen.[17] Nur wenn eine solche Darstellung unwesentlich für die Darstellung eines den tatsächlichen Verhältnissen entsprechenden Bildes der VFE-Lage ist, kann auch eine entsprechende Aufgliederung im Anhang ausreichend sein; dies stellt jedoch die Ausnahme dar.[18]

Möglicher Ausweis der Auf- und Abzinsungsbeträge bei Anwendung des GKV

GuV zum 31.12.t1

1.	Umsatzerlöse		1.000.000 EUR
...			
11.	sonstige Zinsen und ähnliche Erträge		25.000 EUR
	davon aus der Abzinsung von Rückstellungen	8.600 EUR	
...			
13.	Zinsen und ähnliche Aufwendungen		–73.000 EUR
	davon aus der Aufzinsung von Rückstellungen	–46.000 EUR	
...			
20.	Jahresüberschuss		...

343 Im Finanzergebnis sind ebenso die **Effekte aus einer Änderung des Diskontierungszinssatzes** zu zeigen (siehe hierzu auch das Beispiel in Kap. 4.3, Rn. 350). Ist

---

15 Vgl. § 275 Abs. 2 Nr. 13 HGB (GKV) bzw. § 275 Abs. 3 Nr. 12 (UKV).
16 Vgl. *IDW RS HFA* 34, IDW FN 2012, 53, 60.
17 Vgl. *IDW RS HFA* 34, IDW FN 2012, 53, 60.
18 Vgl. *Petersen/Zwirner*, BB 2010, 1651, 1653. Nicht so streng Beck Bil-Komm/*Schmidt/Peun*, § 277 HGB Rn. 26.

der Diskontierungszins im Berichtsjahr ggü. dem Vorjahr gesunken, dann muss der Zuführungsbetrag, der auf die Zinsänderung zurückzuführen ist, unter dem Posten „Zinsen und ähnliche Aufwendungen" und dort **unter dem Davon-Vermerk** für die Aufzinsungsbeträge ausgewiesen werden. Ein separater Davon-Vermerk für die Effekte aus der Zinssatzänderung ist nicht geboten.[19] Spiegelbildlich können Minderungen aufgrund von Zinssteigerungen unter dem entsprechenden Davon-Vermerk des Postens „sonstige Zinsen und ähnliche Erträge" ausgewiesen werden.

Beispiel

 Zum 31.12.t1 wird erstmalig eine Rückstellung angesetzt, die Ende t7 fällig wird. Der Nominalbetrag beträgt 50.000 EUR. Der Diskontierungszinssatz zum 31.12.t1 beträgt 4,48 %, sodass ein Wert von 38.439 EUR zum Ansatz gelangt.

Zum 31.12.t2 sei der Diskontierungszins 4,36 %. Der abgezinste Erfüllungsbetrag hat nun einen Wert von 40.392 EUR.

*Die Entwicklung des Bilanzwerts wird durch die zwei „Stellschrauben" Laufzeit und Zinssatz determiniert. Im Beispiel ergibt sich ein **laufzeitinduzierter Anpassungseffekt** von 1.722 EUR (([50.000 EUR / 1,0448^5] – [50.000 EUR / 1,0448^6])) sowie ein **Anpassungseffekt aufgrund der Änderung des Diskontierungszinssatzes** von 231 EUR ((50.000 EUR / 1,0436^5) – (50.000 EUR / 1,0448^5)).*

Beide Effekte sind summiert, also mit einem Wert von 1.953 EUR (1.722 EUR + 231 EUR) gesondert unter dem Zinsaufwand auszuweisen („…davon aus der Aufzinsung von Rückstellungen…"). Eine weitere Unterteilung in laufzeit- und zinssatzinduzierte Anpassungen ist nicht erforderlich.

Die zwei grds. möglichen Methoden der **Einbuchung einer Rückstellung**, die Netto- und die Bruttomethode, werden an anderer Stelle behandelt (siehe Kap. 3.3, Rn. 304 ff.). Die Wahl der Methode hat unmittelbaren Einfluss auf Erfolgskennzahlen wie das EBIT, welches bei der erstmaligen Erfassung der Rückstellung mittels Nettomethode höher ist.

344

Beispiel

 Die Herakles AG hat umfassende Pensionszusagen an ihre Mitarbeiter gemacht. In der Vergangenheit belief sich der jährliche Zuführungsbetrag auf rd. 200.000 EUR p.a. In diesem Betrag war ein Zinsanteil von 100.000 EUR enthalten. Die Horakles AG hat – der üblichen Bilanzierungspraxis folgend – den gesamten Zuführungsbetrag im Personalaufwand gezeigt und in den letzten Jahren konstant ein EBIT von 500.000 EUR p.a. erzielt. Mit dem Geschäftsführer der Gesellschaft besteht eine erfolgsabhängige Vergütungsvereinbarung, die auf das EBIT Bezug nimmt. Allein aufgrund der geänderten

---

19 Vgl. auch *IDW* RS *HFA* 30, IDW FN 2010, 437, 448.

4 Ausweis- und Angabepflichten

Berücksichtigung des Zinsanteils ab dem Jahr t1 weist die Gesellschaft ein um rd. 100.000 EUR höheres EBIT, also 600.000 EUR, aus.

Bei der Methodenwahl ist zu beachten, dass diese den Bilanzierenden auch bei der **Fortführung** der Rückstellung bindet. Dies betrifft insb. die sog. Ansammlungs- bzw. Verteilungsrückstellungen (siehe Kap. 2.1.2.3, Rn. 65).

Beispiel

Die Ariane GmbH & Co. KG hat ihr Bürogebäude gemietet. Zur Einrichtung ihrer Arbeitsplätze hat die Ariane GmbH & Co. KG zahlreiche Mietereinbauten vorgenommen. Der Mietvertrag sieht vor, dass diese Einbauten bei Auszug zu entfernen sind. Der Mietvertrag beginnt am 01.01.t1 und sieht eine Laufzeit von fünf Jahren vor. Die Kosten des Rückbaus werden mit 100.000 EUR geschätzt. Für die Abzinsung der Rückstellung für die Rückbauverpflichtung wird ein konstanter Zinssatz von 5 % unterstellt.

Die Rückstellung wird über die gesamte Laufzeit des Mietvertrags zu 20.000 EUR je Geschäftsjahr (nominal) angesammelt. Die Ariane GmbH & Co. KG entscheidet sich für die Bruttomethode, sodass sie den Zuführungsbetrag in Höhe des Nominalbetrags als „sonstigen betriebliche Aufwendungen" bucht und die Zinseffekte unsaldiert zeigt.

Bilanz-stichtag	sonstige betriebliche Aufwendungen	Zinsaufwand	Zinsertrag	Rückstellungs-zuführung	Rückstellung zum Bilanzstichtag (Barwert)
31.12.t1	20.000,00	–	3.545,95	16.454,05	16.454,05
31.12.t2	20.000,00	822,70	2.723,25	18.099,45	34.553,50
31.12.t3	20.000,00	1.727,67	1.859,41	19.868,26	54.421,76
31.12.t4	20.000,00	2.721,09	952,38	21.768,71	76.190,47
31.12.t5	20.000,00	3.809,52	–	23.809,52	99.999,99
SUMMENZEILE	100.000,00	≈ 9.081	≈ 9.081	≈ 100.000	–

Bei Anwendung der Bruttomethode muss die Ariane GmbH & Co. KG die einzelnen Zuführungsbeträge in nomineller Höhe als „sonstige betriebliche Aufwendungen" buchen. Korrespondierend ergibt sich ein Zinsertrag aus der Abzinsung des jeweiligen Zuführungsbetrags. Der Zinsaufwand ergibt sich durch Aufzinsung des Bilanzwertes des Vorjahrs (z.B. für t2: 16.454 EUR × 0,05 = 822,70 EUR).

4.2.3 Ausweis von Erfolgseffekten im Zusammenhang mit Pensionsrückstellungen

Bei der **Saldierung** von Deckungsvermögen mit Pensionsrückstellungen sind auch die entsprechenden Zinsaufwendungen und -erträge aus den beiden Bilanzpositionen zu verrechnen (siehe näher hierzu Kap. 5.6, Rn. 491 ff.). Nur die daraus resultierende Saldogröße ist unter den „sonstigen Zinsen und ähnlichen Erträgen" bzw. den „Zinsen und ähnlichen Aufwendungen" auszuweisen.

Beispiel

Die Polomerus GmbH hat mit langjährigen Mitarbeitern Altersversorgungsvereinbarungen getroffen. Zur Erfüllung dieser Vereinbarungen unterhält die Polomerus GmbH ein Treuhandkonto, das insolvenzsicher und vor dem Zugriff anderer Gläubiger geschützt angelegt worden ist und allein zur Absicherung der Altersversorgungsverpflichtungen dient.

Zum 31.12.t2 (31.12.t1) weisen die einzelnen Positionen folgende Werte auf, die die Polomerus GmbH durch Erstellung versicherungsmathematischer Gutachten unter Berücksichtigung der einschlägigen Regelungen sowie aufgrund der Bestätigungen ihrer Bank erhalten hat:

- *Verpflichtung der Altersversorgungsvereinbarungen lt. Gutachten 3,84 Mio. EUR (3,06 Mio. EUR),*
- *beizulegender Zeitwert des Treuhandvermögens 1,75 Mio. EUR (1,05 Mio. EUR).*

Von der Veränderung der Pensionsrückstellungen entfällt ein Anteil von 0,10 Mio. EUR auf den Zinseffekt. In der GuV des Jahres t2 sind der Zinsaufwand aus der Aufzinsung der Pensionsverpflichtungen (0,10 Mio. EUR) sowie der Zinsertrag aus dem Treuhandvermögen (0,7 Mio. EUR) zu saldieren. Im Ergebnis wird ein Zinsaufwand von 0,3 Mio. EUR ausgewiesen.

4.2.4 Sonderfall: Außerordentliche Effekte aus der BilMoG-Umstellung

Die Effekte aus der **Umstellung** auf das BilMoG zum 01.01.2010 sind, abgesehen von einer **Vielzahl von Ausnahmen** (siehe Kap. 6, Rn. 635 ff.), im **außerordentlichen Ergebnis** als „außerordentlicher Aufwand" oder „außerordentlicher Ertrag" auszuweisen.[20]

Beispiel

Die Poseidon AG hat für Zwecke der Generalüberholung einer Maschine mit Austausch von Verschleißteilen in drei Jahren (t4) mit Kosten von

---

20 Durch das BilRUG ist das außerordentliche Ergebnis entfallen. Siehe zu der Behandlung nach BilRUG für Bilanzstichtage, die nach dem 31.12.2015 beginnen, die Erläuterungen in Kap. 6.3.4, Rn. 663 ff.

4 Ausweis- und Angabepflichten

1.200.000 EUR bereits im Abschluss zum 31.12.t1 eine Rückstellung i.H.v. 400.000 EUR nach § 249 Abs. 2 HGB a.F. gebildet. Zum 31.12.t2 erfolgt erneut eine Zuführung i.H.v. 400.000 EUR. Der Wert der Rückstellung beträgt zum 31.12.t2 demnach 800.000 EUR. In der Steuerbilanz erfolgt kein Ansatz einer Rückstellung, da die Bildung von Aufwandsrückstellungen i.S.d. § 249 Abs. 2 HGB nicht erlaubt ist. Der kumulierte Ertragsteuersatz beträgt 30 %.

Im Übergangszeitpunkt am 01.01.t3 hat die Poseidon AG nun das Wahlrecht, die Rückstellung unter Anwendung der bisher geltenden Vorschriften beizubehalten oder diese unter Beachtung des Art. 67 Abs. 3 EGHGB aufzulösen. Angenommen, die Poseidon AG bevorzugt die Auflösung der Rückstellung zum 01.01.t3, gilt Folgendes:

Ein Teilbetrag von 400.000 EUR ist erfolgsneutral zugunsten der Gewinnrücklagen aufzulösen. Der Teilbetrag i.H.v. 400.000 EUR, der erst im Geschäftsjahr t2 zugeführt wurde, ist über die „außerordentlichen Erträge" ergebniserhöhend aufzulösen.

Buchungssätze zum 01.01.t3:

sonstige Rückstellungen	400.000 EUR	an	andere Gewinnrücklagen	400.000 EUR
sonstige Rückstellungen	400.000 EUR	an	außerordentliche Erträge	400.000 EUR

Wurden bei der Bildung der Aufwandsrückstellungen aktive latente Steuern abgegrenzt, sind auch diese zum Teil erfolgsneutral und zum Teil ergebniswirksam aufzulösen.

Buchungssätze zum 01.01.t3:

andere Gewinnrücklagen	120.000 EUR	an	aktive latente Steuern	120.000 EUR
latenter Steueraufwand	120.000 EUR	an	aktive latente Steuern	120.000 EUR

Entscheidet sich die Poseidon AG für die Beibehaltung der Aufwandsrückstellungen, kommt es im Zeitpunkt der Auflösung bzw. Inanspruchnahme (unterstellt wird das Geschäftsjahr t4) zu folgenden Buchungen.

Buchungssätze bei Auflösung im Geschäftsjahr t4:

sonstige Rückstellungen	800.000 EUR	an	andere Gewinnrücklagen	800.000 EUR
latenter Steueraufwand	240.000 EUR	an	aktive latente Steuern	240.000 EUR

4.2 Ausweis in der GuV

Buchungssätze bei Inanspruchnahme im Geschäftsjahr t4:

sonstiger betriebliche Aufwendungen	800.000 EUR	an	Kasse/Bank	800.000 EUR
sonstige Rückstellungen	800.000 EUR	an	sonstige betriebliche Aufwendungen	800.000 EUR
latenter Steueraufwand	240.000 EUR	an	aktive latente Steuern	240.000 EUR

An die Stelle des Ausweises eines außerordentlichen Ergebnisses in der GuV tritt die **Angabepflicht zu den außergewöhnlichen Sachverhalten** im Anhang hinsichtlich Art und Betrag (§ 285 Nr. 31 HGB). Außergewöhnlich sind Beträge entweder ihrer Größenordnung oder ihrer Bedeutung nach. Mit dem Wegfall des außerordentlichen Ergebnisses in der GuV hat der Gesetzgeber den Ausweis der noch aus der BilMoG-Umstellung nach Art. 67 EGHGB resultierenden Anpassungsbeträge (vor allem des über bis zu 15 Jahre zuzuführenden Anpassungsbetrags zu den Pensionsrückstellungen) neu geregelt. Künftig sind diese Beträge im sonstigen betrieblichen Ertrag oder im sonstigen betrieblichen Aufwand zu zeigen. Der Wegfall des außerordentlichen Ergebnisses verändert den Ergebnisausweis und kann sich z.B. auf daran anknüpfende Kennzahlen und Vergütungsregelungen auswirken.[21]

347

Neben dem Wegfall des Ausweises außerordentlicher Ergebnisbeiträge in die GuV fordert das BilRUG – unter Bezugnahme auf die supranationalen Vorgaben – künftig den **Ausweis außergewöhnlicher Aufwendungen und Erträge** im Anhang. Die entsprechende Berichtspflicht findet sich in § 285 Nr. 31 HGB.[22] Demnach kommt es nicht nur zu einer Verlagerung der Berichtspflicht in den Anhang, sondern auch zu einer Ausweitung. Nach der hier vertretenen Auffassung geht der Begriff „außergewöhnlich" damit über den zuvor abgegrenzten Begriff „außerordentlich" hinaus.

348

So umfasst der Begriff „**außergewöhnlich**" dem Art und Umfang nach **nicht gewöhnliche Sachverhalte**.[23] Diese können sich – auch nach Aufgabe der Unterscheidung zwischen gewöhnlicher und nicht gewöhnlicher Geschäftstätigkeit (siehe dazu § 277 Abs. 1 HGB) – auf die Geschäftstätigkeit des Unternehmens beziehen. Nach alter Rechtslage haben sich außerordentliche Sachverhalte gerade dadurch ausgezeichnet, dass sie außerhalb der „normalen" Geschäftstätigkeit angefallen sind. Nunmehr kommt es auf diese Differenzierung gerade nicht mehr an. Vielmehr fordert § 285 Nr. 31 HGB die Angabe der Beträge, wenn sie von außergewöhnlicher Größenordnung (Umfang) oder Bedeutung (Art) sind.[24]

349

---

21 Vgl. *Kolb/Roß*, WPg 2015, 869, 876.
22 Vgl. *Boecker/Zwirner* in: Zwirner, BilRUG, 2016, S. 518 ff.
23 Vgl. *Kolb/Roß*, WPg 2015, 869, 869 f.
24 Vgl. *Boecker/Zwirner* in: Zwirner, BilRUG, 2016, S. 518 ff.

4.3 Angabepflichten im Anhang

350 Die §§ 284 und 285 HGB sehen bestimmte **Angabepflichten im Anhang** vor. Die Grundlagen von Ansatz und Bewertung müssen nach § 284 Abs. 2 Nr. 1 HGB angegeben werden. Demnach besteht sowohl für Kapitalgesellschaften als auch für Personengesellschaften i.S.d. § 264a Abs. 1 HGB die Pflicht zur Erläuterung der angewandten Bilanzierungs- und Bewertungsmethoden; danach sind bei wesentlichen Rückstellungen im Anhang insb. anzugeben:[25]

- die angewandten Schätzverfahren,
- bei einer Restlaufzeit von einem Jahr oder weniger die Ausübung des Abzinsungswahlrechts,
- die der Ermittlung des Aufzinsungsaufwands zugrunde gelegten Annahmen,
- bei einer Bewertung von Pauschalrückstellungen unter Anwendung der Gruppenbewertung von Schulden gemäß § 240 Abs. 4 HGB die Bewertungsparameter,
- ob Erfolge aus Änderungen des Abzinsungszinssatzes oder Zinseffekte einer geänderten Schätzung der Restlaufzeit im operativen oder im Finanzergebnis ausgewiesen werden.

Praxistipp

Um die Vorschrift des § 284 Abs. 2 Nr. 1 HGB zu erfüllen, müssen kurz allgemeine Angaben zu Ansatz und Bewertung gemacht werden.[26] In Bezug auf die Rückstellungen zielt dies auf Aussagen über die Ansatzkriterien, sowie über Preis- und Kostensteigerungen und die Abzinsung. Zahlenangaben oder detaillierte Erklärungen über das Vorgehen bei der Berechnung der Rückstellungen, müssen an dieser Stelle nicht gemacht werden.

Beispiel

Die Beispiel AG berichtet in ihrem Anhang unter dem Punkt „Allgemeine Bilanzierungs- und Bewertungsgrundsätze" wie folgt:

Altersversorgungs- und ähnliche Verpflichtungen

Die Beispiel AG bewertet die Verpflichtungen aus Pensionszusagen mit ihrem Erfüllungsbetrag. Die Bewertung erfolgt mit dem versicherungsmathematischen Anwartschaftsbarwertverfahren und unter Berücksichtigung künftiger Gehalts- und Rentensteigerungen sowie unter Zugrundelegung biometrischer Wahrscheinlichkeiten. Die Abzinsung derartiger Verpflichtungen erfolgt pauschal mit dem von der Deutschen Bundesbank veröffentlichten Zinssatz für eine Restlaufzeit von 15 Jahren.

---

25 Vgl. *IDW* RS *HFA* 34, IDW FN 2012, 53, 61.
26 Siehe hierzu auch *Zwirner* in: Zwirner, BilRUG, 2016, S. 495.

Die Beispiel AG bildet zudem Rückstellungen für Pensionen, die über einen mittelbaren Durchführungsweg erbracht werden, soweit das jeweilige Vermögen der Versorgungseinrichtung nicht die Pensionszusage deckt.

Übrige Rückstellungen

In den übrigen Rückstellungen sind individuelle Vorsorgen für alle erkennbaren Risiken aus ungewissen Verbindlichkeiten sowie für drohende Verluste aus schwebenden Geschäften gebildet. Bei der Bewertung dieser Rückstellungen wurden erwartete Preis- und Kostensteigerungen berücksichtigt. Rückstellungen mit einer Restlaufzeit von über einem Jahr wurden mit dem laufzeitadäquaten durchschnittlichen Marktzinssatz der vergangenen sieben Geschäftsjahre, der von der Deutschen Bundesbank ermittelt und bekannt gegeben wird, abgezinst.

Zudem fordert § 285 Nr. 12 HGB die gesonderte Erläuterung der in der Bilanz als **sonstige Rückstellungen** ausgewiesenen Beträge, wenn sie einen nicht unerheblichen Umfang aufweisen.[27] Diese Pflicht gilt jedoch nicht für **kleine KapG und diesen gleichgestellte PersHG**.[28] Solche Gesellschaften können die „nicht unerheblichen" sonstigen Rückstellungen erläutern, müssen dies aber nicht. 351

Praxistipp

Wahlrechte bei der Anhangberichterstattung sollten ganzheitlich auf die Informationspolitik des berichtenden Unternehmens zugeschnitten sein.

Was erheblich und unerheblich ist, muss nach dem **Gesamtbild** aus Bilanz und GuV entschieden werden. Insb. ist auf das zahlenmäßige Verhältnis der bestimmten sonstigen Rückstellung zu den übrigen sonstigen Rückstellungen sowie auf das Verhältnis zum Jahresergebnis und Eigenkapital abzustellen.[29] 352

Die Erläuterungspflichten erstrecken sich sodann auf **Art, Grund und Zweck** der Rückstellung, wobei eine verbale Beschreibung ausreichend ist.[30] 353

Eine **Erläuterung** einzelner Rückstellungen im Anhang ist unter Abwägung der **Wesentlichkeitsgrenzen** vorzunehmen.[31] Insgesamt muss die Erläuterung sicherstellen, dass sich der Bilanzadressat ein zutreffendes Bild der VFE-Lage verschaffen kann. 354

Es bietet sich an, die Entwicklung der Rückstellungen in Form eines **Rückstellungsspiegels** darzustellen. Hierbei sind der Stand zum Ende des vorangegangenen Geschäftsjahrs, die Inanspruchnahme (auch: Verbrauch), die Zuführung, die Auflösung sowie die Effekte aus der Auf- und Abzinsung gesondert zu erfassen. Die 355

---

27 Vgl. auch HdJ/*Herzig/Köster*, Abt. III 5 Rn. 53 ff.
28 Zu den Größenkriterien siehe Syst. Praxiskommentar Bilanzrecht/*Lentz*, § 267 HGB Rn. 1 ff.
29 Vgl. Syst. Praxiskommentar Bilanzrecht/*Roth/Prechtl*, § 285 HGB Rn. 133.
30 Vgl. Syst. Praxiskommentar Bilanzrecht/*Roth/Prechtl*, § 285 HGB Rn. 134.
31 Vgl. Beck HdR/*Scheffler*, B 233 Rn. 97 f.

Darstellung in Form eines Rückstellungsspiegels ist gesetzl. nicht erforderlich, bietet sich allerdings an.[32]

	Buchwert zu Beginn des Geschäftsjahres in EUR	Zuführung in EUR	Auflösung in EUR	Aufzinsung in EUR	Abzinsung in EUR	Verbrauch/ Inanspruchnahme in EUR	Buchwert am Ende des Geschäftsjahres
Rückstellungen Gruppe A (z.B. für Prozesskosten)	146.000	25.000	-	4.000	- 800	-	174.200
Rückstellungen Gruppe B (z.B. für Garantieleistungen)	378.306	6.418	- 9.563	8.608	- 345	- 7.243	376.181
Rückstellungen Gruppe C (z.B. für alle übrigen)	38.636	4.560	- 3.104	-	-	- 21.929	18.163
Summe	562.942	35.978	- 12.667	12.608	- 1.145	- 29.172	568.544

Beispielhafter Aufbau eines Rückstellungsspiegels; © Petersen/Künkele/Zwirner

356 Es ist zu beachten, dass es bei langfristigen Rückstellungen mit ratierlichen oder unregelmäßigen Zuführungsbeträgen zum Ausweis **sowohl** von **Zinsaufwand als auch** von **Zinsertrag** aus der Auf- bzw. Abzinsung im gleichen Jahr kommt: Aufzinsung des zum 01.01. bilanzierten Betrags und Abzinsung des Zuführungsbetrags bei Anwendung der **Bruttomethode**. Im Gegensatz dazu beinhaltet der Rückstellungsspiegel bei der **Nettomethode** regelmäßig **nur eine Aufzinsungsspalte**, weil auch bei Zuführungen nur der Barwert der Verpflichtung als Aufwand erfasst wird.

---

[32] Dies im Hinblick auf die Auseinanderhaltung befürwortend Syst. Praxiskommentar Bilanzrecht/*de la Paix*, § 277 HGB Rn. 43.

4.3 Angabepflichten im Anhang

Beispiel

 In Fortführung des Beispiels aus Kap. 3.4, Rn. 323 zeigt sich der Rückstellungsspiegel zum 31.12.t2 wie folgt:

Alle Angaben in EUR	Buchwert zu Beginn des Geschäftsjahres	Zuführungen	Auflösung	Aufzinsung	Abzinsung	Verbrauch/ Inanspruchnahme	Buchwert am Ende des Geschäftsjahres
Rückstellungen für Abbruchverpflichtungen	9.951	11.314	–	381	–981	–	20.666
...							
Gesamt							

In dem vorliegenden Beispiel wird davon ausgegangen, dass der Zuführungsbetrag brutto (also 11.314 EUR) in der Zuführungsspalte anzugeben ist. Der entsprechende Abzinsungsbetrag

11.314 EUR × (1 −[1 / 1,0307³]) = 981 EUR

wird als Ertrag erfasst und wird rückstellungsmindernd in der Spalte „Abzinsung" geführt.

Der diskontierte Vorjahresbetrag i.H.v. 9.951 EUR muss „um eine Periode aufgezinst" werden, um dem näher rückenden Erfüllungstermin Rechnung zu tragen. Dabei ist der Zinssatz zugrunde zu legen, der im Vorjahr zur Abzinsung genutzt wurde: 9.951 EUR × 0,0326 = 324 EUR.

Der restliche Aufzinsungsbetrag i.H.v. 57 EUR (381 EUR − 324 EUR) erklärt sich durch die Änderung des Zinssatzes von 3,26 % auf 3,07 % für die restliche Laufzeit des Erfüllungsbetrags aus Periode 1:

11.314 EUR × (1,0307⁻³ − 1,0326⁻³) = 57 EUR

Erträge aus der **Auflösung** von Rückstellungen sind **periodenfremde Erträge** und als solche gem. § 277 Abs. 4 Satz 3 i.V.m. Satz 2 HGB erläuterungspflichtig, soweit die Beträge nicht von untergeordneter Bedeutung sind. Die Berichtspflicht erstreckt sich auf **Betrag** und **Art** der Erträge. Was den Betrag betrifft, so geht die h.M. davon aus, dass Erläuterungen der Größenordnungen wie „zum großen Teil" oder „überwiegend" ausreichend sind.[33] Der Erläuterungspflicht bzgl. der Art des periodenfremden Ertrags wird bereits dann Genüge getan, wenn erwähnt wird, dass die Erträge aus der Auflösung von Rückstellungen stammen. Eine Einzelaufgliederung oder Einzelnennung der betroffenen Rückstellungsarten ist nicht erforderlich.

---

33 Vgl. ADS, § 277 HGB Rn. 85.

4 Ausweis- und Angabepflichten

> **Beispiel**
>
> *Beispiel für eine Anhangangabe nach § 277 Abs. 4 Satz 3 i.V.m. Satz 2 HGB:*
> „In den sonstigen betrieblichen Erträgen sind periodenfremde Erträge i.H.v. 12 Mio. EUR enthalten. Diese entfallen fast ausschließlich auf die Auflösung von Rückstellungen."

358 Wird im Zuge der BilMoG-Umstellung vom Beibehaltungswahlrecht nach Art. 67 Abs. 1 Satz 2 EGHGB Gebrauch gemacht, ist im (Konzern-)Anhang der **Betrag der Überdeckung** der Rückstellung anzugeben (siehe Kap. 6.3.1, Rn. 649).

359 Bzgl. der **Angabepflichten** im Zusammenhang mit Pensionsverpflichtungen wird verwiesen auf Kap. 5.11.1, Rn. 617 ff. Die Berichtspflicht erstreckt sich auf:

- Parameter der Bewertung (Berechnungsverfahren, Zinssätze etc.) (siehe Kap. 5.11.1, Rn. 617 ff.),[34]
- Angaben bei der Verrechnung von Deckungsvermögen mit Pensions- u.ä. Verpflichtungen (siehe Kap. 5.11.2, Rn. 623 ff.),[35]
- Angabe des Betrags der Unterdeckung bei Nichtpassivierung von Verpflichtungen aus Altzusagen (siehe Kap. 5.3.1.2, Rn. 420 ff.),[36]
- Unterdeckungsbetrag bei Inanspruchnahme des Verteilungswahlrechts nach Art. 67 Abs. 1 Satz 1 EGHGB (siehe Kap. 6.3.2, Rn. 651 ff.),[37]
- ggf. mit der Bilanzierung von Rückstellungen für Pensionen und ähnliche Verpflichtungen korrespondierende Angaben (siehe Kap. 5.11.1, Rn. 617 ff.).

4.4 Aufzeichnungspflichten, Dokumentationserfordernisse und Prüfungshinweise

360 Der Bilanzierende muss den Ansatz der Rückstellungen ausreichend nachweisen und dokumentieren. Für die **Nachweise und die Dokumentation** gelten die allgemeinen Aufbewahrungsfristen des § 257 Abs. 1 Nr. 4 HGB. Damit sind die Unterlagen zehn Jahre aufzubewahren. Im Zusammenhang mit der jährlich vorzunehmenden Inventur hat auch eine Bestandsaufnahme der Risiken (Risikoinventur) zu erfolgen.[38] Hinsichtlich der einzelnen Bestandsnachweise ist zwischen den Angaben des Unternehmens sowie den externen Belegen zu unterscheiden.[39]

361 Der Bilanzierende muss im Einzelfall neben dem Grund, der Wahrscheinlichkeit der Inanspruchnahme etc. für angesetzte Rückstellungen auch nachweisen, unter wel-

---

34 Vgl. § 285 Nr. 24 HGB.
35 Vgl. § 285 Nr. 25 HGB.
36 Vgl. § 285 Nr. 25 HGB.
37 Vgl. Syst. Praxiskommentar Bilanzrecht/*Roth/Prechtl*, § 285 HGB Rn. 277; Beck HdR/*Andrejewski*, B 233 Rn. 163 ff.
38 Vgl. zur Inventur der Risiken im Zusammenhang mit dem Ansatz der Rückstellungen auch ADS, § 249 HGB Rn. 40.
39 Vgl. HdJ/*Herzig/Köster*, Abt. III 5 Rn. 41 ff.

4.4 Aufzeichnungspflichten, Dokumentationserfordernisse und Prüfungshinweise

chen Voraussetzungen der Ansatz einer Rückstellung im Jahresabschluss unterblieben ist. Damit erstreckt sich die **Aufzeichnungspflicht** nicht allein auf die angesetzten Rückstellungen, sondern ebenfalls auf die Sachverhalte, für die keine Rückstellung angesetzt worden ist.

Praxishinweis

Die Dokumentationserfordernisse des Bilanzierenden beziehen sich nicht allein auf die im Jahresabschluss ausgewiesenen Rückstellungen, sondern auch auf die Sachverhalte, bei denen auf den Ansatz einer Rückstellung verzichtet worden ist.

Der **Umfang der Aufzeichnungspflicht** erstreckt sich nicht nur auf den Ansatz der Rückstellung. Vielmehr ist ebenso deren Entwicklung, d.h. ihre Inanspruchnahme (Verbrauch) bzw. Auflösung, zu dokumentieren. Neben den ansatzbedingenden Unterlagen sind zudem die Nachweise über die Bewertung aufzubewahren. 362

Die Führung der Rückstellung dem Grunde nach und im zeitlichen Ablauf erfolgt regelmäßig durch den **Rückstellungsspiegel**, in dem der Bestand zum Beginn des GJ auf den Bestand zum Bilanzstichtag übergeleitet wird (siehe Kap. 4.3, Rn. 355). 363

Besondere Bedeutung kommt den Aufzeichnungspflichten insb. dann zu, wenn der Bilanzierende über den Nachweis von Inanspruchnahmen der Vergangenheit den Ansatz einer Rückstellung nachweisen muss. Dies kann bspw. im Zusammenhang mit der Beurteilung einer **faktischen Verpflichtung** aufgrund betrieblicher Praxis erforderlich sein. 364

Darüber hinaus sind die zum Bilanzstichtag angesetzten Rückstellungen zu Zwecken der Jahresabschlussprüfung ausreichend zu dokumentieren und nachzuweisen. 365

Mit Blick auf die einzelnen Rückstellungsarten stellen sich die erforderlichen Nachweise unterschiedlich dar. In der Praxis kommen regelmäßig folgende **interne und externe Nachweise** in Betracht: 366

- Pensionszusagen,
- Pensionsgutachten eines Aktuars unter Abgleich der Grunddaten,
- Aktuarsgutachten über Altersteilzeitverpflichtungen,
- Beurteilungen der rechtlichen Vertreter des Unternehmens über bestehende Rechtsstreitigkeiten, Prozessrisiken etc.,
- Beurteilungen der steuerlichen Berater über ausstehende Honorare, steuerliche Risiken, ausstehende Steuerbescheide etc.,
- Berichte der steuerlichen Betriebsprüfung,
- Einzelnachweise über ausstehende Rechnungen,
- Nachweise aus den einzelnen Fachabteilungen,

4 Ausweis- und Angabepflichten

- Tantiemezusagen und Tantiemenachweise im Zusammenhang mit erfolgsabhängigen Vergütungen,
- Unterlagen der Personalabteilung sowie ggf. versicherungsmathematische Gutachten (bspw. wegen Urlaubs- und Jubiläumsrückstellungen),
- Urlaubslisten im Zusammenhang mit den Urlaubsrückstellungen,
- Angaben zu unterlassenen Instandhaltungen,
- Angaben zu langfristigen und nicht ausgeglichenen Vertragsverhältnissen,
- Beurteilung noch anfallender Aufwendungen zur Auftragsabwicklung im Zusammenhang mit
- schwebenden Geschäften,
- Aufstellung aller schwebenden Geschäfte aus dem Beschaffungs- und Absatzbereich,
- Übersicht über die in der Vergangenheit aufgrund faktischer Verpflichtungen erbrachten Leistungen sowie
- Auftragsbestandslisten.

367 Der Ansatz der Rückstellungen ist in der Praxis regelmäßig über den Einsatz entsprechender **Checklisten** zu prüfen. Aus der Gesamtbeurteilung der wirtschaftlichen Tätigkeit und unter Beachtung der Entwicklung in der Vergangenheit sowie der im abgelaufenen GJ im Besonderen zu berücksichtigenden Geschäftsvorfälle ist zum Bilanzstichtag die Vollständigkeit der angesetzten Risiken sicherzustellen.

368 Die einzelnen **Prüfungshandlungen** sind durch Gespräche mit den verantwortlichen Fachabteilungen zu ergänzen. Zudem muss die seitens des Bilanzierenden abzugebende Vollständigkeitserklärung sicherstellen, dass der Prüfer über alle Risiken und deren erwartete Realisation informiert worden ist.[40]

369 Die **Durchsicht einzelner Konten** (z.B. geleistete Steuerzahlungen für VJ, Instandhaltung Folgejahr sowie die Durchsicht des Kontos „Rechts- und Beratungskosten") kann Hinweise auf die Vollständigkeit der angesetzten Rückstellungen liefern.

370 **Abgrenzungsprüfungen** („Cut-off-Prüfungen") stellen mit Blick auf als Aufwand des Folgejahrs erfasste Sachverhalte zudem sicher, dass eine periodengerechte Abgrenzung der einzelnen Aufwendungen zu den betrachteten GJ erfolgt.

371 Im Zuge der **Prüfung des vollständigen Ansatzes der Rückstellungen** ist im Besonderen auf das IKS[41] Bezug zu nehmen. Hierbei sind die Organisationsanweisungen und die Befolgung dieser mit Blick auf den Ansatz von Rückstellungen zu überprüfen.

---

40 Vgl. HdJ/*Herzig/Köster*, Abt. III 5 Rn. 197 f.
41 Vgl. umfassend HdJ/*Herzig/Köster*, Abt. III 5 Rn. 192 ff.

4.5 Sanktionen und Rechtsfolgen

Für eine **Verletzung der Ansatzregelungen** des § 249 HGB sind keine gesonderten Sanktionsvorschriften im HGB enthalten. Vielmehr gelten die allgemeinen Regelungen der §§ 331 ff. HGB.[42]

Strafrechtliche Konsequenzen können sich nach § 331 HGB ebenso ergeben wie Bußgelder nach §§ 334 ff. HGB.[43]

Ein **falscher Rückstellungsansatz** kann zu einem fehlerhaften Abschluss führen und im Einzelfall zur Nichtigkeit des Jahresabschluss i.S.d. § 256 AktG. Dies gilt sowohl für das Unterlassen von ansatzpflichtigen Rückstellungen (Überbewertung des ausgewiesenen Reinvermögens) als auch für den wesentlich zu hohen Ansatz von Rückstellungen entgegen den handelsrechtlichen Vorschriften (Unterbewertung des ausgewiesenen Reinvermögens).

Unabhängig von den Sanktionsvorschriften des HGB kann ein fehlerhafter Ansatz von Rückstellungen zu **Auswirkungen auf das Testat** führen. Neben Testatseinschränkungen kann auch eine Versagung des Bestätigungsvermerks geboten sein.[44]

---

42 Vgl. Handbuch Bilanzrecht/*Petersen/Zwirner/Busch*, B.I. Rn. 1 ff.; vgl. Handbuch Bilanzrecht/*Petersen/Zwirner/Busch*, B.I. Rn. 1 ff.
43 Vgl. Baetge/Kirsch/Thiele/*Hommel*, § 249 HGB Rn. 337 f.; Beck Bil-Komm/*Schubert*, § 249 HGB Rn. 330.
44 Vgl. weiterführend Baetge/Kirsch/Thiele/*Hommel*, § 249 HGB Rn. 336.

5

Rückstellungen für Pensionen und ähnliche Verpflichtungen

5 Rückstellungen für Pensionen und ähnliche Verpflichtungen

5.1 Vorbemerkungen

Rückstellungen für Pensionen und ähnliche Verpflichtungen sind eine **Unterart der Rückstellungen für ungewisse Verbindlichkeiten**. In der Bilanz sind sie nach § 266 Abs. 3 HGB als eigenständiger Posten auszuweisen. 376

Nach § 285 Nr. 24 HGB sind gesonderte **Angabepflichten im Anhang** zu beachten (siehe Kap. 5.11.1, Rn. 617 ff.). 377

Der Bundesrat hat am 26.02.2016 dem vom Deutschen Bundestag beschlossenen **Gesetz zur Umsetzung der Wohnimmobilienkreditrichtlinie und zur Änderung handelsrechtlicher Vorschriften** zugestimmt.[1] Die Änderungen des HGB traten am 17.03.2016 in Kraft.[2] In Artikel 7 und 8 des vorgenannten Gesetzes finden sich die Anpassungen des HGB zu § 253 HGB sowie zu Art. 75 EGHGB. Bestandteil des Gesetzes ist u.a. die Änderung des Durchschnittszeitraums zur Ermittlung des für die Bewertung von Rückstellungen für Altersversorgungsverpflichtungen maßgeblichen Zinssatzes durch die Deutsche Bundesbank. Für die handelsrechtliche Bewertung von Rückstellungen für Altersversorgungsverpflichtungen wird der Betrachtungszeitraum zur Durchschnittsbildung des relevanten Zinssatzes für Bewertungsstichtage, die ab dem 01.01.2016 beginnen, von sieben auf zehn Jahre ausgeweitet.[3] 378

5.2 Begriff der Pensionsverpflichtung und der ähnlichen Verpflichtung

5.2.1 Begriff der Pensionsverpflichtung

Pensionsverpflichtungen sind Verpflichtungen zur Zahlung laufender Pensionen oder zur Leistung einmaliger Zahlungen, die auf einer Versorgungszusage des Arbeitgebers ggü. dem Arbeitnehmer beruhen. § 1 Abs. 1 Satz 1 BetrAVG i.V.m. § 17 Abs. 1 Satz 2 BetrAVG definiert Pensionsverpflichtungen als Verpflichtungen aufgrund einer aus Anlass einer Tätigkeit für ein Unternehmen zugesagten Leistung der Alters-, Invaliditäts- oder Hinterbliebenenversorgung. Dabei kann es sich um unmittelbare oder mittelbare Versorgungszusagen handeln.[4] Die Zusagen können ggü. Arbeitnehmern, 379

---

1 Vgl. BR-Drucks. 84/16 vom 26.02.2016.
2 Vgl. BGBl. I 2016, 396.
3 Vgl. zu den Hintergründen und Auswirkungen der Gesetzesänderung auf die Bewertung von Rückstellungen für Altersversorgungsverpflichtungen ausführlich Kap. 7, Rn. 667 ff.
4 Vgl. auch *Wolz/Oldewurtel*, BBK 2010, 815, 816 f.

5 Rückstellungen für Pensionen und ähnliche Verpflichtungen

Organmitgliedern, Gesellschaftern oder Externen (wie z.B. Beratern) bestehen. Die Zusagen kommen i.d.R. durch eine Einzelzusage, d.h. durch einen Einzelvertrag zwischen Arbeitgeber und Arbeitnehmer, oder durch eine Gesamtzusage, die z.B. auf einer Betriebsvereinbarung oder einem Tarifvertrag beruht, zustande. Pensionsverpflichtungen können in Geld- oder Sachleistungen bestehen.

380 Pensionszahlungen werden meist ab einem bestimmten **auslösenden Ereignis**, wie Invalidität, Erwerbsunfähigkeit, Krankheit oder bei Erreichen eines festgelegten Alters, geleistet. Pensionsverpflichtungen im herkömmlichen Sinn sind daher Altersrenten, Witwenrenten, Waisenrenten, Invaliditätsrenten, Übergangsgelder oder Sterbegelder. Sie können befristet, aber auch lebenslänglich zu leisten sein. Die Zahlungen können auch über den Tod des Bezugsberechtigten hinaus, z.B. zugunsten von dessen Rechtsnachfolgern (wie Witwen und Waisen) erfolgen. Die Pensionszahlungen müssen stets der Versorgung des Begünstigten dienen. Dies bedeutet, dass der Pensionsberechtigte keine Gegenleistung in Form seiner Arbeitsleistung mehr erbringt. I.d.R. steht der Empfänger dann nicht mehr in einem Arbeitsverhältnis mit dem Arbeitgeber und bezieht keine Lohn- oder Gehaltszahlungen mehr.

381 Die Verpflichtungen bestehen **i.d.R. ggü. Arbeitnehmern.** Sie können aber ebenso anlässlich eines Dienstverhältnisses ggü. einem Organmitglied (wie Geschäftsführer oder Vorstand einer KapG) oder dem Gesellschafter-Geschäftsführer einer PersG bestehen. Ferner können die Verpflichtungen auch ggü. sonstigen Personen bestehen, die mit dem bilanzierenden Unternehmen in einer Leistungsbeziehung stehen, wenn den Personen für ihre Tätigkeit eine Leistung der Altersversorgung zugesagt wurde (z.B. Berater).

382 Anwartschaften auf Pensionszahlungen stellen ebenfalls Pensionsverpflichtungen dar. Die Verpflichtung zur Leistung ist aufschiebend bedingt, solange das auslösende Ereignis nicht eingetreten ist. Der Anspruch des Arbeitnehmers wird mit Eintritt des auslösenden Ereignisses fällig. Eine Rückstellung ist zu bilden, wenn mit dem **Eintritt der Bedingungen** zu rechnen ist.[5]

383 Unter der Voraussetzung, dass ein Bilanzierender Beamte beschäftigt, muss dieser in seinem Jahresabschluss **Rückstellungen für Beihilfen** aufgrund von Ansprüchen auf Krankheitskostenerstattung bilden. Beihilfen, die Beamten für künftige Krankheitskosten während ihres Ruhestands gewährt werden, stellen analog zu Pensionsverpflichtungen eine Gegenleitung für die bereits vor dem Ruhestand erbrachte Arbeitsleitung dar. Infolgedessen erwächst die Leistung aus dem Arbeitsverhältnis selbst und nicht aus seiner Beendigung. Somit setzen sich die zu passivierenden Pensionsverpflichtungen ggü. Beamten einerseits aus den Auszahlungen der Pensionen (selbst) und andererseits aus den mit den Pensionen vergleichbaren Beihilfen zusammen. Beide Verpflichtungen sind unter dem Posten „Rückstellungen für Pensionen und ähnliche Verpflichtungen" im Jahresabschluss auszuwei-

---

[5] Vgl. *IDW* RS *HFA* 30, IDW FN 2010, 437, 439.

sen.⁶ Aus der gemeinsamen wirtschaftlichen Betrachtung beider Verpflichtungen folgt, dass diese gemeinsam Art. 67 Abs. 1 EGHGB zu subsumieren sind, sodass von dem Bilanzierenden von dem Verteilungswahlrecht Gebrauch gemacht werden kann.⁷ Bei Inanspruchnahme des Verteilungswahlrechts ist nach Art. 67 Abs. 2 EGHGB eine Anhangangabe über die in der Bilanz nicht ausgewiesenen Rückstellungen aus diesen Beihilfen erforderlich.

Die Pensionsverpflichtung kommt durch die **Einzel-** oder **Gesamtzusage** zur Erbringung von Versorgungsleistungen zustande. Dies ist gleichzeitig der **Zeitpunkt der Entstehung** der Pensionsverpflichtung. Selbst wenn der Begünstigte seinen Willen nicht ausdrücklich erklärt, unterstellt § 151 BGB die Annahme durch den Begünstigten. 384

5.2.2 Begriff der ähnlichen Verpflichtung

Art. 28 Abs. 1 Satz 2 EGHGB fasst unter die ungewissen Verbindlichkeiten auch die ähnlichen Verpflichtungen.⁸ Allerdings ist dieser **Begriff**, der im Gesetz nicht näher definiert wird, eng auszulegen, weil ansonsten die Passivierungspflicht nach § 249 HGB über Art. 28 Abs. 1 Satz 2 EGHGB ausgehebelt werden würde.⁹ Da die Verpflichtung pensionsähnlich sein muss, handelt es sich um Verpflichtungen, die mit dem Arbeitsverhältnis des Arbeitnehmers in Verbindung stehen und ebenfalls durch ein bestimmtes Ereignis, wie bspw. das Ausscheiden aus dem Arbeitsverhältnis, ausgelöst werden. Auf der anderen Seite darf die Verpflichtung nicht den Charakter einer Pensionsverpflichtung aufweisen.¹⁰ 385

In der Literatur diskutiert wird die Frage, ob **Vorruhestandsgelder** unter die pensionsähnlichen Verpflichtungen fallen. Da diese Bezüge anstatt einer Leistung aufgrund des Eintritts in den „normalen" Ruhestand gewährt werden, kommt die Literatur zu der übereinstimmenden Meinung, dass Vorruhestandsgelder den pensionsähnlichen Verpflichtungen zuzuordnen sind.¹¹ 386

Auch sog. **Übergangsbezüge** oder **Übergangsgelder** sind als ähnliche Verpflichtungen anzusehen. Sie werden oft gewährt, wenn der Arbeitnehmer kurz vor Erreichen des Rentenalters aus dem Arbeitsverhältnis ausscheidet. Dies gilt allerdings nicht für den Fall, dass die Bezüge bereits eine Pensionsverpflichtung darstellen, weil sie automatisch durch ein Ereignis wie Tod, Erreichen einer Altersgrenze oder Berufsunfähigkeit ausgelöst werden. In diesen Fällen liegt trotz der Bezeichnung „Übergangsbezug" oder „Übergangsgeld" eine Pensionsverpflichtung vor. 387

---

6 Vgl. *Zwirner*, WPg 2012, 198, 198 f.
7 So auch *Grottel/Rhiel*; vgl. Beck Bil-Komm/*Grottel/Rhiel*, § 249 HGB Rn. 151 ff.
8 Vgl. WP-Handbuch, Bd. I, Buchst. E Rn. 136 ff.
9 Vgl. ADS, § 249 HGB Rn. 115.
10 Vgl. *IDW* RS *HFA* 30, IDW FN 2010, 437, 439.
11 Vgl. HdR-E/*Höfer*, § 249 HGB Rn. 608; vgl. auch Beck HdR/*Scheffler*, B 233 Rn. 196.

5 Rückstellungen für Pensionen und ähnliche Verpflichtungen

Praxistipp

 Vorruhestandsgelder, Übergangsbezüge und Übergangsgelder sind i.d.R. pensionsähnliche Verpflichtungen.

388 **Kosten** der **betrieblichen Altersversorgung** sind bei der Bewertung von Pensionsverpflichtungen zu berücksichtigen und stellen keine eigenen ähnlichen Verpflichtungen dar. Gleiches gilt für **Treuezahlungen, Abfindungen, Jubiläumsgelder** und **Beiträge zum Pensionssicherungsverein**.[12] Für sie gilt demnach auch nicht das Passivierungswahlrecht nach Art. 28 Abs. 1 Satz 2 EGHGB. Diese Sachverhalte sind sonstige ungewisse Verbindlichkeiten und nach § 249 Abs. 1 Satz 1 HGB passivierungspflichtig.

Praxistipp

 Kosten der betrieblichen Altersversorgung, Treuezahlungen, Abfindungen, Jubiläumsgelder und Beiträge zum Pensionssicherungsverein sind keine pensionsähnlichen Verpflichtungen.

389 Auch für den Erfüllungsrückstand i.R.v. **Altersteilzeitmodellen** hat eine Passivierung einer Rückstellung für ungewisse Verbindlichkeiten zu erfolgen.[13] Nach *IDW RS HFA* 3 ist hiervon das sog. Blockmodell betroffen. Der Arbeitnehmer ist dabei in der ersten Phase des Beschäftigungszeitraums (Beschäftigungsphase) im ursprünglichen Umfang, d.h. voll beschäftigt. In der zweiten Phase (Freistellungsphase) ist der Arbeitnehmer vollständig von seiner Arbeitspflicht freigestellt. Das Arbeitsentgelt wird hingegen gleichmäßig über den gesamten Altersteilzeitraum verteilt. Der Arbeitnehmer baut damit in der Beschäftigungsphase in Höhe des nicht entlohnten Anteils der Arbeitsleistung einen Erfüllungsrückstand auf. Der Ausweis der Rückstellungen für Altersteilzeit hat allerdings nicht unter den Rückstellungen für Pensionen und ähnliche Verpflichtungen, sondern **unter den sonstigen Rückstellungen** zu erfolgen.[14] Neben dem Erfüllungsrückstand für die erbrachte Arbeitsleistung sind zudem die Verpflichtungen aus den sog. Aufstockungsbeträgen zurückzustellen. Die beiden Bestandteile der Altersteilzeitrückstellung werden hierbei in den versicherungsmathematischen Gutachten regelmäßig gesondert bewertet. Eine Besonderheit im Zusammenhang mit Altersteilzeitrückstellungen ergibt sich aus der Anwendung von § 246 Abs. 2 HGB. Darüber hinaus äußert sich die im Jahr 2013 aktualisierte *IDW*-Stellungnahme zur Bilanzierung von Verpflichtungen aus Altersteilzeitregelungen zu Fragen der Klassifizierung der Aufstockungsleistungen nach ihrem wirtschaftlichen Gehalt (ratierlicher Aufwand als Entlohnungsbestandteil versus sofortige Aufwandserfassung), zum Zeitpunkt und zur

---

12 Vgl. Beck HdR/*Scheffler*, B 233 Rn. 199; Baetge/Kirsch/Thiele/*Hommel*, § 249 HGB Rn. 221.
13 Vgl. *Hoffmann/Lüdenbach*, § 249 HGB Rn. 92.
14 Vgl. dazu *IDW* RS *HFA* 3, IDW FN 2013, 309, 314 sowie bereits *Zwirner*, StuB 2012, 731, 735.

5.2 Begriff der Pensionsverpflichtung und der ähnlichen Verpflichtung

Höhe der zum jeweiligen Bilanzstichtag zu erfassenden Beträge, zur Behandlung von Erstattungsbeträgen der Bundesagentur für Arbeit sowie der Bilanzierung von Erfüllungsrückständen im Fall des Blockmodells.

Praxistipp

Rückstellungen für den Erfüllungsrückstand aus Altersteilzeitmodellen sind den sonstigen Rückstellungen und nicht den Pensionsrückstellungen zuzuordnen.

Grundsätzlich gelten die **Bewertungsvorschriften** des § 253 HGB (auch) für Rückstellungen für Altersteilzeitverpflichtungen. D.h., dass Altersteilzeitverpflichtungen entsprechend ihrer Laufzeit zu diskontieren und unter Berücksichtigung von künftigen Preis- und Kostensteigerungen stichtagsbezogen zu bewerten sind. Während diese Vorgaben zur Bewertung eindeutig – und vergleichbar mit der Behandlung der Pensionsverpflichtungen – sind, ist im Bezug auf die Saldierungsvorschriften des § 246 Abs. 2 HGB auf die Besonderheiten bei der Bilanzierung von Altersteilzeitverpflichtungen hinzuweisen.[15] **390**

Die Vorschriften des § 246 Abs. 2 HGB sehen vor, dass Vermögensgegenstände, die ausschließlich zur Erfüllung von Altersversorgungsverpflichtungen oder vergleichbarer langfristiger Verpflichtungen dienen und insolvenzsicher – d.h. dem Zugriff der Gläubiger entzogen – sind, mit den entsprechenden Verpflichtungen zu saldieren sind (sog. **Deckungsvermögen**). **391**

Die Rückstellung für Altersteilzeitverpflichtungen setzt sich aus **zwei Komponenten** zusammen (Aufstockungsbeträge und Erfüllungsrückstand), die – trotz des gemeinsamen bilanziellen Ausweises – gesondert zu bewerten sind. Diese gesonderte Betrachtung der Bestandteile der Altersteilzeitverpflichtungen ist auch für die Frage der Saldierung nach § 246 Abs. 2 HGB relevant. Für den Fall, dass allein der Erfüllungsrückstand durch Vermögensgegenstände i.S.d. § 246 Abs. 2 HGB abgesichert ist, allerdings nicht die Aufstockungsbeträge, dürfen Letztere nicht Gegenstand der Verrechnung sein. Demnach finden die Regelungen nach § 246 Abs. 2 HGB keine Anwendung auf die Aufstockungsbeträge aus Altersteilzeitverpflichtungen.[16] **392**

Beispiel

Die Sun & Fun GmbH hat für den Erfüllungsrückstand aus der Altersteilzeit eine Rückstellung i.H.v. 240 TEUR gebildet. Dieser Betrag setzt sich aus den Rückstellungen für Aufstockungsbeträge i.H.v. 40 TEUR sowie dem Erfüllungsrückstand aus der „originären" Altersteilzeit i.H.v. 200 TEUR zusammen.

Das Unternehmen ist verpflichtet, für den Erfüllungsrückstand i.H.v. 200 TEUR ein Deckungsvermögen einzurichten. Dieses erfüllt die Voraussetzungen des

---

15 Vgl. *Zwirner*, BB 2011, 619, 619 f.
16 Vgl. *Zwirner*, BB 2011, 619, 619 f.

> § 246 Abs. 2 Satz 2 HGB. Das Deckungsvermögen hat zum 31.12.t1 einen
> Zeitwert i.H.v. 220 TEUR. Die Bilanz gestaltet sich dann wie folgt:
>
> **Bilanz zum 31.12.t1**
>
> | Aktiva | | Passiva | |
> |---|---|---|---|
> | ... | | ... | |
> | ... | | Rückstellungen für Pensionen und ähnliche Verpflichtungen | 40 TEUR |
> | Aktiver Unterschiedsbetrag aus der Vermögensverrechnung | 20 TEUR | ... | |
>
> Die Sun & Fun GmbH weist aus der Verrechnung des saldierungspflichtigen
> Teils der Altersteilzeitverpflichtung (Erfüllungsrückstand) mit dem Deckungs-
> vermögen einen auf der Aktivseite auszuweisenden Unterschiedsbetrag aus
> und zeigt die Rückstellung für die Aufstockungsbeträge.

393 Die **Zweckexklusivität des Deckungsvermögens**[17] – bspw. Beschränkung der Zugriffsbeschränkung auf das für die Begleichung des Erfüllungsrückstands notwendige Vermögen – mit Blick auf den abgesicherten Erfüllungsrückstand führt dazu, dass nur dieser Betrag in die Saldierung des § 246 Abs. 2 HGB einzubeziehen ist. Sofern das Unternehmen seine Verpflichtung in dieser Weise absichert, kann es über den den Erfüllungsrückstand übersteigenden Teil des Vermögens frei verfügen. Problematisch erweist sich in diesem Zusammenhang die Aufteilung des Vermögens, sofern das Vermögen insgesamt grundsätzlich die Voraussetzungen des § 246 Abs. 2 HGB erfüllt, allerdings die Zugriffsbeschränkung nur bis zur Höhe des abzusichernden Erfüllungsrückstands greift. In diesem Fall ist zwar das Vermögen mit einem Zeitwert anzusetzen, eine Saldierung ist allerdings nur eingeschränkt vorzunehmen.[18]

Beispiel

> Die Sun & Fun GmbH hat für den Erfüllungsrückstand aus der Altersteilzeit eine
> Rückstellung i.H.v. 240 TEUR gebildet. Dieser Betrag setzt sich aus den Rückstellungen für Aufstockungsbeträge i.H.v. 40 TEUR und dem Erfüllungsrückstand aus der „originären" Altersteilzeit i.H.v. 200 TEUR zusammen. Zur Erfüllung ihrer Altersteilzeitverpflichtungen hat die Gesellschaft das Deckungsvermögen auf einen Treuhänder übertragen, hat indes vertraglich vereinbart, dass diese Mittel nur zur Begleichung der Verpflichtungen aus den Erfüllungsrückständen, nicht indes zur Erfüllung der Verpflichtungen aus den Aufstockungsbeträgen verwendet werden dürfen. Zum 31.12.t1 weist das Vermögen einen Zeitwert von

---

17 Vgl. *IDW* RS *HFA* 30, IDW FN 2011, 545, 548.
18 In diesem Sinne auch *Gelhausen/Fey/Kämpfer*, S. 32, *Zwirner*, BB 2011, 619, 620.

5.2 Begriff der Pensionsverpflichtung und der ähnlichen Verpflichtung

300 TEUR aus. Die Sun & Fun GmbH hat nun diesen Betrag in einem Umfang von 200 TEUR mit dem Anteil der Altersteilzeitrückstellung aus dem Erfüllungsrückstand zu saldieren. Der verbleibende Teil (100 TEUR) bleibt – zum Zeitwert bewertet, aber nicht mit den Aufstockungsbeträgen saldiert – als aktiver Unterschiedsbetrag aus der Vermögensverrechnung auf der Aktivseite stehen.

Im Zusammenhang mit der bilanziellen Beurteilung von Altersteilzeitverpflichtungen ist demnach zwischen der Bewertungsfolge des § 246 Abs. 2 HGB und der Saldierung zu differenzieren. Während das für die Altersteilzeitverpflichtungen reservierte Vermögen vollständig zum beizulegenden Zeitwert zu bewerten ist, ist die Saldierung allein auf den Erfüllungsrückstand der Altersteilzeitverpflichtung beschränkt.

Mit *IDW* RS *HFA* 3[19] liegt eine **Stellungnahme zur handelsrechtlichen Bilanzierung von Altersteilzeitregelungen** vor. Die Stellungnahme sieht vor, dass bei Abschluss von Altersteilzeitvereinbarungen die Rückstellung für die Aufstockungsbeträge sukzessive über den Leistungszeitraum, d.h. die gesamte Arbeitszeit des Arbeitnehmers, angesammelt werden kann.[20]

394

Praxistipp

IDW RS HFA 3 erlaubt eine ratierliche Erfassung der Aufstockungsbeträge als laufendes Entgelt für den Fall, dass die Altersteilzeitvereinbarung als Gegenleistung für die vom Arbeitnehmer über seine Gesamtlebensarbeitszeit zu erbringende Tätigkeit anzusehen ist.

5.2.3 Unmittelbare und mittelbare Pensionsverpflichtungen

Art. 28 EGHGB erfordert eine **Unterscheidung** zwischen unmittelbaren und mittelbaren Pensionsverpflichtungen. Diese Unterscheidung ist maßgeblich für den Verpflichtungsgrad der Passivierung.

395

Praxistipp

Nach Art. 28 EGHGB besteht für unmittelbare Pensionsverpflichtungen eine Passivierungspflicht und für mittelbare Pensionsverpflichtungen ein Passivierungswahlrecht.

Bei einer **unmittelbaren Verpflichtung** verpflichtet sich das bilanzierende Unternehmen durch das Eingehen einer Altersversorgungszusage bei Eintritt des Versorgungsfalls, die Leistung ggü. dem Begünstigten **selbst** zu erbringen. Es kommt nicht zur Zwischenschaltung eines anderen Rechtsträgers (z.B. einer Pensionskasse) zwischen dem Unternehmen und dem Versorgungsberechtigten. Die Einschaltung

396

---

19 Vgl. *IDW* RS *HFA* 3, IDW FN 2013, 309, 309 ff.
20 Vgl. weiterführend *Zwirner*, StuB 2012, 731, 731 ff.

eines Dritten lediglich zur Abwicklung der Pensionszahlung ändert nichts am Charakter der unmittelbaren Verpflichtung. Unmittelbare Verpflichtungen können auf einer Einzelzusage oder einer Gesamtzusage beruhen (siehe Kap. 5.2.1, Rn. 279).[21]

397 Bei einer **mittelbaren Verpflichtung** erfolgt die Erfüllung der Versorgungsverpflichtung ggü. dem Berechtigten nicht direkt durch das bilanzierende Unternehmen, sondern durch Zwischenschaltung einer externen Versorgungseinrichtung.[22] Das Unternehmen besorgt also die Leistung an den Begünstigten durch Einschaltung eines Dritten. Das Unternehmen dotiert die eingeschaltete Versorgungseinrichtung, welche wiederum primär zur Leistung an den Berechtigten verpflichtet ist. Als Versorgungseinrichtungen kommen üblicherweise in Betracht:

- Unterstützungskassen (§ 1b Abs. 4 BetrAVG),
- Pensionskassen (§ 1b Abs. 3 BetrAVG),
- Pensionsfonds (§ 1b Abs. 3 BetrAVG),
- Direktversicherungen (§ 1b Abs. 2 BetrAVG) und
- Versorgungskassen.

Die Versorgungseinrichtungen unterscheiden sich hinsichtlich der Art der Finanzierung der Versorgungsleistungen. Diese kann durch Aufbau eines Kapitalstocks erfolgen oder im Wege der Umlagefinanzierung. Weiter unterscheiden sie sich in der ertrag- und lohnsteuerlichen Behandlung der Beiträge und Zuwendungen. Ein wesentlicher Unterschied liegt auch in der Frage, ob die Berechtigten einen Rechtsanspruch gegen die Versorgungseinrichtung erwerben.

398 Eine **Unterstützungskasse** ist eine rechtlich selbstständige Versorgungseinrichtung, die sich aus Zuwendungen eines oder mehrerer Trägerunternehmen sowie den Erträgen aus der Vermögensanlage finanziert. Die Unterstützungskasse gewährt den Versorgungsberechtigten ihrer Trägerunternehmen Versorgungsleistungen, ohne dass hierauf ein Rechtsanspruch bestehen muss. Die Dotierung erfolgt i.d.R. allein durch den Arbeitgeber. Entsteht bei der Unterstützungskasse ein Fehlbetrag, kann es zu einer Einstandspflicht des Arbeitgebers kommen (sog. Subsidiärhaftung).[23]

399 **Pensionskassen** sind rechtlich selbstständige Lebensversicherungsunternehmen, deren Zweck die Absicherung wegfallenden Erwerbseinkommens wegen Alters, Invalidität oder Todes ist.[24] Sie finanzieren sich über Beiträge der Arbeitgeber und ggf. der Versorgungsberechtigten. Die Berechtigten haben einen eigenen Rechtsanspruch gegen die Pensionskasse.

400 Ein **Pensionsfonds** ist eine rechtsfähige Versorgungseinrichtung, die im Wege des Kapitaldeckungsverfahrens Leistungen der betrieblichen Altersversorgung für einen Arbeitgeber zugunsten von Versorgungsberechtigten erbringt, wobei diesen ein

---

21 Vgl. HdJ/*Heger/Weppler*, Abt. III 7 Rn. 37.
22 Vgl. *Hoffmann/Lüdenbach*, § 249 HGB Rn. 128.
23 Vgl. Baetge/Kirsch/Thiele/*Hommel*, § 249 HGB Rn. 215.
24 Vgl. § 118a VAG.

5.2 Begriff der Pensionsverpflichtung und der ähnlichen Verpflichtung

eigener Rechtsanspruch auf Leistungen gegen den Fonds eingeräumt wird (§ 112 Abs. 1 Satz 1 VAG).[25] Der Fonds wird über Beitragszahlungen des Arbeitgebers und der Versorgungsberechtigten finanziert.[26]

Eine **Direktversicherung** bezeichnet eine Lebensversicherung, die ein Arbeitgeber auf das Leben eines Versorgungsberechtigten abschließt und bei der dieser oder dessen Hinterbliebene hinsichtlich der Leistungen bezugsberechtigt sind. Der Arbeitgeber ist Versicherungsnehmer und Beitragszahler. Er hat durch Entrichtung der Versicherungsprämien die Erfüllung der Pensionsleistungen zu gewährleisten. Im Versorgungsfall werden die Leistungen direkt von der Lebensversicherung an den Begünstigten gewährt. **401**

Praxistipp

 *Von der Direktversicherung ist die **Rückdeckungsversicherung** zu unterscheiden. Hier ist das bilanzierende Unternehmen Empfänger der Leistungen der Versicherung. Das bilanzierende Unternehmen kann über eine Rückdeckungsversicherung seine eigene Leistungsverpflichtung ggü. dem Versorgungsberechtigten finanzieren (siehe auch zur Saldierung mit Altersversorgungsverpflichtungen Kap. 5.6, Rn. 491 ff.).*

Versorgungskassen sind Träger der tarifvertraglich geregelten betrieblichen Altersversorgung der Beschäftigten im öffentlichen Dienst (z.B. die Versorgungsanstalt des Bundes und der Länder als Zusatzversorgungskasse). Sie ähneln in der Funktionsweise den Pensionskassen, stellen jedoch i.d.R. Körperschaften des öffentlichen Rechts dar. Wird eine Zusatzversorgungskasse zwischengeschaltet, liegt eine mittelbare Pensionsverpflichtung vor. Die Beamtenversorgung über die Beamtenversorgungskasse stellt hingegen nach *IDW* RS *HFA* 23 eine unmittelbare Altersversorgungsverpflichtung dar.[27] **402**

Auch die subsidiäre Einstandspflicht des bilanzierenden Unternehmens nach § 1 Abs. 1 Satz 3 BetrAVG gehört zu den mittelbaren Pensionsverpflichtungen.[28] Die **Subsidiärhaftung** entsteht, wenn das Vermögen der externen Versorgungseinrichtung nicht ausreicht, die Verpflichtung ggü. dem Begünstigten zu erfüllen. Der Begünstigte hat dann einen unmittelbaren Anspruch ggü. dem die mittelbare Zusage erklärenden Unternehmen. Ggü. den zwischengeschalteten Versorgungseinrichtungen bestehen keine rückstellungsfähigen (Pensions-)Verpflichtungen. Das Unternehmen kann jedoch aufgrund ausstehender Beitrags- und Prämienzahlungen eine Verbindlichkeit ggü. den Versorgungseinrichtungen haben. **403**

Nach dem Stichtag 31.12.1986 **erfolgte Änderungen** i.S.v. Erhöhungen oder Verbesserungen stellen keine Neuzusagen dar, sondern sind der Altzusage zuzurech- **404**

---

25 Vgl. § 112 Abs. 1 Satz 1 VAG.
26 Vgl. Baetge/Kirsch/Thiele/*Hommel*, § 249 HGB Rn. 217.
27 Vgl. *IDW* RS *HFA* 23, IDW FN 2009, 316, 317.
28 Vgl. HdR-E/*Höfer*, § 249 HGB Rn. 795.

nen.²⁹ Dies kann sich z.B. aus einer Beförderung ergeben. Gleiches gilt auch bei einer Änderung des Durchführungswegs. Eine solche Änderung des Durchführungswegs liegt bspw. dann vor, wenn sich das bilanzierende Unternehmen dazu entscheidet, die betriebliche Altersversorgung mittels Einschaltung einer Unterstützungskasse (mittelbare Zusage) aufzugeben und die Zusage direkt zu übernehmen (unmittelbare Zusage). Arbeitsrechtlich liegen in solchen Fällen keine Neuzusagen vor. An diese Sichtweise lehnt sich die Bilanzierung an. Erfolgte damit in obigem Beispiel die mittelbare Zusage vor dem 01.01.1987 und die Änderung des Durchführungswegs nach dem 31.12.1986, bleibt es auch nach dieser Änderung bei einer Altzusage.³⁰

5.2.4 Alt- und Neuzusagen

405 Für das Vorliegen einer Passivierungspflicht oder eines Passivierungswahlrechts ist neben der Unterscheidung zwischen unmittelbaren und mittelbaren Pensionsverpflichtungen die Trennung in Alt- und Neuzusagen maßgebend. Wurde die Zusage vor dem 01.01.1987 erteilt, liegt eine **Altzusage** vor, für die ein **Passivierungswahlrecht** gilt. Zusagen nach dem 31.12.1986 sind **Neuzusagen**, für die eine **Passivierungspflicht** gilt, wenn es sich um unmittelbare Neuzusagen handelt. Bei Warte- und Vorschaltzeiten ist auf den Beginn dieser Warte- und Vorschaltzeiten abzustellen.³¹

406 Nach dem Stichtag des 31.12.1986 erfolgte Änderungen i.S.v. **Erhöhungen** oder **Verbesserungen** stellen keine Neuzusagen dar, sondern sind der Altzusage zuzurechnen.³² Dies kann sich z.B. aus einer Beförderung ergeben. Gleiches gilt auch bei einer **Änderung des Durchführungswegs**. Eine solche Änderung des Durchführungswegs liegt bspw. dann vor, wenn das bilanzierende Unternehmen sich entscheidet, die betriebliche Altersversorgung mittels Einschaltung einer Unterstützungskasse (mittelbare Zusage) aufzugeben und die Zusage direkt zu übernehmen (unmittelbare Zusage). Arbeitsrechtlich liegen in solchen Fällen keine Neuzusagen vor. An diese Sichtweise lehnt sich die Bilanzierung an. Erfolgte damit in obigem Beispiel die mittelbare Zusage vor dem 01.01.1987 und die Änderung des Durchführungswegs nach dem 31.12.1986, bleibt es auch nach dieser Änderung bei einer Altzusage.³³

Praxistipp

 Wird bei einer Altzusage nach dem 31.12.1986 der Durchführungsweg geändert, bleibt es bei einer Altzusage, für die ein Passivierungswahlrecht gilt.

---

29 Vgl. ADS, § 249 HGB Rn. 88.
30 Vgl. Beck Bil-Komm/*Grottel/Rhiel*, § 249 HGB Rn. 168.
31 Vgl. HdR-E/*Höfer*, § 249 HGB Rn. 645.
32 Vgl. ADS, § 249 HGB Rn. 88.
33 Vgl. Beck Bil-Komm/*Grottel/Rhiel*, § 249 HGB Rn. 167 f.

5.2 Begriff der Pensionsverpflichtung und der ähnlichen Verpflichtung

Die **Abgrenzung zwischen Alt- und Neuzusagen** erlangt besondere Bedeutung, wenn Versorgungszusagen von einem auf ein anderes Unternehmen übergehen. Hierbei treffen zwei Sichtweisen aufeinander. Aus Sicht des Berechtigten hat sich die Zusage nicht geändert. Trotz Übernahme der Verpflichtung durch ein anderes Unternehmen liegt aus Sicht des Berechtigten unverändert eine Alt- oder Neuzusage vor, je nachdem, ob die Zusage vor oder nach dem 01.01.1987 erfolgte. Aus Sicht des „neuen" Verpflichteten liegt eine Neuzusage vor. Art. 28 Abs. 1 Satz 1 EGHGB stellt auf den Blickwinkel des Berechtigten ab. Im Grundsatz gilt damit, dass Pensionszusagen ihre Klassifikation in Alt- oder Neuzusage allein aufgrund der Übernahme der Verpflichtung durch ein anderes Unternehmen nicht ändern. Im Zusammenhang mit der Übernahme von Pensionsverpflichtungen sind jedoch verschiedene Fälle zu unterscheiden.

407

Praxistipp

Die Übernahme von Pensionsverpflichtungen ist hinsichtlich der Einstufung als Alt- oder Neuzusage differenziert zu betrachten.

Für die Übernahme von Pensionsverpflichtungen i.R.d. **Gesamtrechtsnachfolge** (z.B. Verschmelzung) gilt, dass sich die Einstufung in Alt- oder Neuzusage nicht ändert.[34]

408

Beispiel

Die X GmbH ist ggü. ihren Arbeitnehmern Versorgungsverpflichtungen mit Zusage vor dem 01.01.1987 eingegangen. Die X GmbH wird im Jahr t1 auf die Y AG verschmolzen. Im Zuge der Verschmelzung gehen die Pensionszusagen auf die Y AG über. Obwohl die Pensionsverpflichtungen aus Sicht der Y AG neu sind, behalten die Verpflichtungen den Charakter einer Altzusage. Es bleibt damit bei einem Passivierungswahlrecht.

Auch im Fall der gesetzl. Verpflichtung zur Übernahme von Versorgungszusagen nach **§ 613a BGB** gilt, dass sich die Einordnung der Zusagen in Alt- oder Neuzusagen durch die Übernahme nicht ändert.[35] Beim Betriebsübergang nach § 613a BGB tritt das übernehmende Unternehmen in die Rechte und Pflichten aus dem Arbeitsverhältnis ein und somit auch in die Altersversorgungsverpflichtungen.[36] Sind jedoch die übernommenen Pensionsverpflichtungen Bestandteil des Kaufpreises, also Entgelt für erworbene Vermögensgegenstände, kann es im Fall von übernommenen, dem Passivierungswahlrecht unterliegenden Altzusagen nicht beim Passivierungswahlrecht bleiben. Dies gilt v.a. bei der Einzelrechtsnachfolge. In diesen Fällen muss es zu einer Passivierung der Altzusagen in der Höhe kommen, in der die übernommenen Verpflichtungen Entgeltbestandteil sind. Nach der Übernahme der

409

---

34 Vgl. Beck Bil-Komm/*Grottel/Rhiel*, § 249 HGB Rn. 167.
35 Vgl. HdJ/*Heger/Weppler*, Abt. III 7 Rn. 70.
36 Vgl. *IDW* RS *HFA 30*, IDW FN 2011, 96, 558.

Altzusage sind allerdings neue Zuführungen zu den Pensionsrückstellungen nicht verpflichtend zu passivieren.[37]

410 Die gesetzl. Übernahmepflicht nach § 613a BGB umfasst nicht **Verpflichtungen aus laufenden Renten**. In diesen Fällen bleibt der bisherige Betriebsinhaber Verpflichteter. Für den übernehmenden Rechtsträger besteht kein Anlass zur Passivierung. Damit bleibt auch die Einstufung in Alt- oder Neuzusagen unverändert. Wurde jedoch im Innenverhältnis zwischen Veräußerer und Übernehmendem vereinbart, dass der Übernehmende den Verpflichtungen des Veräußerers beitritt (**Schuldbeitritt**), dann hat der Übernehmende aus dieser Vereinbarung eine Verpflichtung zu passivieren.[38]

411 Zu einer Änderung des Charakters der Zusage kommt es in jedem Fall dann, wenn das übernehmende Unternehmen den Arbeitnehmern nach der Betriebsübernahme eine Pensionszusage macht, die der Zusage des bisherigen Arbeitgebers genau entspricht, die bisherige Pensionsverpflichtung jedoch nicht übernommen wurde. In diesen Fällen liegt eine neue Zusage vor, die der alten Zusage nachgebildet wurde. Diese Konstellation führt jedoch stets zu einer **Neuzusage**.

5.3 Ansatz von unmittelbaren Pensionsverpflichtungen in Handels- und Steuerbilanz

5.3.1 Bilanzierung in der Handelsbilanz

5.3.1.1 Passivierungspflicht für Neuzusagen

412 **Unmittelbare Pensionsverpflichtungen** aus **Neuzusagen** sind nach § 249 Abs. 1 Satz 1 HGB i.V.m. Art. 28 Abs. 1 Satz 1 EGHGB verpflichtend als Rückstellungen für ungewisse Verbindlichkeiten zu passivieren. Durch die Rückstellung wird der Erfüllungsrückstand des Arbeitgebers aus dem Arbeitsverhältnis abgebildet. Unsicherheit besteht hinsichtlich der Höhe und dem Entstehen der Verpflichtung. Gleiches gilt bei einer faktischen Verpflichtung, der sich der Bilanzierende auch ohne rechtliche Verpflichtung nicht entziehen kann.[39]

413 Die **Verpflichtung zur Passivierung** nach § 249 Abs. 1 Satz 1 HGB kann sich aus der unmittelbaren Zusage (rechtliche Verpflichtung) oder einem faktischen Leistungszwang ergeben, weil sich das Unternehmen auch ohne rechtliche Verpflichtung der Leistung nicht entziehen kann. Vor Eintritt des Versorgungsfalls begründet eine Altersversorgungszusage eine aufschiebend bedingte Schuld (**Anwartschaft**), die ein Rückstellungserfordernis auslöst, wenn mit dem Eintritt der Bedingungen zu rechnen ist.

414 Die Möglichkeit, dass das Arbeitsverhältnis **gekündigt** werden kann oder dass das Unternehmen die Zusage **widerrufen** kann, entbindet nicht von der Verpflichtung

---

37 Vgl. ADS, § 249 HGB Rn. 92.
38 Vgl. ADS, § 249 HGB Rn. 92.
39 Vgl. *IDW* RS *HFA 30*, IDW FN 2011, 545, 547.

5.3 Ansatz von unmittelbaren Pensionsverpflichtungen in Handels- und Steuerbilanz

zur Passivierung von Pensionsrückstellungen. Die Widerrufbarkeit ist arbeitsrechtlich weitestgehend eingeschränkt. Auch bedingte **Widerrufsvorbehalte**, die an nicht voraussehbare künftige Entwicklungen oder Ereignisse geknüpft sind, lassen die Passivierungspflicht unberührt. Erst wenn sich die Umstände, die einen Widerruf ermöglichen, konkretisieren, entfällt die Rückstellungspflicht. Die Pensionszusage darf jedoch nicht lediglich unverbindlich in Aussicht gestellt sein oder von einem künftigen ungewissen Ereignis abhängen, dessen Eintritt vom Unternehmen bestimmt werden kann.[40]

Beispiel

 Die Pluto AG macht ggü. Abteilungsleitern unmittelbare direkte Pensionszusagen. Allerdings sind die Zusagen an die Bedingung geknüpft, dass die Abteilungsleiter die Beförderung zum Prokuristen erreichen. Da die Pluto AG bestimmen kann, ob ihre Abteilungsleiter zum Prokuristen befördert werden oder nicht, dürfen zunächst keine Pensionsrückstellungen gebildet werden. Erst ab der Eintragung der Prokura im Handelsregister kommt es zur Passivierungspflicht.

Die Einhaltung bestimmter **Formvorschriften** ist für die handelsrechtliche Passivierungspflicht unbeachtlich. Sowohl schriftliche als auch mündliche Neuzusagen lösen eine Passivierungspflicht aus. Damit ist das steuerrechtliche Schriftformerfordernis handelsrechtlich ohne Bedeutung. Das Handelsrecht will die arbeitsrechtliche Verpflichtung abbilden. Arbeitsrechtlich besteht eine Verpflichtung unabhängig davon, ob die Zusage schriftlich oder mündlich erfolgt oder ob sie sich aus den betriebsüblichen Gegebenheiten ergibt. **415**

Sog. **Vorschaltzeiten** haben keinen Einfluss auf die Passivierungspflicht. Unter Vorschaltzeiten sind i.d.R. einzelvertragliche Klauseln zu verstehen, die vorsehen, dass der Arbeitnehmer erst ab einer bestimmten Dienstzeit in den Genuss der betrieblichen Altersversorgung kommt. Der Arbeitnehmer erwirbt ab Beginn des Dienstverhältnisses eine Anwartschaft auf die Versorgung. Damit kommt es ab Beginn des Arbeitsverhältnisses, nicht erst ab Ablauf der Vorschaltzeit, zur Passivierungspflicht.[41] **416**

Genauso unbeachtlich für die Verpflichtung zur Passivierung sind **Wartezeiten** und **Verfallsklauseln** bei aktiven Arbeitnehmern. Wartezeiten bezeichnen Zeiten, während denen Versorgungsleistungen ausgeschlossen sind. Fällt der Versorgungsfall in diesen Zeitraum, hat der Berechtigte keinen Versorgungsanspruch. Verfallsklauseln führen zum Wegfall des Pensionsanspruchs beim Eintritt vertraglich geregelter Voraussetzungen. **417**

Die allgemeinen Vorgaben des HGB zur **Inventur** sind auch im Hinblick auf die Altersversorgungsverpflichtungen zu beachten, um ihre vollständige Erfassung zu **418**

---

40 Vgl. *IDW* RS *HFA* 30, IDW FN 2010, 437, 440.
41 Vgl. *IDW* RS *HFA* 30, IDW FN 2010, 437, 439.

5 Rückstellungen für Pensionen und ähnliche Verpflichtungen

gewährleisten. Das **Inventar** umfasst nach § 240 Abs. 1 HGB auch die Schulden und damit auch die Pensionsrückstellungen. Das Inventar ist nach § 240 Abs. 2 HGB grds. zum Ende eines jeden Geschäftsjahres durch eine körperliche Aufnahme aufzustellen. Einer körperlichen Bestandsaufnahme bedarf es nach § 241 Abs. 2 HGB nicht, wenn der Bestand durch ein anderes, den GoB entsprechendes Verfahren festgestellt werden kann. Das Inventar dient der Bemessung der Pensionsrückstellung dem Grunde und der Höhe nach.[42]

419   Das Inventar muss sämtliche rechtlichen Grundlagen der Pensionsverpflichtungen enthalten. Darunter fallen z.B. Einzel- und Gesamtzusagen, Tarifverträge, Arbeitsverträge, Aufhebungsvereinbarungen und Betriebsvereinbarungen. Neben den schriftlichen Altersversorgungsvereinbarungen sollten Protokolle über mündliche Altersversorgungsvereinbarungen ebenfalls archiviert werden. Zum Inventar zählen auch die personellen Grundlagen der Pensionsverpflichtungen.[43] Dabei ist neben der Anzahl der Bezugsberechtigten für jede Person ein **Stammdatensatz** anzulegen, der die wesentlichen persönlichen Daten wie Geburtsdatum, Geschlecht, Diensteintritt, Zusagedatum, Altersgrenze und Höhe der Pension enthält.[44]

5.3.1.2 Passivierungswahlrecht für Altzusagen

420   **Art. 28 Abs. 1 Satz 1 EGHGB lautet:**

> „Für eine laufende Pension oder eine Anwartschaft auf eine Pension aufgrund einer unmittelbaren Zusage braucht eine Rückstellung nach § 249 Abs. 1 Satz 1 des HGB nicht gebildet zu werden, wenn der Pensionsberechtigte seinen Rechtsanspruch vor dem 01.01.1987 erworben hat oder sich ein vor diesem Zeitpunkt erworbener Rechtsanspruch nach dem 31.01.1986 erhöht."

421   Für **unmittelbare Pensionsverpflichtungen** aus **Altzusagen** – Pensionszusagen, die vor dem 01.01.1987 erteilt wurden – gilt nach Art. 28 Abs. 1 Satz 1 EGHGB ein Passivierungswahlrecht. Dies stellt eine Ausnahme vom Grundsatz der Passivierungspflicht von Rückstellungen für ungewisse Verbindlichkeiten dar, unter welche die Pensionsrückstellungen fallen.

422   Auf der anderen Seite gilt für alle nach dem 31.12.1986 erteilten Pensionszusagen die **Passivierungspflicht**. Es wird dann von sog. Neuzusagen gesprochen. Hinsichtlich der Abgrenzung zwischen Alt- und Neuzusagen wird auf Kap. 5.2.4, Rn. 405 ff. verwiesen.

423   Art. 28 Abs. 1 Satz 1 EGHGB nimmt jedoch nicht nur die ursprüngliche Pensionsrückstellung von der Passivierung aus. Auch für die **spätere Erhöhung** bedarf es keiner Rückstellungsbildung.[45] Dies ist konsequent, weil jede einzelne Zusage eine Schuld darstellt. Auch spätere Erhöhungen zählen zu diesem einzelnen Schuldpos-

---

42 Vgl. *Hoffmann/Lüdenbach*, § 249 HGB Rn. 121 f.
43 Vgl. Beck HdR/*Petersen/Zwirner*, A 30 Rn. 66.
44 Vgl. Beck Bil-Komm/*Grottel/Rhiel*, § 249 HGB Rn. 171.
45 Vgl. HdJ/*Heger/Weppler*, Abt. III 7 Rn. 67 ff.

5.3 Ansatz von unmittelbaren Pensionsverpflichtungen in Handels- und Steuerbilanz

ten. Es wäre daher nicht sinnvoll, spätere Erhöhungen anders zu behandeln als die ursprüngliche Verpflichtung.

Hat ein Unternehmen für Altzusagen keine Pensionsrückstellungen gebildet, besteht also keine Verpflichtung, diese nachzuholen. Auf der anderen Seite besteht aber kein **Nachholverbot**. Ein Unternehmen kann jederzeit ganz oder teilweise Pensionsrückstellungen für Versorgungszusagen vor dem 01.01.1987 bilden. Auch können zurückgestellte Teilbeträge von Altzusagen jederzeit erhöht werden. 424

Dies gilt nicht für die Steuerbilanz (siehe zum Verhältnis von handels- und steuerrechtlicher Behandlung der Pensionsverpflichtungen für Altzusagen Kap. 5.3.2.1, Rn. 420 ff.). Hier ergibt sich das **Nachholverbot aus § 6a Abs. 4 Satz 1 EStG**. Eine Pensionsrückstellung darf in einem Wirtschaftsjahr höchstens um den Unterschied zwischen dem Teilwert der Pensionsverpflichtung am Schluss des Wirtschaftsjahres und am Schluss des vorangegangenen Wirtschaftsjahres erhöht werden. Da das EStG auf die Differenz der Teilwerte und nicht der Bilanzansätze abstellt, kann die jährliche Zuführung nie unterlassene Zuführungsbeträge aus Vorjahren umfassen. Das steuerliche Nachholverbot endet, wenn das Dienstverhältnis endet oder der Versorgungsfall eintritt. Dies bestimmt § 6a Abs. 4 Satz 5 EStG, wonach am Schluss des Wirtschaftsjahres, in dem das Dienstverhältnis des Pensionsberechtigten unter Aufrechterhaltung seiner Pensionsanwartschaft endet oder der Versorgungsfall eintritt, die Pensionsrückstellung stets bis zur Höhe des Teilwerts der Pensionsverpflichtung gebildet werden darf. Mit dem *BMF*-Schreiben IV C 6 – S 2133/09/10001 vom 12.03.2010 wurde allerdings die Begrenzung des steuerlichen Ansatzes von Pensionsrückstellungen nach oben aufgeweicht. Nunmehr sind die Regelungen in R 6a Abs. 20 Satz 2 bis 4 EStR, wonach der handelsrechtliche Ansatz der Pensionsrückstellungen die steuerliche Bewertungsobergrenze ist, nicht weiter anzuwenden.[46] Dies wurde durch die Einkommensteuer-Änderungsrichtlinien 2012[47] endgültig bestätigt. Die Sätze 2 bis 4 der Richtlinie 6a Abs. 20 EStR wurden gestrichen. 425

Allerdings dürfen einmal gebildete Pensionsrückstellungen für Altzusagen nicht beliebig aufgelöst werden, denn die Voraussetzungen für die **Auflösung** von Rückstellungen und damit auch für Pensionsrückstellungen sind in § 249 Abs. 2 Satz 2 HGB klar geregelt. Danach ist eine Auflösung der Rückstellung nur möglich, wenn der Grund für die Bildung der Rückstellung entfallen ist. Genau dies ist jedoch bei einer noch bestehenden Altzusage nicht der Fall. 426

Praxistipp

 *Mit dem **Passivierungswahlrecht** für Altzusagen kann **einmalig Bilanzpolitik** betrieben werden. So können jederzeit für bisher nicht als Rückstellung abgegrenzte Altzusagen aufwandswirksam Pensionsrückstellungen gebildet werden. Dies ist auch in Teilbeträgen möglich. Das Jahresergebnis kann auf diese Weise beeinflusst werden. Einmal gebildete Pensionsrückstellungen für*

---

46 Vgl. *BMF* v. 12.03.2010, IV C 6 – S 2133/09/10001, BStBl. I 2010, 239.
47 Vgl. BStBl. I 2013, 276 ff.

5 Rückstellungen für Pensionen und ähnliche Verpflichtungen

Altzusagen können jedoch nicht beliebig ergebniserhöhend aufgelöst werden. Eine Auflösung ist nur möglich, wenn der Grund für die Bildung der Rückstellung wegfällt.

427 Flankiert wird das Passivierungswahlrecht von der nach Art. 28 Abs. 2 EGHGB geforderten **Anhangangabe**:

„Bei Anwendung des Absatzes 1 müssen Kapitalgesellschaften die in der Bilanz nicht ausgewiesenen Rückstellungen für laufende Pensionen, Anwartschaften auf Pensionen und ähnliche Verpflichtungen jeweils im Anhang und im Konzernanhang in einem Betrag angeben."

428 Dem Adressaten des Jahresabschlusses bleibt also die künftige Belastung des Unternehmens auch bei Ausübung des Passivierungswahlrechts nicht verschlossen. Mit der Anhangangabe soll eine unterlassene Passivierung, was die Informationsfunktion des handelsrechtlichen Jahresabschlusses betrifft, revidiert werden. Dies gilt allerdings nur für **KapG** und ihnen nach **§ 264a HGB gleichgestellte PersHG**. Andere Rechtsformen sind von der Angabepflicht nicht betroffen. Hier erhält der Jahresabschlussleser keine Informationen über die künftige Belastung des Unternehmens, wenn das Passivierungswahlrecht ausgeübt wird. Dies gilt auch für **kleine KapG** und ihnen gleichgestellte PersHG, die Pensionsrückstellungen in der Bilanz nicht gesondert darstellen müssen. Denn trotz Angabe der nicht passivierten Altzusagen fehlt dem Adressaten des Jahresabschlusses dann die Information über den Gesamtbetrag der Pensionsverpflichtungen.

5.3.1.3 Zuführung und Auflösung von Pensionsrückstellungen

429 Der jährliche **Zuführungsbetrag** einer Pensionsrückstellung ergibt sich aus der Differenz zwischen dem versicherungsmathematischen Barwert zum Ende des Geschäftsjahres und dem versicherungsmathematischen Barwert zum Ende des vorangegangenen Geschäftsjahres. Aufgrund unterschiedlicher Bewertung kann der handelsrechtliche Zuführungsbetrag vom steuerrechtlichen Zuführungsbetrag abweichen.

430 Bei der erstmaligen Zuführung zu Pensionsrückstellungen besteht in der Steuerbilanz nach § 6a Abs. 4 EStG ein **Verteilungswahlrecht**. Steuerlich darf der Zuführungsbetrag über drei Wirtschaftsjahre verteilt werden (**Drittelungsmethode**). Die Übernahme dieses Wahlrechts in die Handelsbilanz führt dazu, dass Pensionsrückstellungenen nicht im nötigen Umfang passiviert werden. Es kommt also zu einem Verstoß gegen die Passivierungspflicht von Rückstellungen für ungewisse Verbindlichkeiten.[48] Dennoch sieht es *IDW HFA* 2/1988 als zulässig an, bestimmte steuerrechtliche Verteilungswahlrechte in die Handelsbilanz zu übernehmen.[49] Die Verteilung des erstmaligen Zuführungsbetrags führt damit auch in der GuV zu einer

---

48 Vgl. Beck BilKomm/*Grottel/Rhiel*, § 249 HGB Rn. 199.
49 Vgl. *IDW HFA* 2/1988, WPg 1988, 403, 404 f.

5.3 Ansatz von unmittelbaren Pensionsverpflichtungen in Handels- und Steuerbilanz

Glättung des entsprechenden Aufwands aus der Zuführung. Aus der handelsrechtlichen Übernahme der Drittelungsmethode ergibt sich nach übereinstimmender Meinung, dass der daraus resultierende Fehlbetrag (Unterdeckung) im Anhang anzugeben ist. Dies gilt für Kapitalgesellschaften und diesen nach § 264a HGB gleichgestellte Personengesellschaften.

Praxistipp

 Die steuerrechtliche Drittelungsmethode bei der erstmaligen Zuführung zu Pensionsrückstellungen kann auch in den handelsrechtlichen Jahresabschluss übernommen werden, sofern der daraus resultierende Fehlbetrag im Anhang angegeben wird.

In der Steuerbilanz werden die jährlichen Zuführungen außerdem durch das **Nachholverbot** eingeschränkt (siehe Kap. 5.3.1.2, Rn. 420 ff.). Dieses gilt i.d.R. nur für Altzusagen. Für Neuzusagen wäre ein Nachholverbot nur denkbar, wenn die Pensionsrückstellung in der Handelsbilanz niedriger wäre als die zulässige Höhe der Pensionsrückstellung nach § 6a EStG. Eingeschränkt wird das steuerliche Nachholverbot durch das *BMF*-Schreiben IV C 6 – S 2133/09/10001 vom 12.03.2010 in Rn. 9 ff.[50]

431

Der Ausweis des Zuführungsbetrags in der **GuV** hat unter den „sozialen Abgaben und Aufwendungen für Altersversorgung und für Unterstützung, davon für Altersversorgung" zu erfolgen.[51] Aus Vereinfachungsgründen ist es auch zulässig, unter diesem GuV-Posten den Saldo der Zuführungen und Auflösungen aller Pensionsrückstellungen im Geschäftsjahr zu zeigen. Der Zuführungsbetrag enthält i.d.R. einen Zinsanteil und einen Prämienanteil. Während der Prämienanteil unter den „sozialen Abgaben und Aufwendungen für Altersversorgung und für Unterstützung, davon für Altersversorgung" zu erfassen ist, muss der Zinsanteil unter den „Zinsen und ähnliche Aufwendungen" ausgewiesen werden.[52]

432

Nach § 249 Abs. 2 Satz 2 HGB dürfen Pensionsrückstellungen nur aufgelöst werden, wenn der Grund für ihre Bildung entfallen ist. Eine **Auflösung** ist damit nur geboten, wenn die Pensionsverpflichtung nicht mehr besteht. Dies gilt sowohl für verpflichtend passivierte Neuzusagen als auch für auf freiwilliger Basis gebildete Rückstellungen für Altzusagen. Von der planmäßigen Auflösung, besser als Inanspruchnahme bezeichnet, zu unterscheiden ist die außerplanmäßige Auflösung. I.d.R. führt der Eintritt des Versorgungsfalls zur Inanspruchnahme der Pensionsrückstellung. Zur außerplanmäßigen Auflösung kommt es dann, wenn die Versorgungsverpflichtung insgesamt oder teilweise entfällt. Dies ist z.B. dann der Fall, wenn der Pensionsberechtigte stirbt oder aus dem Unternehmen ausscheidet. Eine teilweise außerplanmäßige Auflösung der Pensionsrückstellung kommt ebenfalls infrage. Dieser Umstand kann z.B. auf einer Änderung der Pensionsordnung beruhen.

433

---

50 Vgl. *BMF* v. 12.03.2010, IV C 6 – S 2133/09/10001, BStBl. I 2010, 239, 240.
51 Vgl. § 275 Abs. 2 Nr. 6 Buchst. b) HGB.
52 Vgl. Petersen/Zwirner/*Brösel*/Mindermann, S. 497.

Denkbar ist jedoch auch, dass der Versorgungsberechtigte verstirbt und seine Hinterbliebenen eine reduzierte Rente erhalten. Die außerplanmäßige Auflösung hat stets in voller Höhe eine ergebniserhöhende Wirkung in der GuV und wird unter den „sonstigen betrieblichen Erträgen" ausgewiesen.

434 Der **Wechsel des Durchführungswegs** von einer unmittelbaren zu einer mittelbaren Pensionszusage führt nur dann zu einer ergebniswirksamen Auflösung der Rückstellung für die unmittelbare Pensionszusage, wenn sich das verpflichtete Unternehmen vollständig seiner unmittelbaren Verpflichtung entledigt hat. Dies ist z.B. dann der Fall, wenn die unmittelbare Pensionsverpflichtung in voller Höhe durch Zahlung eines Einmalbetrags auf einen zwischengeschalteten Versorgungsträger übertragen wird. Liegt jedoch zum Bilanzstichtag der Umstellung eine Unterdeckung vor, darf die Pensionsrückstellung für die unmittelbare Pensionszusage mit Hinweis auf das Passivierungswahlrecht nach Art. 28 Abs. 1 Satz 2 EGHGB nicht aufgelöst werden. Zum Folgeabschlussstichtag ist die Rückstellung zu reduzieren, wenn sich der Betrag der Unterdeckung reduziert hat. Ist der Betrag der Unterdeckung an Folgeabschlussstichtagen gestiegen, kann in dieser Höhe das Passivierungswahlrecht nach Art. 28 Abs. 1 Satz 2 EGHGB in Anspruch genommen, jedoch keine Pensionsrückstellung gebildet und der Betrag der Unterdeckung im Anhang angegeben werden.

435 Besonderheiten ergeben sich im Zusammenhang mit der **Auflösung freiwillig passivierter Altzusagen**. Dies gilt in erster Linie dann, wenn die Pensionsrückstellung für Altzusagen nicht in voller Höhe angesetzt wurde. In solchen Fällen besteht ein Fehlbetrag. Eine Auflösung ist erst dann möglich, wenn der Fehlbetrag abgebaut wurde. Dennoch gilt auch in diesen Fällen, dass ein Auflösungswahlrecht nicht besteht. Einmal gebildete Pensionsrückstellungen dürfen nicht freiwillig wieder aufgelöst werden.[53]

Beispiel

Aufgrund einer Altzusage beträgt der versicherungsmathematische Barwert zum 31.12.t1 100.000 EUR. Die Neptun GmbH hat bei Altzusagen die Pensionsrückstellungen i.H.v. 75 % passiviert. Zum 31.12.t1 beläuft sich demnach die Pensionsrückstellung auf 75.000 EUR. Aufgrund einer Änderung der Betriebsvereinbarung wurden die alten Pensionszusagen in t2 um 30 % reduziert. Ansonsten seien keine Änderungen des versicherungsmathematischen Barwerts unterstellt. Es kommt zu einer Verminderung des versicherungsmathematischen Barwerts von 100.000 EUR auf 70.000 EUR. Die Neptun GmbH darf nun eine Auflösung der Pensionsrückstellung um 5.000 EUR von 75.000 EUR auf 70.000 EUR vornehmen. Nicht zulässig wäre eine Auflösung der Pensionsrückstellung um 22.500 EUR von 75.000 EUR auf 52.500 EUR (75 % von 70.000 EUR).

---

53 Vgl. Beck Bil-Komm/*Grottel/Rhiel*, § 249 HGB Rn. 262.

5.3 Ansatz von unmittelbaren Pensionsverpflichtungen in Handels- und Steuerbilanz

Mit Eintritt des Versorgungsfalls kommt es zur **Inanspruchnahme** der Pensionsrückstellung (planmäßige Auflösung). Die Pensionszahlungen sind aufwandswirksam zu erfassen. Eine Aufwandsminderung stellt die jährliche Inanspruchnahme (Verbrauch) der Pensionsrückstellung dar. Dabei kommt die sog. **versicherungsmathematische Methode** zur Anwendung. Unter Anwendung dieser Methode ergibt sich der Auflösungsbetrag als Differenz zwischen dem versicherungsmathematischen Barwert am Ende des Geschäftsjahres im Vergleich zum versicherungsmathematischen Barwert zum Ende des vorangegangenen Geschäftsjahres.

436

Handels- und steuerrechtlich **nicht mehr zulässig** ist die **buchhalterische Auflösungsmethode**. Nach dieser Methode werden die laufenden Pensionszahlungen ergebnisneutral gegen die Pensionsrückstellung gebucht. Ist die Pensionsrückstellung aufgebraucht, gehen die Pensionszahlungen in voller Höhe in den Personalaufwand. Im Vergleich zur versicherungsmathematischen Methode käme es zu einer schnelleren Inanspruchnahme der Pensionsrückstellung. Dies ist auch der Grund, warum diese Methode als nicht mehr zulässig angesehen wird. Die Anwendung der buchhalterischen Auflösungsmethode führt zu einem Verstoß gegen das Auflösungsverbot nach § 249 Abs. 2 Satz 2 HGB.

437

Beispiel

*Für eine Pensionszusage beläuft sich der versicherungsmathematische Barwert zum 31.12.t1 auf 135.000 EUR. Zum 31.12.t2 beträgt der versicherungsmathematische Barwert 128.000 EUR. Die laufenden Pensionszahlungen im Jahr t2 betragen 15.000 EUR. Die Pensionszahlungen wirken sich voll ergebnismindernd aus. Die Inanspruchnahme der Pensionsrückstellung i.H.v. 7.000 EUR reduziert den Aufwand. Damit kommt es nach der **versicherungsmathematischen Methode** insgesamt zu einer Ergebnisbelastung i.H.v. 8.000 EUR (15.000 EUR – 7.000 EUR).*

*Nach der **buchhalterischen Methode** wird das Jahresergebnis nicht gemindert. Die Pensionszahlungen werden in voller Höhe gegen die Pensionsrückstellung gebucht. Diese beträgt nach der buchhalterischen Methode zum 31.12.t2 120.000 EUR (135.000 EUR – 15.000 EUR).*

5.3.2 Bilanzierung in der Steuerbilanz

5.3.2.1 Bedeutung des Maßgeblichkeitsprinzips für die steuerrechtliche Bilanzierung

Die **steuerliche Bilanzierung von Pensionsrückstellungen** ist umfassend geregelt. Die gesetzl. Regelung des § 6a EStG wird ergänzt durch die EStR und EStH zu § 6a EStG. Darüber hinaus hat sich die Finanzverwaltung in zahlreichen *BMF*-Schreiben zur Bilanzierung von Pensionsrückstellungen geäußert. In diesem Zusammenhang sind auch zahlreiche Urteile der FG und des BFH ergangen.

438

5 Rückstellungen für Pensionen und ähnliche Verpflichtungen

439 Die steuerliche **Bewertung** von Pensionsrückstellungen ist in **§ 6a EStG** geregelt, der aktuell wie folgt lautet (Rechtsstand EStG: 08.10.2009, BGBl. I S. 3366, zuletzt geändert am 24.02.2016):

„(1) Für eine Pensionsverpflichtung darf eine Rückstellung (Pensionsrückstellung) nur gebildet werden, wenn und soweit

1. der Pensionsberechtigte einen Rechtsanspruch auf einmalige oder laufende Pensionsleistungen hat,

2. die Pensionszusage keine Pensionsleistungen in Abhängigkeit von künftigen gewinnabhängigen Bezügen vorsieht und keinen Vorbehalt enthält, dass die Pensionsanwartschaft oder die Pensionsleistung gemindert oder entzogen werden kann, oder ein solcher Vorbehalt sich nur auf Tatbestände erstreckt, bei deren Vorliegen nach allgemeinen Rechtsgrundsätzen unter Beachtung billigen Ermessens eine Minderung oder ein Entzug der Pensionsanwartschaft oder der Pensionsleistung zulässig ist, und

3. die Pensionszusage schriftlich erteilt ist; die Pensionszusage muss eindeutige Angaben zu Art, Form, Voraussetzungen und Höhe der in Aussicht gestellten künftigen Leistungen enthalten.

(2) Eine Pensionsrückstellung darf erstmals gebildet werden

1. vor Eintritt des Versorgungsfalls für das Wirtschaftsjahr, in dem die Pensionszusage erteilt wird, frühestens jedoch für das Wirtschaftsjahr, bis zu dessen Mitte der Pensionsberechtigte das 27. Lebensjahr vollendet oder für das Wirtschaftsjahr, in dessen Verlauf die Pensionsanwartschaft gemäß den Vorschriften des Betriebsrentengesetzes unverfallbar wird,

2. nach Eintritt des Versorgungsfalls für das Wirtschaftsjahr, in dem der Versorgungsfall eintritt.

(3) ¹Eine Pensionsrückstellung darf höchstens mit dem Teilwert der Pensionsverpflichtung angesetzt werden. ²Als Teilwert einer Pensionsverpflichtung gilt

1. vor Beendigung des Dienstverhältnisses des Pensionsberechtigten der Barwert der künftigen Pensionsleistungen am Schluss des Wirtschaftsjahres abzüglich des sich auf denselben Zeitpunkt ergebenden Barwerts betragsmäßig gleichbleibender Jahresbeträge, bei einer Entgeltumwandlung im Sinne von § 1 Absatz 2 des Betriebsrentengesetzes mindestens jedoch der Barwert der gemäß den Vorschriften des Betriebsrentengesetzes unverfallbaren künftigen Pensionsleistungen am Schluss des Wirtschaftsjahres. ²Die Jahresbeträge sind so zu bemessen, dass am Beginn des Wirtschaftsjahres, in dem das Dienstverhältnis begonnen hat, ihr Barwert gleich dem Barwert der künftigen Pensionsleistungen ist; die künftigen Pensionsleistungen sind dabei mit dem Betrag anzusetzen, der sich nach den Verhältnissen am Bilanzstichtag ergibt. ³Es sind die Jahresbeträge zugrunde zu legen, die vom Beginn des Wirtschaftsjahres, in dem das Dienstverhältnis begonnen hat, bis zu dem in der Pensionszusage vorgesehenen Zeitpunkt des Eintritts des Versorgungsfalls rechnungsmäßig aufzubringen sind. ⁴Erhöhungen oder Verminderungen der Pensionsleistungen nach dem Schluss des Wirtschaftsjahres, die hinsichtlich des Zeitpunktes ihres Wirksamwerdens oder ihres Umfangs ungewiss sind, sind bei der Berechnung des Barwerts der künftigen Pensionsleistungen und der Jahresbeträge erst zu berücksichtigen, wenn sie

5.3 Ansatz von unmittelbaren Pensionsverpflichtungen in Handels- und Steuerbilanz

eingetreten sind. ⁵Wird die Pensionszusage erst nach dem Beginn des Dienstverhältnisses erteilt, so ist die Zwischenzeit für die Berechnung der Jahresbeträge nur insoweit als Wartezeit zu behandeln, als sie in der Pensionszusage als solche bestimmt ist. ⁶Hat das Dienstverhältnis schon vor der Vollendung des 27. Lebensjahres des Pensionsberechtigten bestanden, so gilt es als zu Beginn des Wirtschaftsjahres begonnen, bis zu dessen Mitte der Pensionsberechtigte das 27. Lebensjahr vollendet; in diesem Fall gilt für davor liegende Wirtschaftsjahre als Teilwert der Barwert der gemäß den Vorschriften des Betriebsrentengesetzes unverfallbaren künftigen Pensionsleistungen am Schluss des Wirtschaftsjahres;

2. nach Beendigung des Dienstverhältnisses des Pensionsberechtigten unter Aufrechterhaltung seiner Pensionsanwartschaft oder nach Eintritt des Versorgungsfalls der Barwert der künftigen Pensionsleistungen am Schluss des Wirtschaftsjahres; Nummer 1 Satz 4 gilt sinngemäß.

³Bei der Berechnung des Teilwertes der Pensionsverpflichtung sind ein Rechnungszinsfuß von 6 Prozent und die anerkannten Regeln der Versicherungsmathematik anzuwenden.

(4) ¹Eine Pensionsrückstellung darf in einem Wirtschaftsjahr höchstens um den Unterschied zwischen dem Teilwert der Pensionsverpflichtung am Schluss des Wirtschaftsjahres und am Schluss des vorangegangenen Wirtschaftsjahres erhöht werden. ²Soweit der Unterschiedsbetrag auf der erstmaligen Anwendung neuer oder geänderter biometrischer Rechnungsgrundlagen beruht, kann er nur auf mindestens drei Wirtschaftsjahre gleichmäßig verteilt der Pensionsrückstellung zugeführt werden; Entsprechendes gilt beim Wechsel auf andere biometrische Rechnungsgrundlagen. ³In dem Wirtschaftsjahr, in dem mit der Bildung einer Pensionsrückstellung frühestens begonnen werden darf (Erstjahr), darf die Rückstellung bis zur Höhe des Teilwertes der Pensionsverpflichtung am Schluss des Wirtschaftsjahres gebildet werden; diese Rückstellung kann auf das Erstjahr und die beiden folgenden Wirtschaftsjahre gleichmäßig verteilt werden. ⁴Erhöht sich in einem Wirtschaftsjahr ggü. dem vorangegangenen Wirtschaftsjahr der Barwert der künftigen Pensionsleistungen um mehr als 25 Prozent, so kann die für dieses Wirtschaftsjahr zulässige Erhöhung der Pensionsrückstellung auf dieses Wirtschaftsjahr und die beiden folgenden Wirtschaftsjahre gleichmäßig verteilt werden. ⁵Am Schluss des Wirtschaftsjahres, in dem das Dienstverhältnis des Pensionsberechtigten unter Aufrechterhaltung seiner Pensionsanwartschaft endet oder der Versorgungsfall eintritt, darf die Pensionsrückstellung stets bis zur Höhe des Teilwertes der Pensionsverpflichtung gebildet werden; die für dieses Wirtschaftsjahr zulässige Erhöhung der Pensionsrückstellung kann auf dieses Wirtschaftsjahr und die beiden folgenden Wirtschaftsjahre gleichmäßig verteilt werden. ⁶Satz 2 gilt in den Fällen der Sätze 3 bis 5 entsprechend.

(5) Die Absätze 3 und 4 gelten entsprechend, wenn der Pensionsberechtigte zu dem Pensionsverpflichteten in einem anderen Rechtsverhältnis als einem Dienstverhältnis steht."

Der § 6a EStG regelt die Passivierung von Rückstellungen für unmittelbare Pensionszusagen. Mittelbare Pensionszusagen werden von § 6a EStG nicht erfasst. Dabei sieht der § 6a EStG ein **Passivierungswahlrecht** für Pensionsrückstellungen vor,

440

5 Rückstellungen für Pensionen und ähnliche Verpflichtungen

wenn die Voraussetzungen dafür erfüllt sind. Eine Unterscheidung zwischen Alt- und Neuzusagen nimmt § 6a EStG nicht vor.

441 Bei **Neuzusagen** wird dieses Wahlrecht vom Grundsatz der Maßgeblichkeit der Handels- für die Steuerbilanz nach § 5 Abs. 1 Satz 1 EStG verdrängt. Unmittelbare Pensionsverpflichtungen aus Neuzusagen sind nach § 249 Abs. 1 Satz 1 HGB i.V.m. Art. 28 Abs. 1 Satz 1 EGHGB verpflichtend als Rückstellungen für ungewisse Verbindlichkeiten in der Handelsbilanz zu passivieren. Damit besteht in der Steuerbilanz die Verpflichtung, die in der Handelsbilanz passivierte Pensionsrückstellung in die Steuerbilanz zu übernehmen. Dies gilt allerdings nur, wenn die Voraussetzungen des § 6a EStG erfüllt werden.

442 In der Steuerbilanz besteht für **Altzusagen** wie auch für Neuzusagen ein Passivierungswahlrecht. Auch in der Handelsbilanz sind Altzusagen nach Art. 28 Abs. 1 Satz 1 EGHGB nicht verpflichtend als Pensionsrückstellungen zu berücksichtigen. Somit treffen ein handelsrechtliches und ein steuerrechtliches Wahlrecht aufeinander. Das bilanzierende Unternehmen übte mit seiner Entscheidung über das handelsrechtliche Wahlrecht bislang gleichzeitig eine Entscheidung bzgl. des steuerrechtlichen Wahlrechts aus. Nach dem BilMoG kann das Wahlrecht zur Passivierung von Pensionsrückstellungen für Altzusagen in der Steuerbilanz unabhängig von der Handelsbilanz ausgeübt werden.[54] Dies bestätigt das *BMF*-Schreiben IV C 6 – S 2133/09/10001 vom 12.03.2010 in Rn. 11.[55] Für Altzusagen besteht nun die Möglichkeit einer **eigenständigen Steuerbilanzpolitik**.[56]

Praxistipp

Für **unmittelbare Pensionszusagen** gilt:

Neuzusage: handelsrechtliche Passivierungspflicht und steuerrechtliche Passivierungspflicht.

Altzusage: handelsrechtliches Passivierungswahlrecht und steuerrechtliches Passivierungswahlrecht.

443 Aufgrund des **Maßgeblichkeitsgrundsatzes** ergaben sich für die steuerrechtliche Zuführung zu Pensionsrückstellungen nach R 6a Abs. 20 EStR bislang folgende Auswirkungen: Die Höhe der Pensionsrückstellung in der StB darf nach dem Grundsatz der Maßgeblichkeit den zulässigen Ansatz in der Handelsbilanz nicht überschreiten. Überschreitet die steuerliche Zuführung in einem Wirtschaftjahr die in der Handelsbilanz vorgenommene Zuführung, ist sie – bei inhaltlich unverändert gebliebener Versorgungsverpflichtung – nur zu berücksichtigen, soweit in der Steuerbilanz keine höhere Rückstellung ausgewiesen wird als die in der Handelsbilanz berücksichtigte Rückstellung. Ist in der Handelsbilanz für eine

---

54 Siehe zu den Konsequenzen einer eigenständigen Steuerbilanzpolitik *Künkele/Zwirner*, DStR 2010, 2263, 2269.
55 Vgl. *BMF* v. 12.03.2010, IV C 6 – S 2133/09/10001, BStBl. I 2010, 239, 240.
56 Vgl. *Künkele/Zwirner*, BC 2010, 212, 217; Handbuch Bilanzrecht/*Künkele/Zwirner*, C.VI. Rn 27; *Zwirner/Künkele*, StuB 2013, 439, 444; *Zwirner/Künkele*, StuB 2013, Beilage zu Heft 7, 1, 4 ff.

Pensionsverpflichtung zulässigerweise eine Rückstellung gebildet worden, die niedriger ist als der Teilwert nach § 6a EStG, ist in der Steuerbilanz wegen des **Nachholverbots** der Unterschiedsbetrag in dem Wirtschaftsjahr nachzuholen, in dem das Dienstverhältnis unter Aufrechterhaltung der Pensionsanwartschaft endet oder in dem der Versorgungsfall eintritt. Dieser Grundsatz wurde durch das *BMF*-Schreiben IV C 6 – S 2133/09/10001 vom 12.03.2010 in Rn. 10 aufgehoben. Der handelsrechtliche Wertansatz stellt nicht mehr die steuerliche Bewertungsobergrenze dar.[57] Dies wurde durch die Einkommensteuer-Änderungsrichtlinien 2012 (veröffentlicht im BStBl. I 2013, 276 ff.) endgültig bestätigt. Die Sätze 2 bis 4 der R 6a Abs. 20 EStR wurden gestrichen. Somit ist denkbar, dass der steuerliche Wertansatz im Gegensatz zu anderen Rückstellungen für Pensionsrückstellungen den handelsrechtlichen Wertansatz übersteigt.[58]

Durch das **AIFM-StAnpG** wurden die korrespondierenden Vorschriften des § 4f EStG (Veräußerer) und § 5 Abs. 7 EStG (Übernehmer) eingeführt. Diese Vorschriften regeln den Fall, dass Verpflichtungen übertragen werden, welche Ansatzverboten, -beschränkungen oder Bewertungsvorbehalten unterliegen.[59] Diese Beschränkungen können durch Schuldübernahme überwunden werden, was dazu führt, dass die Passivierungsbegrenzungen beim Übernehmer nicht zu beachten sind. Darunter fallen insbesondere Bewertungsvorbehalte nach § 6a EStG. § 4f EStG regelt die Aufwandsverteilung beim Veräußerer und § 5 Abs. 7 EStG die Ertragsverteilung beim Übernehmer. Entsteht beim Veräußerer durch die Übertragung einer Verpflichtung, die Ansatz- und Bewertungsvorbehalten unterliegt eine Betriebsausgabe, so darf diese nicht sofort in voller Höhe zum Abzug gebracht werden, sondern ist über 15 Jahre zu verteilen. War die Verpflichtung jedoch passiviert (Hauptanwendungsfall dürfte § 6a EStG sein) und ist im Zuge der Übertragung gewinnerhöhend aufzulösen, so darf in dieser Höhe eine Betriebsausgabe sofort zum Abzug gebracht werden, lediglich der überschießende Teil ist zu verteilen. Entsteht korrespondierend ein Ertrag beim Übernehmenden so darf dieser durch Bildung einer steuerfreien Rücklage gestreckt werden. Die Regelungen gelten für die Verpflichtungsübernahme, die Erfüllungsübernahme und den Schuldbeitritt. Eine Aufwandsverteilung darf dann unterbleiben, wenn die Schuldübernahme im Rahmen einer Veräußerung oder Aufgabe des ganzen Betriebs oder des gesamten Mitunternehmeranteils erfolgt.

444

5.3.2.2 Voraussetzungen für die steuerrechtliche Passivierung

Insgesamt sind **fünf Voraussetzungen** für den steuerlich zulässigen Ansatz der Pensionsrückstellungen zu beachten.

445

Die **erste Voraussetzung** für den steuerrechtlichen Ansatz der Pensionsrückstellungen ist das Vorliegen eines **Rechtsanspruchs auf einmalige oder laufende Pensionsleistungen** nach § 6a Abs. 1 Nr. 1 EStG.

446

---

57 Vgl. *BMF* v. 12.03.2010, IV C 6 – S 2133/09/10001, BStBl. I 2010, 239, 240.
58 Vgl. R 6.11 Abs. 3 EStR.
59 Vgl. Schmidt/*Weber-Grellet*, § 4f EStG Rn. 1.

5 Rückstellungen für Pensionen und ähnliche Verpflichtungen

447 Der Pensionsberechtigte muss nach § 6a Abs. 1 Nr. 1 EStG einen **einklagbaren arbeitsrechtlichen Anspruch** auf die Pensionsleistungen haben. Ob eine rechtsverbindliche Pensionsverpflichtung vorliegt, ist nach arbeitsrechtlichen Grundsätzen zu beurteilen. Dies setzt bei einer **Einzelzusage** grds. eine vertragliche Vereinbarung voraus; erforderlich ist deshalb neben der Pensionszusage des Unternehmers das Einverständnis des Berechtigten. Beruht der Pensionsanspruch jedoch auf einer Gesamtzusage, d.h. auf einer Pensionsordnung, Betriebsvereinbarung, einem Tarifvertrag oder einer Besoldungsordnung, ist eine besondere Verpflichtungserklärung ggü. dem einzelnen Berechtigten nicht erforderlich.[60]

448 Für eine Passivierung muss der **Rechtsanspruch zum Bilanzstichtag** vorliegen. Besteht die rechtsverbindliche Zusage erst im folgenden Wirtschaftsjahr, ist eine Passivierung erst im folgenden Wirtschaftsjahr zulässig. Auch zivilrechtlich wirksame Rückdatierungen entfalten für die Steuerbilanz keine Wirkung.

449 Mittelbare Pensionszusagen sind oftmals mit einer subsidiären Einstandspflicht des bilanzierenden Unternehmens nach § 1 Abs. 1 Satz 3 BetrAVG verbunden. Die **Subsidiärhaftung** entsteht, wenn das Vermögen der externen Versorgungseinrichtung nicht ausreicht, die Verpflichtung ggü. dem Begünstigten zu erfüllen. Allein die Subsidiärhaftung rechtfertigt aus steuerrechtlicher Sicht noch nicht die Bildung einer Pensionsrückstellung nach § 6a EStG. Erst wenn aus der sekundären Verpflichtung eine primäre Verpflichtung wird, darf nach § 6a EStG eine Pensionsrückstellung gebildet werden. So gilt bspw., dass die Verpflichtung des Arbeitgebers, wegen des nicht ausreichenden Vermögens einer Unterstützungskasse für den Ausfall von Versorgungsleistungen ggü. seinen Arbeitnehmern einstehen zu müssen, die Voraussetzungen für eine Pensionsrückstellung nicht erfüllt.[61]

Praxistipp

> Die Subsidiärhaftung bei mittelbaren Pensionszusagen rechtfertigt nicht den Ansatz von Pensionsrückstellungen in der Steuerbilanz.

450 Die **zweite Voraussetzung** für den steuerrechtlichen Ansatz der Pensionsrückstellungen ist das Vorliegen keiner schädlichen Vorbehalte nach § 6a Abs. 1 Nr. 2 EStG.

451 Die Pensionszusage darf mit keinem Vorbehalt versehen sein, der zum Verlust oder zur Minderung der Anwartschaft oder Pensionsleistung führt (**schädlicher Vorbehalt**). Deshalb können Verpflichtungen, die nach dem freien Belieben des Unternehmens aufgehoben werden können, keine Rückstellung rechtfertigen. Von freiem Belieben ist auszugehen, wenn der Arbeitgeber die Pensionszusage nach seinen eigenen Interessen, ohne Berücksichtigung der Interessen des Pensionsberechtigten, widerrufen kann. Nach R 6a Abs. 3 EStR sprechen Formulierungen in der Pensionszusage wie „freiwillig und ohne Rechtsanspruch", „jederzeitiger Widerruf vorbehalten", „ein Rechtsanspruch auf die Leistungen besteht

---

60 Vgl. R 6a Abs. 2 EStR.
61 Vgl. H 6a Abs. 1 „Einstandspflicht" EStH.

5.3 Ansatz von unmittelbaren Pensionsverpflichtungen in Handels- und Steuerbilanz

nicht" oder „die Leistungen sind unverbindlich" für einen schädlichen Vorbehalt. Ein schädlicher Vorbehalt liegt dann nicht vor, wenn besondere Umstände eine andere Auslegung rechtfertigen. Darunter ist jedoch nicht zu verstehen, dass das Unternehmen in der Vergangenheit tatsächlich Pensionszahlungen geleistet oder eine Rückdeckungsversicherung abgeschlossen hat. Liegt ein schädlicher Vorbehalt vor, darf eine Rückstellung erst gebildet werden, wenn der Arbeitnehmer in den Ruhestand tritt.

Schädliche Vorbehalte, die keine Rückstellungsbildung rechtfertigen, liegen auch dann vor, wenn Pensionsverpflichtungen auf **externe Versorgungsträger**, wie Versorgungskassen oder Unterstützungskassen, übertragen werden.[62] **452**

Die **Inhaberklausel** stellt ebenfalls einen schädlichen Vorbehalt dar. So regelt R 6a Abs. 6 EStR, dass der Vorbehalt, dass der Pensionsanspruch erlischt, wenn das Unternehmen veräußert wird oder aus anderen Gründen ein Wechsel des Unternehmens eintritt, steuerlich schädlich ist. Entsprechendes gilt für Vorbehalte oder Vereinbarungen, nach denen die **Haftung** aus einer Pensionszusage auf das Betriebsvermögen **beschränkt** wird, es sei denn, es gilt eine gesetzl. Haftungsbeschränkung für alle Verpflichtungen gleichermaßen, wie z.B. bei KapG. **453**

Unschädliche Vorbehalte liegen dann vor, wenn der Arbeitgeber den Widerruf der Pensionszusage bei geänderten Verhältnissen nur nach billigem Ermessen, d.h. unter verständiger Abwägung der berechtigten Interessen des Pensionsberechtigten einerseits und des Unternehmens andererseits, aussprechen kann. Das gilt i.d.R. für die Vorbehalte, die eine Anpassung der zugesagten Pensionen an nicht voraussehbare künftige Entwicklungen oder Ereignisse, insb. bei einer wesentlichen Verschlechterung der wirtschaftlichen Lage des Unternehmens, einer wesentlichen Änderung der Sozialversicherungsverhältnisse oder der Vorschriften über die steuerliche Behandlung der Pensionsverpflichtungen oder bei einer Treupflichtverletzung des Arbeitnehmers, vorsehen.[63] R 6a Abs. 4 EStR formuliert sog. **Mustervorbehalte**, die als unschädlich anzusehen sind. Dabei wird zwischen allgemeinen und speziellen Vorbehalten unterschieden: **454**

- **Allgemeiner Vorbehalt:**

    „Die Firma behält sich vor, die Leistungen zu kürzen oder einzustellen, wenn die bei Erteilung der Pensionszusage maßgebenden Verhältnisse sich nachhaltig so wesentlich geändert haben, dass der Firma die Aufrechterhaltung der zugesagten Leistungen auch unter objektiver Beachtung der Belange des Pensionsberechtigten nicht mehr zugemutet werden kann."

- **Spezielle Vorbehalte:**

    „Die Firma behält sich vor, die zugesagten Leistungen zu kürzen oder einzustellen, wenn

---

62 Vgl. H 6a Abs. 3 „Externe Versorgungsträger und Übertragung auf eine Unterstützungskasse" EStH.
63 Vgl. R 6a Abs. 4 EStR.

- die wirtschaftliche Lage des Unternehmens sich nachhaltig so wesentlich verschlechtert hat, dass ihm eine Aufrechterhaltung der zugesagten Leistungen nicht mehr zugemutet werden kann, oder

- der Personenkreis, die Beiträge, die Leistungen oder das Pensionierungsalter bei der gesetzl. Sozialversicherung oder anderen Versorgungseinrichtungen mit Rechtsanspruch sich wesentlich ändern, oder

- die rechtliche, insb. die steuerrechtliche Behandlung der Aufwendungen, die zur planmäßigen Finanzierung der Versorgungsleistungen von der Firma gemacht werden oder gemacht worden sind, sich so wesentlich ändert, dass der Firma die Aufrechterhaltung der zugesagten Leistungen nicht mehr zugemutet werden kann, oder

- der Pensionsberechtigte Handlungen begeht, die in grober Weise gegen Treu und Glauben verstoßen oder zu einer fristlosen Entlassung berechtigen würden."

455 Oftmals werden in Pensionszusagen **Vorbehalte** vereinbart, die eine Kürzung oder Einstellung von Pensionsleistungen vorsehen, wenn bestimmte wirtschaftliche Tatbestände eintreten. Diese Tatbestände können bspw. im Unterschreiten gewisser Umsatz-, Kapital- oder Gewinngrenzen, dem Vorliegen mehrerer Verlustjahre oder in der Tatsache bestehen, dass die Pensionsleistungen einen bestimmten Prozentsatz der Lohn- und Gehaltssumme unterschreiten. Diese Vorbehalte sind nur dann unschädlich, wenn gleichzeitig festgehalten wird, dass diese Tatbestände zu einer so erheblichen und nachhaltigen Beeinträchtigung der wirtschaftlichen Lage führen, dass die Pensionsleistungen nicht mehr aufrechterhalten werden können.[64]

456 Die **dritte Voraussetzung** für den steuerrechtlichen Ansatz der Pensionsrückstellungen ist das Schriftformerfordernis nach § 6a Abs. 1 Nr. 3 EStG.

457 Eine weitere Voraussetzung für die steuerrechtliche Passivierung von Pensionsrückstellungen ist, dass die Pensionszusage **schriftlich** erteilt wurde. Für die vorgeschriebene Schriftform kommt jede schriftliche Festlegung in Betracht, aus der sich der Pensionsanspruch nach Art und Höhe ergibt, z.B. Einzelvertrag, Gesamtzusage (Pensionsordnung), Betriebsvereinbarung, Tarifvertrag, Gerichtsurteil. Bei Gesamtzusagen ist eine schriftliche Bekanntmachung in geeigneter Form nachzuweisen, z.B. durch ein Protokoll über den Aushang im Betrieb.[65]

458 Beruht die Pensionsleistung auf einer **betrieblichen Übung** oder erfolgt sie aufgrund des Grundsatzes der Gleichbehandlung, darf wegen fehlender Schriftform keine Rückstellung gebildet werden. Dies gilt selbst dann, wenn arbeitsrechtlich eine unverfallbare Anwartschaft besteht. Eine schriftliche Zusage liegt jedoch dann vor, wenn der Verpflichtete eine schriftliche Erklärung mit dem erforderlichen Inhalt abgibt und der Berechtigte die Zusage mündlich annimmt.

---

64 Vgl. R 6a Abs. 5 EStR.
65 Vgl. R 6a Abs. 7 EStR.

5.3 Ansatz von unmittelbaren Pensionsverpflichtungen in Handels- und Steuerbilanz

Die **vierte Voraussetzung** für den steuerrechtlichen Ansatz der Pensionsrückstellungen ist an das Eintrittsalter des Berechtigten nach § 6a Abs. 2 EStG geknüpft. 459

Die Pensionsrückstellung darf für Anwartschaften erstmals in der Steuerbilanz für das Wirtschaftsjahr gebildet werden, in dem die Pensionszusage wirksam wird, frühestens jedoch für das Wirtschaftsjahr, bis zu dessen Mitte der Pensionsberechtigte das **27. Lebensjahr** vollendet hat oder der Anspruch unverfallbar wurde.[66] Ohne Belang ist, ob die zugesagten Versorgungsleistungen die Ableistung bestimmter Mindestdienstzeiten voraussetzen, weil solche Wartezeiten das Bestehen einer rechtsverbindlichen Pensionsverpflichtung nicht ausschließen. 460

Die Rückstellung kann ferner (erstmals) für das Wirtschaftsjahr gebildet werden, in dem der **Versorgungsfall eintritt** (auch bei einem Alter des Berechtigten von weniger als 27 Jahren), falls die Pensionszusage erst in diesem Zeitpunkt erteilt wird oder trotz Zusage die Voraussetzungen für die Bildung einer Rückstellung zunächst nicht vorgelegen haben. 461

Die **fünfte Voraussetzung** für den steuerrechtlichen Ansatz der Pensionsrückstellungen ist die Beachtung des geltenden Nachholverbots gem. § 6a Abs. 4 EStG (siehe Kap. 5.3.1.2, Rn. 425). Das nur steuerrechtliche Nachholverbot besagt, dass eine Pensionsrückstellung in einem Wirtschaftsjahr höchstens um den Unterschied zwischen dem Teilwert der Pensionsverpflichtung am Schluss des Wirtschaftsjahres und am Schluss des vorangegangenen Wirtschaftsjahres erhöht werden darf. 462

Ist eine Rückstellung nicht gebildet worden, weil ihr die **BFH-Rechtsprechung** entgegenstand, führt die Aufgabe dieser Rechtsprechung nicht dazu, dass für die Zeit bis zur Aufgabe dieser Rechtsprechung das Nachholverbot gilt. Die Rückstellung kann spätestens in dem Jahr, in dem die Rechtsprechung aufgegeben wird, in vollem Umfang nachgeholt werden.[67] 463

Das Nachholverbot ist auch bei Pensionsrückstellungen anzuwenden, die in einem vorangegangenen Wirtschaftsjahr aufgrund einer zulässigen Bewertungsmethode **niedriger als möglich bewertet** worden sind. 464

Beruht der fehlende oder fehlerhafte Ansatz einer Pensionsrückstellung auf einem **Rechtsirrtum**, ist das Nachholverbot anzuwenden. Das gilt unabhängig davon, ob nach den Umständen des jeweiligen Einzelfalls eine willkürliche Gewinnverschiebung anzunehmen ist.[68] 465

Für **Neuzusagen** hat das Nachholverbot nur noch eine geringe Bedeutung. Dies ist dann der Fall, wenn die handelsrechtliche Pensionsrückstellung zulässigerweise geringer angesetzt wurde als der nach § 6a EStG zulässige Betrag. Weist der Unternehmer in seiner Handelsbilanz eine – auch den Steuerbilanzansatz limitierende – niedrigere Pensionsrückstellung aus, als sich nach dem Bewertungsverfahren des § 6a EStG ergibt, ist dieser – auch bei Rechtsirrtum – an einer nachträglichen Aufstockung dieses Ansatzes in der Steuerbilanz gehindert. Das *BMF*-Schreiben IV C 6 – S 2133/09/10001 466

---

66 Vgl. § 1b Abs. 1 BetrAVG.
67 Vgl. H 6a Abs. 20 „Nachholverbot" EStH.
68 Vgl. H 6a Abs. 20 „Nachholverbot" EStH.

vom 12.03.2010 schränkt in Rn. 10 das steuerliche Nachholverbot ein. Danach soll der handelsrechtliche Wertansatz von Pensionsrückstellungen nicht mehr die steuerliche Bewertungsobergrenze sein.[69] Dies wurde durch die Einkommensteuer-Änderungsrichtlinien 2012[70] endgültig bestätigt. Die Sätze 2 bis 4 der Richtlinie 6a Abs. 20 EStR wurden gestrichen.

5.4 Ansatz von mittelbaren Pensionsverpflichtungen in Handels- und Steuerbilanz

5.4.1 Bilanzierung in der Handelsbilanz

5.4.1.1 Passivierungswahlrecht für mittelbare Pensionszusagen

467 Art. 28 Abs. 1 Satz 2 EGHGB lautet:

> „Für eine mittelbare Verpflichtung aus einer Zusage für eine laufende Pension oder eine Anwartschaft auf eine Pension sowie für eine ähnliche unmittelbare oder mittelbare Verpflichtung braucht eine Rückstellung in keinem Fall gebildet zu werden."

468 Bei einer **mittelbaren Verpflichtung** erfolgt die Erfüllung der Versorgungsverpflichtung ggü. dem Berechtigten nicht direkt durch das bilanzierende Unternehmen, sondern durch Zwischenschaltung einer externen Versorgungseinrichtung (siehe zu Begriff und Arten Kap. 5.2.3, Rn. 395 ff.).

469 In Abweichung zu den Verpflichtungen aus unmittelbaren Pensionszusagen gilt für Verpflichtungen aus mittelbaren Pensionszusagen nach Art. 28 Abs. 1 Satz 2 EGHGB ein generelles **Passivierungswahlrecht**. Eine Unterscheidung zwischen Neu- und Altzusagen erfolgt ebenfalls abweichend von den unmittelbaren Pensionsverpflichtungen nicht.

Praxistipp

 *Für **mittelbare Pensionsverpflichtungen** gilt:*

__Handelsrecht__: Passivierungswahlrecht;

__Steuerrecht__: Passivierungsverbot (siehe Kap. 5.4.2, Rn. 482 f.).

470 Das Passivierungswahlrecht bedeutet jedoch auch, dass das Unternehmen die Möglichkeit hat, für Verpflichtungen aus mittelbaren Pensionszusagen Rückstellungen zu bilden. Dies wird in der Praxis jedoch nur eine **geringe Relevanz** haben, weil in der Steuerbilanz für mittelbare Pensionsverpflichtungen ein Passivierungsverbot besteht. Die Passivierung in der Handelsbilanz würde dann zu einer Abweichung zur Steuerbilanz führen, was wiederum mit der Abgrenzung aktiver latenter Steuern in der Handelsbilanz einhergehen würde. Das Passivierungswahlrecht umfasst

---

69 Vgl. *BMF* v. 12.03.2010, IV C 6 – S 2133/09/10001, BStBl. I 2010, 239, 240.
70 Vgl. BStBl. I 2013, 276 ff.

5.4 Ansatz von mittelbaren Pensionsverpflichtungen in Handels- und Steuerbilanz

außerdem nicht die gesamte Verpflichtung. Die Bildung einer Pensionsrückstellung kommt vielmehr nur in Betracht, wenn die Verpflichtung durch den selbstständigen Versorgungsträger nicht erfüllt werden kann, wenn das Unternehmen also seine Einstandspflicht aus der Subsidiärhaftung nach § 1 Abs. 1 Satz 3 BetrAVG trifft. In Höhe dieser Unterdeckung darf eine Rückstellung gebildet werden.

Praxistipp

Der Umfang der Rückstellung für mittelbare Pensionsverpflichtungen umfasst lediglich eine mögliche Unterdeckung beim zwischengeschalteten Versorgungsträger (Subsidiärhaftung).

Im Fall einer nicht als Rückstellung passivierten Unterdeckung, wenn also das Unternehmen das Passivierungswahlrecht nicht ausgeübt hat, müssen KapG und PersG i.S.d. § 264a HGB den Betrag der Unterdeckung nach Art. 28 Abs. 2 EGHGB im **Anhang** angeben. Dem Bilanzleser soll das Haftungsrisiko aus den mittelbaren Pensionszusagen ersichtlich gemacht werden. Wird das Trägerunternehmen aus seiner Haftung in Anspruch genommen, muss in Höhe der Zahlungsverpflichtung eine Verbindlichkeit passiviert werden. Wurden Rückstellungen für mittelbare Pensionszusagen teilweise passiviert, ist lediglich der Restbetrag im Anhang anzugeben. **471**

Art. 28 Abs. 2 EGHGB lautet:

„Bei Anwendung des Absatzes 1 müssen Kapitalgesellschaften die in der Bilanz nicht ausgewiesenen Rückstellungen für laufende Pensionen, Anwartschaften auf Pensionen und ähnliche Verpflichtungen jeweils im Anhang und im Konzernanhang in einem Betrag angeben."

5.4.1.2 Pensionszusagen über Unterstützungskassen

Eine **Unterstützungskasse** ist eine rechtlich selbstständige Versorgungseinrichtung, die sich aus Zuwendungen eines oder mehrerer Trägerunternehmen sowie den Erträgen aus der Vermögensanlage finanziert (siehe zu Begriff und Zweck der Unterstützungskasse Kap. 5.2.3, Rn. 398). **472**

Bei Zwischenschaltung einer Unterstützungskasse kann sich eine **Unterdeckung** aus der Differenz zwischen dem sog. Kassenvermögen der Unterstützungskasse und dem Wert der zugesagten Pensionsverpflichtung ergeben. Der Wert des Kassenvermögens ergibt sich aus der Gegenüberstellung der nach handelsrechtlichen Grundsätzen bewerteten Vermögensgegenstände und Schulden der Unterstützungskasse. Eine Bewertung nach anderen Grundsätzen, wie z.B. dem BewG, scheidet aus.[71] Der Betrag der zugesagten Pensionsverpflichtung ist nach den gleichen Grundsätzen zu ermitteln wie bei unmittelbaren Pensionszusagen. Es handelt sich demnach um den versicherungsmathematischen Barwert der Verpflichtung. **473**

---

71 Vgl. HdR-E/*Höfer*, § 249 HGB Rn. 802.

5.4.1.3 Pensionszusagen über Pensionskassen und Direktversicherungen

474 **Pensionskassen** sind rechtlich selbstständige Lebensversicherungsunternehmen, deren Zweck die Absicherung wegfallenden Erwerbseinkommens wegen Alters, Invalidität oder Todes ist (siehe Kap. 5.2.3, Rn. 399).

475 Unter einer **Direktversicherung** wird eine Lebensversicherung verstanden, die ein Arbeitgeber auf das Leben eines Versorgungsberechtigten abschließt und bei der dieser oder dessen Hinterbliebene hinsichtlich der Leistungen bezugsberechtigt sind (siehe Kap. 5.2.3, Rn. 401).

476 Bei **Pensionskassen und Direktversicherungen** ist eine Unterdeckung und damit eine Einstandspflicht nach § 1 Abs. 1 Satz 3 BetrAVG unwahrscheinlich. Der Bedarf, Pensionsrückstellungen zu passivieren, wird daher nur in Ausnahmefällen eintreten. Die zu erbringenden Beiträge sind i.d.R. risikogerecht. Pensionskassen und Direktversicherungen unterliegen einer staatlichen Aufsicht, die sie anhält, Beiträge risikoavers anzulegen.

477 Eine **Unterdeckung** ist jedoch denkbar, wenn die zugesagten Pensionsverpflichtungen nicht aus dem Deckungskapital der Pensionskasse bzw. der Versicherung erbracht werden können. Dies ist z.B. dann der Fall, wenn das verpflichtete Unternehmen seiner Beitragspflicht nicht nachkommt. Es kommt dann zur Subsidiärhaftung und Einstandspflicht nach § 1 Abs. 1 Satz 3 BetrAVG. Folglich kommt die Bildung einer Pensionsrückstellung in Betracht. Dabei handelt es sich um eine Verpflichtung ggü. den berechtigten Arbeitnehmern. Sind die nicht geleisteten Beiträge nachträglich zu entrichten, weil sich an den Beitragspflichten des Unternehmens nichts geändert hat (z.B. durch eine Herabsetzung der Beiträge), ist eine Verbindlichkeit ggü. der Pensionskasse bzw. der Direktversicherung zu passivieren. Werden die Beitragspflichten herabgesetzt, entfällt die Einbuchung einer Verbindlichkeit. Dennoch kommt es zur Einstandspflicht des Unternehmens, weil die Beiträge nicht mehr ausreichen werden, um den zugesagten Pensionsverpflichtungen nachzukommen. Die Passivierung einer Pensionsrückstellung käme dann infrage.[72]

5.4.1.4 Pensionszusagen über Pensionsfonds

478 Ein **Pensionsfonds** ist eine rechtsfähige Versorgungseinrichtung, die im Wege des Kapitaldeckungsverfahrens Leistungen der betrieblichen Altersversorgung für einen Arbeitgeber zugunsten von Versorgungsberechtigten erbringt, wobei diesen ein eigener Rechtsanspruch auf Leistungen gegen den Fonds eingeräumt wird (siehe Kap. 5.2.3, Rn. 400).

479 Eine **Unterdeckung** ist, vergleichbar mit der Zwischenschaltung einer Unterstützungskasse, denkbar, wenn der Rückkaufswert bzw. Stichtagskurs der Kapitalanlage des Pensionsfonds geringer ist als die zugesagte Pensionsleistung. Auch hier gilt, dass dieser Wert der Kapitalanlage nach handelsrechtlichen Grundsätzen zu ermitteln ist. Unterschreitet der Rückkaufswert bzw. Stichtagskurs der Kapitalanlage die Pensions-

---

[72] Vgl. ADS, § 249 HGB Rn. 113.

5.4 Ansatz von mittelbaren Pensionsverpflichtungen in Handels- und Steuerbilanz

verpflichtung, kommt es zur Subsidiärhaftung des verpflichteten Unternehmens. In diesen Fällen kommt die Passivierung einer Pensionsrückstellung infrage.

5.4.1.5 Auflösung von Rückstellungen für mittelbare Pensionszusagen

Das Passivierungswahlrecht für die Zuführung zu Rückstellungen für **mittelbare Pensionszusagen** aus der Einstandspflicht nach § 1 Abs. 1 Satz 3 BetrAVG bedeutet auf der anderen Seite nicht, dass einmal gebildete Rückstellungen willkürlich aufgelöst werden können.[73] Auch hier gilt § 249 Abs. 2 Satz 2 HGB, wonach eine Rückstellung erst aufgelöst werden darf, wenn der Grund dafür entfallen ist. Eine Auflösung kommt also erst in Betracht, wenn die Unterdeckung nicht mehr besteht. 480

Der **Übergang von einer mittelbaren auf eine unmittelbare Zusage** gilt als Neuzusage, sofern nicht eine Subsidiärhaftung des Trägerunternehmens ggü. dem Begünstigten besteht. Unbeschadet des Passivierungswahlrechts für Altzusagen besteht für die übernommenen Pensionsverpflichtungen in Höhe des zurechenbaren Werts der übernommenen Vermögensgegenstände eine Passivierungspflicht. 481

Beispiel

Die Centrum AG ist ggü. ihren Arbeitnehmern mittelbare Pensionszusagen eingegangen. Die Pensionszusagen werden über einen Pensionsfonds abgewickelt. Aufgrund der Unzufriedenheit der Centrum AG mit der Anlagestrategie des Pensionsfonds möchte die AG die mittelbaren Pensionszusagen in unmittelbare Pensionszusagen umwandeln. Durch die Kündigung der Verträge mit dem Pensionsfonds wird die Centrum AG Wertpapiere des Anlagevermögens mit einem zurechenbaren Wert i.H.v. 300.000 EUR von dem Pensionsfonds übernehmen. Die Centrum AG ist verpflichtet, in dieser Höhe Pensionsrückstellungen zu passivieren.

5.4.2 Bilanzierung in der Steuerbilanz

Steuerrechtlich dürfen Rückstellungen aus mittelbaren Pensionszusagen aufgrund der Einstandspflicht nach § 1 Abs. 1 Satz 3 BetrAVG nicht gebildet werden. Das handelsrechtliche Passivierungswahlrecht in Art. 28 Abs. 1 Satz 2 EGHGB wandelt sich in der Steuerbilanz zum **Passivierungsverbot**. Die steuerlichen Vorschriften in § 6a EStG zu Pensionsrückstellungen beziehen sich ausschließlich auf unmittelbare Pensionszusagen und sind auf mittelbare Pensionszusagen nicht anzuwenden. 482

In den §§ 4b bis 4e EStG wird der **Betriebsausgabenabzug** von Beiträgen zu Direktversicherungen, Pensionskassen, Unterstützungskassen und Pensionsfonds geregelt. Der Betriebsausgabenabzug bezieht sich auf die laufenden Beitragszahlungen. Für die laufenden Beiträge zu zwischengeschalteten Versorgungseinrichtungen kommt auf der anderen Seite handelsrechtlich keine Rückstellungsbildung infrage. Die handelsrechtliche Rückstellung bezieht sich stets nur auf eine mögliche 483

---

[73] Vgl. Beck Bil-Komm/*Grottel/Rhiel*, § 249 HGB Rn. 266.

Unterdeckung. Steuerrechtlich kommt nach § 4d Abs. 2 Satz 2 EStG eine Rückstellung für Beiträge zu einer **Unterstützungskasse** für das abgelaufene Wirtschaftsjahr infrage, wenn diese bis zum Ablauf eines Monats nach Aufstellung oder Feststellung der Bilanz des Trägerunternehmens für den Schluss eines Wirtschaftsjahres geleistet werden. Handelsrechtlich darf diese Rückstellung nicht gebildet werden, weil sie laufende Beitragszahlungen betrifft.

5.5 Anpassung von Pensionsverpflichtungen

5.5.1 Anpassungsprüfungspflicht nach § 16 BetrAVG

484 Nach § 16 Abs. 1 BetrAVG hat der Arbeitgeber alle drei Jahre eine **Anpassung** der **laufenden Leistungen** der betrieblichen Altersversorgung zu prüfen. Dabei sind insb. die Belange des Versorgungsempfängers und die wirtschaftliche Lage des Arbeitgebers zu berücksichtigen. Die Anpassungsprüfungspflicht dient im Wesentlichen dem Schutz der betrieblichen Altersversorgung vor Geldentwertung. Neben der gesetzl. Anpassungsprüfungspflicht kann sich eine Anpassungspflicht auch aus den vertraglichen Regelungen der Altersvorsorge ergeben.

485 Die **Verpflichtung zur Anpassung** ist nach § 16 Abs. 2 BetrAVG erfüllt, wenn die Anpassung im Prüfungszeitraum nicht geringer ist als der Anstieg des Verbraucherpreisindex für Deutschland oder der Nettolöhne vergleichbarer Arbeitnehmergruppen des Unternehmens.

486 Die **Anpassungsprüfungspflicht** entfällt nach § 16 Abs. 3 BetrAVG, wenn:

- der Arbeitgeber sich verpflichtet, die laufenden Leistungen jährlich um wenigstens 1 % anzupassen,
- die betriebliche Altersversorgung unter Erfüllung weiterer Bedingungen über eine Direktversicherung oder Pensionskasse durchgeführt wird oder
- eine Beitragszusage mit Mindestleistung erteilt wurde.

487 Eine Anpassung kann unterbleiben (**zu Recht unterbliebene Anpassung**), wenn die wirtschaftliche Lage des Arbeitgebers eine Anpassung nicht zulässt[74] und der Arbeitgeber dem Versorgungsempfänger die wirtschaftliche Lage des Unternehmens schriftlich darlegt. Bzgl. der Erbringbarkeit der Anpassungsleistungen hat die wirtschaftliche Lage des Unternehmens in der Vergangenheit „Indizwirkung" für die Zukunft.[75] Hat demnach der Arbeitgeber in den letzten Jahren Verluste erzielt,

---

[74] Vgl. BAG v. 23.01.2001, 3 AZR 287/00, BB 2001, 2325: „Der Arbeitgeber darf [...] dann von einer Anpassung der Betriebsrenten [...] absehen, wenn das Eigenkapital unter das Stammkapital der Gesellschaft sank, daraufhin die Gesellschafter durch zusätzliche Einlagen eine Kapitalrücklage bildeten, die anschließend erzielten Gewinne nicht ausgeschüttet, sondern zur Verbesserung der Eigenkapitalausstattung verwandt wurden und trotzdem das Stammkapital bis zum nächsten Anpassungsstichtag ohne die Kapitalrücklage voraussichtlich nicht wieder erreicht wird."

[75] Vgl. BAG v. 25.03.2000, 3 AZR 83/99, BB 2001, 1908.

5.5 Anpassung von Pensionsverpflichtungen

so darf auch nicht für die nächsten Perioden mit einer nennenswerten Steigerung der Pensionsansprüche gerechnet werden. Darüber hinaus ist aber auch der vorrangige Investitionsbedarf der Gesellschaft und die vorrangige Eigenkapitalverzinsung für die Kapitalüberlassung der Gesellschafter[76] zu beachten.[77] Ist eine Anpassung zu Recht unterblieben, ist der Arbeitgeber nicht verpflichtet, diese unterlassene Anpassung zum nächsten Anpassungszeitpunkt nachzuholen.

5.5.2 Bilanzierungsfragen im Zusammenhang mit der Anpassungsprüfungspflicht

Führt die Anpassungsprüfung zu einer **Erhöhung** der betrieblichen Altersvorsorge, geht diese Erhöhung in die Bewertung der Pensionsrückstellung ein. Die Erhöhung stellt keine isolierte Pensionszusage dar. Handelt es sich bei der erhöhten Zusage um eine Altzusage, für die das Passivierungswahlrecht ausgeübt wurde, geht die Erhöhung zwingend in die Bewertung ein. Das Passivierungswahlrecht kann hierbei nicht isoliert ausgeübt werden.[78]

488

Beispiel

Die Phoenix AG ist ggü. ihren Arbeitnehmern vor dem 31.12.1986 Pensionszusagen eingegangen. Die Phoenix AG hat das Passivierungswahlrecht in der Form ausgeübt, dass sie diese Zusagen in vollem Umfang passiviert. Aufgrund der Anpassungsprüfungspflicht ergibt sich zum 31.12.2014 eine Erhöhung der Pensionsrückstellung um 100.000 EUR. Die Phoenix AG würde gerne diese Zuführung zur Pensionsrückstellung mit Hinweis auf das Passivierungswahlrecht für Altzusagen unterlassen. Die Phoenix AG hat diese Möglichkeit jedoch nicht. Die bestehenden Pensionsrückstellungen sind um 100.000 EUR zu erhöhen.

Zwischen den Anpassungsjahren ist eine mögliche Anpassung der Pensionsrückstellung nicht zu berücksichtigen. Nach Auffassung des *IDW* scheidet der Ansatz einer rechtlichen Verpflichtung für die bereits eingetretene Teuerung aus.[79] Gleiches gilt, wenn eine Anpassung zu Recht unter Hinweis auf die wirtschaftliche Lage des Unternehmens unterlassen wurde.

489

Wurden Anpassungen zu Unrecht nicht vorgenommen (**rechtswidrig unterbliebene Anpassung**), sind bei der Bewertung der Pensionsrückstellung die zukünftig erhöhten Rentenzahlungen zu berücksichtigen. Aus der zu Unrecht unterlassenen Anpassung kann sich eine Nachzahlungsverpflichtung des Unternehmens ergeben. Diese Nachzahlungsverpflichtung stellt keine Pensionsrückstellung dar, sondern ist als sonstige Rückstellung zu berücksichtigen. Ist von der unterlassenen Erhöhung eine

490

---

76 Als angemessen gilt hier die Verzinsung mit der Umlaufrendite öffentlicher Anleihen plus einem einheitlichen Risikozuschlag von 2 %; vgl. BAG v. 23.05.2000, 3 AZR 146/99, BB 2001, 2172.
77 Siehe auch Bertram/Brinkmann/Kessler/Müller/*Bertram/Harth*, § 253 HGB Rn. 86 ff.
78 Vgl. *IDW HFA* 3/1993, IDW FN 1994, 4, 4.
79 Vgl. *IDW HFA* 3/1993, IDW FN 1994, 4, 4.

Altzusage betroffen, kann der Ansatz der sonstigen Rückstellung nicht mit Hinweis auf das für Altzusagen einschlägige Passivierungswahlrecht unterbleiben.[80]

5.6 Saldierungen von Pensionsrückstellungen und Vermögensgegenständen (Deckungsvermögen)

491 Auch nach den Änderungen der handelsrechtlichen Rechnungslegung durch das BilMoG bleibt es bei dem in § 246 Abs. 2 Satz 1 HGB fixierten Grundsatz des Saldierungsverbots von Bilanzposten der Aktivseite und der Passivseite. § 246 Abs. 2 Satz 2 HGB schafft jedoch eine Ausnahme von diesem Grundsatz. Danach sind Vermögensgegenstände, die dem Zugriff sämtlicher Gläubiger entzogen sind und ausschließlich der Erfüllung von Schulden aus Altersversorgungsverpflichtungen bzw. vergleichbaren langfristig fälligen Verpflichtungen dienen, mit den korrespondierenden Schulden zu verrechnen.[81] Pensionsrückstellungen stellen dabei den Hauptanwendungsfall dieses **Saldierungsgebots** dar.[82]

492 Dem „Zugriff sämtlicher Gläubiger entzogen" bedeutet, dass im **Insolvenzfall** die Gläubiger des Bilanzierenden keinen Zugriff haben. Dies ist z.B. der Fall, wenn dem Versorgungsberechtigten im Insolvenzfall ein Aussonderungsrecht nach § 47 InsO zusteht. Gleiches gilt bei einem wirtschaftlich vergleichbaren Schutz, wie z.B. bei Treuhandmodellen. Außerdem müssen die Vermögensgegenstände im Verhältnis zu Dritten unbelastet sein. Die Vermögensgegenstände müssen jederzeit zur Verwertung zum Zwecke der Erfüllung von Altersversorgungsverpflichtungen zur Verfügung stehen. Dies ist z.B. bei betriebsnotwendigem Vermögen nicht der Fall. Weiter fordert § 246 Abs. 2 Satz 2 HGB die Zweckexklusivität des Deckungsvermögens. Dies bedeutet, dass sowohl die laufenden Erträge, wie auch die Erträge aus der Realisierung stiller Reserven der Erfüllung der Verpflichtungen dienen müssen.

493 Als **Beispiel für zu saldierende Vermögensgegenstände** sind bei Erfüllung der übrigen Voraussetzungen für die Saldierung Ansprüche aus Rückdeckungsversicherungen zu nennen. In der Praxis werden Rückdeckungsversicherungen oftmals zur Deckung einzelner hoher Versorgungszusagen (z.B. ggü. Geschäftsführern von KapG) eingesetzt. Vor der Reform der handelsrechtlichen Rechnungslegung durch das BilMoG galt für Pensionsrückstellungen und die zugehörigen Rückdeckungsversicherungen ein striktes Saldierungsverbot. Mit der Neuregelung der Zeitwertbilanzierung der zu saldierenden Vermögensgegenstände wurde auch die in der Literatur umstrittene Frage geregelt, wie der Aktivposten für die Ansprüche aus Rückdeckungsversicherungen zu bewerten ist.

494 Im Zusammenhang mit der Regelung des **Saldierungsgebots** in § 246 Abs. 2 Satz 2 HGB wurde in § 253 Abs. 1 Satz 4 HGB die Zeitwertbilanzierung der zu verrechnenden Vermögensgegenstände eingeführt. Übersteigt der Zeitwert den Betrag der zugehörigen Schulden, ist der übersteigende Betrag auf der Aktivseite der Bilanz unter dem

---

[80] Vgl. *IDW HFA* 3/1993, IDW FN 1994, 4, 5.
[81] Vgl. zu den Voraussetzungen für das Verrechnungsgebot *Gelhausen/Fey/Kämpfer*, Buchst. C Rn. 10 ff.
[82] Vgl. BR-Drucks. 344/08, S. 104; vgl. auch *Petersen/Zwirner/Künkele*, BilMoG in Beispielen, S. 72.

Posten E. „Aktiver Unterschiedsbetrag aus der Vermögensverrechnung" auszuweisen. Für diesen Bilanzposten gilt die Ausschüttungssperre nach § 268 Abs. 8 HGB.

Beispiel

 Ein Unternehmen verfügt über Pensionsverpflichtungen i.H.v. 400.000 EUR. Das insolvenzsicher angelegte Vermögen, das ausschließlich zur Bedienung dieser Verpflichtungen besteht, weist einen Buchwert von 200.000 EUR und einen Zeitwert von 500.000 EUR auf. Der Steuersatz beträgt 30 %.

Es ergeben sich folgende Buchungen:

Personalaufwand	400.000 EUR	an	Pensionsrückstellungen	400.000 EUR
Wertpapiere	300.000 EUR	an	sonstige betriebliche Erträge	300.000 EUR
Pensionsrückstellungen	400.000 EUR	an	aktiver Unterschiedsbetrag	400.000 EUR
aktiver Unterschiedsbetrag	500.000 EUR	an	aktiver Unterschiedsbetrag	500.000 EUR
Steueraufwand	90.000 EUR	an	passive latente Steuern	90.000 EUR

Das Unternehmen hat künftig in der Bilanz den zum Zeitwert bewerteten Betrag nach Saldierung als „Aktiven Unterschiedsbetrag aus der Vermögensverrechnung" i.H.v. 100.000 EUR auf der Aktivseite auszuweisen. Zudem sind passive latente Steuern i.H.v. 90.000 EUR (30 % auf 300.000 EUR) anzusetzen. Aufgrund der Zeitwertbewertung des Vermögens sowie der korrespondierenden Abgrenzung latenter Steuern ist ein Betrag von 210.000 EUR (300.000 EUR – 90.000 EUR) ausschüttungsgesperrt. In den Folgeperioden hat jeweils die Bewertung der Vermögensgegenstände erfolgswirksam zu erfolgen. Die entsprechenden Gewinne sind im Zinsergebnis auszuweisen und mit den Zinsaufwendungen aus der Aufzinsung der entsprechenden Pensionsverpflichtungen zu saldieren.

5.7 Ansatz ähnlicher Verpflichtungen

Hinsichtlich des **Begriffs** der ähnlichen Verpflichtungen verweisen wir auf die Ausführungen unter Kap. 5.2.2, Rn. 385 ff. Den ähnlichen Verpflichtungen sind bspw. Vorruhestandsgelder, Übergangsgelder und Übergangsbezüge zuzuordnen. Nicht dazu zählen: Verpflichtungen aus der Insolvenzsicherung ggü. dem PSVaG, Verpflichtungen aus Direktversicherungen oder solche ggü. Pensionskassen und Unterstützungskassen.

Aus Art. 28 Abs. 1 Satz 2 EGHGB ergibt sich für ähnliche Verpflichtungen ein generelles **Passivierungswahlrecht**. Dies gilt sowohl für Alt- und Neuzusagen als auch für mittelbare und unmittelbare ähnliche Verpflichtungen. Das Wahlrecht gilt nicht für Kosten der betrieblichen Altersversorgung, Treuezahlungen, Abfindungen, Jubiläumsgelder und Beiträge zum Pensionssicherungsverein, weil diese Sachverhalte nicht als ähnliche Verpflichtung zu qualifizieren sind. Es handelt sich in diesen Fällen vielmehr um sonstige ungewisse Verbindlichkeiten, für die eine Passivierungspflicht nach § 249 Abs. 1 Satz 1 HGB gilt. Wird das Passivierungswahlrecht nicht in Anspruch genommen und eine Passivierung unterlassen, entsteht ein Fehlbetrag, der nach Art. 28 Abs. 2 EGHGB im Anhang anzugeben ist.

497 Trotz des Passivierungswahlrechts können einmal gebildete Rückstellungen für ähnliche Verpflichtungen nicht willkürlich aufgelöst werden. § 249 Abs. 2 Satz 2 HGB gilt auch für Rückstellungen für ähnliche Verpflichtungen. Eine **Auflösung** ist nur möglich, wenn der Grund für die Rückstellung entfallen ist.

498 **Steuerrechtlich** gilt für Rückstellungen für ähnliche Verpflichtungen ein **Passivierungsverbot**. Das handelsrechtliche Passivierungswahlrecht wird in der Steuerbilanz zum Passivierungsverbot.[83]

Praxistipp

Für **pensionsähnliche Verpflichtungen** gilt:

Handelsrecht: Passivierungswahlrecht;

Steuerrecht: Passivierungsverbot.

5.8 Bilanzierung in ausgewählten Sonderfällen

5.8.1 Pensionszusagen an Gesellschafter-Geschäftsführer einer KapG

499 Den Ansatz von Pensionsrückstellungen aus Pensionszusagen ggü. Gesellschafter-Geschäftsführern einer KapG betreffend ergeben sich zunächst **keine handelsrechtlichen Besonderheiten**. Damit sind die obigen Ausführungen hier ebenfalls einschlägig.[84]

500 Allerdings haben große und mittelgroße KapG und ihnen gleichgestellte PersG bestimmte **Anhangangaben** zu beachten. So sind nach § 285 Nr. 9 Buchst. a) HGB die Gesamtbezüge des aktiv tätigen Geschäftsführungsorgans im Anhang anzugeben. Die Angabe hat nicht pro Person, sondern je Personengruppe zu erfolgen. Darunter fallen Beiträge zu Direktversicherungen, Pensionskassen und Pensionsfonds,[85] nicht jedoch Aufwendungen aus der Zuführung zu Pensionsrückstellungen.[86] Nach § 285 Nr. 9 Buchst. b) HGB sind für ehemalige Geschäftsführungsmitglieder die gezahlten Pensionsleistungen im Anhang anzugeben. Allerdings hat auch hier die Angabe in Summe für die gesamte Personengruppe zu erfolgen. Zusätzlich ist

---

83 Vgl. *BMF* v. 13.03.1987, IV B 1 – S 2176 – 12/87, BStBl. I 1987, 365, 365.
84 Vgl. Beck HdR/*Scheffler*, B 233 Rn. 310 ff.
85 Vgl. HdR-E/*Höfer*, § 249 HGB Rn. 732.
86 Vgl. Beck Bil-Komm/*Grottel*, § 285 HGB Rn. 247.

5.8 Bilanzierung in ausgewählten Sonderfällen

für ehemalige Geschäftsführungsmitglieder der Betrag der passivierten sowie der für die Verpflichtung nicht gebildeten Pensionsrückstellungen im Anhang anzugeben.

Steuerrechtlich besteht bei Pensionszusagen ggü. Gesellschafter-Geschäftsführern einer KapG die Problematik, dass unter bestimmten Umständen die Gewinnminderung aus der Bildung der zugehörigen Pensionsrückstellung als vGA anzusehen ist. Die Gewinnminderung wird dann bei Ermittlung der steuerlichen Bemessungsgrundlage nicht berücksichtigt. Die Pensionszusage wird steuerlich nicht anerkannt, wenn sie durch das Gesellschaftsverhältnis veranlasst ist, d.h., wenn sie fremden Dritten bei im Übrigen vergleichbaren Verhältnissen nicht gewährt worden wäre.[87] Dabei kann die Angemessenheit durch einen betriebsexternen oder betriebsinternen Fremdvergleich festgestellt werden. Für ihre steuerliche Anerkennung muss die Pensionszusage die Voraussetzungen Erdienbarkeit, Probezeit, Finanzierbarkeit und Angemessenheit erfüllen.

501

Für die **Erdienbarkeit** gilt im Fall eines beherrschenden Gesellschafters grds., dass der Erdienungszeitraum mindestens zehn Jahre betragen muss.[88] Als Erdienungszeitraum ist die Zeitspanne zwischen Zusagezeitpunkt und Pensionsbeginn zu verstehen. Zusätzlich ist zu beachten, dass als Pensionsbeginn frühestens die Vollendung des 65. Lebensjahrs des Berechtigten vereinbart werden darf.[89] Für einen nicht beherrschenden Gesellschafter wird die Erdienbarkeit der Pensionszusage unterstellt, wenn der Beginn seiner Betriebszugehörigkeit im Zusagezeitpunkt mindestens zwölf Jahre zurückliegt und die Versorgungszusage für mindestens drei Jahre bestanden hat.[90]

502

Weiter wird die Pensionszusage steuerlich nur anerkannt, wenn zunächst die Eignung, Befähigung und fachliche Leistung des Geschäftsführers geprüft wird. Dazu ist eine gewisse **Probezeit** erforderlich. Dieser Zeitraum kann nach Auffassung der Finanzverwaltung zwischen zwei und drei Jahren liegen.[91]

503

Darüber hinaus muss die Pensionszusage **finanzierbar** sein. Dabei ist auf den im Zusagezeitpunkt anzusetzenden versicherungsmathematischen Barwert abzustellen. Verschlechtert sich die finanzielle Lage der Gesellschaft, verlangt die Finanzverwaltung eine Kürzung der Pensionsleistungen.[92] Dabei darf die Gesellschaft jedoch die weitere Entwicklung der wirtschaftlichen Lage abwarten.

504

Außerdem muss die Pensionszusage **angemessen** sein. Sie muss damit dem Fremdvergleich mit der Vergütung standhalten, die einem fremden Geschäftsführer eingeräumt werden würde. In diesem Zusammenhang werden steuerlich nicht anerkannt: Pensionszusagen als nachträgliche Vergütung für bereits erbrachte Leistungen[93] und sog. Nur-Pensionen.[94]

505

---

87 Vgl. BFH v. 15.10.1997, I R 42/97, BStBl. II 1999, 316.
88 Vgl. BFH v. 29.10.1997, I R 52/97, BStBl. II 1999, 318.
89 Vgl. BFH v. 23.01.1991, I R 113/88, BStBl. II 1991, 379.
90 Vgl. BFH v. 24.01.1996, I R 41/95, BStBl. II 1997, 440.
91 Vgl. *BMF* v. 14.05.1999, IV C 6 – S 2742 – 9/99, BStBl. I 1999, 512, 512.
92 Vgl. *BMF* v. 14.05.1999, IV C 6 – S 2742 – 9/99, BStBl. I 1999, 512, 513.
93 Vgl. BFH v. 03.04.1976, I R 241/71, BStBl. II 1974, 497.
94 Vgl. BFH v. 15.09.2004, I R 62/03, BStBl. II 2005, 176.

5.8.2 Pensionszusagen an Gesellschafter-Geschäftsführer einer PersG

506 Für den **handelsrechtlichen Jahresabschluss** ergibt sich aus Pensionszusagen an Gesellschafter-Geschäftsführer einer PersG den Ansatz von Pensionsrückstellungen betreffend keine abweichende Handhabung.[95]

507 **Steuerrechtlich** hat die Rechtsprechung ihre Auffassung zur Bilanzierung von Pensionszusagen an Gesellschafter-Geschäftsführer mehrfach geändert. In seinem Urteil vom 08.01.1975 geht der BFH davon aus, dass die Pensionszusage eine Gewinnverteilungsabrede darstellt und die PersG damit nicht zur Bildung einer Pensionsrückstellung berechtigt ist.[96] Diese Auffassung hat der BFH 1997 revidiert. In einem weiteren Urteil lässt der BFH die Passivierung von Pensionsrückstellungen auf der Gesellschaftsebene zu. Korrespondierend sei aber auf Gesellschafterebene eine Forderung zu aktivieren.[97] Im Jahr 2006 hat der BFH entschieden, dass die Aktivierung der korrespondierenden Forderung in der Sonderbilanz des betroffenen Gesellschafters zu erfolgen hat.[98] Bislang war nämlich nicht geklärt, ob die korrespondierende Aktivierung verteilt in den Sonderbilanzen aller Gesellschafter oder in der Sonderbilanz des betroffenen Gesellschafters erfolgen soll. Damit sind für Zwecke der steuerrechtlichen Bilanzierung die **Gesellschaftsebene** und **Gesellschafterebene** getrennt zu betrachten.

508 Auf **Gesellschaftsebene** ist in der Gesamthandelsbilanz der PersG für die Pensionszusage eine Pensionsrückstellung nach Maßgabe des § 6a EStG zu passivieren. Nach Eintritt des Versorgungsfalls sind die laufenden Pensionszahlungen abziehbare Betriebsausgaben. Die Pensionsrückstellung ist entsprechend gewinnerhöhend in Anspruch zu nehmen. Entfällt die Pensionsverpflichtung, ist die Pensionsrückstellung ergebniserhöhend aufzulösen. Dieser Ertrag wird über die Gewinnverteilung allen Gesellschaftern zugerechnet.[99]

509 Auf **Gesellschafterebene** kommt es jetzt zur korrespondierenden Bilanzierung. Nach § 15 Abs. 1 Satz 1 Nr. 2 EStG aktiviert der begünstigte Gesellschafter in seiner Sonderbilanz eine Forderung, die der passivierten Pensionsrückstellung auf Gesellschaftsebene entspricht. Die nicht begünstigten Gesellschafter haben keine Ansprüche zu aktivieren. Die Pensionszahlungen stellen beim begünstigten Gesellschafter nach § 15 Abs. 1 Satz 1 Nr. 2 EStG Sonderbetriebseinnahmen dar. Entsprechend der gewinnerhöhenden Auflösung der Pensionsrückstellung auf Ebene der PersG wird die in der Sonderbilanz aktivierte Forderung im Versorgungsfall gewinnmindernd aufgelöst. Entfällt der Pensionsanspruch, wird die gesamte Forderung ergebnismindernd ausgebucht. Der Aufwand ist dem betroffenen Gesellschafter in voller Höhe zuzurechnen.[100]

---

95 Siehe hierzu auch Beck HdR/*Scheffler*, B 233 Rn. 315 ff.
96 Vgl. BFH v. 08.01.1975, I R 142/72, BStBl. II 1975, 437.
97 Vgl. BFH v. 02.12.1997, VIII R 15/96, BFH/NV 1998, 781.
98 Vgl. BFH v. 30.03.2006, IV R 25/04, BStBl. II 2008, 171.
99 Vgl. *BMF* v. 29.01.2008, IV B 2 – S 2176/07/0001, BStBl. I 2008, 317, 317.
100 Vgl. *BMF* v. 29.01.2008, IV B 2 – S 2176/07/0001, BStBl. I 2008, 317, 318.

5.8 Bilanzierung in ausgewählten Sonderfällen

Beispiel

 Die Zentral KG ist ggü. ihrem Gesellschafter-Geschäftsführer X eine Pensionszusage eingegangen. Der Teilwert der Pensionsrückstellung nach § 6a EStG beläuft sich zum 31.12.t1 auf 85.000 EUR. Mit Ablauf des Wirtschaftsjahres t1 ist X als Geschäftsführer ausgeschieden. Die monatlichen Pensionsleistungen betragen 2.000 EUR. Die Pensionsrückstellung hat zum 31.12.t2 einen Teilwert nach § 6a EStG i.H.v. 77.000 EUR.

Gesellschaftsebene (Zentral KG):

Die Zentral KG hat in ihrer Gesamthandelsbilanz die Pensionsrückstellung zum 31.12.t2 mit 77.000 EUR zu passivieren. Der Verbrauch der Pensionsrückstellung i.H.v. 8.000 EUR ist als Ertrag zu erfassen. Der Ertrag ist den Gesellschaftern der Zentral KG nach dem Gewinnverteilungsschlüssel zuzurechnen. Die Pensionszahlungen in t2 i.H.v. 24.000 EUR stellen auf Ebene der Zentral KG Betriebsausgaben dar.

Gesellschafterebene (X):

In seiner Sonderbilanz hat X zum 31.12.t2 eine Forderung aus der Pensionszusage i.H.v. 77.000 EUR zu aktivieren. Im Laufe des Jahres t2 wurde der Anspruch des X um 8.000 EUR reduziert. Dieser Aufwand stellt aus Sicht des X eine Sonderbetriebsausgabe dar. Die laufenden Pensionsleistungen des Jahres t1 i.H.v. 24.000 EUR sind Sonderbetriebseinnahmen des X.

Obige Ausführungen gelten grds. auch für den Fall der **GmbH & Co. KG**, wenn die Pensionszusage durch die Komplementär-GmbH erteilt wird. Allerdings wird die Gesamthandelsbilanz der GmbH & Co. KG von der steuerrechtlichen Bilanzierung nicht berührt. Die Passivierung der Pensionsrückstellung erfolgt vielmehr in der Steuerbilanz der Komplementär-GmbH. Ergebniswirksame Veränderungen der Pensionsrückstellung stellen Sonderbetriebseinnahmen bzw. Sonderbetriebsausgaben der Komplementär-GmbH i.R.d. Gewinnermittlung der PersG dar.

5.8.3 Pensionssicherungsverein (PSVaG)

Für unverfallbare unmittelbare und mittelbare Versorgungsansprüche schreiben die §§ 7 bis 15 BetrAVG die Pflicht zur **Insolvenzsicherung** vor. Die Insolvenzsicherung erfolgt über den Pensionssicherungsverein (PSVaG). Nach dem BetrAVG müssen die Beiträge zum PSVaG den Schadensaufwand von aufgrund von Insolvenzen zu übernehmenden betrieblichen Altersversorgungen decken. Dieser Schadensaufwand besteht grds. aus zwei Komponenten:

- den versicherungsmathematischen Barwerten der im laufenden Kalenderjahr entstehenden Ansprüche auf Leistungen der Insolvenzsicherung und
- dem Unterschiedsbetrag der versicherungsmathematischen Barwerte der aufgrund eingetretener Insolvenzen zu sichernden unverfallbaren Anwartschaften am Ende des Kalenderjahrs und am Ende des Vorjahrs.

5 Rückstellungen für Pensionen und ähnliche Verpflichtungen

Der PSVaG hat in 2007 sein **Finanzierungsverfahren** modifiziert. Zuvor waren von Insolvenzen betroffene unverfallbare Anwartschaften bei der Beitragsermittlung unberücksichtigt geblieben (Rentenwertumlageverfahren). Durch eine Änderung des BetrAVG wurde das Finanzierungsverfahren auf das Verfahren der vollständigen Kapitaldeckung umgestellt. Beginnend mit dem Jahr 2007 wurden die bis dahin noch nicht finanzierten unverfallbaren Anwartschaften durch einen einmaligen Beitrag nachfinanziert. Dieser Einmalbetrag ist von den Mitgliedern des PSVaG in 15 gleichen Raten ab dem 31.03.2007 zu begleichen. Darüber hinaus besteht ab 2007 die Alternative, den Betrag durch eine einmalige Kapitalzahlung abzulösen.

512 Durch die **Umstellung des Finanzierungsverfahrens** wurde der bisher in der Literatur aufzufindenden Auffassung, dass für die nicht finanzierten unverfallbaren Anwartschaften die Passivierung einer sonstigen Rückstellung in Betracht kommen kann, die Grundlage entzogen. Auf der anderen Seite ist jedoch die Auffassung des *HFA* des *IDW* zu teilen, dass für den Einmalbetrag eine Verbindlichkeit zu passivieren ist, die als Rentenverpflichtung mit dem Barwert zu bewerten ist.[101] Der Ausweis erfolgt unter den sonstigen Verbindlichkeiten, davon i.R.d. sozialen Sicherheit.[102]

5.8.4 Contractual Trust Agreements

513 Bei CTAs handelt es sich um **treuhandrechtliche Konstruktionen**, die im Wesentlichen dazu dienen, Pensionsverpflichtungen wirtschaftlich auszulagern.[103] Rechtlich bleibt, da es sich weiterhin um eine Direktzusage handelt, der Arbeitgeber Verpflichteter.[104] Ziel derartiger Konstruktionen ist die Saldierung des Deckungsvermögens (also des Vermögens, dass zur Deckung der Pensionsverpflichtungen angedacht ist) mit den Pensionsverpflichtungen.[105] Damit sollen insb. bilanzpolitische Ziele erreicht werden (siehe Kap. 5.6, Rn. 493 ff.).[106]

514 Damit das Handelsrecht die gewünschte Saldierung zulässt, müssen die Kriterien des § 246 Abs. 2 Satz 2 HGB erfüllt sein.[107] D.h., das ausgelagerte Vermögen muss **insolvenzsicher** angelegt und dem **Zugriff aller Gläubiger entzogen** sein. Darüber hinaus muss das Vermögen **ausschließlich der Erfüllung der Pensionsverpflichtungen dienen**, d.h., sie müssen jederzeit auch zur Begleichung dieser Schuld verwertet werden können. Dieses Kriterium sieht der Gesetzgeber bei der Auslagerung betriebsnotwendigen Anlagevermögens nicht als erfüllt an.[108]

---

101 Damit verbunden ist die Notwendigkeit der Aufzinsung in Folgeperioden.
102 Vgl. *IDW HFA*, IDW FN 2007, 107, 108.
103 Vgl. *Küting/Keßler*, DB 2009, 1717, 1717.
104 Vgl. *Keßler*, S. 84; *Rößler*, BB 2010, 1405, 1408.
105 Siehe kritisch hierzu *Seeger*, DB 2007, 697, 698: „Saldieren heißt nicht hedgen".
106 Siehe ferner mit einer Auflistung von Argumenten für eine CTA-Einführung *Seeger*, DB 2007, 697, 698.
107 Vgl. auch *Höfer/Rhiel/Veit*, DB 2009, 1605, 1606.
108 Vgl. BT-Drucks. 16/12407, S. 85. Das deutsche Handelsrecht ist in dieser Hinsicht restriktiver als die internationalen Rechnungslegungsvorschriften; vgl. *Rößler*, BB 2010, 1405, 1410.

5.8 Bilanzierung in ausgewählten Sonderfällen

Für Zwecke der insolvenzsicheren Auslagerung wird durch den Arbeitgeber eine **rechtlich und wirtschaftlich eigenständige Einheit gegründet**. Oft wird dafür die Rechtsform eines eingetragenen Vereins gewählt.[109] Dieser fungiert als Treuhänder, dem das Treugut (das Deckungsvermögen) vom bilanzierenden Unternehmen zur Verwaltung überlassen wird. Darüber wird zwischen dem Trägerunternehmen (Arbeitgeber) und dem Verein (Treuhänder) ein Treuhandvertrag geschlossen.

515

Praxistipp

Der Treuhandvertrag sollte umfassende Angaben zur Verwaltung des Deckungsvermögens machen; ausdrücklich sollte die Separierung dieses Vermögens von sonstigem Vermögen festgehalten werden.[110]

Die geschlossene Treuhandvereinbarung erlischt mit der Insolvenz des Trägerunternehmens.[111] Zur Sicherung der Insolvenzfestigkeit bedarf es daher einer zusätzlichen Sicherung.

Die Insolvenzfestigkeit i.S.d. Gesetzes wird grds. dann zu bejahen sein, wenn der Anspruch des Trägerunternehmens auf Rückübertragung des Deckungsvermögens an den Arbeitnehmer verpfändet wird und der Arbeitnehmer damit ein Absonderungsrecht i.S.d. § 50 InsO erhält (**einseitiges Treuhandmodell mit Insolvenzfestigkeit**).[112] Eine weitere Möglichkeit besteht im Abschluss einer Sicherungstreuhandabrede zwischen Arbeitgeber und Treuhänder zugunsten des Arbeitnehmers.[113] Im Insolvenzfall hätte der Arbeitnehmer dann selbst Leistungsrechte ggü. dem Treuhänder (**doppelseitige Treuhand**).[114] Der praktische Vorteil ggü. der Verpfändung liegt in der nicht erforderlichen Mitwirkungspflicht der Versorgungsberechtigten.[115]

516

Praxistipp

Die Einrichtung von Treuhandmodellen zur wirtschaftlichen Auslagerung von Pensionsverpflichtungen bedarf einer umfassenden Rechtsberatung und erfordert eine Auseinandersetzung mit der insolvenzrechtlichen Behandlung derartiger Modelle.[116]

---

109 Vgl. *Küting/Keßler*, DB 2009, 1717, 1718; sowie zu den Gründen und Hürden in der Praxis *Rößler*, BB 2010, 1405, 1406.
110 Vgl. *Rößler*, BB 2010, 1405, 1406.
111 Vgl. §§ 115 Abs. 1, 116 Abs. 1 InsO.
112 Siehe ausführlich *Rößler*, BB 2010, 1405, 1408.
113 Vgl. *Gelhausen/Fey/Kämpfer*, Buchst. C Rn. 32.
114 Siehe detailliert zu den Treuhandmodellen mit anschaulichen Abbildungen *Keßler*, S. 73 ff.
115 Vgl. *Gelhausen/Fey/Kämpfer*, Buchst. C Rn. 32.
116 Zu beachten ist, dass es an einer höchstrichterlichen Rechtsprechung zu CTAs fehlt. Es verbleiben im Einzelfall Zweifel, ob die Kriterien der Insolvenzfestigkeit erfüllt sind.

5 Rückstellungen für Pensionen und ähnliche Verpflichtungen

5.9 Bewertung

5.9.1 Allgemein

517 Die **handelsrechtliche Bewertung** von Pensionsrückstellungen ist in § 253 HGB geregelt:

> „(1) [...] ²Verbindlichkeiten sind zu ihrem Erfüllungsbetrag und Rückstellungen in Höhe des nach vernünftiger kaufmännischer Beurteilung notwendigen Erfüllungsbetrages anzusetzen. ³Soweit sich die Höhe von Altersversorgungsverpflichtungen ausschließlich nach dem beizulegenden Zeitwert von Wertpapieren im Sinn des § 266 Abs. 2 A.III.5 bestimmt, sind Rückstellungen hierfür zum beizulegenden Zeitwert dieser Wertpapiere anzusetzen, soweit er einen garantierten Mindestbetrag übersteigt. [...]
>
> (2) ¹Rückstellungen mit einer Restlaufzeit von mehr als einem Jahr sind mit dem ihrer Restlaufzeit entsprechenden durchschnittlichen Marktzinssatz der vergangenen sieben Geschäftsjahre abzuzinsen. ²Abweichend von Satz 1 dürfen Rückstellungen für Altersversorgungsverpflichtungen oder vergleichbare langfristig fällige Verpflichtungen pauschal mit dem durchschnittlichen Marktzinssatz abgezinst werden, der sich bei einer angenommenen Restlaufzeit von 15 Jahren ergibt. [...] ⁴Der nach den Sätzen 1 und 2 anzuwendende Abzinsungszinssatz wird von der Deutschen Bundesbank nach Maßgabe einer Rechtsverordnung ermittelt und monatlich bekannt gegeben. [...]
>
> [...]"

518 Abweichend von der grundsätzlichen Abzinsung der Rückstellungen nach § 253 Abs. 2 Satz 1 HGB, wonach Rückstellungen mit einer Restlaufzeit von mehr als einem Jahr mit dem ihrer Restlaufzeit entsprechenden durchschnittlichen Marktzinssatz der vergangenen sieben Geschäftsjahre abzuzinsen sind, dürfen Rückstellungen für laufende Pensionen oder Anwartschaften auf Pensionen pauschal mit dem bei einer **angenommenen Laufzeit von 15 Jahren** geltenden durchschnittlichen Marktzinssatz abgezinst werden (§ 253 Abs. 2 Satz 2 HGB).[117] Die Anwendung dieser Vereinfachungsvorschrift steht allerdings unter dem Vorbehalt, dass der Jahresabschluss ein den tatsächlichen Verhältnissen entsprechendes Bild der Vermögens-, Finanz- und Ertragslage vermitteln muss.

519 **Abweichungen** von der Berücksichtigung einer pauschalen Restlaufzeit sind dann geboten, wenn es sich bspw. einerseits um sehr junge Pensionsberechtigte handelt und die entsprechende Restlaufzeit der Pensionsrückstellungen deutlich über 15 Jahren liegt, oder andererseits, wenn aufgrund der Altersstruktur der Pensionsberechtigten keine verbleibende durchschnittliche Restlaufzeit von 15 Jahren anzunehmen ist. Bei dieser Beurteilung kann bspw. auf die durchschnittlichen Lebenserwartungen aufgrund der der Pensionsbewertung zugrunde gelegten Sterbetafeln

---

117 Mit Inkrafttreten des Gesetzes zur Umsetzung der Wohnimmobilienkreditrichtlinie und zur Änderung handelsrechtlicher Vorschriften am 17.03.2016 wurde der Betrachtungszeitraum zur Ermittlung des Zinssatzes zur Bewertung von Altersversorgungsverpflichtungen von sieben Jahren auf zehn Jahre ausgeweitet. Vgl. dazu ausführlich Kap. 7, Rn. 667 ff.

5.9 Bewertung

Bezug genommen werden. Bei einer Altersstruktur der Pensionsberechtigten, die keine durchschnittliche Restlaufzeit der Ansprüche von 15 Jahren rechtfertigt, ist der Zinssatz für die individuelle Restlaufzeit des Kollektivs zu ermitteln. Dieser Zinssatz wird aufgrund des Verlaufs der Zinsstrukturkurve c.p. geringer sein als der Zinssatz bei einer angenommenen durchschnittlichen Restlaufzeit von 15 Jahren. Dem Vorsichtsprinzip kann nur durch Verwendung des der individuell ermittelten Restlaufzeit entsprechenden Zinssatzes Rechnung getragen werden.

Auch die Bewertung von Pensionsrückstellungen hat unter **Berücksichtigung künftiger Kosten- und Preissteigerungen** zu erfolgen. Hier sollen künftige Lohn-, Gehalts- und Rentensteigerungen, aber auch Karrieretrends sowie Fluktuations-, Sterbe- und Invaliditätswahrscheinlichkeiten Eingang in die Bewertung finden. Die Bestimmung der für die Berechnung der Pensionsrückstellung notwendigen Datengrundlagen erfolgt regelmäßig bereits auf den Daten zum 30.11. oder 31.10. des Jahres (bei einem dem Kalenderjahr entsprechenden Wirtschaftsjahr). Falls sich nach dem Zeitpunkt der Festlegung der Bewertungsparameter – hier nennt IDW RS HFA 34 einen zulässigen Zeitraum von bis zu drei Monaten vor dem Abschlussstichtag (Tz. 6) – wesentliche Veränderungen ergeben, sind die im Vorfeld gewählten Bewertungsparameter an die zum Bilanzstichtag relevanten Wertverhältnisse anzupassen. Für die Bewertung der Rückstellungen zum Stichtag sind allein die zu diesem Zeitpunkt relevanten Verhältnisse maßgebend. Wertaufhellende Ereignisse des Folgejahres sind hinsichtlich ihrer Auswirkungen aufgrund und oder Höhe der angesetzten Rückstellung zu berücksichtigen.

520

Der **Unterschiedsbetrag aus der Rückstellungsbewertung** vor und nach BilMoG ist einmalig zum 01.01.2010 zu ermitteln. Soweit bei dem bilanzierenden Unternehmen Vermögensgegenstände vorliegen, die die Anforderungen des § 246 Abs. 2 HGB erfüllen, ermittelt sich der zuzuführende Unterschiedsbetrag aus der sich aufgrund der Neubewertung ergebenden Bewertungsdifferenz bei den Pensionsrückstellungen (neu bewerteter Betrag der Pensionsrückstellungen abzüglich des zum 31.12.2009 vorhandenen Buchwerts) abzüglich des Betrags, um den der Wertansatz des Deckungsvermögens aufgrund der verpflichtenden Zeitwertbewertung nach neuem Recht dessen letzten Buchwert übersteigt. Demnach ist der Anpassungsbetrag aus der Neubewertung der Pensionsrückstellungen um den unrealisierten Ertrag aus der Höherbewertung zu kürzen.[118] Für Altersteilzeitverpflichtungen gilt zwar die analoge Anwendung von § 246 Abs. 2 HGB (Zeitwertbewertung), allerdings dürfen zum 01.01.2010 entstehende Umstellungseffekte nicht über 15 Jahre verteilt werden, sondern sind mittelbar als außerordentlicher Aufwand zu erfassen.[119]

521

Nach § 285 Nr. 24 HGB müssen im **Anhang** das angewandte versicherungsmathematische Bewertungsverfahren sowie die grundlegenden Annahmen der Berechnung (Zinssatz, erwartete Lohn- und Gehaltssteigerungen und zugrunde gelegte Sterbetafeln) angegeben werden.

522

---

118 Vgl. *IDW* RS *HFA* 28, IDW FN 2009, 642, 649.
119 *Petersen/Zwirner/Künkele*, DB 2010, Beilage 4, 1, 15.

Praxistipp

 Die Bewertung von Pensionsrückstellungen soll einer zukunftsgerichteten Bewertung Rechnung tragen. Durch die Abzinsung mit dem Marktzinssatz wird der gängigen Praxis, auch im handelsrechtlichen Jahresabschluss eine Abzinsung mit dem steuerlichen Zinssatz nach § 6a EStG von 6 % vorzunehmen, entgegengewirkt, da die 6 %ige Abzinsung zu einer zu geringen Rückstellungsbewertung führt. Die Pensionsrückstellungen sollen damit eher die tatsächliche künftige Belastung der Unternehmen widerspiegeln.

523 Die **Anwendung der durch das BilMoG geänderten Vorschriften** ist erstmals für Geschäftsjahre, die nach dem 31.12.2009 beginnen, verpflichtend (Art. 66 Abs. 3 EGHGB). In diesem Zusammenhang sehen die Regelungen des EGHGB verschiedene Möglichkeiten der Zuführung des Anpassungsbetrags vor (Art. 67 Abs. 1 und 2 EGHGB). Dieser kann zum Umstellungszeitpunkt einmalig erfolgswirksam zugeführt werden oder in Raten über bis zu 15 Jahre erfolgswirksam erfasst werden. Der Differenzbetrag ist einmalig im Übergangszeitpunkt zu ermitteln. Auch eine etwaige Überdotierung kann beibehalten werden, wenn mit einer Zuführung des Betrags in den kommenden 15 Jahren zu rechnen ist. Die entsprechenden Beträge einer bestehenden Unter- bzw. Überdotierung sind zum jeweiligen Bilanzstichtag im Anhang anzugeben. Zum 31.12.2009 betrug der Zinssatz bezogen auf 15 Jahre nach Angabe der Deutschen Bundesbank 5,25 %.

524 Bei der Ermittlung des **Anpassungsbetrags** sind die unrealisierten Gewinne aus der Neubewertung des Deckungsvermögens (§ 246 Abs. 2 HGB) zu berücksichtigen. Diese mindern den Anpassungsbetrag.[120]

525 Gemäß Art. 67 Abs. 1 Satz 2 EGHGB besteht für sämtliche Rückstellungen, deren Wertansatz aufgrund der geänderten Bewertung gemindert werden müsste, ein **Beibehaltungswahlrecht**, soweit der Differenzbetrag bis spätestens zum 31.12.2024 wieder zugeführt werden müsste. Das Wahlrecht umfasst nur den Teilbetrag einer aufzulösenden Rückstellung, der bis zum 31.12.2024 wieder zugeführt werden müsste. Im Fall der Beibehaltung eines solchen Teilbetrags sind darüber hinausgehende Beträge erfolgswirksam aufzulösen.[121] Die Beurteilung, ob ein Rückstellungsbetrag beibehalten werden darf, hat zu jedem Stichtag zu erfolgen. Wird festgestellt, dass der beibehaltene Wert bis zum 31.12.2024 nicht erreicht werden wird, hat eine erfolgswirksame Auflösung zu erfolgen.[122] Die Beurteilung hat auf Basis des Einzelbewertungsgrundsatzes zu erfolgen. Bei der Beurteilung, ob und inwieweit der Differenzbetrag bis spätestens zum 31.12.2024 wieder zugeführt werden müsste, ist nicht allein auf bereits bestehende Verpflichtungen abzustellen, da Art. 67 Abs. 1 Satz 2 EGHGB die Berücksichtigung künftiger Versorgungszusagen nicht ausschließt.

---

120 Vgl. *IDW* RS *HFA* 28, IDW FN 2009, 642, 649.
121 Vgl. *IDW* RS *HFA* 28, IDW FN 2009, 642, 648.
122 Vgl. *IDW* RS *HFA* 28, IDW FN 2009, 642, 648.

Wird von dem Beibehaltungswahlrecht bei **überdotierten Rückstellungen** kein Gebrauch gemacht, so sind die aus der Auflösung resultierenden Beträge nach Art. 67 Abs. 1 Satz 3 EGHGB unmittelbar in die Gewinnrücklagen einzustellen. Dies gilt auch für die Teilbeträge, die voraussichtlich bis zum 31.12.2024 nicht wieder zugeführt werden müssen. Diese Teilbeträge können jedoch auch alternativ erfolgswirksam erfasst werden.[123]

526

Sämtliche Änderungen bei der handelsrechtlichen Bewertung von Pensionsrückstellungen bleiben **ohne Auswirkung** auf die Bewertung von Pensionsrückstellungen **in der Steuerbilanz**. Die Regelungen des § 6a EStG stehen der Maßgeblichkeit der handelsrechtlichen Bewertung entgegen. Steuerlich erfolgt die Abzinsung weiterhin mit 6 %. Künftige Kosten- und Preissteigerungen gehen in die steuerliche Bewertung nicht ein.

527

Aufgrund der jeweils eigenständigen Bewertung der Pensionsrückstellungen in Handels- und Steuerbilanz sind zwei **getrennte versicherungsmathematische Gutachten** erforderlich.

528

Die umfangreichen **Wahlrechte** im Bereich der Umstellung auf das neue Bilanzrecht im Zusammenhang mit dem BilMoG bei der Bewertung von Pensionsrückstellungen werden sich noch über einen langen Zeitraum auf die Handelsbilanzen auswirken. Der Gesetzgeber räumt den Bilanzierenden hier einen 15-jährigen Anpassungszeitraum ein. Die Verteilung des Anpassungsbetrags über den 15-Jahreszeitraum eröffnet bilanzpolitische Möglichkeiten. So kann der gesamte Anpassungsbetrag in 2010 zugeführt werden, es ist jedoch auch eine gleichmäßige oder ungleichmäßige Verteilung möglich, wobei in jedem Jahr mindestens 1/15 zuzuführen ist. Die abweichende handelsrechtliche und steuerrechtliche Bewertung von Rückstellungen wird die Abgrenzung latenter Steuern auslösen. Im Regelfall dürften derzeit die handelsrechtlichen Pensionsrückstellungen, die steuerrechtlichen Pensionsrückstellungen überschreiten, was die Abgrenzung aktiver latenter Steuern auslösen würde. Die Berücksichtigung von künftigen Lohn- und Gehaltssteigerungen räumt den Bilanzierenden Einflussmöglichkeiten auf die Bewertung der Pensionsrückstellungen ein. Nach § 285 Nr. 24 HGB ist im Anhang über die Bewertungsgrundlagen zu berichten.

529

5.9.2 Besondere Bewertungsvorschriften für Rückstellungen für Altersversorgungsverpflichtungen oder vergleichbare langfristig fällige Verpflichtungen

Die **Bewertung** von Rückstellungen für Altersversorgungsverpflichtungen[124] und vergleichbaren langfristig fälligen Verpflichtungen erfolgt gem. § 253 Abs. 1 Satz 2 HGB mit dem nach vernünftiger kaufmännischer Beurteilung notwendigen Erfüllungsbetrag.[125] Aufgrund ihrer Restlaufzeit sind diese Verpflichtungen abzuzinsen.

530

---

123 Vgl. *IDW* RS *HFA* 28, IDW FN 2009, 642, 648.
124 Siehe hierzu ausführlich *Schildbach/Stobbe/Brösel*, S. 236 ff. und S. 386 ff.
125 Vgl. *Pellens/Sellhorn/Strzyz*, DB 2008, 2373, 2373.

5 Rückstellungen für Pensionen und ähnliche Verpflichtungen

531 Den Rückstellungen für Altersversorgungsverpflichtungen und den vergleichbaren langfristig fälligen Verpflichtungen können neben den **Pensionsanwartschaften** auch die laufenden **Pensionszahlungen** (i.S.v. Rentenverpflichtungen) zugeordnet werden.

532 Wenn sich die Altersversorgungsverpflichtungen nach dem beizulegenden Zeitwert von Wertpapieren i.S.d. § 266 Abs. 2 A.III.5 HGB bestimmen, es sich also um **wertpapierbezogene Pensionszusagen** handelt, ist dieser gem. § 253 Abs. 1 Satz 3 HGB für den Wertansatz der Rückstellungen maßgeblich, soweit der beizulegende Zeitwert einen garantierten Mindestbetrag übersteigt. Der garantierte Mindestbetrag stellt hingegen, sofern der beizulegende Zeitwert der Wertpapiere unterhalb dieses Mindestbetrags liegt, den Erfüllungsbetrag dar.[126] Ist kein garantierter Mindestbetrag vereinbart, sind Rückstellungen stets in Höhe des beizulegenden Zeitwerts der referenzierten Wertpapiere anzusetzen. Sofern es sich also um wertpapiergebundene Pensionszusagen handelt, kann auf die Erstellung eines Pensionsgutachtens verzichtet werden.[127] Zur Bewertungssystematik solcher Pensionsrückstellungen vgl. die nachfolgende Abbildung.[128]

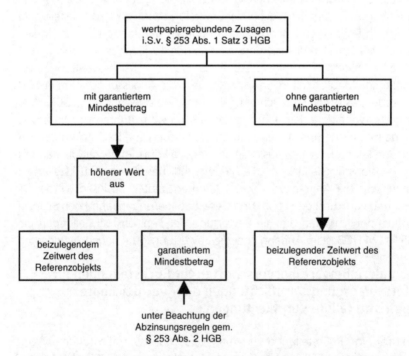

Bewertungssystematik von Pensionsrückstellungen aufgrund wertpapiergebundener Zusagen; © Petersen/Künkele/Zwirner

---

126 Vgl. auch im Folgenden *Hasenburg/Hausen*, DB 2009, 38, 40.
127 Vgl. Syst. Praxiskommentar Bilanzrecht/*Brösel/Scheren/Wasmuth*, § 253 HGB Rn. 152.
128 Vgl. *Hasenburg/Hausen*, DB 2009, 38, 40.

5.9 Bewertung

Sind Altersversorgungsverpflichtungen mit Vermögensgegenständen entsprechend § 246 Abs. 2 Satz 2 HGB unterlegt, sind diese mit den Rückstellungen für Altersversorgungsverpflichtungen zu **verrechnen**. Die betreffenden Vermögensgegenstände sind zum beizulegenden Zeitwert zu bewerten und ein Überhang über die Schulden ist in einem gesonderten Posten zu aktivieren. Kleinstkapitalgesellschaften i.S.d. § 267a dürfen jedoch eine Bewertung zum beizulegenden Zeitwert nur vornehmen, wenn sie von keiner speziellen Erleichterung Gebrauch machen. Soweit sie diese in Anspruch nehmen, ist das zu verrechnende Deckungsvermögen zu Anschaffungskosten zu bewerten (§ 253 Abs. 1 Satz 5 i.V.m. Satz 6 HGB).

533

Beispiel

 Einer Pensionszusage eines Kleinstunternehmens i.H.v. 90 GE wird nach § 246 Abs. 2 HGB durch einen Bestand an Wertpapieren, welcher dem Zugriff aller übrigen Gläubiger entzogen ist, gedeckt (Deckungsvermögen). Die AK der Wertpapiere belaufen sich auf 100 GE und der beizulegende Zeitwert auf 120 GE.

Nimmt das Kleinstunternehmen die Erleichterungen nicht in Anspruch, ist ein aktiver Unterschiedsbetrag aus der Vermögensverrechnung von 30 GE (= 120 GE – 90 GE) zu aktivieren. Werden die Erleichterungen genutzt, beträgt der zu aktivierende Unterschiedsbetrag hingegen nur 10 GE (= 100 GE – 90 GE). In beiden Fällen wird die Rückstellung nicht ausgewiesen.

Basieren Altersversorgungsverpflichtungen auf einer Zusage des Unternehmens vor dem 01.01.1987, handelt es sich um sog. **Altzusagen**. Für diese und für mittelbare Verpflichtungen besteht gem. Art. 28 Abs. 1 Satz 1 und 2 EGHGB ein Ansatzwahlrecht.[129]

534

Die Bewertung der Pensionsverpflichtungen erfolgt unter Beachtung der GoB mithilfe der Versicherungsmathematik.[130] Hierbei sind die versicherungsmathematischen Verfahren (**Berechnungsmethoden**) sowie die Annahmen bzgl. des Mengen- und des Wertgerüsts, wozu wiederum die Höhe der Leistungsverpflichtungen und der Zinssatz gehören, von Bedeutung. Unterschiede zur steuerlichen Bewertung ergeben sich insb. im Hinblick auf die Bewertungsparameter Zinssatz und Kostensteigerungen. Ein Rückgriff auf die steuerlichen Werte ist somit grds. ausgeschlossen.[131] Neben den Pensionsgutachten für steuerliche Zwecke sind solche nunmehr i.d.R. auch für handelsrechtliche Zwecke notwendig.

535

In der Praxis wird die Pensionsbewertung durch **Versicherungsmathematiker** (**Aktuare**) durchgeführt. Dies gilt umso mehr aufgrund der komplexeren Bewertungsvorschriften durch das BilMoG.[132] Der Bilanzierende wird deshalb regelmäßig

536

---

129 Vgl. Syst. Praxiskommentar Bilanzrecht/*Brösel/Scheren/Wasmuth*, § 253 HGB Rn. 154.
130 Vgl. auch im Folgenden Baetge/Kirsch/Thiele/*Kahling*, § 253 HGB Rn. 157; Beck Bil-Komm/*Grottel/Rhiel*, § 249 HGB Rn. 201.
131 Vgl. *Theile*, S. 80.
132 Vgl. *Wolz/Oldewurtel*, BBK 2010, 815, 825.

5 Rückstellungen für Pensionen und ähnliche Verpflichtungen

für Zwecke der Bewertung ein entsprechendes **Gutachten** in Auftrag geben, sofern er nicht selbst einen entsprechend qualifizierten Aktuar beschäftigt. Dem Aktuar hat der bilanzierende Kaufmann dann die relevanten Rechnungsgrundlagen, ggf. unter Rücksprache mit dem Wirtschaftsprüfer, bereitzustellen. Ein entsprechender Auftrag ist exemplarisch im folgenden Schaubild zu sehen:

Bewertung unmittelbarer Versorgungszusagen nach § 253 HGB

Bitte geben Sie nach Abstimmung mit Ihrem Wirtschaftsprüfer die Vorgaben für die Bewertung an.

	Standard		Modifzierungen	
Bewertungs-verfahren:	PUCM (projected unit credit method)	☐	Modifizierter Teilwert nach Engbroks nach Neuburger	☐ ☐
Rechnungs-grundlagen:	Richttafeln Heubeck 2005 G (ohne Änderung)	☐	Modifizierte Sterbetafeln (bitte Rücksprache halten):	☐
Rechnungszins (gem. RückAbzinsV):	Zins für 15 Jahre Restlaufzeit (gesetzl. Vereinfachungsregel)	☐	Zins gem. tatsächlicher Restlaufzeit der Verpflichtungen:	
Fluktuation:	Standardfluktuation	☐	keine Fluktuation Fluktuation in % p.a.	☐ ___
Rententrend:	1,5 % p.a. bzw. gem. den individuellen Regelungen in der Zusage	☐	Rententrend in % p.a.	___
Anwartschafts-trend/Gehalts-trend	bei gehaltsabhängigen Zusagen 2,0 % p.a.	☐	Anwartschaftstrend in % p.a. ggf. abweichender Gehaltstrend in % p.a.	___ ___

Exemplarische Darstellung eines Auftrags zur Erstellung eines Pensionsgutachtens; © Petersen/Künkele/Zwirner

5.9.3 Bewertungsverfahren

537 Für Verpflichtungen, für die **keine Gegenleistung** mehr zu erwarten ist bzw. die voll erdient sind, ist der Barwert der zu leistenden Zahlungen anzusetzen. Dies betrifft laufende Pensionsverpflichtungen und unverfallbare Anwartschaften ausgeschiedener Pensionsberechtigter.[133]

538 Bei noch tätigen Pensionsberechtigten ist der Anwartschaftsbarwert mithilfe eines zulässigen Verfahrens zu bestimmen. Das Handelsrecht sieht diesbzgl. **kein bestimmtes Bewertungsverfahren** vor. Jedoch stellt das *IDW* fest, dass das gewählte Bewertungsverfahren den folgenden Anforderungen gerecht werden muss:[134]

---

[133] Vgl. Beck Bil-Komm/*Grottel/Rhiel*, § 249 HGB Rn. 197; *IDW* RS *HFA* 30, IDW FN 2010, 437, 444.
[134] Vgl. *IDW* RS *HFA* 30, IDW FN 2010, 437, 444.

- die anerkannten Regeln der Versicherungsmathematik müssen Anwendung finden.
- die Mittel für die Pensionsleistungen sind anzusammeln; die Ansammlung hat verursachungsgerecht zu erfolgen.

Im Hinblick auf die Bewertung der Rückstellungen für Altersversorgungsverpflichtungen wird kein konkretes versicherungsmathematisches Verfahren vorgeschrieben. Grundsätzlich ist bzgl. der versicherungsmathematischen Bewertungsverfahren zwischen den **Gleichverteilungsverfahren** und den **Ansammlungsverfahren** zu unterscheiden.[135] Der ersten Gruppe sind das (steuerlich vorgeschriebene und deshalb in Deutschland weit verbreitete)Teilwertverfahren und das Gegenwartswertverfahren zuzuordnen, dem zweiten Begriff ist bspw. das Anwartschaftsbarwertverfahren (in anderer Terminologie: „projected unit credit method") zu subsumieren.[136] In der Wahl des Verfahrens ist der Bilanzierende grds. frei, solange das Verfahren zu einer realitätsgetreuen Aufwandsverteilung führt.[137] Daneben gilt es, dass **Stetigkeitsgebot** zu beachten, wonach das einmal gewählte Verfahren beizubehalten ist,[138] wenn nicht besondere Umstände ein anderes Verfahren erforderlich machen.

539

Praxistipp

Für die Bewertung von Altersversorgungsverpflichtungen ist kein konkretes versicherungsmathematisches Verfahren vorgeschrieben.

Beim **Anwartschaftsbarwertverfahren** wird der Barwert der zum Bilanzstichtag erdienten Pensionsansprüche bestimmt.[139] Die jährliche Zuführung („current service cost") ergibt sich dann aus der Verzinsung der Vorjahresrückstellung sowie der Zuführung auf Grundlage des Leistungsplans, welcher „[…] die Höhe der erdienten Rechte auf betriebliche Altersversorgung für die bereits erbrachte Arbeitsleistung festlegt."[140]

540

Praxistipp

Das Anwartschaftsbarwertverfahren bietet bilanzpolitische Spielräume, weil es entgegen den Gleichverteilungsverfahren keine Anforderungen an die Höhe der einzelnen Ansammlungsbeträge stellt.

Die Zuführungsbeträge steigen c.p., weil der Verpflichtungstermin immer näher rückt und damit der Abzinsungsbetrag abnimmt. Bei Ermittlung der Rückstellung sind die Pensionsleistungen zudem mit den **biometrischen Wahrscheinlichkeiten** (siehe Kap. 5.9.4, Rn. 559 ff.) zu gewichten.[141]

---

135 Vgl. Syst. Praxiskommentar Bilanzrecht/*Brösel/Scheren/Wasmuth*, § 253 HGB Rn. 156.
136 Vgl. *Keßler*, S. 118.
137 Siehe auch WP-Handbuch, Bd. I Buchst. E Rn. 233.
138 Vgl. *IDW* RS *HFA* 30, IDW FN 2010, 437, 448.
139 Vgl. *Hoffmann/Lüdenbach*, § 253 HGB Rn. 92. Siehe auch *Petersen*, S. 35 ff.
140 *Keßler*, S. 119. Siehe zum Leistungsverlauf für eine Anwartschaft *Heubeck*, S. 23 ff.
141 Denn der Barwert der Anwartschaft ist die „[…] Summe der abgezinsten und entsprechend den jeweiligen Eintrittswahrscheinlichkeiten gewichteten Barwerte […]"; *Heubeck*, S. 80.

5 Rückstellungen für Pensionen und ähnliche Verpflichtungen

Beispiel

 Zum 01.01.t3 wird dem Angestellten A eine Pensionszusage gemacht. Demnach soll er zum Renteneintritt (31.12.t7) 50.000 EUR als einmalige Kapitalzahlung zugeteilt bekommen. Der zugrunde zu legende Rechnungszins sei einheitlich 4 %.

Biometrische Risiken und Fluktuationswahrscheinlichkeiten finden keine Beachtung.

Stichtag	Versorgungs-aufwand in EUR	Zinsen in EUR	Gesamt-aufwand in EUR	Rückstellungs-buchwert in EUR
31.12.t3	8.548,04	–	8.548,04	8.548,04
31.12.t4	8.889,96	341,92	9.231,88	17.779,92
31.12.t5	9.245,56	711,20	9.956,76	27.736,68
31.12.t6	9.615,38	1.109,47	10.724,85	38.461,53
31.12.t7	10.000,00	1.538,46	11.538,46	49.999,98

Die Zinsen der jeweiligen Periode ergeben sich durch Multiplikation des Zinssatzes mit dem Rückstellungsbuchwert der Vorperiode. Der Versorgungsaufwand der Periode ist der erdiente Anspruch der Periode (hier jeweils 10.000 EUR) auf den Bilanzstichtag abgezinst.

541 **IFRS-Bilanzierer** können wegen der Anwendung des nach IAS 19 vorgeschriebenen Anwartschaftsbarwertverfahrens („projected unit credit method") auf die Berechnungsgrundlagen der IFRS-Bilanz zurückgreifen, müssen aber die handelsrechtlich abweichende Abzinsung beachten.[142]

Praxistipp

 Bilanzierende, die auch einen IFRS-Abschluss aufstellen, sollten die Datengrundlagen des erstellten Pensionsgutachtens auch für die handelsrechtliche Bilanzierung nutzen. Der abweichende Rechnungszins ist hierbei zu beachten. Für die steuerrechtliche Bewertung muss jedoch ein separates Pensionsgutachten erstellt werden.

542 Im Gegensatz zu den Ansammlungsverfahren gehen die **Gleichverteilungsverfahren stets** von einer gleichmäßigen Erdienung der Pensionsansprüche aus.[143] Eine Anwendung dieser Verfahren in der Handelsbilanz setzt voraus, dass diese

---

142 Vgl. BT-Drucks. 16/10067, S. 56; *Hoffmann/Lüdenbach*, § 253 HGB Rn. 102.
143 Vgl. *Baetge/Kirsch/Thiele*, S. 458.

Annahme konform mit den wirtschaftlichen Gegebenheiten ist. Dies ist bspw. bei einmaligen Entgeltumwandlungen nicht der Fall.[144]

Bei den **Gleichverteilungsverfahren** wird ein fiktiver Versicherungsvorgang unterstellt, bei dem die gleichbleibenden Jahresprämien (Annuitäten) zur Vergütung der Arbeitsleistung geleistet werden und einer kalkulatorischen Verzinsung unterliegen.[145] Durch die Verzinsung der Prämien wird wie bei den Ansammlungsverfahren ein **progressiver Rückstellungsverlauf** erreicht, wobei dieser aufgrund der „Konstanz der Nettoprämien"[146] weniger ausgeprägt ausfällt.[147]

543

Bei den Gleichverteilungsverfahren ist zwischen dem Teilwert- und dem Gegenwartsverfahren zu unterscheiden. Die Verfahren unterscheiden sich hinsichtlich des Zeitpunkts, ab dem die Pensionsrückstellung berechnet wird[148] und führen dann bei sonst gleichen Bewertungsparametern zu **unterschiedlichen Ergebnissen**, wenn der Zeitpunkt der Pensionszusage vom Zeitpunkt des Diensteintritts abweicht.[149]

544

Beim **Gegenwartswertverfahren** wird die Pensionsrückstellung ab dem Zeitpunkt der Pensionszusage berechnet. Ab diesem Zeitpunkt wird die Rückstellung jährlich um die zusätzliche (gleichbleibende) Prämie aufgestockt und der Zins auf die Vorjahresrückstellung einbezogen. Zusätzlich sind die biometrischen Wahrscheinlichkeiten für Ereignisse wie Invalidität, Krankheit oder Tod zu beachten (siehe Kap. 5.9.4, Rn. 559).

545

Hingegen stellt das **Teilwertverfahren** bei der Berechnung der Zuführungsbeträge auf den Zeitpunkt des Diensteintritts ab.[150] Dennoch erfolgt die Rückstellungsbilanzierung erst im Zeitpunkt der Pensionszusage. Weichen Diensteintritt und Zeitpunkt der Pensionszusage voneinander ab, kommt es zu einer Zuführung einer Einmalrückstellung zum Zeitpunkt der Pensionszusage. Gleiches gilt auch bei einer nachträglichen Erhöhung der Pensionsleistung oder bei geänderten biometrischen Daten (siehe zu den biometrischen Daten Kap. 5.9.4, Rn. 559 ff.).[151]

546

---

144 Vgl. Bertram/Brinkmann/Kessler/Müller/*Bertram/Harth*, § 253 HGB Rn. 81; *IDW* RS *HFA* 30, IDW FN 2010, 437, 444.
145 Vgl. HdJ/*Heger/Weppler*, Abt. III 7 Rn. 92; *Petersen*, S. 35 f.
146 *Petersen*, S. 36.
147 Vgl. *Keßler*, S. 121.
148 Siehe auch *Baetge/Kirsch/Thiele*, S. 457 f.
149 Im Umkehrschluss so auch *Coenenberg/Haller/Schultze*, S. 442.
150 Vgl. *Höfer*, Rn. 197.
151 Vgl. *Hoffmann/Lüdenbach*, § 253 HGB Rn. 95.

5 Rückstellungen für Pensionen und ähnliche Verpflichtungen

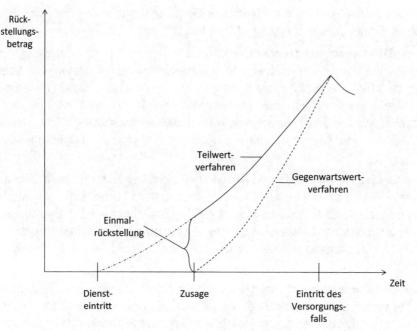

Rückstellungsbewertung nach dem Teilwert- und dem Gegenwartswertverfahren[152];
© Petersen/Künkele/Zwirner

Beispiel (Weiterführung des Beispiels aus Kap. 5.9.3, Rn. 540)

 Der Mitarbeiter sei zum 01.01.t1 in das Unternehmen eingetreten.

Nach dem **Gegenwartswertverfahren** ermittelt sich die Rückstellung wie folgt:

Zunächst sei auf die Formel für den Rentenendwert hingewiesen:

$R_n = r \times ([q^n - 1] / [q - 1])$

Wobei r die jährliche Annuität darstellt, die das Unternehmen als Versicherungsprämie zu leisten hat. Zudem gilt: $q = 1 + i$, wobei i den Zinssatz symbolisiert.

Durch Umstellung nach r ergibt sich bei bekanntem Rentenendwert (in unserem Fall 50.000 EUR) die Annuität:

50.000 EUR × ([1,04 − 1] / [1,04^5 − 1]) = 9.231,36 EUR

Die Ansammlung der Rückstellung geschieht dann in der folgenden Weise. Hierbei gilt es zu beachten, dass für die Bemessung der Rückstellung nur der Zeitraum zwischen der Pensionszusage und dem Versorgungsfall maßgeblich ist.

---

152 In Anlehnung an *Coenenberg/Haller/Schultze*, S. 443 sowie *Baetge/Kirsch/Thiele*, S. 432.

Stichtag	Versorgungs-aufwand in EUR	Zinsen in EUR	Gesamt-aufwand in EUR	Rückstellungs-buchwert in EUR
31.12.t3	9.231,36	–	9.231,36	9.231,36
31.12.t4	9.231,36	369,25	9.600,61	18.831,97
31.12.t5	9.231,36	753,28	9.984,64	28.816,61
31.12.t6	9.231,36	1.152,66	10.384,02	39.200,63
31.12.t7	9.231,36	1.568,02	10.799,38	50.000,01

Hingegen wird beim **Teilwertverfahren** auf den Zeitpunkt des Diensteintritts abgestellt. Da die Rückstellung dennoch erst ab dem Zeitpunkt der Pensionszusage bilanziert werden darf, ergibt sich eine hohe Einmalrückstellung zum 01.01.t3. Die Annuität in diesem Fall ist:

50.000 EUR × ([1,04 − 1] / [$1,04^7$ − 1]) = 6.330,48 EUR

Zum 01.01.2010 muss zunächst für die zwei Jahre vor der Pensionszusage eine Einmalrückstellung gebildet werden. Diese beträgt 6.330,48 EUR × (1 + 1 + 0,04) = 12.914,18 EUR

Stichtag	Versorgungs-aufwand in EUR	Zinsen in EUR	Gesamt-aufwand in EUR	Rückstellungs-buchwert in EUR
01.01.t3	12.660,96	253,22	12.914,18	12.914,18
31.12.t3	6.330,48	516,57	6.847,05	19.761,23
31.12.t4	6.330,48	790,45	7.120,93	26.882,16
31.12.t5	6.330,48	1.075,29	7.405,77	34.287,93
31.12.t6	6.330,48	1.371,52	7.702,00	41.989,93
31.12.t7	6.330,48	1.679,60	8.010,08	50.000,01

Festzuhalten bleibt, dass **ab dem Zeitpunkt des Eintritts des Versorgungsfalls**, ganz gleich ob ein Ansammlungs- oder ein Gleichverteilungsverfahren angewandt worden ist, die Rückstellungen für Altersversorgungsverpflichtungen o.Ä. den **gleichen Buchwert aufweisen**; nämlich den Barwert der vom Bilanzierenden zu leistenden Leistungen.[153]

Bilanzierende sollten, sofern sie keinen IFRS-Abschluss aufstellen (siehe Kap. 5.9.3, Rn. 541), das steuerliche **Teilwertverfahren** auch in der Handelsbilanz anwenden.[154] Abweichend zur Steuerbilanz müssen jedoch künftige Preis- und Kostensteigerungen sowie ein laufzeitadäquater Zinssatz berücksichtigt werden.[155]

---

153 Vgl. Hoffmann/Lüdenbach, § 253 HGB Rn. 96. Ähnlich auch Heubeck, S. 85.
154 Vgl. auch Hoffmann/Lüdenbach, § 253 HGB Rn. 102.
155 Vgl. Hoffmann/Lüdenbach, § 253 HGB Rn. 94 f.; Thurnes/Hainz, BRZ 2009, 212, 212: „Teilwertverfahren […] ohne sachwidrige steuerrechtliche Einschränkungen […]".

Praxistipp

Stellt das bilanzierende Unternehmen keinen IFRS-Abschluss auf, kann das steuerrechtliche, um notwendige Anpassungen modifizierte Teilwertverfahren auch in der Handelsbilanz angewendet werden. Es muss in diesem Fall ein Pensionsgutachten in Auftrag gegeben werden, das den steuer- und den handelsrechtlichen Wert separat ausweist.[156] Im Vergleich zum Rechtsstand vor BilMoG ergeben sich damit nicht zu verachtende Zusatzkosten,[157] da handelsrechtlich nicht mehr auf den steuerrechtlichen Wert nach § 6a EStG abgestellt werden darf.

549 Hingegen sollten IFRS-Bilanzierer das **Anwartschaftsbarwertverfahren** auch für die Handelsbilanz nutzen.[158] Aufgrund des abweichenden Zinsfußes wird jedoch eine Anpassung für Zwecke der handelsrechtlichen Rechnungslegung notwendig. Zudem muss für die Steuerbilanz ein gesonderter Rückstellungswert ermittelt werden (siehe auch Kap. 5.9.6.1, Rn. 572 ff.). Das steuerliche **Teilwertverfahren** ist dabei losgelöst vom handelsrechtlichen Vorgehen anzuwenden. Insb. stellt der steuerliche Wert. keinen Mindestwert für die Rückstellungsbemessung nach Handelsrecht dar.[159]

550 Bei sonst gleichen Parametern ergibt das **Teilwertverfahren** einen **höheren Rückstellungsbetrag** als das Anwartschaftsbarwertverfahren oder das Gegenwartswertverfahren.[160]

Praxistipp

Wünscht der Bilanzierende den Ausweis eines hohen Jahresergebnisses, sollte er von der Anwendung des Teilwertverfahrens in der Handelsbilanz absehen.

551 Das **Gegenwartswertverfahren** war steuerrechtlich bis zum Jahr 1974 gesetzl. vorgeschrieben. Mit der steuerrechtlichen Bilanzierung zum Teilwert wurde das Verfahren obsolet. Auch für die Handelsbilanz wird dieses Verfahren, obwohl zulässig, praktischen Überlegungen nicht standhalten und ggü. dem Anwartschaftsbarwert- und dem Teilwertverfahren ohne Bedeutung bleiben.

---

156 Vgl. *Zwirner*, BRZ 2010, 98, 99. Ähnlich auch Syst. Praxiskommentar Bilanzrecht/*Brösel/Scheren/Wasmuth*, § 253 HGB Rn. 151.
157 Vgl. *Thurnes/Hainz*, BRZ 2009, 212, 213.
158 Mit der Vermutung, dass sich dieses Verfahren ggü. den anderen Verfahren durchsetzen wird: *Prinz*, BBK 2008 237. 244.
159 Gl.A. Bertram/Brinkmann/Kessler/Müller/Bertram/*Harth*, § 253 HGB Rn. 77. Auch stellt u.E. der handelsrechtliche Wert keinen Höchstwert für die Steuerbilanz im Zuge der Maßgeblichkeit dar – anders: *Höfer/Rhiel/Veit*, DB 2009, 1605, 1609; *Schmidt/Weber-Grellet*, § 6a EStG Rn. 53.
160 Vgl. Beck Bil-Komm/*Grottel/Rhiel*, § 249 HGB Rn. 199 sowie *Thurnes/Hainz*, BRZ 2009, 212, 213, die ausführen, dass bei sonst gleichen Parametern das Teilwertverfahren einen höheren Wert als das Anwartschaftsbarwertverfahren ergibt.

5.9.4 Bewertungsparameter

Durch die verpflichtende Bewertung von Rückstellungen zum **Erfüllungsbetrag**, sind auch künftige Preis- und Kostensteigerungen in den Wertansatz einzubeziehen (siehe hierzu auch Kap. 3.2.3, Rn. 265 ff.). Für Rückstellungen für Altersversorgungszusagen bedeutet dies die zwingende Beachtung von **Lohn-, Gehalts- und Rententrends** bei der Rückstellungsbemessung.[161] Zwingende Voraussetzung für die Berücksichtigung von **Lohn- und Gehaltstrends**[162] ist, dass die Pensionsanwartschaft gehaltsabhängig ist (bspw. wenn das letzte bezogene Gehalt für den Altersversorgungsumfang maßgeblich ist).[163] Ist dies nicht der Fall, sind auch etwaige Lohn- und Gehaltssteigerungen zu vernachlässigen.

552

Lohn- und Gehaltssteigerungen sind zweifelsfrei immer dann in die Rückstellungsbemessung einzubeziehen, wenn sie auf **vertraglichen oder gesetzl. Vorgaben** beruhen.[164] Bspw. kann mit dem Arbeitnehmer ein **Inflationsausgleich** vertraglich vereinbart werden. Die Höhe der voraussichtlichen Preissteigerung wirkt sich sodann auf den Erfüllungsbetrag der Altersversorgungsverpflichtung o.Ä. aus.

553

Praxistipp

> *Ist vertraglich ein Inflationsausgleich vereinbart, der sich an den tatsächlichen Inflationsdaten des statistischen Bundesamts orientiert, kann für die Schätzung des Erfüllungsbetrags auch vereinfachend von einer jährlichen Preissteigerung von 2 % ausgegangen werden. Dies entspricht dem Ziel der EZB zur Schaffung von Preisstabilität.*
>
> *Ist vertraglich ein entsprechender Zinssatz festgelegt, ist dieser anzuwenden.*

Lohn-, Gehalts- und Rententrends sind nur dann zu berücksichtigen, wenn sie auf **„begründeten Erwartungen und hinreichend objektiven Hinweisen** beruhen".[165] Dies ist bei Erfahrungswerten aus der Vergangenheit gegeben. Es können aber auch branchenspezifische Veröffentlichungen über Gehaltsentwicklungen etc. zur Anwendung kommen. Einzelne externe Ereignisse jedoch können keine Lohn-, Gehalts- oder Rententrends bei der Rückstellungsbemessung begründen.

554

Im Zusammenhang mit möglichen Rentensteigerungen ist auch die **Anpassungsprüfungspflicht** des § 16 BetrAVG zu nennen (siehe hierzu Kap. 5.5.1, Rn. 484 ff.). Hier steht die Anpassung der Rentenbezüge jedoch unter der Bedingung einer ausreichenden Ertragslage des Unternehmens.

555

---

161 Vgl. *IDW* RS *HFA* 30, IDW FN 2010, 437, 443.
162 Die zwingende Berücksichtigung von Lohn- und Gehaltssteigerungen ist darauf zurück zu führen, dass Unternehmer sich diesen nicht entziehen können, da der Wettbewerb um Arbeitskräfte auch über das Gehalt ausgetragen wird. Zudem sind Arbeitnehmer z.T. gewerkschaftlich organisiert, was deren Machtposition bei Gehaltsverhandlungen ausbaut.
163 Vgl. *Kessler/Leinen/Strickmann/Harth*, S. 356.
164 Vgl. Bertram/Brinkmann/Kessler/Müller/*Bertram/Harth*, § 253 HGB Rn. 81 f.
165 *IDW* RS *HFA* 30, IDW FN 2010, 437, 443, Hervorhebungen durch d.Verf.

556 Umstritten ist, ob **Karrieretrends** bei der Bewertung von Rückstellungen für Altersversorgungsverpflichtungen einzuberechnen sind. Mit der Begründung, dass sich Karriere- und damit auch Gehaltssprünge nur dann ergeben, wenn das Unternehmen eine entsprechende Entscheidung fällt, wurde dies bereits abgelehnt.[166] Nach Ansicht des *IDW* sollten Karrieretrends in die Rückstellungsbewertung mit einfließen. Deswegen soll auf die angenommene Regelgehaltserhöhung ein Zuschlag vorgenommen werden.[167] In der Praxis führt dies zu faktischen Bewertungsspielräumen.

557 Bei der Rückstellungsbemessung ist zu beachten, wenn ermessensbehaftete Anpassungen der Zusagen in der Vergangenheit regelmäßig **ohne Vorbehalt** vorgenommen wurden. Hier ist zu untersuchen, ob aus dem vergangenen Handeln eine **faktische Leistungspflicht** aufgrund der betrieblichen Übung erwachsen ist.[168] Ist dem so, muss der bilanzierende Kaufmann diesem Umstand bei der Bewertung Rechnung tragen. Eine faktische Leistungsverpflichtung liegt allerdings dann nicht vor, wenn die Geschäftsführung in jedem Geschäftsjahr Anpassungen prüft, die auf Basis von ihr angestellten Prognosen der zukünftigen Geschäftsentwicklung vorgenommen werden.

Beispiel

Das Unternehmen U erhöht jährlich den Anspruch auf Einmalzahlung zum Renteneintritt seiner Mitarbeiter um 3 %. Diese Erhöhung wurde in jedem der letzten fünf Geschäftsjahre vorgenommen und am bekannten Kantinenaushang bekanntgegeben. Ein Vorbehalt wurde nicht gesetzt.

In diesem Fall ist von einer faktischen Leistungsverpflichtung zur Leistung einer Erhöhung der Zusage auch für die Zukunft auszugehen. Dies ist bei der Rückstellungsbemessung zu berücksichtigen.

558 Die Berücksichtigung von Preis- und Kostensteigerungen wird in der Praxis durch die **Vorgaben der Aktuare** begrenzt.[169] Deren Pensionsgutachten beinhalten bereits einen Vorschlag **bzgl.** der **Annahmen über Gehalts-, Renten- und sonstiger Entwicklungen**, die auf Basis einer breiten Datengrundlage von den Aktuaren ermittelt worden sind. Der Bilanzierende wird im Einzelfall geringfügig von diesen Annahmen abweichen dürfen.[170] Wesentliche Abweichungen erfordern jedoch eine fundierte Argumentation ggü. dem Abschlussprüfer.

---

166 Vgl. Syst. Praxiskommentar Bilanzrecht/*Brösel/Scheren/Wasmuth*, § 253 HGB Rn. 163. Im Ergebnis auch *Kessler/Leinen/Strickmann/Harth*, S. 359. Vgl. Beck Bil-Komm/*Grottel/Rhiel*, § 249 HGB Rn. 195: Berücksichtigung nur im Fall der „Unvermeidbarkeit" der karrieremäßigen Steigerung.
167 Vgl. *IDW* RS *HFA* 30, IDW FN 2010, 437, 443; gl.A. Bertram/Brinkmann/Kessler/Müller/*Bertram/Harth*, § 253 HGB Rn. 81 f.
168 Vgl. Bertram/Brinkmann/Kessler/Müller/*Bertram/Harth*, § 253 HGB Rn. 88.
169 Siehe auch *Kessler/Leinen/Strickmann/Harth*, S. 359.
170 Vgl. *Kessler/Leinen/Strickmann/Harth*, S. 359.

5.9 Bewertung

Praxistipp

Bei größeren Abweichungen von den vorgeschlagenen Annahmen der Aktuare müssen die Grundlagen für die abweichenden Annahmen detailliert dokumentiert werden.

Bei der Ermittlung des notwendigen Erfüllungsbetrags sind die einzelnen Erfüllungsbeträge – so z.B. die einzelnen Rentenbeträge oder Beihilfen – mit den **biometrischen Wahrscheinlichkeiten** zu gewichten. Damit werden die Wahrscheinlichkeiten bestimmter Ereignisse wie Tod oder Invalidität einkalkuliert.[171] Zahlt der Arbeitgeber bspw. beim Ausscheiden des Arbeitnehmers aus dem Unternehmen seinen Arbeitnehmer eine lebenslange Rente, so sind die einzelnen Rentenbeträge bei der Ermittlung des Erfüllungsbetrags mit der Wahrscheinlichkeit zu multiplizieren, dass der ehemalige Arbeitnehmer zu den entsprechenden Zeitpunkten noch lebt. Grundlage hierfür sind die sog. **Sterbetafeln.** Auf Basis der Sterbetafeln lassen sich dann die Wahrscheinlichkeiten ableiten, dass ein Anspruchsberechtigter in einem bestimmten Jahr stirbt.

559

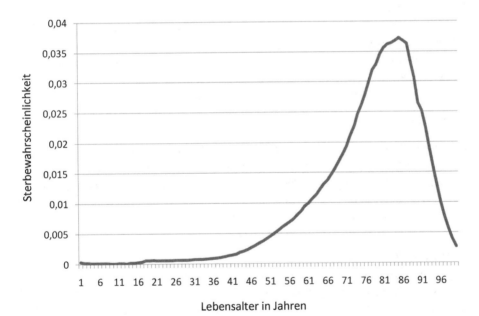

Dichtefunktion der Sterbewahrscheinlichkeit über das Lebensalter für Männer in Deutschland[172]; © Petersen/Künkele/Zwirner

Darüber hinaus sind in der Praxis aber auch Versorgungskonstruktionen anzutreffen, die im Fall eines Todes des Arbeitnehmers **Leistungen an die Witwe** auszah-

560

---

171 Vgl. *Heubeck*, S. 71.
172 Eigene Berechnung auf Basis der Daten des statistischen Bundesamtes: http://www.destatis.de/jetspeed/portal/cms/Sites/destatis/Internet/DE/Content/Statistiken/Bevoelkerung/GeburtenSterbefaelle/Tabellen/Content100/SterbetafelDeutschland,property=file.xls.

len oder deren Leistungen an das Ereignis der **Invalidität** anknüpfen. Auch diese Wahrscheinlichkeiten müssen bei entsprechender Anwendbarkeit auf die gemachten Zusagen Berücksichtigung finden.

561 Derartige Wahrscheinlichkeiten werden von verschiedenen Institutionen auf Grundlage der Erfahrungswerte in die Zukunft projiziert. Die Aufgabe des Bilanzierenden bzw. im Regelfall des Aktuars ist es, **eine auf die Anspruchsberechtigten zutreffende Statistik** zu wählen.

562 Die Anwendung der **Sterbetafeln** für privat Rentenversicherte (DAV 2004R) und für privat Krankenversicherte (PKV 2000) ist unangemessen, soweit die Anspruchsberechtigten zu einem nicht unwesentlichen Teil nicht privat renten- bzw. krankenversichert sind.[173] Bei diesen Kollektiven handelt es sich nämlich um Gruppen mit einer durchschnittlich höheren Lebenserwartung. Zudem führen die entsprechenden Tafeln keine Wahrscheinlichkeiten für Invalidität oder Witwenhinterlassung.[174]

563 In der Praxis etabliert hat sich die Anwendung der Richttafeln von *Klaus Heubeck* (aktuelle Tafel RT 2005 G).[175] Diese beruhen auf allgemeingültigen Statistiken aller Erwerbstätigen in Deutschland, weswegen in der Literatur empfohlen wird, die Daten der **Richttafeln ggf. unternehmensspezifisch anzupassen**.[176] In diesem Zusammenhang wird bspw. eine Erhöhung der Lebenserwartung insb. für leitende Angestellte oder die Minderung des Witwenrisikos wegen der Zunahme von Ehescheidungen angeführt.[177] U.E. führen solchen Anpassungen insb. bei großen Kollektiven nicht zu wesentlichen Abweichungen von dem unter Verwendung der *Heubeck*-Tafeln gewonnenen Wert und können deswegen grds. unterbleiben.

Praxistipp

In der Praxis werden die in Rede stehenden Richttafeln von Heubeck zumeist unmodifiziert benutzt. Dies ist grds. nicht zu beanstanden. Gleichwohl ist darauf hinzuweisen, dass dem Bilanzierenden somit ein nicht zu unterschätzender Bewertungsspielraum eingeräumt wird, der in Abhängigkeit des jeweils zugrunde liegenden Einzelfalls genutzt werden kann.

564 Die **Richttafeln** von *Heubeck* verwenden verschiedene Statistiken über die deutsche Bevölkerung als Datengrundlage.[178] Sie berechnen darauf aufbauend bspw. Wahrscheinlichkeiten der Invalidität, der Witwenhinterlassung, des Todes und sind aufgrund der Spezifika der deutschen Bevölkerungsstruktur, wie bspw. des Gesundheitssystems oder der Arbeitsbeschäftigung grds. **nur für deutsche Ver-**

---

173 Vgl. Beck Bil-Komm/*Grottel/Rhiel*, § 249 HGB Rn. 202; Bertram/Brinkmann/Kessler/Müller/*Bertram/Harth*, § 253 HGB Rn. 73.
174 Vgl. Beck Bil-Komm/*Grottel/Rhiel*, § 249 HGB Rn. 202.
175 Zu Modell, Herleitung und Formeln siehe *Heubeck/Herrmann/D'Souza*, Blätter der DGVFM, 473, 473 ff.
176 Vgl. Bertram/Brinkmann/Kessler/Müller/*Bertram/Harth*, § 253 HGB Rn. 73; Syst. Praxiskommentar Bilanzrecht/*Brösel/Scheren/Wasmuth*, § 253 HGB Rn. 158.
177 Vgl. Beck Bil-Komm/*Grottel/Rhiel*, § 249 HGB Rn. 202.
178 Siehe *Heubeck/Herrmann/D'Souza*, Blätter der DGVFM, 474, 474 ff.

sorgungsverpflichtungen anwendbar. Für Angestellte im Ausland sollten andere Tafeln Verwendung finden. Handelt es sich um eine vernachlässigbare Anzahl solcher Mitarbeiter, können die Richttafeln von *Heubeck* auch für die Gesamtheit der Versorgungsberechtigten Anwendung finden.[179]

Eine weitere, in das Bewertungskalkül zu übernehmende Größe ist die **Mitarbeiterfluktuation**. Hierbei können sowohl (soweit zugänglich) Branchenwerte als auch unternehmensspezifische Erfahrungswerte zum Einsatz kommen.[180] Die Bedeutung von Fluktuationswahrscheinlichkeiten für die Rückstellungsbemessung hat jedoch deutlich abgenommen.[181] Ursächlich hierfür ist der Umstand, dass die Anwartschaft grds. bereits fünf Jahre nach dem Zeitpunkt der Pensionszusage unverfallbar wird.[182] Dennoch sollte die Mitarbeiterfluktuation bei der Rückstellungsbewertung nicht völlig ausgeschlossen werden. Dabei ist eine „Abgeltung" der Fluktuationswahrscheinlichkeit in pauschaler Form, analog der steuerrechtlichen Vorgehensweise, allerdings nicht ausreichend.[183] Stattdessen sollte bei Ermangelung von unternehmensspezifischen Fluktuationsraten auf Branchenwerte zurückgegriffen werden. Für höhere Angestellte und Mitglieder der Organe kann die Fluktuationswahrscheinlichkeit hingegen gänzlich vernachlässigt werden.[184]

565

Praxistipp

> *Für leitende Angestellte und Organmitglieder ist die Fluktuationsrate zu vernachlässigen. Für die übrigen Anwartschaften reicht die Berücksichtigung einer branchenspezifischen Wahrscheinlichkeit.*

Der i.R.d. Wahrscheinlichkeitsbetrachtung ermittelte Erwartungswert für die Altersversorgungsverpflichtungen o.Ä. wird umso näher am tatsächlich eintretenden Wert liegen, je größer das Kollektiv ist, für welches die biometrischen Rechnungsgrundlagen angewendet werden (**Gesetz der großen Zahl**). Im Umkehrschluss heißt dies aber auch, dass der Berücksichtigung der Eigenschaften des Kollektivs bzw. des einzelnen Anspruchsberechtigten umso mehr Beachtung geschenkt werden muss, je kleiner das Kollektiv ist.

566

Die i.R.d. Bewertung zu wählende **Altersgrenze** muss einer ggf. vertraglich fixierten Altersgrenze entsprechen, kann überdies aber auch die Pensionierungsgewohnheiten der jeweiligen Versorgungsbestände beachten (siehe auch zur Steuerbilanz Kap. 5.9.6.1, Rn. 572 ff.).[185]

567

---

179 Gl.A. Bertram/Brinkmann/Kessler/Müller/*Bertram/Harth*, § 253 HGB Rn. 72 f.
180 Vgl. Bertram/Brinkmann/Kessler/Müller/*Bertram/Harth*, § 253 HGB Rn. 73. Etwas enger, nämlich grds. ein Gebot der unternehmensspezifischen Ermittlung sehend *Gelhausen/Fey/Kämpfer*, Buchst. I Rn. 77.
181 Vgl. Beck Bil-Komm/*Grottel/Rhiel*, § 249 HGB Rn. 202.
182 Vgl. § 1b Abs. 1 BetrAVG; Hoffmann/Lüdenbach, § 253 HGB Rn. 91.
183 Gl.A. *IDW RS HFA 30*, IDW FN 2010, 437, 445; a.A. Beck Bil-Komm/*Grottel/Rhiel*, § 249 HGB Rn. 202.
184 Ähnlich Beck Bil-Komm/*Grottel/Rhiel*, § 249 HGB Rn. 202.
185 Vgl. Bertram/Brinkmann/Kessler/Müller/*Bertram/Harth*, § 253 HGB Rn. 75. A.A. *Höfer*, Rn. 288.

5.9.5 Diskontierung

568 Der Wahl des Zinssatzes ist besondere Aufmerksamkeit zu widmen, weil dieser bezogen auf das Bewertungsergebnis eine wesentliche Einflussgröße darstellt.[186] Auch Pensionsrückstellungen unterliegen dem **allgemeinen Abzinsungsgebot** für Rückstellungen mit einer Restlaufzeit von größer als einem Jahr (siehe Kap. 3.3, Rn. 283).[187] Demnach müsste jede einzelne Pensions- oder ähnliche Verpflichtung gem. ihrer Restlaufzeit abgezinst werden. Mit Blick auf den damit verbundenen Zeit- und Kostenaufwand bei der Ermittlung des Rückstellungsbuchwerts hat der Gesetzgeber jedoch eine Ausnahme von diesem Grundsatz in das Handelsrecht integriert. Nach § 253 Abs. 2 Satz 2 HGB „[…] dürfen Rückstellungen für Altersversorgungsverpflichtungen oder vergleichbare langfristig fällige Verpflichtungen pauschal mit dem durchschnittlichen **Marktzinssatz** abgezinst werden, der sich bei einer angenommenen Restlaufzeit **von 15 Jahren** ergibt."[188]

Praxistipp

Bei der Bewertung von Altersversorgungsverpflichtungen hat die Wahl des Zinssatzes einen erheblichen Einfluss auf die Höhe der Rückstellungen. Vor diesem Hintergrund ist das diesbzgl. eingeräumte Wahlrecht dahingehend unternehmensindividuell zu würdigen, welche Auswirkungen die verschiedenen Zinssätze auf die Höhe der in Rede stehenden Rückstellungen haben.

569 Diese vereinfachende Diskontierung der Pensionsrückstellungen ist immer dann zulässig, wenn die tatsächlichen Verhältnisse nur **unwesentlich** von der Annahme einer 15-jährigen Restlaufzeit abweichen.[189]

Beispiel

Die Fruktatis AG – gegründet in den 70er-Jahren des 20. Jahrhunderts – hat den Mitarbeitern, die im Gründungsjahr bereits angestellt waren, großzügige Pensionszusagen gemacht. Später wurden keine Pensionszusagen mehr erteilt, sodass sich die Pensionsverpflichtungen auf die genannte Personengruppe beschränken. Mittlerweile sind viele dieser Angestellten bereits in Rente und beziehen die Pensionsleistungen der Fruktatis AG. Ein weiterer Teil der Angestellten steht kurz vorm Renteneintritt. Die durchschnittliche Lebenserwartung aller Anspruchsberechtigten beläuft sich auf Grundlage der der Pensionsbewertung zugrunde gelegten Sterbetafeln auf knapp zehn Jahre.

---

186 Vgl. ADS, § 253 HGB Rn. 307.
187 Dieses Abzinsungsgebot bezieht sich nach § 253 Abs. 2 Satz 3 HGB auch auf unverfallbare Anwartschaften.
188 Mit Inkrafttreten des Gesetzes zur Umsetzung der Wohnimmobilienkreditrichtlinie und zur Änderung handelsrechtlicher Vorschriften am 17.03.2016 wurde der Betrachtungszeitraum zur Ermittlung des Zinssatzes zur Bewertung von Altersversorgungsverpflichtungen von sieben Jahren auf zehn Jahre ausgeweitet. Vgl. dazu ausführlich Kap. 7, Rn. 667 ff.
189 Vgl. auch *Baetge/Kirsch/Thiele*, S. 456.

5.9 Bewertung

*In diesem Fall ist es **nicht sachgerecht**, die Abzinsung der Pensionsrückstellungen auf Grundlage des Zinssatzes für eine angenommene 15-jährige Restlaufzeit zu ermitteln. An Stelle der Verwendung eines Zinssatzes von 5,15 % ist ein Zinssatz von 4,86 % (Zinssatz für zehnjährige Restlaufzeit zum Dezember 2010) heranzuziehen. Die Verwendung des höheren Zinssatzes würde zu einem zu geringen Ausweis der Pensionsrückstellungen und damit zu einem falschen Vermögens- und Ertragsausweis führen.*

Beispiel

Die Groß & Zügig AG hat erfolgreich frisch graduierte Ingenieure angeworben. Die Personalverwaltung hält fest, dass 80 % der Pensionsanwärter jünger als 35 Jahre sind.

Unter den genannten Umständen darf nicht auf die pauschalisierte Annahme einer 15-jährigen Restlaufzeit zurückgegriffen werden. Die Restlaufzeit ist unternehmensspezifisch zu bestimmen.

Sollte **keine pauschale Abzinsung** vorgenommen werden, weil entweder das Wahlrecht willentlich nicht genutzt wird oder es wegen der Mitarbeiterstruktur nicht anwendbar ist, so muss der laufzeitkongruente Zinssatz Anwendung finden. Dabei kann vom Bilanzierenden nicht gefordert werden, jede einzelne Rente einer Rentenverpflichtung separat abzuzinsen.[190] Stattdessen ist die Laufzeit als „[...] Duration im Sinne eines versicherungsmathematischen Schwerpunkts aller künftigen Zahlungen an den Versorgungsberechtigten zu verstehen."[191] Vereinfachend ist daher, getrennt für Rentner und Anwärter,[192] die Duration zu berechnen (zur Duration siehe auch Kap. 3.3, Rn. 282 ff.). Dabei ist (im einfachsten Fall) jede Zahlung mit der jeweiligen Laufzeit t (1, 2,..., n) bis zu ihrem Anfall zu multiplizieren, abzuzinsen und mit der Lebenswahrscheinlichkeit im Zeitpunkt t zu gewichten. Die so gewonnenen Produkte sind zu summieren und durch die Summe aller abgezinsten Zahlungen zu dividieren. Anschließend kann durch Summierung der Produkte der einzelnen Durationen mit dem Anteil des Versorgungsumfangs für die jeweilige Personengruppe am gesamten Versorgungsumfang die Duration für den gesamten Bestand bestimmt werden:[193]

570

$D_{Bestand} = D_{Anwärter} \times$ Anteil Versorgungsumfang Anwärter + $D_{Rentner} \times$ (1 – Anteil Versorgungsumfang Anwärter)

Beispiel

Vereinfachend wird von einem Kollektiv von zwei Mitarbeitern ausgegangen. Der eine Mitarbeiter sei Pensionsempfänger und der andere Anwärter. Beide seien Männer, wobei der Pensionsempfänger 85 Jahre alt ist und der Anwärter

---

190 Vgl. Bertram/Brinkmann/Kessler/Müller/*Bertram/Harth*, § 253 HGB Rn. 137.
191 *IDW* RS *HFA* 30, IDW FN 2010, 437, 443.
192 Nach *May/Querner/Schmitz*, DB 2005, 1229, 1231.
193 Vgl. *May/Querner/Schmitz*, DB 2005, 1229, 1232.

51 Jahre. Die monatliche Rentenzahlung sei bei beiden Mitarbeitern gleich (deswegen wird hier einfach mit der Zahl 1 gerechnet).

Für den 85 Jahre alten Mann ergibt sich die Duration vereinfachend durch Multiplikation der einzelnen, abgezinsten Zahlungen (hier Nominalbetrag 1) mit der Zahl der Jahre bis zur Restlaufzeit, multipliziert mit seiner Lebenswahrscheinlichkeit im jeweiligen Zeitpunkt, dividiert durch die Summe der betrachteten, abgezinsten Zahlungen. Gehen wir vereinfachend von einer Betrachtung bis zum Alter 100 aus, ergibt sich folgende Berechnung:

$D_{Rentner} = (0{,}29285331 \times [1/1{,}0375] \times 1 + 0{,}25606194 \times [1/1{,}039^2] \times 2 + \ldots + 0{,}00447861 \times [1/1{,}0518^{16}] \times 16) / (0{,}29285331 \times [1/1{,}0375] + 0{,}25606194 \times [1/1{,}039^2] + \ldots + 0{,}00447816 \times [1/1{,}0518^{16}])$

$D_{Rentner} \approx 4$

Auf gleiche Weise berechnet, ergibt sich für den Anwärter eine Duration von rd. 38 Jahren.

Der Mittelwert beträgt 21 Jahre. Der Zinssatz für diese Laufzeit ist bei der Diskontierung heranzuziehen (5,25 %).

Praxistipp

Nochmals sei darauf hingewiesen, dass den Bilanzierenden keine Pflicht trifft, die soeben gemachten Berechnungen für jeden einzelnen Anwärter und jeden einzelnen Pensionär anzustellen. Vielmehr ist es ausreichend, diese Duration vom „Durchschnittsanwärter" und vom „Durchschnittspensionär" getrennt nach Geschlechtern und ggf. sonstigen signifikanten Unterschieden zu ermitteln und daraus einen gewichteten Mittelwert zu bestimmen.

571 Bei der **erstmaligen Einbuchung** einer Pensionsrückstellung empfiehlt das *IDW*, **keinen Zinsertrag aus der Abzinsung** auszuweisen. Stattdessen soll die Pensionsrückstellung netto, d.h. nach Abzinsung, gegen den Personalaufwand gebucht werden.[194] U.E. ist auch die Bruttomethode zulässig.

5.9.6 Steuerrechtliche Bewertung von Pensionsrückstellungen

5.9.6.1 Allgemein

572 Die Ermittlung der Pensionsrückstellung hat in der Steuerbilanz stets nach dem **Teilwertverfahren** (siehe Kap. 5.9.3, Rn. 549) zu erfolgen.[195] Ein Wahlrecht über das Bewertungsverfahren besteht nicht. Für **unverfallbare Anwartschaften und laufende Leistungen** ist der Barwert der Leistungen anzusetzen.[196]

---

194 Vgl. *IDW RS HFA* 30, IDW FN 2010, 437, 444.
195 Vgl. § 6a Abs. 3 Nr. 1 EStG.
196 Vgl. § 6a Abs. 3 Nr. 2 EStG.

5.9 Bewertung

Die **Dienstzeit** (benötigte Rechengrundlage des Teilwertverfahrens) bemisst sich ab der tatsächlichen Aufnahme der Tätigkeit. Dienstzeiten, die bei anderen Arbeitgebern abgeleistet wurden, werden grds. nicht hinzugerechnet. Ausnahmen bilden Umwandlungsfälle und Betriebsübergänge (siehe Kap. 5.12, Rn. 630 ff.).

573

Beim steuerlichen Teilwertverfahren werden die Zuführungsbeträge von Pensionsrückstellungen als Annuitäten ermittelt, die sich für den Zeitraum zwischen Diensteintritt und Renteneintritt ergeben. Bzgl. dieser **Altersgrenze**[197] ist grds. auch im Steuerrecht auf den vertraglich festgelegten Zeitpunkt abzustellen.[198] Eine wesentliche Abweichung vom gesetzl. Renteneintrittsalter wird von der Finanzverwaltung wohl aber nur im Ausnahmefall anerkannt.[199] Ein solcher Fall liegt bspw. bei Flugpersonal vor, das altersbedingt schon vor dem gesetzl. Renteneintrittsalter ausscheiden muss. Wird von einer über das Pensionsalter hinausgehenden Beschäftigung ausgegangen (sog. **technische Rentner**), kann auch das geschätzte, spätere Pensionseintrittsalter zur Berechnung herangezogen werden. Diesbzgl. besteht für die Steuerbilanz ein Wahlrecht.[200] Es kann jedoch auch der Zeitpunkt der frühestmöglichen Inanspruchnahme der vorzeitigen Altersrente nach § 6 BetrAVG gewählt werden (für Jahrgänge ab 1951 63 Jahre).[201] Arbeitet ein Versorgungsberechtigter über die Altersgrenze hinaus, ohne Pensionsleistungen zu beziehen, sind die Pensionsrückstellungen aufzulösen.[202]

574

Bei der Berechnung der Anwartschaften dürfen nach § 6a Abs. 3 Nr. 1 Satz 4 EStG **Erhöhungen und Verminderungen der Pensionsleistungen erst bei Eintritt** berücksichtigt werden. D.h., dass Lohn- und Gehaltstrends ohne Bedeutung für die steuerliche Bewertung sind. Eine Projektion der Trends in die Zukunft ist steuerrechtlich unzulässig.[203] Dies gilt unbeschadet etwaiger Vertragsvereinbarungen über Anpassungen an Preisindizes etc.[204] Wird eine Gehaltserhöhung vereinbart und ist die Pensionsleistung gehaltsabhängig, sind Zuführungen zu den Pensionsrückstellungen erst bei Zahlung des höheren Gehalts geboten.

575

§ 6a Abs. 4 Satz 1 EStG normiert das **Nachholverbot** für **unterlassene Zuführungsbeträge**. Nach der in Rede stehenden Norm darf als jährlicher Zuführungsbetrag nur der Unterschiedsbetrag zwischen dem Teilwert am Ende des letzten Geschäftsjahres und dem Teilwert zum Abschlussstichtag des Berichtsjahres angesetzt werden. Sofern dieser Unterschiedsbetrag auf geänderten biometrischen Rechnungsgrundlagen beruht, besteht ein Verteilungswahlrecht. Da bei erstmaliger Bildung der Rückstellung kein Vorjahreswert zu beachten ist, ergibt sich bei einer vom Dienstantritt zeitdifferenten Pensionszusage ein erhöhter Zuführungsbetrag (siehe

576

---

197 Siehe *Höfer*, Rn. 284.
198 Vgl. R 6a Abs. 11 Satz 1 EStR.
199 Vgl. *Höfer*, Rn. 285 f.
200 Vgl. R 6a Abs. 11 Satz 2 EStR.
201 Vgl. *BMF* v. 05.05.2008, IV B 2 – S 2176/07/0009, BStBl. I 2008, 569, 569; siehe auch R 6a Abs. 11 Satz 4 EStR.
202 Vgl. *Schmidt/Weber-Grellet*, § 6a EStG Rn. 58.
203 Vgl. *Schmidt/Weber-Grellet*, § 6a EStG Rn. 57.
204 Vgl. *Höfer*, Rn. 365.

5 Rückstellungen für Pensionen und ähnliche Verpflichtungen

Kap. 5.9.6, Rn. 574). Die vom Nachholverbot betroffenen Beträge dürfen erst bei Eintritt des Versorgungsfalls oder dem Dienstaustritt der entsprechenden Arbeitskräfte nachpassiviert werden.

577 Das Nachholverbot gilt bei „[…] inhaltlich unverändert gebliebenen Versorgungsverpflichtungen"[205], nicht aber bei Erhöhungen der Pensionszusagen. Unter das **Nachholverbot fallen folgende Sachverhalte**:

- Unterschiedsbeträge aus der Änderung des Rechnungszinses,[206]
- Unterschiedsbeträge aus Rechtsirrtümern,[207]
- zu niedriger Wertansatz wegen Berechnungsfehlern.[208]

578 Das **Nachholverbot gilt nicht (mehr)** bei:

- Eintritt des Versorgungsfalls,
- Ausscheiden des Arbeitnehmers,
- Änderung biometrischer Rechnungsgrundlagen (siehe Kap. 5.9.3, Rn. 540),
- obsoleter Rechtsprechung,[209]
- formwandelnder Umwandlung einer Anstalt des öffentlichen Rechts in eine KapG,[210]
- Zuführungen, die zu einem Übersteigen des handelsbilanziellen Werts der Pensionsrückstellungen führen.[211]

579 Tritt die Invalidität oder die Pension **vorzeitig** ein, d.h. vor Erreichen des vereinbarten Alters, darf der dann notwendige Zuführungsbetrag[212] über drei Geschäftsjahre verteilt passiviert werden.[213] Dieses Vorgehen stimmt nicht mit der handelsrechtlich zu fordernden Handhabung überein. In der Handelsbilanz muss der Differenzbetrag vollständig im Jahr des auslösenden Vorfalls passiviert werden.

580 Eine Ausscheidenswahrscheinlichkeit für die **Mitarbeiterfluktuation** darf bei der steuerrechtlichen Bewertung **nicht in die Berechnung** einfließen. Mit den beschränkenden Ansatzkriterien des § 6a Abs. 2 EStG wird die Mitarbeiterfluktuation bereits pauschal abgegolten (siehe Kap. 5.9.4, Rn. 565).

581 Nach § 6a Abs. 3 Satz 3 EStG ist der **steuerrechtliche Rechnungszinsfuß** mit **6 %** festgelegt. Die damit einhergehende Vereinfachung bei der Ermittlung der Rückstellung ist begrüßenswert, vernachlässigt wird jedoch das aktuelle Zinsniveau.

---

205 *Schmidt/Weber-Grellet*, EStG § 6a Rn. 61, Ergänzungen durch d.Verf.
206 Vgl. BFH v. 10.07.2002, I R 88/01, BStBl. II 2003, 936.
207 Vgl. BFH v. 13.02.2008, I R 44/07, BStBl. II 2008, 673.
208 Vgl. BFH v. 14.01.2009, I R 5/08, BStBl. II 2009, 457.
209 Vgl. BFH v. 07.04.1994, IV R 56/92, BStBl. II 1994, 740.
210 Vgl. BFH v. 08.10.2008, I R 3/06, BStBl. II 2010, 186.
211 Vgl. *BMF* v. 12.03.2010, IV C 6 – S 2133/09/10001, BStBl. I 2010, 239, 240.
212 Barwerts der gewichteten Rentenleistungen abzgl. des passivierten Teilwerts.
213 Vgl. § 6a Abs. 4 Satz 5 EStG.

5.9.6.2 Entgeltumwandlungszusagen

Eine steuerrechtliche Besonderheit gilt auch bei **Entgeltumwandlungszusagen**. Kraft § 6a Abs. 3 Satz 2 Nr. 1 Hs. 2 EStG ist bei derartigen Zusagen mindestens der Anwartschaftsbarwert der Zusage zu bilanzieren. Übersteigt der Teilwert zum Abschlussstichtag den Anwartschaftsbarwert, so ist dieser anzusetzen.[214]

582

Beispiel

 Der im Alter von 30 Jahren in das Unternehmen eingetretene Mitarbeiter Willi Wichtig wird von der Geschäftsleitung sehr geschätzt. Nach fünf Jahren Betriebszugehörigkeit, zum 31.12.t1, wird Herrn Wichtig eine Zusage i.H.v. 10.000 EUR gemacht. Dafür verzichtet Willi auf einen Teil seines Dezembergehalts i.H.v. 1.000 EUR.

Zum 31.12.t1 würde der Anwartschaftsbarwert von Willi Wichtig 1.000 EUR betragen. Hingegen würde sich ein Teilwert von rd. 600 EUR ergeben.[215]

Zum 31.12.t1 wären 1.000 EUR als Rückstellung zu bilanzieren.

5.9.6.3 Überversorgung

5.9.6.3.1 Ermittlung der Überversorgung

Fraglich ist, ob der Steuerpflichtige die künftigen „Preissteigerungen" bei der Rückstellungsbewertung vorwegnehmen kann, indem er den Arbeitnehmer bereits heute einen absoluten Betrag für den Versorgungsfall zusagt, der diese Preissteigerungen berücksichtigt.[216] Dahinter verbirgt sich die Frage nach der zulässigen **Höchstgrenze** für Anwartschaften.

583

Der BFH hat in regelmäßiger Rechtsprechung die **75 %-Grenze** geprägt.[217] Nach dieser „Formel" darf die betriebliche Versorgungsanwartschaft (unabhängig davon, welche/r Durchführungsweg/e gewählt wurde/n) zusammen mit der künftigen gesetzl. Altersrente maximal 75 % des aktuellen Bruttoeinkommens betragen.[218] Der die 75 %-Grenze überschreitende Teil wird steuerrechtlich nicht anerkannt.

584

---

214 Vgl. auch *Höfer*, Rn. 331.
215 Siehe zur grds. Berechnung Kap. 5.9.3, Rn. 537 ff. Dabei wurde der einschlägige Zinssatz von 6 % herangezogen.
216 Siehe anschaulich *Höfer*, Rn. 376.
217 Vgl. BFH v. 17.05.1995, I R 16/94, BStBl. II 1996, 420; BFH v. 31.03.2004, I R 70/03, BStBl. II 2004, 937.
218 Gleichlautend auch das Schreiben des *BMF* v. 03.11.2004, IV B 2 – S 2176 – 13/04, BStBl. I 2004, 1045, 1046.

Praxistipp

 Für die Steuerbilanz muss die folgende Formel erfüllt sein (alle Größen jeweils zu den Verhältnissen am Bilanzstichtag):

betriebliche Versorgungsanwartschaft + gesetzl. Altersrente < 0,75 × Bruttolohn des Arbeitnehmers

585 Die Größen der Formel bedürfen einer näheren Erläuterung:[219] Als **Bruttolohn** sind sämtliche Bezüge i.S.d. § 2 LStDV anzusehen. Auch variable Bestandteile sind in diese Größen einzubeziehen. Leistungen wie Tantieme, Sachzuwendungen oder Boni sind für die letzten fünf Jahre zu bestimmen und zu mitteln.[220] Der Durchschnittswert ist sodann dem Bruttolohn zuzurechnen. Nach Ansicht des BMF sollen im Zuge von Entgeltumwandlungszusagen vom Arbeitnehmer einbehaltene Entgelte vom Bruttolohn abgezogen werden.[221] Dieses Vorgehen bleibt zu kritisieren,[222] weil auch Entgeltumwandlungszusagen Arbeitslohn i.S.d. § 2 Abs. 2 Nr. 3 LStDV darstellen und der Abzug dieser Zusagen vom Bruttolohn nur der Herabsetzung der Überversorgungsgrenze dient.

586 Die zu berücksichtigenden **Versorgungsleistungen** umfassen sämtliche Altersversorgungsansprüche (Direktzusage, Direktversicherung, Pensionskasse, Unterstützungskasse und Pensionsfonds). Versorgungsleistungen aus Entgeltumwandlungen sind jedoch nicht zu beachten.[223] Außer Acht zu lassen sind ferner zugesagte Anpassungen (Steigerungen) der Rentenleistungen nach § 16 BetrAVG, wenn diese einen Wert von 3 % p.a. nicht übersteigen.[224] Genauso wenig sind unverfallbare Anwartschaften einzubeziehen, die bei anderen Arbeitgebern erworben wurden.[225] Bei Beitragszusagen mit einer festgeschriebenen Mindestleistung, ist auf den rechnerischen Wert der Mindestleistung im Pensionsalter abzustellen.[226] Bei einmaligen Kapitalleistungen gilt ein Zehntel der Leistung als Jahresbetrag der lebenslänglich laufenden Leistung.[227] Es sind jeweils die Wertverhältnisse am Bilanzstichtag maßgeblich.

587 Die erwarteten **Leistungen aus der gesetzl. Rentenversicherung** ergeben sich aus den **Renteninformationen/Rentenauskünften** des zuständigen Rentenversicherungsträgers, die grds. alle Versicherten ab dem 27. Lebensjahr einmal jährlich

---

219 Auf den speziellen Fall des Wechsels vom Teilzeit- zum Vollzeitbeschäftigungsverhältnis wird an dieser Stelle nicht näher eingegangen. Siehe dazu BMF v. 03.11.2004, IV B 2 – S 2176 – 13/04, BStBl. I 2004, 1045, 1047.
220 Vgl. BMF v. 03.11.2004, IV B 2 – S 2176 – 13/04, BStBl. I 2004, 1045, 1046.
221 Vgl. BMF v. 03.11.2004, IV B 2 – S 2176 – 13/04, BStBl. I 2004, 1045, 1047.
222 Vgl. Höfer, Rn. 385.
223 Vgl. BMF v. 03.11.2004, IV B 2 – S 2176 – 13/04, BStBl. I 2004, 1045, 1047.
224 Vgl. BMF v. 03.11.2004, IV B 2 – S 2176 – 13/04, BStBl. I 2004, 1045, 1046.
225 Vgl. Höfer, Rn. 389.
226 Vgl. BMF v. 03.11.2004, IV B 2 – S 2176 – 13/04, BStBl. I 2004, 1045, 1046.
227 Vgl. BMF v. 03.11.2004, IV B 2 – S 2176 – 13/04, BStBl. I 2004, 1045, 1046.

erhalten.[228] Alternativ ist auch die Berechnung über das steuerliche Näherungsverfahren möglich.[229]

Praxistipp

Um die Ermittlung der möglichen Altersrente aus der gesetzl. Rentenversicherung mit dem steuerlichen Näherungsverfahren zu vermeiden, sollte der Bilanzierende auf die an die Arbeitnehmer adressierten Renteninformationen/-auskünfte zurückgreifen.

Die Prüfung der 75 %-Grenze ist insb. für Pensionszusagen an Gesellschafter-Geschäftsführer vorzunehmen (siehe hierzu auch Kap. 5.8, Rn. 499 ff.). Für die restliche Belegschaft reicht **eine summarische Prüfung**, die jedoch in den seltensten Fällen das Erreichen der 75 %-Grenze anzeigen wird.[230]

588

Praxistipp

Trotz des Einzelbewertungsgrundsatzes reicht eine summarische Überprüfung der 75 %-Grenze. Die einzelfallbezogene Prüfung ist hingegen für Pensionszusagen an Gesellschafter-Geschäftsführer geboten.

Beispiel

Im Folgenden soll die Prüfung der 75 %-Grenze nach Maßgabe der Vorgaben der Finanzverwaltung (d.h. auch unter Beachtung der Ausführungen zu den Entgeltumwandlungen, siehe Kap. 5.9.6.2, Rn. 582) kurz verdeutlicht werden.

Das Unternehmen U sagt dem Geschäftsführer G des Unternehmens eine monatliche, lebenslange Rente i.H.v. 15.000 EUR monatlich zu, die der mittlerweile 50-Jährige ab dem Pensionsalter von 65 Jahren erhalten soll. Im Jahr 2010 betrug das Bruttogehalt des G 160.000 EUR, hinzu kam ein Bonus i.H.v. 200.000 EUR. Im Jahr t5 verzichtete G auf Gehalt i.H.v. 40.000 EUR zugunsten einer Entgeltumwandlungszusage. Demnach soll er zusätzlich zu den Rentenleistungen beim Renteneintritt eine einmalige Kapitalleistung von 84.000 EUR erhalten. Die gesetzl. Altersrente liegt annahmegemäß bei 2.200 EUR.

Die Prüfung der 75 %-Grenze setzt das Wissen über die Bonuszahlungen der Vorjahre voraus. Diese seien wie folgt angefallen (unter Mitberücksichtigung des aktuellen Bonus):

t1	t2	t3	t4	t5
70.000	–	–	150.000	200.000

Die durchschnittliche Bonuszahlung beträgt folglich 84.000 EUR ([70.000 EUR + 150.000 EUR + 200.000 EUR] / 5).

---

228 Vgl. § 109 Abs. 1 SGB VI.
229 Siehe *BMF* v. 15.03.2007, IV B 2 – S 2176/07/0003, BStBl. I 2007, 290, 290 ff.
230 Vgl. *Höfer*, Rn. 396.

5 Rückstellungen für Pensionen und ähnliche Verpflichtungen

Die gesamten Aktivbezüge ermitteln sich sodann in der folgenden Weise:

	Bruttojahresgehalt	160.000 EUR
+	durchschnittlicher Bonus der letzten fünf Jahre	84.000 EUR
–	Entgeltumwandlungen	40.000 EUR
=	Maßgebliche Aktivbezüge	204.000 EUR
× 0,75		
=	75 %-Grenze	153.000 EUR

Bei Vergleich mit der Altersrente i.H.v. 206.400 EUR (12 × 15.000 EUR betriebliche Altersversorgung + 12 × 2.200 EUR gesetzl. Altersrente) ergibt sich ein Differenzbetrag von 53.400 EUR, in Höhe dessen die 75 %-Grenze überstiegen wird. Dieser Betrag ist in der Steuerbilanz gewinnerhöhend zu berücksichtigen.

5.9.6.3.2 Steuerliches Näherungsverfahren

589 Das *BMF* hat sich in einem Schreiben vom 05.05.2008 abermals zur Ermittlung der gesetzl. Rente mittels **Näherungsverfahren** geäußert. In aggregierter Form errechnet sich die Monatsrente eines Arbeitnehmers aus der allgemeinen Rentenversicherung nach der folgenden Formel:[231]

$$R_x = EP_x \times AR \times ZF_x$$

Wobei EP_x für die im Alter maßgebenden Entgeltpunkte, AR für den am Bilanzstichtag maßgebenden aktuellen Rentenwert[232] und ZF_x für den maßgebenden Zugangsfaktor im Alter x steht.

590 Die bis zum Alter x aufgelaufenen **Entgeltpunkte** werden getrennt **für die Vergangenheit** (d.h. bis zum Alter t_0, dem Alter des Arbeitnehmers zum Bilanzstichtag) und für die Zukunft ermittelt. Als weitere Konvention sei $t := \min\{t_0; x\}$ genannt. Für die in der Vergangenheit erworbenen Entgeltpunkte gilt die Schätzung:[233]

$$V_{t0x} = \max(t - x_0;\ 0) \times (0{,}0831 + 0{,}7748 \times [\min\{0{,}9 \times BBG;\ G\} / GD] \times B_t)$$

x_0 ist das fiktive Versicherungsbeginnalter (siehe Kap. 5.9.6.3.2, Rn. 593), G sind die am Bilanzstichtag maßgebenden Bruttobezüge; GD ist das am Bilanzstichtag maßgebende vorläufige Durchschnittsentgelt i.S.v. § 69 Abs. 2 Nr. 2 SGB VI; BBG die am Bilanzstichtag maßgebende Beitragsbemessungsgrenze in der allgemeinen Rentenversicherung nach § 159 SGB VI und B_t ist der BBG-Faktor. Dieser „[…] berücksichtigt die außerordentliche Erhöhung der Beitragsbemessungsgrenze im Jahre 2003 (§ 275c SGB VI)."[234] Falls $G > 0{,}9 \times BBG$ und $t > x_0$ gilt:

$B_t = 1 + ([\min\{G;\ BBG\} - 0{,}9 \times BBG] / [0{,}9 \times BBG]) \times ([\max\{t - \max(x_0;\ t_{2003});\ 0\} / [t - x_0]);$ sonst ist $B_t = 1$

---

[231] *BMF* v. 15.03.2007, IV B 2 – S 2176/07/0003, BStBl. I 2007, 290, 290.
[232] Vgl. § 68 SGB VI.
[233] *BMF* v. 15.03.2007, IV B 2 – S 2176/07/0003, BStBl. I 2007, 290, 290.
[234] *BMF* v. 15.03.2007, IV B 2 – S 2176/07/0003, BStBl. I 2007, 290, 292.

t_{2003} ist das versicherungstechnische Alter am 01.01.2003.

591 Für die **Zukunft** (also für den Zeitraum zwischen t_0 und x) wird der Erwerb weiterer **Entgeltpunkte** i.H.v. Z_{t0x} unterstellt, wobei diese sich wie folgt bemessen.[235]

Z_{t0x} = max(x – t_0; 0) × (min[G; BBG]) / GD

592 Die Entgeltpunkte im Alter x können dann wie folgt berechnet werden:[236]

$EP_x = V_{t0, x} + Z_{t0, x} \times (1 + [\max\{60 - x; 0\}] / [x - x_0])$

Zusätzlich ist zur Berücksichtigung der allgemeinen Wartezeit von fünf Jahren[237] die folgende Bedingung zu beachten:

$EP_x = 0$ für $x < x_0 + 5$

593 Das **fiktive Versicherungsbeginnalter** x_0 wird nach Maßgabe des *BMF* durch das Verhältnis G/GD bestimmt:

G/GD	x_0
bis 0,4	18
über 0,4 bis 0,7	19
über 0,7 bis 1,1	20
über 1,1 bis 1,3	21
über 1,3 bis 1,5	22
über 1,5 bis 1,7	23
über 1,7	24

594 Die Formel verlangt die Angabe eines **Zugangsfaktors**. Diese sind im § 77 SGB VI ersichtlich.

595 Ein kurzes Rechenbeispiel soll die soeben gemachten Ausführungen verdeutlichen:

Beispiel

Bilanzstichtag:	31.12.t1
Beitragsbemessungsgrenze in der gesetzl. Rentenversicherung für t1 BBG (Westdeutschland):	66.000 EUR
Gehalt G:	46.200 EUR
Vorläufiges Durchschnittsentgelt aller Versicherten für t2 GD:	32.003 EUR
Bilanzalter:	48
Alter am 01.01.t6	40
AR	27,20 EUR

Es soll näherungsweise die im Alter von 65 Jahren gezahlte gesetzl. Rente berechnet werden (ZF = 1).

---

235 *BMF* v. 15.03.2007, IV B 2 – S 2176/07/0003, BStBl. I 2007, 290, 290.
236 *BMF* v. 15.03.2007, IV B 2 – S 2176/07/0003, BStBl. I 2007, 290, 291.
237 Vgl. § 50 SGB VI.

$0,9 \times BBG = 0,9 \times 66.000\ EUR = 59.400\ EUR;\ 46.200\ EUR \not> 59.400\ EUR \rightarrow B_t = 1$

$G/GD = 46.200\ EUR/32.003\ EUR = 1,44 \rightarrow x_0 = 22$

$t = min(48;65) = 48$

$v_{48,65} = max(48 - 22;\ 0) \times (0,0831 + 0,7748 \times ([min\{0,9 \times 66.000;\ 46.200\}] / 32.003) \times 1)$

$v_{48,65} = 26 \times 0,0831 + 0,7748 \times (46.200 / 32.003) \times 1 = 31,24$

$z_{48,65} = max\{65 - 48;\ 0\} \times (min[46.200;\ 66.000] / 32.003) = 24,54$

$EP_{65} = (31,24 + 24,54) \times (1 + max[60 - 65;\ 0] / [65 - 22]) = 55,78$

$R_{65} = EP_{65} \times AR \times ZF_{65} = 55,78 \times 27,20 \times 1 = 1.517\ EUR$

Die monatliche Rente des Arbeitnehmers aus der gesetzl. Rentenversicherung wird voraussichtlich etwa 1.517 EUR betragen.

5.9.7 Bewertung von Rückstellungen für Pensionen und ähnliche Verpflichtungen in ausgewählten Sonderfällen

5.9.7.1 Wertpapiergebundene Zusagen

596 Eine i.R.d. BilMoG eingeführte Neuerung betrifft **wertpapiergebundene** Zusagen (siehe zur grundsätzlichen Systematik wertpapiergebundene Zusagen auch Kap. 5.9.2, Rn. 532). In der unternehmerischen Praxis sind immer häufiger Vereinbarungen anzutreffen, bei denen sich der Rentenumfang an der Wertentwicklung von bestimmten Aktien u.Ä. bemisst. Um die Bilanzierung derartiger Altersversorgungsverpflichtungen zu erleichtern,[238] wurde eine Vorschrift etabliert, welche die Bemessung der Altersversorgungsverpflichtung auf Basis des Zeitwerts der entsprechenden Wertpapiere vorsieht.[239] Die Einholung eines Pensionsgutachtens ist dann u.U. hinfällig.[240]

597 Konkret schreibt § 253 Abs. 1 Satz 3 HGB vor, dass sich der Bilanzwert von Altersvorsorgeverpflichtungen, deren Höhe sich „[…] ausschließlich nach dem beizulegenden Zeitwert von Wertpapieren im Sinn des § 266 Abs. 2 A.III.5 bestimmt […]", nach dem **Zeitwert**[241] **dieser Wertpapiere** bemisst. Dies gilt, solange dieser Zeitwert einen **garantierten Mindestbetrag** übersteigt.

598 Der **Zeitwert** ist anhand der gesetzl. Bewertungshierarchie des § 255 Abs. 4 HGB zu bestimmen. Vorrangig ist deshalb auf den Markt- bzw. Börsenpreis der Wertpapiere abzustellen.[242] Lässt sich kein solcher Preis ermitteln, ist auf den Markt-

---

238 Vgl. BT-Drucks. 16/12407, S. 85.
239 Vgl. § 253 Abs. 1 Satz 3 HGB.
240 Vgl. BT-Drucks. 16/12407, S. 85. Der Gesetzgeber begründet die Einführung der Norm auch mit den Einsparungen, die durch die Hinfälligkeit der Erstellung von Pensionsgutachten entstehen. Ein Pensionsgutachten ist dann erforderlich, wenn der garantierte Mindestbetrag nicht überschritten wird – vgl. auch *Kessler/Leinen/Strickmann/Harth*, S. 361.
241 Siehe hierzu Syst. Praxiskommentar Bilanzrecht/*Richter/Künkele/Zwirner*, § 255 HGB Rn. 274 ff.
242 Siehe Syst. Praxiskommentar Bilanzrecht/*Richter/Künkele/Zwirner*, § 255 HGB Rn. 291 ff.

oder Börsenpreis eines vergleichbaren Wertpapiers abzustellen. Erst wenn sich auch hierdurch kein verlässlich bestimmbarer Zeitwert ergibt, ist auf die „allgemein anerkannten Bewertungsverfahren" zurückzugreifen. Allgemein anerkannt sind insb. die ertrags- oder kapitalwertorientierten Verfahren.[243] Lässt sich auch auf dieser Ebene kein verlässlicher Zeitwert ermitteln, muss die Bewertung der Wertpapiere zu fortgeführten Anschaffungs- oder Herstellungskosten erfolgen.

Mit dem **garantierten Mindestbetrag** ist der Erfüllungsbetrag der Garantieleistung gemeint. Folglich gilt für diesen Betrag auch das Abzinsungsgebot des § 253 Abs. 2 HGB.[244]

599

Praxistipp

Zum Bilanzstichtag ist der Zeitwert der Wertpapiere, der der Zusage unterliegt, mit dem abgezinsten garantierten Mindestbetrag zu vergleichen. Es gilt:

*abgezinster Mindestbetrag > Zeitwert der Wertpapiere zum Bilanzstichtag →
abgezinster Mindestbetrag ist anzusetzen*

*abgezinster Mindestbetrag < Zeitwert der Wertpapiere zum Bilanzstichtag →
Zeitwert der Wertpapiere ist anzusetzen*

Beispiel

Die Groß & Zügig AG gewährt dem leitenden Angestellten Rainer Lahm eine wertpapiergebundene Pensionszusage. Zum Renteneintritt (gesetzl. Renteneinstiegsalter bei Herrn Lahm ist 67) werden dem Angestellten mindestens die um 2 % p.a. verzinsten Beiträge (1.000 EUR p.a.) i.R.e. Einmalzahlung gezahlt. Im Übrigen bemisst sich der Rentenanspruch von Herrn Lahm am Zeitwert seiner Aktienfondsanteile, welche durch die vom Arbeitgeber geleisteten Altersversorgungszahlungen finanziert werden.

Zum 31.12.t3 ist Herr Lahm 47 Jahre alt. Seit dem 01.01.t1 wurden für seine Altersvorsorge jährlich 1.000 EUR Aktienfondsanteile erworben. Zum 31.12.t3 bemisst sich der Zeitwert der Fondsanteile auf 2.650 EUR.

Der garantierte Mindestbetrag ist zu berechnen, indem die jeweiligen Zuführungsbeträge bis zum Renteneintritt aufgezinst und dann mit dem entsprechenden Zinssatz für die Laufzeit vom Bilanzstichtag bis zum Renteneintritt abgezinst werden. Der Zinssatz für die Zeit bis zum Renteneintritt (= 20 Jahre) wird mit 5,26 % angenommen. Zur Vereinfachung wird von den sonst notwendigen Bewertungsparametern (siehe Kap. 5.9.4, Rn. 552 ff.) abgesehen.

abgezinster Mindestbetrag = $(1.000 \times 1{,}02^{20} + 1.000 \times 1{,}02^{21} + 1.000 \times 1{,}02^{22}) / 1{,}0526^{20}$ = 1.631 EUR.

---

[243] Vgl. Syst. Praxiskommentar Bilanzrecht/*Richter/Künkele/Zwirner*, § 255 HGB Rn. 305 ff. Bei Anwendung „allgemein anerkannter Bewertungsverfahren" sind die Angabepflichten des § 285 Nr. 20 HGB zu beachten.
[244] Vgl. Syst. Praxiskommentar Bilanzrecht/*Brösel/Scheren/Wasmuth*, § 253 HGB Rn. 152.

> *Die Pensionszusage ist folglich mit dem Zeitwert der Fondsanteile i.H.v. 2.650 EUR anzusetzen.*

600 Durch den Verweis auf § 266 Abs. 2 A.III.5 soll klargestellt werden, dass unter Wertpapiere alle Titel fallen, die auch vom **Wertpapierbegriff** des § 266 HGB erfasst werden. Auf die Zugehörigkeit zum Anlagevermögen wird nicht abzielt.[245] Vom Begriff werden bspw. erfasst:

- Aktien,
- Pfandbriefe,
- Kommunalobligationen,
- Industrie- und Bankobligationen,
- Investmentanteile,
- Anteile an offenen Immobilienfonds,
- Genussscheine,
- Wandelschuldverschreibungen,
- Optionsscheine,
- Gewinnschuldverschreibungen,
- Wertrechte.

GmbH-Geschäftsanteile gehören jedoch nicht hierzu, da diese nicht verbrieft sind.[246] Unbeachtlich ist, ob die Wertpapiere tatsächlich vom bilanzierenden Unternehmen gehalten werden.[247]

601 Werden die Papiere jedoch vom bilanzierenden Unternehmen gehalten, kann sich eine **Bewertungsdifferenz** ergeben,[248] denn während die Pensionsverpflichtung ggf. nach dem Zeitwert der Wertpapiere berechnet wird, werden die Wertpapiere selbst mit ihren AK bewertet. Damit eine solche Bewertungsdifferenz nicht auftritt, müssen die Wertpapiere dem Kriterium der „zugriffsfreien Auslagerung" genügen.[249] Dann sind sie entgegen dem Anschaffungskostenprinzip zum Zeitwert zu bewerten und mit den Altersversorgungsverpflichtungen zu saldieren (siehe Kap. 5.9.7.2, Rn. 604 ff.).

602 Im Fall der nicht „zugriffsfreien Auslagerung" der im Eigentum befindlichen Wertpapiere, kann jedoch auch die Bildung einer **Bewertungseinheit** in Betracht kommen, wenn die Voraussetzungen des § 254 HGB erfüllt werden. Dann sind auch die Wertpapiere unter Anwendung der Durchbuchungsmethode zum Zeitwert zu bewerten.[250]

---

245 Vgl. *IDW RS HFA* 30, IDW FN 2010, 437, 446.
246 Vgl. *IDW RS HFA* 30, IDW FN 2010, 437, 446.
247 Vgl. *Kessler/Leinen/Strickmann/Harth*, S. 361; *IDW RS HFA* 30, IDW FN 2010, 437, 446.
248 Siehe auch *Kessler/Leinen/Strickmann/Harth*, S. 362.
249 Vgl. Beck Bil-Komm/*Grottel/Rhiel*, § 249 HGB Rn. 204.
250 Vgl. *IDW RS HFA* 30, IDW FN 2010, 437, 447.

5.9 Bewertung

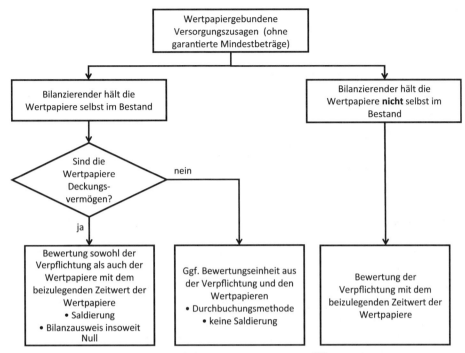

Bewertung wertpapiergebundener Versorgungszusagen[251]

Die Ausführungen gelten sinngemäß auch für **Rückdeckungsversicherungs-ansprüche** (siehe zum Begriff Kap. 5.9.7.2, Rn. 607), wenngleich sie nicht als Wertpapiere anzusehen sind.[252] Richtet sich also die Höhe der Altersversorgungszusagen ausschließlich nach dem beizulegenden Zeitwert des Rückdeckungsversicherungsanspruchs, so ist dieser Wert maßgeblich für den Bilanzwert der Rückstellung. Sind überdies die Voraussetzungen des § 246 Abs. 2 Satz 1 HGB erfüllt, muss eine Saldierung des Zeitwerts der Rückdeckungsversicherung mit den entsprechend gesicherten Pensionsrückstellungen erfolgen.

603

Praxistipp

 Der Zeitwert der Rückdeckungsversicherung ist von den Versicherungsunternehmen mitzuteilen. Er ergibt sich aus dem versicherungstechnischen Deckungskapital der Versicherung.

Deckt die Rückdeckungsversicherung **nur einen Teil** der Pensionsverpflichtung ab, dann ist dieser Teil mit dem Zeitwert zu bewerten, während der andere Teil nach dem Teilwert- oder dem Anwartschaftsbarwertverfahren ermittelt wird.[253]

---

251 Entnommen aus *IDW* RS *HFA* 30, IDW FN 2010, 437, 447.
252 Vgl. Beck Bil-Komm/*Grottel/Rhiel*, § 249 HGB Rn. 204.
253 Vgl. Beck Bil-Komm/*Grottel/Rhiel*, § 249 HGB Rn. 204; *Hoffmann/Lüdenbach*, § 253 HGB Rn. 106.

5 Rückstellungen für Pensionen und ähnliche Verpflichtungen

Beispiel

 Ein Unternehmen schließt mit einem Vorstandsmitglied eine Pensionsvereinbarung ab. Es wird vereinbart, dass das Unternehmen 50 % der Zusage durch eine Rückdeckungsversicherung absichern muss. Festgehalten wird auch, dass der Rentenanspruch sich für die genannten 50 % am Wert der Rückdeckungsversicherung orientiert.

Während die Hälfte der Pensionszusage zum beizulegenden Zeitwert des Rückdeckungsversicherungsanspruchs zu bewerten ist, unterliegt die andere Hälfte den allgemeinen Bewertungsprinzipien für Pensionsrückstellungen.

5.9.7.2 Saldierung von Pensionsrückstellungen und Vermögensgegenständen

604 Auch nach den Änderungen der handelsrechtlichen Rechnungslegung durch das BilMoG bleibt es bei dem in § 246 Abs. 2 Satz 1 HGB fixierten Grundsatz des **Saldierungsverbots** von Bilanzposten der Aktivseite und der Passivseite. § 246 Abs. 2 Satz 2 HGB schafft jedoch eine **Ausnahme von diesem Grundsatz**. Danach sind Vermögensgegenstände, die dem Zugriff sämtlicher Gläubiger entzogen sind und ausschließlich der Erfüllung von Schulden aus Altersversorgungsverpflichtungen bzw. vergleichbaren langfristig fälligen Verpflichtungen dienen (sog. Deckungs- oder zweckgebundenes Vermögen), mit den korrespondierenden Schulden zu verrechnen.[254] Pensionsrückstellungen stellen dabei den Hauptanwendungsfall dieses **Saldierungsgebots** dar.[255]

605 Zur Erfüllung der Voraussetzungen an **zu saldierendes Deckungsvermögen** muss es sich um aktivierbare Vermögensgegenstände handeln, die bei Vernachlässigung der Saldierungsvorschrift im Jahresabschluss zu aktivieren wären.[256] Zudem müssen diese ausschließlich der Deckung der Versorgungsansprüche dienen. Diese Voraussetzung ist erfüllt, wenn die Vermögensgegenstände jederzeit verwertbar sind, um daraus die Ansprüche zu bedienen.[257] Betriebsnotwendiges Vermögen kann demnach aber kein Deckungsvermögen darstellen (siehe Kap. 5.6, Rn. 492).

606 Das Gesetz fordert zudem die Sicherung **des Deckungsvermögens vom Zugriff** aller übrigen Gläubiger.[258] Dabei sind als übrige Gläubiger all jene gemeint, die keine Versorgungsansprüche ggü. dem bilanzierenden Unternehmen haben. Die Zugriffssicherung kann durch die Übertragung der Vermögensgegenstände an einen Treuhänder (siehe zu CTA-Modellen Kap. 5.8.4, Rn. 513 ff.) oder durch Verpfändung[259] an die berechtigten Mitarbeiter erreicht werden.

---

[254] Vgl. zu den Voraussetzungen für das Verrechnungsgebot *Gelhausen/Fey/Kämpfer*, Buchst. C Rn. 10 ff.
[255] Vgl. BR-Drucks. 344/08, S. 104; vgl. *Petersen/Zwirner/Künkele*, BilMoG in Beispielen, S. 72.
[256] Vgl. *Gelhausen/Fey/Kämpfer*, Buchst. C Rn. 21.
[257] Vgl. BT-Drucks. 16/12407, S. 84 f.
[258] Vgl. § 246 Abs. 2 Satz 2 Hs. 1 HGB.
[259] Vgl. zugleich mit dem Hinweis, dass die Praktikabilität in der Praxis durch die Mitwirkungspflicht der Mitarbeiter sowie dem Zuordnungserfordernis beschränkt ist *Gelhausen/Fey/Kämpfer*, Buchst. C Rn. 26.

5.9 Bewertung

Praxistipp

 Bei der Bestellung eines Pfandrechts auf das Deckungsvermögen ist darauf zu achten, dass das Pfandrecht als nachhaltig geltend vereinbart wird. Ein mögliches (Pfand-)Kündigungsrecht des Arbeitgebers unterbindet eine Saldierung.

Als Beispiel für zu saldierende Vermögensgegenstände sind bei Erfüllung der übrigen Voraussetzungen für die Saldierung Ansprüche aus **Rückdeckungsversicherungen** zu nennen.[260] In der Praxis werden Rückdeckungsversicherungen oftmals zur Deckung einzelner hoher Versorgungszusagen (z.B. ggü. Geschäftsführern von KapG) eingesetzt. Mit der Neuregelung der Zeitwertbilanzierung der zu saldierenden Vermögensgegenstände wurde auch die in der Literatur umstrittene Frage geregelt, wie der Aktivposten für die Ansprüche aus Rückdeckungsversicherungen zu bewerten ist. Der Zeitwert der Rückdeckungsversicherung ergibt sich aus dem Deckungskapital der Versicherung.[261]

607

Praxistipp

 Durch die zumeist höhere Bewertung der Pensionsrückstellungen und den Saldierungsmöglichkeiten durch das BilMoG wird die Schaffung von Deckungsvermögen auch aus bilanzpolitischer Perspektive attraktiver.[262] Durch die Saldierung mit entsprechenden Rückdeckungsversicherungen, Treuhandvermögen etc. kann die Bilanz verkürzt, die Fremdkapitalquote gesenkt und der ROI[263] c.p. gesteigert werden.

Die Norm des § 246 Abs. 2 Satz 2 HGB findet überdies **auch** Anwendung auf mit **Altersversorgungsverpflichtungen vergleichbare langfristige Verpflichtungen**. Denkbar wäre also auch die Saldierung bspw. von Altersteilzeitverpflichtungen mit Deckungsvermögen.[264]

608

Beispiel

 Zum 31.12.t1 sieht sich die Beispiel GmbH Altersteilzeitverpflichtungen von 200.000 EUR gegenüber. Zur teilweisen Bedienung dieser Ansprüche hat die Gesellschaft Fondsanteile mit einem Nominalwert von 100.000 EUR erstanden, welche die Kriterien des § 246 Abs. 2 Satz 2 HGB erfüllen. Der „restliche" Teil der Verpflichtung soll durch verfügbare Barmittel beglichen werden. Der beizulegende Zeitwert der Anteile ist im Jahr t1 auf 120.000 EUR gestiegen.

---

260 Vgl. *Höfer/Rhiel/Veit*, DB 2009, 1605, 1609.
261 Vgl. *Höfer/Rhiel/Veit*, DB 2009, 1605, 1609.
262 Ebenso *Küting/Keßler*, DB 2009, 1717, 1723, die eine Verstärkung des Trends zu CTAs durch das BilMoG vermuten.
263 Return on Investment = Umsatzrendite × Kapitalumschlag.
264 Vgl. BT-Drucks. 16/10067, S. 48; vgl. *Zwirner*, BB 2011, 619, 619 f.

5 Rückstellungen für Pensionen und ähnliche Verpflichtungen

Zum 31.12.t1 sind die Fondsanteile i.H.v. 120.000 EUR und die Altersteilzeitverpflichtungen zu 120.000 EUR zu saldieren:

Rückstellungen für Altersteilzeitverpflichtungen 120.000 EUR

an

Wertpapiere des Anlagevermögens 120.000 EUR

In der Praxis häufig anzutreffen ist eine Konstruktion, bei der nur für den Erfüllungsrückstand aus der Teilzeitarbeit ein zugriffsfrei und insolvenzsicher angelegtes Deckungsvermögen existiert. Für die zusätzlich zu leistenden **Aufstockungsbeträge** gibt es oftmals kein entsprechend gesichertes Deckungsvermögen. In diesem Fall ist eine Verrechnung nur mit dem Erfüllungsrückstand aus der Teilzeitarbeit zulässig. Der restliche Teil der Verpflichtung ist **unsaldiert** in den „Rückstellungen für Pensionen und ähnliche Verpflichtungen" auszuweisen.

Beispiel

Ein Unternehmen hat für den Erfüllungsrückstand aus der Altersteilzeit eine Rückstellung i.H.v. 120 TEUR gebildet. Dieser Betrag setzt sich aus den Rückstellungen für Aufstockungsbeträge i.H.v. 20 TEUR und dem Erfüllungsrückstand aus der „originären" Altersteilzeit i.H.v. 100 TEUR zusammen.

Das Unternehmen ist verpflichtet, für den Erfüllungsrückstand i.H.v. 100 TEUR ein Deckungsvermögen einzurichten. Dieses erfüllt die Voraussetzungen des § 246 Abs. 2 Satz 2 HGB. Das Deckungsvermögen hat zum 31.12.t1 einen Zeitwert von 110 TEUR. Die Bilanz gestaltet sich dann wie folgt:

Aktiva			*Passiva*
...	...	...	...
		Rückstellungen für Pensionen und ähnliche Verpflichtungen	20 TEUR
...	...	...	...
Aktiver Unterschiedsbetrag aus der Vermögensverrechnung	10 TEUR		

*Aus der Verrechnung des saldierungspflichtigen Teils der Altersteilzeitverpflichtung mit dem Deckungsvermögen resultiert ein auf der **Aktivseite auszuweisender Unterschiedsbetrag** (siehe Kap. 5.6, Rn. 494).*[265] *Die Rückstellung für die Aufstockungsbeträge ist unsaldiert auf der Passivseite zu zeigen.*

---

265 Vgl. § 266 Abs. 2 E. HGB.

Im Zusammenhang mit der Regelung des Saldierungsgebots in § 246 Abs. 2 Satz 2 HGB wurde in § 253 Abs. 1 Satz 4 HGB die **Zeitwertbilanzierung** der zu verrechnenden Vermögensgegenstände eingeführt. Übersteigt der Zeitwert den Betrag der zugehörigen Schulden, ist der übersteigende Betrag auf der Aktivseite der Bilanz unter dem Posten E. „Aktiver Unterschiedsbetrag aus der Vermögensverrechnung" auszuweisen. Für diesen neuen Bilanzposten gilt die Ausschüttungssperre nach § 268 Abs. 8 HGB.[266]

609

Beispiel

Ein Unternehmen verfügt über Pensionsverpflichtungen i.H.v. 300.000 EUR. Das insolvenzsicher angelegte Vermögen, das ausschließlich zur Bedienung dieser Verpflichtungen besteht, weist einen Buchwert von 200.000 EUR und einen Zeitwert von 500.000 EUR auf. Der Steuersatz beträgt 30 %.

Es ergeben sich folgende Buchungen:

Personalaufwand	*300.000 EUR*
an	
Pensionsrückstellungen	*300.000 EUR*
Wertpapiere	*300.000 EUR*
an	
sonstige betriebliche Erträge	*300.000 EUR*
Pensionsrückstellungen	*300.000 EUR*
aktiver Unterschiedsbetrag	*200.000 EUR*
an	
Wertpapiere	*500.000 EUR*
Steueraufwand	*90.000 EUR*
an	
passive latente Steuern	*90.000 EUR*

Das Unternehmen hat künftig in der Bilanz den zum Zeitwert bewerteten Betrag nach Saldierung als „Aktiven Unterschiedsbetrag aus der Vermögensverrechnung" i.H.v. 200.000 EUR auf der Aktivseite auszuweisen. Zudem sind passive latente Steuern i.H.v. 90.000 EUR (30 % auf 300.000 EUR) anzusetzen.[267] Aufgrund der Zeitwertbewertung des Vermögens sowie der korres-

---

[266] Vgl. auch Syst. Praxiskommentar Bilanzrecht/*Lentz*, § 268 HGB Rn. 78 f.
[267] Ursächlich hierfür ist das Saldierungsverbot des § 5 Abs. 1a Satz 1 EStG.

pondierenden Abgrenzung latenter Steuern ist ein Betrag von 210.000 EUR (300.000 EUR – 90.000 EUR) ausschüttungsgesperrt.

Aktiva		**Passiva**	
…	…	…	…
E. Aktiver Unterschiedsbetrag aus der Vermögensverrechnung	200.000 EUR	E. Passive latente Steuern	90.000 EUR

In den Folgeperioden hat jeweils die Bewertung der Vermögensgegenstände erfolgswirksam zu erfolgen. Die entsprechenden Gewinne sind im Zinsergebnis auszuweisen und mit den Zinsaufwendungen aus der Aufzinsung der entsprechenden Pensionsverpflichtungen zu saldieren.

610 Richtet sich die Höhe der Pensionsverpflichtung zudem ausschließlich nach dem Zeitwert der Vermögensgegenstände, die zudem ausschließlich der Erfüllung der Altersvorsorgeverpflichtungen dienen, werden die entsprechenden Vermögensgegenstände und die Altersvorsorgeverpflichtungen **vollständig saldiert**.[268]

611 Auch die **Aufwendungen und Erträge** sind, soweit sie auf das verrechnete Deckungsvermögen oder die entsprechenden Verpflichtungen für Pensionen und ähnliche Verpflichtungen entfallen, zu **saldieren**.[269] Davon betroffen sind die Zinseffekte aus der Bewertung der Altersversorgungsverpflichtungen[270] und Zinsen, Dividenden u.Ä., die mit dem zugriffsfrei ausgelagerten Deckungsvermögen erzielt wurden. Nicht in den Saldierungsbereich gehören hingegen Aufwendungen wie Depotgebühren o.Ä.[271] Die saldierten Beträge sind nach § 285 Nr. 25 HGB im Anhang brutto, d.h. unsaldiert, zu zeigen (siehe Kap. 5.11.2, Rn. 626).

Beispiel

Die Pensionen GmbH hat ggü. ihren Angestellten Pensionszusagen erteilt, deren Wert sich nicht am Zeitwert des Deckungsvermögens ausmacht. Den Umfang der Pensionsverpflichtungen lässt sich die Pensionen GmbH zu jedem Bilanzstichtag von einem Aktuar ermitteln. In der schriftlichen Pensionszusage verpflichtet sich das Unternehmen ggü. seinen Mitarbeitern, zur Deckung der Pensionsverpflichtungen entsprechendes Vermögen zugriffsfrei auszulagern.

Im Jahr t1 hat sich bei der Ermittlung der Pensionsverpflichtungen ein Zinsaufwand von 10.000 EUR ergeben. Aus dem Deckungsvermögen resultieren Zins-

---

268 Vgl. Beck Bil-Komm/*Grottel/Rhiel*, § 249 HGB Rn. 205.
269 Vgl. § 246 Abs. 2 Satz 2 Hs. 2 HGB.
270 Derartige Zinseffekte fallen dann an, wenn die Pensionsrückstellungen nicht mit dem Zeitwert der Vermögensgegenstände, sondern i.R.e. Ansammlungs- oder Gleichverteilungsverfahren bspw. durch einen Aktuar bewertet werden.
271 Vgl. Syst. Praxiskommentar Bilanzrecht/*Tanski*, § 246 HGB Rn. 86 f.

und ähnliche Erträge von 15.000 EUR. Darüber hinaus ist die Pensionsrückstellung um einen bis zum Bilanzstichtag zusätzlich erdienten Dienstaufwand von 20.000 EUR aufzustocken.

Die GuV nimmt nun folgende Gestalt an:

Soll		Haben	
...	...	...	...
Personalaufwand:	...	...	
...	...		
b) soziale Abgaben und Aufwendungen für Altersversorgung und für Unterstützung		Sonstige Zinsen und ähnliche Erträge	5.000 EUR
davon für Altersversorgung	20.000 EUR		

Die Zinsaufwendungen sowie die Erträge aus dem Deckungsvermögen sind gem. § 246 Abs. 2 Satz 2 Hs. 2 HGB zu saldieren. Es resultiert ein Ertrag von 5.000 EUR, der unter den sonstigen Zinsen und ähnlichen Erträgen auszuweisen ist. Von dieser Nettodarstellung wird allerdings im Anhang abgewichen (siehe Kap. 5.11.2, Rn. 626).

Hiervon unberührt bleibt der zusätzlich zu beachtende Dienstzeitaufwand. Dieser ist im Personalaufwand zu zeigen.

In der **Steuerbilanz** darf nach wie vor **keine Saldierung** von Posten der Aktivseite mit Posten der Passivseite erfolgen. Auch die Zeitwertbewertung ist steuerrechtlich nicht zulässig. Der Grundsatz der Maßgeblichkeit wird hier durch § 5 Abs. 1a Satz 1 EStG durchbrochen. Dies hat die zwingende Beachtung latenter Steuern zur Folge.

Beispiel

Die Archimedis GmbH hat ihre Pensionsverpflichtungen mit Rückdeckungsversicherungen gesichert, die die Voraussetzungen des **§ 246 Abs. 2 HGB** *erfüllen. Diese Rückdeckungsversicherungen sind nach § 253 Abs. 1 Satz 4 HGB verpflichtend zum Zeitwert zu bewerten. Der Zeitwert der Rückdeckungsversicherungen beläuft sich zum 31.12.t1 auf 800.000 EUR. Die fortgeführten Anschaffungskosten der Rückdeckungsversicherungen betragen zum 31.12.t1 500.000 EUR. Es wird ein Ertragssteuersatz von 30 % unterstellt.*

Steuerrechtlich *bleibt es beim* **Anschaffungskostenprinzip***. Die Zeitwertbewertung wird in die Steuerbilanz nicht übernommen. Damit liegt eine temporäre Differenz bzgl. der unterschiedlichen handelsrechtlichen und steuerrechtlichen Wertansätze der Rückdeckungsversicherungen vor. Die Differenz beläuft sich auf 300.000 EUR (800.000 EUR – 500.000 EUR).*

5 Rückstellungen für Pensionen und ähnliche Verpflichtungen

Auf diese Differenz sind passive latente Steuern abzugrenzen. Diese belaufen sich auf 90.000 EUR (30 % × 300.000 EUR).

5.9.8 Zeitpunkt der Bewertung

613 Die in der Praxis übliche **Pensionsbewertung zwei bis drei Monate vor dem Bilanzstichtag** ist nicht zu beanstanden. Dies bedeutet aber auch, dass der zu diesem Zeitpunkt gültige Diskontierungssatz anzuwenden ist. Eine Unzulässigkeit dieser zeitlichen vorverlagerten Ermittlung ist nur dann festzustellen, wenn sich die zugrunde gelegten Bewertungsparameter und das Mengengerüst bis zum Bilanzstichtag wesentlich geändert haben.[272] Dann kann der zuerst berechnete Rückstellungswert nicht in die Bilanz übernommen werden.[273] Stattdessen müssen die geänderten Umstände i.R.e. erneuten Ermittlung der Pensionsrückstellungen zum Bilanzstichtag beachtet werden. Im Zweifel ist erneut ein versicherungsmathematisches Gutachten anzufertigen.

Beispiel

Die Pisten-Rowdy GmbH lässt ein Pensionsgutachten für den Jahresabschluss zum 31.12.t1 erstellen. Die entsprechenden Bewertungsparameter hat das Unternehmen dem Aktuar bereits im September t1 mitgeteilt. Das fertige Pensionsgutachten liegt zum 30.11.t1 vor. Anfang Dezember fahren alle 40 Pensionsberechtigen des Unternehmens gemeinsam in den Skiurlaub. Durch eine Lawine verunglücken zehn der Mitarbeiter tödlich.

Aufgrund dessen, dass ein Viertel der Pensionsberechtigten verunglückt ist, wird eine Neubewertung der Pensionsrückstellungen notwendig.

614 Auch bei der Verrechnung mit entsprechendem Deckungsvermögen muss die Bewertung der Pensions- und ähnlichen Verpflichtungen **zum Bilanzstichtag** erfolgen, andernfalls würden Deckungsvermögen und Verpflichtungszusage zu zwei verschiedenen Zeitpunkten bewertet.

Praxistipp

Solange die Verpflichtungen für Pensionen und ähnliche Verpflichtungen nicht mit Deckungsvermögen verrechnet werden müssen, kann der Rückstellungswert auch, wie in der Praxis üblich, zwei bis drei Monate vor dem Bilanzstichtag errechnet werden. Die Verwendung eines auf den 31.10. oder 30.11. erstellten Gutachtens ist nicht zu beanstanden.

---

272 Vgl. BT-Drucks. 16/10067, S. 52.
273 Vgl. Beck HdR/*Petersen/Zwirner*, A 230 Rn. 66.

5.10 Ausweis der Zuführungsbeträge zu Rückstellungen für Pensionen und ähnliche Verpflichtungen

Sowohl der laufende Dienstzeitaufwand (= die im Geschäftsjahr zusätzlich erdiente Anwartschaft) als auch die anwartschaftserhöhenden Effekte aus Lohn-, Gehalts- und Rententrends sind als **Personalaufwand** zu deklarieren. Gleiches gilt für die Effekte aus Änderungen der biometrischen Annahmen.[274] Auch Erfolgswirkungen aus der Veränderung von Pensionsrückstellungen im Zusammenhang mit Unternehmensumstrukturierungen oder Änderungen von Versorgungszusagen sind dem Personalaufwand zuzuordnen.[275]

615

Der bei Eintritt des Versorgungsfalls ggf. zu bilanzierende Auffüllbetrag[276] ist ebenfalls vollständig im Jahr des Eintretens als **Personalaufwand** zu erfassen.[277] Für die Steuerbilanz gilt § 6a Abs. 4 Satz 5 EStG, wonach eine gleichmäßige Verteilung des Auffüllbetrags über drei Jahre möglich ist.

616

5.11 Anhangangaben im Zusammenhang mit Rückstellungen für Pensionen und ähnliche Verpflichtungen

5.11.1 Allgemeine Angaben zu Rückstellungen für Pensionen und ähnliche Verpflichtungen

Unabhängig von der Größe der Gesellschaft sind die Angabepflichten des § 285 Nr. 24 HGB zu erfüllen. Diese **Norm fordert Angaben über**:

617

- das versicherungsmathematische Berechnungsverfahren,
- die grundlegenden Annahmen der Berechnung, wie:
  - Zinssatz,
  - erwartete Lohn- und Gehaltssteigerungen,
  - zugrunde gelegte Sterbetafeln.

Diese Angaben sind selbst dann zu machen, wenn es aufgrund einer vorgenommenen **Saldierung mit Deckungsvermögen** zu keinem Ausweis von Altersversorgungs- oder ähnlichen Verpflichtungen kommt.

Praxistipp

 Die von § 284 Nr. 24 HGB geforderten Informationen lassen sich i.d.R. aus dem versicherungsmathematischen Gutachten entnehmen.[278]

---

[274] Vgl. *IDW* RS *HFA* 30, IDW FN 2010, 437, 448.
[275] Vgl. *IDW* RS *HFA* 30, IDW FN 2010, 437, 448.
[276] Dieser entsteht durch den, evtl. unerwarteten, Eintritt des Versorgungsfalls durch den Wechsel vom Anwartschaftsbarwert- oder Teilwertverfahren o.Ä. auf den Barwert der Versorgungsleistungen.
[277] Anders *Höfer*, Rn. 210, der von einem außerordentlichen Aufwand schreibt.
[278] Vgl. Syst. Praxiskommentar Bilanzrecht/*Roth/Prechtl*, § 285 HGB Rn. 272 f.

618 Bzgl. des **Zinssatzes** hat der Bilanzierende zudem anzugeben, wie dieser ermittelt wurde. Dabei reicht bei Anwendung der von der Deutschen Bundesbank veröffentlichten Zinssätze der Verweis auf diese Tatsache. Wird zudem von der Vereinfachungsregelung des § 253 Abs. 2 Satz 2 HGB (pauschale Anwendung des Zinssatzes für eine Restlaufzeit von 15 Jahren) Gebrauch gemacht, ist dies anzugeben.[279]

619 Wurden bzgl. der Bewertungsparameter Gruppen gebildet (bspw. andere Lohntrends für leitende Angestellte und Arbeiter) so ist es für die Erfüllung der Angabepflicht ausreichend, die gesamte **Spannweite** des jeweiligen Parameters anzugeben.[280]

Beispiel

 Eine Anhangangabe nach § 284 Nr. 24 HGB könnte wie folgt lauten:[281]

Die Bewertung der Pensionsrückstellungen basiert auf der sog. „projected unit credit method" (Anwartschaftsbarwertverfahren). Den Berechnungen liegen folgende versicherungsmathematische Annahmen zugrunde:

	31.12.t1	31.12.t0
Rechnungszins	5,15 %	5,25 %
Lohn- und Gehaltstrend	1,75–2,5 %	2,5 %
Rententrend	1,75 %	2,0 %

Zur Abzinsung der Rückstellungen wurde einheitlich der von der Bundesbank nach der RückAbzinsV ermittelte und bekannt gegebene Zinssatz für eine 15-jährige Restlaufzeit verwendet.

Die Fluktuationsrate wird spezifisch nach Alter und Geschlecht der Mitarbeiter ermittelt.

Für die Bestimmung von Sterbe- und Invalidisierungswahrscheinlichkeiten werden die Richttafeln 2005 G von Dr. Klaus Heubeck zugrunde gelegt.

620 Bei **Wesentlichkeit** des Bilanzpostens erscheinen **weitergehende Informationen sachgerecht**.[282] Als solche kommen Angaben über die Gründe evtl. Modifikationen der Sterbetafeln oder Angaben über eingerechnete Karrieretrends in Betracht.

621 Bei **Nichtpassivierung von Altzusagen** sind zusätzliche Angabepflichten zu beachten (siehe Kap. 5.3.1.2, Rn. 427 f.).

---

[279] Vgl. *IDW* RS *HFA* 30, IDW FN 2010, 437, 449.
[280] Vgl. *IDW* RS *HFA* 30, IDW FN 2010, 437, 449.
[281] Modifiziert entnommen aus Syst. Praxiskommentar Bilanzrecht/*Roth/Prechtl*, § 285 HGB Rn. 273.
[282] Vgl. Syst. Praxiskommentar Bilanzrecht/*Roth/Prechtl*, § 285 HGB Rn. 272.

5.11 Anhangangaben i.Z.m. Rückstellungen für Pensionen und ähnl. Verpflichtungen

Im Zusammenhang mit der Bilanzierung von Altersversorgungsverpflichtungen sind ggf. die folgenden Angabepflichten (zusätzlich) zu beachten: **622**

- § 285 Nr. 23 HGB – Bewertungseinheiten,
- § 285 Nr. 25 HGB – Verrechnungen von Pensionsrückstellungen mit Deckungsvermögen (siehe auch Kap. 5.11.2, Rn. 623 ff.),
- § 285 Nr. 28 HGB – Ausschüttungssperre,
- § 285 Nr. 29 HGB – latente Steuern.

5.11.2 Angaben bei der Saldierung von Pensionsverpflichtungen mit Deckungsvermögen

Werden **Pensionsverpflichtungen mit zugehörigem Deckungsvermögen verrechnet**, müssen die Angabepflichten nach § 285 Nr. 25 HGB erfüllt werden. Dies betrifft alle KapG und PersHG i.S.d. § 264a HGB, unabhängig von ihrer Größe. Mit diesen Angabepflichten werden dem Bilanzleser das Ausmaß des tatsächlichen Verpflichtungsumfangs und die Höhe der Kompensation verdeutlicht. **623**

Berichtspflichtig sind: **624**

- die Anschaffungskosten der verrechneten Vermögensgegenstände,
- der beizulegende Zeitwert der verrechneten Vermögensgegenstände (siehe Kap. 5.9.7.1, Rn. 599),
- der Erfüllungsbetrag der verrechneten Schulden,
- die verrechneten Aufwendungen und Erträge,
- die grundlegenden Annahmen, die der Bestimmung des beizulegenden Zeitwerts zugrunde gelegt werden[283].

Mit dem Erfüllungsbetrag der verrechneten Schulden, ist nicht der Erfüllungsbetrag als solcher gemeint, sondern der **abgezinste** Erfüllungsbetrag.[284] **625**

Die **Aufwendungen und Erträge** sind, entgegen der Darstellung in der GuV, **unsaldiert** zu zeigen.[285] Als typische, im Zuge des § 285 Nr. 25 HGB, anzugebende Aufwendungen, kommen Zinsaufwendungen aus der Aufzinsung der Pensionsrückstellungen in Betracht. Erträge können sich aus Zinsen und Dividenden auf das Deckungsvermögen ergeben.[286] **626**

---

283 Vgl. § 285 Nr. 25 i.V.m. § 285 Nr. 20 Buchst. a) HGB.
284 Vgl. *Gelhausen/Fey/Kämpfer*, Buchst. O Rn. 224.
285 Vgl. *Gelhausen/Fey/Kämpfer*, Buchst. C Rn. 6.
286 Vgl. Syst. Praxiskommentar Bilanzrecht/*Roth/Prechtl*, § 285 HGB Rn. 284.

Beispiel[287]

 Eine Anhangangabe, die den gesetzl. Angabepflichten nachkommt, könnte folgendermaßen aussehen:

Deckungsvermögen und Pensionsverpflichtung des Unternehmens entwickeln sich wie folgt:

	Deckungs-vermögen in TEUR	GuV in TEUR		Pensionsver-pflichtung in TEUR	GuV in TEUR
1.1.	100		1.1.	150	
Zinsertrag	6	6	Dienstzeit-aufwand	10	10
Wert-minderung	–4	–4	Änderung Bewertung-sparameter	6	6
Zuführung (Dotierung)	18		Zinsaufwand	9	9
31.12.	120	2	31.12.	175	25

Sofern das Unternehmen den Zinsanteil aus dem Pensionsaufwand nicht unter Personalaufwand, sondern als Zinsaufwand erfasst, sind im Anhang mindestens folgende Angaben vorzunehmen:

Pensionsverpflichtung	175	
Deckungsvermögen (beizulegender Zeitwert)	120	Anschaffungskosten: 112
Pensionsrückstellung Bilanz	55	
Aufwand aus Pensionsverpflichtung	25	
Ertrag aus Deckungsvermögen	2	
Pensionsaufwand GuV	23	

5.11.3 Angaben bei Ausweis einer unterdotierten Pensionsrückstellung

627 Wie an anderer Stelle beschrieben, besteht ein **Passivierungswahlrecht für sog. Altzusagen sowie für die Zuführungsbeträge zu solchen Verpflichtungen** (siehe Kap. 5.3.1.2, Rn. 420 ff.). Der nicht in der Bilanz ausgewiesene Betrag („Fehlbetrag") ist gem. Art. 28 Abs. 2 EGHGB im Anhang anzugeben.[288]

---

[287] Übernommen aus *Hoffmann/Lüdenbach*, § 285 HGB Rn. 178.

5.12 Auswirkungen eines Betriebsübergangs auf die Bilanzierung

Beispiel

 Die Zusagen AG sagt ihren Arbeitgebern zum 01.01.1986 lebenslange Pensionen zu. Zum 31.12.t1 ermittelt sich der diskontierte Erfüllungsbetrag der verbleibenden Verpflichtungen mit 1.500 TEUR. Dieser Betrag ist gem. Art. 28 Abs. 2 EGHGB im Anhang anzugeben.

Hätte die Zusagen AG zum 31.12.t1 noch 500 TEUR aus der Passivierung der Altzusagen in den Büchern stehen, während sich der Erfüllungsbetrag wegen späterer Erhöhungen der Zusagen auf 1.500 TEUR beläuft, wäre der Betrag der Unterdeckung (= 1.000 TEUR) im Anhang anzugeben.

Wird keine Pensionsrückstellung bzw. nur ein **aktiver Unterschiedsbetrag** aus der Vermögensverrechnung ausgewiesen, sind §§ 284 Abs. 2 Nr. 1 und 285 Nr. 24 HGB analog anzuwenden. D.h., dass in diesem Fall für den Fehlbetrag die Verfahren und Parameter der Berechnung anzugeben sind.[289]

628

Ist eine **zuverlässige Quantifizierung** des Unterdeckungs- oder Fehlbetrags nicht möglich, müssen alternative Angaben gemacht werden:

629

- Art und Ausgestaltung der Versorgungszusagen,
- Nennung der Versorgungseinrichtungen, die der Bilanzierende eingeschaltet hat,
- Höhe der derzeitigen Beiträge oder Umlagen sowie deren voraussichtliche Entwicklung,
- Summe der umlagepflichtigen Gehälter,
- geschätzte Verteilung der Versorgungsverpflichtungen auf anspruchsberechtigte Arbeitnehmer, ehemalige Arbeitnehmer und Rentenbezieher (soweit ermittelbar).

5.12 Auswirkungen eines Betriebsübergangs auf die Bilanzierung von Altersversorgungsverpflichtungen und vergleichbaren langfristig fälligen Verpflichtungen

Bei einem (Teil-)Betriebsübergang nach § 613a BGB (**Einzelrechtsnachfolge**) tritt das übernehmende Unternehmen in die Rechte und Pflichten der Arbeitsverhältnisse mit **aktiven Mitarbeitern** ein. Das übernehmende Unternehmen hat in diesem Fall eine Rückstellung für die Ansprüche der Versorgungsberechtigten zu bilden, während das übertragende Unternehmen die Rückstellungen auflösen

630

---

288 Die Angabe entfällt bei Durchführung der betrieblichen Altersversorgung über versicherungsförmige Tarife mit voller Kapitaldeckung (z.B. Direktversicherungen) – vgl. *IDW* RS *HFA* 30, IDW FN 2010, 437, 449.
289 Vgl. *IDW* RS *HFA* 30, IDW FN 2010, 437, 449.

muss.[290] Die Ansprüche **ausgeschiedener Mitarbeiter** gelten weiterhin gegen das übertragende Unternehmen.

631 Ist der **Übergang nicht rechtswirksam**, treffen die Versorgungsverpflichtungen im Außenverhältnis weiterhin das übertragende Unternehmen. Vertragliche Vereinbarungen im Innenverhältnis können allerdings eine gesamtschuldnerische Haftung begründen.[291] Droht keine Inanspruchnahme für das übertragende Unternehmen, hat dieses die Pensionsrückstellung aufzulösen. Andernfalls muss es die Rückstellung beibehalten und einen Freistellungsanspruch erfolgsneutral aktivieren.[292] Beim übernehmenden Unternehmen ist der Freistellungsanspruch als Rückstellung zu bilanzieren.

632 Bei einer gesamtschuldnerischen Haftung nach § 613a Abs. 2 BGB haben Übertragender und Übernehmender den **im Innenverhältnis definierten Teil der Verpflichtung** zu passivieren. Der andere Teil ist unter der Bilanz oder im Anhang anzugeben.[293] Bei drohender Inanspruchnahme aus dem anderen Teil ist eine Rückstellung zu bilden.

633 Beim Übergang der Pensionsverpflichtungen i.R.d. **Gesamtrechtsnachfolge** gehen alle Pensionsverpflichtungen – also auch die laufenden Pensionen – auf das übernehmende Unternehmen über. Steuerrechtlich nimmt das übernehmende Unternehmen die Rechtsstellung des übertragenden Unternehmens ein. Eine Nachholung von Fehlbeträgen der Pensionsrückstellungen ist allerdings ausgeschlossen.[294] Hingegen ist bei Einbringungsfällen nach §§ 20, 24 UmwStG zum Teilwert zu bewerten.

634 Auch für **Umwandlungsfälle** gelten wegen § 324 UmwG die soeben gemachten Ausführungen. Die übernommenen Pensionsverpflichtungen sind auch hier **höchstens mit dem Teilwert** i.S.v. § 6a Abs. 3 EStG zu bewerten. Zwar können etwaige Fehlbeträge nachgeholt werden (siehe Kap. 5.9.6.1, Rn. 578), die Grenze „nach oben" ergibt sich jedoch durch den Teilwert der Verpflichtung.

---

290 Vgl. *IDW RS HFA 30*, IDW FN 2010, 437, 450.
291 Vgl. *IDW RS HFA 30*, IDW FN 2010, 437, 450.
292 Vgl. Beck Bil-Komm/*Grottel/Rhiel*, § 249 HGB Rn. 220.
293 Vgl. §§ 251, 268 Abs. 7 HGB.
294 Vgl. Beck Bil-Komm/*Grottel/Rhiel*, § 249 HGB Rn. 219.

6

Vorschriften zum Übergang auf den Rechtsstand nach BilMoG

6 Vorschriften zum Übergang auf den Rechtsstand nach BilMoG

6.1 Überblick

Die Übergangsvorschriften zum BilMoG wurden vom Gesetzgeber im EGHGB geregelt. Diese Normen bestimmen, wie die Umstellungseffekte im Zeitpunkt des Inkrafttretens des BilMoG zu behandeln sind. Art. 66 und 67 EGHGB stellen die zentralen Übergangsvorschriften dar. **Art. 67 EGHGB** befasst sich mit der Umstellung einzelner Bilanzposten und Posten der GuV. **Art. 66 EGHGB** regelt die übrigen Umstellungseffekte, im Schwerpunkt die zeitliche Anwendung.[1]

635

Art. 67 Abs. 7 EGHGB schreibt vor, dass die Effekte aus der Umstellung auf das BilMoG grds. erfolgswirksam zu erfassen sind (**Grundsatz der erfolgswirksamen Umstellung**). Eine erfolgsneutrale Behandlung ist nur zulässig bzw. erforderlich, soweit dies in den Übergangsvorschriften des EGHGB ausdrücklich geregelt ist. Niederschlagen sollen sich die **erfolgswirksamen Anpassungen** an das neue Recht im **außerordentlichen Ergebnis** als „außerordentlicher Aufwand" oder „außerordentlicher Ertrag".[2] Grds. muss dies sofort im Umstellungszeitpunkt in voller Höhe geschehen. Entgegen dieser grds. Behandlung sieht das EGHGB **eine Reihe von Ausnahmen** vor. Hierzu zählen die Beibehaltung überdotierter Rückstellungen (siehe Kap. 6.2.1, Rn. 638 ff. bzw. im Speziellen für Pensionsrückstellungen Kap. 6.3.1, Rn. 645 ff.), die Beibehaltung nicht mehr zulässiger Aufwandsrückstellungen (siehe Kap. 6.2.2, Rn. 641) sowie das Verteilungswahlrecht bei unterdotierten Pensionsrückstellungen (siehe Kap. 6.3.2, Rn. 502). Das folgende Schaubild soll Sie durch die folgenden Ausführungen leiten:

636

---

[1] Vgl. ausführlich zum Übergang auf BilMoG *Petersen/Zwirner/Künkele*, DB 2010, Beilage 4, 1, 1 ff.
[2] Ab dem Jahr 2016 entfällt der Ausweis dieser Beträge im außerordentlichen Ergebnis. Nach Art. 75 Abs. 5 EGHGB sind nach dem BilRUG die Anpassungsbeträge nach Art. 67 Abs. 1 und 2 EGHGB im Zusammenhang mit den Pensionsrückstellungen im sonstigen betrieblichen Aufwand bzw. Ertrag auszuweisen. Siehe zu den Änderungen hinsichtlich des außerordentlichen Ergebnisses auch Kap. 6.3.4, Rn. 663 ff.

6 Vorschriften zum Übergang auf den Rechtsstand nach BilMoG

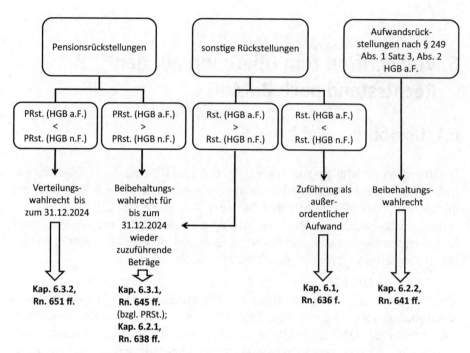

Überblick über die Behandlung der unterschiedlichen Umstellungseffekte;
© *Petersen/Künkele/Zwirner*

637 Die Neuregelungen sind **erstmals ab dem Jahr 2010** anzuwenden. Hierbei sind die sich zum 01.01.2010 aus der Neubewertung ergebenden Effekte grds. erfolgswirksam zu erfassen. Dies hat im außerordentlichen Ergebnis zu erfolgen. Dies gilt insb. für unterdotierte Rückstellungen.[3] Zu beachten ist der durch das BilRUG ab dem Jahr 2016 geänderte Ausweis von Zuführungsbeträgen zu unterdotierten Rückstellungen nach Art. 75 Abs. 5 EGHGB.

Beispiel

 Aufgrund des hohen Wettbewerbsdrucks in der U-Boot-Industrie sowie der enormen Kapazitätsauslastung werden die für Oktober 2010 geplanten **Instandhaltungsmaßnahmen** *der Maschinen der Lokopolus AG nicht durchgeführt, sondern auf spätestens März 2011 verschoben. Zum 31.12.2010 schätzt die Lokopolus AG die Kosten hierfür auf 400.000 EUR. Wegen der angespannten Wirtschaftssituation wird bis dahin mit Kostensteigerungen i.H.v. 3 % gerechnet.*

Im Dezember 2009 wird eine Rückstellung aufgrund eines **Rechtsprozesses** *gebildet. Die Prozessdauer wird auf drei Jahre, die anfallenden Kosten auf 150.000 EUR geschätzt. Der laufzeitadäquate durchschnittliche Marktzinssatz beträgt annahmegemäß 4,3 %.*

---

3 Vgl. *IDW RS HFA* 28, IDW FN 2009, 642, 652.

Der Abschluss der Lokopolus AG zum 31.12.2009 enthält eine **Prozesskostenrückstellung**, *die mit einem Wert von 150.000 EUR passiviert wurde. Im Umstellungsabschluss der Lokopolus AG zum 01.01.2010 muss diese Rückstellung an die neuen Regelungen zur Rückstellungsbewertung angepasst werden. Die Rückstellung für die voraussichtlich anfallenden Prozesskosten hat eine wahrscheinliche Laufzeit von mehr als einem Jahr und ist deshalb mit einem fristenkongruenten* **Diskontierungszinssatz abzuzinsen**. *Damit beträgt der Barwert des Erfüllungsbetrags 132.202 EUR (= 150.000 / $1{,}043^2$). In Abhängigkeit der verfolgten bilanzpolitischen Zielsetzung kann die Lokopolus AG den Ertrag aus der Abzinsung der Rückstellung ergebnisneutral erfassen oder die Rückstellung zum früheren Wert stehen lassen.[4] Steuerrechtlich ist gem. § 6 Abs. 1 Nr. 3a Buchst. e) EStG zur Abzinsung ein Zinssatz von 5,5 % zu verwenden. Damit ist ein Betrag von 127.742 EUR (= 150.000 / $1{,}055^2$) anzusetzen. Daraus ergibt sich eine Differenz zwischen Handels- und Steuerrecht – sei es bei Ansatz der Rückstellung im handelsrechtlichen Abschluss zum diskontierten Wert oder zum undiskontierten Wert. Auf die Differenz sind aktive latente Steuern (vorbehaltlich des Wahlrechts des § 274 Abs. 1 Satz 2 HGB bei anschließender Gesamtdifferenzenbetrachtung) abzugrenzen.*

Hinsichtlich der nicht wie geplant im Oktober 2010 durchgeführten **Instandhaltungsmaßnahmen** *ist zum 31.12.2010 eine Rückstellung nach § 249 Abs. 1 Satz 2 Nr. 1 HGB zu bilden, da die Instandhaltung im folgenden Geschäftsjahr innerhalb der ersten drei Monate erfolgt. Die geschätzten Kostensteigerungen von 3 % sind objektiv nachvollziehbar und daher bei der Bewertung der Rückstellung einzubeziehen. Die Rückstellung ist folglich mit einem Wert von 412.000 EUR anzusetzen.*

Im steuerrechtlichen Abschluss hingegen dürfen künftige Preis- und Kostensteigerungen nach § 6 Abs. 1 Nr. 3a Buchst. f) EStG nicht berücksichtigt werden. Maßgebend für die Bewertung sind die Verhältnisse zum Bilanzstichtag. Damit ist zum 31.12.2010 in der Steuerbilanz eine Bewertung zu 400.000 EUR vorzunehmen. Daraus ergibt sich eine Differenz zwischen Handels- und Steuerrecht i.H.v. 12.000 EUR, auf die bei einem angenommenen Ertragsteuersatz von 30 % aktive latente Steuern i.H.v. 3.600 EUR (=12.000 EUR × 0,3) (vorbehaltlich des Wahlrechts des § 274 Abs. 1 Satz 2 HGB bei anschließender Gesamtdifferenzenbetrachtung) abzugrenzen sind.

In der Folgezeit ist die Prozesskostenrückstellung im handelsrechtlichen Abschluss sowie in der Steuerbilanz mit den einschlägigen Zinssätzen aufzuzinsen. Weitere Preis- und Kostensteigerungen sind handelsbilanziell zudem zu berücksichtigen.

---

4 Vgl. Art. 67 Abs. 1 EGHGB.

6 Vorschriften zum Übergang auf den Rechtsstand nach BilMoG

Beispiel

 Die Umstellungs-OHG stellt ihren Jahresabschluss zum 01.01.2010 auf das BilMoG um. Die entsprechenden Effekte sind nach Art. 67 Abs. 7 EGHGB im **„außerordentlichen Ergebnis"** zu erfassen. Folgerichtig erfasst die Umstellungs-OHG dort folgende Sachverhalte:

- die Effekte aus der Neubewertung von Rückstellungen aufgrund der Abzinsung (**außerordentlicher Ertrag**), wobei vom Beibehaltungswahlrecht kein Gebrauch gemacht wird;
- die Neubewertung der Rückstellungen aufgrund künftiger Preis- und Kostensteigerungen (**außerordentlicher Aufwand**);
- mindestens 1/15 des positiven Differenzbetrags zwischen den Pensionsrückstellungen zum 31.12.2009 (nach HGB a.F.) und den Pensionsrückstellungen zum 01.01.2010 (nach HGB n.F.);
- die Auflösungsbeträge von in 2009 gebildeten Aufwandsrückstellungen nach § 249 Abs. 1 Satz 3, Abs. 2 HGB.

6.2 Beibehaltungswahlrechte für sonstige Rückstellungen

6.2.1 Beibehaltung überdotierter Rückstellungen

638 Nach Art. 67 Abs. 1 Satz 2 EGHGB können überdotierte Rückstellungen beibehalten werden (siehe auch Kap. 6.3.1, Rn. 645 ff.). Ist der Buchwert zum Umstellungszeitpunkt größer als der nach BilMoG ermittelte Wert, so darf Ersterer beibehalten werden (**Beibehaltungswahlrecht**), wenn der sonst aufzulösende Betrag bis zum **31.12.2024** wieder zuzuführen wäre. In diesem Fall ist über den Betrag der Überdeckung im Anhang zu berichten.[5] Soll der Betrag der Überdotierung aufgelöst werden, erfolgt dies zugunsten der Gewinnrücklagen (siehe weiter Kap. 6.3.1, Rn. 645).[6]

Beispiel

 Die Penelopes GmbH hat zum 31.12.2009 eine Rückstellung für ungewisse Verbindlichkeiten mit 4 Mio. EUR bewertet. Preis- und Kostensteigerungen sind nicht zu erwarten. Der Betrag ist zum **31.12.2029 fällig**. Zum 01.01.2010 muss die Penelopes GmbH die angesetzte Rückstellung abzinsen. Es ergibt sich zum 01.01.2010 – bei einem unterstellten Zinssatz von 5,37 % – ein abgezinster Barwert der Verpflichtung i.H.v. 1.521.988 EUR. Zum **31.12.2024** beträgt der rechnerische Barwert der Verpflichtung bei einem unterstellten

---

5 Vgl. Art. 67 Abs. 1 Satz 4 EGHGB.
6 Vgl. Art. 67 Abs. 1 Satz 3 EGHGB.

6.2 Beibehaltungswahlrechte für sonstige Rückstellungen

Zinssatz von 4,43 % 3.220.576 EUR. Auf die Zeit zwischen dem 31.12.2024 und dem 31.12.2029 entfällt voraussichtlich ein Zinsanteil von 779.424 EUR.

Wenn die Penelopes GmbH die überdotierte Rückstellung beibehalten möchte, muss sie den Betrag von 779.424 EUR als außerordentlichen Ertrag erfolgswirksam erfassen, da dieser die „15-Jahre-Grenze" übersteigt. Den Restbetrag von 3.220.576 EUR kann sie in der BilMoG-Eröffnungsbilanz zum 01.01.2010 stehen lassen. Dieser Betrag ist gesondert im Anhang anzugeben.

Auswirkungen auf latente Steuern: Auf die Differenz zwischen einem höherem Wertansatz in der Handelsbilanz als in der Steuerbilanz sind unter Ausnutzung des Aktivierungswahlrechts aktive latente Steuern anzusetzen.

Beispiel

Die Rückstellungen der Oranius AG werden zum 31.12.2009 mit einem Betrag von 2.150.000 EUR bewertet. Bei Anwendung der durch das BilMoG geänderten Vorschriften zur Rückstellungsbewertung zum 01.01.2010 ergibt sich ein anzusetzender Betrag von 1.750.000 EUR.

*Da die Rückstellung der Oranius AG **überdotiert** ist, besteht die Möglichkeit, diese erfolgsneutral aufzulösen. Entscheidet sich die Oranius AG für die erfolgsneutrale Auflösung, so ist der aus einer Auflösung resultierende Betrag (400.000 EUR) in die Gewinnrücklagen einzustellen. Die Auflösung nur eines Teilbetrags ist nicht möglich.*

Auswirkungen auf latente Steuern: Auf die Differenz zwischen Wertansatz in der Handelsbilanz und der Steuerbilanz sind latente Steuern abzugrenzen.

Praxistipp

Mit der Entscheidung für die Ausübung des Beibehaltungswahlrechts wird die angestrebte Bilanzpolitik i.R.d. BilMoG-Umstellung u.U. noch Jahre nach dem Übergang für den Bilanzadressaten sichtbar. Die Entscheidung muss deshalb bedacht und in Abstimmung mit der in der Zukunft gewünschten Ergebnisentwicklung getroffen werden.

Zu beachten ist, dass ein i.d.S. **beibehaltener Rückstellungsbuchwert** sowie etwaige Teilbeträge **nicht zu späterer Zeit aufgezinst** werden. Dies würde dem Sinn des Art. 67 Abs. 1 Satz 2 EGHGB zuwider laufen, der gerade in der Erleichterung der Bilanzierung zu sehen ist. Zudem wäre dann keine Kongruenz mehr mit der Übergangserleichterung (dem Verzicht auf die Abzinsung) gegeben.[7] Insofern gilt weiterhin das „alte Recht"; die Fortführung des „Altwerts" bestimmt sich nach dem HGB a.F.

639

---

7 Siehe auch Handbuch Bilanzrecht/*Zwirner/Künkele*, C.III. Rn. 38; *Petersen/Zwirner/Künkele*, DB 2010, Beilage 4, 1, 15.

640 Wird das Beibehaltungswahlrecht jedoch nicht ausgeübt, ist der Unterschiedsbetrag zum „BilMoG-Wert" gegen die Gewinnrücklagen auszubuchen.[8] Der *HFA* des *IDW* hat festgestellt, dass der Art. 67 Abs. 1 Satz 2 EGHGB auch die Interpretation zulässt, dass es legitim ist, den **gesamten Überdeckungsbetrag** im Umstellungszeitpunkt erfolgsneutral gegen die Gewinnrücklagen auszubuchen.[9] Dies schließt auch den Betrag mit ein, der nicht bis zum 31.12.2024 zugeführt werden müsste. Im Umkehrschluss besteht für diesen Teilbetrag ein Wahlrecht, diesen erfolgsneutral gegen die Gewinnrücklagen oder erfolgswirksam gegen die „außerordentlichen Erträge" auszubuchen.

Beispiel

Die Schätzmeister GmbH weist zum 01.01.2010 einen Überdeckungsbetrag von 50.000 EUR aus. Sie schätzt, dass bis zum 31.12.2024 30.000 EUR zugeführt werden müssen.

Der Unterschiedsbetrag, der bis zum 31.12.2024 wieder zugeführt werden müsste (30.000 EUR), kann im Bilanzansatz beibehalten werden oder gegen die Gewinnrücklagen ausgebucht werden. Der nicht bis zum 31.12.2024 zugeführte Betrag kann sowohl erfolgswirksam gegen den „außerordentlichen Ertrag" als auch gegen die Gewinnrücklagen ausgebucht werden.

6.2.2 Beibehaltungswahlrecht für Aufwandsrückstellungen nach § 249 Abs. 1 Satz 3 und Abs. 2 HGB a.F.

641 Durch das BilMoG wird das Wahlrecht zur Bildung von Rückstellungen nach § 249 Abs. 2 HGB a.F. für ihrer Eigenart nach genau umschriebene, dem Geschäftsjahr oder einem früheren Geschäftsjahr zuzuordnende Aufwendungen, die am Abschlussstichtag wahrscheinlich oder sicher, aber hinsichtlich ihrer Höhe oder des Zeitpunkts des Eintritts unbestimmt sind, aufgehoben (ein analoges Verbot besteht nunmehr für Aufwandsrückstellungen i.S.d. § 249 Abs. 1 Satz 3 HGB a.F.). Gleiches gilt für Rückstellungen für unterlassene Instandhaltungsmaßnahmen, die erst nach Ablauf des Dreimonatszeitraums im Folgejahr durchgeführt werden (§ 249 Abs. 1 Satz 3 HGB a.F.). **Aufwandsrückstellungen** dürfen **nur noch für** folgende Zwecke gebildet werden:

- unterlassene Instandhaltungsmaßnahmen, die in den ersten drei Monaten des folgenden Geschäftsjahrs und
- Abraumbeseitigungen, die im folgenden Geschäftsjahr

nachgeholt werden.

642 Die früheren Regelungen in § 249 HGB a.F. sind letztmals für Geschäftsjahre vor dem 01.01.2010 anzuwenden.[10] Hinsichtlich der Aufwandsrückstellungen, die

---

8 Vgl. Art. 67 Abs. 1 Satz 3 HGB.
9 Vgl. *IDW* RS *HFA* 28, IDW FN 2010, 451, 451. Siehe hierzu auch *Zwirner*, BB 2010, 2747, 2747 f.
10 Vgl. Art. 66 Abs. 5 EGHGB.

bereits in Jahresabschlüssen für das vor dem 01.01.2010 beginnende Geschäftsjahr enthalten waren, besteht das Wahlrecht, diese zum Übergangszeitpunkt unter Anwendung der für sie geltenden Vorschriften beizubehalten (**Beibehaltungswahlrecht**) oder unmittelbar erfolgsneutral in die Gewinnrücklagen einzustellen. Der Bilanzierende kann von dem Beibehaltungswahlrecht auch teilweise Gebrauch machen. Eine Ausnahme vom Beibehaltungswahlrecht gilt jedoch für die Beträge, die den Aufwandsrückstellungen **im letzten vor dem 01.01.2010 beginnenden Geschäftsjahr** zugeführt wurden. Gem. Art. 67 Abs. 3 Satz 2 EGHGB sind diese von der unmittelbaren Verrechnung mit den Gewinnrücklagen ausgeschlossen; möglich ist dann nur eine erfolgswirksame Auflösung. Sofern der Bilanzierende bei der Umstellung Aufwandsrückstellungen beibehält, gelten für deren Bewertung die „alten" Regelungen. Eine Abzinsung ist hierbei ebenso wenig zu berücksichtigen wie Preis- und Kostensteigerungen.[11] Trotz **Weitergeltung der alten Vorschriften** ist jedoch eine ggf. erforderliche Erhöhung der Aufwandsrückstellungen ausgeschlossen. Die Ausübung des Beibehaltungs- oder Auflösungswahlrechts kann der Bilanzierende hierbei auch teilweise, d.h. für einzelne Rückstellungen, ausüben.[12] Gem. Art. 67 Abs. 1 Satz 2 EGHGB bezieht sich das Beibehaltungswahlrecht für überdotierte Rückstellungen auf sämtliche Rückstellungen. Sofern der Differenzbetrag bis zum 31.12.2024 wieder zugeführt wird, kann – unter Berücksichtigung der entsprechenden Anhangangabe zum Stand der Überdeckung – eine Auflösung unterbleiben. Dies gilt allerdings nur für den bis zum 31.12.2024 voraussichtlich wieder zugeführten Betrag. Ein darüber hinausgehender Betrag ist zum Umstellungszeitpunkt erfolgswirksam als außerordentlicher Ertrag zu erfassen. Ab dem Jahr 2016 hat der Ausweis solcher Erträge nach Art. 75 Abs. 5 EGHGB unter den sonstigen betrieblichen Erträgen zu erfolgen.

Beispiel

 Die Krusikos AG hat für Zwecke der Generalüberholung einer Maschine in drei Jahren (2011) mit Kosten von 2.400.000 EUR bereits im Abschluss zum 31.12.2008 eine Rückstellung i.H.v. 800.000 EUR gebildet. Zum 31.12.2009 erfolgt erneut eine Zuführung i.H.v. 800.000 EUR.

*Im Übergangszeitpunkt 01.01.2010 hat die Krusikos AG das Wahlrecht, die Rückstellung unter Anwendung der bisher geltenden Vorschriften beizubehalten oder diese aufzulösen. Bevorzugt die Krusikos AG die Auflösung der Rückstellung zum 01.01.2010, so ist der Betrag unmittelbar in die **Gewinnrücklagen** einzustellen. Zu beachten ist jedoch, dass Beträge, die im Jahr 2009 zugeführt wurden, nicht erfolgsneutral zugunsten der Gewinnrücklagen aufgelöst werden dürfen. Folglich tangiert lediglich ein Betrag i.H.v. 800.000 EUR (aus dem Jahr 2008) nicht die **GuV**.*

---

11 Vgl. *IDW* RS *HFA* 28, IDW FN 2009, 642, 645.
12 Vgl. *IDW* RS *HFA* 28, IDW FN 2009, 642, 645.

6 Vorschriften zum Übergang auf den Rechtsstand nach BilMoG

Auswirkungen auf latente Steuern: Wurde bei der Bildung der Rückstellung das Aktivierungswahlrecht für latente Steuern genutzt (in der Steuerbilanz ist die Bildung dieser Aufwandsrückstellung nicht erlaubt), so sind die latenten Steuern analog zur Vorgehensweise bei der Rückstellungsauflösung erfolgsneutral bzw. -wirksam aufzulösen. Wurden keine aktiven latenten Steuern angesetzt, sind diese im Zusammenhang mit der Erstanwendung des § 274 HGB n.F. i.V.m. Art. 67 Abs. 6 EGHGB zunächst erfolgsneutral zu bilden, sofern vom Ansatzwahlrecht Gebrauch gemacht wird. In Abhängigkeit der Beibehaltung bzw. Auflösung der Rückstellung sind im Folgenden die latenten Steuern beizubehalten oder aufzulösen.

Beispiel

Für Zwecke der Generalüberholung einer im Produktionsprozess eingesetzten Maschine mit erwarteten Kosten i.H.v. 900.000 EUR zum 31.12.2012 hat die Poseidon AG eine Rückstellung gebildet. Die Generalüberholung ist alle fünf Jahre vorgesehen und erfolgte letztmals im Geschäftsjahr 2007. Zum 31.12.2009 beträgt die Rückstellung 480.000 EUR (davon 160.000 EUR in 2009 zugeführt).

Zum Zeitpunkt der Umstellung auf die neuen Regelungen kann die Gesellschaft die Rückstellungen **beibehalten oder erfolgswirksam** (Zuführungsbetrag aus 2009) **sowie erfolgsneutral** (Zuführungsbetrag aus 2008) **auflösen**. Im Fall der Auflösung werden 160.000 EUR als außerordentlicher Ertrag und 320.000 EUR zugunsten der Gewinnrücklagen aufgelöst. Bei Beibehaltung der in den Vorjahren gebildeten Rückstellungen hat die Gesellschaft i.H.v. 144.000 EUR, bei einem unterstellten Steuersatz von 30 %, aktive latente Steuern (unter Beachtung des Aktivierungswahlrechts nach § 274 Abs. 1 HGB) abzugrenzen.

Beispiel

Die Anschaffungskosten einer Maschine für Abluftreinigung betragen bei der Zeus AG 600.000 EUR. Im Abstand von zwei Jahren fällt erfahrungsgemäß eine Reparatur größeren Umfangs mit einem Aufwand von rd. 30.000 EUR an. Die betriebsgewöhnliche Nutzungsdauer der Maschine beträgt sechs Jahre. Nach dieser Zeit scheidet die Maschine aus dem Betriebsvermögen aus.

Lösung – nach bisheriger Rechtslage:

Bei Gebäuden, maschinellen Anlagen oder sonstigen betrieblichen Wirtschaftsgütern darf für regelmäßig und für in größerem Zeitabstand anfallende Großreparaturen, Generalüberholungen und Instandhaltungsmaßnahmen in der Handelsbilanz eine Aufwandsrückstellung gebildet werden. Zurückgestellt werden können nur künftige Ausgaben, die als Erhaltungsaufwand und nicht als zu aktivierender Herstellungsaufwand zu behandeln sein werden. Die Zuordnung der künftigen Reparaturaufwendungen zum Geschäftsjahr oder zu einem früheren Geschäftsjahr hat in dem Verhältnis zu erfolgen, in dem diese

6.2 Beibehaltungswahlrechte für sonstige Rückstellungen

Geschäftsjahre zu den künftigen Ausgaben beigetragen haben. In der Regel entspricht die lineare oder leistungsabhängige Aufwandsverteilung einer solchen Zuordnung. Weiterhin erfordert die Bildung einer Aufwandsrückstellung eine konkrete Abgrenzbarkeit der Rückstellung (welche Anlage, Notwendigkeit, Art und Umfang der Arbeiten). Unter Erfüllung der zuvor genannten Kriterien und einer linear erfolgenden Aufwandsverteilung ergibt sich im Beispielfall folgendes Bild:

Wirtschaftsjahr	Lineare AfA in EUR	Rückstellung Handelsbilanz		Reparaturaufwand in EUR	Aufwand pro Wirtschaftsjahr in EUR
		Veränderung in EUR	Bestand in EUR		
01	100.000	+ 15.000	15.000	–	115.000
02	100.000	– 15.000 (+ 15.000 – 30.000)	0	30.000	115.000
03	100.000	+ 15.000	15.000	–	115.000
04	100.000	– 15.000 (+ 15.000 – 30.000	0	30.000	115.000
05	100.000	–	0	–	100.000
06	100.000	–	0	–	100.000

Aus vorstehender Tabelle wird ersichtlich, dass die Bildung einer Aufwandsrückstellung zu einer gleichbleibenden Aufwandsverteilung beiträgt. Allein in der letzten und aufgrund des bevorstehenden Ausscheidens aus dem Betriebsvermögen reparaturfreien Periode der Jahre 05 bis 06 ergibt sich ein im Vergleich zu den vorhergehenden Perioden geringerer Aufwand.

Lösung – nach Einführung des BilMoG:

Das BilMoG bewirkt den Wegfall des möglichen Ansatzes bestimmter Aufwandsrückstellungen. Konkret erfolgt u.a. die Streichung des § 249 Abs. 2 HGB a.F., was im Beispielfall dazu führt, dass keine Aufwandsrückstellungen für Reparaturzwecke gebildet werden dürfen. Im Vergleich zur vorherigen Gesetzeslage ergäbe sich demnach folgendes Bild:

Wirtschaftsjahr	Lineare AfA in EUR	Reparaturaufwand in EUR	Aufwand pro Wirtschaftsjahr in EUR vor BilMoG	Aufwand pro Wirtschaftsjahr in EUR nach BilMoG
01	100.000	–	115.000	100.000
02	100.000	30.000	115.000	130.000

6 Vorschriften zum Übergang auf den Rechtsstand nach BilMoG

Wirtschafts-jahr	Lineare AfA in EUR	Reparaturauf-wand in EUR	Aufwand pro Wirtschafts-jahr in EUR vor BilMoG	Aufwand pro Wirtschafts-jahr in EUR nach BilMoG
03	100.000	–	115.000	100.000
04	100.000	30.000	115.000	130.000
05	100.000	–	100.000	100.000
06	100.000	–	100.000	100.000

Es zeigt sich, dass nach künftig geltendem Recht in den Jahresabschlüssen der Jahre 02 und 04 „Aufwandsspitzen" entstehen, da die Reparaturkosten im jeweiligen Jahr der Durchführung der Maßnahme in voller Höhe zu Buche schlagen. Demgegenüber konnte nach bislang geltendem Recht durch die Bildung von Rückstellungen eine teilweise Aufwandsglättung erreicht werden.

Beispiel[13]

 Die Ares GmbH hat im Jahr 2009 Aufwandsrückstellungen für im abgelaufenen Geschäftsjahr unterlassene Instandhaltungsmaßnahmen i.H.v. 100.000 EUR angesetzt (**Rückstellung A**). Für eine erwartete Großreparatur im Jahr 2012 hat sie bis zum 31.12.2009 zudem 200.000 EUR angesammelt, von denen 100.000 EUR im Jahr 2009 zugeführt worden sind (**Rückstellung B**). Für eine zweite Maschine wurde eine Rückstellung für eine langfristige Wartung i.H.v. 150.000 EUR angesammelt; der Zuführungsbetrag des Jahres 2009 beträgt hierbei 50.000 EUR (**Rückstellung C**).

Aufgrund einzelner anderer Umstellungseffekte ergibt sich für die Ares GmbH ein außerordentlicher Aufwand von rd. 50.000 EUR sowie eine Belastung der Gewinnrücklagen durch die Abgrenzung passiver latenter Steuern von rd. 115.000 EUR. Die Ares GmbH möchte die Umstellung auf das BilMoG gerne eigenkapital- und ergebnisneutral vornehmen.

Die Ares GmbH kann zur Kompensation des Ergebniseffekts im Umstellungsjahr die **Rückstellung C** auflösen.

sonst. Rückstellungen	150.000 EUR
an	
Gewinnrücklagen	100.000 EUR
außerordentlicher Ertrag	50.000 EUR

Durch die Auflösung wird der Ergebniseffekt im Umstellungsjahr nivelliert (50.000 EUR außerordentlicher Aufwand – 50.000 EUR außerordentlicher

---

[13] Modifiziert entnommen aus *Petersen/Zwirner/Künkele*, BilMoG in Beispielen, S. 117 ff.. Latente Steuern werden im Beispiel vernachlässigt.

Ertrag). Der übrige Eigenkapitaleffekt wird reduziert auf eine Belastung von 15.000 EUR der Gewinnrücklagen (115.000 EUR – 100.000 EUR).

Eine Auflösung der anderen Rückstellungen um 15.000 EUR zugunsten der Gewinnrücklagen ist nicht möglich. Die Rückstellungen können jeweils nur gänzlich aufgelöst werden. D.h., die Auflösung der Rückstellung B würde die Gewinnrücklagen und den Jahresüberschuss zu jeweils 100.000 EUR belasten. Die Auflösung der Rückstellung A hätte eine Steigerung des Jahresergebnisses um 100.000 EUR zur Folge. Eine vollkommen eigenkapitalneutrale Umstellung ist in diesem Beispiel nicht möglich.

Beispiel

Die Prometheus GmbH hat zum Bilanzstichtag am 31.12.2008 eine Rückstellung für unterlassene Instandhaltungen i.H.v. **160.000 EUR** *gebildet. Im* **Jahr 2009** *nimmt sie diese zu* **120.000 EUR in Anspruch** *und* **führt** *derselben Rückstellung* **60.000 EUR zu**, *sodass der Buchwert zum 31.12.2009 100.000 EUR beträgt (160.000 EUR – 120.000 EUR + 60.000 EUR).*

Bei Auflösung der Rückstellung sind 40.000 EUR gem. Art. 67 Abs. 3 Satz 2 EGHGB erfolgsneutral aufzulösen. Dies entspricht dem Zuführungsbetrag des Jahres 2008 abzgl. der Inanspruchnahme, die auf diesen Betrag entfällt (160.000 EUR – 120.000 EUR). Der Zuführungsbetrag des Jahres 2009 i.H.v. 60.000 EUR muss hingegen erfolgswirksam aufgelöst werden. I.R.d. BilMoG-Umstellung ergibt sich folgende **Buchung***:*

Rückstellungen für unterlassene Instandhaltungen	100.000 EUR	an	Gewinnrücklagen	40.000 EUR
		an	außerordentliche Erträge	60.000 EUR

Bei der Auflösung der Rückstellungen **teilen die latenten Steuern das „Schicksal" des ihnen zugrunde liegenden Sachverhalts**. Wird ein Teilbetrag der Rückstellung erfolgswirksam aufgelöst, so sind auch die latenten Steuern auf diesen Betrag erfolgswirksam aufzulösen. Dies gilt vice versa auch für die erfolgsneutrale Behandlung.

Beispiel

Zum 31.12.2008 weist ein Unternehmen eine Aufwandsrückstellung i.S.d. § 249 Abs. 2 HGB a.F. i.H.v. 30.000 EUR aus. Im Jahr 2009 wird dieser Rückstellung nochmal ein Betrag von 30.000 EUR zugeführt. Zum Umstellungszeitpunkt (01.01.2010) entschließt sich das Unternehmen, diese Aufwandsrückstellung aufzulösen. Der kumulierte Ertragsteuersatz sei 30 %. Zu buchen ist:

sonstige Rückstellungen an	30.000 EUR
Gewinnrücklagen	30.000 EUR
Gewinnrücklagen an	9.000 EUR
aktive latente Steuern	9.000 EUR
sonstige Rückstellungen an	30.000 EUR
außerordentlicher Ertrag	30.000 EUR
latenter Steueraufwand an	9.000 EUR
aktive latente Steuern	9.000 EUR

Die erste Buchung betrifft den Zuführungsbetrag aus dem Jahr 2008. Dieser ist gem. Art. 67 Abs. 3 Satz 2 EGHGB erfolgsneutral in die Gewinnrücklagen einzustellen. Die Behandlung der aktiven latenten Steuern hat der erfolgsneutralen Auflösung zu folgen.

Ein anderes Bild ergibt sich für den Zuführungsbetrag aus dem Vorjahr. Dieser wird erfolgswirksam aufgelöst. Gleichsam ist die entsprechende aktive latente Steuer mit GuV-Wirkung zu buchen.

Wurden bei der erstmaligen Einbuchung der Aufwandsrückstellung keine **aktiven latenten Steuern** gebildet, so sind diese – sofern das Ansatzwahlrecht des § 274 Abs. 1 Satz 2 HGB genutzt wird – bei der Umstellung auf das BilMoG anzusetzen. Bei der Passivierung passiver latenter Steuern, ohne Ausweis aktiver latenter Steuern, müssen die aktiven latenten Steuern jedoch verpflichtend in Abzug gebracht werden.

Beispiel

 Die Poseidon AG hat für Zwecke der Generalüberholung einer Maschine mit Austausch von Verschleißteilen in drei Jahren (2011) mit Kosten von 1.200.000 EUR bereits im Abschluss zum 31.12.2008 eine Rückstellung i.H.v. 400.000 EUR nach **§ 249 Abs. 2 HGB a.F.** gebildet. Zum 31.12.2009 erfolgt erneut eine Zuführung i.H.v. 400.000 EUR. Der Wert der Rückstellung beträgt zum 31.12.2009 demnach 800.000 EUR. In der Steuerbilanz erfolgt kein Ansatz einer Rückstellung, da die Bildung von Aufwandsrückstellungen i.S.d. § 249 Abs. 2 HGB nicht erlaubt ist. Der kumulierte Ertragsteuersatz beträgt 30 %.

Im Übergangszeitpunkt am 01.01.2010 hat die Poseidon AG nun das **Wahlrecht**, die Rückstellung unter Anwendung der bisher geltenden Vorschriften *beizubehalten oder diese unter Beachtung des Art. 67 Abs. 3 EGHGB aufzulösen. Angenommen, die Poseidon AG bevorzugt die Auflösung der Rückstellung zum 01.01.2010, gilt Folgendes:*

Ein Teilbetrag von 400.000 EUR ist erfolgsneutral zugunsten der Gewinnrücklagen aufzulösen. Der Teilbetrag i.H.v. 400.000 EUR, der erst im Geschäftsjahr 2009 zugeführt wurde, ist über die „außerordentlichen Erträge" ergebniserhöhend aufzulösen.

Buchungssätze zum 01.01.2010:

sonstige Rückstellungen	400.000 EUR	an	andere Gewinnrücklagen	400.000 EUR
sonstige Rückstellungen	400.000 EUR	an	außerordentliche Erträge	400.000 EUR

Wurden bei der Bildung der Aufwandsrückstellungen aktive latente Steuern abgegrenzt, sind auch diese zum Teil erfolgsneutral und zum Teil ergebniswirksam aufzulösen:

Buchungssätze zum 01.01.2010:

andere Gewinnrücklagen	120.000 EUR	an	aktive latente Steuern	120.000 EUR
latenter Steueraufwand	120.000 EUR	an	aktive latente Steuern	120.000 EUR

Entscheidet sich die Poseidon AG für die Beibehaltung der Aufwandsrückstellungen, kommt es im Zeitpunkt der Auflösung bzw. Inanspruchnahme (unterstellt wird das Geschäftsjahr 2011) zu folgenden Buchungen:

Buchungssätze bei Auflösung im Geschäftsjahr 2011:

sonstige Rückstellungen	800.000 EUR	an	andere Gewinnrücklagen	800.000 EUR
latenter Steueraufwand	240.000 EUR	an	aktive latente Steuern	240.000 EUR

Buchungssätze bei Inanspruchnahme im Geschäftsjahr 2011:

sonstiger betrieblicher Aufwand	800.000 EUR	an	Kasse/Bank	800.000 EUR
sonstige Rückstellungen	800.000 EUR	an	sonstiger betrieblicher Aufwand	800.000 EUR
latenter Steueraufwand	240.000 EUR	an	aktive latente Steuern	240.000 EUR

6 Vorschriften zum Übergang auf den Rechtsstand nach BilMoG

644 Sofern der Bilanzierende bei der Umstellung Aufwandsrückstellungen **beibehält**, gelten für deren Bewertung die „alten" Regelungen. Eine Abzinsung ist hierbei ebenso wenig zu berücksichtigen wie Preis- und Kostensteigerungen.[14] Trotz **Weitergeltung der alten Vorschriften** ist jedoch eine ggf. erforderliche Erhöhung der Aufwandsrückstellungen ausgeschlossen.

Beispiel

 Die Krokolus GmbH hat in den Jahren 2008 und 2009 Aufwandsrückstellungen für die Generalüberholung einer Maschine i.H.v. jeweils 40.000 EUR gebildet. Die Generalüberholung ist alle fünf Jahre vorgesehen und erfolgte letztmals im Jahr 2007.

*Wenn die Krokolus GmbH zum Umstellungszeitpunkt (01.01.2010) die bisher dotierte Rückstellung beibehält, ist keine Ansammlung weiterer Rückstellungsbeträge zulässig. Das bedeutet, dass der verbleibende Betrag i.H.v. 120.000 EUR (Gesamtkosten der Generalüberholung: 200.000 EUR) erst bei Durchführung der Generalüberholung aufwandswirksam erfasst wird. Eine **ratierliche Erfassung** über die Jahre 2010 bis 2012 ist nicht mehr möglich. Aus der Beibehaltung der Rückstellungen folgt, dass die Bewertung weiterhin nach § 253 Abs 1 Satz 2 HGB a.F. zu erfolgen hat. Daher kommt weder eine Abzinsung der Rückstellungen noch eine Berücksichtigung von künftigen Preis- und Kostensteigerungen in Betracht.*

Auswirkungen auf latente Steuern: *Wurden bei Bildung der Rückstellung keine aktiven latenten Steuern angesetzt, sind diese im Zusammenhang mit der Erstanwendung des § 274 HGB n.F. i.V.m. Art. 67 Abs. 6 EGHGB erfolgsneutral zu bilden, sofern vom Ansatzwahlrecht Gebrauch gemacht wird. In Abhängigkeit der Beibehaltung bzw. Auflösung der Rückstellung sind im Folgenden die latenten Steuern beizubehalten oder aufzulösen.*

Beispiel

 Die Hikopolidis GmbH hat in den Jahren 2008 und 2009 Aufwandsrückstellungen für die routinemäßige Wartung ihrer Maschinen i.H.v. jeweils 50.000 EUR gebildet. Zum Umstellungszeitpunkt (01.01.2010) behält sie die angesetzten Rückstellungen bei. Aus der Beibehaltung der Rückstellungen folgt, dass die Bewertung weiterhin nach § 253 Abs. 1 Satz 2 HGB a.F. zu erfolgen hat. Daher kommt weder eine Abzinsung der Rückstellungen noch eine Berücksichtigung von künftigen Preis- und Kostensteigerungen in Betracht.

---

14 Vgl. *IDW* RS *HFA* 28, IDW FN 2009, 642, 645.

6.3 Übergangsvorschriften bei der Bilanzierung von Pensionsrückstellungen

6.3.1 Beibehaltung überdotierter Pensionsrückstellungen

Gem. Art. 67 Abs. 1 Satz 2 EGHGB besteht für sämtliche Rückstellungen, deren Wertansatz aufgrund der geänderten Bewertung gemindert werden müsste, ein **Beibehaltungswahlrecht**, soweit der **Differenzbetrag bis spätestens zum 31.12.2024 wieder zugeführt werden müsste**. Das Wahlrecht umfasst nur den Teilbetrag einer aufzulösenden Rückstellung, der bis zum 31.12.2024 wieder zugeführt werden müsste. Im Fall der Beibehaltung eines solchen Teilbetrags sind darüber hinausgehende Beträge erfolgswirksam aufzulösen.[15] Die Beurteilung, ob ein Rückstellungsbetrag beibehalten werden darf, hat zu jedem Bilanzstichtag zu erfolgen.[16] Wird festgestellt, dass der beibehaltene Wert bis zum 31.12.2024 nicht erreicht wird, hat eine erfolgswirksame Auflösung zu erfolgen.[17] Die Beurteilung hat auf Basis des Einzelbewertungsgrundsatzes zu erfolgen. Bei der Beurteilung, ob und inwieweit der Differenzbetrag bis spätestens zum 31.12.2024 wieder zugeführt werden müsste, ist nicht allein auf bereits bestehende Verpflichtungen abzustellen, da Art. 67 Abs. 1 Satz 2 EGHGB die Berücksichtigung künftiger Versorgungszusagen nicht ausschließt. Wird von dem Beibehaltungswahlrecht bei überdotierten Rückstellungen kein Gebrauch gemacht, so sind die aus der Auflösung resultierenden Beträge nach Art. 67 Abs. 1 Satz 3 EGHGB unmittelbar in die Gewinnrücklagen einzustellen. Dies gilt auch für die Teilbeträge, die voraussichtlich bis zum 31.12.2024 nicht wieder zugeführt werden müssen. Diese Teilbeträge können jedoch auch alternativ erfolgswirksam erfasst werden.[18]

645

Führen die Neuregelungen bzgl. der Rückstellungsbewertung zu einem **niedrigeren Wertansatz**[19] (Pensionsrückstellungen nach altem Rechtsstand sind überdotiert), so kann die Wertkorrektur unterbleiben, wenn der Auflösungsbetrag bis zum 31.12.2024 wieder zugeführt werden müsste (**Beibehaltungswahlrecht**).[20] Ob bis zum benannten Stichtag die etwaigen Auflösungsbeträge wieder zugeführt werden müssten, ist auf Basis einer Gesamtbetrachtung aller Altersvorsorge- u.ä. Verpflichtungen zu prognostizieren.[21] Auch erwartete Zuführungen aus noch nicht bestehenden Verpflichtungen sind hierbei mit einzubeziehen.[22] Für solche Beträge, die voraussichtlich nicht bis zum 31.12.2024 wieder zugeführt werden müssen, gilt das Wahlrecht nicht. Diese sind sofort auszubuchen. Ansonsten gilt das benannte Beibehaltungswahlrecht.

646

---

15 Vgl. *IDW* RS *HFA* 28, IDW FN 2009, 642, 648.
16 Vgl. *IDW* RS *HFA* 28, IDW FN 2009, 642, 648.
17 Vgl. *IDW* RS *HFA* 28, IDW FN 2009, 642, 648.
18 Vgl. *IDW* RS *HFA* 28, IDW FN 2010, 451, 451.
19 Pensionsrückstellung (zum Umstellungszeitpunkt nach neuem Rechtsstand) – Pensionsrückstellung (zum Umstellungszeitpunkt nach altem Rechtsstand) < 0.
20 Vgl. Art, 67 Abs. 1 Satz 2 EGHGB.
21 Vgl. *IDW* RS *HFA* 28, IDW FN 2009, 642, 649.
22 Vgl. *IDW* RS *HFA* 28, IDW FN 2009, 642, 649.

6 Vorschriften zum Übergang auf den Rechtsstand nach BilMoG

Beispiel

 Die Harmonia AG hat in der Vergangenheit, letztmals zum 31.12.2009, ihre Pensionsrückstellungen mit 4 % abgezinst. Aufgrund der Neubewertung der Pensionsrückstellungen zum 01.01.2010 ergibt sich für die Harmonia AG eine Überdotierung der Rückstellungen von 10.000.000 EUR. Auf Grundlage der versicherungsmathematischen Annahmen sowie der voraussichtlichen künftigen Zusagen wird ein Zuführungsbetrag von 1.500.000 EUR p.a. in den kommenden Jahren erwartet. In diesem Fall muss keine Auflösung der Rückstellung erfolgen.

Beispiel

 Die Uranus AG hat ihre Pensionsrückstellungen bisher mit einem Zinssatz von 4 % abgezinst. Zum 01.01.2010 beträgt der anzuwendende Zinssatz 5,24 %. Aus der Neubewertung der Rückstellungen, die zum 31.12.2009 einen Buchwert von 8.300.000 EUR haben, ergibt sich ein Überdotierungseffekt i.H.v. 2.100.000 EUR, von dem ein Betrag von 1.500.000 EUR voraussichtlich bis zum 31.12.2024 wieder zugeführt werden muss. Die Uranus AG kann diesen Anteil der Überdotierung beibehalten. Darüber hinaus muss sie den Anteil von 600.000 EUR erfolgswirksam als außerordentlichen Ertrag zum 01.01.2010 erfassen.

Auswirkungen auf latente Steuern: Wurde bei der Bildung der Rückstellung das Aktivierungswahlrecht für latente Steuern genutzt, so sind die latenten Steuern analog zur Vorgehensweise bei der Rückstellungsauflösung erfolgswirksam aufzulösen. Wurden keine aktiven latenten Steuern angesetzt, sind diese im Zusammenhang mit der Erstanwendung des § 274 HGB n.F. i.V.m. Art. 67 Abs. 6 EGHGB zunächst erfolgsneutral zu bilden, sofern vom Ansatzwahlrecht Gebrauch gemacht wird. In Abhängigkeit der Beibehaltung bzw. Auflösung der Rückstellung sind im Folgenden die latenten Steuern beizubehalten oder erfolgswirksam aufzulösen.

Beispiel

 Die Krokolus GmbH verfolgt seit Längerem bereits eine sehr konservative Bilanzpolitik. Aus diesem Grund hat sie ihre Pensionsrückstellungen in der Vergangenheit mit einem Zinssatz von 4 % abgezinst. Zum 01.01.2010 beträgt der anzuwendende Zinssatz 5,24 %. Zudem erfolgt die Bewertung in Übereinstimmung mit § 253 HGB. Aus der Neubewertung der Rückstellungen, die zum 31.12.2009 einen Buchwert von 4,15 Mio. EUR haben, ergibt sich ein **Überdotierungseffekt** von 1,55 Mio. EUR, von dem ein Betrag von 1,25 Mio. EUR voraussichtlich bis zum 31.12.2024 wieder zugeführt werden muss. Die Krokolus GmbH kann diesen Anteil der Überdotierung beibehalten. Darüber hinaus muss sie den übersteigenden Anteil von 0,3 Mio. EUR erfolgswirksam

6.3 Übergangsvorschriften bei der Bilanzierung von Pensionsrückstellungen

als außerordentlichen Ertrag[23] zum 01.01.2010 erfassen, wenn die Krokolus GmbH das Beibehaltungswahlrecht ausübt.

Zum Umstellungszeitpunkt ist neben dem beibehaltenen (überdotierten) Wert auch der „BilMoG-Wert" festzuhalten. In den **Folgeperioden** muss dieser dann in einer Nebenrechnung fortgeführt werden. Erst wenn der fortgeführte Beibehaltungswert überstiegen wird, muss der nach dem HGB n.F. ermittelte Wert angesetzt werden. Bei der Fortführung ist zu beachten: **Zuführungen** zu den Pensionsrückstellungen sind nach dem **neuen Rechtsstand** zu bewerten und dem „BilMoG-Wert" zuzurechnen. **Pensionszahlungen** hingegen betreffen i.d.R. die vor dem Umstellungszeitpunkt angesammelten Pensionsrückstellungen und sind deshalb **vom beibehaltenen Wert zu subtrahieren**.

647

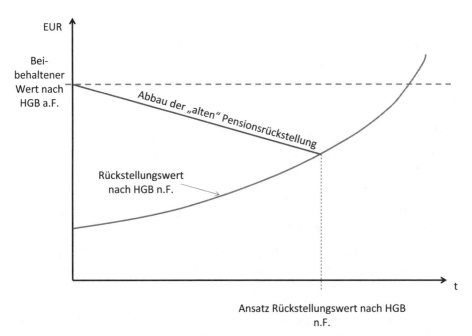

Idealtypische Entwicklung der zu vergleichenden Werte;
© *Petersen/Künkele/Zwirner*

Beispiel

*Zum **31.12.2009** berechnet die Poseidon AG ihre Pensionsrückstellungen mittels steuerlichem Teilwertverfahren. Hierbei ergibt sich ein Rückstellungwert von **1.000.000 EUR** (= Wert zum 01.01.2010). Im Geschäftsjahr 2010 löst die Gesellschaft sich vom Teilwertverfahren für den handelsrechtlichen Wertansatz und wählt das Anwartschaftsbarwertverfahren. Unter dem geänderten Verfahren und den neuen Bewertungsparametern ergibt sich ein Wert von **800.000 EUR** zum **01.01.2010**.*

---

23 Vgl. Art. 67 Abs. 7 EGHGB.

Im Jahr 2010 werden, bewertet zum Rechtsstand nach BilMoG, **Zuführungen i.H.v. 100.000 EUR** *fällig. Im gleichen Zeitraum werden* **Pensionsleistungen i.H.v. 50.000 EUR** *getätigt.*

Folglich reduziert sich der fortgeschriebene **Altwert** *auf* **950.000 EUR** *(Zahlungen betreffen beibehaltenen Wert), während der* **Wert nach Rechtsstand BilMoG** *auf* **900.000 EUR** *anwächst. Im Ergebnis ist weiterhin der fortgeführte Altwert zu bilanzieren, denn der BilMoG Wert unterschreitet (noch) den Altwert. Der bilanzierte Altwert beträgt nun aber 950.000 EUR. Dementsprechend ist zu buchen:*

Pensionsrückstellungen   50.000 EUR   an   Bank   50.000 EUR

Der Personalaufwand des Jahres 2010 (100.000 EUR) wird hingegen nicht gebucht.

648 Bei Überschreiten des fortgeführten Altwerts durch den BilMoG-Wert ist nur der Betrag zu buchen, um den der BilMoG-Wert den Altwert übersteigt. Dieser ist entsprechend des **Verhältnisses** im Zuführungsbetrag **zwischen Personalaufwand und Zinsaufwand** aufzuteilen.

Beispiel

 Abwandlung des Beispiels *aus Kap. 6.3.1, Rn. 647*

Entgegen der ursprünglichen Annahmen ist der **Zuführungsbetrag** *in 2010* **150.000 EUR***, der sich zu 50.000 EUR auf die Aufzinsung und zu 100.000 EUR auf die Erdienung von Anwartschaften zurückführen lässt. Die* **Pensionszahlungen** *betragen* **80.000 EUR***.*

Zum 31.12.2010 beträgt der fortgeführte Altwert **920.000 EUR***. Der BilMoG-Wert beträgt zum gleichen Zeitpunkt* **950.000 EUR***. Da der BilMoG-Wert den fortgeführten Altwert nun übersteigt, muss er auch bilanziell aufgeführt sein. Die Zuführung von* **30.000 EUR** *ggü. dem Altwert muss anteilig auf den Zinsaufwand ([50.000 EUR/150.000 EUR] × 30.000 EUR) und den Personalaufwand ([100.000 EUR/150.000 EUR] × 30.000 EUR) aufgeteilt werden. Gebucht wird:*

Pensionsrückstellungen   80.000 EUR
an
Bank   80.000 EUR

Personalaufwand   100.000 EUR
Zinsaufwand   50.000 EUR
an
Pensionsrückstellungen   150.000 EUR

6.3 Übergangsvorschriften bei der Bilanzierung von Pensionsrückstellungen

Wird von dem Wahlrecht der Beibehaltung einer überdotierten Rückstellung Gebrauch gemacht, ist im **Anhang** der Betrag anzugeben, zu dem die Pensionsrückstellungen überdotiert sind (Überdeckungsbetrag).[24] Dies dient einer transparenten Darstellung ggü. den Abschlussadressaten.[25] **649**

Nutzt der Bilanzierende dieses **Wahlrecht nicht**, so ist der Differenzbetrag erfolgsneutral in die Gewinnrücklagen einzustellen (siehe auch die Stellungnahme des IDW Kap. 6.2.1, Rn. 640).[26] **650**

Beispiel

Die Pensionsrückstellungen der Aridomeis AG werden im handelsrechtlichen Abschluss zum 31.12.2009 mit einem Betrag von 4.300.000 EUR bewertet. Dieser Wert wurde mithilfe des steuerlichen Teilwertverfahrens ermittelt und entspricht dem in der Steuerbilanz angesetzten Betrag. Bei Anwendung der durch das BilMoG geänderten Vorschriften zur Rückstellungsbewertung zum 01.01.2010 ergibt sich ein anzusetzender Betrag von 3.700.000 EUR. Der kumulierte Ertragsteuersatz beträgt 30 %.

Da die Pensionsrückstellungen der Aridomeis AG überdotiert sind, ergibt sich die Möglichkeit, den überschüssigen Betrag (600.000 EUR) aufzulösen und in die Gewinnrücklagen einzustellen. In diesem Fall unterscheiden sich die Wertansätze zwischen Handels- und Steuerbilanz, weswegen in der Handelsbilanz passive latente Steuern i.H.v. 180.000 EUR (600.000 EUR × 0,3) abgegrenzt werden müssen. Gem. Art. 67 Abs. 6 EGHGB erfolgt auch die Bildung der latenten Steuern erfolgsneutral.

6.3.2 Verteilungswahlrecht bei unterdotierten Pensionsrückstellungen

Die Anwendung der geänderten Vorschriften ist erstmals für **Geschäftsjahre, die nach dem 31.12.2009 beginnen**, verpflichtend.[27] In diesem Zusammenhang sehen die Regelungen des EGHGB verschiedene Möglichkeiten der Zuführung des Anpassungsbetrags vor.[28] Dieser kann zum Umstellungszeitpunkt einmalig erfolgswirksam zugeführt oder in Raten über bis zu 15 Jahre erfolgswirksam erfasst werden. Der Differenzbetrag ist einmalig im Übergangszeitpunkt zu ermitteln. Auch eine etwaige Überdotierung kann beibehalten werden, wenn mit einer Zuführung des Betrags in den kommenden 15 Jahren zu rechnen ist. Die entsprechenden Beträge einer bestehenden Unter- bzw. Überdotierung sind zum jeweiligen Bilanzstichtag im Anhang anzugeben. Nach Art. 67 Abs. 7 EGHGB a.F. hat der Ausweis **651**

---

24 Vgl. Art. 67 Abs. 1 Satz 4 EGHGB.
25 Vgl. Handbuch Bilanzrecht/*Zwirner/Künkele*, C.III. Rn. 35.
26 Vgl. Art. 67 Abs. 1 Satz 3 EGHGB.
27 Vgl. Art. 66 Abs. 3 EGHGB.
28 Vgl. Art. 67 Abs. 1 und 2 EGHGB.

6 Vorschriften zum Übergang auf den Rechtsstand nach BilMoG

der jährlichen Zuführungsbeträge bis einschließlich des Jahres 2015 als außerordentlicher Aufwand zu erfolgen. Durch den Wegfall des außerordentlichen Ergebnisses infolge des BilRUG hat der Ausweis der Anpassungsbeträge nach Art. 75 Abs. 5 EGHGB künftig unter den sonstigen betrieblichen Aufwendungen zu erfolgen.[29]

652 Wird durch die Neuregelungen ein **höherer Wertansatz**[30] der Pensionsrückstellungen berechnet (unterdotierte Pensionsrückstellung), ist der Bilanzierende verpflichtet, die Differenz bis zum 31.12.2024 zuzuführen. Die Differenz zwischen dem Rückstellungsbetrag nach altem und dem nach neuem Recht ist einmalig im Zeitpunkt der erstmaligen Anwendung des BilMoG zu berechnen. Dies wird bei einem Geschäftsjahr 01.01. bis 31.12. der 01.01.2010 sein.[31] Der jährliche Zuführungsbetrag muss dabei **mindestens 1/15** der Differenz zum Umstellungszeitpunkt betragen. Es steht dem Bilanzierenden jedoch frei, die Zuführung schon vor dem 31.12.2024 abzuschließen. Dabei kann jährlich der Zuführungsbetrag frei bestimmt werden, solang er mindestens 1/15 der Differenz beträgt und nicht zu einer Überdotierung der Pensionsrückstellung führt. Dieses Verteilungswahlrecht gilt allerdings nicht für Altersteilzeit- oder Jubiläumsverpflichtungen. Der Gesetzgeber bezieht sich in Art. 67 Abs. 1 Satz 1 EGHGB ausschließlich auf „laufende Pensionen oder Anwartschaften auf Pensionen".

Praxistipp

> Bei einer Unterdotierung der Pensionsrückstellungen bieten sich dem Bilanzierenden vielfältige bilanzpolitische Möglichkeiten. Er kann frei wählen, wann er die Zuführung abschließen will (jedoch spätestens zum 31.12.2024) und wie hoch der jährliche Zuführungsbetrag (jedoch mindestens 1/15) und damit die Belastung für das Jahresergebnis sein sollen.[32]

---

29 Vgl. *Zwirner* in: Zwirner, § 275 HGB, S. 466.
30 Pensionsrückstellung (zum Umstellungszeitpunkt nach neuem Rechtsstand) – Pensionsrückstellung (zum Umstellungszeitpunkt nach altem Rechtsstand) > 0.
31 Vgl. *IDW* RS *HFA* 28, IDW FN 2009, 642, 649.
32 Vgl. *Petersen/Zwirner/Künkele*, DB 2010, Beilage 4, 1, 16.

6.3 Übergangsvorschriften bei der Bilanzierung von Pensionsrückstellungen

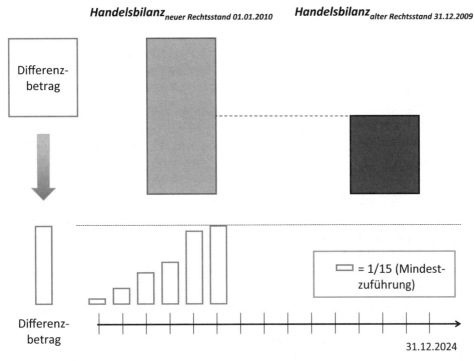

Verteilungswahlrecht bei unterdotierten Rückstellungen;
© Petersen/Künkele/Zwirner

Beispiel

 Die A AG weist zum 31.12.2009 Pensionsrückstellungen i.H.v. 3,0 Mio. EUR aus. Aus der Neubewertung nach den Regelungen des BilMoG entsteht eine Anpassung der Rückstellung (Erhöhung) um 50 %. Dieser Betrag wurde zum 01.01.2010 ermittelt. Das Unternehmen hat nunmehr folgende Möglichkeiten:

- Zuführung des gesamten Betrags von 1,5 Mio. EUR über die GuV im Jahr 2010 (konservative Bilanzpolitik).
- Erfolgswirksame Zuführung von 0,1 Mio. EUR p.a. in den Jahren 2010 bis 2024 (progressive Bilanzpolitik).
- Erfolgswirksame Zuführung höherer Beträge als 0,1 Mio. EUR p.a. ab dem Jahr 2010 (in nicht zwingend jeweils gleicher Höhe).

Zusätzlich ergibt sich für das Jahr 2010 ein planmäßiger Zuführungsbetrag, der sich unter Anwendung des gesetzl. vorgegebenen Zinssatzes sowie unter Berücksichtigung der weiteren bewertungsrelevanten Annahmen errechnet, i.H.v. 0,2 Mio. EUR. Von dem genannten Zuführungsbetrag entfallen 0,138 Mio. EUR auf den Zinsanteil. Das Unternehmen entscheidet sich, den Anpassungsbetrag gleichmäßig über die nächsten 15 Jahre zuzuführen. In der GuV ergibt sich für 2010 damit folgender Ausweis:

- *Pensionsaufwand: 62 TEUR*
- *Zinsaufwand: 138 TEUR (§ 277 Abs. 5 HGB)*
- *außerordentlicher Aufwand (bis 31.12.2015): 100 TEUR (Art. 67 Abs. 7 EGHGB a.F.); ab 01.01.2016 sonstiger betrieblicher Aufwand (Art. 75 Abs. 5 EGHGB)*

Ergebnis: *Aus der Bewertung der Pensionsrückstellungen weist die A AG für das Jahr 2010 einen Aufwand von 300 TEUR aus. Gleichzeitig erfolgt der Bilanzansatz der Pensionsrückstellungen zum 31.12.2010 (ohne Berücksichtigung eventueller Pensionszahlungen) zu 3,3 Mio. EUR.*

653 Durch die ausdrückliche Beschränkung des Art. 67 Abs. 1 Satz 1 EGHGB auf laufende Pensionen sowie Anwartschaften gilt das **Verteilungswahlrecht nicht für pensionsähnliche Verpflichtungen**. Auch sind alle anderen Rückstellungen von der Anwendung des Verteilungswahlrechts ausgenommen. Eine durch die BilMoG-Umstellung hervorgerufene Höherbewertung ist in diesen Fällen als „außerordentlicher Aufwand" zu erfassen und dem Rückstellungswert zuzurechnen.[33] Ab dem Jahr 2016 hat der Ausweis solcher Beträge, die bei Anwendung des Verteilungswahlrechts zugeführt werden, unter den sonstigen betrieblichen Aufwendungen nach Art. 75 Abs. 5 EGHGB zu erfolgen.

Beispiel

Die Groß und Zügig AG hat mit einigen Mitarbeitern Altersteilzeitvereinbarungen getroffen. Für die Abzinsung dieser Verpflichtungen wendet die AG wegen der Umstellung auf das BilMoG nunmehr die von der Bundesbank veröffentlichten Zinssätze an. Da diese niedriger als die bisher angewandten Zinssätze ausfallen, sind die Rückstellungen für Altersteilzeitverpflichtungen der Groß und Zügig AG um 50.000 EUR höher zu bilanzieren.

Der Zuführungsbetrag von 50.000 EUR darf nicht über 15 Jahre verteilt werden. Stattdessen ist dieser Betrag im Ganzen als außerordentlicher Aufwand zu erfassen:

außerordentlicher Aufwand	*50.000 EUR*
an	
Rückstellungen für Altersteilzeitverpflichtungen	*50.000 EUR*

654 Der Unterschiedsbetrag aus der Umstellung auf das BilMoG ist **einmalig** zu ermitteln. Wird der Unterschiedsbetrag nicht zum Beginn, sondern zum Ende des Geschäftsjahres ermittelt, muss vom **Differenzbetrag** (zwischen dem Stand zum Ende des Geschäftsjahres und dem Stand zum Beginn des Geschäftsjahres nach

---

33 Vgl. Handbuch Bilanzrecht/Zwirner/Künkele, C.III. Rn. 34.

6.3 Übergangsvorschriften bei der Bilanzierung von Pensionsrückstellungen

altem Rechtsstand) der Zuführungsbetrag subtrahiert werden.[34] Der Unterschiedsbetrag ist dabei für alle Rückstellungen für Pensionen und ähnliche Verpflichtungen, d.h. für den Gesamtbestand, zu berechnen.

Beispiel

  Die Tau AG ermittelt den erforderlichen Anpassungsbetrag zu den Pensionsrückstellungen auf den Abschlussstichtag 31.12.2010. Der Erfüllungsbetrag der Pensionsrückstellung beträgt unter Anwendung der Regelungen des § 253 Abs. 1 Satz 2 i.V.m. Abs. 2 HGB 3.550.000 EUR. Die Pensionsrückstellungen weisen zum 31.12.2009 einen Wert von 3.050.000 EUR auf. Der reguläre, nach den Regelungen des § 253 Abs. 1 Satz 2 i.V.m. Abs. 2 HGB ermittelte Zuführungsbetrag für das Jahr 2010 beträgt 160.000 EUR.

Die Rückstellung ist folglich zum 01.01.2010 um 340.000 EUR unterdotiert ([3.550.000 EUR – 160.000 EUR] – 3.050.000 EUR). Der jährliche Zuführungsbetrag beträgt demnach mindestens 22.667 EUR.

Mit der Zuführung der Pensionsrückstellungen sind gleichzeitig aktive latente Steuern (unter Ausnutzung des Ansatzwahlrechts) zu aktivieren.

Ist beim bilanzierenden Unternehmen **Deckungsvermögen** i.S.d. § 246 Abs. 2 Satz 2 HGB (siehe Kap. 5.6, Rn. 491 ff.) vorhanden, ist dieser Umstand nach Ansicht des *IDW* auch bei der **Ermittlung des Unterschiedsbetrags** zu beachten. Das Verteilungswahlrecht gilt nur für den saldierten Zuführungsbetrag. Demnach ist der Unterschiedsbetrag zwischen den Pensionsrückstellungen nach altem Rechtsstand und nach neuem Rechtsstand um den Betrag der Höherbewertung wegen der Zeitwertbewertung zu kürzen.[35]

655

Beispiel

  Die G AG ermittelt zum Umstellungszeitpunkt den erforderlichen Zuführungsbetrag zu den Rückstellungen. Der Erfüllungsbetrag der Pensionsrückstellungen beträgt unter Anwendung der Regelungen des § 253 Abs. 1 Satz 2 i.V.m. Abs. 2 HGB 1.800.000 EUR. Das bedeutet, dass die bisherigen Pensionsrückstellungen i.H.v. 1.000.000 EUR zum 01.01.2010 um 800.000 EUR unterdotiert sind.

Die zu verrechnenden Vermögensgegenstände nach § 246 Abs. 2 HGB weisen zum 31.12.2009 einen Buchwert von 1.200.000 EUR auf. Der entsprechende Zeitwert beträgt 1.400.000 EUR. In dieser Höhe hat der Wertansatz zum 01.01.2010 zu erfolgen. Die entsprechende Höherbewertung beträgt 200.000 EUR.

---

34 Vgl. *IDW* RS *HFA* 28, IDW FN 2009, 642, 649.
35 Vgl. *IDW* RS *HFA* 28, IDW FN 2009, 642, 649.

6 Vorschriften zum Übergang auf den Rechtsstand nach BilMoG

Der zu verteilende Unterschiedsbetrag beträgt im vorliegenden Fall 600.000 EUR (800.000 EUR – 200.000 EUR). Dieser Betrag ist innerhalb von 15 Jahren aufwandswirksam als außerordentlicher Aufwand zuzuführen. Der „Mindestzuführungsbetrag" beträgt 40.000 EUR (600.000 EUR / 15).

656 Die jährlichen Zuführungsbeträge sind in der GuV als **„außerordentliche Aufwendungen"** auszuweisen.[36] Dies liegt in der Ursache der Aufwendungen begründet: Sie sind weder durch eine Erhöhung noch durch die Abgabe einer neuen Pensionszusage entstanden, sondern begründen sich einzig aus einer geänderten Bewertung aufgrund einer Gesetzesreform.

657 Bei Anwendung des Verteilungswahlrechts muss die Angabepflicht des Art. 67 Abs. 2 EGHGB beachtet werden. Der **Betrag der Unterdeckung** der Rückstellungen für laufende Pensionen, Anwartschaften auf Pensionen und ähnliche Verpflichtungen muss i.d.S. im Anhang respektive Konzernanhang angegeben werden.

Beispiel

Eine mögliche Berichterstattung über den Betrag der Unterdeckung könnte i.S.e. **transparenten Informationspolitik** *auch über die Behandlung der Zuführungsbeträge berichten:*

„Aus der BilMoG-Umstellung ergibt sich bei uns ein Anpassungsbetrag i.H.v. 100.000 EUR, den wir über zehn Jahre in jährlich gleichbleibenden Beträgen zuführen werden. Die erste Zuführung wurde zum 31.12.2010 über den außerordentlichen Aufwand vorgenommen. Damit beträgt die Unterdeckung der Pensionsrückstellungen zum 31.12.2010 noch 90.000 EUR."

Praxistipp

Das Anpassungspotenzial i.R.d. BilMoG sollte i.R.e. mehrperiodischen Unternehmensplanung vor dem Hintergrund der vom Unternehmen verfolgten Bilanzpolitik analysiert werden. Entsprechend der verfolgten Strategie sollte eine gezielte Nutzung der Übergangsregelungen erfolgen.

---

36 Vgl. Art. 67 Abs. 7 EGHGB.

6.3.3 Zusammenfassung und Würdigung

Das folgende Schaubild fasst die Aussagen zu den Übergangsvorschriften mit Bezug zu den Pensionsrückstellungen zusammen: 658

```
                    Pensionsrückstellungen
                          │
                  ── BilMoG führt zu... ──
                  │                      │
        niedrigerem Wertansatz    höherem Wertansatz
        gegenüber der Bewertung   gegenüber der Bewertung
        zum alten Rechtsstand     zum alten Rechtsstand
```

Bei niedrigerem Wertansatz (Wahlrecht):
- Beibehaltung des höheren Ansatzes, wenn Differenz bis zum 31.12.2024 zugeführt werden müsste
- Anhangangabe des Überdeckungsbetrags
- Anpassung auf niedrigeren Betrag (Buchung der Differenz in die Gewinnrücklagen)

Bei höherem Wertansatz:
- Zuführung der Differenz bis zum 31.12.2024 zu jährlich mind. 1/15
- Ausweis der Zuführungsbeträge im außerordentlichen Ergebnis und Angabe der nicht angesetzten Pensionsrückstellungen im Anhang

Übergangsvorschriften des BilMoG mit Bezug auf die Pensionsrückstellungen;
© Petersen/Künkele/Zwirner

Im Regelfall werden die **Rückstellungen für Pensionen und ähnliche Verpflichtungen in ihrem Wert zunehmen**.[37] Diesbzgl. haben *Basedow/Heim* bereits Modellrechnungen angestellt, die eine signifikante Steigerung der Rückstellungen im Umstellungszeitpunkt erwarten lassen.[38] Auf Grundlage eines 659

- erwarteten Rententrends von 2 % p.a.,
- eines Gehaltstrends von 2,5 % p.a.,
- eines Rechnungszinses von 5,3 %

wurden die Wertunterschiede bei Ermittlung der handelsrechtlichen Rückstellung nach dem Anwartschaftsbarwertverfahren („projected credit unit method") zum steuerlichen Teilwert nach § 6a EStG ermittelt. Das Ergebnis lautete wie folgt:[39]

---

37 Vgl. *IDW* RS *HFA* 28, IDW FN 2009, 642, 649.
38 Siehe *Basedow/Heim*, S. 17 f.
39 Vgl. *Basedow/Heim*, S. 17 f.

6 Vorschriften zum Übergang auf den Rechtsstand nach BilMoG

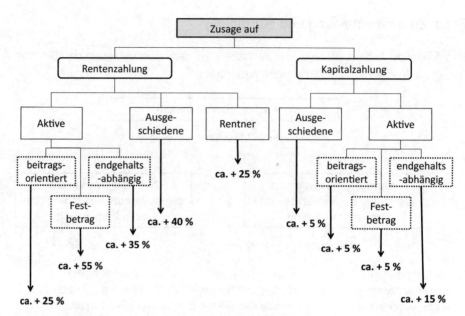

Mögliche Auswirkungen des BilMoG auf den Wert der Pensionsrückstellungen;
© *Petersen/Künkele/Zwirner*

660 Wegen des im Regelfall höheren Werts der Pensionsrückstellungen nach HGB i.d.F. nach BilMoG kommt dem **Beibehaltungswahlrecht** an dieser Stelle **keine besondere Bedeutung** zu. Anders verhält es sich jedoch beim **Verteilungswahlrecht** für unterdotierte Pensionsrückstellungen. Hier wird dem Bilanzierenden ein **nicht zu verachtendes bilanzpolitisches Instrument** in die Hände gelegt. Der Bilanzierende muss bei Beibehaltung der unterdotierten Werte zum 01.01.2010 künftig jährlich mindestens 1/15 des Unterschiedsbetrags zuführen, kann aber auch deutlich mehr zuführen.

661 Mit dem **Wegfall des außerordentlichen Ergebnisses** in der GuV im Zuge des **BilRUG** hat der Gesetzgeber den Ausweis der noch aus der BilMoG-Umstellung nach Art. 67 EGHGB resultierenden Anpassungsbeträge neu geregelt. Künftig sind diese Beträge im sonstigen betrieblichen Ertrag oder im sonstigen betrieblichen Aufwand zu zeigen. Der Wegfall des außerordentlichen Ergebnisses verändert den Ergebnisausweis und kann sich z.B. auf daran anknüpfende Kennzahlen und Vergütungsregelungen auswirken.[40]

662 Einen **Sonderfall** im Zusammenhang mit dem Wegfall des außerordentlichen Ergebnisses stellt der Ausweis von sog. BilMoG-Anpassungsbeträgen bezogen auf nach wie vor nicht verteilte Unterschiedsbeträge zu den **Pensionsrückstellungen**, die ihren Ursprung in der BilMoG-Umstellung zum 01.01.2010 haben, dar. Bei der gesonderten Übergangsvorschrift in Art. 75 Abs. 5 EGHGB handelt es sich insoweit um eine Folgeänderung zur Änderung der Regelungen des § 275 und § 277 Abs. 4 HGB über außerordentliche Posten. Künftig sind die übergangsweise nach Art. 67

---

40 Vgl. *Kolb/Roß*, WPg 2015, 869, 876.

Abs. 7 EGHGB als außerordentliche Posten auszuweisenden Aufwendungen und Erträge aus einer geänderten Bewertung laufender Pensionen oder Anwartschaften oder vergleichbarer Übergangsvorschriften nicht mehr unter außerordentlichen Posten, sondern als gesonderte Posten innerhalb der **sonstigen betrieblichen Aufwendungen oder Erträge** auszuweisen. Dafür wird eine Bezeichnung der Posten gewählt, die auf das EGHGB verweist und so eine eindeutige Zuordnung ermöglicht.

6.3.4 Geänderter Ausweis der BilMoG-Zuführungsbeträge durch BilRUG

Durch den **Wegfall der außerordentlichen Posten in der Gewinn- und Verlustrechnung** sind damit ab 2016 die noch weiter zu berücksichtigenden Unterschiedsbeträge aus Art. 67 Abs. 1 und 2 EGHGB innerhalb der sonstigen betrieblichen Aufwendungen bzw. sonstigen betrieblichen Erträge auszuweisen (Art. 75 Abs. 5 EGHGB). Hierbei sieht der Gesetzgeber vor, dass Aufwendungen aus der Anwendung des Art. 67 Abs. 1 und Abs. 2 EGHGB künftig in der Gewinn- und Verlustrechnung innerhalb der sonstigen betrieblichen Aufwendungen als „Aufwendungen nach Artikel 67 Absatz 1 und 2 EGHGB" und Erträge hieraus innerhalb der sonstigen betrieblichen Erträge als „Erträge nach Artikel 67 Absatz 1 und 2 EGHGB" gesondert anzugeben sind. Dieser Berichtspflicht kann sowohl mit einem **Davon-Vermerk** als auch einer Untergliederung des Postens Rechnung getragen werden.[41] Hierbei sollte im Anhang auf den veränderten Ausweis hingewiesen werden, um die Vergleichbarkeit mit dem Vorjahr zu ermöglichen. Hinsichtlich des in Art. 75 Abs. 5 EGHGB geforderten gesonderten Ausweises der Beträge im Zusammenhang mit Art. 67 Abs. 1 und Abs. 2 EGHGB dürfte auch eine Aufgliederung im Anhang ausreichend sein.[42]

663

Beispiel

Die Iota AG hat in der Vergangenheit hohe Pensionszusagen an ihre Mitarbeiter gemacht. Im Zusammenhang mit der Erstanwendung des BilMoG ergab sich damals ein Unterschiedsbetrag von 3 Mio. EUR, für den die Iota AG von der Verteilungsmöglichkeit nach Art. 67 Abs. 1 EGHGB Gebrauch gemacht hat. Demnach hat sie in den Jahresabschlüssen 2010 bis 2015 jeweils einen Betrag von 200 TEUR im außerordentlichen Ergebnis ausgewiesen. Im Jahresabschluss 2016 ist der Betrag von 200 TEUR nunmehr im sonstigen betrieblichen Aufwand auszuweisen. Demzufolge ändern sich Kennzahlen und Reportingstrukturen der Iota AG und die Vergleichbarkeit zum Vorjahr ist nicht mehr gegeben. Im Anhang zum Jahresabschluss 2016 weist die Iota AG auf den veränderten Ausweis hin.

---

41 Vgl. Russ/Janssen/Götze/*Hanke*, BilRUG-Kommentar, § 275 HGB, Rn. 62.
42 Vgl. *Theile*, Bilanzrichtlinie-Umsetzungsgesetz (BilRUG), 2015, S. 105. Eher kritisch hierzu Russ/Janssen/Götze/*Hanke*, BilRUG-Kommentar, § 275 HGB, Rn. 62; vgl. auch *Zwirner* in: Zwirner, § 275 HGB, S. 465 f.

664 Am Beispiel der ab 2016 neuen Verortung der bislang im außerordentlichen Aufwand ausgewiesenen Unterschiedsbeträge (1/15-Regelung nach Art. 67 Abs. 1 EGHGB) im sonstigen betrieblichen Aufwand werden die **Auswirkungen auf einzelne Kennzahlen** der GuV deutlich. Demnach wird das EBIT, das in der Vergangenheit regelmäßig vor dem a.o.-Ergebnis angeben wurde, durch den künftig erhöhten sonstigen betrieblichen Aufwand gemindert.[43] Diese Veränderung trifft eine Vielzahl von mittelständischen Unternehmen, da in zahlreichen Fällen nach wie vor noch nicht verteilte Anpassungsbeträge über den entsprechenden a.o.-Aufwandsposten zugeführt werden. Immerhin gilt die in Art. 67 Abs. 1 EGHGB genannte Übergangsvorschrift noch bis zum Jahr 2024.

Beispiel Auswirkungen auf das EBIT infolge des veränderten Ausweises der BilMoG Anpassungsbeträge

Die Iota AG hat – bezogen auf ihre Pensionsrückstellungen und in Anwendung von Art. 67 Abs. 1 HGB – in der Vergangenheit (vor BilRUG) jeweils einen Betrag von 200 TEUR im außerordentlichen Ergebnis ausgewiesen. Im Jahresabschluss 2016 ist der Betrag von 200 TEUR nunmehr im sonstigen betrieblichen Aufwand auszuweisen.[44]

Vor BilRUG		Nach BilRUG	
(…)		(…)	
sonstige betriebliche Aufwendungen	–100	sonstige betriebliche Aufwendungen	–125
EBIT	200	EBIT	175
Zinsaufwand	–50	Zinsaufwand	–50
außerordentliches Ergebnis	–25	außerordentliches Ergebnis	
Jahresüberschuss	125	Jahresüberschuss	125

665 Künftig führt damit der Ausweis der verbleibenden BilMoG-Anpassungsbeträge (und hierbei dürfte es sich regelmäßig um Aufwendungen nach Art. 67 Abs. 1 EGHGB handeln) zu einer **Belastung des operativen Ergebnisses** des Unternehmens. Nun mag dies zwar durch einen gesonderten Davon-Vermerk oder eine Anhangberichterstattung näher erläutert werden. Für den externen Jahresabschlussleser und damit gleichsam für die Bilanzanalyse wird die Differenzierung zwischen operativen Ergebnisbeiträgen und nicht operativen Ergebnisbeiträgen erschwert.

666 Im Zusammenhang mit dem **Wegfall der Möglichkeit**, ab 2016 noch ausstehende BilMoG-Anpassungsbeträge im außerordentlichen Aufwand erfassen zu können, bietet es sich an, im Einzelfall darüber nachzudenken, ob die verbleibenden, noch

---

43 Vgl. *Zwirner*, BC 2015, 338, 338 f.; vgl. auch *Zwirner* in: Zwirner, § 275 HGB, S. 465 f.
44 Vgl. *Kirsch*, DStR 2015, 664, 665 f.

6.3 Übergangsvorschriften bei der Bilanzierung von Pensionsrückstellungen

nicht verteilten Beträge vollständig (oder zumindest zu weiten Teilen) noch im Geschäftsjahr und damit im Jahresabschluss 2015 zugeführt werden sollen. In diesem Jahresabschluss können die noch nicht berücksichtigen BilMoG-Unterschiedsbeträge letztmals als außerordentliche Sachverhalte erfasst werden. So können künftige Ergebnisbelastungen, die zulasten des „normalen" Ergebnisses und bspw. des EBIT oder EBITDA (da die noch nicht verteilten BilMoG-Anpassungsbeträge ab 2016 im sonstigen betrieblichen Aufwand zu erfassen sind) abzubilden sind, vermieden werden.[45]

Beispiel Auswirkungen auf das EBIT infolge des veränderten Ausweises der BilMoG Anpassungsbeträge

 Die Kappa GmbH hat zum 01.01.2010 einen Unterschiedsbetrag aus der Neubewertung ihrer Pensionsrückstellungen nach BilMoG i.H.v. 6,0 Mio. EUR ermittelt. Sie hat in der Vergangenheit von dem Verteilungswahlrecht nach Art. 67 Abs. 1 Satz 1 EGHGB Gebrauch gemacht und in den Jahresabschlüssen für die (kalendergleichen) Geschäftsjahre 2010 bis 2014 jeweils 1/15 des Anpassungsbetrags, d.h. 400.000 EUR als außerordentlichen Aufwand (Art. 67 Abs. 7 EGHGB), erfasst. Ab 2016 ist der Ausweis der verbleibenden BilMoG-Anpassungsbeträge im außerordentlichen Aufwand nach der Neufassung von § 275 HGB nicht mehr möglich. Die Kappa GmbH kann aber, um künftig eine Belastung des EBIT (Ausweis der Anpassungsbeträge ab 2016 im sonstigen betrieblichen Aufwand) zu vermeiden, im Jahresabschluss 2015 den gesamten verbleibenden Anpassungsbetrag i.H.v. 4,0 Mio. EUR als außerordentlichen Aufwand erfassen. Die Kappa GmbH kann alternativ auch nur einen höheren Anteil als den Mindestbetrag von 400.000 EUR im Jahresabschluss 2015 als außerordentlichen Aufwand erfassen. Auch dann wird das Ergebnis der Folgejahre (ab 2016) hierdurch entlastet.

---

45 Vgl. *Zwirner*, BC 2015, 338, 338 f.; *Zwirner* in: Zwirner, § 275 HGB, S. 466.

7

Neue Bewertung von Rückstellungen für Altersversorgungsverpflichtungen

7 Neue Bewertung von Rückstellungen für Altersversorgungsverpflichtungen

7.1 Gesetzlicher Hintergrund zur Bewertung von Rückstellungen

Seit Inkrafttreten des BilMoG im Jahr 2009 sind Rückstellungen gem. § 253 Abs. 1 Satz 2 HGB in Höhe des nach vernünftiger kaufmännischer Beurteilung notwendigen **Erfüllungsbetrags** anzusetzen. Neu durch das BilMoG eingeführt wurde die Verpflichtung, Rückstellungen mit einer Restlaufzeit von über einem Jahr nach § 253 Abs. 2 Satz 1 HGB entsprechend ihrer Restlaufzeit abzuzinsen. Abweichend davon dürfen **Rückstellungen für Altersversorgungsverpflichtungen** oder vergleichbare langfristig fällige Verpflichtungen pauschal mit dem **durchschnittlichen Marktzinssatz** abgezinst werden, der sich bei einer angenommenen Restlaufzeit von 15 Jahren ergibt. Diese Vereinfachung gilt allerdings nicht, wenn die Verwendung des Zinssatzes bei einer 15-jährigen Laufzeit ein nicht den tatsächlichen Verhältnissen entsprechendes Bild darstellt. Sofern zum Betrachtungszeitpunkt die durchschnittliche Lebenserwartung bspw. neun Jahre beträgt, darf insofern keine Abzinsung mit einer pauschalen Restlaufzeit von 15 Jahren vorgenommen werden, da das Vorsichtsprinzip verletzt würde. Zulässig ist hingegen die Annahme einer pauschalen Restlaufzeit von 15 Jahren, wenn die tatsächliche Restlaufzeit der zu bewertenden Rückstellung größer als 15 Jahre ist (die Verwendung eines Zinssatzes mit der tatsächlichen Restlaufzeit ist ebenfalls möglich). Der für die Abzinsung relevante Marktzinssatz wird monatlich von der Deutschen Bundesbank nach Maßgabe der RückAbzinsV für Restlaufzeiten zwischen einem und 50 Jahren ermittelt und bekannt gegeben.

667

Ziel der Bundesregierung war im Zuge des BilMoG hinsichtlich der Bewertung nach § 253 HGB vor allem die Reduzierung des bilanzpolitischen Gestaltungspotenzials und somit die Verbesserung der Informationsfunktion des Jahres-/Konzernabschlusses. Hiermit war insbesondere die **Abschaffung von Bewertungswahlrechten** verbunden.[1] Zur Stärkung der Informationsfunktion sollten zudem die Über- und Unterdotierung der Rückstellungen eingeschränkt werden. Darüber hinaus wurden die Regelungen für die Rückstellungen und Rentenverpflichtungen vereinheitlicht, um die Vergleichbarkeit der Jahresabschlüsse zu verbessern.

668

---

1 Vgl. auch Petersen/Zwirner/*Brösel/Mindermann*, S. 407.

7.2 Folgen der Bewertung von Rückstellungen nach § 253 Abs. 2 Satz 1 HGB in der Praxis

669 Der nach BilMoG i.S.d. § 253 Abs. 2 HGB ermittelte Zinssatz für Rückstellungen mit einer Restlaufzeit von 15 Jahren betrug zum 31.12.2008 5,25 %. Dieser insbesondere für die Abzinsung von Rückstellungen für Altersversorgungsverpflichtungen maßgebliche Zinssatz erfuhr seit seiner erstmaligen Ermittlung eine folgenreiche **Abschmelzdynamik**.[2] Zum 31.12.2015 betrug der Zinssatz nur noch 3,89 %. Zwischen dem 31.12.2008 und dem 31.12.2015 büßte der Zinssatz für Restlaufzeiten von 15 Jahren somit insgesamt 1,36 Prozentpunkte ein. Bei einem angenommenen nominalen Erfüllungsbetrag i.H.v. 1.000.000 EUR bedeutet dies zum 31.12.2015 allein aufgrund des niedrigeren Zinssatzes einen erhöhten Aufwand von rd. 100.000 EUR im Vergleich zu 2008 (464.160,77 EUR zum 31.12.2008 [= 1.000.000 EUR / $1,0525^{15}$]) im Vergleich zu 564.148,98 zum 31.12.2015 (= 1.000.000 EUR / $1,0389^{15}$). Folgende Tabelle zeigt die Entwicklung des Zinssatzes für Restlaufzeiten von 15 Jahren zwischen dem 31.12.2008 und dem 31.12.2015.

Entwicklung des Zinssatzes nach § 253 Abs. 2 HGB für 15-jährige Restlaufzeiten

Stichtag	Zinssatz nach § 253 Abs. 2 Satz 2 HGB (RLZ 15 Jahre)
31.12.2008	5,25 %
31.12.2009	5,25 %
31.12.2010	5,15 %
31.12.2011	5,14 %
31.12.2012	5,04 %
31.12.2013	4,88 %
31.12.2014	4,53 %
31.12.2015	3,89 %

670 Die **Auswirkungen der Zinssatzschmelze** waren insbesondere in den letzten drei Jahren besonders hoch.[3] Bis zum 31.12.2012 notierte der maßgebliche Zinssatz mit 5,04 % noch oberhalb der Grenze von 5,00 %. Ab 2013 erhöhte sich die Abschmelzdynamik jedoch gravierend. Wie in folgender Tabelle ersichtlich, büßte allein im Jahr 2015 der Abzinsungssatz nach § 253 Abs. 2 Satz 2 HGB für 15-jährige Restlaufzeiten 0,64 Prozentpunkte ein.

---

2 Vgl. zu der Ergebnisbelastung durch Pensionsrückstellungen infolge der Zinssatzschmelze bereits *Zwirner*, DStR 2013, 875, 875 ff.
3 Vgl. dazu auch *Zwirner/Zimny*, WP Praxis 2016, 6, 6 ff.

7.2 Folgen der Bewertung von Rückstellungen nach § 253 Abs. 2 Satz 1 HGB in der Praxis

Entwicklung des Zinssatzes nach § 253 Abs. 2 HGB für 15-jährige Restlaufzeiten im Jahr 2015

Stichtag	Zinssatz nach § 253 Abs. 2 Satz 2 HGB (RLZ 15 Jahre)
31.01.2015	4,48 %
28.02.2015	4,43 %
31.03.2015	4,37 %
30.04.2015	4,31 %
31.05.2015	4,26 %
30.06.2015	4,21 %
31.07.2015	4,17 %
31.08.2015	4,12 %
30.09.2015	4,07 %
31.10.2015	4,00 %
30.11.2015	3,94 %
31.12.2015	3,89 %

Die Abschmelzdynamik betrifft allerdings nicht nur die Zinssätze mit einer Restlaufzeit von 15 Jahren, sondern alle Restlaufzeiten. Sämtliche Rückstellungen mit einer Restlaufzeit von über einem Jahr sind von der Zinssatzschmelze betroffen und führen zu hohen **Belastungen für die betreffenden Unternehmen**. Wie sich die Zinsstrukturkurve in den letzten Jahren sukzessive nach unten bewegte, zeigt folgende Darstellung.

Entwicklung des Zinssatzes nach § 253 Abs. 2 HGB für Restlaufzeiten zwischen einem und 50 Jahren; © Petersen/Künkele/Zwirner

Neben **laufzeitspezifischen Effekten** der zu passivierenden Rückstellungen kommen Effekte aus der Änderung des anzuwendenden Zinssatzes hinzu. Die sich abzeichnende Abschmelzdynamik nimmt in den Folgeperioden sogar weiterhin zu, weil der maßgebliche Zinssatz basierend auf dem Durchschnitt der vergangenen sieben Geschäftsjahre ermittelt wird und der aktuelle Zinssatz zu einem Teil (noch) Jahre mit einem relativ hohen Zinssatz in der Durchschnittsbetrachtung berücksichtigt. Die Jahre 2008 und 2009 des relativ hohen Zinsniveaus werden in Zukunft zwangsläufig durch die Zeiten des Niedrigzinses ersetzt und somit aus der Durchschnittsbetrachtung rausfallen. Selbst wenn der Zinssatz in den kommenden Perioden wieder steigt, ist mittelfristig aufgrund der Durchschnittsbildung zwangsläufig mit einem **weiteren Absinken des bewertungsrelevanten Zinssatzes** zu rechnen. Der seit Jahren sinkende durchschnittliche Marktzinssatz nach § 253 Abs. 2 HGB sorgt dafür, dass der Pensionsaufwand jedes Jahr schon allein aufgrund des Zinseffekts ansteigt, ohne dass neue Pensionszusagen hinzukommen. Nach einer Faustformel können Unternehmen damit rechnen, dass die Reduzierung des Abzinsungssatzes um einen Prozentpunkt bei Anwärtern zu einer Erhöhung der Rückstellung um ca. 20 % führt und bei Rentnern zu einem Anstieg um 10 %.[4]

7.3 Handlungsbedarf durch die lang anhaltende Niedrigzinsphase für den Gesetzgeber

673 Hinsichtlich der jährlichen Belastungen aufgrund der Zinssatzschmelze bestehen für die betreffenden Unternehmen keine Verteilungsmöglichkeiten, sodass der mit der Abzinsung korrespondierende Aufwand jedes Jahr aufs Neue zu einem Problem wird. Einhergehend mit der Ergebnisbelastung sinken auch die Ergebnisse und die **Ausschüttungsfähigkeit** des Bilanzierenden bis hin zu einem nachhaltigen Eigenkapitalverzehr und einer drohenden bilanziellen Überschuldung.

674 Obwohl das Problem des Niedrigzinsniveaus und die damit einhergehenden **Konsequenzen für die Unternehmen** bereits seit längerer Zeit bekannt sind, hat der Gesetzgeber lange Zeit keinen Handlungsbedarf gesehen. Im Juni 2015 wurde die Bundesregierung vom Ausschuss für Recht und Verbraucherschutz des Deutschen Bundestags damit beauftragt, die der Bewertung von Pensionsrückstellungen nach § 253 Abs. 2 HGB zugrunde gelegten Annahmen (Berechnung des Durchschnittszinssatzes auf Basis der vergangenen sieben Geschäftsjahre) zu ändern.[5] Eine in diesem Zusammenhang diskutierte Anpassung bestand darin, den Bezugszeitraum zur Berechnung des Durchschnittszinssatzes von derzeit sieben Geschäftsjahren auf zwölf Jahre zu erweitern.[6] Diesem Weg ist der Gesetzgeber nicht gefolgt. Am 27.01.2016 hat das Bundeskabinett beschlossen, in den Regierungsentwurf zur Umsetzung der Wohnimmobilienkreditrichtlinie Änderungen handelsrechtlicher Vorschriften aufzunehmen, nach denen der Betrachtungszeitraum für die Ermittlung des Zinssatzes gem. § 253 Abs. 2 HGB von bislang sieben auf zehn Jahre erweitert werden soll. Diese Änderung sollte bereits zu dem Zeitpunkt lediglich die Ermitt-

---
4   Vgl. *Zwirner*, StuB 2016, 207, 207.
5   Vgl. BT-Drucks. 18/5256, S. 3.
6   Vgl. BT-Drucks. 18/5454, S. 3.

lung des Zinssatzes zur Bewertung von Altersversorgungsverpflichtungen betreffen. Die Ermittlungsmethode für den Zinssatz zur Bewertung sämtlicher anderen Rückstellungen (z.B. Jubiläumsrückstellungen) wurde nicht tangiert, hier bleibt es bei einem Betrachtungszeitraum von sieben Jahren zur Durchschnittsbildung. Am 18.02.2016 beschloss der Bundestag das nicht zustimmungspflichtige Gesetz zur Umsetzung der Wohnimmobilienkreditrichtlinie.[7]

7.4 Neue Bewertungsregeln für die Abzinsung von Rückstellungen für Altersversorgungsverpflichtungen nach § 253 Abs. 2 Satz 1 HGB

7.4.1 Hintergrund zur Gesetzesänderung von § 253 HGB

Im Zusammenhang mit dem **Gesetz zur Umsetzung der Wohnimmobilienkreditrichtlinie und zur Änderung handelsrechtlicher Vorschriften**, das die Bundesregierung am 18.02.2016 verabschiedete, erfolgte eine Anpassung von § 253 Abs. 2 Satz 1 HGB. Der Gesetzgeber erkannte, dass für die Absicherung nominal gleich hoher Verpflichtungen jährlich wesentlich höhere Rückstellungen erforderlich sind. Damit diese negativen Auswirkungen der Zinssatzschmelze für die betreffenden Unternehmen abgemildert werden, ohne dabei die Bewertungssystematik des § 253 Abs. 2 HGB im Kern zu ändern, wird der Betrachtungszeitraum für die Berechnung des Durchschnittszinssatzes von sieben auf zehn Jahre erweitert. Die Idee eines pauschal einmal festgelegten Zinssatzes wurde nicht weiter verfolgt. Künftig wird § 253 Abs. 2 Satz 1 HGB wie folgt gefasst:

675

> *„Rückstellungen mit einer Restlaufzeit von mehr als einem Jahr sind abzuzinsen mit dem ihrer Restlaufzeit entsprechenden durchschnittlichen Marktzinssatz, der sich im Falle von Rückstellungen für Altersversorgungsverpflichtungen aus den vergangenen zehn Geschäftsjahren und im Falle sonstiger Rückstellungen aus den vergangenen sieben Geschäftsjahren ergibt."*

Die Neufassung von § 253 Abs. 2 Satz 1 HGB regelt, dass künftig bei Rückstellungen für Altersversorgungsverpflichtungen ein **längerer Betrachtungszeitraum** (letzte zehn Geschäftsjahre) für die Ermittlung des durchschnittlichen Marktzinssatzes angewendet wird, es im Übrigen aber bei der Betrachtung über sieben Geschäftsjahre bleibt. Unverändert bleibt auch die Systematik zur Bewertung von Rückstellungen. Die Änderung von § 253 Abs. 2 Satz 1 HGB bezweckt zunächst nur, dass die Deutsche Bundesbank bei der Ermittlung des Zinssatzes für die Bewertung von Rückstellungen für Altersversorgungsverpflichtungen einen Zinssatz ermitteln muss, der sich aus dem Durchschnitt von zehn Jahren ergibt. Korrespondierend zu § 253 Abs. 2 Satz 1 HGB erfolgt daher auch eine Änderung der RückAbzinsV. Bei der Neuregelung handelt es sich hinsichtlich der Bewertung der Pensionsrückstellungen um kein Wahl-

676

---

7 Vgl. BR-Drucks. 84/16.

recht. Es ist daher nicht möglich, für Geschäftsjahre, die nach dem 31.12.2015 beginnen, weiterhin von der „alten" Bewertungsmethodik Gebrauch zu machen.

Praxistipp

 Die neuen Regelungen sind für die Bewertung der Pensionsrückstellungen verpflichtend für den Jahres- und Konzernabschluss für das Geschäftsjahr 2016 zu beachten.

677 Neben der Änderung von § 253 Abs. 2 Satz 1 HGB wird § 253 HGB um folgenden Absatz 6 zur Ausschüttungssperre und geänderten Angabepflichten erweitert:[8]

„(6) Im Falle von Rückstellungen für Altersversorgungsverpflichtungen ist der Unterschiedsbetrag zwischen dem Ansatz der Rückstellungen nach Maßgabe des entsprechenden durchschnittlichen Marktzinssatzes aus den vergangenen zehn Geschäftsjahren und dem Ansatz der Rückstellungen nach Maßgabe des entsprechenden durchschnittlichen Marktzinssatzes aus den vergangenen sieben Geschäftsjahren in jedem Geschäftsjahr zu ermitteln. Gewinne dürfen nur ausgeschüttet werden, wenn die nach der Ausschüttung verbleibenden frei verfügbaren Rücklagen zuzüglich eines Gewinnvortrags und abzüglich eines Verlustvortrags mindestens dem Unterschiedsbetrag nach Satz 1 entsprechen. Der Unterschiedsbetrag nach Satz 1 ist in jedem Geschäftsjahr im Anhang oder unter der Bilanz darzustellen."

678 Der neu hinzugefügte Absatz 6 dient im Wesentlichen dem Gläubigerschutz. Er regelt, dass der durch den Wechsel des Betrachtungszeitraums bei der Ermittlung des Zinssatzes für die Bewertung von Altersversorgungsverpflichtungen entstehende Ertrag **ausschüttungsgesperrt** ist. Systematisch würde diese Ausschüttungssperre daher eher in § 268 Abs. 8 HGB verankert werden müssen. Durch die Anwendung der neuen Regelung kommt es zunächst zu einer Entlastung der Bilanzierenden. Aus der Umstellung von der alten Berechnungsmethodik auf die neue Methodik ergibt sich ein einmaliger Entlastungsertrag aus dem im Vergleich zur bisherigen Rechtslage geringeren Ansatz der Rückstellungen. Da sich dieser Ertrag ausschließlich aus einer geänderten gesetzlichen Neuregelung ergibt, sieht § 253 Abs. 6 Satz 2 HGB vor, dass der sich aus der Neubewertung der Pensionsrückstellungen ergebende **Unterschiedsbetrag ausschüttungsgesperrt** wird, sofern die frei verfügbaren Rücklagen zuzüglich Gewinnvortrag und abzüglich Verlustvortrag diesem nicht mindestens entsprechen. Künftig findet damit eine verpflichtende Ausschüttungssperre Eingang in das Handelsrecht. Während die bisher bekannte Ausschüttungssperre – mit Ausnahme der verpflichtenden Zeitwertbewertung des Deckungsvermögens nach § 246 Abs. 2 Satz 2 HGB – allerdings größtenteils Reflex einer Wahlrechtsausübung ist (Wahlrecht zur Aktivierung selbst erstellter immaterieller Vermögensgegenstände nach § 248 Abs. 2 HGB und Wahlrecht zur Aktivierung latenter Steuern nach § 274 Abs. 1 Satz 2 HGB), betrifft die neue Ausschüttungssperre zwingend alle Unternehmen, die Pensionsverpflichtungen in ihrem

---

8 Vgl. zur Ausschüttungssperre auch *Zwirner*, DStR 2016, 929, 932.

Jahresabschluss bilanzieren. Aufgrund der gesetzlichen Vorgabe müssen daher alle Unternehmen künftig bei ihren Ausschüttungen beachten, ob das handelsrechtlich ausgewiesene Ergebnis überhaupt zur Ausschüttung zur Verfügung steht. Umso höher die frei verfügbaren Rücklagen bei dem Unternehmen sind, desto geringer ist das Risiko einer zu hohen, fehlerhaften Ausschüttung.

Für die **Bestimmung** der jeweils **zum Bilanzstichtag** zu beachtenden bzw. anzugebenden Ausschüttungssperre ist auf den **Differenzbetrag** zwischen dem bilanziellen Ansatz der Pensionsrückstellungen auf Basis des Zehnjahresdurchschnitts und der bisherigen Bewertung auf Basis des Siebenjahresdurchschnitts abzustellen. Folglich müssen zu jedem Stichtag beide Werte ermittelt werden. Insoweit verändert sich die Höhe der Ausschüttungssperre nach § 253 Abs. 6 Satz 2 HGB immer in der Höhe, wie sich die Differenz zwischen den beiden errechneten Rückstellungsbeträgen verändert. Ist der Unterschiedsbetrag (in Zukunft) negativ, entfällt die Ausschüttungssperre.

679

Die **Ausschüttungssperre** gilt grundsätzlich für alle Gesellschaften und ist nicht auf die Rechtsform der Kapitalgesellschaften beschränkt, da sie in § 253 Abs. 6 HGB und damit vor den für Kapitalgesellschaften und denen gleich gestellte Personenhandelsgesellschaften spezifischen Regelungen der §§ 264 ff. HGB geregelt ist. Ob dies vom Gesetzgeber tatsächlich so gewollt ist, ist fraglich. Aus den vorhandenen Unterlagen zum Gesetzgebungsverfahren sind zumindest keine derartigen Hinweise ersichtlich. Es kann zwar nicht ausgeschlossen werden, dass die Ausschüttungssperre analog zu der nach § 268 Abs. 8 HGB nur für Kapitalgesellschaften gelten soll; eine gesetzliche Grundlage diesbezüglich fehlt indes.

680

Auch wenn die auf **Einzelabschlussebene** geltende, verpflichtende Ausschüttungssperre nach § 253 Abs. 6 HGB, anders als die Regelung nach § 268 Abs. 8 HGB, nicht explizit aus dem Katalog des § 298 Abs. 1 HGB herausgenommen wurde, macht die Anwendung einer Ausschüttungssperre auf Ebene des Konzernabschlusses bereits vor dem Hintergrund der mit dem Konzernabschluss verbundenen Zielsetzungen keinen Sinn. Ungeachtet dessen sind im Konzernanhang die Angaben zu den beiden Bewertungen der Pensionsverpflichtungen auf Basis des Siebenjahreszeitraums sowie auf Basis des Zehnjahreszeitraums zu machen.[9]

681

Der Gesetzgeber hat die Ausschüttungssperre im Zusammenhang mit der Neubewertung der Pensionsrückstellungen abweichend von der ansonsten in § 268 Abs. 8 HGB befindlichen Regelung gesondert in § 253 Abs. 6 HGB geregelt. In diesem Zusammenhang ist fraglich, wie die Ausschüttungssperre bspw. bei **Personengesellschaften oder Einzelunternehmen** abgebildet werden soll. Infrage kommt hierbei nur eine analoge Anwendung von § 172 Abs. 4 HGB. Problematisch erweist sich indes die analoge Anwendung von § 172 Abs. 4 HGB deswegen, weil § 172 Abs. 4 HGB hinsichtlich schädlicher Entnahmen (d.h. hinsichtlich Entnahmen, die zum Wiederaufleben der Kommanditistenhaftung führen) nur auf § 268 Abs. 8 HGB verweist. Insofern ist die neue Ausschüttungssperre von dieser Regelung aus-

682

---

9 Vgl. *Zwirner*, BC 2016, 198, 202; *Zwirner*, DStR 2016, 929, 932.

genommen. Grundsätzlich lässt sich für die Ausschüttungssperre nach § 253 Abs. 6 HGB kein weniger relevanter Grund (i.S.v. Vorsichtsprinzip, Gläubigerschutz etc.) erkennen als für die bisherigen Regelungen zur Ausschüttungssperre nach § 268 Abs. 8 HGB. Demzufolge muss – nicht zuletzt wegen eines gleichlautenden Wortlauts in § 268 Abs. 8 HGB und § 253 Abs. 6 HGB bezüglich der frei verfügbaren Rücklagen – eine summarische Betrachtung angestellt werden. Folgt man dieser Auffassung, teilt die **neue Ausschüttungssperre** das Schicksal der bisherigen Ausschüttungssperre. Insoweit können Entnahmen von Beträgen, die nach § 253 Abs. 6 HGB ausschüttungsgesperrt sind, im Einzelfall zu einem Wiederaufleben der Kommanditistenhaftung führen.

683 Im Hinblick auf die Regelung nach § 301 AktG stellt sich mit Blick auf § 253 Abs. 6 HGB ein vergleichbares Problem.[10] So nimmt § 301 AktG in seiner bisherigen Fassung nur auf § 268 Abs. 8 HGB Bezug, nicht aber auf § 253 Abs. 6 HGB. Auch dies kann so vom Gesetzgeber nicht gewollt sein. Eine ungleiche Behandlung ausschüttungsgesperrter Beträge macht vor dem Hintergrund der damit verbundenen handelsrechtlichen Regelungen keinen Sinn. Explizit betont der Gesetzgeber die Notwendigkeit, Einmalerträge aus der Bewertungsumstellung nicht als Ausschüttung abfließen zu lassen. Dies muss neben der Ausschüttung dann auch für die **Ergebnisabführung** gelten. Allerdings ist die Abführungssperre nicht in § 301 AktG geregelt, sodass für die Praxis hier zwingend eine Klarstellung erforderlich ist.

684 Zudem geht mit der Regelung eine erhebliche **Komplexitätssteigerung** im Zusammenhang mit der Bewertung von Rückstellungen für Altersversorgungsverpflichtungen einher. Neben der bisherigen Ermittlung wird zukünftig regelmäßig mindestens ein weiterer Rückstellungswert erforderlich sein, aus dem sich der Wert der Rückstellung ergibt, der basierend auf dem zehnjährigen Durchschnittszinssatz berechnet wurde. D.h., die Ermittlung des Rückstellungswerts einer Altersversorgungsverpflichtung erfolgt in Zukunft nicht ersetzend zum siebenjährigen Betrachtungszeitraum mit einem zehnjährigen Betrachtungszeitraum, sondern in Ergänzung dazu.

685 Der **Unterschiedsbetrag** zwischen beiden Ermittlungsmethoden (sieben Jahre im Vergleich zu zehn Jahren Betrachtungszeitraum) ist nach § 253 Abs. 6 Satz 3 HGB in jedem Geschäftsjahr im Anhang oder unter der Bilanz darzustellen. Die entsprechenden Angaben zu beiden Bewertungen sind auch für die Rückstellungen erforderlich, die aufgrund der Nichtausübung des Passivierungswahlrechts nur im Anhang angegeben werden (z.B. mittelbare Zusagen und sog. Altzusagen). In Zukunft muss der Aktuar damit für jede Rückstellung bzw. Anhangangabe zwei Berechnungen vornehmen. Aufgrund des mit der gesetzlichen Neuerung verbundenen erhöhten Informationsbedarfs hinsichtlich der bilanziell erfassten Pensionsverpflichtungen ist die Angabe zu der Differenz zwischen dem Zehnjahreswert und dem Siebenjahreswert in allen Fällen im Anhang anzugeben. Bei Kleinstkapitalgesellschaften hat die Angabe unter der Bilanz zu erfolgen, sofern es sich um einen

---

10 Vgl. zu der Problematik bereits *Oser/Wirtz*, DB 2016, 247, 247 f.

wesentlichen Unterschiedsbetrag handelt. Auch wenn die Angabe für Kleinstkapitalgesellschaften nicht explizit in § 264 Abs. 1 Satz 5 HGB genannt ist, ist eine Angabe unter der Bilanz im Sinne der mit der Angabe verbundenen Informationsvermittlung geboten.[11]

Praxistipp

Künftig sind für die Erfüllung der Angabepflichten im Anhang bzw. unter der Bilanz für die Pensionsverpflichtungen zwei Bewertungen vom Aktuar vorzunehmen, einmal auf Basis des Siebenjahreszeitraums, und einmal auf Basis des Zehnjahreszeitraums.

Die **Angaben der beiden Bewertungen im Anhang** bzw. unter der Bilanz betreffen hierbei nicht nur die bilanzierten Verpflichtungen, sondern ebenfalls die „nur" im Anhang angegebenen mittelbaren Verpflichtungen bzw. sog. Altzusagen nach Art. 28 EGHGB. Die Angabepflichten im Anhang gelten hierbei sowohl für den Einzel- als auch für den Konzernabschluss.

7.4.2 Anwendung der Neuregelung auf Pensionsverpflichtungen begrenzt

Die **Neuregelung betrifft ausschließlich** die Bewertung von mittelbaren und unmittelbaren **Altersversorgungsverpflichtungen**, d.h. Pensionsrückstellungen, und nicht vergleichbare langfristige Rückstellungen oder sonstige Rückstellungen.[12] Demnach sind bspw. Rückstellungen für Altersteilzeit oder Beihilferückstellungen weiterhin mit dem Zinssatz auf Basis der Siebenjahresdurchschnittsberechnung zu bewerten. Nichts anderes gilt für andere langfristige Rückstellungen, die einer gesetzlichen Abzinsungspflicht unterliegen, wie z.B. Gewährleistungsrückstellungen, Entsorgungsverpflichtungen, Rückstellungen für Rekultivierungen, oder Rückstellungen für Aufbewahrungspflichten. In der Folge sind künftig für die Bewertung langfristiger Rückstellungen unterschiedliche Zinssätze zu ermitteln. Dies bedeutet für die Praxis insoweit einen zusätzlichen Aufwand, da unterschiedliche Zinssatzermittlungen im handelsrechtlichen Jahresabschluss nebeneinander beachtet werden müssen.

Praxistipp

Der mittels Zehnjahresbetrachtung ermittelte Zinssatz gilt nur für die Bewertung von Pensionsrückstellungen. Für andere vergleichbar langfristig fällige Rückstellungen ist weiterhin der mittels Siebenjahresdurchschnitt ermittelte Zinssatz anzuwenden. Insofern sind künftig zwei unterschiedliche (Markt-)

---

[11] So bereits der Ausschuss für Recht und Verbraucherschutz vom 27.01.2016, Ausschussdrucksache 18(6)187 vom 28.01.2016, S. 14.
[12] Vgl. zur Abgrenzung der Altersversorgungsverpflichtungen *IDW* RS *HFA* 30, Tz. 7.

Zinssätze zu berücksichtigen. Beide Zinssätze werden von der Deutschen Bundesbank ermittelt und bekannt gegeben.

7.4.3 Ertragsteuerliche Folgen

688 Steuerlich ändert sich durch die handelsrechtliche Neuregelung an der Bewertung der Pensionsrückstellungen nichts. Es bleibt bei der Bewertung nach § 6a EStG und der Abzinsung mit 6,0 %. Allerdings führt die Erhöhung des handelsrechtlichen Zinssatzes zu einer Verringerung des bisher bestehenden Unterschieds zwischen dem handelsrechtlichen und dem steuerlichen Wertansatz der Pensionen. Insoweit sind in der Vergangenheit gebildete **aktive latente Steuern** ergebniswirksam aufzulösen. Der sich durch die neuen Bewertungsvorschriften ergebende Entlastungsbetrag aus der Bewertung der Pensionsverpflichtungen wird um die aufwandswirksam aufzulösende latente Steuer gemindert. Hat der Bilanzierende in der Vergangenheit auf die Bewertungsunterschiede zwischen Handels- und Steuerbilanz aktive latente Steuern angesetzt, wirkt sich „nur" der Entlastungseffekt nach Steuern auf das handelsrechtliche Ergebnis aus.

Praxistipp

Durch die Erhöhung des handelsrechtlichen Zinssatzes verringert sich die Differenz zwischen handelsrechtlichem und steuerlichem Wertansatz. In der Vergangenheit aktivierte latente Steuern auf den Unterschiedsbetrag sind bei Anwendung der Neuregelung zur Bewertung der Pensionen ergebniswirksam aufzulösen und mindern insoweit den Entlastungseffekt.

7.4.4 Erstmalige Anwendung

689 Nach dem neuen Art. 75 Abs. 6 EGHGB sind die geänderten Regelungen zur Abzinsung von Rückstellungen **erstmals auf Jahresabschlüsse für das nach dem 31.12.2015 endende Geschäftsjahr** anzuwenden. Für Geschäftsjahre, die vor dem 01.01.2016 enden, ist § 253 Abs. 2 HGB in der bisher geltenden Fassung anzuwenden (Entsprechendes gilt für Konzernabschlüsse).[13]

690 **Wahlweise** dürfen Unternehmen für einen Jahresabschluss, der sich auf ein Geschäftsjahr bezieht, das nach dem 31.12.2014 beginnt und vor dem 01.12.2016 endet, die neuen Regelungen zur Abzinsung von Rückstellungen anwenden. In diesen Fällen sind dann auch die Regelungen des § 253 Abs. 6 HGB zu beachten. Mittelgroße und große Kapitalgesellschaften haben zur Erläuterung der Ausübung der Anwendung des Wahlrechts Angaben im Anhang zu machen. Dieses Wahlrecht dürfte in vielen Fällen ins Leere laufen, da zum Zeitpunkt der Gesetzesänderung viele Unternehmen ihre Jahres- und Konzernabschlüsse final erstellt haben dürften.

---

13 Vgl. *Zwirner*, BC 2016, 95, 96; *Zwirner*, StuB 2016, 207, 211; *Zwirner*, DStR 2016, 929, 932.

Für diese Unternehmen kommt die Gesetzesänderung insofern einige Monate zu spät.

7.4.5 Würdigung der Neuregelung

Seit Einführung der Abzinsungspflicht für langfristige Rückstellungen durch das BilMoG hat sich das für die Ermittlung der handelsrechtlichen Abzinsungssätze **relevante Zinsumfeld nachhaltig verändert**. Mit dem BilMoG hat der Gesetzgeber damals vorgeschrieben, dass langfristige Rückstellungen laufzeitadäquat auf Basis des von der Deutschen Bundesbank ermittelten Siebenjahresdurchschnitts zu ermitteln sind. Damals ging der Gesetzgeber davon aus, dass ein Durchschnittszinssatz auf Siebenjahresbasis eine ausreichende Glättung von Zinssatzschwankungen sicherstellt. Die Entwicklung des Zinssatzes in den letzten Jahren beweist indes etwas anderes, denn der Gesetzgeber hat unterschätzt, dass der Siebenjahreszeitraum nicht ausreicht, um die Zinssatzschmelze zu kompensieren. Der für die Bewertung langfristiger Rückstellungen relevante Zinssatz ist seit Einführung der Abzinsungspflicht kontinuierlich gefallen, und dies mit zunehmender Dynamik.

691

Bemerkenswert an der Neuregelung von § 253 Abs. 2 HGB ist, dass es **zukünftig zwei Marktzinssätze** geben wird, die es zu beachten gilt, was die Ermittlungsmethodik betrifft. Zum einen besteht ein Marktzinssatz für Pensionsrückstellungen, zum anderen ein Marktzinssatz für die übrigen Rückstellungen mit einer Restlaufzeit von mehr als einem Jahr. Weshalb für Pensionsrückstellungen offenbar ein „anderer" Marktzinssatz maßgeblich sein soll, ist allerdings fraglich. Es zeigt sich bereits hier, dass die ursprüngliche, im Zuge des BilMoG verfolgte Idee der Bewertung mit dem „einheitlichen" Marktzinssatz wieder aufgeweicht respektive stückweit aufgegeben wird.

692

Weshalb ausgerechnet eine Durchschnittsbildung mit zehn Jahren besser geeignet sein soll, die tatsächlichen Marktbedingungen betreffend Pensionsrückstellungen widerzuspiegeln, als eine Durchschnittsbildung mit sieben, zwölf oder 15 Jahren, ist nicht nachvollziehbar. Letztendlich wird durch den **verlängerten Betrachtungszeitraum** lediglich Zeit gekauft bzw. das aktuell bestehende Problem wenige Jahre in die Zukunft verschoben. Sofern sich das aktuelle Niedrigzinsniveau in der gleichen Dynamik fortentwickelt, wie es in den vergangenen Jahren der Fall war, wird auch die Durchschnittsbildung mit zehn Jahren sehr bald zu belastenden Bewertungen von Pensionsrückstellungen führen. Aus folgender Abbildung ist ersichtlich, wie sich der Zinssatz für Restlaufzeiten von 15 Jahren beim Siebenjahreszinssatz im Vergleich zum Zehnjahreszinssatz voraussichtlich entwickeln wird.

693

7 Neue Bewertung von Rückstellungen für Altersversorgungsverpflichtungen

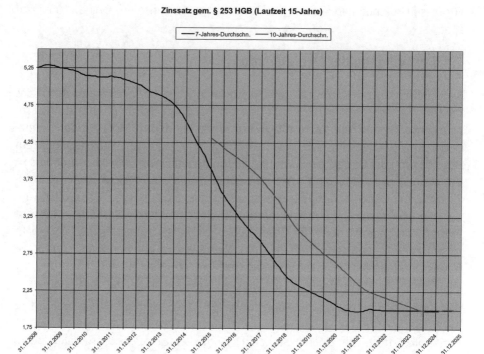

Vergleich des Zinssatzes zur Bewertung von Pensionsverpflichtungen bei einem Siebenjahresdurchschnittszeitraum und einem Zehnjahresdurchschnittszeitraum[14]; © B&F + Kasper GmbH

In folgender Tabelle ist die Entwicklung der mittels Siebenjahresdurchschnitt sowie mittels Zehnjahresdurchschnitt ermittelte Zinssatz für Restlaufzeiten von 15 Jahren wiedergegeben.[15] Es ist aus der Tabelle ersichtlich, dass sich das Niveau der beiden Zinssätze im Jahr 2025 voraussichtlich wieder angleichen wird.

Stichtag	Siebenjahresdurchschnitt	Zehnjahresdurchschnitt
31.12.2008	5,25 %	–
31.12.2009	5,25 %	–
31.12.2010	5,15 %	–
31.12.2011	5,14 %	–
31.12.2012	5,04 %	–
31.12.2013	4,88 %	–
31.12.2014	4,53 %	–

---

14 Die angegebenen Siebenjahresdurchschnittszinssätze wurden von der Deutschen Bundesbank veröffentlicht. Alle übrigen Zinssätze wurden von der B&F + Kasper GmbH unter Berücksichtigung der Rückstellungsabzinsungsverordnung auf Basis der maßgeblichen Daten (Renditen der Null-Kupon-Euro-Swaps und Unternehmensanleihen) zum Stand Januar 2016 berechnet.

15 Bei den Zinssätzen für die Stichtage vom 31.12.2016 bis 31.12.2025 handelt es sich um Schätzwerte.

7.4 Neue Bewertungsregeln für die Abzinsung von Rückstellungen

Stichtag	Siebenjahresdurchschnitt	Zehnjahresdurchschnitt
31.12.2015	3,89 %	4,31 %
31.12.2016	3,31 %	4,06 %
31.12.2017	2,91 %	3,76 %
31.12.2018	2,46 %	3,31 %
31.12.2019	2,24 %	2,91 %
31.12.2020	2,07 %	2,63 %
31.12.2021	1,99 %	2,32 %
31.12.2022	2,00 %	2,17 %
31.12.2023	2,00 %	2,05 %
31.12.2024	2,00 %	1,99 %
31.12.2025	2,00 %	2,00 %

Bereits im Vorfeld der Abstimmung zum Gesetz zur Umsetzung der Wohnimmobilienkreditrichtlinie räumten Mitglieder der Bundesregierung ein, dass die **Änderungen** betreffend der Bewertung von Pensionsrückstellungen **nicht weit genug** gehen, es sich aber um eine Änderung in die richtige Richtung handele, die den Unternehmen etwas hilft und besser als der Status quo ist.[16] Eine weitere Anpassung des Gesetzes dürfte in den kommenden Jahren auf die Bilanzierenden in dieser Sache zu erwarten sein.

694

Insgesamt darf daher nicht übersehen werden, dass es sich bei der handelsrechtlichen Neuregelung zur Bewertung von Pensionsrückstellungen lediglich um einen **kurzfristigen Kompromiss** handelt. Die Verlängerung des relevanten Zinsermittlungszeitraums behebt nicht das Problem des Niedrigzinsniveaus, sondern vermindert nur kurzzeitig die Symptome. Insofern sind Bilanzierende und deren Berater sowie Prüfer gut beraten, sehr genau die einzelnen Auswirkungen der Neuregelung unternehmensindividuell und einzelfallbezogen zu untersuchen. Zudem hat der Gesetzgeber es versäumt, zusammen mit der handelsrechtlichen Anpassung auch die steuerliche Bewertung der Pensionsrückstellungen nach § 6a EStG zu überdenken. Somit bleibt es auch weiterhin bei einem Auseinanderfallen von handelsrechtlichen und steuerlichen Wertansätzen. Die Differenzen dürften im Jahr 2016 allerdings auf Basis des neuen Bewertungsmodells abnehmen.[17]

---

16 Vgl. Plenarprotokoll 18/155 S. 15340.
17 Vgl. ausführlich auch *Zwirner*, BC 2016, 198, 198 ff.; *Zwirner*, DStR 2016, 929, 929 ff.; *Zwirner*, StuB 2016, 207, 207 ff.

8
Rückstellungs-ABC

8 Rückstellungs-ABC

8.1 Hinweise zur Anwendung des ABC

Soweit die Ausführungen nicht zwischen der handels- und der steuerrechtlichen Behandlung differenzieren, beziehen sie sich auf beide Regelungskreise. Das im Folgenden wiedergegebene ABC der Rückstellungen typisiert **mit über 700 Stichwörtern** Rückstellungsarten und skizziert die im Einzelnen gegebene Zulässigkeit des Rückstellungsansatzes unter Verwendung weiterführender Quellen.[1] Das Rückstellungs-ABC bemüht sich um Vollständigkeit, kann jedoch aller Voraussicht nach nicht alle praktisch relevanten Fälle abdecken. Die Autoren sind daher für weiterführende Hinweise zur Zulässigkeit bzw. Nichtanerkennung einzelner Rückstellungen in der Praxis respektive Rechtsprechung dankbar (Kontaktadresse: bilanzrecht@kleeberg.de).

695

Stichwort	Randnummer
A	
Abbruchkosten	696
Abbruchverpflichtung	697
Abfall	698
Abfallbeseitigung	699
Abfallentsorgung	700
Abfindung	701
Abgaben	702
Abgasreinigungsanlage	703
Abgasuntersuchung	704
Abraumbeseitigung	705
Abrechnungskosten	706
Abrechnungsverpflichtung	707
Abrisskosten	708
Absatzgeschäft	709
Abschlussgebühr für Bausparvertrag	710
Abschlusskosten	711
Abschlussprüfung	712

---

[1] Vgl. zu weiteren Rückstellungs-ABC u.a. ADS, § 249 HGB Rn. 133; Baetge/Kirsch/Thiele/*Hommel*, § 249 HGB Rn. 251 ff.; Beck Bil-Komm/*Schubert*, § 249 HGB Rn. 100; Beck HdR/*Scheffler*, B 233 Rn. 485 ff.; Bonner Handbuch/*Kirsch*, § 249 HGB Rn. 121 ff.; HdJ/*Herzig/Köster*, Abt. III 5 Rn. 383 ff.; HdR-E/*Mayer-Wegelin*, § 249 HGB Rn. 229; *Hoffmann/Lüdenbach*, § 249 HGB Rn. 228 mit Querverweisen; *Maus*, S. 39; Schmidt/*Weber-Grellet*, EStG § 5 Rn. 550; WP-Handbuch, Bd. I, Buchst. E Rn. 159 ff.

Stichwort	Randnummer
Abschlussvergütung	713
Abstandszahlung	714
Abwicklungskosten	715
Abzinsung allgemein	716
Abzinsung Pensionsrückstellungen	717
AHK	718
Aktienoptionsplan	719
Aktienoptionsprogramme	720
Aktienorientierte Vergütung	721
Aktivprozess	722
Altauto	723
Altbatterie	724
Altersfreizeit und -mehrurlaub	725
Altersteilzeit	726
Altersversorgung	727
Altfahrzeug	728
Altlastensanierung	729
Altreifen	730
Altschulden	731
Altzusagen	732
Anfechtbare Rechtshandlungen	733
Angeschaffte Drohverlustrückstellungen	734
Anliegerbeitrag	735
Anpassungsverpflichtung	736
Ansammlungsrückstellungen	737
Anschaffungs- und Herstellungskosten	738
Anschaffungspreisnachvergütung	739
Antizipative Bewertungseinheiten/Hedges	740
Anwaltshonorar	741
Anwartschaft	742
Apotheke	743
Arbeitnehmer	744
Arbeitslosengeld	745
Arbeitsverhältnis	746
Arbeitszeit	747
Arbeitszeitguthaben	748
Arbeitszeitkonto	749
Archivierung	750
Arzneimittelhersteller	751
Arzneimittelprüfung	752

8.1 Hinweise zur Anwendung des ABC

Stichwort	**Randnummer**
Arzneimittelzulassung	753
Ärzte-GbR Honorarrückforderungen	754
Ärztemuster	755
Arzthonorar	756
Asset Deal	757
Atomanlage	758
Atomare Entsorgung	759
Atomkraft	760
Aufbewahrung von Geschäftsunterlagen	761
Aufbewahrungspflichten	762
Auffüllverpflichtung	763
Aufgabe und Veräußerung eines Gewerbebetriebs	764
Aufhebungsvertrag	765
Auflösung von Rückstellungen	766
Aufsichtsratsvergütung	767
Aufstockungsbeträge	768
Aufwandsrückstellung	769
Ausbildungskosten	770
Ausgeglichenheitsvermutung	771
Ausgleichsanspruch	772
Ausgleichsanspruch von Handelsvertretern	773
Ausgleichzahlung	774
Außenprüfung	775
Aussetzungszinsen	776
Ausstehende Rechnung	777
Avalhaftung	778
Avalprovision	779

B

Bankkostenzuschuss	780
Bankzinsen	781
Batterierücknahme	782
Baubetreuung	783
Baulast	784
Bauschutt-Recycling	785
Bausparkasse	786
Bausparkassenabschlussgebühr	787
Bauspartechnische Abgrenzung	788
Bausparvertrag	789
Baustellenräumung	790
Bedingt rückzahlbare Zuwendung	791

Stichwort	Randnummer
Bedingte Verbindlichkeit	792
Behindertenabgabe	793
Beihilfe	794
Beitrag an Wirtschaftsverbände	795
Beiträge	796
Beitragsrückgewähr	797
Beratungskosten	798
Bergbauwagnis	799
Bergschaden	800
Berufsausbildung	801
Berufsgenossenschaftsbeitrag	802
Beschaffungsgeschäft	803
Besserungsschein	804
Besserungsverpflichtungen	805
Bestandspflege	806
Bestellobligo	807
Beteiligungen	808
Betreiberpflicht	809
Betreuung	810
Betriebliche Altersversorgung	811
Betriebliche Berufsausbildung	812
Betriebsaufgabe	813
Betriebsprüfungskosten	814
Betriebsprüfungsrisiko	815
Betriebsschließung	816
Betriebsunterbrechungsversicherung	817
Betriebsveräußerung	818
Betriebsverlegung	819
Betriebsverpachtung	820
Bewertungseinheit	821
Bildungsurlaub	822
Blitzeinschlag	823
Bodenkontamination	824
Bohrlochauffüllung	825
Bonus	826
Börsenzulassungsfolgepflichten	827
Börsenzulassungskosten	828
Brandschutzmaßnahmen	829
Brauerei	830
Brennelemente	831

8.1 Hinweise zur Anwendung des ABC

Stichwort	Randnummer
Buchführungsarbeiten	832
Buchführungskosten	833
Buchhaltungsunterlagen	834
Buchung laufender Geschäftsvorfälle	835
Bundesanstalt für Arbeit	836
Bundesanzeiger	837
Bundesanzeiger, elektronischer	838
Bürgerlich-rechtliche Verpflichtung	839
Bürgschaft	840
Bus	841
Bußgeld	842

C

Stichwort	Randnummer
Call-Option	843
Cash-Pooling-Gebühren	844
Chartervertrag	845
Commodity Futures	846
Computer-Update	847
Credit Link Notes	848

D

Stichwort	Randnummer
Darlehen bei gesunkenem Marktzins	849
Darlehensverbindlichkeit	850
Darlehenszins	851
Datenbereinigung	852
Datenschutz	853
Datenspeicherung	854
Datenverarbeitungsunternehmen	855
Datenzugriff der Finanzverwaltung	856
Dauerschuldverhältnis	857
Dauerwartungsvertrag	858
Defizitäre Filiale	859
Dekontaminierungskosten	860
Demografiefonds	861
Deponien	862
Deputat	863
Devisentermingeschäft	864
Dialer	865
Dienstjubiläumszuwendung	866
Dienstleistungsgutschein	867
Diensttreueprämie	868

8 Rückstellungs-ABC

Stichwort	Randnummer
Dienstvertrag	869
Digitale Archivierung	870
Dingliche Lasten	871
Dokumentationsverpflichtung	872
Drohende Verluste	873
Druckbeihilfe	874

E

Stichwort	Randnummer
Eichkosten	875
Einkaufskontrakt	876
Einlagensicherungsfonds	877
Einlöseverpflichtung	878
Einziehung	879
Eiserne Verpachtung	880
Elektroschrott	881
Emissionsberechtigung	882
Emissionsrechte	883
Energieaudit	884
Energiekosten	885
Entfernungsverpflichtung	886
Entgangener Gewinn	887
Entgelt- und Gebührenabsenkung	888
Entgeltabsenkung	889
Entgeltrahmenabkommen	890
Entschädigung	891
Entsorgung	892
Entwicklung	893
ERA-Anpassungsfonds	894
Erbbaurecht	895
Erdbeben	896
Erdgasspeicher	897
Erfindervergütung	898
Erfolgsabhängige Verpflichtung	899
Erfolgsprämie	900
Erfüllungsbetrag	901
Erfüllungsrückstand	902
Ergänzungsbeitrag	903
Erneuerungsverpflichtung	904
Erneuerungsverpflichtung bei Mietverträgen	905
Erneuerungsverpflichtung bei Pachtverträgen	906
Ersatzbeschaffungspflicht	907

Stichwort	Randnummer
Erschließungsbeitrag	908
Erstinnovationszuschuss	909
Ertragszuschuss	910
Erwartungswert	911
EU-Chemikalienverordnung	912
Explorationskredit	913

F

Factoring	914
Faktische Verpflichtung	915
Fehlkalkulation	916
Fernwärmeleitungen	917
Fernwärmeversorgungsunternehmen	918
Feuer	919
Filiale	920
Filmkredit	921
Financial Futures	922
Finanzinstrument	923
Finanzverwaltung	924
Firmenjubiläum	925
Flaschenpfand	926
Flughafen	927
Flugzeug	928
Flugzeugwartung	929
Flurentschädigung	930
Flusswasserkraftwerk	931
Flut	932
Forschung und Entwicklung	933
Freistellung	934
Freiwillige Jahresabschlussprüfung	935
Friseurgutschein	936
Futures	937

G

Garantie	938
Garantiefonds	939
Garantieleistung	940
Garantieverpflichtung	941
Gas- und Elektrizitätsversorgung	942
Gasrückführungssystem	943
GDPdU	944

Stichwort	Randnummer
Gebrauchsmusterrecht	945
Gebühren im Zusammenhang mit Dekontamination/Reinigung	946
Gebührenabsenkung	947
Gefährdungsabschätzung	948
Gegnerische Ansprüche	949
Gehaltsfortzahlung	950
Geldbußen	951
GEMA	952
Generalüberholung	953
Gerichtshängigkeit von Forderungen	954
Gerichtsprozess	955
Geschäftsbericht	956
Geschäftsrisiko	957
Geschäftsunterlagen	958
Geschäftsverlegung	959
Geschmacksmusterrecht	960
Gesellschafterhaftung	961
Gewährleistung	962
Gewährträgerhaftung	963
Gewerbesteuer	964
Gewerbesteuerschuld	965
Gewerblicher Rechtschutz	966
Gewinn	967
Gewinnabhängige Verbindlichkeit	968
Gewinnabhängige Vergütung	969
Gewinnabhängige Verpflichtung	970
Gewinnbeteiligung	971
Gewinnbeteiligung eines typischen stillen Gesellschafters	972
Gleitzeitüberhang	973
Gnadenquartal	974
GoBD	975
Gratifikation	976
Großbetrieb	977
Großreparatur	978
Gruben- und Schachtversatz	979
Grunderwerbsteuer	980
Grundschuld	981
Grundsteuer	982
Gutmünzen	983
Gutschein	984

8.1 Hinweise zur Anwendung des ABC

Stichwort	Randnummer
H	
Haftpflicht	985
Haftungsrisiko	986
Haftungsverhältnis	987
Halbjahresbericht	988
Halbleiterschutzrecht	989
Handelsunternehmen	990
Handelsvertreter	991
Hauptuntersuchung	992
Hauptversammlung	993
Hausverwaltung	994
Hedging	995
Heimfallverpflichtung	996
Heizöltank	997
Herstellungskosten	998
Herstellungskostenbeitrag	999
Hinterzogene Steuern	1000
HK	1001
HK-Beitrag	1002
Höhere Gewalt	1003
Honorare	1004
Hör- und Sehhilfen	1005
Hubschrauber	1006
I	
IFRS-Umstellung	1007
Insolvenzsicherung	1008
Inspektionsverpflichtung	1009
Instandhaltung	1010
Investitionszulage	1011
Inzahlungnahme	1012
J	
Jahresabrechnung	1013
Jahresabschluss	1014
Jahresabschlussprüfung	1015
Jubiläumszuwendung	1016
Juristische Beratung	1017

8 Rückstellungs-ABC

Stichwort	Randnummer
K	
Kammerbeiträge	1018
Kartellrechtsverstoß	1019
Katastrophe	1020
Kauf auf Probe	1021
Kernbrennelement	1022
Kernkraftwerk	1023
Kfz	1024
Kfz-Händler	1025
Kiesgrubenausbeute	1026
Kippgebühr	1027
Kommandithaftung	1028
Komplementärhaftung	1029
Kompostierung	1030
Konjunkturrisiko	1031
Kontamination	1032
Kontoauszug	1033
Kontokorrentkredit	1034
Konzernhaftung	1035
Körperschaftsteuer	1036
Kostenüberdeckung	1037
Kraftfahrzeug	1038
Krankenhaus	1039
Krankenkasse	1040
Krankheitsbeihilfe für Rentner	1041
Krankheitstag	1042
Kreditgebühr	1043
Kreditinstitut	1044
Kreditlinie	1045
Kreditrisiko	1046
Kreditverbindlichkeit	1047
Kreditzinsen	1048
Kulanz	1049
Kulanzleistung	1050
Kundendienstverpflichtung	1051
Kundengutschein	1052
Kundentreueprogramm	1053
Kündigung Mietvertrag	1054
Kündigungsschutz	1055
Künftige Anschaffungs- und Herstellungskosten	1056

Stichwort	Randnummer
L	
Lagerkostenvergütung	1057
Langfristfertigung	1058
Lärmschutz	1059
Lastkraftwagen	1060
Latente Steuern	1061
Lawine	1062
Leasing	1063
Leasingverträge	1064
Lebensarbeitszeitkonto	1065
Lebensversicherung	1066
Leergut	1067
Lehrling	1068
Leihemballagen	1069
Leistungsprämie	1070
Leistungsverpflichtung	1071
Lieferantenrechnung	1072
Lizenzgebühr	1073
Lizenzrecht	1074
Lizenzvertrag	1075
Lkw	1076
Lohnfortzahlung im Krankheitsfall	1077
Lohnfortzahlung im Todesfall	1078
Lohnsteuer	1079
Lohnsteuerhinterziehung	1080
Lohnzahlung	1081
Luftfahrzeug	1082
M	
Maklergebühr	1083
Maklerhaftung	1084
Mängelrüge	1085
Markenrechtsverletzung	1086
Markenzeichen	1087
Marktzins	1088
MDK-Prüfung	1089
Medikamentenmuster	1090
Mehrerlösabschöpfung	1091
Mehrkomponentengeschäft	1092
Mehrrücknahmen	1093

Stichwort	Randnummer
Mehrsteuern	1094
Mehrwegsystem	1095
Mietereinbauten	1096
Mietfreistellung	1097
Mietgarantie	1098
Mietnebenkosten	1099
Mietpreiszusicherung	1100
Mietverhältnis	1101
Mietverpflichtung	1102
Mietvertrag	1103
Millenium Bug	1104
Minderung	1105
Mitarbeiterbeteiligungsprogramm	1106
Mitarbeiterfreistellung	1107
Mittelbare Pensionsverpflichtung	1108
Modernisierung	1109
Mutterschutz	1110

N

Nachbesserung	1111
Nachbetreuungskosten	1112
Nachbetreuungsleistungen	1113
Nacherfüllung	1114
Nachhaftung	1115
Nachlaufkosten	1116
Nachrüstungsverpflichtung	1117
Nachschussverpflichtung	1118
Nachteilige Verträge	1119
Nachzahlungszinsen	1120
Nebenkosten	1121
Netzentgelt	1122
Nicht abziehbare Betriebsausgaben	1123
Nutzungsrecht	1124

O

Offene Rechnungen	1125
Offenlegung	1126
Öffentlich-rechtliche Verpflichtung	1127
Optiker	1128
Optionsgeschäft	1129
Organschaft	1130

8.1 Hinweise zur Anwendung des ABC

Stichwort **Randnummer**

P

Pachterneuerung	1131
Pachtvertrag	1132
Palettenkreislauf	1133
Partiarische Darlehen	1134
Passivprozess	1135
Patentrechtsverletzung	1136
Patronatserklärung	1137
Pendelkosten	1138
Pensionsähnliche Verpflichtung	1139
Pensionsrückstellungen	1140
Pensionssicherungsverein	1141
Pensionsverpflichtungen	1142
Pensionsverpflichtung Handelsvertreter	1143
Pensionszusage	1144
Pensionszusage an Beamte	1145
Pensionszusage an Ehepartner/nicht eheliche Lebensgefährten	1146
Pensionszusage an GmbH-Gesellschafter	1147
Pensionszusage an Mitunternehmer	1148
Personalrückstellung	1149
Personalüberhang	1150
Personenbeförderung	1151
Pfand	1152
Pfandkreislauf	1153
Pflanzenschutzmittel	1154
Pharmaindustrie	1155
Pkw	1156
Prämien- bzw. Bonusschuld	1157
Prämiensparvertrag	1158
Preisnachlass	1159
Preisprüfung	1160
Preissteigerung	1161
Privatrechtliche Verpflichtung	1162
Produkthaftung	1163
Produktionsabgabe	1164
Produktionsanlage	1165
Produktionsgutschrift	1166
Produktrücknahme	1167
Produktverantwortung	1168
Produktzulassungskosten	1169

8 Rückstellungs-ABC

Stichwort	Randnummer
Produzentenhaftung	1170
Prospekthaftung	1171
Provision	1172
Provisionsanspruch des Handelsvertreters	1173
Prozesskosten	1174
Prozessrisiko	1175
Prüferische Durchsicht	1176
Prüfungskosten	1177
PSV-Beitrag	1178
Publizität	1179
Put-Option	1180

Q

Qualifiziert faktischer Konzern	1181
Qualitätskontrolle	1182
Qualitätsmängel	1183
Qualitätssicherung	1184
Quartalsbericht	1185

R

Rabatt	1186
Rabattmarke	1187
Rauchfilteranlage	1188
Rauchgasentstaubungsanlage	1189
REACH-Verordnung	1190
Rechnungserstellung	1191
Rechtsanwaltskosten	1192
Rechtsstreitigkeit	1193
Rechtsverfolgungskosten	1194
Recycling	1195
Registrierungskosten	1196
Reifenhändler	1197
Reisekosten	1198
Rekultivierung	1199
Remissionsverpflichtungen	1200
Remittenden	1201
Reparatur	1202
Restrukturierungskosten	1203
Restrukturierungsmaßnahmen	1204
Restrukturierungsverpflichtung	1205
Rückabwicklung	1206

8.1 Hinweise zur Anwendung des ABC

Stichwort	Randnummer
Rückbauverpflichtung	1207
Rückdeckungsversicherung	1208
Rückerstattung	1209
Rückgaberecht	1210
Rückgriffsmöglichkeit	1211
Rückkaufverpflichtung beim Leasinggeschäft	1212
Rückkaufverpflichtung von Kfz-Händlern	1213
Rücknahmeverpflichtung	1214
Rückstellungen für noch nicht abgewickelte Versicherungsfälle	1215
Rückstellungsspiegel	1216
Rücktrittsrecht	1217
Rückvergütung	1218
Rückverkaufsoption	1219
Rückzahlung von Arzthonoraren bei Unwirtschaftlichkeit	1220
Rückzahlung von Beiträgen	1221

S

Stichwort	Randnummer
Sachleistungsverpflichtung	1222
Sammelbewertung	1223
Sanierungsaufwendungen	1224
Sanierungsgeld	1225
Sanierungsverpflichtung	1226
Sanktion	1227
Säumniszuschläge	1228
Schachtauffüllung	1229
Schachtversatzverpflichtung	1230
Schadenermittlungskosten	1231
Schadensbearbeitung	1232
Schadensersatz	1233
Schadensersatzansprüche	1234
Schadensfälle	1235
Schadensrückstellung	1236
Schadensrückstellung bei Versicherungsunternehmen	1237
Schadstoffbelastung	1238
Schallschutz	1239
Schätzungszwang	1240
Schiff	1241
Schutzrechtverletzung	1242
Schwankungsrückstellung	1243
Schwarzarbeit	1244
Schwarzgeld	1245

8 Rückstellungs-ABC

Stichwort	Randnummer
Schwebendes Geschäft	1246
Schwebendes Rohstoffbeschaffungsgeschäft	1247
Schwerbehinderte	1248
Schwerbehindertenabgabe	1249
Schwerbehinderten-Pflichtplätze	1250
Selbstversicherung	1251
SEPA	1252
Serienauftrag	1253
Sicherheitsinspektion	1254
Sicherheitsleistung	1255
Sitzverlegung	1256
Skonto	1257
Skontoabzug	1258
Software	1259
Solidaritätszuschlag	1260
Sortenschutzrecht	1261
Soziallast	1262
Sozialleistungen	1263
Sozialplan	1264
Sozialverpflichtung	1265
Sozialversicherungsabgabe	1266
Spänetrocknungsanlage	1267
Sparprämie	1268
Sparvertrag	1269
Standortverlagerung	1270
Steuerberater	1271
Steuererklärung	1272
Steuerliche Nebenleistung	1273
Steuerliche Verrechnungspreisdokumentation	1274
Steuernachforderung	1275
Steuerrückstellung	1276
Steuerschulden	1277
Stiller Gesellschafter	1278
Stock Options	1279
Strafbare Handlung	1280
Strafe	1281
Strafrechtliche Verpflichtung	1282
Strafverteidiger	1283
Strafverteidigerkosten	1284
Strafzins	1285

8.1 Hinweise zur Anwendung des ABC

Stichwort	Randnummer
Straßenanliegerbeitrag	1286
Stromkosten	1287
Stundungszinsen	1288
Substanzerhaltungspflicht	1289
Sukzessivlieferungsvertrag	1290
Swapgeschäft	1291

T

Tagebau	1292
TA-Luft	1293
Tankstelle	1294
Tantieme	1295
Tarifverträge	1296
Technische Anleitung zur Reinhaltung der Luft	1297
Technischer Berater	1298
Teilzahlungsbank	1299
Termingeschäft	1300
Transfergesellschaft	1301
Transportversicherung	1302
Treuebonus	1303
Treuegeld	1304
Treueprämie	1305
TÜV	1306
Typisierte Wahrscheinlichkeit bei Passivklagen	1307

U

Überbezahlte Werbekosten	1308
Übergangsgeld	1309
Überschwemmung	1310
Überstunden	1311
Überversorgung	1312
Überverzinslichkeit von Verbindlichkeiten	1313
Überwachung und Dekontamination	1314
Uferschlamm	1315
Umrüstung von Produktionsanlagen	1316
Umsatzabhängige Verbindlichkeit	1317
Umsatzbonus	1318
Umsatzsteuer	1319
Umsatztantieme	1320
Umsatzvergütung	1321
Umsetzungskosten	1322

Stichwort	Randnummer
Umweltschaden	1323
Umweltschutz	1324
Umzugskosten	1325
Ungewisses Risiko	1326
Unmittelbare Pensionsverpflichtungen	1327
Unterdeckung	1328
Unterlassene Instandhaltungen	1329
Unternehmensregister	1330
Unternehmensvertrag	1331
Unterpachtverhältnis	1332
Unterstützungskasse	1333
Untreue	1334
Urheberrechtsverletzung	1335
Urlaubsanspruch	1336
Urlaubsgeld	1337
Urlaubsverpflichtungen	1338

V

Veräußerung eines Gewerbebetriebs	1339
Verdienstsicherung für ältere Arbeitnehmer	1340
Vereinsbeiträge	1341
Verfallsanordnung	1342
Verfüllungskosten	1343
Verkaufsvertrag	1344
Verkehrsbetrieb	1345
Verlag	1346
Verlustabdeckung	1347
Verlustausgleich bei Beherrschungs- und Gewinnabführungsverträgen	1348
Verlustausgleichsverpflichtung	1349
Verluste aus schwebenden Geschäften	1350
Verlustrückstellung	1351
Verlustübernahmeverpflichtung	1352
Veröffentlichung des Jahresabschlusses	1353
Verordnungskosten	1354
Verpackung	1355
Verpflichtungsübernahme	1356
Verrechnungspreisdokumentation	1357
Verrechnungspreisrisiko	1358
Verrechnungsverpflichtung	1359
Versäumniszinsen	1360

Stichwort	Randnummer
Versicherungsmakler	1361
Versicherungsprämie	1362
Versicherungstechnische Rückstellung	1363
Versicherungsunternehmen	1364
Versicherungsvertrag	1365
Versicherungsvertreter	1366
Versorgungsvertrag	1367
Verspätungszuschlag	1368
Verteilungsrückstellung	1369
Vertragsstorno	1370
Vertragsstrafe	1371
Verurteilung	1372
Verwaltungskosten	1373
Verwertungsgesellschaft	1374
VG Wort	1375
Vollkostenbewertung	1376
Vorfälligkeitsentschädigung	1377
Vorruhestandsverpflichtung	1378

W

Stichwort	Randnummer
Wachstumssparen	1379
Wahrscheinlichkeitskriterium	1380
Währungskursrisiko	1381
Währungsswap	1382
Wandlung	1383
Warengutschein	1384
Warenprobe	1385
Warenrückvergütung	1386
Warentermingeschäft	1387
Wartung	1388
Wartung von Flugzeugen	1389
Wartungsvertrag	1390
Wasserkosten	1391
WEA	1392
Wechselkursrisiko	1393
Wechselkursschwankung	1394
Wechselobligo	1395
Weihnachtsgeld	1396
Weihnachtsgratifikation	1397
Werbekosten	1398
Werbekostenzuschuss	1399

8 Rückstellungs-ABC

Stichwort	Randnummer
Werbezuschuss	1400
Werkvertrag	1401
Werkzeugkostenbeitrag	1402
Werkzeugkostenzuschuss	1403
Wertgutschein	1404
Wertpapiergebundene Altersversorgungszusagen	1405
Wertsicherungsklausel	1406
Wettbewerbsverbot	1407
Wiederaufbereitung	1408
Wiederaufforstung	1409
Wiederherstellungsverpflichtung	1410
Windenergieanlage	1411
Windkraftanlage	1412
Windkraft-Energie-Übernahmeverpflichtung	1413
Wirtschaftsberater	1414
Wirtschaftsverband	1415
Wohnrechtszusage	1416
Wohnungsvermietung	1417

Z

Stichwort	Randnummer
Zeitchartervertrag	1418
Zinsen auf Steuernachforderungen	1419
Zinsniveau	1420
Zinsoption	1421
Zinsswap	1422
Zinszahlung	1423
Zivilrechtliche Verpflichtung	1424
Zucker-Lagerungsabgabe	1425
Zug	1426
Zulassungsfolgepflichten	1427
Zulassungskosten	1428
Zusatzleistung für Pensionäre	1429
Zusatzversorgungskasse	1430
Zuschuss	1431
Zuschuss, bedingt rückzahlbarer	1432
Zuwachssparen	1433
Zuweisung an Unterstützungskassen	1434
Zuwendung	1435
Zuwendung, bedingt rückzahlbare	1436
Zwischenabschluss	1437

8.2 ABC der Rückstellungen

A.

Abbruchkosten: siehe Abbruchverpflichtung.   696

Abbruchverpflichtung: Bei einer vertraglichen Verpflichtung zum Abbruch von   697
Gebäuden auf fremdem Grund und Boden ist eine Verbindlichkeitsrückstellung in
Höhe der zu erwartenden Abbruchkosten zu bilden.[2] Gleiches gilt für die vertragliche Verpflichtung, Mietereinbauten zum Ende des Mietvertrags zu entfernen (Rückbauverpflichtung).

Auch öffentlich-rechtliche Verpflichtungen machen den Ansatz einer Rückstellung für Abbruchverpflichtungen nötig, bspw. wenn eine Baugenehmigung unter der Auflage erteilt wird, dass das Bauwerk zu einer bestimmten Zeit abzureißen ist oder diese sanktionsbewehrt sind.[3]

Die Rückstellung ist ratierlich über die Nutzungsdauer des Vermögensgegenstandes anzusammeln.[4] Ist die Nutzungsdauer unbekannt, so ist sie für Zwecke der Rückstellungsbewertung zu schätzen.[5] In der Literatur wird mit Blick auf das Gebot des vollständigen Schuldenausweises auch eine vollständige Passivierung der Rückstellung im Zeitpunkt der Inbetriebnahme des abzureißenden bzw. rückzubauenden Vermögensgegenstands diskutiert.[6] Dabei wird auch vorgeschlagen, den in Rede stehenden Rückstellungsbetrag als Anschaffungskosten des Vermögensgegenstands zu aktivieren.[7] Im Ergebnis wären die Effekte auf das Jahresergebnis die gleichen wie bei einer Ansammlung der Rückstellung. Die durch die Rechtsprechung anerkannte und als gängige Praxis akzeptierte Ansammlung der Rückstellung ist aus unserer Sicht jedoch zu empfehlen.

Beispiel

 Der Vermieter einer Gewerbeimmobilie vermietet auf unbestimmte Zeit Räume seiner Immobilie an den Kaufmann Q. Im Mietvertrag wird vereinbart, dass die Mietereinbauten zur Beendigung des Mietvertrags zu entfernen sind. Q hat umfangreiche Mietbauten im Wert von 50.000 EUR vorgenommen. Eine Entfernung dieser würde nach den heutigen Preisverhältnissen 1.000 EUR kosten.

---

2 Vgl. BFH v. 19.02.1975, I R 28/73, BStBl. II 1992, 480.
3 Vgl. FG Hamburg v. 09.03.1964, V 152/63, EFG 1964, 530.
4 Hierbei handelt es sich allerdings weniger um eine Ansammlungsrückstellung als um eine Verteilungsrückstellung – vgl. auch zur Kritik an diesem Vorgehen HdR-E/*Kessler*, § 249 HGB Rn. 350.
5 Vgl. BFH v. 28.03.2000, VIII R 13/99, BStBl. II 2000, 612.
6 Siehe hierzu stellvertretend *Haaker/Hoffmann*, PiR 2010, 21, 21 f. Den „Anhaltspunkt" für einen „vollständigen Rückstellungsausweis" sehen die Autoren in der bereits vollständig entstandenen Verpflichtung zum Zeitpunkt der Errichtung des abzureißenden Vermögensgegenstands.
7 Vgl. mit Bezug auf Rückbauverpflichtungen und rechtsvergleichend darlegend *Lüdenbach*, BB 2003, 835, 835 ff.; sowie zustimmend *Küting/Kessler*, PiR 2007, 313.

> *Zunächst hat Q die Mietdauer zu schätzen. Q geht von einer Kündigung des Mietvertrags in fünf Jahren aus. Die Rückstellung ist demnach jährlich um 200 EUR zu erhöhen (1.000 EUR / 5).*

Es gelten zudem die allgemeinen Bewertungsgrundsätze hinsichtlich Abzinsung sowie Preis- und Kostensteigerungen (siehe Kap. 3.2.3, Rn. 265 ff.). Auch in der Steuerbilanz ist die Rückstellung abzuzinsen.[8] Ein weiteres Beispiel, welches diese Effekte berücksichtigt, ist in Kap. 3.4.3, Rn. 320 dargestellt.

Siehe auch Atomanlage, Betriebsverlegung, Wiederherstellungsverpflichtung. Falls sich im Zeitablauf neue Erkenntnisse ergeben, die zu einer verlängerten Nutzung sowie damit korrespondierend zu einer Erhöhung der ursprünglich geschätzten Rückbaukosten führen, hat nach Auffassung des BFH eine sofortige Anpassung des Rückstellungsbetrags zu erfolgen.[9] Die mit der Verlängerung des Nutzungszeitraums einhergehende Minderung des jährlich zuzuführenden Betrags führt zu einer Teilauflösung der bislang gebildeten Rückstellung. Abweichend von der Auffassung des BFH ist auch eine Verteilung des durch die Verlängerung des Nutzungszeitraums entstehenden Mehraufwands möglich. *Hoffmann* vertritt die Auffassung, dass zwischen der sofortigen Erfassung des Mehraufwands und der Verteilung des Mehraufwands über die verbleibende Nutzungsdauer handelsrechtlich ein Wahlrecht besteht.[10]

698 **Abfall:** siehe Abfallbeseitigung.

699 **Abfallbeseitigung:** Unternehmen, die verpflichtet sind, aufgrund der abfallrechtlichen Vorschriften (z.B. nach dem Abfallgesetz, der Altölverordnung oder der Verpackungsverordnung) ihren Abfall zu beseitigen, haben dafür eine Rückstellung in entsprechender Höhe zu bilden.[11] Für die Steuerbilanz wird eine Rückstellungsbildung aber dann als unzulässig erachtet, wenn es dem Unternehmen frei steht, „[...] wann und wie er die Entsorgung durchführt."[12] Die Pflicht zur Beseitigung wird i.d.R. dann ausgelöst, wenn die Produkte in den Verkehr gebracht werden. Dieser Zeitpunkt ist maßgeblich für die Ansatzpflicht der Rückstellung, die mit dem Erfüllungsbetrag anzusetzen ist. Eine Rückstellung für eigenen Abfall der ohne Verpflichtung ggü. Außenstehenden entsorgt werden soll, darf weder handels- noch steuerrechtlich gebildet werden. Verkauft das Unternehmen den Abfall, anstatt ihn wie vorgeschrieben zu deponieren, kann es für verdeckte Preisnachlässe, die den Abnehmern gewährt werden, keine Rückstellungen bilden.[13] Siehe auch Bauschutt-Recycling.

---

8 Vgl. Littmann/Bitz/Pust/*Hoffmann*, § 6 EStG Rn. 671 m.w.N.
9 Vgl. BFH v. 02.07.2014, I R 46/12, DStR 2014, 1961.
10 Vgl. *Hoffmann*, PiR 2014, 388, 388.
11 Vgl. HdR-E/*Mayer-Wegelin/Kessler/Höfer*, § 249 HGB Rn. 109 ff., WP-Handbuch, Bd. I, Buchst. E Rn. 160.
12 *Maus*, S. 45.
13 Vgl. FG Baden-Württemberg v. 14.11.2011, 10 K 2946/10, rkr., BeckRS 2013, 94887.

8.2 ABC der Rückstellungen

Praxistipp

Mit der Einschränkung der Aufwandsrückstellungen durch das BilMoG dürfen auch **keine** Rückstellungen für die Entsorgung eigenen Abfalls ohne zivil- oder öffentlich-rechtliche Verpflichtung mehr gebildet werden.

Abfallentsorgung: siehe Abfallbeseitigung. 700

Abfindung: Eine Rückstellung für eine mögliche zukünftige Abfindung langjähriger Mitarbeiter wurde vom BFH verneint.[14] Besteht jedoch eine vertragliche Verpflichtung zur Zahlung einer solchen Abfindung, ist eine Rückstellung zu bilden. Siehe auch Aufhebungsvertrag, Kündigungsschutz, Sozialplan. 701

Abgaben: Für öffentlich-rechtliche Abgaben sind Rückstellungen anzusetzen. Siehe auch Steuerschulden. 702

Abgasreinigungsanlage: siehe Gasrückführungssystem. 703

Abgasuntersuchung: siehe Inspektionsverpflichtung. 704

Abraumbeseitigung: Als Abraum wird die Erd- bzw. Gesteinsmasse bezeichnet, die nicht genutzt werden kann, gleichwohl aber abgetragen werden muss, um an den nutzbaren Rohstoff zu gelangen. Ist die Förderung bereits fortgeschritten, aber die Beseitigung des zugehörigen Abraums noch nicht vollzogen (Abraumrückstand[15]) ist für diesen unterlassenen Aufwand eine Aufwandsrückstellung i.S.d. § 249 Abs. 1 Satz 2 Nr. 1 Alt. 2 HGB zu bilden, wenn die Abraumbeseitigung innerhalb des nächsten Geschäftsjahres freiwillig nachgeholt wird.[16] 705

Besteht die Verpflichtung zur Abraumbeseitigung bereits aufgrund öffentlich-rechtlicher oder vertraglicher Bestimmungen, ist auch ohne die Erfüllung der Voraussetzungen des § 249 Abs. 1 Satz 2 Nr. 1 Alt. 2 HGB (Nachholung innerhalb des nächsten Geschäftsjahrs) eine Rückstellung für ungewisse Verbindlichkeiten i.S.d. § 249 Abs. 1 Satz 1 HGB zu bilden. Steuerrechtlich wird sowohl diese als auch die vorgenannte Aufwandsrückstellung anerkannt.[17]

Die Bewertung der Rückstellung ist nach der Art der Rückstellung zu differenzieren. Handelt es sich um eine Entsorgung des Abraums aus eigenbetrieblichen Interessen (Aufwandsrückstellung) sind lediglich die Aufwendungen für die Abraumbeseitigung der nächsten zwölf Monate, ausgehend vom Bilanzstichtag, anzusetzen. Besteht hingegen eine Verpflichtung ggü. einem Dritten zur Abraumbeseitigung, ist für den gesamten Erfüllungsrückstand, ungeachtet des voraussichtlichen Erfüllungszeitpunkts der Verpflichtung, eine Rückstellung zu bilden.

---

14 Vgl. BFH v. 09.05.1995, IV B 97/94, BFH/NV 1995, 970.
15 Siehe hierzu auch Bonner Handbuch/*Kupsch*, § 249 HGB Rn. 45.
16 Vgl. auch Syst. Praxiskommentar Bilanzrecht/*Petersen/Künkele/Zwirner*, § 249 HGB Rn. 197.
17 Vgl. R 5.7 Abs. 11 EStH.

8 Rückstellungs-ABC

Praxistipp

 Wird die freiwillige Abraumbeseitigung entgegen der früheren Planung nicht im Folgejahr durchgeführt, so ist die Aufwandsrückstellung weiterhin – ggf. um im aktuellen Geschäftsjahr unterlassene Abraumbeseitigungen erhöht – anzusetzen, wenn der Bilanzierende beabsichtigt, den Abraum im nächsten Geschäftsjahr zu beseitigen.[18]

Bei einer öffentlich-rechtlichen Verpflichtung zur Abraumbeseitigung ist eine Ansammlungsrückstellung zu bilden – siehe Bergschaden, Rekultivierung.

706 **Abrechnungskosten:** Ist als (werk-)vertragliche Nebenleistungspflicht die Erstellung einer prüfungsfähigen Abrechnung festgelegt, ist dafür eine Verbindlichkeitsrückstellung zu passivieren, wenn dieser Pflicht zum Bilanzstichtag noch nicht nachgekommen wurde.[19] Für das Baugewerbe ist eine solche Pflicht bereits gesetzl. in § 14 der Vergabe- und Vertragsordnung für Bauleistungen kodifiziert, wonach im Anschluss an die Fertigstellung des Werks in einer bestimmten Frist die prüfungsfähige Abrechnung zu erstellen ist. Ebenso sind Abrechnungen nach den allgemeinen Bedingungen für Gas- und Elektrizitätsversorgung zu behandeln.[20]

Beispiel

 Das Unternehmen U, welches auf die Verlegung feinster Fliesen spezialisiert ist, hat seine Arbeiten an den Bädern des Wohnkomplexes Ende t1 fertiggestellt. Das „Werk" wurde zum 31.12.t1 vom Auftraggeber ohne Beanstandungen abgenommen. Die Forderung für die erbrachte Leistung wird zum selben Tag vom Unternehmen U aufgrund der Abnahme der Leistung in voller Höhe gebucht.[21]

Durch den Ausweis der Forderung und der korrespondierenden Umsatzerlöse in voller Höhe würde der Gewinn zu hoch ausgewiesen, weil U noch die Erstellung der prüfungsfähigen Abrechnung schuldet. Diese Nebenleistungspflicht wird rechtlich bei der Erfüllung der Hauptleistungspflicht des Werkvertrags (dem Fliesen der Bäder) wirksam. Das Unternehmen hat für die voraussichtlichen Aufwendungen zur Erstellung der prüfungsfähigen Abrechnung eine Rückstellung zu bilden.

Nach Ansicht des BFH sind nur für die Aufwendungen für Abrechnungen Rückstellungen zu bilden, die wesentlich sind.[22] Diesem entgegnet die Literatur zu Recht, dass die Wesentlichkeit kein Ansatzkriterium für die Rückstellungsbilanzierung dar-

---

18 Gl.A. Beck Bil-Komm/*Schubert*, § 249 HGB Rn. 111, *Maus*, S. 45.
19 Vgl. BFH v. 25.02.1986, VIII R 134/80, BB 1986, 1612.
20 Vgl. BFH v. 18.01.1995, I R 44/94, BStBl. II 1995, 742.
21 Dass noch keine Rechnung gestellt wurde, ist für den Zugangszeitpunkt der Forderung ohne Bedeutung – siehe zum Zugangszeitpunkt von Forderungen Beck Bil-Komm/*Schubert/Roscher*, § 247 HGB Rn. 80.
22 Vgl. BFH v. 18.01.1995, I R 44/94, BStBl. II 1995, 742.

stellt.[23] Auch unwesentliche Beträge können den Ansatz einer Rückstellung begründen. Die Bewertung hat zu Vollkosten zu erfolgen.

Abrechnungsverpflichtung: siehe Abrechnungskosten. 707

Abrisskosten: siehe Abbruchverpflichtung. 708

Absatzgeschäft: Bei schwebenden Absatzgeschäften kann ein möglicher Verlust 709 dadurch entstehen, dass die Kosten für den zu liefernden Vermögensgegenstand die vereinbarten Erlöse übersteigen. Ursächlich können neben Preissteigerungen bei Roh-, Hilfs- und Betriebsstoffen sowie Löhnen und Gehältern eine falsche Kostenkalkulation oder eine Verdrängungspreisstrategie sein. Ein möglicher Verlust kann jedoch auch im Fall stabiler Kosten bei fallenden Absatzpreisen gegeben sein. Für derartige Verluste ist der Ansatz von Drohverlustrückstellungen geboten. Kalkulatorische Kosten dürfen aber nicht den Drohverlust erhöhen.[24]

Beispiel

A ist Inhaber eines Friseurladens im B-Land. Seinen männlichen Stammkunden hat er zum 01.01. als Neujahrsgeschenk eine Preisgarantie für die nächsten sechs Besuche in seinem Salon erteilt. Er verspricht: „Waschen, Schneiden, Föhnen" für nur 10 EUR. Einen Monat später beschließt die Regierung in B-Land einen Mindestlohn für Friseure, der weit über dem aktuellen Lohnniveau liegt. A kann seinen Schnitt nur noch für 12 EUR „an den Mann bringen".

A hat für die 2 EUR/Schnitt eine Drohverlustrückstellung zu bilden. Diese Bewertung basiert auf dem Vergleich von Leistung und Gegenleistung (Haarschnitt und Preis für diesen). Der Friseur muss dabei dem 10 EUR-Erlös die Kosten für den Haarschnitt gegenüberstellen (Lohnkosten, Miete, Kosten für Pflegeprodukte, Abschreibungen auf Inventar etc.). Der Friseur muss zur Bewertung der Rückstellung auch die Zahl der Kunden schätzen, die seine „Preisgarantie" nutzen werden.

Ist Gegenstand des Absatzgeschäfts jedoch ein zum Bilanzstichtag aktivierter Vermögensgegenstand, so gilt grds. der Vorrang der außerplanmäßigen Abschreibung vor der Bildung einer Drohverlustrückstellung. Kann der voraussichtliche Verlust jedoch nicht gänzlich über eine außerplanmäßige Abschreibung „aufgefangen" werden, ist für den verbleibenden Anteil eine Drohverlustrückstellung zu bilden. In der Steuerbilanz darf jedoch keine Drohverlustrückstellung für diesen Teil gebildet werden.[25]

Abschlussgebühr für Bausparvertrag: siehe Bausparvertrag. 710

Abschlusskosten: siehe Jahresabschluss. 711

---

23 Vgl. *Pfitzer/Schaum/Oser*, BB 1996, 1373, 1376. Auch in der Rechtsprechung vertretene Auffassung – vgl. FG Münster v. 02.12.2008, 9 K 4216/07 K, EFG 2009, 454.
24 Vgl. BFH v. 21.10.1981, I R 170/78, BStBl. II 1982, 121.
25 Vgl. § 5 Abs. 4a EStG.

8 Rückstellungs-ABC

712 **Abschlussprüfung:** siehe Jahresabschluss.

713 **Abschlussvergütung:** siehe Gewinnabhängige Vergütung.

714 **Abstandszahlung:** Abstandszahlungen, die zum Bilanzstichtag vertraglich entstanden, aber noch nicht fällig sind, sind als Verbindlichkeitsrückstellungen zu passivieren. Siehe auch Abfindung. Sie können sich auch im Zusammenhang mit der vorzeitigen Auflösung von Mietverhältnissen ergeben. Siehe auch Defizitäre Filiale, Mietverhältnis.

715 **Abwicklungskosten:** siehe Betriebsverlegung.

716 **Abzinsung allgemein:** Handelsrechtlich ist eine Abzinsungspflicht grundsätzlich bei sämtlichen langfristigen Rückstellungen vorgesehen. Das HGB unterscheidet dabei nicht zwischen verzinslichen Verpflichtungen, d.h. Verpflichtungen, die selbst einer gesetzlichen Verzinsung unterliegen (z.B. Steuernachzahlungen, Prozesskosten), und nicht verzinslichen Verpflichtungen. Somit sind auch verzinsliche Verpflichtungen grundsätzlich mit dem nach HGB geforderten Laufzeitadäquaten Zinssatz abzuzinsen. Nach *IDW* RS *HFA* 34 (Tz. 34) kann eine gesonderte Abzinsung der Verpflichtungen allerdings erfolgen, wenn der vertraglich vereinbarte oder gesetzlich vorgeschriebene Zinssatz der Verpflichtung nur unwesentlich von dem relevanten laufzeitadäquaten Zinssatz abweicht. Im Ergebnis sind solche Verpflichtungen zum Bilanzstichtag dann mit ihrem Nominalbetrag anzusetzen.

717 **Abzinsung Pensionsrückstellungen:** Abweichend von der grundsätzlichen Abzinsung der Rückstellungen nach § 253 Abs. 2 Satz 1 HGB, wonach Rückstellungen mit einer Restlaufzeit von mehr als einem Jahr mit dem ihrer Restlaufzeit entsprechenden durchschnittlichen Marktzinssatz der vergangenen sieben Geschäftsjahre abzuzinsen sind, dürfen Rückstellungen für laufende Pensionen oder Anwartschaften auf Pensionen pauschal mit dem bei einer angenommenen Laufzeit von 15 Jahren geltenden durchschnittlichen Marktzinssatz (ab 2016 durchschnittlicher Marktzinssatz der vergangenen zehn Geschäftsjahre) abgezinst werden (§ 253 Abs. 2 Satz 2 HGB). Die Anwendung dieser Vereinfachungsvorschrift steht allerdings unter dem Vorbehalt, dass der Jahresabschluss ein den tatsächlichen Verhältnissen entsprechendes Bild der Vermögens-, Finanz- und Ertragslage vermitteln muss.

718 **AHK:** siehe Anschaffungs- und Herstellungskosten.

719 **Aktienoptionsplan:** Aktienoptionen dienen regelmäßig als Motivationsinstrument für Mitarbeiter eines Unternehmens.[26] Die gewährten Aktienoptionen können die Mitarbeiter nach einer gegebenen Sperrfrist zu einem vorher festgelegten Bezugspreis ausüben. Da mit der Ausgabe dieser Optionen die vorangegangene Arbeitsleistung der Mitarbeiter abgegolten wird („Erfüllungsrückstand"), ist zum Bilanzstichtag für die gewährten Optionen eine Rückstellung für ungewisse Verbindlichkeiten anzusetzen.[27] Ungewiss ist sowohl die Höhe der Verpflichtung, da der Wert der Aktie zum

---

26 Siehe *Lange*, StuW 2001, 137, 137.
27 Vgl. Beck HdR/*Scheffler*, B 233 Rn. 488. Eine a.A., nämlich dass es sich hier um einen Drohverlustrückstellung begründenden Verpflichtungsüberschuss handelt, vertritt *Lange*, StuW 2001, 137, 138 ff.

Ausübungszeitpunkt nicht bekannt ist, als auch das tatsächliche Entstehen der Verpflichtung, denn der Mitarbeiter könnte die Option verfallen lassen.

Rückstellungen dieser Art sind anzusammeln und erst im Eintritt der Unverfallbarkeit vollständig auszuweisen.[28] Neben dem Wert der Option ist bei der Bewertung der Rückstellung demnach auch zu berücksichtigen, inwiefern die Mitarbeiter die Aktienoptionen bereits erdient haben.

Aktienoptionsprogramme: siehe Aktienoptionsplan.   **720**

Aktienorientierte Vergütung: siehe Aktienoptionsplan.   **721**

Aktivprozess: siehe Prozesskosten.   **722**

Altauto: Die Altfahrzeugverordnung verpflichtet Hersteller und Importeure, Altfahrzeuge ihrer Marke zurückzunehmen und zu verwerten. Einer solchen Verpflichtung können sich die Unternehmen nicht durch Ein- oder Umstellung ihrer Tätigkeit entziehen. Die Bildung einer Rückstellung für ungewisse Verbindlichkeiten ist deswegen sowohl handels- als auch steuerrechtlich geboten. Keine Rückstellung ist hingegen anzusetzen, wenn der Fahrzeughersteller mit einem Verwertungsunternehmen einen Vertrag abgeschlossen hat, welches das Verwertungsunternehmen zur kostenlosen Abnahme der Fahrzeuge verpflichtet.[29] Unter solchen Umständen hätte das Unternehmen nicht mehr mit einer Inanspruchnahme zu rechnen.   **723**

Praxistipp

Besonders im Hinblick auf steigende Rohstoffpreise und der damit einhergehenden gestiegenen Lukrativität der (Wieder-)Verwertung werden Autohersteller oftmals keinen oder einen nur unwesentlichen Anlass zur Bildung einer Rückstellung für die Verpflichtung zur Rücknahme von Altfahrzeugen haben.

Die Rückstellung ist der Höhe nach für alle Fahrzeuge zu bilden, die bis zum Bilanzstichtag in den Verkehr gebracht worden sind.[30] Sie sind entsprechend dem geschätzten Rücknahmezeitpunkt auf den Bilanzstichtag abzuzinsen.

Beispiel

Das Unternehmen U beginnt Anfang t1 mit der Produktion von Autos und verkauft in den einzelnen Jahren die nachfolgend festgehaltene Anzahl. Es wird – ausgehend vom Bilanzstichtag, dem 31.12.t3 – mit einer Rücknahme in den angegebenen Jahren gerechnet. Die Kosten für die Rücknahme und Verwertung werden auf 100 EUR pro Auto geschätzt.

---

28 Vgl. *Kreher/Sailer/Rothenburger/Spang*, DB 2009, 99, 100.
29 Vgl. *Hoffmann/Lüdenbach*, § 253 HGB Rn. 72, *Volkmann*, StuB 2009, 263, 265.
30 Zu der handelsrechtlichen „Übergangslösung" für vor dem 01.07.2002 in den Verkehr gebrachte Fahrzeuge siehe *Volkmann*, StuB 2009, 263, 265.

8 Rückstellungs-ABC

Jahr	Autos	Rück-nahme in Jahren	Abgezinster Betrag in der Steuerbilanz in EUR	Abgezinster Betrag in der Handelsbilanz in EUR
t1	8.000	10	468.344	497.727
t2	10.000	11	554.910	584.679
t3	5.000	12	262.990	276.517
	23.000		1.286.244	1.358.923

Zum 31.12.t3 wird die Rückstellung in der Handelsbilanz mit 1.358.923 EUR, in der Steuerbilanz zu 1.286.244 EUR abgebildet. Die unterschiedlichen Werte resultieren aus den unterschiedlichen Zinssätzen, die zur Anwendung gelangen. Während für die steuerliche Bemessung ein Zinssatz von 5,5 % heranzuziehen ist, verweist das Handelsrecht auf die von der Bundesbank veröffentlichten Zinssätze.

724 **Altbatterie:** siehe Abfallbeseitigung, Batterierücknahme.

725 **Altersfreizeit und -mehrurlaub:** Für die Verpflichtung, einem älteren Arbeitnehmer einen zusätzlichen Urlaubsanspruch zu gewähren, dürfen keine Rückstellungen für drohende Verluste aus schwebenden Geschäften gebildet werden. Eine solche Vorgehensweise hat das FG Niedersachsen untersagt.[31] Diesbzgl. gilt der Grundsatz der Ausgeglichenheit von Arbeitsleistung und Arbeitsentgelt.

726 **Altersteilzeit:** Für eine Altersteilzeitvereinbarung nach dem Blockmodell ist während der Beschäftigungsphase ratierlich eine Rückstellung für ungewisse Verbindlichkeiten zu passivieren, die in der Freistellungsphase aufgelöst wird.

I.R.d. Blockmodells wird regelmäßig vereinbart, dass der Arbeitnehmer zur Förderung eines gleitenden Übergangs in den Ruhestand in einer Beschäftigungsphase Vollzeit arbeitet und dabei nur den hälftigen Lohn zzgl. Aufstockungsbeträge i.H.v. mind. 20 % des Regelarbeitsentgelts[32] für die Teilzeitarbeit bekommt. Im Anschluss an diese Beschäftigungsphase wird der Arbeitnehmer zum gleichen Arbeitsentgelt von der Arbeit freigestellt. Die Aufstockungsbeträge werden unter bestimmten Voraussetzungen ganz oder teilweise von der Bundesagentur für Arbeit erstattet.[33] Für die Verpflichtung zur (Fort-)Zahlung des Lohns und der Aufstockungsbeträge ist eine Rückstellung wegen des Erfüllungsrückstands zu berücksichtigen: Die Zahlungen sind wirtschaftlich durch die Arbeitsleistung des Arbeitnehmers begründet. Der Arbeitgeber ist insofern im Erfüllungsrückstand (siehe hierzu Kap. 5.2.2, Rn. 389).

727 **Altersversorgung:** siehe Betriebliche Altersversorgung.

728 **Altfahrzeug:** siehe Altauto.

---

31 Vgl. FG Niedersachsen v. 15.10.1987, VI 59/85, DB 1988, 1976.
32 Vgl. § 3 Abs. 1 Nr. 1 Buchst. a) AltTZG.
33 Vgl. *Prinz*, WPg 2006, 953, 954.

8.2 ABC der Rückstellungen

Altlastensanierung: Hierunter sind Beseitigungen von Bodenkontaminationen zu verstehen, die bereits durch ein früheres Tun entstanden sind (Grundstücke, auf denen Abfälle gelagert oder Chemikalien verarbeitet wurden etc.).[34] Verpflichtungen für Altlastensanierungen sind als Rückstellungen für ungewisse Verbindlichkeiten anzusetzen, wenn die öffentlich-rechtliche Verpflichtung hinreichend konkretisiert und eine Inanspruchnahme wahrscheinlich ist. Dies ist u.E. bereits dann gegeben, wenn davon auszugehen ist, dass die Behörde Kenntnis von der Kontamination erhält.[35] In diesem Fall ist anzunehmen, dass die Behörde die öffentlich-rechtlichen Ansprüche geltend machen wird.[36] Nach Ansicht der Finanzverwaltung soll nach R 5.7 Abs. 4 Satz 1 EStR eine Rückstellungsbildung erst dann geboten sein, wenn das Gesetz oder ein Verwaltungsakt ein inhaltlich genau bestimmtes Handeln vorsieht, das innerhalb einer bestimmten Zeit gefordert wird und dessen Missachtung zu einer Sanktion führt. Demnach ist selbst die Feststellung einer rechtswidrigen Kontamination durch eine Behörde für die Rückstellungsbildung nicht ausreichend, vielmehr sei der Zeitpunkt der Bekanntgabe der behördlichen Anordnung entscheidend.[37] Für die Steuerbilanz würden sich dadurch strengere Voraussetzungen für eine Rückstellungsbildung ergeben.

729

Praxistipp

 Bzgl. der Altlastensanierung sind für die Steuerbilanz die strengeren Voraussetzungen der R 5.7 Abs. 4 zu beachten. Im Ergebnis sind nach Auffassung der Finanzverwaltung Rückstellungen für Altlastensanierungen in der Steuerbilanz erst beim Erlass eines Verwaltungsakts zu bilanzieren. Damit widersetzt sich die Finanzverwaltung der höchstrichterlichen Rechtsprechung, die einen früheren Passivierungszeitpunkt anerkennt.

Eine Verbindlichkeitsrückstellung für die Altlastensanierung ist auch dann geboten, wenn der Bilanzierende durch Vertrag zur Altlastensanierung verpflichtet wird (privatrechtliche Verpflichtung).[38]

Die Bilanzierung der Rückstellungen für die Altlastensanierungen der Höhe nach bemisst sich nach den allgemeinen Grundsätzen zur Rückstellungsbewertung. Es sind nur solche Aufwendungen berücksichtigungsfähig, die das Kriterium der

---

34 Siehe zur gesetzl. Definition von Altlasten § 2 Abs. 5 BBodSchG.
35 Gl.A. und ausführlich darlegend *Bäcker*, BB 1995, 503, 512. Im Ergebnis gleich auch HdR-E/*Mayer-Wegelin/Kessler/Höfer*, § 249 HGB Rn. 103. Im Urteil des BFH v. 19.11.2003, I R 77/01, DB 2004, 113 wird jedoch auf einen späteren Zeitpunkt abgestellt, nämlich den der tatsächlichen Kenntnisnahme der Behörde.
36 Die Anspruchsgrundlage liegt hier im § 4 Abs. 3 BBodSchG, wonach der „[…] Verursacher einer schädlichen Bodenveränderung oder Altlast sowie dessen Gesamtrechtsnachfolger, der Grundstückseigentümer und der Inhaber der tatsächlichen Gewalt über ein Grundstück […] verpflichtet [sind], den Boden und Altlasten sowie durch schädliche Bodenveränderungen oder Altlasten verursachte Verunreinigungen von Gewässern so zu sanieren, daß dauerhaft keine Gefahren, erheblichen Nachteile oder erheblichen Belästigungen für den einzelnen oder die Allgemeinheit entstehen."
37 Vgl. *BMF* v. 11.05.2010, IV C 6 – S 2137/07/10004, BStBl. I 2010, 496.
38 Vgl. hierzu auch *BMF* v. 11.05.2010, IV C 6 – S 2137/07/10004, BStBl. I 2010, 495.

Angemessenheit erfüllen.[39] Folglich sind Aufwendungen, die über das öffentlich- bzw. zivilrechtliche geforderte Maß hinaus gehen, nicht mit anzusetzen. Als in die Rückstellung einzubeziehende Aufwendungen kommen bspw. in Betracht:

- Aufwendungen für die Gefährdungsabschätzung,
- Aufwendungen für Sanierungsuntersuchungen,
- Aufwendungen für Dekontaminationsmaßnahmen,
- Aufwendungen für die Überwachung der Dekontamination,
- Gebühren im Zusammenhang mit der Dekontamination/Reinigung.

Grds. ist die Rückstellung mit dem vollen Erfüllungsbetrag zu bewerten und ggf. abzuzinsen. Eine Ansammlung der Rückstellung kommt nur in den seltenen Fällen in Betracht, in denen die Verpflichtung noch nicht vollständig als wirtschaftlich verursacht anzusehen ist. Als Beispiel sind hier Deponiebetriebe zu nennen, deren Altlasten erst mit Einstellung des Anlagenbetriebs zu entfernen sind.[40]

Rückgriffsansprüche ggü. Dritten sind beim Erfüllungsbetrag in Abzug zu bringen, wenn diese in unmittelbarem Zusammenhang mit der Altlastensanierung stehen und rechtlich noch nicht entstanden sind, d.h. noch nicht als Forderung gebucht wurden (siehe Kap. 3.2.2, Rn. 244 ff.).

Eine mögliche Abschreibung des Grundstücks ist i.S.d. Einzelbewertungsgrundsatzes unabhängig von der Rückstellungsbilanzierung zu sehen.[41] Ist das Grundstück aufgrund der Altlast voraussichtlich dauerhaft wertgemindert, ist nach § 253 Abs. 3 Satz 3 eine außerplanmäßige Abschreibung vorzunehmen bzw. darf in der Steuerbilanz nach § 6 Abs. 2 Nr. 2 Satz 2 EStG eine Teilwertabschreibung erfolgen. Dies gilt allerdings dann nicht, wenn die Sanierungsmaßnahmen zu einer Wertaufholung des Grundstücks führen würden.[42] Eine mögliche Abschreibung des Grundstücks ist i.S.d. Einzelbewertungsgrundsatzes unabhängig von der Rückstellungsbilanzierung zu sehen.[43] Ist das Grundstück aufgrund der Altlast voraussichtlich dauerhaft wertgemindert, ist nach § 253 Abs. 3 Satz 3 eine außerplanmäßige Abschreibung vorzunehmen bzw. darf in der Steuerbilanz nach § 6 Abs. 2 Nr. 2 Satz 2 EStG eine Teilwertabschreibung erfolgen. Dies gilt allerdings dann nicht, wenn die Sanierungsmaßnahmen zu einer Wertaufholung des Grundstücks führen würden.[44]

Beispiel

Auf dem Betriebsgelände der Chemie-Aus-Fluss GmbH wird t1 eine Kontamination festgestellt. Die Anschaffungskosten des Grundstücks betrugen 1 Mio.

---

39 Siehe hierzu auch *Philipps*, S. 240.
40 Vgl. auch *Philipps*, S. 241.
41 Vgl. BFH v. 19.11.2003, I R 77/01, DB 2003, 115.
42 Vgl. *Schubert*, WPg 2008, 505, 510 sowie bzgl. der Steuerbilanz *BMF* v. 11.05.2010, IV C 6 – S 2137/07/10004, BStBl. I 2010, 495, 496.
43 Vgl. BFH v. 19.11.2003, I R 77/01, DB 2003, 115.
44 Vgl. *Schubert*, WPg 2008, 505, 510 sowie bzgl. der Steuerbilanz *BMF* v. 11.05.2010, IV C 6 – S 2137/07/10004, BStBl. I 2010, 495, 496.

8.2 ABC der Rückstellungen

EUR. Aufgrund der Kontamination sinkt der beizulegende Wert des Grundstücks dauerhaft auf 0,5 Mio. EUR. Die gesetzl. geforderten Sanierungsaufwendungen werden wahrscheinlich 0,25 Mio. EUR betragen.

Im Beispielfall ist eine Rückstellung für Altlastensanierungen i.H.v. 0,25 Mio. EUR zu bilden. Der „nicht aufholbaren" Wertminderung des Grundstücks i.H.v. 0,5 Mio. EUR wird mit einer außerplanmäßigen Abschreibung Rechnung getragen.

Wird abweichend vom Ausgangsfall davon ausgegangen, dass durch die Sanierung der Grundstückwert wieder steigt, ist lediglich eine Rückstellung für ungewisse Verbindlichkeiten i.H.v. 0,25 Mio. EUR zu buchen; eine außerplanmäßige Abschreibung entfällt dann.

Altreifen: Wird die Entsorgung der Altreifen durch einen Verwaltungsakt der Behörde gefordert, ist eine Rückstellungsbildung geboten. Allein die gesetzl. Verpflichtung, die Altreifen auf einem bestimmten Weg zu entsorgen, ist laut *BMF* allerdings nicht ausreichend, weil es dem Unternehmen freisteht, wann und wo es die Entsorgung vornehmen will.[45] U.E. ist eine Rückstellung für ungewisse Verbindlichkeiten bereits dann zu bilden, wenn die Altreifen als Abfall zu deklarieren sind und damit gerechnet werden muss, dass die Behörde in der Sache tätig wird.[46] Wird eine Entsorgungspflicht vertraglich begründet, ist bereits ab Vertragsschluss eine Rückstellung anzusetzen. — 730

Altschulden: Landwirtschaftliche Unternehmen, die nach §§ 7 und 8 LwAltschG ihre Altschulden vorzeitig ablösen wollten, hatten bis zum 31.08.2005 einen entsprechenden Antrag bei ihrer Gläubigerbank zu stellen. Die wirksame Abgabe eines Ablöseangebots an die Bank reicht jedoch nicht aus, um eine Rückstellung für ungewisse Verbindlichkeiten für den Ablösebetrag zu bilden.[47] — 731

Altzusagen: Siehe Kap. 5.3.1.2, Rn. 420 ff.; Kap. 5.3.2.1, Rn. 442. — 732

Anfechtbare Rechtshandlungen: Anfechtbare Rechtshandlungen i.S.d. § 135 InsO können beim Geschäftspartner des insolventen Unternehmens Rückstellungen für ungewisse Verbindlichkeiten erfordern.[48] — 733

---

45 Vgl. *BMF* v. 12.12.1992, IV B 2 – S 2137– 8/92, DStR 1992, 357.
46 Wohl gl.A. *Herzig*, DB 1990, 1341, 1350. Ein anderer Zeitpunkt wird von HdR-E/*Mayer-Wegelin/Kessler/Höfer*, § 249 HGB Rn. 110 vorgeschlagen: sobald keine Verwertungsmöglichkeit für die Reifen besteht.
47 Vgl. OFD Magdeburg v. 04.06.2008, S 2151 – 10 – St 216, BeckVerw 123691.
48 Vgl. *Klusmeier*, DStR 2014, 2056, 2059.

734 Angeschaffte Drohverlustrückstellungen: Das steuerrechtliche Ansatzverbot für Drohverlustrückstellungen[49] gilt nicht für erworbene Drohverlustrückstellungen aus Dauerschuldverhältnissen bei Kauf eines Unternehmens in Form eines Asset Deals.[50] Durch den Kauf des Unternehmens stellt der Erwerber den Verkäufer von der Leistungsverpflichtung frei und übernimmt die Verpflichtung aus dem Dauerschuldverhältnis. Diese Verpflichtung ist als Bestandteil der Anschaffungskosten erfolgsneutral abzubilden, „denn auch die Übernahme steuerrechtlich zu Recht nicht bilanzierter Verbindlichkeiten ist Teil des vom Erwerber zu entrichtenden Entgelts".[51] Damit muss der Erwerber diese Rückstellung auch nicht steuerlich gewinnerhöhend auflösen.[52] Die angeschafften Drohverlustrückstellungen sind jedoch nicht als solche auszuweisen, denn ein schwebendes Geschäft liegt für den Erwerber nicht vor. Vielmehr erwirbt er Vermögensgegenstände gegen die Verpflichtung, den Veräußerer von seiner Verpflichtung freizustellen.[53] Die angeschafften Rückstellungen sind folglich auch in der Steuerbilanz als Rückstellungen für ungewisse Verbindlichkeiten zu bilanzieren und auch in den nachfolgenden Bilanzstichtagen mit ihren Anschaffungskosten oder ihrem höheren Teilwert zu bewerten.[54] Dies gilt auch für übernommene Pensionsverpflichtungen.[55]

Praxistipp

 I.R.e. Asset Deals erworbene Drohverlustrückstellungen sind in der Handels- wie in der Steuerbilanz als Rückstellungen für ungewisse Verbindlichkeiten auszuweisen.

735 Anliegerbeitrag: Auch wenn Kosten für die erstmalige Erschließung eines Grundstücks erst „nachträglich" erhoben werden, sind diese den Anschaffungskosten des Grund und Bodens hinzuzurechnen. Für voraussichtliche Kosten für weitere Anliegerbeiträge, die nach der erstmaligen Erschließung anfallen, sind hingegen Rückstellungen für ungewisse Verbindlichkeiten zu bilden.[56]

736 Anpassungsverpflichtung: Hierbei handelt es sich um Verpflichtungen aus § 5 BImSchG und den dazugehörigen Verordnungen[57], bestimmte Standards für geneh-

---

49 Vgl. § 5 Abs. 4a EStG.
50 Vgl. BFH v. 16.12.2009, I R 102/08, DStR 2010, 265; bestätigt durch BFH v. 14.12.2011, I R 72/10, DB 2012, 488. Ausführlich zur Problematik der Übernahme nicht passivierungsfähiger Verpflichtungen in der Steuerbilanz *Bogenschütz*, Ubg 2008, 135, 135 ff. Die Frage, ob übernommene Drohverlustrückstellungen grds. bei Kauf eines Vermögensgegenstands gegen Schuldfreistellung als Rückstellung für ungewisse Verbindlichkeiten beim Erwerber zu beachten sind, wird ausführlich von *Schlotter*, Ubg 2010, 635, 635 ff. behandelt. U.E. ist sich *Schlotter* anzuschließen, der meint, dass für solche Fälle nichts anderes gelten kann als bei einem Asset Deal.
51 BFH v. 16.12.2009, I R 102/08, DStR 2010, 265.
52 Vgl. *Emig/Walter*, NWB 2010, 2124, 2127.
53 Vgl. BFH v. 16.12.2009, I R 102/08, DStR 2010, 265; *Bogenschütz*, Ubg 2008, 135, 139.
54 Vgl. BFH v. 16.12.2009, I R 102/08, DStR 2010, 265, bestätigt durch BFH v. 14.12.2011, I R 72/10, DB 2012, 488; entgegen *BMF* v. 24.06.2011, IV C 6 – S 2137/003, BStBl. I 2011, 627.
55 Vgl. BFH v. 12.12.2012, I R 69/11, StuB 2013, 267; BFH v. 12.12.2012, I R 28/11, DStR 2013, 575.
56 Vgl. BFH v. 03.08.2005, I R 36/04, BStBl. II 2006, 369.
57 Zu nennen sind bspw. die Großfeuerungsanlagen-Verordnung, die Störfall-Verordnung und die TA-Luft.

migungspflichtige Anlagen für Zwecke des Umweltschutzes einzuhalten. So werden bspw. hinsichtlich der Luftverschmutzung Emissionsgrenzen festgelegt, bei deren Überschreitung die Anlage derart angepasst oder ersetzt werden muss, dass die Emissionsgrenzen in der Zukunft eingehalten werden. Da die Aufwendungen allerdings im Zusammenhang mit der weiteren regelkonformen Produktion stehen, sind diese grds. nicht als Rückstellung für ungewisse Verbindlichkeiten zu erfassen.[58]

Wird allerdings der Betrieb einer genehmigungspflichtigen Anlage aufgrund der Nichtentsprechung gesetzl. Vorgaben rechtswidrig, so ist bereits ab diesem Zeitpunkt eine Rückstellung für den Anpassungsaufwand zu bilden, denn die Verpflichtung zur Anpassung ist rechtlich durch die Rechtswidrigkeit des Weiterbetriebs entstanden.[59] Die Finanzverwaltung widerspricht dem allerdings.[60]

Darüber hinaus kommt der Abgrenzung von Erhaltungs- und Herstellungsaufwand besondere Bedeutung zu. Der Austausch des Filters einer Luftreinigungsanlage dürfte zweifelsfrei Erhaltungsaufwand darstellen. Entstehen durch die Erweiterung/Umrüstung jedoch nachträgliche Anschaffungskosten bzw. Herstellungskosten, ist grds. von einer Rückstellungsbildung abzusehen – siehe Anschaffungs- und Herstellungskosten.

Beispiel

 Ein Unternehmen betreibt seit t1 eine Chemiefabrik und reinigt die Abgase mit einer speziellen, genehmigungspflichtigen Anlage. t9 werden die Emissionsgrenzen neu festgelegt. Es stellt sich heraus, dass die Anlage umgerüstet werden muss. t10 ergeht von der zuständigen Behörde die Aufforderung, die Anlage umzurüsten.

Bis zum Bekanntwerden der Grenzwertüberschreitung ist keine Rückstellung zu bilden. t9 ist für den Umrüstungsaufwand eine Rückstellung anzusetzen, weil aufgrund der Genehmigungspflicht und damit dem Wissen der Behörde über die Anlage mit einer Inanspruchnahme aus der öffentlich-rechtlichen Verpflichtung gerechnet werden muss.

Etwas anderes gilt, wenn die Umrüstung zu einer wesentlichen Verbesserung der Filteranlage führt und deswegen Herstellungskosten vorliegen.

Ansammlungsrückstellungen: Ansammlungsrückstellungen zeichnen sich dadurch aus, dass ihr Entstehen bzw. ihre Verursachung nicht zu einem bestimmten Zeitpunkt erfolgt, sondern sich über einen längeren Zeitraum, d.h. über mehrere Jahre hinweg, erstreckt. Während dieses Zeitraums ist der Erfüllungsbetrag der betreffenden Verpflichtung ratierlich anzusammeln.[61] Eine Abbruchverpflichtung stellt bspw. eine Ansammlungsverpflichtung dar. Für diese ist sowohl nach Handels- als auch nach Steuerrecht eine Rückstellung zu bilden. Unterschiede zwischen Handels- und Steuer-

---

58 Vgl. *Herzig*, DB 1990, 1341, 1351; Schmidt/*Weber-Grellet*, EStG § 5 Rn. 550.
59 Vgl. auch HdR-E/*Mayer-Wegelin/Kessler/Höfer*, § 249 HGB Rn. 107.
60 Vgl. *BMF* v. 21.01.2003, IV A 6 – S 2137 – 2/03, BStBl. I 2003, 125.
61 Vgl. BFH v. 02.07.2014, I R 46/12, DB 2014, 2381; *Broemel/Endert*, BBK 2015, 157, 157.

recht bestehen hinsichtlich der Bemessung des Erfüllungsbetrags am Bilanzstichtag (Preis- und Kostenverhältnisse) sowie der Abzinsung.[62] Dem vereinbarten Ansammlungszeitraum kommt eine besondere Bedeutung zu. Dies gilt sowohl für den Ansatz (dem Grunde nach) als auch für die Bewertung (der Höhe nach) einer Ansammlungsrückstellung. In diesem Zusammenhang sind besonders die Fälle interessant, in denen eine Rückstellung für eine Abbruchverpflichtung zum Bilanzstichtag bereits vollständig in der Handels- bzw. Steuerbilanz passiviert ist, sich jedoch der vertraglich vereinbarte Ansammlungszeitraum bzw. Nutzungsverhältnis verlängert. Hierbei stellt sich die Frage, ob der gewählte Wertansatz der Rückstellung in der Handels- und Steuerbilanz beibehalten oder (zeitanteilig) aufzulösen ist.

Steuerlich ist im Zusammenhang mit der Beantwortung dieser Frage auf das BFH-Urteil v. 02.07.2014 – I R 46/12[63] Bezug zu nehmen. Der BFH hat in seinem Urteil entschieden, dass Rückstellungen für Abbruchverpflichtungen, die in der Steuerbilanz bereits vollständig passiviert sind aufgrund des bilanzrechtlichen Stichtagsprinzips anteilig aufzulösen sind. Begründet wird die Entscheidung des BFH damit, dass sofern sich der Ansammlungszeitraum einer Abbruchverpflichtung verlängert, (auch) der vertraglich vereinbarte Zeitpunkt zur Erfüllung der Verpflichtung hinausgeschoben wird, der in diesem verlängerten Nutzungszeitraum unterhaltende laufende Betrieb des Nutzenden im wirtschaftlichen Sinne für das Entstehen der Abbruchverpflichtung ursächlich sei.[64]

Handelsrechtlich besteht nach *IDW* RS *HFA* 34 ein faktisches Wahlrecht. Handelsrechtlich dürfen Rückstellungen nach § 249 HGB „nur" in den Fällen aufgelöst werden, in denen der Grund für ihre Bildung entfällt. Das Auflösungsverbot zielt jedoch vordergründig auf den Ansatz einer Rückstellung (dem Grunde nach) und nicht etwa auf ihre Bewertung (der Höhe nach) ab. Auch das Vorsichtsprinzip steht einer (Teil-)Auflösung einer Rückstellung nicht entgegen. Zwar ist das Vorsichtsprinzip auch bei der Bilanzierung von Verbindlichkeitsrückstellungen zu beachten. Gleichwohl ist in diesem Zusammenhang darauf hinzuweisen, dass das Vorsichtsprinzip nach den Vorschriften in § 6 Abs. 1 Nr. 3a EStG durchbrochen wird. Hintergrund dieser Regelung ist es, die Bildung stiller Reserven zum Zwecke einer Angleichung der für alle Steuerpflichtigen Besteuerungsmaßstäbe zu beschränken sowie die Abzinsung von Rückstellungen zu rechtfertigen. Handelsrechtlich kann aufgrund eines verlängerten Ansammlungszeitraums somit eine Anpassung der Rückstellung (der Höhe nach), d.h. eine (Teil-)Auflösung der Rückstellung, vorgenommen oder unter Einbezug der Preis- und Kostenverhältnisse zum Bilanzstichtag bemessen und

---

[62] Vgl. *Oser*, StuB 2014, 855, 855.
[63] BFH v. 02.07.2014, IR 46/12, DB 2014, 2381.
[64] Die Entscheidung steht überdies im Einklang mit der bisherigen Rechtsprechung des BFH. Der BFH hat bereits in seinem Urteil v. 19.02.1975 entschieden, dass der Rückstellungsaufwand ausgehend von den Preisverhältnissen des jeweiligen Bilanzstichtags (Stichtagsprinzip) den Wirtschaftsjahren bis zu Erfüllung der Verpflichtung zuzuordnen ist und damit auch den Gewinn in den Folgeperioden (anteilig) belastet. BFH v. 19.02.1975, I R 28/73, BStBl. II 1975, 480.

nach der RückAbzinsV entsprechend der jeweiligen Laufzeit abgezinst werden[65] (siehe hierzu Kap. 2.1.4.9, Rn. 121).

Eine Abbruchverpflichtung stellt bspw. eine Ansammlungsverpflichtung dar. Für diese ist sowohl nach Handels- als auch nach Steuerrecht eine Rückstellung zu bilden. Unterschiede zwischen Handels- und Steuerrecht bestehen hinsichtlich der Bemessung des Erfüllungsbetrags am Bilanzstichtag (Preis- und Kostenverhältnisse) sowie der Abzinsung.[66] Dem vereinbarten Ansammlungszeitraum kommt eine besondere Bedeutung zu; dies gilt sowohl für den Ansatz (dem Grunde nach) als auch für die Bewertung (der Höhe nach). In diesem Zusammenhang sind besonders die Fälle interessant, in denen eine Rückstellung für eine Abbruchverpflichtung zum Bilanzstichtag bereits vollständig in der Handels- bzw. Steuerbilanz passiviert ist, sich jedoch der vertraglich vereinbarte Ansammlungszeitraum bzw. das Nutzungsverhältnis verlängert. Hierbei stellt sich die Frage, ob der gewählte Wertansatz der Rückstellung in der Handels- und Steuerbilanz beibehalten oder (zeitanteilig) aufzulösen ist.

Anschaffungs- und Herstellungskosten: Zukünftige Anschaffungs- und Herstellungskosten, die sich aus der Erfüllung einer Verpflichtung ergeben, dürfen nicht als Rückstellung für ungewisse Verbindlichkeiten passiviert werden. Sie sind dem zu aktivierenden Vermögensgegenstand zuzurechnen. Für die Steuerbilanz ergibt sich dieses Verbot aus § 5 Abs. 4b Satz 1 EStG. Hiervon zu unterscheiden ist der Fall, in dem aufgrund einer Verpflichtung ein Vermögensgegenstand beschafft oder hergestellt wird, dem keine Erträge mehr gegenüberstehen. In diesem Fall ist für die voraussichtlichen Abschreibungen des Vermögensgegenstands eine Rückstellung für ungewisse Verbindlichkeiten anzusetzen.[67]

738

Beispiel[68]

 Die Zweckgesellschaft Z stellt ihren Geschäftsbetrieb zum 31.12.t1 ein. Für die öffentlich-rechtliche Verpflichtung zur Aufbewahrung der umfangreichen Geschäftsunterlagen des Jahres t1 hat sie noch in dem Jahr t1 Regale im Wert von 500 EUR erworben, die über fünf Jahre abgeschrieben werden. Es wird unterstellt, dass keine weiteren Aufwendungen anfallen.

Zum 31.12.t1 ist eine Rückstellung i.H.v. 500 EUR zu bilden. Diese spiegelt die voraussichtlichen Abschreibungen des Vermögensgegenstands wider. Würde nicht aufwandswirksam eine Rückstellung in t1 gebildet werden, wäre das Jahresergebnis der Zweckgesellschaft um 500 EUR zu hoch ausgewiesen. Dieser Betrag hätte ausgeschüttet werden und so die Gläubiger gefährden können.

---

65 Vgl. *Oser*, StuB 2014, 855, 855; *Mourabit*, NWB 2015, 652, 652 ff.; *Thonet*, DStR 2014, 2550, 2550 f.
66 Vgl. *Oser*, StuB 2014, S. 855.
67 So auch Schmidt/*Weber-Grellet*, EStG § 5 Rn. 369 sowie *Siegel*, DB 1999, 857, 858, der ausführt, dass die Ungewissheit hinsichtlich der Wertentwicklung bzw. Preisentwicklung des Vermögensgegenstands besteht. Sich den Meinungen anschließend Frotscher/*Frotscher*, § 5 EStG Rn. 355.
68 Ein einleuchtendes Beispiel liefert auch *Siegel*, DB 1999, 857, 857 f.

Zudem kann eine Rückstellung für drohende Verluste aus schwebenden Geschäften geboten sein, wenn im Rahmen schwebender Geschäfte die Herstellungskosten den vertraglich vereinbarten Verkaufspreis übersteigen.[69] Siehe Absatzgeschäft.

739 **Anschaffungspreisnachvergütung:** siehe Anschaffungs- und Herstellungskosten.

740 **Antizipative Bewertungseinheiten/Hedges:** siehe Bewertungseinheit.

741 **Anwaltshonorar:** siehe Beratungskosten, Prozesskosten.

742 **Anwartschaft:** Als Anwartschaft werden Leistungsversprechen auf eine betriebliche Altersvorsorge ab Zeitpunkt des Austretens aus dem Unternehmen an den Arbeitnehmer bezeichnet. Anwartschaften sind als Pensionsrückstellungen zu berücksichtigen, wenn mit dem Eintreten der aufschiebenden Bedingung am Bilanzstichtag zu rechnen ist. Zur Bewertung siehe Kap. 5.9, Rn. 517 ff.

743 **Apotheke:** In einem vom BFH entschiedenen Fall wurde es einem Apotheker untersagt, eine Rückstellung für einen drohenden Verlust aus der Vermietung einer Arztpraxis zu bilden, weil diesem Verlust ein voraussichtlicher Gewinn aus der räumlichen Nähe der Apotheke zur Arztpraxis gegenübersteht.[70] Die Bildung einer Drohverlustrückstellung muss auch einer wirtschaftlichen Betrachtungsweise standhalten. Ein Verpflichtungsüberschuss muss auch dann noch bestehen, wenn mit diesem zusammenhängende greifbare, wirtschaftliche Vorteile kompensierend berücksichtigt werden.

744 **Arbeitnehmer:** siehe m.w.H. Arbeitsverhältnis.

745 **Arbeitslosengeld:** Für Erstattungsansprüche der Bundesagentur für Arbeit im Zuge der Entlassung von Arbeitnehmern gem. den §§ 147a ff. SGB III hat der Arbeitgeber eine Rückstellung zu bilden, sofern die detaillierten Voraussetzungen des Gesetzes erfüllt sind.[71] Die Norm verpflichtet den Arbeitgeber zur Erstattung des an 57-jährige und ältere Arbeitnehmer gezahlten Arbeitslosengeldes, einschl. der darauf entfallenden Beiträge zur Kranken-, Pflege- und Rentenversicherung an die Bundesagentur für Arbeit unter bestimmten Voraussetzungen. Zu den Voraussetzungen zählen u.a., dass der Arbeitnehmer zum Zeitpunkt der Kündigung mindestens 55 Jahre alt war und in den letzten zwölf Jahren mindestens zehn Jahre für das Unternehmen tätig gewesen ist.

746 **Arbeitsverhältnis:** Siehe auch Abfindung, Altersfreizeit und -mehrurlaub, Altersteilzeit, Beihilfe, ERA-Anpassungsfonds, Gleitzeitüberhang, Gratifikation, Lohnfortzahlung im Krankheitsfall, Lohnzahlung, Mutterschutz, Urlaubsanspruch, Verdienstsicherung für ältere Arbeitnehmer. Risiken des Arbeitgebers hinsichtlich der Verpflichtung zur Entgeltfortzahlung im Krankheitsfall des Arbeitnehmers berechtigen nicht zur Bildung einer Rückstellung (weder Drohverlust- noch Verbindlichkeitsrückstellung). Die Rechtsprechung spricht in diesem Zusammenhang von einer

---

69 Vgl. bzgl. Ausnahmen BFH v. 19.08.1998, XI R 8/96, BStBl. II 1999, 18.
70 Vgl. BFH v. 26.05.1993, X R 72/90, BStBl. II 1993, 855 ff.; BFH v. 23.06.1997, GrS 2/93, BFHE 183. Siehe hierzu u.a. *Kessler/Scholz-Görlach*, PiR 2007, 304, 304 ff.; zusammenfassend *Moxter*, Bilanzrechtsprechung, S. 166 f.
71 Analog *IDW HFA*, WPg 1995, 56, 56.

"nicht widerlegbaren Ausgeglichenheitsvermutung" zwischen Arbeitsleistung und Arbeitsentgelt,[72] welche auch im Krankheitsfall gilt. So sieht der BFH die höhere Krankheitsanfälligkeit älterer Arbeitnehmer durch deren im Laufe der Jahre gesammelte Erfahrung ausgeglichen.[73]

Arbeitszeit: siehe Gleitzeitüberhang. 747

Arbeitszeitguthaben: siehe Gleitzeitüberhang. 748

Arbeitszeitkonto: siehe Gleitzeitüberhang. Für Verpflichtungen aus Arbeitszeitkonten sind Rückstellungen nach den Grundsätzen für Urlaubsverpflichtungen zu bilden.[74] Siehe auch Altersteilzeit. 749

Archivierung: siehe Aufbewahrung von Geschäftsunterlagen. 750

Arzneimittelhersteller: siehe Arzneimittelprüfung, Ärztemuster. 751

Arzneimittelprüfung: Da die Nachzulassung von Arzneimitteln lediglich dem Zweck dient, das bisher zulassungsfreie Medikament auch in Zukunft vertreiben zu können, fehlt es an einem Vergangenheitsbezug. Der BFH lehnt deshalb berechtigterweise eine Rückstellungsbildung für diesen Sachverhalt ab.[75] 752

Arzneimittelzulassung: siehe Arzneimittelprüfung. 753

Ärzte-GbR Honorarrückforderungen: Überschreiten Ärzte in ihrer Verordnungspraxis die dafür bestehenden Richtgrößenvolumen um mehr als 25 %, so sind die schon aufgrund des sich aus § 106 Abs. 5a SGB V ergebenden Rechts Krankenkassen auf Erstattung des sich daraus ergebenden Honorarmehraufwands bei Annahme fehlender Rechtfertigungsgründe für die Überschreitung berechtigt, eine Rückstellung für diese Erstattungsforderungen zu bilden.[76] 754

Ärztemuster: Sofern Arzneimittelhersteller in Werbeprospekten angeben, den Interessenten Ärztemuster auf Verlangen auszuhändigen, sind für die noch nicht erledigten Anforderungen keine Rückstellungen zu bilden. Ein schuldrechtlicher Anspruch ist laut BFH nicht gegeben.[77] Auf dieser Tatsache basierend, wird eine Bildung für ungewisse Verbindlichkeiten zu Recht abgelehnt. 755

Arzthonorar: Die Bildung einer Rückstellung für Regresse der Krankenkassen ggü. Ärzten wegen unwirtschaftlicher Verordnungsweise in der vertragsärztlichen Versorgung ist erst dann gerechtfertigt, wenn der Beschluss des Prüfungsausschusses vorliegt. Die Überschreitung der Richtgrößen und die Mitteilung der Kassenärztlichen Vereinigung über die Abweichungen oder Überschreitungen reichen für eine Rückstellung noch nicht aus.[78] 756

Asset Deal: siehe Angeschaffte Drohverlustrückstellungen. 757

---

72 Vgl. BFH v. 16.12.1987, I R 68/87, BStBl. II 1988, 338.
73 Vgl. BFH v. 27.06.2001, I R 11/00, BStBl. II 2001, 758.
74 Vgl. WP-Handbuch, Bd. I, Buchst. E Rn. 214.
75 Vgl. BFH v. 25.08.1989, III R 95/87, BStBl. II 1989, 893.
76 Vgl. BFH v. 05.11.2014, VIII R 13/12, BStBl. II 2015, 523.
77 Vgl. BFH v. 20.10.1976, I R 112/75, BStBl. II 1977, 278.
78 Vgl. FG Bremen v. 08.02.2012, 1 K 32/10 (5), EFG 2012, 1330 Nr. 14; Revision eingelegt (BFH VIII R 13/12).

8 Rückstellungs-ABC

758 **Atomanlage:** Entsorgung von Brennelementen: Rückstellungen für die Verpflichtung zur Entsorgung bestrahlter Brennelemente werden ratierlich angesammelt.[79] Dabei umfassen die Zuführungsbeträge eine abbrand- und eine leistungsabhängige Komponente. Die leistungsabhängige Komponente resultiert aus dem Faktum, dass die Brennelemente nicht gänzlich abbrandfähig sind, sondern ein gleichbleibender Sockel an Reaktivität vorhanden sein muss, der nicht zur Stromerzeugung genutzt werden kann. Diese leistungsabhängige Komponente wird über die Laufzeit des Reaktors angesammelt, während sich die abbrandabhängige Komponente nach Maßgabe des Abbrandes der Brennelemente bemisst.[80] Als weitere Kosten sind solche für die Zwischenlagerung, den Transport, eine evtl. Wiederaufarbeitung sowie der Konditionierung und anschließenden Endlagerung in die Rückstellung einzubeziehen.[81]

Für die Kosten der Stilllegung eines Atomkraftwerks werden Beträge parallel zur Abschreibung des Kraftwerks einer Rückstellung zugeführt (siehe Entfernungsverpflichtung). Hierbei handelt es sich jedoch nicht um eine Ansammlungsrückstellung i.e.S., bei der der laufende Betrieb für den Aufwand ursächlich ist. Es handelt sich dagegen um eine in der Praxis „geduldete" Aufwandsverteilung (siehe Kap. 3.4.4, Rn. 324 f.). Für die Steuerbilanz schreibt § 6 Abs. 1 Nr. 3a Buchst. d) Satz 3 EStG die Ansammlung in gleich hohen Raten vor, wobei im Fall eines ungewissen Stilllegungszeitpunkts ein Ansammlungszeitraum von 25 Jahren beginnend mit der Inbetriebnahme des Atomkraftwerks zu beachten ist.

Praxistipp

 Mit der Laufzeitverlängerung für Atomkraftwerke müssen die Rückstellungen für die Stilllegung von Atomkraftwerken korrigiert werden. Die bisher angesammelten Beträge sind aufgrund des vorher kürzer geschätzten Ansammlungszeitraums überbewertet und sind zu korrigieren.

Durch die Laufzeitverlängerung ergeben sich zudem höhere Abzinsungsbeträge, die ihrerseits zu einer Abwertung der Rückstellung führen.

759 **Atomare Entsorgung:** siehe Atomanlage.

760 **Atomkraft:** Für den Ausstieg aus der Atomkraft sind von den Kernenergieerzeugern Rückstellungen zu bilden. Die Rückstellungen werden für die Entsorgung bestrahlter Brennelemente und radioaktiver Betriebsabfälle sowie für die Stilllegung und den Rückbau der kontaminierten Analgenteile gebildet. Die Rückstellungen für den Ausstieg aus der Atomkraft basieren auf öffentlich-rechtlichen Verpflichtungen sowie Auflagen in den Betriebsgenehmigungen. Die Rückstellungen werden in Höhe ihres Barwerts zum Bilanzstichtag bewertet und jährlich aufgezinst.[82]

---

79 Siehe näher hierzu *Führich*, WPg 2006, 1271, 1275 f.
80 Vgl. *Führich*, WPg 2006, 1271, 1275 f.
81 Vgl. *Führich*, WPg 2006, 1271, 1275 f.
82 Vgl. zum Ausstieg aus der Atomkraft und der hiermit verbundenen Rückstellungsproblematik *Volk*, DStR 2015, 2193, 2193 ff.

Aufbewahrung von Geschäftsunterlagen: Die Rechtsprechung hält die Verpflichtungen zur Aufbewahrung gem. § 257 HGB bzw. § 147 AO für angemessen konkretisiert, weil die Normen einen „konkreten, sanktionsbewehrten Gesetzesbefehl enthalten."[83] Folgerichtig ist der voraussichtliche Erfüllungsbetrag als Rückstellung sowohl handels- als auch steuerrechtlich anzusetzen. Dabei sind nur Aufwendungen für diejenigen Unterlagen zu berücksichtigen, die bis zum entsprechenden Bilanzstichtag entstanden sind. Bei der Bewertung ist von einer durchschnittlichen Restaufbewahrungsdauer auszugehen.[84] Finanzierungskosten für die zur Aufbewahrung von Geschäftsunterlagen genutzten Archivräume können auch dann zu den Rückstellungen gezählt werden, wenn sie im Rahmen einer sog. Poolfinanzierung finanziert wurden. Voraussetzung ist dabei die verursachungsgerechte Zuordnung der Zinsen zu den Herstellungskosten der Archivräume.[85]

Die Aufbewahrungsfristen nach § 257 HGB und § 147 AO stellen sich wie folgt dar:[86]

Aufbewahrungsfristen nach § 257 HGB und § 147 AO

Unterlagen	Aufbewahrungsfrist
Handelsbücher, Inventare, Jahresabschlüsse, Eröffnungsbilanzen, Lageberichte, Konzernabschlüsse, Konzernlagebericht sowie die zu ihrem Verständnis erforderlichen Arbeitsanweisungen und sonstiger Organisationsunterlagen	10 Jahre
Buchungsbelege	10 Jahre
Unterlagen, die einer abgegebenen Zollanmeldung beizufügen sind, wenn die Zollbehörde auf ihre Vorlage verzichtet oder nach erfolgter Vorlage zurückgegeben hat	10 Jahre
Empfangene Handelsbriefe	6 Jahre
Wiedergaben abgesandter Handelsbriefe	6 Jahre
Sonstige Unterlagen mit Bedeutung für die Besteuerung	6 Jahre

Der Umfang der Rückstellung beinhaltet neben den zurechenbaren Einzelkosten auch die notwendigen Gemeinkosten (Handelsbilanz) bzw. angemessene Teile der Gemeinkosten (Steuerbilanz). Es sind daher neben dem einmaligen Aufwand für die Archivierung von Unterlagen auch die Raum- und Personalkosten sowie die Abschreibungen auf für die Archivierung genutzte Gegenstände des Anlagevermögens in die Rückstellung einzubeziehen.[87] Weiterhin kommen Nebenkosten für Strom und Heizung sowie

---

83 BFH v. 19.08.2002, VIII R 30/01, DStR 2002, 2030.
84 BFH v. 18.01.2011, X R 14/09, BStBl. II 2011, 496.
85 BFH v. 11.10.2012, I R 66/11, DStR 2013, 451.
86 Siehe aber auch *Scherff/Willeke*, BBK 2010, 1169, 1170, die darauf hinweisen, dass der Fristlauf nach § 257 Abs. 5 HGB bzw. § 147 Abs. 4 AO mit dem Schluss des Kalenderjahre beginnt, „in dem die letzte Eintragung in das Handelsbuch gemacht wurde, das Inventar aufgestellt, der Jahresabschluss festgestellt bzw. der Handelsbrief empfangen oder abgesandt worden ist", weswegen die Autoren empfehlen, auf die genannten Fristen ein Jahr zu addieren.
87 Vgl. *IDW* RH *HFA* 1.009, IDW FN 2010, 354, 355. Eine detaillierte Checkliste findet sich in *Henckel*, BB 2009, 1798, 1799.

8 Rückstellungs-ABC

Kosten für Regale etc. in Betracht. Handelsrechtlich sind zudem anteilige Finanzierungskosten für die Archivräume zu beachten. Aufgrund der Regelung des § 6 Abs. 1 Nr. 3a Buchst. b) EStG gilt dies jedoch nicht für die Steuerbilanz.

Ist davon auszugehen, dass der Archivbestand der verschiedenen Jahre wesentlich variiert, müssen die jährlichen Kosten für die verschiedenen „Jahrgänge" einzeln ermittelt werden. Dabei kann als möglicher Verrechnungsschlüssel der Raumbedarf der Dokumente dienen.[88]

Beispiel

 Für den Archivraum des Unternehmens U fallen jährlich Mietaufwendungen von 1.200 EUR an. Zusätzlich nimmt der Raum Heiz- und Stromkosten i.H.v. 400 EUR p.a. in Anspruch. Die Abschreibung der Regale/Einrichtung beträgt 200 EUR p.a., während nochmal 200 EUR p.a. Personalaufwand auf Reinigung und Wachdienst entfallen. In dem Archivraum lagern zu 20 % Unterlagen, die nur dem betrieblichen Interesse dienen und nicht verpflichtend aufzubewahren sind. Diese dürfen für die Rückstellungsbemessung nicht berücksichtigt werden. Der übrige Raum wird zu den angegebenen Verhältnissen von den Unterlagen der jeweiligen Jahre beansprucht:

Unterlagen aus Jahr	Raum in %	Kosten p.a. in EUR
t10	*20*	*320*
t9	*10*	*160*
t8	*1*	*16*
t7	*20*	*320*
t6	*9*	*144*
t5	*4*	*64*
t4	*6*	*96*
t3	*10*	*160*
t2	*10*	*160*
t1	*10*	*160*
Summe	*100*	*1.600* *(= 0,8 × 2.000)*

Die Rückstellung ist nun gemäß der Aufbewahrungsfristen zu ermitteln. Die jeweiligen Kosten sind mit der Anzahl der verbleibenden Aufbewahrungsjahre zu multiplizieren.

---

[88] Vgl. *Maus*, S. 68.

Unterlagen aus Jahr	Verbleib im Unternehmen in Jahren	Kosten gesamt in EUR
t10	10	3.200
t9	9	1.440
t8	8	128
t7	7	2.240
t6	6	864
t5	5	320
t4	4	384
t3	3	480
t2	2	320
t1	1	160
Summe	**55**	**9.536**

Die Rückstellung zum 31.12.t10 bemisst sich nominal auf 9.536 EUR.

Aufgrund der mitunter sehr aufwendigen individuellen Berechnung kann unter Vereinfachungsgesichtspunkten auch eine Berechnung der Rückstellung durch Multiplikation der jährlichen Kosten mit dem Faktor 5,5 erfolgen.[89] Nur bei Unterlagen, die keine zehn Jahre aufbewahrt werden müssen und wenn die Beanspruchung durch die Unterlagen signifikant von einer Gleichverteilung abweicht, kann dieses Verfahren nicht zur Anwendung gelangen.

Praxistipp

Für Zwecke der Bemessung der Rückstellung dürfen auch die laufenden Kosten für zehn Jahre zu verwahrende Unterlagen mit 5,5 multipliziert werden. Der Multiplikator für sechs Jahre zu verwahrende Unterlagen ist 3,5.[90]

Beispiel

Abwandlung des vorherigen Beispiels:

Es wird angenommen, dass die Unterlagen der jeweiligen Jahre die Ressourcen gleichmäßig in Anspruch nehmen. Die Rückstellung beträgt demnach nominal (2.000 EUR – 0,2 × 2.000 EUR) × 5,5 = 8.800 EUR.

---

89 Dieser Betrag stellt die durchschnittliche „Verweildauer" der Akten im Unternehmen dar (= 55/10) und kann auch mittels der Gauß'schen Summenformel ermittelt werden – siehe hierzu *Henckel*, BB 2009, 1798, 1801, der darauf verweist, dass dieses Vorgehen auch von der Finanzverwaltung anerkannt wird. Vgl. auch *Scherff/Willeke*, BBK 2010, 1169, 1172 f.
90 Dies ergibt sich durch Division von 21 = 6 + 5 + 4 + 3 + 2 + 1 oder (Ermittlung mit Gauß'scher Summenformel) durch 6.

Der handelsrechtliche Wertansatz hat künftige Preis- und Kostensteigerungen zu beachten (siehe Kap. 3.2.3, Rn. 265 ff.). Einmalige Kosten für die Aufbewahrung der Geschäftsunterlagen (bspw. für die digitale Datensicherung) sind nicht mit einem Verteiler zu multiplizieren.

Eine Abzinsung der Rückstellung für die Aufbewahrung von Geschäftsunterlagen ist handelsrechtlich für die Ausgaben geboten, die nicht innerhalb der nächsten zwölf Monate anfallen.[91] Steuerrechtlich ist dem nicht zu folgen.[92] Dies liegt in der „sofortigen" Erfüllung der Aufbewahrungspflicht begründet.[93]

Dem handelsrechtlichen Abzinsungsgebot wird bereits mit Heranziehung des Zinssatzes für die durchschnittliche Kapitalbindungsdauer der Rückstellung Genüge getan (siehe Kap. 3.3, Rn. 300). Bei Nutzung des erläuterten, vereinfachten Verfahrens sollte der Bilanzierende den durch lineare Interpolation ermittelten Zinssatz für eine Laufzeit von 5,5 Jahren wählen (zur linearen Interpolation bei der Zinsermittlung siehe Kap. 3.3, Rn. 286).

Beispiel

In Fortführung der Abwandlung des Beispiels würde sich zum 31.12.t10 ein handelsrechtlicher Bilanzwert von 6.937 EUR ergeben. Dieser ermittelt sich bei einem angenommenen Zinssatz von 4,42 % (interpolierter Zins zum 31.12.t10) und einer Restlaufzeit von 5,5 Jahren (8.800 EUR / $1,0442^{5,5}$ = 6.937 EUR).

762 **Aufbewahrungspflichten:** siehe Aufbewahrung von Geschäftsunterlagen.

763 **Auffüllverpflichtung:** siehe Erdgasspeicher, Rekultivierung. Für die Verpflichtung zur Auffüllung ausgehobener Erdmasse ist eine Rückstellung für ungewisse Verbindlichkeiten zu bilden. Die Höhe der Verpflichtung bemisst sich nach dem Umfang der abgetragenen Masse.[94] Dementsprechend gibt die Rückstellung den Betrag an, der am Erfüllungstag notwendig wäre, die bis zum Bilanzstichtag ausgebeutete Fläche aufzufüllen.[95] Künftige Vorteile sind rückstellungsmindernd zu beachten.[96] Diese müssen jedoch hinreichend konkretisiert sein, d.h., die bloße Möglichkeit eines kompensierenden Vorteils reicht nicht aus.[97]

---

91 Vgl. *IDW* RH *HFA* 1.009, IDW FN 2010, 354, 355.
92 Siehe § 6 Abs. 1 Nr. 3a Buchst. e) EStG.
93 Vgl. *Henckel*, BB 2009, 1798, 1799.
94 Vgl. *Hoffmann/Lüdenbach*, § 249 HGB Rn. 69.
95 Vgl. Beck Bil-Komm/*Schubert*, § 249 HGB Rn. 100. Es sei daran erinnert, dass der steuerbilanzielle Rückstellungsansatz keine Berücksichtigung künftiger Kostensteigerungen zulässt.
96 Vgl. bzgl. der Steuerbilanz § 6 Abs. 1 Nr. 3a Buchst. c) EStG.
97 Vgl. *Hoffmann/Lüdenbach*, § 253 HGB Rn. 70.

8.2 ABC der Rückstellungen

Praxistipp

Bei der Bewertung der Rückstellung sind künftige Vorteile im Zusammenhang mit der Verpflichtung zu beachten. Dies gilt, solange diese nicht als Forderung zu aktivieren sind.[98] Für Zwecke der Jahresabschlussprüfung müssen die künftigen Vorteile dokumentiert werden, d.h., im Zuge der Rückstellungsbewertung sollte ein Verweis auf die entsprechenden Vorteile vermerkt werden.

Siehe Bergschaden, Erdgasspeicher, Rekultivierung, Verfüllungskosten.

Aufgabe und Veräußerung eines Gewerbebetriebs: Bei Aufgabe oder Veräußerung eines gewerblichen Betriebs entfällt die Pflicht der Aufstellung eines Betriebsvermögensvergleichs nach § 4 Abs. 1, § 5 EStG. Gleichsam entfällt damit die Möglichkeit zur Bildung von Rückstellungen.[99] 764

Aufhebungsvertrag: siehe Sozialplan. Eine Rückstellung für Abfindungszahlungen i.R.d. Aufhebung von Arbeitsverträgen darf erst dann gebildet werden, wenn der Aufhebungsvertrag geschlossen wurde. 765

Praxistipp

Für den Aufhebungsvertrag fordert § 623 BGB die Schriftform. Eine Rückstellungsbildung ist daher erst dann vorzunehmen, wenn das Dokument von beiden Seiten unterschrieben wurde.[100]

Siehe hierzu auch Sozialplan.

Auflösung von Rückstellungen: Rückstellungen dürfen nach § 249 Abs. 2 Satz 2 HGB nur aufgelöst werden, wenn der Grund für die Bildung entfallen ist (siehe auch Kap. 1.4, Rn. 33.) 766

Aufsichtsratsvergütung: Für Entgeltzahlungen für Aufsichtsratsmitglieder, die im abgelaufenen Geschäftsjahr rechtlich verursacht, aber noch nicht gezahlt wurden, ist eine Rückstellung für ungewisse Verbindlichkeiten zu bilden, wenn die Höhe der Zahlung noch nicht bekannt ist.[101] Wegen § 10 Nr. 4 KStG ist der Aufwand in der Steuererklärung zur Hälfte außerbilanziell zu korrigieren. 767

Aufstockungsbeträge: Die im Rahmen von Altersteilzeit anfallenden Aufstockungsbeträge sind gesondert von den Erfüllungsrückständen zurückzustellen. Siehe auch Altersteilzeit. 768

---

98 Die Minderung der Rückstellung durch künftige Vorteile wird in der Steuerbilanz wohl weniger restriktiv auszulegen sein als in der Handelsbilanz.
99 Vgl. zu einem Urteil mit entsprechendem Sachverhalt BFH v. 22.02.1978, I R 137/74, BStBl. II 1978, 430.
100 Vgl. § 126 BGB.
101 Dies ist bspw. dann der Fall, wenn die Hauptversammlung über einen Ad-hoc-Beschluss über die Vergütung des Aufsichtsrats entscheidet – vgl. *Vetter*, BB 1989, 442, 442.

769 **Aufwandsrückstellung:** Durch das BilMoG wurde die grds. Möglichkeit der Bildung einer Aufwandsrückstellung auf Rückstellungen für bestimmte unterlassene Instandhaltungen und Abraumbeseitigungen beschränkt – siehe Abraumbeseitigung, Instandhaltung.[102] Die genannten Rückstellungen sind allerdings auch in der Steuerbilanz abzubilden, weil das Handelsrecht für diese eine Passivierungspflicht vorsieht.[103]

770 **Ausbildungskosten:** Die Passivierung von Ausbildungskosten ist umstritten.[104] Zentrales Entscheidungskriterium der Rechtsprechung ist die Ausgeglichenheit zwischen der produktiven Arbeit des Auszubildenden und den gegenüberstehenden Aufwendungen des Unternehmens. Die Rechtsprechung stellt fest, dass das Auszubildendenverhältnis der Ausgeglichenheitsvermutung standhält. Dies wurde selbst für den Fall bejaht, in dem ein Arbeitgeber fast viermal so viele Auszubildende beschäftigte, als er an neuen Fachkräften überhaupt brauchte.[105] Begründet wurde dies damit, dass der Verpflichtungsüberschuss des Arbeitgebers durch andere Vorteile, wie einer möglichen Auswahl zwischen den fertig ausgebildeten Arbeitskräften oder einer Ansehenserhöhung aufgrund der Vielzahl an Auszubildenden, aufgewogen wird. An dieser Meinung ist u.E. nicht zuletzt wegen einer fehlenden Objektivierbarkeit gegenteiliger Auffassungen festzuhalten.[106] Die Passivierung einer Drohverlustrückstellung scheidet aus.

771 **Ausgeglichenheitsvermutung:** siehe Arbeitsverhältnis.

772 **Ausgleichsanspruch:** siehe Handelsvertreter.

773 **Ausgleichsanspruch von Handelsvertretern:** Wird ein Vertretervertrag zwischen einem Handelsvertreter und dem Unternehmen aufgelöst, erlangt der Handelsvertreter für die verlorengegangenen Kundenbeziehungen einen Ausgleichsanspruch, sofern der Geschäftsherr (das Unternehmen) auch nach Vertragsauflösung einen wirtschaftlichen Vorteil aus den Kundenbeziehungen bezieht und der Handelsvertreter durch Beendigung des Vertragsverhältnisses Provisionsansprüche verliert.[107] Für diese wahrscheinliche Außenverpflichtung ist in der Handelsbilanz eine Rückstellung für ungewisse Verbindlichkeiten anzusetzen.[108] Dabei ist die Rückstellungsbildung dann vorzunehmen, wenn mit einer späteren Ausgleichsverpflichtung gerechnet werden muss.[109] Für die Steuerbilanz wird dem erst ab Zeitpunkt der Beendigung des Vertretervertrags gefolgt, wenn wahrscheinlich auch nach diesem Moment aus dem Vertragsverhältnis zum Kunden weitere Vorteile erwachsen.[110] Werden solche Ausgleichszahlungen ungeachtet des wirtschaftlichen Vorteils und der Bedingungen des § 89b HGB regelmäßig freiwillig gezahlt, ist für den durch das

---

102 Siehe auch *Petersen/Zwirner/Künkele*, Bilanzanalyse, S. 283 ff.
103 Vgl. Schmidt/*Weber-Grellet*, EStG § 5 Rn. 461.
104 Einen Rückstellungsansatz verneinend BFH v. 25.01.1984, I R 7/80, BStBl. II 1984, 344.
105 Vgl. BFH v. 03.02.1993, I R 37/91, BStBl. II 1993, 441.
106 Siehe hierzu mit einer umfassenden Würdigung *Heddäus*, S. 274 ff.
107 Vgl. auch mit anderen Anspruchsvoraussetzungen § 89b HGB.
108 Vgl. BGH v. 11.07.1966, II ZR 134/65, BB 1966, 915.
109 Vgl. ADS, § 253 HGB Rn. 235.
110 Vgl. H 5.7 Abs. 5 EStH.

Gewohnheitsrecht entstandenen Ausgleichsanspruch sowohl steuerrechtlich als auch handelsrechtlich eine Rückstellung für ungewisse Verbindlichkeiten zu bilden. Die Rückstellung ist ratierlich anzusammeln.[111] Sie darf insgesamt nicht den in § 89b Abs. 2 HGB festgelegten Höchstbetrag überschreiten, d.h., die Rückstellung kann maximal in Höhe einer durchschnittlichen Jahresvergütung dotiert werden.

Ausgleichzahlung: siehe Verlustausgleichsverpflichtung. 774

Außenprüfung: siehe Betriebsprüfungskosten, Betriebsprüfungsrisiko. 775

Aussetzungszinsen: Für ungewisse Verpflichtungen zur Zahlung von Aussetzungszinsen infolge eines nicht erfolgreichen Einspruchs oder einer Klage gegen einen Steuerbescheid besteht ein Passivierungsgebot. Ungewiss ist, ob und in welcher Höhe die Zinsverbindlichkeit nach § 237 AO entsteht. Dies hängt vom Erfolg der anhängenden Anfechtungsklage bzw. des Einspruchs ab. „Da der Ausgang eines Rechtsstreits indessen regelmäßig unsicher ist, besteht für eine Inanspruchnahme im Fall des Unterliegens eine hinreichende Wahrscheinlichkeit."[112] Folglich liegt ein Passivierungsgebot vor. 776

Ausstehende Rechnung: Sind die Rechnungen für Lieferungen oder Leistungen im Geschäftsjahr bis zum Bilanzstichtag noch nicht eingegangen, müssen Rückstellungen für die ungewissen Verbindlichkeiten gebildet werden. Gehören die Aufwendungen allerdings zu den Anschaffungs- oder Herstellungskosten eines Vermögensgegenstands, ist eine Rückstellung verboten. Ist der Rechnungsbetrag bereits bekannt und erfüllt die Rechnung lediglich eine Fristsetzungs- und Dokumentationsfunktion, dann ist eine Verbindlichkeit und keine Rückstellung zu bilanzieren. 777

Avalhaftung: siehe Avalprovision. 778

Avalprovision: Zahlungsverpflichtungen für Avalkredite, sog. Avalprovisionen, sind gemäß den Kreditkonditionen regelmäßig der Höhe und des Zeitpunkts nach gewiss. Für künftige Avalprovisionen darf folglich keine Rückstellung gebildet werden.[113] 779

B.

Bankkostenzuschuss: siehe Zuschuss. 780

Bankzinsen: siehe Zinszahlung. 781

Batterierücknahme: Bei Vertrieb von Autobatterien ist eine Rückstellung für ungewisse Verbindlichkeiten zu bilden, wenn aus der Selbstverpflichtungserklärung des brancheneigenen Zentralverbands auf eine faktische Pflicht des Unternehmens zur Rücknahme von Altbatterien zu schließen ist und das Unternehmen sich in seiner Geschäftspraxis dieser Vorgabe angeschlossen hat, indem es gebrauchte Batterien tatsächlich zurückgenommen hat.[114] Siehe auch Abfallbeseitigung. 782

---

111 Vgl. ADS, § 253 HGB Rn. 235.
112 BFH v. 08.11.2000, I R 10/98, BStBl. II 2001, 353.
113 Vgl. BFH v. 12.12.1991, IV R 28/91, BStBl. II 1992, 600.
114 Vgl. BFH v. 10.01.2007, I R 53/05, BFH/NV 2007, 1102.

8 Rückstellungs-ABC

783 Baubetreuung: Zahlen die Eigentümer einer Wohnanlage einem Baubetreuungsunternehmen im Voraus eine bestimmte Vergütung (pro qm Wohnfläche oder pro Jahr bspw.) i.V.m. der Verpflichtung des Baubetreuungsunternehmens, anfallende Instandhaltungen und Schönheitsreparaturen auf eigene Rechnung zu leisten, muss das Baubetreuungsunternehmen für die noch zu erbringenden Leistungen eine Rückstellung für ungewisse Verbindlichkeiten bilden.[115]

784 Baulast: Wird eine Baulast in einem öffentlich-rechtlichen Verzeichnis (Baulastenverzeichnis) eingetragen, ist laut Rechtsprechung die damit einhergehende Leistungsverpflichtung in zeitlicher Hinsicht nicht hinreichend konkretisiert.[116] Weder eine Drohverlustrückstellung noch eine Rückstellung für ungewisse Verbindlichkeiten darf gebildet werden.

785 Bauschutt-Recycling: Unternehmen mit dem Gesellschaftszweck des Recyclings von Bauschutt haben Rückstellungen für ungewisse Verbindlichkeiten für nach dem Bilanzstichtag anfallende Aufbereitungskosten auszuweisen. Zu begründen ist dies mit der öffentlich-rechtlichen Verpflichtung zur Aufbereitung, sobald das Recyclingunternehmen den Bauschutt angekauft hat. Voraussetzung für die Rückstellungsbildung ist laut Rechtsprechung des BFH allerdings, dass die zeitnahe Verarbeitung des Bauschutts behördlich überprüft wird.[117]

Beispiel

Ein Recyclingunternehmen übernimmt Bauschutt von Bauunternehmen gegen Entgelt. Dieser wird von ihm aufbereitet und sodann als Füllmaterial an Straßenbauunternehmen weiterverkauft. Nicht verwertbare Reststoffe muss das Recyclingunternehmen fachgerecht entsorgen.

Im Aufkauf des Bauschutts und der Weiterveräußerung der aufbereiteten Stoffe sind zwei getrennte Rechtsgeschäfte zu sehen. Durch den Aufkauf des Bauschutts ist das Recyclingunternehmen verpflichtet, diesen gemäß den gesetzl. Vorgaben des KrW-/AbfG zu entsorgen. Für die Aufbereitungskosten des bis zum Bilanzstichtag noch nicht verarbeiteten Bauschutts ist unter den oben genannten Voraussetzungen eine Rückstellung zu bilden.

786 Bausparkasse: siehe Bausparvertrag.

787 Bausparkassenabschlussgebühr: siehe Bausparvertrag.

788 Bauspartechnische Abgrenzung: Während der Sparphase eines Bausparvertrags dürfen die Bausparkassen keine Rückstellungen für höhere Verwaltungskosten in der Darlehensphase bilden.[118] Es mangelt an einer wirtschaftlich bzw. rechtlich verursachten Aufwendung im Geschäftsjahr.

---

115 Vgl. BFH v. 21.07.1976, I R 43/74, BStBl. II 1976, 778.
116 Vgl. BFH v. 03.05.1998, VIII R 100/81, BStBl. II 1983, 572. Im konkreten Fall war nicht bestimmt, wann der Besitzer eines Parkhauses seine Pflicht zur Bereitstellung von Pkw-Boxen zu erfüllen hat.
117 Vgl. BFH v. 25.03.2004, IV R 35/02, BStBl. II 2006, 644.
118 Vgl. BFH v. 07.03.1973, I R 48/69, BStBl. II 1973, 565.

Bausparvertrag: Sparern, die i.R.v. Bausparverträgen nach Zuteilung des Bauspardarlehens auf dieses verzichten, ist die bei Vertragsabschluss erhobene Einlage sowie oftmals auch die Abschlussgebühr zurückzuzahlen. Für derartige mögliche Verpflichtungen müssen Bausparkassen ab dem Zeitpunkt des Vertragsabschlusses eine Rückstellung für ungewisse Verbindlichkeiten bilden.[119] Bei der Bewertung der Rückstellung ist aufgrund bisheriger Erfahrungswerte die Wahrscheinlichkeit der Rückzahlung zu schätzen. Darüber hinaus dürfen Bausparkassen während der Sparphase keine Rückstellungen für höhere Verwaltungskosten in der Darlehensphase bilden[120] – siehe auch Bauspartechnische Abgrenzung, Jahresabrechnung.

789

Baustellenräumung: Bauunternehmen haben Rückstellungen für die Verpflichtung zur Räumung von eingerichteten Baustellen zu bilden.

790

Bedingt rückzahlbare Zuwendung: siehe Druckbeihilfe, Filmkredit, Herstellungskostenbeitrag, Zuwendung.

791

Bedingte Verbindlichkeit: Aufschiebend bedingt entstehende Verbindlichkeiten dürfen zum Bilanzstichtag als Rückstellung passiviert werden, wenn der künftige Eintritt der Bedingung wahrscheinlich ist.[121]

792

Behindertenabgabe: siehe Schwerbehindertenabgabe.

793

Beihilfe: Für Verpflichtungen ggü. Mitarbeitern im Ruhestand, im Krankheits-, Geburts- oder Todesfall Beihilfen zu gewähren, ist eine Rückstellung für ungewisse Verbindlichkeiten zu bilden. Da ein „Verpflichtungsüberhang" besteht, gilt der Grundsatz der Nichtbilanzierung schwebender Geschäfte in diesem Fall nicht. Das Geschäft (Arbeitsvertrag) ist insofern nicht mehr schwebend, als dass der Arbeitnehmer seine Arbeitsleistung bereits erbracht und damit die Beihilfe erdient hat. Die Beihilfe stellt demnach eine Gegenleistung für die bereits vor dem Ruhestand erbrachte Arbeitsleistung des Arbeitnehmers dar.[122]

794

Von diesem Fall abzugrenzen ist der Fall, in dem der Arbeitgeber für den Arbeitnehmer während der Dienstzeit Krankheitsbeihilfen gewährt. Diese sind nicht durch vorherige Arbeitsleistung erdient und dementsprechend als Aufwand der jeweiligen Periode zu behandeln.[123]

---

119 Vgl. BFH v. 12.12.1990, I R 18/89, BStBl. II 1991, 485.
120 Vgl. BFH v. 07.03.1973, I R 48/69, BStBl. II 1973, 565.
121 Vgl. BFH v. 22.01.1992, X R 23/89, BStBl. II 1992, 488; Schmidt/*Weber-Grellet*, § 5 EStG Rn. 550.
122 Vgl. BFH v. 30.01.2002, I R 71/00, BStBl. II 2003, 279; vgl. ausführlich *Zwirner*, WPg 2012, 198, 198 ff.
123 Vgl. analog zu Krankheitsbeihilfen *Höfer/Pisters*, DB 2002, 2288, 2289.

8 Rückstellungs-ABC

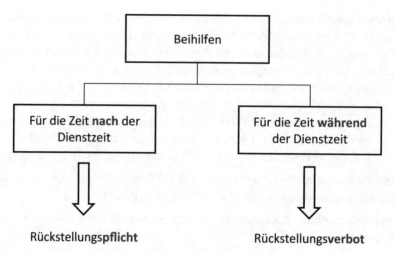

Kategorisierung der Beihilfen; © Petersen/Künkele/Zwirner

Die Beihilfeverpflichtung ist für sich noch nicht im Ruhestand befindliche Mitarbeiter bis zum Beginn des Ruhestands anzusammeln. Hierfür ist der voraussichtlich jährlich zu zahlende Betrag[124] für jedes Lebensjahr mit der jeweiligen Wahrscheinlichkeit, dass der Mitarbeiter zu diesem Zeitpunkt noch lebt, zu multiplizieren. Dieses Produkt ist für alle Jahre nach Beginn des Ruhestands aufzusummieren sowie abzuzinsen und auf die Jahre bis zum Beginn des Ruhestands zu verteilen.[125]

Praxistipp

 In der Praxis wird für Zwecke der Ermittlung der Lebenseintrittswahrscheinlichkeiten auf die Richttafeln von Klaus G. Heubeck zurückgegriffen. Die dort angegebenen Wahrscheinlichkeiten werden auch von der Finanzverwaltung akzeptiert.

Hinsichtlich der Bewertung von Krankheitsbeihilfen ist weiterhin zu beachten, dass diese keine betriebliche Altersvorsorge darstellen,[126] weswegen die Vorschriften bzgl. Pensionsrückstellungen nach § 6a EStG nicht gelten.[127] Daher hat die steuerbilanzielle Abzinsung mit 5,5 % zu erfolgen.[128] Handelsrechtlich findet der von der Bundesbank angegebene Zinssatz Anwendung.

795 Beitrag an Wirtschaftsverbände: siehe Berufsgenossenschaftsbeitrag.

796 Beiträge: Für festgesetzte Zusatzbeiträge ist die Bildung einer Rückstellung zulässig.[129]

---

124 Der voraussichtlich zu zahlende Beitrag kann bspw. auf Basis historischer Daten ermittelt werden. Hierzu wurde in der Literatur vorgeschlagen, die jährlichen Beihilfeleistungen pro Rentner der letzten fünf Jahre zu bestimmen und hieraus den Durchschnitt pro Rentner und Jahr zu ermitteln.
125 Vgl. *Maus*, S. 76.
126 Die Krankheitsbeihilfen erfüllen nicht die gesetzl. Definition des § 1 Abs. 1 BetrAVG.
127 Vgl. hierzu *Höfer/Pisters*, DB 2002, 2288, 2289.
128 Vgl. § 6 Abs. 1 Nr. 3a Buchst. e) EStG.
129 Vgl. FG Thüringen v. 07.07.2015, 2 K 505/14, EFG 15, 1513.

Beitragsrückgewähr: Ist ein bilanzierungspflichtiger Verein per Satzung zur vollständigen oder teilweisen Rückgewähr der Beiträge seiner Mitglieder bei deren Ausscheiden verpflichtet, ist in diesem Fall der Ansatz einer Rückstellung für ungewisse Verbindlichkeiten geboten.[130] Wirtschaftlich verursacht wird die Rückgewähr nämlich durch die Beitragszahlung im entsprechenden Geschäftsjahr. Die Wahrscheinlichkeit des Austritts der Mitglieder aus dem Verein muss i.R.d. Bemessung der Rückstellung berücksichtigt werden.

Beratungskosten: Für aufgelaufene Honorare, die zum Bilanzstichtag noch nicht abgerechnet sind, ist eine Rückstellung für ungewisse Verbindlichkeiten anzusetzen. Die Voraussetzungen einer Rückstellungsbildung, namentlich die Ungewissheit hinsichtlich Grund und/oder Höhe, müssen allerdings erfüllt sein. Außerdem müssen sich die Beratungsleistungen auf abgelaufene Geschäftsjahre beziehen.

Beispiel

> *Das Unternehmen A erteilt der Unternehmensberatung B einen Auftrag. Vereinbart wird eine Vergütung von 100 EUR pro Stunde. Bis zum Bilanzstichtag sind 100 Stunden angefallen. Ist dieser Fakt auch dem Unternehmen A bekannt, so ist eine Verbindlichkeit zu passivieren. Wenn das Unternehmen A keine Kenntnis über die bisher angefallenen Arbeitsstunden hat, ist eine Rückstellung zu bilanzieren. Dabei ist der Stundenumfang bestmöglich zu schätzen.*

Bei erfolgsabhängigen Honoraren ist besonders auf die werterhellenden Informationen zwischen dem Bilanzstichtag und dem Zeitpunkt der Bilanzerstellung zu achten. Stellt sich innerhalb dieses Zeitraums heraus, dass der verpflichtungsbegründende Erfolg nicht erreicht wird, kann keine Rückstellung bilanziert werden.[131]

Bergbauwagnis: siehe Bergschaden, Gruben- und Schachtversatz.

Bergschaden: Unternehmen haben für den durch den Bergbau einer Sache oder Person zugefügten Schaden nach den §§ 114 ff. BBergG Schadensersatz zu leisten. Demnach ist eine gesetzl. Normierung hinreichend konkretisiert und eine Rückstellung für ungewisse Verbindlichkeiten zu bilden.[132] Dies betrifft zum einen bis zum Bilanzstichtag bereits rechtlich entstandene Verpflichtungen, deren Höhe noch nicht feststeht. Zum anderen sind auch Rückstellungen für ungewisse Verbindlichkeiten für rechtlich noch nicht entstandene, aber ernsthaft zu erwartende Verpflichtungen aus Bergschäden zu passivieren, unter der Voraussetzung, dass der Schaden durch Abbauhandlungen vor dem Bilanzstichtag verursacht wurde. Bei der Bilanzierung der Rückstellung der Höhe nach sind auch Kosten der

- Ermittlung der Schadensursache und Schadenshöhe,

---

130 Vgl. BFH v. 28.06.1989, I R 86/85, BStBl. II 1990, 550.
131 Vgl. FG Münster v. 17.08.2010, 1 K 3969/07 F, abrufbar unter: http://www.justiz.nrw.de/nrwe/fgs/muenster/j2010/1_K_3969_07_Furteil20100817.html.
132 Vgl. BFH v. 14.11.1968, I R 51/65, BStBl. II 1969, 266.

- Festlegung der Schadensbeseitigungsarbeiten,
- Ausschreibung und Überwachung der Schadensbeseitigungsarbeiten

zu berücksichtigen.[133] Weiterhin muss der angesammelte Rückstellungsbetrag zu jedem Bilanzstichtag die bis dato unausweichlich gewordenen Kosten, die durch den Bergbau entstanden sind, decken.[134]

Neben der Behandlung von Kostensteigerungen ergeben sich zwischen dem steuer- und dem handelsrechtlichen Rückstellungswert Unterschiede zum einen durch die unterschiedlichen Abzinsungssätze, zum anderen durch die unterschiedliche Ermittlung des Abzinsungszeitraums. Während für die Handelsbilanz die Restlaufzeit der Rückstellung maßgeblich ist,[135] wird für die Steuerbilanz auf den Zeitraum zwischen dem Bilanzstichtag und dem Beginn der Verpflichtungserfüllung abgestellt.[136]

Beispiel

Das Bergbauunternehmen verursacht einen laufenden Bergschaden durch die Abbauarbeiten. Diese werden nach Beendigung der Förderung sukzessive beseitigt. Zum Bilanzstichtag in t1 ist die Förderung bereits beendet, die Schadensbeseitigung steht noch aus. Es wird geschätzt, dass Anfang t4 mit der Beseitigung der Schäden angefangen wird. Für die Beseitigungsarbeiten fallen für die Jahre t4, t5, t6 jeweils 50 TEUR an. Zu Veranschaulichungszwecken wird von einem in der Steuer- wie in der Handelsbilanz einheitlich maßgeblichen Zinssatz von 5,5 % ausgegangen. Preis- und Kostensteigerungen werden vernachlässigt.

In der Steuerbilanz werden die gesamten Aufwendungen für die Schadensbeseitigung (150 TEUR) über den Zeitraum von zwei Jahren abgezinst, denn die Verpflichtung wird in t2 und t3 noch nicht erfüllt. Der steuerbilanzielle Rückstellungswert beträgt demnach

150 TEUR / $1,055^2$ = 134,768 TEUR

In der Handelsbilanz sind die einzelnen Beträge gemäß der Laufzeit bis zur ihrer Fälligkeit abzuzinsen. Vereinfachend wird hier davon ausgegangen, dass die Verpflichtung jeweils genau am ersten Tag der Geschäftsjahre erfüllt wird. Es ergibt sich ein Rückstellungswert von

$(50 / 1,055^2) + (50 / 1,055^3) + (50 / 1,055^4)$ = 127,864 TEUR

Das *BMF* nimmt in einem Schreiben zu den Abzinsungszeiträumen bei bergrechtlichen Verpflichtungen Stellung.[137] Die Abzinsungszeiträume richten sich dabei nach der Art des Schadens. Die folgende Tabelle gibt die Ausführungen des *BMF* zusammengefasst wieder:

---

133 Vgl. *Schülen*, WPg 1983, 658, 663.
134 Vgl. HdR-E/*Kessler*, § 249 HGB Rn. 137.
135 Vgl. § 253 Abs. 2 Satz 1 HGB.
136 Vgl. § 6 Abs. 1 Nr. 3a Buchst. e) Satz 2 EStG.
137 Vgl. *BMF* v. 17.11.1999, IV C 2 – S 2175 – 30/99, BStBl. I 1999, 1127.

8.2 ABC der Rückstellungen

Abzinsungsvorschriften für Bergschäden

	Dauerbergschäden	**Entstandener Bergschaden**	**Verursachter Bergschaden**
Definition	Schäden, die laufend entstehen und gleichzeitig laufend beseitigt werden.	Bereits entstandener Bergschaden, der aber noch nicht beseitigt wurde.	Durch durchgeführte Abbaumaßnahmen verursachter Schaden, der erst zu einem späteren Zeitpunkt auftritt.
Steuerlicher Abzinsungszeitraum	Keine Abzinsung, weil kein Zeitraum zwischen Entstehung und Erfüllung.	Zeitraum zwischen Bilanzstichtag und geschätztem Beginn der Erfüllung (= Zeitpunkt, in dem der Verpflichtete den entstandenen Schaden anerkennt und für den Berechtigten entsprechende Mittel bereitstellt).	Es gelten die bei den entstandenen Bergschäden festgestellten Grundsätze.

Siehe auch Abraumbeseitigung, Gruben- und Schachtversatz, Rekultivierung, Verfüllungskosten.

Berufsausbildung: siehe Ausbildungskosten. 801

Berufsgenossenschaftsbeitrag: Für noch zu leistende Beiträge des abgelaufenen Geschäftsjahrs ist die Passivierung einer Rückstellung geboten. Hierzu zählt auch die Umlage für das Insolvenzgeld. I.R.d. Finanzierungswegs der Berufsgenossenschaften wird nämlich der „endgültige" Betrag regelmäßig der Höhe nach ungewiss sein, weswegen der Rückstellungsansatz geboten ist. Hingegen hat der BFH die Bildung einer Rückstellung für zu zahlende Unfallrenten der Berufsgenossenschaft abgelehnt, weil die Beiträge jährlich als Umlage für die im Laufe dieses Zeitraums angefallenen Kosten erhoben werden.[138] 802

Beschaffungsgeschäft: Für drohende Verluste aus Beschaffungsgeschäften ist die Bildung einer Drohverlustrückstellung geboten. Zielt das Geschäft auf die Beschaffung eines aktivierungsfähigen Vermögensgegenstands, so ist eine Drohverlustrückstellung dann anzusetzen, wenn „für den Vermögensgegenstand nach erfolgter Lieferung voraussichtlich eine Pflicht zur (außerplanmäßigen) Abschreibung bestehen wird."[139] 803

Beispiel

 Die Bärbau AG bestellt im Dezember t1 eine neue Maschine zum Kaufpreis von 100.000 EUR. Die Maschine wird im März t2 geliefert. Zum 31.12.t1 ist der

---

138 Vgl. BFH v. 24.04.1968, I R 50/67, BStBl. II 1968, 544.
139 IDW RS HFA 4, IDW FN 2010, 298, 302.

Wert (= Kaufpreis bei Neubestellung) der Maschine wegen technischer Neuerungen auf nachhaltig 80.000 EUR gesunken. Zum 31.12.t1 ist eine Drohverlustrückstellung i.H.v. 20.000 EUR anzusetzen.

*Zu **buchen** ist zum 31.12.t1:*

sonstige betriebliche Aufwendungen	*20.000 EUR*
an	
Drohverlustrückstellung	*20.000 EUR*

*Im März t2 ist nach Aktivierung des Vermögensgegenstands die Drohverlustrückstellung aufzulösen und eine außerplanmäßige Abschreibung zu **buchen**:*

Maschine	*100.000 EUR*
an	
Verbindlichkeit	*100.000 EUR*
Drohverlustrückstellung	*20.000 EUR*
an	
sonstige betriebliche Erträge	*20.000 EUR*
außerplanmäßige Abschreibung	*20.000 EUR*
an	
Maschine	*20.000 EUR*

Bei Vermögensgegenständen des Umlaufvermögens ist auch der Preis auf dem Absatzmarkt zu überprüfen. Fallen die Wiederbeschaffungskosten, während die Veräußerungspreise immer noch über den vereinbarten Kaufpreis liegen, ist die Bildung einer Drohverlustrückstellung nicht möglich.[140]

Bei auf Dauerschuldverhältnissen beruhenden Beschaffungsgeschäften (z.B. Miet-, Leasing- oder Pachtverträge) muss eine Drohverlustrückstellung dann gebildet werden, wenn der Wert der Leistung des bilanzierenden Unternehmens den Wert der Gegenleistung übersteigt.

804 **Besserungsschein:** Wird mit Gläubigern der Verzicht auf ihre Forderungen vereinbart, unter der Bedingung, dass bei Eintritt eines besseren Geschäftsverlaufs die Gläubiger für den Verzicht entlohnt werden, ist eine Passivierung dieser Verpflichtung erst bei Erfüllung der aufschiebenden Bedingung (bspw. Wiederherstellung des Stammkapitals) vorzunehmen. Diese Verpflichtung ist sodann in den meisten Fällen als Verbindlichkeit auszuweisen, weil sie im Umfang zumeist bekannt sein wird.

805 **Besserungsverpflichtungen:** siehe Besserungsschein.

---

140 Gl.A. WP-Handbuch, Bd. I, Buchst. E Rn. 100.

Bestandspflege: siehe Lebensversicherung. 806

Bestellobligo: Grds. ist keine Rückstellung zu bilden. Ein Sonderfall kann sich ergeben bei Beschaffungsvorgängen, aus denen ein Verlust zu erwarten ist – siehe Beschaffungsgeschäft. 807

Beteiligungen: Für künftige Verluste aus Beteiligungen ist keine Rückstellung zu bilden. 808

Betreiberpflicht: Der Ansatz einer Drohverlustrückstellung für das Betreiben eines mit einer Betreiberpflicht versehenen Geschäfts nur unter Inkaufnahme von Verlusten rechtfertigt dann nicht den Ansatz einer Rückstellung, wenn sich der Bilanzierende ohne weitere Aufwendungen der Betreiberpflicht entledigen und aus dem Vertragsverhältnis ausscheiden kann.[141] Im Umkehrschluss bedeutet dies: Hat die Gesellschaft nicht die Möglichkeiten, sich der Betreiberpflicht ohne weitere Aufwendungen zu entledigen, begründet dies den Ansatz einer Drohverlustrückstellung.[142] Siehe auch Defizitäre Filiale. 809

Betreuung: zu einer Rückstellung für Betreuungskosten von Versicherungsverträgen siehe Versicherungsmakler. 810

Betriebliche Altersversorgung: siehe Pensionsrückstellungen. 811

Betriebliche Berufsausbildung: Im Schrifttum wird der Ansatz einer Rückstellung für Ausbildungsverhältnisse wegen der fehlenden Ausgeglichenheit zwischen Leistung und Gegenleistung überwiegend bejaht. Für betrieblich veranlasste Ausbildungskosten scheidet der Ansatz einer Rückstellung wegen der Ausgeglichenheitsvermutung aus. Für außerbetrieblich veranlasste Kosten kann der Ansatz einer Rückstellung allerdings geboten sein.[143] Der BFH hat den Ansatz einer Rückstellung wegen zu erwartender Ausbildungskosten im Zusammenhang mit einem Berufsausbildungsverhältnis abgelehnt.[144] Siehe auch Ausbildungskosten. 812

Betriebsaufgabe: siehe Betriebsveräußerung. 813

Betriebsprüfungskosten: Für Aufwendungen im Zusammenhang mit der Betriebsprüfung sind regelmäßig Rückstellungen zu bilden. Die Rechtsprechung sieht den Ansatz einer solchen Rückstellung aber erst dann als geboten an, wenn die Prüfungsanordnung[145] ergangen ist.[146] Dem schließt sich die Finanzverwaltung an.[147] U.E. ist bereits beim Zugang des Steuerbescheids unter dem Vorbehalt der Nachprüfung eine Rückstellung zu bilden, weil diese dazu führt, dass der Kaufmann ernsthaft mit der wirtschaftlichen Belastung rechnen muss (siehe auch Datenzugriff der Finanzverwaltung).[148] Bei Großbetrieben liegt die statistische Prüfungswahrscheinlichkeit jedoch 814

---

141 Vgl. FG Köln v. 10.05.2006, 13 K 67/03, StuB 2007, 112.
142 Vgl. für den Fall der mit einer Betreiberpflicht versehenen Fortführung sog. defizitärer Filialen von Handelsunternehmen m.w.N. *Zwirner*, StuB 2011, 891, 893 f.
143 Vgl. WP-Handbuch, Bd. I, Buchst. E Rn. 172 m.w.N.
144 Vgl. BFH v. 25.01.1984, I R 7/80, BStBl. II 1984, 344; BFH v. 03.02.1993, IR 37/91, BStBl. II 1993, 441.
145 Vgl. § 196 AO.
146 Vgl. BFH v. 24.08.1972, VIII R 21/69, BStBl. II 1973, 55. Anders jedoch jüngst FG Baden-Württemberg v. 14.10.2010, 3K 2555/09, BB 2010, 3079.
147 Vgl. H 5.7 Abs. 4 EStH.

weit über 50 %, sodass für diese bereits zum Bilanzstichtag eine Rückstellung für ungewisse Verbindlichkeit begründet wird, ohne dass es auf den Vorbehalt der Nachprüfung ankommt.[149] Handelt es sich bei dem bilanzierenden Unternehmen um eine als Großbetrieb eingestufte Kapitalgesellschaft, sind grundsätzlich auch vor Erlass einer Prüfungsanordnung Rückstellungen zu bilden, soweit sich diese am Bilanzstichtag auf bereits abgelaufene Wirtschaftsjahre beziehen. Hierbei dürfen nur Aufwendungen berücksichtigt werden, die in direktem Zusammenhang mit der Durchführung einer zu erwartenden Betriebsprüfung stehen. Steuerpflichtige, bei denen eine Anschlussprüfung i.S. von § 4 Abs. 2 BpO nicht in Betracht kommt, können sich auf dieses BFH-Urteil nicht berufen.[150]

Praxistipp

In der Steuerbilanz muss der Bilanzierende mit der Nichtanerkennung einer Rückstellung für Betriebsprüfungskosten rechnen, sofern noch keine Prüfungsanordnung ergangen ist.

In die Rückstellung für Betriebsprüfungskosten sind Aufwendungen für die Bereitstellung geeigneter Räumlichkeiten und technischer Hilfsmittel sowie Personalaufwendungen durch die Verpflichtung der Benennung einer Auskunftsperson einzubeziehen.[151] Dies umfasst auch anteilige Abschreibungen und Betriebskosten etc. Auch die voraussichtlichen Kosten für den steuerlichen Berater sind einbeziehungspflichtig.[152]

Es gelten die allgemeinen Bewertungsgrundsätze. Zudem ist das Abzinsungsgebot zu beachten, weil regelmäßig zwischen dem Zeitpunkt des Zugangs des Steuerbescheids und der Betriebsprüfung mehr als zwölf Monate vergehen. Hier sei nochmal erwähnt, dass aus Sicht der Finanzverwaltung jedoch der Zeitraum zwischen Prüfungsanordnung und Betriebsprüfung maßgeblich ist.

Beispiel

Zum Ende des Jahres t2 ergeht der Steuerbescheid für das Jahr t1 unter dem Vorbehalt der Nachprüfung. Kaufmann M rechnet daher mit einer Betriebsprüfung in seinem Hause. Aus Erfahrung weiß er, dass die Betriebsprüfung zumeist zwei Jahre nach Erlass des Steuerbescheides stattfindet. Für diese schätzt er folgende Kosten:

Bereitstellung der Räume (anteilige AfA und Betriebskosten)	1.000 EUR
Bereitstellung der technischen Hilfsmittel (u.a. AfA)	500 EUR
Personalaufwand durch die Auskunftspflicht	500 EUR

---

148 So auch *Werner*, BRZ 2008, 225, 227 f., *Kalus/Hahn*, NWB 49/2010, 3935, 3935.
149 Ähnlich auch FG Baden-Württemberg v. 14.10.2010, 3K 2555/09, BB 2010, 3079.
150 Vgl. FG Baden-Württemberg v. 14.10.2010, 3 K 2555/09; bestätigt durch BFH v. 06.06.2012, I R 99/10, EStB 2012, 359; *BMF* v. 07.03.2013, IV C 6 – S 2137/12/10001, DB 2013 Nr. 12, 608.
151 Diese Pflichten ergeben sich aus § 200 AO.
152 Vgl. *Kalus/Hahn*, NWB 49/2010, 3935, 3935.

Aufgrund anstehender Vertragsverhandlungen mit den Mitarbeitern des Rechnungswesens, rechnet M mit Gehaltssteigerungen von 5 % für die Mitarbeiter des Rechnungswesens.

Die Rückstellung für Zwecke der Steuerbilanz ergibt sich durch Abzinsung des Erfüllungsbetrags mit 5,5 % unter Vernachlässigung künftiger Kostensteigerungen:

Rückstellungsbetrag$_{StB}$ = 2.000 EUR / $1,055^2$ = 1.796,90 EUR

Die Handelsbilanz hat die zukünftige Gehaltssteigerung mit zu berücksichtigen. Der Abzinsungsfaktor ist der Bekanntgabe der Bundesbank zu entnehmen.

Rückstellungsbetrag$_{HB}$ = (1.500 EUR + 500 EUR × 1,05) / $1,0393^2$ = 1.874,75 EUR

Siehe auch GDPdU.

Betriebsprüfungsrisiko: Regelmäßig ist die Außenprüfung (Betriebsprüfung) mit dem Risiko von Steuernachforderungen infolge der Prüfung verbunden. Auch wenn erfahrungsgemäß mit solchen Steuernachforderungen zu rechnen ist, rechtfertigt dies nicht die Bildung einer Rückstellung. Erst wenn das Risiko einer Steuernachzahlung im konkreten Einzelfall begründet ist, muss der Ansatz der Rückstellung erfolgen.[153] Dies ist der Fall, wenn der Betriebsprüfer i.R.d. Prüfung eine bestimmte Behandlung beanstandet hat.[154] Dies ist regelmäßig dann der Fall, wenn der Betriebsprüfer seine Feststellungen schriftlich festhält. Der (nachträglich) erwartete Steueraufwand ist gegen eine Rückstellung für Betriebsprüfungsrisiken zu buchen.   815

Die erwartete Steuernachzahlung ist unter den Steuerrückstellungen auszuweisen.[155]

Betriebsschließung: siehe Geschäftsverlegung, Sozialplan.   816

Betriebsunterbrechungsversicherung: Leistungen aus einer Betriebsunterbrechungsversicherung können in einer Rücklage für Ersatzbeschaffung berücksichtigt werden. Sind sie jedoch für die Anschaffung oder Herstellung bestimmter Wirtschaftsgüter gedacht, stellen sie keinen mindernden Zuschuss der dabei anfallenden Anschaffungs- und Herstellungskosten dar.[156]   817

Betriebsveräußerung: siehe Angeschaffte Drohverlustrückstellungen, Aufgabe und Veräußerung eines Gewerbebetriebs.   818

Betriebsverlegung: siehe Geschäftsverlegung.   819

Betriebsverpachtung: siehe Erneuerungsverpflichtung bei Pachtverträgen.   820

Bewertungseinheit: Für den nicht effektiven Teil einer Bewertungseinheit kann der Ansatz einer Drohverlustrückstellung geboten sein. Der effektive Teil der Bewer-   821

---

[153] Vgl. BFH v. 08.11.2000, I R 10/98, WPg 2001, 506.
[154] Vgl. BFH v. 27.11.01, VII R 36/00, BStBl. II 2002, 731.
[155] Gl.A. Beck Bil-Komm/*Schubert/Waubke*, § 266 HGB Rn. 201, a.A. WP-Handbuch, Bd. I, Buchst. E Rn. 157.
[156] Vgl. BFH v. 29.04.1982, IV R 177/78, BStBl. II 1982, 591; BFH v. 09.12.1982, IV R 54/80, BStBl. II 1983, 371.

tungseinheit zeichnet sich hingegen durch Kompensation der Wertänderungen von Grund- und Sicherungsgeschäft aus und lässt daher keinen Raum für die Bildung einer Rückstellung.

Praxistipp

 Die Behandlung des nicht effektiven Teils einer Bewertungseinheit hat dem Imparitätsprinzip zu folgen. Nicht realisierte Gewinne finden keine Berücksichtigung, während nicht realisierte Verluste in einer Drohverlustrückstellung auszuweisen sind.

822 **Bildungsurlaub:** Für noch nicht in Anspruch genommenen Bildungsurlaub der Arbeitnehmer darf keine Rückstellung gebildet werden. Es handelt sich hierbei um eine „nicht rückstellbare soziale Folgelast".[157]

823 **Blitzeinschlag:** siehe Katastrophe.

824 **Bodenkontamination:** siehe Altlastensanierung.

825 **Bohrlochauffüllung:** siehe Rekultivierung.

826 **Bonus:** Zur Bewertung der Rechtmäßigkeit der Bildung von Rückstellungen für Bonuszahlungen bzw. Treuerabatte ist der Blick auf die wirtschaftliche Verursachung der Zahlung bedeutend. Sind die Ansprüche auf derartige Vergütungen aufgrund eines bestimmten Umsatzes im Geschäftsjahr rechtlich entstanden, aber noch nicht vom Kunden eingelöst, muss eine Rückstellung passiviert werden (z.B. Kundenbindungsprogramme, Jahresgutschriften etc.). Dies gilt, soweit Grund und/oder Höhe der Verpflichtung nicht bekannt sind. Einer Rückstellungsbildung steht jedoch entgegen, wenn die Gewährung des Bonus von einer weiteren Bedingung abhängig ist oder es in der Entscheidungsgewalt des Unternehmens liegt, den Bonus zu gewähren oder nicht.

Beispiel

 Ein Unternehmen gewährt seinen Kunden einen Gutschein i.H.v. 3 % der gesamten Einkäufe, den die Kunden bei ihrem nächsten Einkauf in einer der Filialen des Unternehmens einlösen können.

In diesem Fall ist eine Rückstellung zu bilden. Obwohl die Höhe der Verpflichtung bekannt sein sollte, weil die Umsätze des Kunden gewiss sind, so ist nicht klar, ob und wenn wann welcher Gutschein eingelöst wird. Es liegt Unsicherheit bzgl. des Grundes der Verpflichtung vor.

---

157 Vgl. Schmidt/*Weber-Grellet*, EStG § 5 Rn. 550.

Abwandlung:

Den Kunden des Unternehmens werden nach dem Bilanzstichtag 3 % ihres Umsatzes bar ausgezahlt.

Hier liegt nunmehr eine Verbindlichkeit vor, eine Rückstellungsbildung scheidet aus.

Ebenso sind Kosten für Umsatzboni und Treuerabatte, die in Abhängigkeit der Kundenkäufe in einem vom Geschäftsjahr abweichenden Kalenderjahr gewährt werden, in einer Rückstellung zu erfassen (in Höhe der im Geschäftsjahr entstandenen Verpflichtung).

Unzulässig ist die Bildung einer Rückstellung, wenn der Bonus vom Umfang der Käufe künftiger Jahre abhängig ist.[158] Ferner sind voraussichtliche Skontoabzüge von den Forderungen abzuziehen und nicht als Rückstellung zu erfassen.

Grds. gilt auch bei derartigen Verpflichtungen, dass eine Abzinsung zwingend vorzunehmen ist. Ist jedoch eine Bonusgutschrift mehrere Jahre gültig und ist aufgrund von Erfahrungen der Vergangenheit damit zu rechnen, dass der Berechtigte die Gutschrift im ersten Jahr einlöst oder ansonsten verfallen lässt, muss auf eine Abzinsung verzichtet werden. Gleiches gilt, wenn keine verlässliche Annahme über die Restlaufzeit der Verpflichtung getroffen werden kann.

Siehe auch Rabattmarke.

Börsenzulassungsfolgepflichten: Für öffentlich-rechtliche oder privatrechtliche Folgepflichten aus der Börsenzulassung ist eine Rückstellung anzusetzen, siehe z.B. Quartalsbericht.   827

Börsenzulassungskosten: Wenn zum Bilanzstichtag eine Börsenzulassung beantragt ist, muss für die daraus resultierenden Verpflichtungen des Unternehmens eine Rückstellung angesetzt werden, sofern die Kosten der Höhe nach ungewiss sind. Für eine erst in Zukunft geplante Börsenzulassung scheidet der Ansatz von Rückstellungen für die dadurch künftig anfallenden Kosten aus.   828

Brandschutzmaßnahmen: Sofern das Unternehmen zur Ergreifung von Brandschutzmaßnahmen verpflichtet wurde, kommt der Ansatz einer Rückstellung in Betracht, sofern es sich nicht um aktivierungspflichtige Aufwendungen handelt – siehe Anschaffungs- und Herstellungskosten.   829

Brauerei: siehe Unterpachtverhältnis.   830

Brennelemente: siehe Atomanlage.   831

Buchführungsarbeiten: Für Buchführungsarbeiten nach dem Bilanzstichtag,[159] die Geschäftsvorfälle des abgelaufenen Geschäftsjahrs betreffen, ist eine Rückstellung für ungewisse Verbindlichkeiten zu bilden.[160] Es handelt sich hingegen nicht um eine   832

---

158 Vgl. BFH v. 13.03.1963, I 246/59, HFR 1963, 361.
159 Die (Außen-)Verpflichtung ergibt sich hierbei aus den §§ 140, 141 AO sowie § 238 HGB.
160 Vgl. BFH v. 25.03.1992, I R 69/91, BStBl. II 1992, 1010; H 5.7 Abs. 4 EStH.

Aufwandsrückstellung, weil eine Außenverpflichtung durch die sanktionsbewährte[161] öffentlich-rechtliche Verpflichtung zur Buchführung gegeben ist.

833 **Buchführungskosten:** siehe Buchführungsarbeiten.

834 **Buchhaltungsunterlagen:** siehe Aufbewahrung von Geschäftsunterlagen.

835 **Buchung laufender Geschäftsvorfälle:** siehe Buchführungsarbeiten.

836 **Bundesanstalt für Arbeit:** Arbeitgeber müssen der Bundesanstalt für Arbeit das Arbeitslosengeld für ältere, langjährig Beschäftigte Arbeitnehmer erstatten, sofern diese ungerechtfertigt entlassen wurden. Ist die Forderung hinreichend bestimmt, ist eine Rückstellung anzusetzen.

837 **Bundesanzeiger:** siehe Offenlegung.

838 **Bundesanzeiger, elektronischer:** siehe Offenlegung.

839 **Bürgerlich-rechtliche Verpflichtung:** siehe Privatrechtliche Verpflichtung.

840 **Bürgschaft:** Bürgschaften sind grds. als Haftungsverhältnisse unter der Bilanz anzugeben.[162] Erst bei einer ernsthaft drohenden Inanspruchnahme aus einer Bürgschaft oder einem ähnlichen Haftungsverhältnis ist eine Rückstellung für ungewisse Verbindlichkeiten auf der Passivseite der Bilanz anzusetzen.[163] Wird die Bürgschaft dann tatsächlich in Anspruch genommen, ist die Rückstellung gegen die Verbindlichkeiten zu buchen, weil der Haftungsbetrag festliegt.[164] Bei der Bewertung der Rückstellung sind etwaige Sicherheiten des Hauptschuldners wie mögliche Einreden oder evtl. Mitbürgen zu berücksichtigen.[165] Eine Rückgriffsforderung gegen den Hauptschuldner ist, dem Imparitätsprinzip Rechnung tragend, erst bei Bilanzierung der Verbindlichkeit (nicht bei Rückstellungsbilanzierung) zu aktivieren.[166] Bei mangelnder Werthaltigkeit ist diese dann abzuschreiben.

Beispiel

B hat bei der C-Bank einen Kredit i.H.v. 100.000 EUR aufgenommen. A bürgt i.H.v. 80.000 EUR für die Schulden des B ggü. der Bank C. Ein weiterer Bürge besichert die restliche Darlehensschuld.

Zum Bilanzstichtag ist B in wirtschaftlicher Schieflage und ist bereits mit der Kreditzahlung in Verzug. Es droht eine Inanspruchnahme aus der Bürgschaft. Im Jahresabschluss des A ist zu buchen:

sonstige betriebliche Aufwendungen	*80.000 EUR*
an	
sonstige Rückstellungen	*80.000 EUR*

---

161 Vgl. §§ 162, 369 ff., 377 AO; §§ 283 ff. StGB.
162 Vgl. § 251 Satz 1 Alt. 2 HGB.
163 Vgl. BFH v. 15.10.1998, IV R 8/98, BStBl. II 1999, 333.
164 Vgl. *Eifler*, S. 175.
165 Vgl. Beck Bil-Komm/*Schubert*, § 249 HGB Rn. 100.
166 Ähnlich auch *Eifler*, S. 176.

Im neuen Geschäftsjahr wird die Bürgschaft dann tatsächlich in Anspruch genommen. A sieht sich einer an ihn gerichteten Forderung von 80.000 EUR gegenüber. Es ist zu buchen:

sonstige Rückstellungen	80.000 EUR
an	
Verbindlichkeiten ggü. Kreditinstituten	80.000 EUR

Gleichzeitig ist der Regressanspruch des Bürgen (A) ggü. dem Schuldner (B) als Forderung zu berücksichtigen:

Forderung	80.000 EUR
an	
sonstige betriebliche Erträge	80.000 EUR

Wird die Verbindlichkeit des B ggü. der Bank erfüllt, ist die Verbindlichkeit gegen die Bank auszubuchen:

Verbindlichkeiten ggü. Kreditinstituten	80.000 EUR
an	
Bank	80.000 EUR

Kann die Regressforderung des A vom B nicht erfüllt werden, ist die Forderung wertzuberichtigen.

außerplanmäßige Abschreibung	80.000 EUR
an	
Forderung	80.000 EUR

Auch Pauschalrückstellungen für eine Vielzahl von Bürgschaften sind möglich, wenn die Gefahr der Inanspruchnahme aus dem gesamten Bestand an Bürgschaften droht. Dabei müssen nicht die einzelnen Risiken der Inanspruchnahme erkennbar sein.[167]

Bus: Zu Inspektionen gilt dasselbe wie für Flugzeuge und Kraftfahrzeuge; siehe Flugzeug, Inspektionsverpflichtung.

841

Bußgeld: Bei drohender Festsetzung eines Bußgelds (z.B. durch Missachtung von Umweltschutzbedingungen) ist für diese ungewisse Verbindlichkeit eine Rückstellung anzusetzen. Handelsrechtlich irrelevant ist hierbei, ob diese Ausgabe nach Steuerrecht ganz oder nur teilweise nicht abzugfähig ist. Ebenso sind Verfallsanordnungen zu behandeln.[168] Aufgrund der Nichtabzugsfähigkeit gem. § 4 Abs. 5 Nr. 8 Satz 4 EStG sind im Steuerrecht derartige Rückstellungen grds. außerbilanziell zu korrigieren. Das steuerliche Abzugsverbot bezieht sich jedoch nicht auf „Geldbußen, Ordnungs- und

842

---

167 Vgl. FG Köln v. 16.12.1986, 5 K 352/83, BB 1987, 306.
168 Vgl. BFH v. 06.04.2000, IV R 31/99, BStBl. II 2001, 536.

Verwarnungsgelder ausländischer Behörden (mit Ausnahme der EU Organe)"[169]. Eine Schwierigkeit ergibt sich durch den oftmals auftretenden doppelten Charakter des Bußgelds als Abschöpfungs- und Sanktionsinstrument. Bei Abschöpfung des wirtschaftlichen Vorteils führt die Nichtabziehbarkeit nämlich zu einer ungewollten Doppelbesteuerung, wenn das Bußgeld nicht die Steuern berücksichtigt.[170]

Beispiel

 Der Steuersatz beträgt 30 %. Ein Unternehmen erlangt in t1 rechtswidrig einen wirtschaftlichen Vorteil von 1.000 EUR, der als Ertrag behandelt wird. In t2 wird dieser wirtschaftliche Vorteil in voller Höhe durch ein Bußgeld abgeschöpft. Das Unternehmen hat in t1 keine Erträge, in t2 fallen Erträge in 1.000 EUR an.

t1:

	Handelsrechtlicher Jahresüberschuss	1.000 EUR
=	Steuerrechtlicher Jahresüberschuss	1.000 EUR
× 0,3 (Steuersatz)		
=	Steuerschuld	300 EUR

t2:

	Handelsrechtlicher Jahresüberschuss	0 EUR
=	Steuerrechtlicher Jahresüberschuss (Bußgeld wird wieder hinzu gerechnet)	1.000 EUR
× 0,3 (Steuersatz)		
=	Steuerschuld	300 EUR

Durch die Nichtabziehbarkeit des Bußgelds in t2, unterliegt der wirtschaftliche Vorteil einer Doppelbesteuerung.

Um diesem Problem zu entgehen, hat der Gesetzgeber mit dem § 4 Abs. 5 Satz 1 Nr. 8 Satz 4 EStG eine Ausnahme vom Abzugsverbot ins Einkommensteuerrecht integriert. Die Geldbuße ist demnach insoweit steuerlich absetzbar, als sie den wirtschaftlichen Vorteil abschöpfen soll.

---

[169] Frotscher/*Frotscher*, § 4 EStG Rn. 830.
[170] Vgl. Frotscher/*Frotscher*, § 4 EStG Rn. 839.

8.2 ABC der Rückstellungen

Beispiel

 In Ergänzung des Beispiels ergibt sich für t2 unter Berücksichtigung von § 4 Abs. 5 Satz 1 Nr. 8 Satz 4 EStG

	Handelsrechtlicher Jahresüberschuss	*0 EUR*
=	*Steuerrechtlicher Jahresüberschuss (Bußgeld wird nicht außerbilanziell hinzugerechnet)*	*0 EUR*
× 0,3 (Steuersatz)		
=	*Steuerschuld*	*0 EUR*

Die Norm erfordert eine Aufteilung des Bußgelds in einen Abschöpfungs- und einen Ahndungsteil. Für Letztgenannten gilt unverändert das Abzugsverbot. Für den Abschöpfungsteil hingegen darf die entsprechende Rückstellung in der Steuerbilanz nicht außerbilanziell korrigiert werden.

Maßgeblich für die Aufteilung in Ahndungs- und Abschöpfungsteil ist der Bußgeldbescheid.[171] Macht dieser keine Angaben, wird die Aufteilung wohl von der Finanzbehörde im Schätzverfahren vorgenommen.[172]

Praxistipp

 Für die Aufteilung des Bußgelds in einen Ahndungs- und einen Abschöpfungsteil wird bei fehlender Angabe im Bußgeldbescheid, die Finanzbehörde Schätzungen vornehmen. Der Steuerpflichtige sollte dieser Schätzung durch eine Recherche bzgl. vergleichbarer Fälle entgegentreten.

C.

Call-Option: Der Käufer einer Kaufoption (Long Call) bezahlt für das Recht, einen bestimmten Basiswert zu einem bestimmten Zeitpunkt zu einem bestimmten Preis zu beziehen, eine Stillhalterprämie an den Verkäufer der Kaufoption (Short Call). Das Verlustrisiko des Käufers ist demnach auf die Optionsprämie beschränkt. Der Verkäufer sieht sich jedoch einem möglichen Verlust ggü., wenn der Basiswert den Basispreis (Ausübungspreis) zzgl. Optionsprämie übersteigt. Für dieses Verlustrisiko ist eine Drohverlustrückstellung zu bilden.

843

---

171 Vgl. FG Niedersachsen v. 27.04.2006, 10 K 65/01, EFG 2006, 1737.
172 Vgl. Frotscher/*Frotscher*, § 4 EStG Rn. 841.

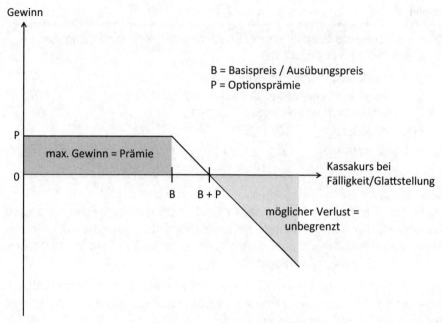

Gewinnprofil beim Short Call[173]; © Petersen/Künkele/Zwirner

Kann die Position durch Eingehen der entsprechenden Gegenposition „glattgestellt" werden, d.h. ist ein Long Call mit gleicher Laufzeit und gleichem Basiswert verfügbar, ist die Drohverlustrückstellung in der Höhe anzusetzen, in der sich ein Verlust bei jetziger Glattstellung ergeben würde (Glattstellungsmethode).[174] Dieser Wert ergibt sich als Differenz zwischen dem Preis/der Prämie für die Gegenposition und der gezahlten Prämie für den Short Call. Andernfalls ist die Drohverlustrückstellung mittels Ausübungsmethode zu bewerten.[175] Der Wert ergibt sich dann als Antwort auf die Frage, welcher Verlust sich jetzt für den Verkäufer der Kaufoption ergibt, wenn der Käufer seine Option ausübt.

Dient die Call-Option dem Hedging einer anderen Position, gelten die Bestimmungen hinsichtlich Bewertungseinheiten – siehe Bewertungseinheit.

844 **Cash-Pooling-Gebühren:** Trifft ein Konzernunternehmen die Verpflichtung zur Zahlung von Gebühren für den konzerninternen Liquiditätsausgleich (ähnlich einer Zinslast) und ist diese Gebühr zum Bilanzstichtag noch nicht berechnet, ist hierfür eine Rückstellung für ungewisse Verbindlichkeiten auszuweisen. Ebenso kommt dies bei konzernexternen Cash-Pooling-Gebühren bspw. ggü. einem Kreditinstitut infrage.

845 **Chartervertrag:** siehe Zeitchartervertrag.

846 **Commodity Futures:** siehe Warentermingeschäft.

---

173 Vgl. auch *Perridon/Steiner/Rathgeber*, S. 328.
174 Vgl. WP-Handbuch, Bd. I, Buchst. E Rn. 196.
175 Vgl. WP-Handbuch, Bd. I, Buchst. E Rn. 196.

8.2 ABC der Rückstellungen

Computer-Update: siehe GDPdU, Software. 847

Credit Link Notes: Credit Link Notes sind gekennzeichnet durch eine Kombination aus Anleihe und Kreditsicherung. Kreditrisiken werden über Anleihen abgesichert. Einer Abwertung der Kreditforderung steht der Credit Default Swap entgegen, eine Rückstellung ist nicht zu bilden.[176] 848

D.

Darlehen bei gesunkenem Marktzins: siehe Darlehenszins. 849

Darlehensverbindlichkeit: siehe Darlehenszins. 850

Darlehenszins: Wird ein festverzinsliches Darlehen abgeschlossen und sind die marktüblichen Darlehenszinsen zum Bilanzstichtag deutlich niedriger als der vereinbarte Zins, so ist für den Differenzbetrag eine Drohverlustrückstellung zu bilden.[177] Eine Erhöhung der Verbindlichkeit scheidet hingegen aus. 851

Beispiel

Zum 01.01.t1 wird ein fünfjähriges, endfälliges und festverzinsliches Darlehen i.H.v. 1 Mio. EUR abgeschlossen. Der Zinssatz beträgt, wie zu diesem Zeitpunkt marktüblich, 8 %. Zum 31.12.t3 sinkt der übliche Marktzins für vergleichbare Darlehen auf 5 %. Es wird angenommen, dass dieses Zinsniveau auch für die restliche Darlehenslaufzeit gehalten wird.

Zum 31.12.t4 und zum 31.12.t5 ist die Zinslast jeweils 30.000 EUR höher als marktüblich (0,08 × 1.000.000 EUR – 0,05 × 1.000.000 EUR). Da die Zinszahlung zum 31.12.t5 mehr als zwölf Monate vom Bilanzstichtag entfernt liegt, ist dieser Teil der Drohverlustrückstellung abzuzinsen. Bei einem angenommenen Zinssatz von 4 % ergibt sich eine Drohverlustrückstellung von:

30.000 EUR + (30.000 EUR / 1,04) = 57.736,69 EUR

Praxistipp

Das Abzinsungsgebot des § 253 Abs. 2 Satz 1 HGB gilt handelsrechtlich auch für Verpflichtungen, die einen Zinsanteil enthalten.[178] Steuerrechtlich ist eine Abzinsung verzinslicher Verpflichtungen nach § 6 Abs. 1 Nr. 3 Satz 2 EStG unzulässig.

Datenbereinigung: Verpflichtungen zum Löschen von Daten durch Bestimmungen des Datenschutzgesetzes oder vertragliche Vereinbarungen begründen im Geschäftsjahr der Speicherung die Bildung einer Rückstellung.[179] 852

---

176 Vgl. FG Niedersachsen 24.10.2013, 6 K 128/11, BB 2014, 815.
177 Vgl. HdB/*Richter*, Rn. 128 m.w.N.; *Maus*, S. 273.
178 Vgl. Syst. Praxiskommentar Bilanzrecht/*Brösel/Scheren/Wasmuth*, § 253 HGB Rn. 97 ff.
179 Vgl. WP-Handbuch, Bd. I, Buchst. E Rn. 121.

853　**Datenschutz:** Bei Verstößen gegen Vorschriften des Datenschutzes sind für die ungewissen Verpflichtungen, die aus der Rechtsverletzung resultieren, Rückstellungen zu bilden. Gleichsam ist eine Pauschalrückstellung für mögliche Inanspruchnahmen aus Datenschutzverletzungen auf Grundlage von Erfahrungswerten möglich. Die Rechtsverletzung muss bereits begangen worden sein. Siehe auch Datenbereinigung.

854　**Datenspeicherung:** siehe Datenverarbeitungsunternehmen.

855　**Datenverarbeitungsunternehmen:** Der BFH entschied in einem Fall, in dem ein EDV-Unternehmen für die Verpflichtung, gespeicherte Daten eines Kunden noch einige Jahre bereit zu halten, Rückstellungen gebildet hatte.[180] Mit der Begründung, dass es sich hier um ein schwebendes Geschäft handelt und nur ein Erfüllungsrückstand eine Rückstellung für ungewisse Verbindlichkeiten begründen könnte, wurde die Rückstellung als unzulässig erklärt. Im angesprochenen Fall ging es nämlich nicht um eine Verpflichtung, die noch im abgelaufenen Jahr hätte erfüllt werden müssen.

U.E. jedoch ist nicht auf die rechtliche Konkretisierung hinsichtlich des Zeitpunkts der Erfüllung der Verpflichtung abzustellen. Vielmehr ist die wirtschaftliche Verursachung maßgeblich.[181] Demnach ist bereits bei Speicherung der Daten eine Rückstellung für die künftigen Kosten der Datenspeicherung anzusetzen, wenn die Vergütung hierfür bereits erzielt wurde, denn die Pflicht zur Speicherung ergibt sich bereits bei Erstellen bzw. Empfangen der Daten.

856　**Datenzugriff der Finanzverwaltung:** Sofern der Kaufmann die Unterlagen nach § 147 Abs. 1 AO[182] mittels eines Datenverarbeitungssystems erstellt hat, treffen ihn bestimmte Zugriffsrechte der Finanzverwaltung. Gem. § 147 Abs. 6 AO hat der Kaufmann dann der Finanzbehörde:

- Einsicht in die gespeicherten Daten und das Datenverarbeitungssystem zu gewähren,
- auf Verlangen der Finanzbehörde die Daten nach Vorgaben dieser maschinell auszuwerten,
- auf Verlangen der Finanzbehörde die gespeicherten Daten auf einem maschinell verwertbaren Datenträger zur Verfügung zu stellen.

Nach § 147 Abs. 6 Satz 3 AO hat der Steuerpflichtige die Kosten hierfür zu tragen, für die er eine Rückstellung zu bilden hat. Wirtschaftlich verursacht sind die Kosten durch die Buchführungspflicht im Abschlussjahr, für das die Betriebsprüfung vorgenommen wird. Der Kaufmann hat sodann eine Rückstellung zu bilden, wenn er ernsthaft damit rechnen muss, die Pflichten des § 147 Abs. 6 AO i.R.e. Betriebsprüfung erfüllen zu müssen und ihm dafür voraussichtlich Kosten entstehen. Als

---

[180] Vgl. BFH v. 24.08.1983, I R 16/79, BStBl. II 1984, 273.
[181] Vgl. *Moxter*, Bilanzrechtsprechung, S. 142, der ausführt, dass nicht der rechtliche, sondern der „wirtschaftliche Erfüllungsrückstand" maßgeblich sei.
[182] Dies sind u.a. die Bücher und Aufzeichnungen, die empfangenen Handels- und Geschäftsbriefe, die Buchungsbelege usw.

Indikator für eine wahrscheinliche Inanspruchnahme ist ein Steuerbescheid unter dem Vorbehalt der Nachprüfung zu verstehen. Ab diesem Zeitpunkt ist die Rückstellung anzusetzen.[183] Mit dem JStG 2009 und der damit verbundenen Einfügung des § 146 Abs. 2b AO ist die Verpflichtung nunmehr auch sanktionsbewehrt, sodass auch steuerrechtlich eine Rückstellung anzusetzen ist.[184]

Als rückstellungsrelevante Aufwendungen kommen Aufwendungen für die Umstellung der EDV, Personalkosten für die Auswertung der Daten nach den Vorgaben der Finanzbehörden, Kosten für die Datenträger usw. in Betracht. Wird allerdings erwartet, dass die Speicherung und Aufbereitung der Daten für betriebliche Zwecke bereits in einer Weise geschehen ist, die den Anforderungen der Finanzbehörden in vollem Umfang gerecht wird, ist von einer Rückstellungsbildung abzusehen.

Da zwischen der Abschlusserstellung und der Betriebsprüfung oftmals mehr als zwölf Monate vergehen, ist regelmäßig eine Abzinsung vorzunehmen. Hier ergeben sich Unterschiede zwischen Handels- und Steuerbilanz. Der steuerbilanzielle Wertansatz ergibt sich durch Abzinsung mit 5,5 %.[185] Für die Handelsbilanz ist der laufzeitabhängige Zinssatz, wie er von der Bundesbank veröffentlicht wird, zu verwenden.[186]

Siehe auch Betriebsprüfungskosten, GDPdU.

Dauerschuldverhältnis: Als Dauerschuldverhältnisse werden zweiseitige Verträge bezeichnet, deren Erfüllungsgeschäft sich nicht auf einen einmaligen Leistungsaustausch konzentriert, sondern sich über einen kontinuierlichen Zeitraum erstreckt.[187] Da es sich bei solchen Verhältnissen um schwebende Verträge handelt, weil Leistung und Gegenleistung noch (teilweise) ausstehen, ist hier der Grundsatz der Nichtbilanzierung schwebender Geschäfte zu beachten. Dementsprechend ist auch für zukünftige Leistungsverpflichtungen keine Rückstellung für ungewisse Verbindlichkeiten zu bilden. Hingegen kann der Ansatz einer Drohverlustrückstellung geboten sein, wenn aus dem restlichen Vertragsverhältnis insgesamt (also nicht nur hinsichtlich einiger Erfüllungszeitpunkte) ein Verlust droht.[188] Hier ist zu jedem Bilanzstichtag neu zu eruieren, ob das Ergebnis für die Restlaufzeit des Dauerschuldverhältnisses negativ ist. Eine Rückstellung für ungewisse Verbindlichkeiten ist nur dann zu bilanzieren, wenn eine Partei seine Pflicht erfüllt hat und die Gegenleistung der anderen Partei noch aussteht. Ein solcher als Erfüllungsrückstand

857

---

183 Vgl. *Werner*, BRZ 2009, 225, 229, *Zwirner/Künkele*, BRZ 2009, 113, 115. Dies muss u.E. auch einzelfallabhängig geprüft werden. Während größere Unternehmen tendenziell für jeden Veranlagungszeitraum geprüft werden, müssen kleine Unternehmen nicht immer damit rechnen, weswegen die Wahrscheinlichkeit der Inanspruchnahme dort geringer ist. A.A. *Maus*, S. 82, der den Zugang der Prüfungsanordnung als maßgeblichen Zeitpunkt ansieht.
184 Vgl. *Happe*, BBK 2010, 651, 652 f. m.w.N.
185 Vgl. § 6 Abs. 1 Nr. 3a Buchst. b) EStG.
186 Vgl. § 253 Abs. 2 HGB.
187 Vgl. Syst. Praxiskommentar Bilanzrecht/*Petersen/Künkele/Zwirner*, § 249 HGB Rn. 169. Siehe auch ausführlich zum Begriff Dauerschuldverhältnis *Heddäus*, S. 108 ff.
188 Vgl. BFH v. 19.07.1983, VIII R 160/79, BStBl. II 1984, 56; WP-Handbuch, Bd. I, Buchst. E Rn. 102.

bezeichneter Zustand berechtigt zur Passivierung einer Rückstellung für ungewisse Verbindlichkeiten (siehe zur Abgrenzung auch Kap. 2.2.4, Rn. 167).

Siehe Darlehenszins, Fernwärmeversorgungsunternehmen, Leasing, Lizenzvertrag, Mietvertrag, Versicherungsvertrag, Zeitchartervertrag.

858 **Dauerwartungsvertrag:** Für eine künftige höhere Inanspruchnahme von Wartungsleistungen aufgrund des zunehmenden Alters einer Anlage ist keine Rückstellung zu bilden, wenn sich zu jedem Bilanzstichtag Leistung und Gegenleistung ausgeglichen gegenüberstehen.[189]

859 **Defizitäre Filiale:** Im Handelsgeschäft kann ein Handels-UN Filialen betreiben, die nachhaltig Verluste erwirtschaften. Für den Fall der Schließung der Filiale hat der Bilanzierende Rückstellungen für ungewisse Verbindlichkeiten in Höhe der Schließungskosten und Abstandszahlungen anzusetzen. Auch im Fall einer defizitären Fortführung der Filiale (wenn die laufenden Verluste geringer sind als die Einmalkosten der Schließung) ergibt sich der Ansatz einer Rückstellung. In diesen Fällen ist eine Drohverlustrückstellung anzusetzen.[190] Siehe auch Betreiberpflicht.

860 **Dekontaminierungskosten:** siehe Altlastensanierung, Atomanlage.

861 **Demografiefonds:** Soweit auf Basis bestehender Tarifverträge oder Betriebsvereinbarungen Verpflichtungen des Arbeitgebers bestehen, bestimmte Beiträge für einen Mitarbeiter in einen internen virtuellen sog. Demografiefonds stellen zu müssen, begründet dies i.d.R. auf Basis des bestehenden Arbeitsverhältnisses den Ansatz einer Rückstellung. Die entsprechenden Aufwendungen sind hinreichend konkretisiert und stellen eine rechtliche sowie wirtschaftliche Außenverpflichtung dar. Die im Demografiefonds eingestellten Beiträge stellen bei wirtschaftlicher Betrachtung einen zusätzlichen Lohn- und Gehaltsbestandteil des Mitarbeiters dar und „sind entweder zur Aufstockung von Langzeitarbeitskonten, der Finanzierung von Altersteilzeitvereinbarungen, Teilrenten, Berufsunfähigkeitsversicherungen oder für Zwecke der betrieblichen Altersversorgung der Mitarbeiter zu verwenden".[191]

862 **Deponien:** siehe Altlastensanierung, Rekultivierung.

863 **Deputat:** § 107 Abs. 2 GewO erlaubt ausdrücklich, „Sachbezüge als Teil des Arbeitsentgelts [zu; d.Verf.] vereinbaren, wenn dies dem Interesse des Arbeitnehmers oder der Eigenart des Arbeitsverhältnisses entspricht". Solche Deputate (z.B. der Haustrunk für Mitarbeiter einer Brauerei) begründen eine Rückstellungsbildung, wenn die Höhe der Deputatleistungen zum Bilanzstichtag noch ungewiss ist und durch die Arbeitsleistung im abgelaufenen Geschäftsjahr verursacht wurde. Regelmäßig wird die Höhe dieser Verpflichtung allerdings bekannt sein, weswegen i.d.R. eine Verbindlichkeit anzusetzen ist.

---

189 Vgl. BFH v. 03.07.1980, IV R 138/76, BStBl. II 1980, 648.
190 Vgl. *Zwirner*, StuB 2011, 891, 891 ff.
191 WP-Handbuch, Bd. I, Buchst. E Rn. 176.

Devisentermingeschäft: Bei offenen Positionen ist zum Bilanzstichtag eine Drohverlustrückstellung anzusetzen, sofern sich unter Zugrundelegung des aktuellen Kassakurses ein Verlust ergeben würde (unter Berücksichtigung des Basispreises und der evtl. Optionsprämie bei Devisenoptionen). Darüber hinaus ist für das Erfüllungsrisiko (Zahlungs- oder Leistungsausfall der Gegenpartei) in einigen Fällen (nicht bei Vorhandensein von Clearingstellen) der Ansatz einer Rückstellung erforderlich. Ist das Devisentermingeschäft als Sicherungsinstrument eines anderen Geschäfts (Bewertungseinheit) anzusehen, kommt der Ansatz einer Drohverlustrückstellung nur für den ungesicherten Teil der Bewertungseinheit in Betracht. Siehe auch Bewertungseinheit, Währungsswap.

864

Dialer: Für Gebühren, die für die Bearbeitung von Anträgen auf Registrierung von Dialern (z.B. Anwählprogramme und Mehrwertdienste-Rufnummern) bei der Bundesnetzagentur anfallen, muss ein Dialer-Anbieter Rückstellungen bilden.[192]

865

Dienstjubiläumszuwendung: Dienstjubiläumszuwendungen sind Geld- oder geldwerte Sachleistungen des Arbeitgebers an den Arbeitnehmer, die dieser bei Erreichen einer bestimmten Dauer der Betriebszugehörigkeit an den Arbeitnehmer leistet. In der Handelsbilanz sind für Aufwendungen bzgl. eines Dienstjubiläums Rückstellungen zu bilden, wenn zum Bilanzstichtag hinreichend wahrscheinlich ist, dass der Arbeitnehmer bis zu seinem Dienstjubiläum im Unternehmen verbleibt und die Zuwendung zu leisten sein wird. Eine solche Pflicht kann sich durch regelmäßige betriebliche Übung oder durch eine Vertragsvereinbarung ergeben haben. Wirtschaftlich verursacht wird der Aufwand für das Jubiläum durch die einzelnen Jahre, die der Mitarbeiter im Unternehmen verbringt. Deswegen ist eine entsprechende Rückstellung für die Dienstjubiläumszuwendung (z.B. zusätzliche Gehaltszahlung, Aktien des Unternehmens bzw. andere (Sach-)Leistung) ratierlich bis zum Zeitpunkt der Zuwendung anzusammeln. Für die Steuerbilanz sieht § 5 Abs. 4 EStG besondere Voraussetzungen für den Ansatz solcher Rückstellungen vor (siehe ausführlich Kap. 2.1.4.4, Rn. 105 ff.):

866

- Das Dienstverhältnis hat mindestens zehn Jahre bestanden.
- Das Jubiläum setzt mindestens das Bestehen eines 15-jährigen Dienstverhältnisses voraus.
- Die Zusage der Jubiläumszuwendung wurde schriftlich erteilt.
- Der Zuwendungsberechtigte hat seine Anwartschaft nach dem 31.12.1992 erworben.

Dabei ist es nicht notwendig, dass die Zusage rechtsverbindlich, unwiderruflich und vorbehaltlos erteilt wird.[193]

Die Finanzverwaltung sieht durch die beschränkte Ansatzmöglichkeit von Rückstellungen für Dienstjubiläumszuwendung durch das „10-Jahre-Kriterium" die Fluktuation hinreichend berücksichtigt. Ein (weiterer) Fluktuationsabschlag sei laut *BMF*

---

192 Vgl. FG Berlin-Brandenburg v. 04.04.2012, 12 V 12208/11, EFG 2012, 1465 Nr. 15.
193 Vgl. BFH v. 18.01.2007, IV R 42/04, BStBl. II 2008, 956.

nicht vorzunehmen.[194] Eine solche Restriktion kann indes nicht für den handelsbilanziellen Wertansatz gelten. Hier ist aufgrund von betrieblichen Erfahrungswerten ein Fluktuationsabschlag in die Bewertung einzubeziehen.

Bei der Bewertung der Rückstellung muss zudem das Risiko des Todes des Mitarbeiters vor seinem Dienstjubiläum oder die Fluktuationsrate im Unternehmen i.R.d. versicherungsmathematischen Berechnungen berücksichtigt werden.[195] Gleichwohl ist es insb. bei einer kleinen Anzahl von Jubiläumszuwendungen zulässig, das steuerlich zulässige Pauschalwertverfahren auch für die Handelsbilanz anzuwenden.[196] Das *BMF* hat in der Anlage zum Schreiben vom 08.12.2008 eine entsprechende Tabelle veröffentlicht, die den jeweiligen Teilwert für eine Jubiläumszuwendung von 1.000 EUR angibt. Die dort angegebenen Werte wurden unter Zugrundelegung eines Rechnungszinses von 5,5 % und der Richttafeln 2005 G von *Klaus Heubeck* ermittelt. Beträgt die Jubiläumszuwendung einen von 1.000 EUR abweichenden Betrag, so ist dieser durch 1.000 zu dividieren und mit dem jeweiligen Teilwert laut Tabelle zu multiplizieren.[197]

Höhe des Teilwertes nach dem Pauschalwertverfahren bei Verpflichtung zur Leistung einer Jubiläumszuwendung i.H.v. je 1.000 EUR[198]

abgeleistete Dienstjahre (gerundet)	Leistung der Jubiläumszuwendung nach ... Jahren									
	15	20	25	30	35	40	45	50	55	60
1	19	11	6	4	3	2	1	1	0	0
2	41	23	14	9	6	4	3	2	1	1
3	66	36	22	14	9	6	4	3	2	1
4	95	52	31	19	13	8	6	4	2	1
5	127	68	41	26	17	11	8	5	3	2
6	164	87	52	35	21	14	10	7	4	2
7	207	109	64	40	26	17	12	8	4	2
8	257	133	78	45	31	21	14	10	5	3
9	315	160	93	58	37	25	17	12	6	3
10	384	191	110	68	44	29	20	14	7	4
11	467	226	128	79	51	34	23	16	9	5
12	566	266	149	91	59	39	26	18	10	5
13	686	313	173	105	67	45	30	21	11	6

---

194 Vgl. *BMF* v. 08.12.2008, IV C 6 – S 2137/07/10002, BStBl. I 2008, 1013.
195 Vgl. BFH v. 05.02.1987, IV R 81/84, BStBl. II 1987, 845.
196 Gl.A. Beck Bil-Komm/*Schubert*, § 249 HGB Rn. 100. Zum Pauschalwertverfahren mit einschlägiger Wertetabelle siehe *BMF* v. 08.12.2008, IV C 6 – S 2137/07/10002, BStBl. I 2008, 1014 f.
197 Vgl. auch *Veit*, StuB 2009, 102, 104.
198 Anlage zu *BMF* v. 08.12.2008, IV C 6 – S 2137/07/10002, BStBl. I 2008, 1013 ff.

8.2 ABC der Rückstellungen

abgeleistete Dienstjahre (gerundet)	Leistung der Jubiläumszuwendung nach … Jahren									
	15	20	25	30	35	40	45	50	55	60
14	829	368	199	120	77	51	34	24	13	7
15	1.000	432	229	137	87	58	39	27	14	8
16		509	263	156	99	65	44	30	16	9
17		601	302	176	111	73	49	34	18	10
18		712	347	199	125	82	55	38	20	11
19		844	399	225	140	91	61	42	23	12
20		1.000	461	254	157	102	68	47	25	13
21			535	287	175	113	76	52	28	15
22			622	325	195	126	84	57	31	16
23			728	369	218	140	93	63	34	18
24			853	420	244	155	103	70	37	19
25			1.000	480	272	171	113	77	41	21
26				551	305	190	125	84	45	23
27				636	342	210	137	93	49	26
28				739	385	232	151	102	54	28
29				858	435	258	166	111	59	31
30				1.000	494	286	183	122	65	33
31					564	318	201	134	71	37
32					647	355	221	146	77	40
33					746	397	243	160	85	43
34					863	446	268	175	92	47
35					1.000	504	297	192	101	52
36						573	328	210	110	56
37						654	365	230	121	61
38						752	407	252	132	67
39						866	455	277	144	73
40						1.000	512	305	158	79
41							580	337	174	87
42							660	373	191	95
43							756	414	212	105
44							868	462	235	115
45							1.000	519	261	128
46								585	293	142
47								665	330	159

8 Rückstellungs-ABC

abgeleistete Dienstjahre (gerundet)	Leistung der Jubiläumszuwendung nach … Jahren									
	15	20	25	30	35	40	45	50	55	60
48								760	374	178
49								870	426	201
50								1.000	487	229
51									559	261
52									643	298
53									742	342
54									860	394
55									1.000	455
56										527
57										614
58										718
59										845
60										1.000

Praxistipp

 Um Zeit und Kosten im Zusammenhang mit der Bewertung der Rückstellung für Dienstjubiläumszuwendung zu sparen, empfiehlt sich bei einer kleinen Anzahl von Jubiläumszusagen die Anwendung des Pauschalwertverfahrens auch für die Handelsbilanz. Die restriktiven Voraussetzungen des § 5 Abs. 4 EStG hinsichtlich des Ansatzes finden indes keine Berücksichtigung in der handelsbilanziellen Bewertung.

Lohnsteigerungen des Arbeitnehmers sind für den handelsbilanziellen Wertansatz zu antizipieren. Für die Steuerbilanz muss aufgrund des Stichtagsprinzips die Lohnsteigerung bereits feststehen.[199] Ferner gilt bei Anwendung des versicherungsmathematischen Verfahrens das Abzinsungsgebot des § 253 Abs. 2 HGB. In der Steuerbilanz ist die Rückstellung mit „[…] mindestens 5,5 % abzuzinsen."[200]

867 **Dienstleistungsgutschein:** siehe Gutschein.

868 **Diensttreueprämie:** siehe Dienstjubiläumszuwendung.

869 **Dienstvertrag:** Ein Dienstvertrag stellt eine Dienstverpflichtung seitens des Dienstgebers ggü. dem Dienstnehmers dar. Hierbei geht der Dienstgeber die Verpflichtung der Erbringung eines Dienstes ein; hiervon unabhängig ist das daraus resultierende Ergebnis. Der Dienstnehmer verpflichtet sich im Gegenzug zur Vergütung des

---

199 Vgl. *BMF* v. 08.12.2008, IV C 6 – S 2137/07/10002, BStBl. I 2008, 1013.
200 *BMF* v. 08.12.2008, IV C 6 – S 2137/07/10002, BStBl. I 2008, 1014.

Dienstes. Sofern aus dem bestehenden Vertragsverhältnis voraussichtlich ein Verlust entstehen wird und auch keine Möglichkeit besteht, das bestehende Vertragsverhältnis zu ändern, ist eine Rückstellung für drohende Verluste zu passivieren. Siehe Drohende Verluste.

Digitale Archivierung: siehe Archivierung von Geschäftsunterlagen. 870

Dingliche Lasten: Bei dinglichen Lasten handelt es sich nicht um Verbindlichkeiten, sondern um Wertminderungen des entsprechenden Wertgegenstands. Grundsätzlich gilt, dass eine entsprechende aktive Risikovorsorge (d.h. im Rahmen der Bewertung der Vermögensgegenstände) einer passiven Risikovorsorge (d.h. einer Rückstellungsbildung) vorgeht. Eine Passivierung ist i.d.R. nicht vorzunehmen. Bei dinglichen Lasten, die einen Sicherungscharakter haben, kann jedoch eine Rückstellung für ungewisse (dingliche) Lasten in Höhe der zu erwartenden Inanspruchnahme nötig sein.[201] Siehe auch Erbbaurecht, Haftungsverhältnis. 871

Dokumentationsverpflichtung: siehe Aufbewahrung von Geschäftsunterlagen. 872

Drohende Verluste: Bzgl. der allgemeinen Ausführungen siehe Kap. 2.2, Rn. 138 ff. 873

Siehe auch die folgenden Sachverhalte: Absatzgeschäft, Angeschaffte Drohverlustrückstellungen, Apotheke, Beschaffungsgeschäft, Bewertungseinheit, Call-Option, Dauerschuldverhältnis, Devisentermingeschäft, Einkaufskontrakt, Financial Futures, Langfristfertigung, Mitarbeiterfreistellung, Optionsgeschäft, Termingeschäft, Währungskursrisiko.

Rückstellungen für drohende Verluste dürfen gem. § 5 Abs. 4a EStG in der Steuerbilanz nicht gebildet werden.

Druckbeihilfe: Der BFH hatte das Vorgehen eines Verlags gebilligt, der Rückstellungen für die mögliche Rückzahlung von Druckbeihilfen bildete.[202] Als Druckbeihilfen werden Zahlungen von Autoren an den Verlag verstanden, die unter der Maßgabe der Rückgewähr bei einer bestimmten Absatzmenge geleistet werden. Steuerrechtlich verbietet sich eine Rückstellung für eine solche Verpflichtung jedoch nunmehr allein wegen § 5 Abs. 2a EStG, wonach eine bedingt rückzahlbare Verpflichtung erst dann ausgewiesen werden darf, wenn die zugehörigen Einnahmen oder Gewinne angefallen sind. Mit Blick auf das Realisationsprinzip,[203] welches besagt, dass nur realisierte Gewinne ausgewiesen werden dürfen, ist dem Ertrag aus der Druckbeihilfe aufwandswirksam eine Rückstellung für die mögliche Verpflichtung zur Rückzahlung entgegenzusetzen.[204] 874

---

[201] Vgl. Schmidt/*Weber-Grellet*, EStG § 5 Rn. 319; BFH v. 24.07.1990, VIII R 226/84 , BFH/NV 1991, 588.
[202] Vgl. BFH v. 03.07.1997, IV R 49/96, BStBl. II 1998, 244.
[203] Vgl. § 252 Abs. 1 Nr. 4 HGB.
[204] Im Ergebnis ebenso HdR-E/*Mayer-Wegelin*, § 249 HGB Rn. 229; HdJ/*Herzig*/*Köster*, Abt. III 5 Rn. 397. A.A. Beck Bil-Komm/*Schubert*, § 249 HGB Rn. 100.

E.

875 **Eichkosten:** Für die gesetzl. Verpflichtung, Messgeräte in regelmäßigen Abständen eichen zu lassen, ist, sofern die Pflicht bereits zum Bilanzstichtag wirtschaftlich und/ oder rechtlich verursacht ist, eine Rückstellung zu bilden.[205]

876 **Einkaufskontrakt:** Eine Drohverlustrückstellung ist handelsrechtlich zu bilden, wenn bestellte, aber noch nicht gelieferte Vermögensgegenstände nach dem § 253 Abs. 3 HGB außerplanmäßig abgeschrieben werden müssten. Der Rückstellungsbetrag muss dabei dem hypothetischen Abschreibungsbetrag entsprechen.[206] Siehe Beschaffungsgeschäft.

877 **Einlagensicherungsfonds:** Keine Rückstellung darf für künftige Beiträge in einen Einlagensicherungsfonds gebildet werden.[207] Allerdings kann die Bildung einer Verbindlichkeitsrückstellung in Handels- und Steuerbilanz geboten sein, wenn zum Bilanzstichtag noch Beiträge des abgelaufenen Geschäftsjahrs zu leisten sind (Erfüllungsrückstand).

878 **Einlöseverpflichtung:** siehe Rabattmarke.

879 **Einziehung:** Für Abfindungen wegen Zwangseinziehung von Geschäftsanteilen darf in der Steuerbilanz keine Rückstellung gebildet werden.[208] Gemäß § 8 Abs. 3 Satz 2 KStG dürfen verdeckte Gewinnausschüttungen den Gewinn nicht mindern. Als solche gelten auch alle Vermögensminderungen, die durch das Gesellschaftsverhältnis veranlasst worden sind, worunter auch die Einziehung von Geschäftsanteilen zählt. Eine andere Meinung versteht die Einziehung als Teilliquidation der Kapitalgesellschaft und die Abfindungszahlung als Rückführung von Stammkapital, was ebenso eine Erfolgswirksamkeit und somit eine Rückstellungsbildung ausschließt.[209]

880 **Eiserne Verpachtung:** siehe Erneuerungsverpflichtung bei Pachtverträgen.

881 **Elektroschrott:** Die Entsorgungspflicht für Elektro- und Elektronikgeräte richtet sich nach dem ElektroG.[210] Das Gesetz unterscheidet hierbei zwischen Geräten, die vor dem 13.08.2005, und Geräten, die nach diesem Datum in den Verkehr gebracht wurden. Weiter wird nach Nutzern der Elektrogeräte differenziert. Hier werden gewerbliche Nutzer von privaten Haushalten abgegrenzt.

Im Fall der Entsorgung von Altgeräten, die vor dem 13.08.2005 in Verkehr gebracht und von privaten Haushalten genutzt wurden, ist für die Entstehung der Entsorgungspflicht der Marktanteil des Elektroherstellers im Rücklaufjahr ausschlaggebend. Ist der Marktanteil gleich null, besteht keine Entsorgungsverpflichtung. Diese ergibt sich folglich erst aus dem Verkauf neuer Produkte zu einem späteren

---

205 A.A. Schmidt/*Weber-Grellet*, EStG § 5 Rn. 550.
206 Vgl. WP-Handbuch, Bd. I, Buchst. E Rn. 124 m.w.N.
207 Vgl. BFH v. 13.11.1991, I R 78/89, BStBl. II 1992, 177. Siehe auch Erläuterung bei *Moxter*, Bilanzrechtsprechung, S. 136.
208 Vgl. FG Hessen v. 21.01.2004, 4 V 4114/03, EFG 2004, 1005.
209 Vgl. FG Hessen v. 21.01.2004, 4 V 4114/03, EFG 2004, 1006.
210 Siehe ausführlich zu den Rückstellungen für Entsorgungen von Elektroschrott *Oser/Roß*, WPg 2005, 1069, 1069 ff.

Zeitpunkt. Der Aufwand für die Entsorgung ist folglich der Periode zuzuordnen, in welcher das Altgerät zurückgegeben wird; eine Rückstellung scheidet aus.[211]

Im Fall von Altgeräten, die nach dem 13.08.2005 in Verkehr gebracht und privat genutzt wurden, ist ein Rückstellungsansatz geboten.[212] Zum einen kann sich die Entsorgungsverpflichtung nach dem Anteil seiner Altgeräte an der Gesamtmenge bestimmen. An das Inverkehrbringen des Geräts ist in diesem Fall die Entsorgungsverpflichtung geknüpft. Zum anderen kann sich die Entsorgungspflicht nach dem Marktanteil im Rücklaufjahr richten. Da jedoch die Hersteller verpflichtet sind, insolvenzsichere Garantien für die Finanzierung der Rücknahme und Entsorgung seiner Elektro- und Elektronikgeräte nachzuweisen,[213] wird der Hersteller durch das Inverkehrbringen eines Geräts auf jeden Fall zur Partizipation an der Entsorgung verpflichtet: entweder durch die Garantie oder über die Entsorgungsverpflichtung anhand des Marktanteils.[214]

Zur Entsorgung von Altgeräten, die vor dem 13.08.2005 in Verkehr gebracht und gewerblich genutzt wurden, ist der Nutzer selbst verpflichtet. Sofern keine vertraglichen Bestimmungen entgegenstehen, kann keine Rückstellung aufseiten des Herstellers angesetzt werden.

Im verbleibenden Fall (Altgeräte nach dem 13.08.2005 in den Verkehr gebracht und gewerblich genutzt) sind die Hersteller verpflichtet, den gewerblichen Nutzern die Möglichkeit zur unentgeltlichen Rückgabe zu verschaffen, sofern die Hersteller und Abnehmer keine abweichende Regelung getroffen haben.[215] Besteht keine abweichende Vereinbarung, entsteht die Verpflichtung zur Entsorgung bereits mit Inverkehrbringen des Geräts durch den Hersteller, sodass eine Rückstellung zu bilden ist.

Kategorisierung der Entsorgungsverpflichtungen des Herstellers

	Private Haushalte	**Gewerbliche Nutzer**
Alt-Altgeräte	Verbot	Kein Bedarf
Neu-Altgeräte	Gebot	Gebot

Emissionsberechtigung: Betreiber Treibhausgas emittierender Anlagen sind durch das TEHG zum Halten entsprechender Emissionsberechtigungen gezwungen. Diese müssen, bei ansonsten drohenden Sanktionen, bis zum 30.04. des aktuellen Kalenderjahrs für das vorangegangene Kalenderjahr nachgewiesen werden.[216] Stellt das betreibende Unternehmen zum Bilanzstichtag eine nicht ausreichende Menge an Berechtigungen für die bereits geschehenen Emissionen fest, muss es in Höhe der voraussichtlichen Kosten der Berechtigungen in der Handels- und der Steuerbilanz eine Rückstellung für ungewisse Verbindlichkeiten

882

---

211 Vgl. *Oser/Roß*, WPg 2005, 1069, 1071.
212 Vgl. *Oser/Roß*, WPg 2005, 1069, 1073 f.
213 Vgl. § 6 Abs. 3 ElektroG.
214 Vgl. *Oser/Roß*, WPg 2005, 1069, 1074.
215 Vgl. § 10 Abs. 2 ElektroG.
216 Vgl. § 6 Abs. 1 TEHG.

ansetzen.[217] Diese Rückstellung wird auch vonseiten der Finanzverwaltung anerkannt, erfüllt sie doch die strengeren Ansatzkriterien für öffentlich-rechtliche Verpflichtungen.[218] § 5 Abs. 4b EStG findet keine Anwendung.[219]

Bei der Bewertung sind die derzeitigen Marktpreise an der European Energy Exchange (EEX) maßgeblich.[220] Zu diesen Einzelkosten sind notwendige Gemeinkosten im Zusammenhang mit der Emissionsersteigerung (bspw. Personalkosten durch die Abwicklung) hinzu zu rechnen.

Praxistipp

Die aktuellen Preise für die Emissionszertifikate sind über die Seiten der EEX abrufbar: https://www.eex.com/de.

Beispiel

Die Graue Wolke AG ist Betreiberin mehrerer Steinkohlekraftwerke. Zum 31.12.t1 (Bilanzstichtag) haben die Kraftwerke des Unternehmens 5.000 Tonnen CO_2 ausgestoßen. Das Unternehmen besitzt zum Bilanzstichtag allerdings nur Zertifikate für einen Ausstoß von 4.500 Tonnen CO_2. Derzeit beträgt der Preis an der EEX 15 EUR/t CO_2. Weitere Kosten fallen annahmegemäß nicht an.

Die Graue Wolke AG hat einen Betrag von 7.500 EUR zurückzustellen (15 EUR × 500 t). Der Betrag ist nicht abzuzinsen, weil der Erfüllungszeitpunkt weniger als zwölf Monate nach dem Bilanzstichtag liegt.

883 **Emissionsrechte:** siehe Emissionsberechtigung.

884 **Energieaudit:** Mit der Umsetzung der Energieeffizienzrichtlinie in nationales Recht sind sog. Nicht-KMU dazu verpflichtet, bis zum 05.12.2015 ein Energieaudit durchführen zu lassen. Bei Nichteinhaltung dieser Frist können sich Auswirkungen auf die handelsrechtliche Rechnungslegung ergeben.

Bei der gesetzlichen Verpflichtung zur Erstellung eines Energieaudits handelt es sich um eine öffentlich-rechtliche Verpflichtung, die zudem bußgeldbewehrt ist. Für den Fall, dass ein energieauditpflichtiges Unternehmen dieser gesetzlichen Verpflichtung nicht nachkommt, bspw. weil überhaupt kein Energieaudit erstellt wurde, ergeben sich Konsequenzen für den handelsrechtlichen Jahresabschluss.

Das bilanzierende Unternehmen muss sich die Frage stellen, ob die rechtswidrige Nichtdurchführung eines Energieaudits zu einer Rückstellungsbildung für ungewisse Verbindlichkeiten führt. Diese Frage wird regelmäßig zu bejahen sein, da es

---

217 Vgl. *BMF* v. 06.12.2005, IV A 5 – S 7316 – 25/0, BStBl. I 2005, 1047.
218 Die Sanktionsbewährung ist durch § 18 TEHG gegeben. Dieses Zwangsgeld gehört jedoch nicht zu den nicht abziehbaren Betriebsausgaben nach § 4 Abs. 5 Satz 1 Nr. 8 EStG, weil es sich nicht um eine Geldbuße, ein Ordnungsgeld oder ein Verwarnungsgeld im Sinne dieser Vorschrift handelt.
219 Vgl. *BMF* v. 06.12.2005, IV A 5 – S 7316 – 25/0, BStBl. I 2005, 1048.
220 Die European Energy Exchange (kurz: EEX) ist die nach eigenen Angaben führende Energiebörse in Europa: https://www.eex.com/de/.

sich um eine öffentlich-rechtliche Verpflichtung handelt, die bußgeldbewährt ist. Danach sind die Kosten für den noch durchzuführenden Energieaudit als Rückstellung zu erfassen. Eine darüber hinausgehende Rückstellung für ein mögliches Bußgeld bei Nichteinhaltung der gesetzlichen Energieauditpflicht bis zum 05.12.2015 kann regelmäßig nur dann angesetzt werden, wenn die Androhung respektive Festsetzung des Bußgeldes mit überwiegender Wahrscheinlichkeit zu erwarten ist.[221]

Energiekosten: siehe Nebenkosten. 885

Entfernungsverpflichtung: Wenn nach Ablauf seines Konzessionsvertrags das Energieversorgungsunternehmen seine Anlagen vom Staats- bzw. Gemeindegrund entfernen muss, ist dafür in Höhe der voraussichtlich anfallenden Kosten eine Rückstellung für ungewisse Verbindlichkeiten anzusetzen.[222] Die Beträge sind gleichmäßig über die Laufzeit des Konzessionsvertrags anzusammeln (siehe auch Atomanlage), sowie abzuzinsen.[223] Ob ein neuer Miet- oder Pachtvertrag über ein Grundstück, für das schon eine Ansammlungsrückstellung gebildet wurde, zu einer Neuberechnung des Ansammlungszeitraums führt, ist zum jetzigen Zeitpunkt umstritten.[224] 886

Entfernungsverpflichtungen, welche die Entsorgung bestimmter Materialien betreffen und deren Verpflichtungscharakter von zusätzlichen Entscheidungen des Unternehmens abhängig sind (bspw. ob Geschäftstätigkeit in gleicher Weise fortgeführt wird), ermächtigen nicht zur Bildung einer Rückstellung. Davon abzugrenzen ist ein sog. Erfüllungsrückstand, also eine bereits im Geschäftsjahr rechtlich entstandene Verpflichtung, der noch nicht nachgekommen wurde. Siehe auch Abfallbeseitigung, Elektroschrott.

Entgangener Gewinn: Eine Rückstellung für entgangene Gewinne darf nicht gebildet werden. 887

Entgelt- und Gebührenabsenkung: siehe Entgeltabsenkung. 888

Entgeltabsenkung: Bei Abfall-, Abwasser- und Energieversorgungs-Unternehmen kann sich die Verpflichtung zur Absenkung von Gebühren infolge von gesetzlichen Vorschriften zur Gebührenerhebung ergeben. Sofern im abgelaufenen Geschäftsjahr oder in Vorjahr mehr Gebühren bzw. Entgelte vereinnahmt worden sind, als dies nach der (ggf. zwischenzeitlich angepassten) Regelung zur Gebührenerhebung zulässig war, ist eine Rückstellung für ungewisse Verbindlichkeiten zu bilden.[225] 889

Entgeltrahmenabkommen: siehe ERA-Anpassungsfonds. 890

Entschädigung: Verpflichtungen durch eine Vereinbarung über einen entgeltlichen Verzicht auf Tantiemevergütungen sind dann als Verbindlichkeiten (und nicht als Rückstellungen) zu bilanzieren, wenn in der Vereinbarung bereits ein Ablösungsbetrag festgelegt wird und dieser von der Dauer des Verbleibs des Arbeitnehmers 891

---

221 Vgl. *Zwirner/Zimny*, DStR 2015, 2510, 2510 ff.
222 Vgl. BFH v. 27.11.1968, I 162/64, BStBl. II 1969, 247.
223 Vgl. BFH v. 05.05.2011, IV R 32/07, DB 2011, 1667.
224 Vgl. Niedersächsisches FG v. 10.05.2012, 6 K 108/10, BB 2012, 1914, Revision eingelegt (BFH I R 46/12); a.A. Hessisches FG v. 21.09.2011, 9 K 1033/06, DStRE 2013, 193, Revision eingelegt (BFH IV R 37/12).
225 Vgl. WP-Handbuch, Bd. I, Buchst. E Rn. 181.

im Unternehmen unabhängig ist.[226] Ist der Ablösungsbetrag von Ereignissen in der Zukunft oder vom Verbleib des Mitarbeiters für eine bestimmte Zeit abhängig, ist eine Rückstellung zu bilden.

892 **Entsorgung:** siehe Abbruchverpflichtung, Abfallbeseitigung, Altauto, Altreifen, Atomanlage, Batterierücknahme, Bauschutt-Recycling, Elektroschrott, Entfernungsverpflichtung.

893 **Entwicklung:** siehe Forschung und Entwicklung.

894 **ERA-Anpassungsfonds:** I.R.d. Schaffung eines einheitlichen Entgeltsystems für Arbeiter und Angestellte der Metall- und Elektroindustrie wurde ein Teil einer vereinbarten Tariferhöhung nicht ausgezahlt (Entgeltrahmenabkommen – kurz: ERA).[227] Stattdessen wurden diese Gelder dem ERA-Anpassungsfonds[228] zugewiesen. Dieses Guthaben soll zusätzliche, durch den Tarifvertrag entstandene Kosten für die Arbeitgeber decken. Allerdings haben sich die Unternehmen verpflichtet, einen Restbetrag, der nach Verwendung des Fondsguthabens verbleibt, den Arbeitnehmern wiederum als Sonderzahlung zu gewähren. Das *BMF* fordert für diesen Fall die Bildung einer Rückstellung, weil die Arbeitgeber keine Möglichkeit haben, sich dieser Verpflichtung zu entziehen und diese Außenverpflichtung wirtschaftlich vor dem Bilanzstichtag verursacht wurde.[229] Dem schließt sich das *IDW* an.[230]

Die Verpflichtung zur Zahlung nicht ausgezahlter Tariferhöhungen ist abzuzinsen. Die relevante Laufzeit ergibt sich als Differenz zwischen Bilanzstichtag und dem voraussichtlichen Zeitpunkt der Ausschüttung der Fondsmittel.

895 **Erbbaurecht:** Die im Zusammenhang mit einem Erbbaurechtsverhältnis zu zahlenden Zinsen begründen grds. kein Rückstellungsgebot. Hier gilt die Ausgeglichenheitsvermutung für das schwebende Geschäft. Allerdings kann die Pflicht zur Bildung einer Drohverlustrückstellung gegeben sein, wenn der Barwert der noch zu erbringenden Erbbauzinsen den Barwert aus der Grundstücksnutzung übersteigt.[231]

Beispiel

 A (Erbbauberechtigter) wird von B (Grundstückseigentümer) ein Erbbaurecht für zehn Jahre gewährt. Im Vertrag wird ein monatlicher Erbbauzins von 10 EUR/m² vereinbart. Im Vertrag wird festgehalten, dass der Erbbauzins im Fall der Arbeitslosigkeit des B auf 12 EUR/m² steigen soll. Der Erbbauzins für ein vergleichbares Grundstück liegt derzeit bei 10 EUR/m².

---

226 Vgl. FG München v. 17.03.2009, 6 K 1289/06, EFG 2009, 1000.
227 Siehe hierzu auch *Herzig/Bohn*, BB 2006, 1551, 1551 ff.
228 „[Hierbei] handelt es sich nicht um einen ‚echten' Fonds im Sinne eines Sondervermögens, an den Zahlungen geleistet werden. Tatsächlich verbleiben die nicht ausgezahlten Tariferhöhungen in der Verfügungsmacht der Arbeitgeber [...]" – *BMF* v. 02.04.2007, IV B 2 – S 2137/07/0003, BStBl. I 2007, 301.
229 Vgl. *BMF* v. 02.04.2007, IV B 2 – S 2137/07/0003, BStBl. I 2007, 302.
230 Vgl. WP-Handbuch, Bd. I, Buchst. E Rn. 182.
231 Vgl. BFH v. 20.01.1983, IV R 158/80, BStBl. II 1983, 413.

Sobald B arbeitslos wird, muss A für die restliche Laufzeit des Erbbaurechts eine Drohverlustrückstellung bilden. Hierfür ist die Differenz aus dem Barwert der noch zu erbringenden Erbbauzinsen und dem Barwert der Erbbauzinsen für ein vergleichbares Grundstück als Wertansatz zu wählen. Ein Abschlag auf den Wertansatz ist vorzunehmen, wenn der Erbbauzins bei erneuter Anstellung des B auf 10 EUR/m² gesenkt wird.

Erdbeben: siehe Katastrophe. 896

Erdgasspeicher: Nach Ansicht der Finanzverwaltung darf für Kosten der Rekultivierung, Verfüllung oder Aufgabe eines Erdgasspeichers dann keine Rückstellung gebildet werden, wenn der Zeitpunkt oder Zeitraum der Inanspruchnahme aus der Verpflichtung nicht bestimmt werden kann (siehe auch Rekultivierung).[232] Diesem Grundsatz folgend verneint die *OFD Hannover* einen Rückstellungsansatz für Aufwendungen im Zusammenhang mit der Aufgabe eines Erdgasspeichers.[233] U.E. ist aber bereits mit dem Einbau des Erdgasspeichers die Verpflichtung zur Rekultivierung bzw. Verfüllung wirtschaftlich begründet, mithin eine Rückstellung anzusetzen.[234] Die Höhe der Rückstellung ergibt sich als Erfüllungsbetrag der Verpflichtung bei Annahme des heutigen Schadensniveaus. Siehe auch Auffüllverpflichtung, Verfüllungskosten. 897

Erfindervergütung: Ist der Arbeitgeber verpflichtet, seine Arbeitnehmer für patentierbare Erfindungen zu entlohnen, kann hierfür ein Rückstellungsansatz geboten sein. Dies ist der Fall, wenn die Erfindung bereits vorliegt (Erfüllungsrückstand) oder mit ihrer Patentierbarkeit ernsthaft gerechnet werden muss und die Höhe der Verpflichtung zum Bilanzstichtag nicht bekannt ist (weil sie z.B. umsatzabhängig ist). 898

Erfolgsabhängige Verpflichtung: siehe Druckbeihilfe, Filmkredit. 899

Erfolgsprämie: Die Rechtmäßigkeit einer Rückstellungsbildung ist davon abhängig, ob die Grundlage der Rückstellung der Erfolg im vorangegangenen Jahr ist oder ob eine Verpflichtung für künftige Erfolge besteht. Im ersten Fall besteht ein Erfüllungsrückstand, worauf eine Rückstellung anzusetzen ist.[235] Ist hingegen die Erfolgsprämie von späteren Erfolgen abhängig, scheidet ein Rückstellungsansatz aus. 900

Erfüllungsbetrag: Rückstellungen sind in Höhe des nach vernünftiger kaufmännischer Beurteilung notwendigen Erfüllungsbetrag anzusetzen. Hiermit stellt der Gesetzgeber klar, dass – unter Wahrung des Stichtagsprinzips – künftige Preis- und Kostensteigerungen bei der Rückstellungsbewertung zu berücksichtigen sind. Bezüglich der Beurteilung künftiger Preis- und Kostensteigerungen dürfen stichtagsbezogen allerdings nur Erkenntnisse Eingang in die Bewertung finden, die auf begründeten Erwartungen basieren. 901

Erfüllungsrückstand: „Ein Erfüllungsrückstand liegt vor, wenn der Verpflichtete sich mit seinen Leistungen ggü. seinem Vertragspartner im Rückstand befindet, also 902

---
232 Vgl. R 5.7 Abs. 4 Satz 1 EStR.
233 A.A. *OFD Hannover* v. 02.11.1998, S 2137 – 95 – St H 222/S 2137 – 86 StO 221, BB 1999, 153, 153.
234 Gl.A. *Fatouros*, DB 2005, 117, 124.
235 Vgl. BFH v. 02.12.1992, I R 46/91, BStBl. II 1993, 109.

weniger geleistet hat, als er nach dem Vertrag für die bis dahin vom Vertragspartner erbrachte Leistung insgesamt zu leisten hatte."[236] Bei Vorliegen eines Erfüllungsrückstands ist eine Rückstellung für ungewisse Verbindlichkeiten zu bilden. Siehe auch Aktienoptionsplan, Altersteilzeit, Dauerschuldverhältnis, Einlagensicherungsfonds, Entfernungsverpflichtung, Erfindervergütung, Erfolgsprämie, Faktische Verpflichtung, Gleitzeitüberhang, Leasing, Lebensversicherung, Lizenzgebühr, Lohnzahlung, Mietpreiszusicherung, Mietvertrag, Urlaubsanspruch, Zuweisung an Unterstützungskassen.

903 **Ergänzungsbeitrag:** siehe Anliegerbeitrag.

904 **Erneuerungsverpflichtung:** siehe Erneuerungsverpflichtung bei Mietverträgen oder Erneuerungsverpflichtung bei Pachtverträgen.

905 **Erneuerungsverpflichtung bei Mietverträgen:** Verpflichtet sich ein Mieter vertraglich ggü. dem Vermieter, nach Ablauf der Mietzeit die Mietsache einer Generalüberholung zu unterziehen, hat er hierfür sowohl in der Handels- als auch in der Steuerbilanz eine Rückstellung für ungewisse Verbindlichkeiten anzusetzen. Siehe Abbruchverpflichtung, Mietvertrag.

906 **Erneuerungsverpflichtung bei Pachtverträgen:** Häufig ist im Pachtvertrag geregelt, dass der Pächter bestimmte Pachtgegenstände nach einer bestimmten Zeit auf seine Kosten ersetzen muss. Der rechtliche Eigentümer dieser Vermögensgegenstände ist der Verpächter, weswegen der Pächter diesen nicht aktivieren darf. Der Pächter hat vielmehr eine Rückstellung für die Ersatzverpflichtung anzusetzen, die auf Grundlage der Nutzungsdauer der gerade gebrauchten Anlage und auf Basis der voraussichtlichen Wiederbeschaffungskosten ratierlich anzusammeln ist.[237]

Beispiel

Im Pachtvertrag (abgeschlossen am 01.01.t1) zwischen dem Pächter „Charlie Lecker" und dem Verpächter „Richard Reich" wird festgehalten, dass sämtliche Pachtgegenstände im Gasthaus nach der ihnen zugrunde zu legenden Nutzungsdauer zu ersetzen sind. Kurz vor Vertragsabschluss hatte Herr Reich noch eine neue Bierzapfanlage des Modells „Trink Tank" für 1.200 EUR beschafft. Die (Rest-)Nutzungsdauer beträgt annahmegemäß zum 01.01.t1 vier Jahre. Der Zinssatz für die Berechnungen sei einheitlich 4 %. Zum 31.12.t3 steigen die Wiederbeschaffungskosten für den „Trink Tank".

---

[236] BFH v. 09.12.2009, X R 41/07, BFH/NV 2010, 860.
[237] Vgl. BFH v. 03.12.1991, VIII R 88/87, BStBl. II 1993, 89.

8.2 ABC der Rückstellungen

	31.12.t1	**31.12.t2**	**31.12.t3**	**31.12.t4**
Wiederbeschaffungskosten zum Stichtag	1.200,00 EUR	1.200,00 EUR	1.400,00 EUR	1.400,00 EUR
Ansammlungsbetrag	300,00 EUR	600,00 EUR	1.050,00 EUR	1.400,00 EUR
Rückstellung (abgezinst)	266,70 EUR	554,73 EUR	1.009,61 EUR	1.400,00 EUR

Der Ansammlungsbetrag ergibt sich zum Bilanzstichtag jeweils folgendermaßen: Wiederbeschaffungskosten$_{Stichtag}$ × (Anzahl bisheriger Nutzungsjahre$_{Stichtag}$ / Gesamtnutzungsdauer)

Ersatzbeschaffungspflicht: siehe Erneuerungsverpflichtung bei Pachtverträgen. 907

Erschließungsbeitrag: siehe Anliegerbeitrag. 908

Erstinnovationszuschuss: siehe Zuschuss. 909

Ertragszuschuss: siehe Zuschuss. 910

Erwartungswert: I.R.d. Rückstellungsbewertung gilt es dem einer jeden Rückstellung anhaftenden Unsicherheitsmoment Rechnung zu tragen. Um dem angesprochenem Unsicherheitsmoment entsprechend zu berücksichtigen, scheint die Ermittlung eines Erwartungswerts grundsätzlich eine sinnvolle Größe darzustellen, da auf diese Art und Weise die mit der Rückstellungsbewertung einhergehenden Ermessensspielräume am ehesten „beseitigt" werden können. Bei der Berechnung eines Erwartungswerts werden verschiedene Szenarien, d.h. Inanspruchnahmen, die sich aus einer Verpflichtung ergeben können, mit unterschiedlichen Wahrscheinlichkeiten gewichtet und bewertet. 911

EU-Chemikalienverordnung: siehe REACH-VO. 912

Explorationskredit: Hierbei handelt sich um Darlehen, die nur dann wieder zurückzuzahlen sind, wenn ein Rohstoff gefunden und gefördert wird. Für diesbzgl. wahrscheinliche Verpflichtungen sind handelsrechtlich Rückstellungen für ungewisse Verbindlichkeiten zu bilden; steuerrechtlich verbietet § 5 Abs. 2a EStG ein solches Vorgehen. Siehe auch Druckbeihilfe. 913

F.

Factoring: Beim echten Factoring übernimmt der Factor eine Forderung inklusive des Risikos eines Forderungsausfalls. Die abgetretene Forderung ist hier beim Factor zu bilanzieren. Beim unechten Factoring handelt es sich um einen Kredit mit Sicherungsabtretung. Im Fall eines unechten Factorings kann der Zedent sowohl die ursprüngliche Forderung als auch den Kredit des Factors bilanzieren. Alternativ kann die Forderung wie beim echten Factoring ausgebucht werden, wobei jedoch 914 bei hinreichender Wahrscheinlichkeit eines Forderungsausfalls eine Verbindlichkeitsrückstellung zu bilden ist.[238]

915 **Faktische Verpflichtung:** Unter faktischen Verpflichtungen sind solche zu verstehen, die der Kaufmann zwar ohne rechtliche Verpflichtung erbringt, aber die aus geschäftlichen Erwägungen geboten erscheinen (siehe auch Kap. 2.1.2.3, Rn. 79 f.; Kap. 2.1.3, Rn. 93 ff.).[239] Insofern ist eine Abgrenzung zu den Gewährleistungen i.S.d. § 249 Abs. 1 Satz 2 Nr. 2 HGB fließend – siehe Gewährleistung. Für faktische Verpflichtungen dürfen grds. Rückstellungen für ungewisse Verbindlichkeiten gebildet werden – siehe auch Gewährleistung, Sozialplan.

Beispiel

  Beispiele für faktische Verpflichtungen sind neben den in § 249 Abs. 1 Satz 2 Nr. 2 HGB genannten Gewährleistungsverpflichtungen: Umweltschutzmaßnahmen, die aufgrund öffentlichen Drucks durchgeführt werden müssen, Verpflichtungen aus nichtigen, aber durchgeführten Verträgen,[240] Restrukturierungsverpflichtungen aufgrund eines Sozialplans.

Abzugrenzen hiervon sind rechtliche Verpflichtungen, die sich durch regelmäßiges Vornehmen der Handlung ohne Vorbehalt ergeben (sog. betriebliche Übung). Im Ergebnis begründen diese aber ebenso den Ansatz einer Verbindlichkeitsrückstellung bei Erfüllungsrückstand. Siehe hierzu u.a. Gratifikation.

916 **Fehlkalkulation:** Eine Fehlkalkulation kann eine Drohverlustrückstellung begründen. Dies gilt, wenn die voraussichtlichen Erlöse aus dem noch nicht aktivierten Vermögensgegenstand die voraussichtlich noch anfallenden Herstellungskosten unterschreiten.

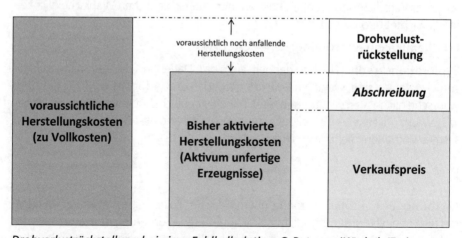

Drohverlustrückstellung bei einer Fehlkalkulation; © *Petersen/Künkele/Zwirner*

---

238 Vgl. Schmidt/*Weber-Grellet*, EStG § 5 Rn. 270; *Broemel/Endert*, BBK 2013, 298, 298.
239 Ähnlich ADS, § 249 HGB Rn. 182.
240 Vgl. *Madauß*, DB 1996, 637, 637.

Die Rückstellung ist dann insoweit zu verbrauchen, als Herstellungskosten aktiviert werden.[241]

Die Bewertung der Drohverlustrückstellung ergibt sich auf Grundlage der zu Vollkosten bewerteten (voraussichtlichen) Herstellungskosten des Vermögensgegenstands. Hierzu zählen alle Einzelkosten sowie produktionsbedingte Gemeinkosten. Ferner sind auch Fremdkapitalkosten im Zusammenhang mit der Herstellung den voraussichtlichen Herstellungskosten zuzurechnen.[242]

Siehe auch Absatzgeschäft.

Fernwärmeleitungen: Eine abstrakte Verpflichtung zum Rückbau von Fernwärmeleitungen nach § 8 AVBFernwärmeV begründet keine Verpflichtung zur Bildung einer Rückstellung, soweit der Beseitigungsanspruch durch den Grundstückseigentümer nicht geltend gemacht wird.[243] **917**

Fernwärmeversorgungsunternehmen: Sofern hinsichtlich der Restlaufzeit der Versorgungsverträge ein Verlust droht, ist diesem Sachverhalt mittels Bildung einer Drohverlustrückstellung Rechnung zu tragen. Dies ist insb. dann gegeben, wenn die Kosten des Unternehmens für Erzeugung und Lieferung der Fernwärme den vereinbarten Abgabepreis übersteigen. **918**

Feuer: siehe Katastrophe. **919**

Filiale: siehe Defizitäre Filiale. **920**

Filmkredit: Ein auflösend bedingter Filmkredit, der aus künftigen Verwertungserlösen zu tilgen ist, begründet die Bildung einer Verbindlichkeitsrückstellung nur,[244] wenn die Höhe der Verwertungserlöse nicht als gewiss gelten kann. Stehen Grund und Höhe der Verpflichtung jedoch fest, während die Erfüllung bezweifelt wird, ist eine Verbindlichkeit auszuweisen.[245] „Wird jedoch aufgrund der zu erwartenden Erlöse mit sicherer Wahrscheinlichkeit von keiner bzw. einer nur anteiligen Rückführung des Darlehens ausgegangen, ist der Teil, der aufgrund der zum Bilanzstichtag vorliegenden Planung mit sicherer Wahrscheinlichkeit von keiner bzw. einer nur anteiligen Rückführung unterliegt, ergebniserhöhend als Ertrag zu erfassen."[246] Für die Steuerbilanz gilt das Passivierungsverbot des § 5 Abs. 2a EStG, weswegen der überlassene Betrag als Ertrag zu verbuchen ist. Mit der Realisierung künftiger Verwertungserlöse kommt es korrespondierend zu einer erfolgswirksamen Bildung einer Verbindlichkeit.[247] **921**

---

241 Vgl. in Bezug auf die Langfristfertigung *IDW* RS *HFA* 4, IDW FN 2010, 298, 301.
242 Vgl. *IDW* RS *HFA* 4, IDW FN 2010, 298, 303.
243 Vgl. *Bünning*, BB 2014, 2352, 2352.
244 Vgl. BFH v. 20.09.1995, X R 225/93, BStBl. II 1997, 320.
245 Vgl. BFH v. 20.09.1995, X R 225/93, BStBl. II 1997, 320.
246 Handbuch Bilanzrecht/*Zwirner/Wittmann*, D.III. Rn. 92.
247 Siehe Handbuch Bilanzrecht/*Zwirner/Wittmann*, D.III. Rn. 93.

8 Rückstellungs-ABC

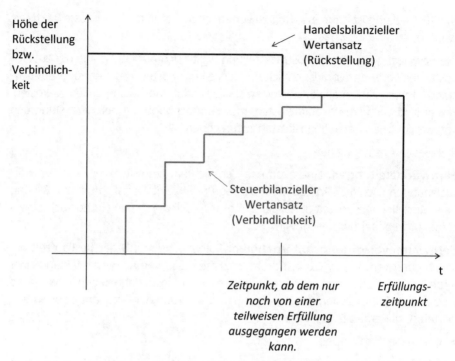

Vergleich von handels- und steuerrechtlichem Wertansatz;
© Petersen/Künkele/Zwirner

922 **Financial Futures:** Ein drohender Verlust, der sich durch Eingehen einer Position in einem Financial Future ergibt, ist in einer Drohverlustrückstellung zu berücksichtigen. Die Höhe der Rückstellung ergibt sich aus dem Verlust, der sich zum Bilanzstichtag durch Glattstellung der Position ergeben würde (Differenz zwischen Futurekurs zum Kauf- oder Verkaufszeitpunkt zum Futurekurs zum Zeitpunkt der Glattstellung). Zu beachten sind die Einschränkungen, die sich bei Vorhandensein einer Bewertungseinheit ergeben – siehe Bewertungseinheit.

923 **Finanzinstrument:** siehe Bewertungseinheit, Call-Option, Devisentermingeschäft, Financial Futures, Optionsgeschäft, Termingeschäft, Währungsswap, Zinsswap.

924 **Finanzverwaltung:** siehe Datenzugriff der Finanzverwaltung.

925 **Firmenjubiläum:** siehe Dienstjubiläumszuwendung.

926 **Flaschenpfand:** Für die Verpflichtung zur Rückgabe des Flaschenpfands ist eine Rückstellung für ungewisse Verbindlichkeiten zu bilden.[248] Die Ungewissheit besteht hinsichtlich der Höhe, weil nicht klar ist, in welchem Umfang die übergebenden Flaschen wieder zurückgegeben werden. Für die Verpflichtung, bei Rückgabe des Individualleerguts und der Brunneneinheitsflaschen und -kästen die Pfandgelder an ihre Kunden zurückzuzahlen, ist eine Verbindlichkeit zu passivie-

---

[248] Vgl. H 5.7 Abs. 6 EStH; *BMF* v. 13.06.2005, IV B 2 – S 2137 – 30/05, BStBl. I 2005, 715; vgl. auch *Zwirner*, SteuK 2013, 275, 275.

ren.²⁴⁹ Getränkehändler müssen darüber hinaus auch eine Rückstellung für ungewisse Verbindlichkeiten ansetzen, wenn am Bilanzstichtag damit zu rechnen ist, dass eine Schadensersatzzahlung zu leisten ist, weil Leergut nicht wie vereinbart an den Abfüller zurückgegeben wurde. Für sog. Mehrrücknahmen bei Teilnahme an einem Mehrwegsystem kommt die Aktivierung eines Nutzungsrechts infrage.²⁵⁰

Die Pfandrückstellung kann kundenbezogen ermittelt werden, wenn für jeden Abnehmer die Anzahl der ausgegebenen und zurückgegebenen Flaschen festgehalten wird. Zur Bewertung der Rückstellung ist dann der Saldo (also die noch beim Kunden befindlichen Flaschen) mit dem Pfandsatz zu multiplizieren.

Ist eine solche kundenbezogene Ermittlung nicht möglich, wird bei Individualleergut²⁵¹ die Differenz aus Erträgen und Aufwand aus der Pfandflaschenausgabe bzw. -rücknahme als Rückstellung bilanziert.

Beispiel

Die Schluckspecht GmbH hat bis zum Bilanzstichtag Erträge i.H.v. 200.000 EUR aus der Pfandberechnung und Aufwendungen i.H.v. 150.000 EUR aus der Pfandrückgabe von Individualleergut zu verzeichnen. Für die Rückstellungsbemessung sind 50.000 EUR zugrunde zu legen.

Bei Einheitsleergut²⁵² kann die Rückstellung nur pauschal ermittelt werden. Hierzu wird die Umschlagsgeschwindigkeit²⁵³ der Flaschen auf das Jahr berechnet und mit dem Pfandsatz multipliziert.

Beispiel

Die Schluckspecht GmbH nutzt auch Einheitsleergut. In t1 hat sie 24.000 Flaschen im Einheitsleergut abgesetzt. 4.000 Flaschen befinden sich noch im Umlauf.

Die Umschlagsgeschwindigkeit beträgt sechs Umschläge/Jahr (= 24.000 / 4.000). D.h., dass die Flaschen durchschnittlich zwei Monate beim Kunden verweilen. Die Pfandrückstellung ergibt sich durch Multiplikation der in den letzten zwei Monaten abgesetzten Flaschen mit dem Pfandsatz.

Aufgrund der kurzen Verweildauer der Flaschen beim Kunden ist keine Abzinsung der Rückstellung vorzunehmen. Hingegen ist die Rückstellung um eine Verlustquote (wegen Bruch bspw.) zu mindern. Diese wiederum ist nur insofern zu berücksichtigen, als sie nicht durch die Abnahme fremder oder Auszahlung des Pfands auch für fehlende Flaschen kompensiert wird.²⁵⁴

---

249 BFH v. 09.01.2013, I R 33/11, DStR 2013, 957.
250 BFH v. 09.01.2013, I R 33/11, DStR 2013, 957.
251 Hierbei handelt es sich um Leergut, dass aufgrund der äußeren Gestaltung dem Abfüller genau zugerechnet werden kann.
252 Dieses Leergut kann nicht individuell zugeordnet werden.
253 Abgesetzte Menge im Geschäftsjahr durch Anzahl der im Umlauf befindlichen Flaschen.
254 Vgl. *Verband deutscher Mineralbrunnen e.V.*, S. 12.

Praxistipp

 Kann der Betrieb nachweisen, dass er auch fehlende oder fremde Flaschen regelmäßig abnimmt, ist bei der Bewertung der Rückstellung keine Verlustquote zu berücksichtigen.[255]

Getränkehändler müssen darüber hinaus auch eine Rückstellung für ungewisse Verbindlichkeiten ansetzen, wenn am Bilanzstichtag damit zu rechnen ist, dass eine Schadensersatzzahlung zu leisten ist, weil Leergut nicht wie vereinbart an den Abfüller zurückgegeben wurde.

927 **Flughafen:** Zum Erwerb einer Nachtfluggenehmigung unter Auflagen siehe Lärmschutz.

928 **Flugzeug:** Umstritten ist die Frage, ob für die Aufwendungen im Zusammenhang mit der Inspektion eines Flugzeugs, die mit Erreichen einer bestimmten Anzahl von Flugstunden gesetzl. vorgeschrieben ist, eine Rückstellung gebildet werden darf. Der BFH verneint die Zulässigkeit der Bilanzierung einer Rückstellung für ungewisse Verbindlichkeiten mit der Begründung, dass erst in jenem Zeitpunkt, in dem die entsprechenden Flugstunden erreicht werden, eine Verpflichtung existiert, die zudem auf den Weiterbetrieb des Flugzeugs gerichtet ist. Insofern fehle es an einem Bezug zur Vergangenheit.[256]

Eine andere Meinung vertreten u.a. *Mayer-Wegelin* und *Herzig*, die den Ansatz einer Rückstellung als geboten erachten.[257] Beide sehen die wirtschaftliche Verursachung der Verpflichtung im Betrieb des Flugzeugs und damit in der Vergangenheit.[258] Wird dieser Ansicht gefolgt, ist die Rückstellung für ungewisse Verbindlichkeiten nach dem Anteil der erreichten Flugstunden an der Anzahl der Flugstunden, welche die Inspektionsverpflichtung hervorrufen, zu bilanzieren.

Überschneidungen können mit den Rückstellungen für unterlassene Instandhaltungen i.S.d. § 249 Abs. 1 Satz 2 Nr. 1 Alt. 1 HGB auftreten, deren Bildung in Betracht kommt, wenn die Inspektion bis zum Bilanzstichtag trotz Erreichen der Flugstunden nicht durchgeführt wurde – siehe Instandhaltung.

929 **Flugzeugwartung:** Es ist keine Rückstellung für die Wartung von Flugzeugen zu bilden. Das FG Düsseldorf begründet seine Entscheidung im Urteil vom 21.04.2015 – 6 K 418/14 K,F, Rev. zugelassen, damit, dass eine wesentliche Voraussetzung der Rückstellungsbildung das Kriterium der Außenverpflichtung ist.[259] Zwar handelt es sich bei der Wartung um eine öffentlich-rechtliche Verpflichtung, da ein Flugfahrzeug ab einer bestimmten Anzahl von Betriebsstunden gem. § 7 LuftBO zu warten

---

255 Vgl. *Verband deutscher Mineralbrunnen e.V.*, S. 12.
256 Vgl. BFH v. 19.05.1987, VIII R 327/83, BStBl. II 1987, 848.
257 Vgl. HdR-E/*Mayer-Wegelin*, § 249 HGB Rn. 229 und *Herzig*, DB 1990, 1341, 1351.
258 HdR-E/*Mayer-Wegelin*, § 249 HGB Rn. 229 verweist überdies auf die Ausführungen von Moxter, der darauf abstellt, ob die Abschreibungen den Inspektionsaufwand bereits mit berücksichtigen oder nicht (dann Rückstellungsbildung).
259 Vgl. FG Düsseldorf v. 21.04.2015, 6 K 418/14 K, F, DB 2015, 1381.

ist. Doch ist die Wartung des Luftfahrzeugs rechtlich nicht durchsetzbar und kann nicht im Klageverfahren oder des Verwaltungsverfahren verfolgt und vollstreckt werden. Daher fehlt es an der Erfüllung des Kriteriums der Außenverpflichtung, sodass die Bildung einer Rückstellung für die Wartung eines Flugfahrzeugs nicht in Betracht kommt.[260]

Flurentschädigung: Bei Kiesabbau sind für evtl. Flurentschädigungen (Entschädigungszahlung dafür, dass die Kiesausbeute die landwirtschaftliche Nutzung des Gebiets verbietet) nur Drohverlustrückstellungen zu bilden, wenn sich aus dem gesamten Sachverhalt (also unter Berücksichtigung der Einnahmen aus der Kiesausbeute, der Kosten der Rekultivierung usw.) ein Verlust androht.[261] In einem vom BFH zu verhandelnden Fall überstiegen die Einnahmen aus Kippgebühren zur Wiederbefüllung der Kiesgrube die Flurentschädigung, weswegen eine Drohverlustrückstellung abgelehnt wurde.[262]

Flusswasserkraftwerk: Nicht zulässig ist die Bildung von Rückstellungen für Uferschutzarbeiten und Entschlammungen bei Betreibern von Flusswasserkraftwerken, um die künftige Produktion zu gewährleisten. Derartige Aufwendungen stehen nicht im Zusammenhang mit der Vergangenheit, sondern sind abhängig vom zukünftigen Betrieb des Flusskraftwerks.[263] Zudem handelt es sich um eine Verpflichtung des Unternehmens gegen sich selbst. Aufwandsrückstellungen sind, bis auf die im § 249 Abs. 1 Satz 2 HGB genannten Formen, nicht zu passivieren.

Hingegen ist für die am Abschlussstichtag bereits bekannte Verpflichtung, dass das Wasserkraftwerk auf Kosten des Bilanzierenden zu beseitigen ist, eine Rückstellung für ungewisse Verbindlichkeiten zu bilden.[264]

Flut: siehe Katastrophe.

Forschung und Entwicklung: Die Bildung einer Rückstellung für aufgeschobene Forschungs- und Entwicklungskosten ist nicht zulässig.

Freistellung: siehe Mitarbeiterfreistellung.

Freiwillige Jahresabschlussprüfung: Bisher konnten Gesellschaften sowohl im Handels- als auch im Steuerrecht Verbindlichkeitsrückstellungen bilden, bspw. für die zu erwartenden Aufwendungen zur Durchführung und Offenlegung einer freiwilligen Jahresabschlussprüfung. Der BFH hat in seinem Urteil v. 05.06.2014 – IV R 26/11 entschieden, dass fortan keine Rückstellungen mehr für die Durchführung und Offenlegung freiwilliger Jahresabschlussprüfungen in der Steuerbilanz gebildet werden dürfen, wenn eine Gesellschaft zu dieser bspw. „nur" aufgrund ihres Gesellschaftsvertrags verpflichtet ist. Begründet wird das Urteil des BFH damit, dass in diesen Fällen die zu erwartenden Aufwendungen ausschließlich reine Selbst- und Innenverpflichtungen darstellen, die trotz ihrer Einklagbarkeit keine rückstellungs-

---

260 Vgl. *Kleinmanns*, BB 2015, 1712, 1712 f.; *Abele*, BB 2015, 2482, 2482.
261 Vgl. BFH v. 16.09.1970, I R 184/67, BStBl. II 1971, 85.
262 Vgl. BFH v. 16.12.1992, XI R 42/89, BFHE 170, 179.
263 Vgl. BFH v. 12.12.1991, IV R 28/91, BStBl. II 1992, 600.
264 Siehe auch *Gelhausen/Fey*, DB 1993, 593, 593 ff.

fähige Außenverpflichtung begründen können[265] (siehe zur Außenverpflichtung Kap. 2.1.2.2., Rn. 55 f.). Somit darf in der Steuerbilanz keine Rückstellung angesetzt werden.

Handelsrechtlich wird hingegen eine gegenteilige Meinung durch das *IDW* vertreten. Nach Ansicht des *IDW* ist auch in den Fällen, in denen eine freiwillige Jahresabschlussprüfung durchgeführt werden soll, der Ansatz einer Rückstellung geboten. Begründet wird dies damit, dass die Gesellschafter aufgrund des zugrunde liegenden Gesellschaftsvertrags die Jahresabschlussprüfung gerichtlich einklagen können und insoweit im Verhältnis zur Gesellschaft ebenfalls als **fremden Dritte** zu verstehen sind, sodass eine Außenverpflichtung vorliegt. Somit darf in der Handelsbilanz eine Rückstellung angesetzt werden.[266]

Hinweis

Das Urteil des BFH im Zusammenhang mit der Bildung von Rückstellungen für die Durchführung von freiwilligen Jahresabschlussprüfungen geht über den dem Urteil zugrunde liegenden Sachverhalt einer Personengesellschaft hinaus, da dieses auf Gesellschaften aller Rechtsformen übertragbar ist und somit eine große Ausstrahlwirkung in der Steuerpraxis entfaltet.

936 **Friseurgutschein:** Gutscheine für einen Preisnachlass beim Friseur für das Folgejahr können im Ausgabejahr weder als Verbindlichkeit noch als Rückstellung bilanziert werden.[267]

937 **Futures:** siehe Financial Futures, Warentermingeschäft.

G.

938 **Garantie:** siehe auch Bürgschaft und Gewährleistung. Rückstellungen sind bei drohender Inanspruchnahme aus einer Zahlungsgarantie sowohl in der Handelsbilanz als auch in der Steuerbilanz zu bilden. Hierbei werden bspw. bei einer „Garantie auf erstes Anfordern" alle Einwendungsmöglichkeiten ausgeschlossen, da nur so dem Garantienehmer eine effektive Zahlungssicherung gegeben ist. Der wirtschaftliche Unterschied zwischen Garantie und Bürgschaft ist fließend. Auf die gewählte Bezeichnung kommt es dabei nicht an.

939 **Garantiefonds:** siehe Einlagensicherungsfonds.

940 **Garantieleistung:** siehe Gewährleistung.

941 **Garantieverpflichtung:** Werden zivilrechtlich Garantien abgegeben, die über die gesetzl. Gewährleistungsverpflichtungen hinausgehen (bspw. Garantieverlängerung beim Kauf von Elektrogeräten), begründen auch diese eine Rückstellung für ungewisse Verbindlichkeiten. Sind diese jedoch nur auf einen bestimmten Anteil

---

265 Vgl. BFH v. 05.06.2014, IV R 26/11, BStBl. II 2014, 886.
266 Vgl. *Zeidler/Schmatz*, BBK 2015, 281, 281 ff.
267 Vgl. BFH v. 19.09.2012, IV R 45/09, BStBl. II 2013, 123.

des Verkaufspreises beschränkt, so ist dieser Umstand i.R.d. Rückstellungsbewertung zu berücksichtigen. Zur Bewertung siehe auch Gewährleistung.

Beispiel

 Die Garantierückstellungen AG vertreibt hochmoderne Elektronikprodukte im kosmetischen Bereich für den privaten Gebrauch. Über den gesetzl. Garantiezeitraum von zwei Jahren räumt sie ihren Kunden eine darüber hinausgehende weitere zweijährige Gewährleistung ein. Der Bewertung ihrer Gewährleistungs- und Garantieverpflichtungen zum Bilanzstichtag legt sie stets den Umsatz des aktuellen Geschäftsjahrs zugrunde.

Zum 31.12.t1 bildet die Garantierückstellungen AG Garantieverpflichtungen ab, die eine Restlaufzeit zwischen weniger als einem und bis maximal vier Jahre haben. Hierbei sind die einzelnen Bewertungstranchen grds. entsprechend ihrer Restlaufzeit unterschiedlich abzuzinsen.

Garantien für das Eintreten bei Zahlungsunfähigkeit Dritter (Bürgschaften) müssen zur Begründung einer Rückstellung für ungewisse Verbindlichkeiten dem Kriterium der wahrscheinlichen Inanspruchnahme genügen.

Garantieverpflichtungen werden nicht unter § 5 Abs. 4a EStG subsumiert.[268] Garantieverpflichtungen sind als einseitige Verträge nicht vom Begriff des schwebenden Geschäfts erfasst. Demzufolge ist auch für solche Sachverhalte für die Steuerbilanz die Passivierung von Rückstellungen für ungewisse Verbindlichkeiten zu prüfen. Siehe weiterführend Bürgschaft, Gewährleistung.

Gas- und Elektrizitätsversorgung: siehe Abrechnungskosten.   942

Gasrückführungssystem: Einem Tankstellenbetreiber wurde die Rückstellungsbildung für Aufwendungen im Zusammenhang mit der Errichtung eines Gasrückführungssystems untersagt. Im benannten Fall war der Tankstellenbetreiber gesetzl. verpflichtet, innerhalb einer gesetzten Frist die Anpassung zu vollziehen. Der BFH lehnte die Rückstellung ab, da die gesetzl. Frist noch nicht verstrichen war und eine rechtliche Verpflichtung somit nicht gegeben war.[269]   943

GDPdU: Die Grundsätze zum Datenzugriff und zur Prüfbarkeit digitaler Unterlagen umfassen die Pflichten bzgl. Zugänglichmachung, Auswertung digitaler Daten i.R.d. Betriebsprüfung sowie die Speicherung dieser Daten. Siehe auch Aufbewahrung von Geschäftsunterlagen, Betriebsprüfungskosten, Datenzugriff der Finanzverwaltung.   944

Gebrauchsmusterrecht: Hinsichtlich Ansatz und Bewertung von Rückstellungen für Verletzungen derartiger Schutzrechte gelten die unter „Patentrechtsverletzung" und „Urheberrechtsverletzung" gemachten Aussagen. Zum steuerlichen Auflösungsgebot siehe Kap. 2.1.4.3, Rn. 102 ff.   945

---

268 Vgl. BFH v. 11.04.2003, IV B 176/02, BFH/NV 2003, 919.
269 Vgl. BFH v. 13.12.2007, IV R 85/05, DB 2008, 1013.

946 Gebühren im Zusammenhang mit Dekontamination/Reinigung: siehe Altlastensanierung.

947 Gebührenabsenkung: siehe Entgeltabsenkung.

948 Gefährdungsabschätzung: siehe Altlastensanierung.

949 Gegnerische Ansprüche: siehe Passivprozess, Prozesskosten.

950 Gehaltsfortzahlung: siehe Lohnfortzahlung im Krankheitsfall.

951 Geldbußen: siehe Bußgeld, Prozesskosten.

952 GEMA: siehe Verwertungsgesellschaft.

953 Generalüberholung: Aufwendungen für Generalüberholungen, die Aufwand des Kaufmanns gegen sich selbst darstellen, dürfen nicht als Rückstellung passiviert werden. Eine Ausnahme hiervon bilden Instandhaltungsaufwendungen i.S.d. § 249 Abs. 1 Satz 2 Nr. 1 Alt. 1 HGB – siehe Instandhaltung.

Verpflichtet sich ein Mieter vertraglich ggü. dem Vermieter, nach Ablauf der Mietzeit die Mietsache einer Generalüberholung zu unterziehen, hat er hierfür in Handels- und Steuerbilanz eine Rückstellung für ungewisse Verbindlichkeiten anzusetzen – siehe Erneuerungsverpflichtung bei Mietverträgen. Ferner sind oftmals Pächter von Verpflichtungen zur Generalüberholung betroffen – siehe Erneuerungsverpflichtung bei Pachtverträgen.

954 Gerichtshängigkeit von Forderungen: Ist im Rahmen eines Rechtstreits von einem teilweisen Unterliegen auszugehen, kommt ein Rückstellungsansatz dem Grunde nach in Betracht, falls das Kriterium der überwiegenden Wahrscheinlichkeit auf die Prozesskosten angewendet werden kann.[270]

955 Gerichtsprozess: siehe Prozesskosten.

956 Geschäftsbericht: Für einen vom Unternehmen auf freiwilliger Basis erstellten Geschäftsbericht für das abgelaufene Geschäftsjahr besteht ein Ansatzverbot von Rückstellungen, weil es sich hierbei um eine Aufwandsrückstellung handeln würde. Etwas anderes gilt, wenn bzgl. der Erstellung eines solchen Berichts eine gesetzl., vertragliche oder faktische Verpflichtung besteht – siehe Jahresabschluss.

957 Geschäftsrisiko: Für das allgemeine Geschäftsrisiko einer möglicherweise sich verschlechternden Ertragslage darf keine Rückstellung gebildet werden.[271]

958 Geschäftsunterlagen: siehe Aufbewahrung von Geschäftsunterlagen.

959 Geschäftsverlegung: Der BFH hat in einem Urteil die Bildung einer Verbindlichkeitsrückstellung für Kosten im Zusammenhang mit einer geplanten Verlegung des Unternehmens untersagt. Dies gilt auch, wenn der Umzug infolge der Kündigung angemieteter Geschäftsräume notwendig wird.[272] Eine Rückstellung für ungewisse Verbindlichkeiten ist aber dann geboten, wenn am Bilanzstichtag eine bereits begon-

---

270 Vgl. *Hoffmann/Lüdenbach*, § 249 HGB Rn. 87.
271 Vgl. BFH v. 24.08.1972, VIII R 31/70, BStBl. II 1972, 943.
272 Vgl. BFH v. 24.08.1972, VIII R 31/70, BStBl. II 1972, 943.

nene und rechtlich verpflichtende Betriebsverlegung noch nicht abgeschlossen ist.[273]

Geschmacksmusterrecht: Hinsichtlich Ansatz und Bewertung von Rückstellungen für Verletzungen derartiger Schutzrechte gelten die unter „Patentrechtsverletzung" und „Urheberrechtsverletzung" gemachten Aussagen. Zum steuerlichen Auflösungsgebot siehe Kap. 2.1.4.3, Rn. 102 ff.

960

Gesellschafterhaftung: Der persönlich haftende Gesellschafter einer PersG darf keine Rückstellung aufgrund seiner unbeschränkten Haftung bilden.[274] Wird er aus seinem Gesellschafterverhältnis von der Gesellschaft in Anspruch genommen, so leistet er Einlagen.[275]

961

Gewährleistung: Aus dem § 437 BGB ergeben sich Verpflichtungen für Verkäufer. Diese umfassen die Pflicht zur Nacherfüllung, das Rücktrittsrecht des Käufers vom Vertrag, die Kaufpreisminderung und den Schadensersatz. Wenn das Unternehmen zum Bilanzstichtag im Einzelfall mit hoher Wahrscheinlichkeit mit einer Inanspruchnahme rechnen muss, ist eine Verbindlichkeitsrückstellung zu bilden. Bei einer Vielzahl von solchen möglichen Leistungen kann die Verbindlichkeitsrückstellung auch pauschal auf Basis bisheriger Erfahrungswerte geschätzt werden (Pauschalrückstellung). Ein Vorliegen eines konkreten Gewährleistungsfalls ist hier nicht erforderlich. Auch Kosten für Gewährleistungen, die der Kaufmann von sich aus regelmäßig tätigt und aus denen eine rechtliche Verpflichtung für künftige Gewährleistungen erwächst (sog. betriebliche Übung), sind in einer Rückstellung zu berücksichtigen, sofern der Kaufmann zum Bilanzstichtag mit einer Inanspruchnahme rechnet.[276]

962

§ 249 Abs. 1 Satz 2 Nr. 2 HGB erlaubt zudem den Ansatz von Rückstellungen für „Gewährleistungen, die ohne rechtliche Verpflichtung erbracht werden." Dem sind aber nur solche Leistungen zu subsumieren, die tatsächlich nicht auf einer gesetzl. oder vertraglichen Verpflichtung beruhen – siehe Faktische Verpflichtung. Werden Leistungen erbracht, um Rechtsstreitigkeiten zu vermeiden, handelt es sich um Rückstellungen für ungewisse Verbindlichkeiten.[277] Im Steuerrecht sind nur Rückstellungen für Gewährleistungen anerkannt, denen sich der Kaufmann aus geschäftlichen Erwägungen nicht entziehen kann. Im Ergebnis sind somit auch auf Grundlage von § 249 Abs. 1 Satz 2 Nr. 2 HGB gebildeten Rückstellungen in der Steuerbilanz zu passivieren; ein Unterschied zur Handelsbilanz besteht nicht. Ein Gewährleistungsaufwand aufgrund faktischer Verpflichtung ist regelmäßig dann gegeben, wenn

1. der Gewährleistungsaufwand im Zusammenhang mit einer vorausgegangenen erbrachten Lieferung/Leistung des Bilanzierenden steht;

---

273 Vgl. BFH v. 24.08.1972, VIII R 31/70, BStBl. II 1972, 943.
274 Vgl. BFH v. 21.06.1989, X R 14/88, BStBl. II 1989, 881.
275 Vgl. BFH v. 21.06.1989, X R 14/88, BStBl. II 1989, 881.
276 Vgl. BFH v. 06.04.1965, I 23/63 U, BStBl. III 1965, 383.
277 Vgl. WP-Handbuch, Bd. I, Buchst. E Rn. 263 m.w.N.

2. es sich um einen Mangel handelt, der weder auf einen natürlichen Verschleiß noch eine falsche Behandlung zurückzuführen ist, sondern der dem Bilanzierenden anzulasten ist;
3. der Bilanzierende eine Zusage zur Behebung des Mangels (ohne rechtliche Verpflichtung) gemacht hat bzw. die Vorgehensweise des Kaufmanns in der Vergangenheit eine entsprechende Kulanzleistung erwarten lässt.

Für die Schätzung der Rückstellungshöhe werden in der Literatur verschiedene Ansätze diskutiert, die jedoch stets unter dem Gesichtspunkt der unternehmensindividuellen Verhältnisse gesehen werden müssen.[278] In der Praxis ist es üblich, dass ein betrieblicher Erfahrungssatz geschätzt und auf die Umsätze, die noch mit Gewährleistungsrechten behaftet sind, bezogen wird.[279] Dabei wird der Anteil des Garantieaufwands am Nettoumsatz auch für die noch mit Gewährleistungsrechten behafteten getätigten Umsätze als Grundlage genommen. Basierend auf dem erwarteten Gewährleistungsaufwand wird die Rückstellung unter Berücksichtigung der bereits tatsächlich angefallenen Kosten berechnet. Dieses stark vereinfachende Verfahren soll anhand des folgenden Beispiels dargestellt werden.[280]

Beispiel

Ein Handelsunternehmen verkauft seit t1 Elektrogeräte. Die Verjährungsfrist für Gewährleistungsansprüche beträgt gemäß § 438 Abs. 1 Nr. 3 HGB zwei Jahre. Eine darüber hinausgehende Garantieverpflichtung wird nicht gewährt und ist auch nicht faktisch geboten.

Es ist bekannt, dass für die in t1 abgesetzten Geräte (Nettoumsatz von 1.000.000 EUR) 20.000 EUR für Gewährleistungsaufwendungen aufzubringen waren. Dies entspricht einer Quote von 2 %. Für die in t2 abgesetzten Geräte (Nettoumsatz 1.200.000 EUR) waren bereits 6.000 EUR Gewährleistungsaufwendungen zu leisten. In t3 wurden Geräte zu einem Nettoumsatz von 1.500.000 EUR umgesetzt, denen noch keine Gewährleistungsaufwendungen gegenüberstehen.

Jahr	Umsatz in EUR	Erwartete Gewährleistungsaufwendungen in EUR	Tatsächliche Gewährleistungsaufwendungen bis zum Bilanzstichtag in EUR	Differenz in EUR
t1	1.000.000	–	20.000	–
2	1.200.000	24.000	6.000	18.000
t3	1.500.000	30.000	–	30.000
			Rückstellung	**48.000**

---

278 Zu einzelnen Verfahren der Rückstellungsbewertung siehe *Hommel/Schulte*, BB 2004, 1671, 1674 ff.
279 Dieses Vorgehen wurde auch von der Rechtsprechung als zulässig befunden – vgl. BFH v. 07.10.1982, IV R 39/80, BStBl. II 1983, 104.
280 Siehe zur Bewertung dieses Verfahrens *Hommel/Schulte*, BB 2004, 1671, 1674.

Zum 31.12.t3 ist die Rückstellung mit 48.000 EUR zu bewerten, wobei, die Aufgabe der Bewertung erschwerend, der Teil des Erfüllungsbetrags zu ermitteln ist, der erst in mehr als zwölf Monaten fällig wird. Dieser ist entsprechend abzuzinsen. In den Folgejahren ist die Gewährleistungsquote anzupassen.

Bei der Bewertung der Rückstellung sind die Gewährleistungsaufwendungen zu Vollkosten maßgeblich (also Materialeinzelkosten, -gemeinkosten, Löhne usw.).[281]

Praxistipp

Die Ermittlung der Erfahrungssätze setzt eine genaue Dokumentation der Gewährleistungsaufwendungen voraus. Der Bilanzierende hat dabei zumindest folgende Daten festzuhalten:[282]

- Datum des Umsatzes,
- Datum der Ausführung der Gewährleistung,
- Kosten der Gewährleistung.

Bei der Bewertung sind zudem etwaige Rückgriffrechte auf Dritte zu beachten, solang es sich hierbei noch nicht um aktivierbare Ansprüche handelt.[283]

Die Abzinsung ist grds. entsprechend der Laufzeit der jeweiligen (Teil-)Verpflichtung vorzunehmen. Dies kann wegen des enormen Aufwands jedoch nicht von Unternehmen gefordert werden, die fortlaufend Umsätze generieren und entsprechende Gewährleistungsverpflichtungen erwarten.

Praxistipp

Bei Garantierückstellungen, deren einzelne Verpflichtungsbestandteile eine Restlaufzeit von mehreren Jahren haben, dürfte aus Wesentlichkeitsgründen eine Abzinsung über eine mittlere Laufzeit vertretbar sein.[284]

Eine Abzinsung ist in der Steuerbilanz bei Einzelrückstellungen vorzunehmen.[285] Pauschalrückstellungen brauchen nach Ansicht der Finanzverwaltung aus Vereinfachungsgründen nicht abgezinst werden.[286]

Gewährträgerhaftung: siehe Gewährleistung. 963

Gewerbesteuer: Für Abschlusszahlungen und rückständige Vorauszahlungen an Gewerbesteuer, die sich aufgrund des ermittelten Gewerbeertrags für ein Geschäftsjahrs ergeben, sind Rückstellungen für ungewisse Verbindlichkeiten zum Abschluss- 964

---

281 Vgl. BFH v. 13.12.1972, I R 8/70, BStBl. II 1973, 217.
282 Vgl. auch mit exemplarischer Tabelle *Maus*, S. 120.
283 Vgl. Beck Bil-Komm/*Schubert*, § 249 HGB Rn. 100.
284 Vgl. *Petersen/Zwirner/Künkele*, BilMoG in Beispielen, S. 92.
285 Vgl. Littmann/Bitz/Pust/*Hoffmann*, § 6 EStG Rn. 671.
286 Vgl. *BMF* v. 26.05.2005, IV B 2 – S 2175 – 7/05, BStBl. I 2005, 699, 703.

stichtag zu bilden.[287] Bei der Bewertung sind gewerbesteuerspezifische Sachverhalte wie Hinzurechnungen und Kürzungen zu beachten. Ferner sind für Gewerbesteuernachforderungen, die durch eine Betriebsprüfung aufgedeckt werden, Rückstellungen für die Jahre, in denen sie wirtschaftlich verursacht wurden, zu bilden – siehe Betriebsprüfungsrisiko. Siehe auch Körperschaftsteuer, Steuerrückstellung.

Derartige Rückstellungen finden aufgrund des Abzugsverbots des § 4 Abs. 5b EStG keinen Eingang in die Steuerbilanz.

965 **Gewerbesteuerschuld:** siehe Gewerbesteuer.

966 **Gewerblicher Rechtschutz:** siehe Markenrechtsverletzung, Patentrechtsverletzung, Urheberrechtsverletzung.

967 **Gewinn:** siehe Entgangener Gewinn.

968 **Gewinnabhängige Verbindlichkeit:** siehe Druckbeihilfe, Filmkredit, Zuwendung.

969 **Gewinnabhängige Vergütung:** Stimmt der Bemessungszeitraum der gewinn- oder umsatzabhängigen Vergütung mit dem Geschäftsjahr überein, ist die Verpflichtung zum Bilanzstichtag gewiss, weil der Erfolg bekannt ist. Insofern ist eine Verbindlichkeit zu passivieren, es sei denn, die maßgebliche Größe steht zum Stichtag noch nicht fest, weil sie sich bspw. erst aus der Bilanzerstellung ergibt.[288] Weicht der vertraglich vereinbarte Abrechnungszeitraum vom Geschäftsjahr ab, ist der im abgelaufenen Geschäftsjahr durch den Erfolg verursachte Aufwand als Rückstellung für ungewisse Verbindlichkeiten in Handels- und Steuerbilanz zu passivieren. Ebenso sind gewinnabhängige Vergütungen zu behandeln, die sich auf bereits entstandene Gewinne beziehen, aber noch von der Erfüllung einer Bedingung abhängig sind. Eine Passivierung einer Rückstellung für Bezüge in Abhängigkeit zukünftiger Gewinne darf weder steuerrechtlich[289] noch handelsrechtlich[290] gebildet werden.

970 **Gewinnabhängige Verpflichtung:** siehe Gratifikationen, Zuwendung.

971 **Gewinnbeteiligung:** Im Zeitpunkt der Bilanzerstellung wird i.d.R. der Gewinnanteil eines typischen stillen Gesellschafters bekannt sein. Ein Ansatz dieser Beträge als Rückstellung scheidet daher aus.

972 **Gewinnbeteiligung eines typischen stillen Gesellschafters:** Im Zeitpunkt der Bilanzerstellung wird i.d.R. der Gewinnanteil eines typischen stillen Gesellschafters bekannt sein. Ein Ansatz dieser Beträge als Rückstellung scheidet daher aus.

973 **Gleitzeitüberhang:** Die i.R.v. Arbeitszeitkonten angesammelten Arbeitsstunden der Arbeitnehmer, die zum Bilanzstichtag noch nicht in Anspruch genommen wurden, müssen im folgenden Geschäftsjahr ausgeglichen werden. Daher handelt es sich um einen Erfüllungsrückstand, dessen Verursachung in der Tätigkeit des Arbeit-

---

[287] Vgl. BFH v. 12.04.1983, IV R 112/81, BStBl. II 1984, 554. Die Verpflichtung ergibt sich bereits beim Entstehen steuerbarer Gewinne – vgl. § 38 AO.
[288] Dann ist eine Rückstellung zu passivieren – vgl. *Blenkers/Czisz/Gerl*, S. 128 m.w.N.
[289] Vgl. § 6a Abs. 1 Nr. 2 EStG; BFH v. 03.03.2010, I R 31/09, DStR 2010, 691.
[290] Das Kriterium der wirtschaftlichen Verursachung ist als nicht erfüllt anzusehen.

nehmers im abgelaufenen Geschäftsjahr zu sehen ist. Folglich ist eine Rückstellung für ungewisse Verbindlichkeiten in Handels- und Steuerbilanz auszuweisen. Die Rückstellung ist wie eine Urlaubsrückstellung zu bewerten, sodass auch Sozialabgaben des Arbeitgebers mit einzubeziehen sind. Es gilt der Grundsatz der Einzelbewertung – der Gleitzeitüberschuss eines Arbeitnehmers darf nicht zum Ausgleich eines Arbeitszeitdefizits eines anderen Arbeitnehmers verwendet werden.[291]

Gnadenquartal: siehe Lohnfortzahlung im Todesfall. 974

GoBD: siehe Aufbewahrung von Geschäftsunterlagen. 975

Gratifikation: Gratifikationen (auch Sonderzuwendungen) sind Leistungen des Arbeitgebers an den Arbeitnehmer, die nicht Inhalt des typischen Arbeitsentgelts sind (Weihnachtsgeld, Urlaubsgeld usw.). Sofern die Rückstellungen auf diese Beträge zum Zeitpunkt der Bilanzerstellung die Handlungen des Arbeitnehmers in der Vergangenheit abgelten, sind diese zu passivieren.[292] Ertragsabhängige Zuwendungen sind insofern mit anzusetzen, als dass der zugrunde gelegte Ertrag im abgelaufenen Geschäftsjahr erzielt wurde.[293] Bei Zuwendungen, die von der Bleibedauer im Unternehmen abhängig sind, müssen Fluktuationsraten bei der Bewertung mit einkalkuliert werden – siehe Dienstjubiläumszuwendung. Dabei können die Zuwendungen an die Arbeitnehmer auch erst im folgenden Jahr ausgezahlt werden. Beträgt der Zeitraum zwischen Zusage und Auszahlung jedoch mehr als zwölf Monate, ist eine Abzinsung vorzunehmen.[294] 976

Beispiel

Die Groß & Zügig AG sagt allen zum Bilanzstichtag angestellten Mitarbeitern eine Prämie von insgesamt 1 % des Umsatzes des Geschäftsjahres zu (= 1 Mio. EUR). Diese zahlt das Unternehmen jedoch erst in fünf Jahren aus, sofern der Mitarbeiter zu diesem Zeitpunkt noch bei der Groß & Zügig AG beschäftigt ist.

Es ist sowohl das Abzinsungsgebot als auch die Wahrscheinlichkeit der Inanspruchnahme, durch Berücksichtigung der Fluktuation, zu beachten. Wird von einem Fluktuationsabschlag von 2,5 % ausgegangen, ergibt sich ein Erfüllungsbetrag von 1.000.000 EUR – 0,025 × 1.000.000 EUR = 975.000 EUR. Wird dieser Betrag nun noch entsprechend der Restlaufzeit abgezinst (Zinssatz hier: 4,5 %) ergibt sich ein Rückstellungsbetrag von 975.000 EUR × $(1 + 0{,}045)^{-5}$ = 782.389,77 EUR.

Großbetrieb: siehe Betriebsprüfungskosten. 977

Großreparatur: Eine Aufwandsrückstellung ist nur unter bestimmten Voraussetzungen geboten – siehe Instandhaltung. Für größere Instandhaltungen, die die Zeit 978

---

[291] Vgl. hierzu auch *Herzig/Esser*, DB 1985, 1301, 1305.
[292] Vgl. BFH v. 07.07.1983, IV R 47/80, BStBl. II 1983, 753.
[293] Vgl. BFH v. 02.12.1992, I R 46/91, BStBl. II 1993, 109.
[294] Vgl. BFH v. 07.07.1983, IV R 47/80, BStBl. II 1983, 753.

von drei Monaten ab Bilanzstichtag überschreiten, darf keine Rückstellung angesetzt werden.

979 **Gruben- und Schachtversatz:** Die Versatzpflicht wird durch den Abbau und den dadurch erzeugten Hohlraum verursacht, sodass eine Rückstellung zu passivieren ist. Bzgl. der Abzinsung legt das *BMF* fest, dass bei laufendem Versatz keine Abzinsung vorzunehmen ist.[295] Für die Handelsbilanz ist dem nicht zu folgen: Für den Umfang der Verpflichtung der ausgehend vom Bilanzstichtag mehr als zwölf Monate entfernt liegt, ist eine Abzinsung vorzunehmen. Siehe auch Bergschaden.

980 **Grunderwerbsteuer:** Bei Erwerb von mindestens 95 % der Anteile an einer Gesellschaft, ist für das in der Gesellschaft enthaltene inländische Grundvermögen Grunderwerb zu zahlen.[296] Die Grunderwerbsteuer soll in diesem Fall den Anschaffungsnebenkosten der Anteile zu subsumieren sein.[297] Liegt der Bilanzstichtag zwischen dem Erwerb der Anteile und der Veranlagung der Steuer, ist der voraussichtlichen Steuerschuld durch Bilanzierung einer Rückstellung für ungewisse Verbindlichkeiten (Steuerrückstellung) Rechnung zu tragen. Bei Eingang des Steuerbescheids ist der Betrag in die Verbindlichkeiten umzugliedern.

981 **Grundschuld:** siehe Dingliche Lasten.

982 **Grundsteuer:** Die Passivierung einer Grundsteuerschuld als Rückstellung ist zulässig bei einem vom Kalenderjahr abweichenden Geschäftsjahr und einem in das Geschäftsjahr fallenden Festsetzungszeitraum.[298] Siehe auch Steuerrückstellung.

983 **Gutmünzen:** Die Verpflichtung zur Einlösung ausgegebener Gutmünzen ist als Verbindlichkeit passivierungspflichtig. Eine Rückstellung ist nicht zu bilden.[299]

984 **Gutschein:** siehe Bonus, Gutmünzen, Rabattmarke.

H.

985 **Haftpflicht:** Derartige Verpflichtungen können sich aus Vertragsverletzungen oder durch Handlungen i.S.d. §§ 823 ff. BGB bzw. anderen gesetzl. Vorschriften ergeben und eine Rückstellung begründen. Zur Zulässigkeit einer Rückstellung muss jedoch die Inanspruchnahme wahrscheinlich sein. Für Haftpflichtleistungen aus strafbaren Handlungen gilt dies erst dann, wenn die Anspruch begründenden Tatsachen bekannt geworden sind.[300] Dabei sind bis zur Aufstellung auftretende wertaufhellende Informationen zu beachten.[301] Ansprüche ggü. dem Versicherer sind bei der Bewertung der Rückstellung zu berücksichtigen, sofern die Leistung des Versicherers nicht durch diesen bestritten wird.[302] Hinsichtlich der Bewertung der Rückstellung gilt ferner:

---

295 Vgl. *BMF* v. 17.11.1999, IV C 2 – S 2175 – 30/99, BStBl. I 1999, 1128.
296 Vgl. § 1 Abs. 3 Nr. 1 GrEStG.
297 Vgl. FG Düsseldorf v. 08.12.2009, 6 K 4720/07 K, F, EFG 2010, 666.
298 Siehe kritisch hierzu *Maus*, S. 140 f.
299 Vgl. BFH v. 22.11.1988, VIII R 62/85, BStBl. II 1989, 359.
300 Vgl. BFH v. 02.10.1992, III R 54/91, BStBl. II 1993, 153.
301 Vgl. *Blenkers/Czisz/Gerl*, S. 343.
302 Vgl. BFH v. 17.02.1993, X R 60/89, BStBl. II 1993, 437.

Während Verpflichtungen ggü. Dritten grds. nur als Einzelrückstellung gebildet werden dürfen,[303] ist die Bildung von Rückstellungen für Verpflichtungen ggü. Vertragspartnern auch in pauschaler Weise möglich – siehe Gewährleistung.[304]

Siehe weiter Altlastensanierung, Bergschaden, Bürgschaft, Gesellschafterhaftung, Gruben- und Schachtversatz, Nachhaftung, Patentrechtsverletzung, Patronatserklärung, Produkthaftung, Prozesskosten, Umweltschaden, Wechselobligo.

Haftungsrisiko: siehe Haftungsverhältnis. 986

Haftungsverhältnis: Haftungsverhältnisse[305] sind grds. unter der Bilanz zu zeigen.[306] Erst bei drohender Inanspruchnahme muss sich der erhöhte Verpflichtungsgrad in der Bilanzierung einer Rückstellung widerspiegeln. Siehe Bürgschaft, Garantieleistung, Gesellschafterhaftung, Nachhaftung, Patronatserklärung, Prozesskosten, Schadensersatz, Umweltschutz, Wechselobligo. Haftungsverhältnisse können u.a. begründet sein durch:[307] 987

- Bürgschaften,
- harte Patronatserklärungen,
- Wechselobligo,
- Betriebsübernahmen,
- Vermögensübernahmen,
- Garantieverträge wie Mindestgarantien oder Dividendengarantien,
- Gewährleistungsverträge.

Halbjahresbericht: Sofern eine rechtliche Verpflichtung zur Halbjahresberichterstattung gegeben ist (z.B. aufgrund von Börsenzulassungsfolgepflichten), ist eine Rückstellung zu bilden. Siehe analog auch Jahresabschluss. 988

Halbleiterschutzrecht: Hinsichtlich Ansatz und Bewertung von Rückstellungen für Verletzungen derartiger Schutzrechte gelten die unter „Patentrechtsverletzung" und „Urheberrechtsverletzung" gemachten Aussagen. Zum steuerlichen Auflösungsgebot siehe Kap. 2.1.4.3, Rn. 102 ff. 989

Handelsunternehmen: siehe Defizitäre Filiale. 990

Handelsvertreter: siehe Ausgleichsanspruch von Handelsvertretern. 991

Hauptuntersuchung: siehe Leasing. 992

Hauptversammlung: Für die voraussichtlichen Kosten der Hauptversammlung einer AG darf laut Rechtsprechung und Finanzverwaltung keine Rückstellung gebildet werden.[308] 993

---

303 Vgl. BFH v. 30.06.1983, IV R 41/81, BStBl. II 1984, 263.
304 Vgl. Beck Bil-Komm/*Schubert*, § 249 HGB Rn. 100. A.A. *Hoffmann/Lüdenbach*, § 249 HGB Rn. 82.
305 Siehe näher Syst. Praxiskommentar Bilanzrecht/*Heine/Zenger*, § 251 HGB Rn. 1 ff.
306 Vgl. § 251 HGB.
307 Siehe ausführlich Syst. Praxiskommentar Bilanzrecht/*Heine/Zenger*, § 251 HGB Rn. 24 ff.
308 Vgl. BFH v. 23.07.1980, I R 28/77, BStBl. II 1981, 62; H 5.7 Abs. 4 EStH. Dies ablehnend Bertram/Brinkmann/Kessler/Müller/*Bertram*, § 249 HGB Rn. 257. Zweifelnd *Herzig*, DB 1990, 1341, 1348.

994 Hausverwaltung: Für die vertragliche Verpflichtung eines Hausverwalters, einen Jahresabschluss oder einen Anhang zu erstellen und eine Eigentümerversammlung durchzuführen, ist die Bildung einer Verbindlichkeitsrückstellung handels- und steuerrechtlich geboten – siehe auch Jahresabschluss.

995 Hedging: siehe Bewertungseinheit.

996 Heimfallverpflichtung: Die Verpflichtung des Erbbauberechtigten beim Eintreten bestimmter Voraussetzungen (z.B. Insolvenz des Erbbauberechtigten) eigene Anlagen entschädigungslos auf den Grundstückseigentümer zu übertragen (Heimfall), ist in Form von Abschreibungen auf das Gebäude zu berücksichtigen.[309] Rückstellungen sind dann zu bilden, wenn das Gebäude oder seine Bestandteile in einem bestimmten Zustand übergeben werden müssen. Die voraussichtlich anfallenden Kosten sind hierbei ratierlich in einer Rückstellung anzusammeln.

Beispiel

A ist Erbbauberechtiger des Grundstücks des B. Zwischen beiden Parteien wurde vereinbart, dass nach Ablauf von 20 Jahren nach Vertragsschluss A dieser das auf dem Grundstück befindliche Gebäude dem B übereignet. Vertraglich festgehalten wird, dass das Dach des Grundstücks in diesem Zeitpunkt mit Solarkollektoren ausgerüstet sein muss.

Für die Verpflichtung zur Ausstattung des Gebäudes mit Sonnenkollektoren ist ratierlich einer Rückstellung anzusammeln. Das Gebäude ist über die Laufzeit von 20 Jahren abzuschreiben.

997 Heizöltank: Der Verpflichtung des Mieters, nach Ablauf der Mietzeit einen von ihm aufgestellten Heizölbehälter zu entfernen, ist bei wahrscheinlicher Inanspruchnahme durch Bildung einer Rückstellung Rechnung zu tragen. Nicht möglich ist hingegen der Ansatz einer Rückstellung für die ordnungsgemäße Entsorgung des Öltanks beim Hauseigentümer.[310]

998 Herstellungskosten: siehe Anschaffungs- und Herstellungskosten.

999 Herstellungskostenbeitrag: „Erhält ein Unternehmen von seinen Kunden Zuschüsse zu den Herstellungskosten für Werkzeuge, die es bei der Preisgestaltung für die von ihm mittels dieser Werkzeuge herzustellenden und zu liefernden Produkte preismindernd berücksichtigen muss, so sind einerseits die Zuschüsse im Zeitpunkt ihrer Vereinnahmung gewinnerhöhend zu erfassen und andererseits in derselben Höhe eine gewinnmindernde Rückstellung für ungewisse Verbindlichkeiten zu bilden. Diese Rückstellung ist sodann über die voraussichtliche Dauer der Lieferverpflichtung gewinnerhöhend aufzulösen. Das gilt auch dann, wenn die genannten Verpflichtungen des Zuschussempfängers sich nicht aus einem am Bilanzstich-

---

[309] Vgl. Bertram/Brinkmann/Kessler/Müller/*Bertram*, § 249 HGB Rn. 258; Schmidt/*Weber-Grellet*, EStG § 5 Rn. 550; WP-Handbuch, Bd. I, Buchst. E Rn. 187.
[310] Siehe *Maus*, S. 148.

tag bestehenden Vertrag, sondern nur aus einer Branchenübung ergeben (faktischer Leistungszwang)."[311]

Hinterzogene Steuern: Für hinterzogene Steuern darf erst in dem Wirtschaftsjahr eine Rückstellung gebildet werden, in dem mit der Aufdeckung der Tat zu rechnen ist.[312] Siehe auch Lohnsteuerhinterziehung, Mehrsteuern. **1000**

HK: Für künftige HK sind keine Rückstellungen anzusetzen. Siehe Anschaffungs- und Herstellungskosten. **1001**

HK-Beitrag: Erhält ein UN HK-Zuschüsse des Kunden, die verkaufspreismindernd zu berücksichtigen sind, müssen diese gewinnerhöhend erfasst werden. In gleicher Höhe ist eine Rückstellung für ungewisse Verbindlichkeiten zu passivieren und über die voraussichtliche Dauer der Lieferverpflichtung aufzulösen. Gleiches gilt auch bei faktischem Lieferzwang, d.h. ohne Vorliegen eines Vertrags.[313] **1002**

Höhere Gewalt: siehe Katastrophe. **1003**

Honorare: Für aufgelaufene Honorare, die zum Bilanzstichtag noch nicht abgerechnet sind, ist eine Rückstellung für ungewisse Verbindlichkeiten anzusetzen. **1004**

Bei erfolgsabhängigen Honoraren ist besonders auf die werterhellenden Informationen zwischen dem Bilanzstichtag und dem Zeitpunkt der Bilanzerstellung zu achten. Stellt sich innerhalb dieses Zeitraums heraus, dass der verpflichtungsbegründende Erfolg nicht erreicht wird, kann keine Rückstellung bilanziert werden.[314]

Hör- und Sehhilfen: Im Zusammenhang mit verkauften Geräten sind Optiker und Hörgeräteakustiker oftmals zu kostenlosen Nachbetreuungsarbeiten verpflichtet (z.B. Nachbearbeitung, Beratung usw.). Sofern eine Verpflichtung hierzu aus zivilrechtlichen Ansprüchen (auch faktische Verpflichtung aus betrieblicher Übung der Kulanzleistungen) ergeht, besteht die Pflicht zur Passivierung einer Verbindlichkeitsrückstellung. Die Garantieverpflichtung ergibt sich aus dem Veräußerungsgeschäft.[315] Für Reparaturen außerhalb der gesetzl. oder vertraglichen Garantieleistungen ist die Bildung einer Rückstellung für Kulanzfälle zu prüfen. Für die von der Krankenkasse gezahlte Reparaturpauschale darf keine Rückstellung gebildet werden. Diese ist als passiver Rechnungsabgrenzungsposten anzusetzen.[316] **1005**

Hubschrauber: siehe Inspektionskosten, Inspektionsverpflichtung. Für Inspektionsverpflichtungen gilt dasselbe wie für Flugzeuge – siehe Flugzeug, Inspektionsverpflichtung. **1006**

---

311 Vgl. BFH v. 29.11.2000, I R 87/99, DB 2001, 674.
312 Vgl. BFH v. 22.08.2012, X R 23/10, BStBl. II 2012, 76.
313 Vgl. BFH v. 29.11.2000, I R 87/99, DB 2001, 674.
314 Vgl. FG Münster v. 17.08.2010, 1 K 3969/07 F, EFG 2011, 468.
315 Vgl. BFH v. 05.06.2002, I R 96/00, BStBl. II 2005, 736; *Moxter*, Bilanzrechtsprechung, S. 135.
316 Vgl. *BMF* v. 12.10.2005, IV B 2 – S 2137 – 28/05, BStBl. I 2005, 953.

I.

1007 IFRS-Umstellung: § 315a Abs. 2 HGB verpflichtet Mutterunternehmen zur Aufstellung eines IFRS-Konzernabschlusses unter der Voraussetzung, dass die Zulassung eines Wertpapiers i.S.d. § 2 Abs. 1 Satz 1 WpHG an einem organisierten Markt im Inland bereits beantragt wurde oder ein geregelter Kapitalmarkt in Anspruch genommen wird. Für die rechtliche Verpflichtung ist die Notierung von Wertpapieren zum jeweiligen Bilanzstichtag maßgebend. Es fehlt an einem Vergangenheitsbezug, sodass die Bildung einer Verbindlichkeitsrückstellung ausscheidet.[317]

1008 Insolvenzsicherung: siehe Pensionssicherungsverein.

1009 Inspektionsverpflichtung: siehe auch Sicherheitsinspektion. Für die gesetzl. Verpflichtung, bestimmte Anlagen in gewissen Zeitabständen inspizieren zu lassen, darf nach Ansicht des BFH keine Rückstellung gebildet werden, wenn die Verpflichtung zur Inspektion noch von der (weiteren) Nutzung der Anlage abhängig ist.[318] Diese Auffassung wird auch von Teilen des Schrifttums geteilt. Begründet wird die Meinung damit, dass eine solche Inspektion auf den zukünftigen (Weiter-)Betrieb der Anlage zielt und somit der Erzielung künftiger Erträge dient.[319]

Eine andere Meinung sieht die Inspektionsverpflichtung im laufenden Betrieb der Geräte/Anlagen wirtschaftlich verursacht und bejaht deswegen die Bildung einer Rückstellung für ungewisse Verbindlichkeiten – siehe Flugzeug. Moxter bejaht eine Rückstellung für den Fall, dass die Abschreibungen des Geräts/der Anlage die Aufwendungen aus der Inspektionsverpflichtung nicht mit berücksichtigen.[320]

Die Rechtsprechung verneint auch eine Rückstellung für kostenlose Inspektionen von Vertragswerkstätten von Kfz-Händlern.[321] Begründet wird dies mit der Entstehung der Verpflichtung zur Inspektion durch den Händlervertrag. Ein Zusammenhang zwischen dem Verkauf von Autos und der Reparaturleistung besteht insofern nicht, als dass alle Autos – ungeachtet dessen, wo sie gekauft wurden – die Freiinspektion beanspruchen dürfen.

Eine Rückstellung für unterlassene Inspektionen kommt unter den Restriktionen des § 249 Abs. 1 Satz 2 Nr. 1 Alt. 1 HGB in Betracht – siehe hierzu Instandhaltung.

1010 Instandhaltung: Der Gesetzgeber erlaubt in § 249 Abs. 1 Satz 2 Nr. 1 Alt. 1 HGB die Bildung von Aufwandsrückstellungen für unterlassene Instandhaltungen, die innerhalb der ersten drei Monate des folgenden Geschäftsjahres nachgeholt werden. Hierbei handelt es sich also nicht um Verpflichtung ggü. Dritten,[322] sondern

---

[317] Vgl. WP-Handbuch, Bd. I, Buchst. E Rn. 188; a.A. Bertram/Brinkmann/Kessler/Müller/*Bertram*, § 249 HGB Rn. 262.
[318] Vgl. BFH v. 19.05.1987, VIII R 327/83, BStBl. II 1981, 848.
[319] Vgl. auch *Gelhausen/Fey*, DB 1993, 593, 595.
[320] Vgl. *Moxter*, Bilanzrechtsprechung, S. 130.
[321] Vgl. BFH v. 11.09.1968, I 92/65, BStBl. II 1969, 194.
[322] Unter diese Kategorie fallen folglich auch keine Verpflichtungen, die sich auf zivilrechtlicher Grundlage ergeben – z.B. aus Mietverträgen etc.

um Verpflichtungen, die der Kaufmann gegen sich selbst hat. Typische, rückstellungsbegründende Sachverhalte sind unterlassene

- Reparaturen,
- Wartungen,
- Inspektionen,
- Generalüberholungen.

Die folgenden Voraussetzungen für den Ansatz einer derartigen Rückstellung müssen kumulativ erfüllt sein:

- Die Instandhaltungsaufwendungen waren bereits vor oder spätestens zum Bilanzstichtag geboten.
- Der unterlassene Aufwand muss sich auf das abgelaufene Geschäftsjahr beziehen.
- Die unterlassene Instandhaltung muss (voraussichtlich) in den ersten drei Monaten des folgenden Geschäftsjahres nachgeholt werden.
- Bei den Aufwendungen handelt es sich nicht um aktivierungspflichtige/-fähige Herstellungskosten.

Eine Nachholung der Rückstellungsbildung in späteren Jahren ist nicht möglich.

Beispiel

 Im Jahr t1 wurde keine Rückstellung für unterlassene Instandhaltung gebildet, obwohl eine Instandhaltung bereits zum 31.12.t1 geboten war. Da die Ergebnissituation im Jahr t2 sehr gut ist, will der Bilanzierende im Frühjahr t3 (binnen der ersten drei Monate) die Instandhaltung vornehmen. Zum 31.12.t2 ist keine Rückstellung anzusetzen, weil die Verursachung der unterlassenen Instandhaltung nicht im abgelaufenen Geschäftsjahr, sondern bereits im Vorjahr zu sehen ist.

Ein Konkurrenzverhältnis besteht ggü. außerplanmäßigen Abschreibungen. Handelt es sich bei der Wertminderung des Vermögensgegenstands um eine lediglich vorübergehende Änderung, ist von einer außerplanmäßigen Abschreibung abzusehen.[323] Stattdessen ist, sofern der Grund der Wertminderung in der unterlassenen Wartung zu sehen ist und durch die Instandhaltung der Wert wieder aufgeholt wird, unter den soeben genannten Voraussetzungen eine Rückstellung für unterlassene Instandhaltung zu bilden.[324] Wird durch die Instandhaltung voraussichtlich keine Wertaufholung erreicht, ist eine außerplanmäßige Abschreibung vorzunehmen.

---

323 Vgl. § 253 Abs. 3 Satz 3 HGB.
324 Vgl. m.w.N. Syst. Praxiskommentar Bilanzrecht/*Petersen/Künkele/Zwirner*, § 249 HGB Rn. 181 ff.

Aufgrund des Maßgeblichkeitsgrundsatzes[325] wirkt dieses Passivierungsgebot auch für die Steuerbilanz.

Hinsichtlich der Bewertung von Rückstellungen für Instandhaltungsaufwendungen lässt sich Folgendes festhalten: Eine Abzinsung ist aufgrund der zeitlichen Nähe des Erfüllungszeitpunktes nicht geboten, denn eine Abzinsung ist nur für Rückstellungen mit einer Laufzeit von größer als einem Jahr geboten. Der Ansatz der Rückstellung hat der Höhe nach zu Vollkosten (auf Grundlage künftiger Preise) zu geschehen.[326]

Beispiel[327]

 Aufgrund des hohen Wettbewerbsdrucks sowie der enormen Kapazitätsauslastung werden die für Oktober t1 bei der Bau AG geplanten Instandhaltungsmaßnahmen der Maschinen nicht durchgeführt, sondern auf Februar t2 verschoben. Zum 31.12.t1 schätzt die Bau AG die Kosten hierfür auf 600.000 EUR. Wegen der angespannten Wirtschaftssituation wird bis dahin mit Kostensteigerungen i.H.v. 3,5 % gerechnet. Der kumulierte Ertragsteuersatz der Gesellschaft beträgt 30 %.

Hinsichtlich der nicht wie geplant im Oktober t1 durchgeführten Instandhaltungsmaßnahmen ist eine Rückstellung nach § 249 Abs. 1 Satz 2 Nr. 1 HGB zu bilden, da die Instandhaltung im folgenden Geschäftsjahr innerhalb der ersten drei Monaten erfolgt. Die geschätzten Kostensteigerungen von 3,5 % sind objektiv nachvollziehbar und daher bei der Bewertung der Rückstellung einzubeziehen. Die Rückstellung ist daher mit einem Wert von 621.000 EUR anzusetzen. Im steuerrechtlichen Abschluss hingegen dürfen künftige Preis- und Kostensteigerungen nach § 6 Abs. 1 Nr. 3a Buchst. f) EStG nicht berücksichtigt werden. Maßgebend für die Bewertung sind die Verhältnisse am Bilanzstichtag. Damit ist zum 31.12.t1 in der Steuerbilanz eine Bewertung zu 600.000 EUR vorzunehmen. Daraus ergibt sich eine Differenz zwischen Handels- und Steuerrecht i.H.v. 21.000 EUR, auf die aktive latente Steuern i.H.v. 6.300 EUR (= 21.000 EUR × 0,3) (vorbehaltlich des Wahlrechts des § 274 Abs. 1 Satz 2 HGB bei anschließender Gesamtdifferenzenbetrachtung) abzugrenzen sind.

Buchungssätze:

sonstige betriebliche Aufwendungen	*an sonstige Rückstellungen*	*621.000*
aktive latente Steuern	*an latenter Steuerertrag*	*6.300*

1011 **Investitionszulage:** Eine Drohverlustrückstellung ist zu bilden, wenn dem Vermieter aus einem Mietverhältnis deshalb ein Verlust droht, weil er eine Investitions-

---

325 Vgl. § 5 Abs. 1 EStG.
326 Vgl. HdR-E/*Kessler*, § 249 HGB Rn. 350.
327 Entnommen aus *Petersen/Zwirner/Künkele*, Bilanzanalyse und Bilanzpolitik nach BilMoG, S. 317 f.

zulage in Form geringerer Mietforderungen an den Mieter weitergibt und dadurch die Aufwendungen für die Vermietung die Mieterträge übersteigen.[328] Siehe auch Mietpreiszusicherung, Mietvertrag.

Inzahlungnahme: Wenn zum Bilanzstichtag die Lieferung erbracht ist, aber in diesem Zusammenhang die Inzahlungnahme eines gebrauchten Gegenstands noch aussteht und der Zeitwert dieses Gegenstands unter dem Betrag der Zahlungsverpflichtung liegt, ist für den drohenden Verlust eine Rückstellung zu bilden.[329] Siehe auch Beschaffungsgeschäft. **1012**

J.

Jahresabrechnung: Ist eine Bausparkasse verpflichtet, ihren Vertragspartnern eine Übersicht über alle Buchungen des abgelaufenen Jahres und den Endbestand zum 31.12. mitzuteilen, sind diese Aufwendungen in einer Rückstellung zu berücksichtigen, sofern die allgemeinen Ansatzkriterien bzgl. der Unsicherheit erfüllt sind. **1013**

Jahresabschluss: Die im Zusammenhang mit der gesetzl. Verpflichtung zur Erstellung und Prüfung eines Jahresabschlusses stehenden Kosten berechtigen zum Ansatz einer Rückstellung.[330] Dazu zählen auch die Kosten der Veröffentlichung und Prüfung des Jahresabschlusses und des Lageberichts.[331] Die wirtschaftliche Verursachung ist im Geschäftsbetrieb des abgelaufenen Geschäftsjahrs zu sehen. Dieser Pflicht kann sich der Kaufmann auch nicht durch Ein- oder Umstellung seiner Tätigkeiten entziehen.[332] Ist der Kaufmann gesetzlich nicht dazu verpflichtet, einen Jahresabschluss prüfen zu lassen, kann er für eine freiwillige Prüfung keine Rückstellung bilden – so die Auffassung der steuerlichen Rechtsprechung. Dies gilt auch dann, wenn das Unternehmen durch Innenverpflichtungen, bspw. einen Gesellschaftsvertrag, zur Prüfung verpflichtet ist.[333] Unabhängig von der steuerlichen Sichtweise ist der Ansatz einer Rückstellung in der Handelsbilanz zu prüfen und auf Basis der bestehenden (teilweise auch faktischen) Verpflichtungen zu beurteilen. **1014**

Bei der Rückstellung von Beträgen für die Erstellung des Jahresabschlusses ist es unerheblich, ob es sich hierbei um interne oder externe Aufwendungen handelt. Beide Aufwandsarten sind gleichermaßen im Rückstellungswert zu berücksichtigen. So kommen als ansatzpflichtige Rückstellungsbestandteile Personalkosten der zuständigen Mitarbeiter genauso in Betracht wie z.B. Kosten für Wertgutachten usw.[334]

---

328 Vgl. BFH v. 19.03.1998, IV R 1/93, BStBl. II 1999, 352.
329 Vgl. FG Baden-Württemberg v. 31.03.1981, X (I) 358/76, EFG 1981, 620.
330 Vgl. BFH v. 20.03.1980, IV R 89/79, BStBl. II 1980, 297.
331 Vgl. *IDW* RH *HFA* 1.009, IDW FN 2010, 354. 354.
332 Vgl. H 5.7 Abs. 4 EStH.
333 Vgl. Niedersächsisches FG v. 26.05.2011, 14 K 229/09, BBK 2011, 1121; Revision eingelegt (BFH IV R 26/11).
334 Vgl. auch *Scherff/Willeke*, BBK 2010, 1169, 1173.

8 Rückstellungs-ABC

Auch die gesellschaftsvertragliche (privatrechtliche) Verpflichtung zur Prüfung eines Jahresabschluss begründet den Ansatz einer Rückstellung, denn aus Sicht der Gesellschaft sind auch die Gesellschafter Dritte, womit eine Außenverpflichtung gegeben ist.[335] Die Finanzverwaltung erkennt allerdings eine solche Rückstellung für die Steuerbilanz nicht an.[336]

Eine privatrechtliche Verpflichtung kann sich auch aus Kreditverträgen u.a. ergeben. Dann sind ebenfalls die notwendigen Aufwendungen für die Prüfung des Jahresabschlusses zurückzustellen.

Eine Rückstellungspflicht kann auch durch die faktische Verpflichtung zur Prüfung des Jahresabschlusses gegeben sein. Dies ist der Fall, wenn die Erwartungshaltung der Öffentlichkeit die Prüfung des Jahresabschlusses verlangt und der Kaufmann sich dieser Verpflichtung nicht ohne wesentlichen wirtschaftlichen Schaden entziehen kann. Diese Voraussetzungen sind bspw. dann gegeben, wenn das Unternehmen sich regelmäßig prüfen lassen hat und die Gläubiger die geprüften Abschlüsse als Entscheidungsgrundlage nutzten.

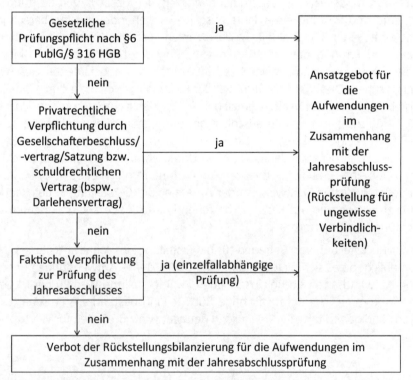

Schema zur Prüfung eines Rückstellungsansatzes für Kosten der Jahresabschlussprüfung; © Petersen/Künkele/Zwirner

---

335 Vgl. *IDW* RH *HFA* 1.009, IDW FN 2010, 354, 354.
336 Vgl. *BMF* v. 16.01.1981, IV B 2 – S 2137 – 39/80, DB 1981, 398, mit der Begründung, dass eine Außenverpflichtung fehle.

Besondere Bedeutung bzgl. der Zulässigkeit des Rückstellungsansatzes für die Prüfungskosten erlangt die Abgrenzung wertbegründender und werterhellender Tatsachen. Ist zum Bilanzstichtag weder eine gesetzl. noch eine privatrechtliche oder faktische Verpflichtung zur Prüfung des Jahresabschlusses gegeben, ist eine Entscheidung über die Prüfung dieses Abschlusses im Folgejahr wertbegründend und damit nicht rückstellungsbegründend.

Beispiel

 Die Billy und Willi GmbH hat ein Geschäftsjahr 01.01. bis 31.12. Zum 31.12.t1 ist keine Pflicht zur Prüfung ihres Jahresabschlusses gegeben. Am 05.02.t2 beschließen die beiden Gesellschafter Billy und Willi, dass der Jahresabschluss des Jahres t1 von einer WPG geprüft werden soll.

Im Jahresabschluss des Jahres t1 darf keine Rückstellung angesetzt werden.

Die Rückstellung ist in Höhe des nach vernünftiger kaufmännischer Beurteilung notwendigen Erfüllungsbetrags anzusetzen.[337] Hierzu zählen bei der Erstellung auch die internen Aufwendungen, welche in ihrer Höhe nicht durch den an Dritte für die gleiche Leistung zu bezahlenden Betrag begrenzt sind.[338]

Siehe auch Aufbewahrung von Geschäftsunterlagen, Buchführungsarbeiten, Steuererklärung.

Jahresabschlussprüfung: siehe auch Freiwillige Jahresabschlussprüfung. Die im Zusammenhang mit der öffentlich-rechtlichen Verpflichtung zur Erstellung und Prüfung eines JA stehenden Kosten berechtigen zum Ansatz einer Rückstellung.[339] Dazu zählen auch die Kosten der Veröffentlichung des JA und des Lageberichts. Die wirtschaftliche Verursachung ist im Geschäftsbetrieb des abgelaufenen GJ zu sehen. Dieser Pflicht kann sich der Kaufmann auch nicht durch Ein- oder Umstellung seiner Tätigkeiten entziehen.[340] 1015

Jubiläumszuwendung: siehe Dienstjubiläumszuwendung. 1016

Juristische Beratung: siehe Beratungskosten, Prozesskosten. 1017

K.

Kammerbeiträge: siehe Beiträge. 1018

Kartellrechtsverstoß: Eine Rückstellung kann gebildet werden[341], wenn eine Sanktion der EU-Kommission wegen eines Kartellrechtsverstoßes hinreichend wahrscheinlich ist. 1019

---

337 Vgl. § 253 Abs. 1 Satz 2 HGB.
338 Gl.A. Beck Bil-Komm/*Schubert*, § 249 HGB Rn. 100, *IDW* RH *HFA* 1.009, IDW FN 2007, 139, 140. A.A. BFH v. 24.11.1983, IV R 22/81, BStBl. II 1984, 301.
339 Vgl. BFH v. 19.08.2002, VIII R 30/01, DStR 2002, 2030.
340 Vgl. H 5.7 Abs. 4 EStH.
341 Vgl. BFH v. 06.06.2012, I R 99/10, DB 2012, 2019.

8 Rückstellungs-ABC

1020 Katastrophe: Das Risiko, einer Katastrophe zu unterliegen (z.B. Lawinengefahr für am Hang stehende Lagerhalle, Feuer, Blitzeinschlag, Überschwemmung in hochwassergefährdeten Gebieten), berechtigt nicht zum Ansatz einer Rückstellung. Es fehlt hier an einer Verpflichtung ggü. einem Dritten[342] sowie an einer hinreichend wahrscheinlichen Inanspruchnahme.

1021 Kauf auf Probe: Bei einem Kauf auf Probe gilt der Kaufvertrag unter der aufschiebenden Bedingung der Billigung des Gegenstands durch den Käufer als abgeschlossen.[343] Dem Realisationsprinzip folgend, sind Umsatzerlöse erst dann zu buchen, wenn der Käufer den Kaufvertrag billigt bzw. wenn eine diesbzgl. Frist verstrichen ist.[344] Einer Rückstellung als Korrekturposten bedarf es in diesem Fall also nicht.

1022 Kernbrennelement: siehe Atomanlage.

1023 Kernkraftwerk: siehe Atomanlage.

1024 Kfz: Für die gesetzliche Verpflichtung zur Vornahme bestimmter technischer Untersuchungen darf keine Rückstellung gebildet werden, weil diese an den weiteren Betrieb des Fahrzeugs anknüpfen. Siehe auch Flugzeug, Hubschrauber, Inspektionsverpflichtung.

1025 Kfz-Händler: siehe Inspektionsverpflichtung.

1026 Kiesgrubenausbeute: siehe Flurentschädigung.

1027 Kippgebühr: siehe Rekultivierung.

1028 Kommandithaftung: siehe Nachhaftung.

1029 Komplementärhaftung: siehe Nachhaftung.

1030 Kompostierung: Die Verpflichtung zur Entsorgung eigenen (Bio-)Abfalls begründet grds. keine Rückstellungsbildung.[345]

1031 Konjunkturrisiko: Für Konjunkturrisiken darf keine Rückstellung gebildet werden.[346]

1032 Kontamination: siehe Altlastensanierung.

1033 Kontoauszug: siehe Abrechnungskosten.

1034 Kontokorrentkredit: Ein Kreditinstitut darf eine Drohverlustrückstellung für eine noch nicht ausgeschöpfte Kreditlinie grds. nicht bilden. Nur bei Erfüllung der nachfolgenden Bedingungen kann der Ansatz berechtigt sein:[347]

- Der Kunde wird tatsächlich die Kreditlinie ausschöpfen.
- Es ist wahrscheinlich, dass der Kunde den Kontokorrentkredit zurückführen kann.
- Das Kreditinstitut verfügt über keine ausreichenden Sicherheiten zur Deckung des Kreditrisikos.

---

342 Vgl. BFH v. 26.02.1964, I 139/62 U, BStBl. II 1964, 333.
343 Vgl. § 454 Abs. 1 BGB.
344 Vgl. Bertram/Brinkmann/Kessler/Müller/*Bertram*, § 249 HGB Rn. 301; *Hoffmann*, PiR 2008, 72, 72.
345 Vgl. BFH v. 08.11.2000, I R 6/96, DStR 2001, 290.
346 Vgl. BFH v. 03.07.1956, I 118/55 U, BStBl. III 1956, 248.
347 Siehe BFH v. 11.02.1998, I R 62/97, BStBl. II 1998, 658.

Konzernhaftung: siehe Patronatserklärung, Verlustübernahmeverpflichtung. 1035

Körperschaftsteuer: In Höhe der voraussichtlichen Körperschaftsteuer- und Solidaritätszuschlagszahlung muss in der Handelsbilanz eine Rückstellung gebildet werden. Die Ungewissheit ergibt sich hinsichtlich der Höhe, weil die Abschlusszahlung noch nicht festgesetzt wurde.[348] Die Rückstellungshöhe ergibt sich als Differenz aus ermittelter Steuerlast und geleisteten Vorauszahlungen: 1036

Rückstellungshöhe = Ermittelte Steuerlast – geleistete Vorauszahlungen

Für Zwecke der Ermittlung der voraussichtlichen Steuerlast ist das zu versteuernde Einkommen zu ermitteln.

Beispiel

 Für das Geschäftsjahr t1 (01.01.t1 bis 31.12.t1) ermittelt die Rückstellungs-ABC GmbH einen vorläufigen handelsrechtlichen Jahresüberschuss von 500.000 EUR (vor Berücksichtigung einer Körperschaftsteuerrückstellung). Die Gewerbesteuer sei vereinfachend hier vernachlässigt.

Bei der Ermittlung dieses Jahresüberschusses wurden auch Vorauszahlungen für Körperschaftsteuer und den darauf entfallenden Solidaritätszuschlag i.H.v. 50.000 EUR als „Steuern vom Einkommen und Ertrag" einbezogen.

Zusätzlich fielen in t1 Säumniszuschläge zur Körperschaftsteuer i.H.v. 2.000 EUR und zur Umsatzsteuer i.H.v. 1.000 EUR an. Ferner waren Bußgelder i.H.v. 1.500 EUR für Verkehrsvergehen der überwiegend nicht auf die StVO achtenden Belegschaft zu zahlen. Der freiwillig eingerichtete Aufsichtsrat wird in 2010 mit 25.000 EUR für seine Dienste vergütet. Diese wurden als sonstiger betrieblicher Aufwand erfasst.

Gem. § 10 Nr. 2 KStG zählen die Steuern vom Einkommen zu den nicht abziehbaren Aufwendungen. Dementsprechend sind die Körperschaftsteuer- und Solidaritätszuschlagsvorauszahlungen bei der Ermittlung des zu versteuernden Einkommens zu addieren. Gleiches gilt für steuerliche Nebenleistungen, sofern sie auf Steuern nach § 10 Nr. 2 KStG entfallen. Säumniszuschläge auf die Umsatzsteuer zählen allerdings nicht dazu. Im Ergebnis sind 2.000 EUR hinzuzurechnen. Hinzurechnungspflichtig sind zudem die Bußgelder nach § 10 Nr. 3 KStG (1.500 EUR) und die Hälfte der Aufsichtsratsvergütungen nach § 10 Nr. 4 KStG (50 % von 25.000 EUR). Es ergibt sich ein zu versteuerndes Einkommen wie folgt:

	Vorläufiger handelsrechtlicher Jahresüberschuss	*500.000 EUR*
+	*Körperschaftsteuer- und Solidaritätszuschlagsvorauszahlungen*	*50.000 EUR*
+	*Säumniszuschlag auf die Körperschaftsteuer*	*2.000 EUR*
+	*Bußgelder*	*1.500 EUR*

---

348 Vgl. *Blenkers/Czicz/Gerl*, S. 306.

+	50 % der Aufsichtsratsvergütungen	12.500 EUR
=	Zu versteuerndes Einkommen	566.000 EUR
×	Körperschaftsteuertarif = 15 % (§ 23 Abs. 1 KStG)	
=	Zu erwartende Körperschaftsteuerschuld	84.900 EUR
+	Zu erwartender Solidaritätszuschlag (5,5 %)	4.670 EUR
=	KSt + Solz	89.570 EUR

Nach Verrechnung mit den Vorauszahlungen i.H.v. 50.000 EUR ergibt sich ein Restbetrag von 39.570 EUR, der als Körperschaftsteuerrückstellung anzusetzen ist.

Bei der steuerlichen Gewinnermittlung ist aufgrund des Abzugsverbots der Körperschaftsteuer von sich selbst[349] der in die Rückstellung eingestellte Aufwand wieder hinzuzurechnen.

Auch erwartete Nachzahlungspflichten, die durch eine Betriebsprüfung aufgedeckt werden, begründen einen Rückstellungsansatz – siehe Betriebsprüfungsrisiko. Siehe auch Steuerrückstellung. Die Zuführung/Auflösung von Ertragsteuerrückstellungen ist über die GuV-Position „Steuern vom Einkommen und Ertrag" zu erfassen.

1037 **Kostenüberdeckung:** Wenn eine Kostenüberdeckung nach Maßgabe öffentlich-rechtlicher Vorschriften in der folgenden Kalkulationsperiode auszugleichen ist, kann eine Verbindlichkeitsrückstellung gebildet werden. Es bestehen keine Zweifel an einer aktuellen wirtschaftlichen Belastung des Vermögens, wenn der Betrieb, der die zukünftigen Einnahmen und Gewinne erwirtschaftet, mit einer an Sicherheit grenzenden Wahrscheinlichkeit für die Dauer der Ausgleichsperiode aufrechterhalten und damit die Erfüllung der Ausgleichsverpflichtung realisiert wird.[350] Siehe auch Verrechnungsverpflichtung.

1038 **Kraftfahrzeug:** siehe Kfz.

1039 **Krankenhaus:** siehe MDK-Prüfung.

1040 **Krankenkasse:** siehe Arzthonorar.

1041 **Krankheitsbeihilfe für Rentner:** siehe Beihilfe.

1042 **Krankheitstag:** siehe Beihilfe, Lohnfortzahlung im Krankheitsfall, Urlaubsanspruch.

1043 **Kreditgebühr:** Für noch nicht berechnete, aber dem Geschäftsjahr wirtschaftlich zurechenbare Kreditgebühren ist zum Bilanzstichtag eine Rückstellung für ungewisse Verbindlichkeiten anzusetzen.

1044 **Kreditinstitut:** siehe Kontokorrentkredit, Prämiensparvertrag, Zuwachssparen.

---

349 Vgl. § 10 Nr. 2 KStG.
350 Vgl. BFH v. 06.02.2013, I R 62/11, DB 2013, 1091.

Kreditlinie: siehe Kontokorrentkredit. **1045**

Kreditrisiko: Die Bildung einer Rückstellung für drohende Verluste bei eingegangenen Kreditverträgen setzt die individuelle Wahrscheinlichkeit des Ausfalls des einzelnen Kredits voraus. Eine Drohverlustrückstellung, die pauschal aus einer größeren Anzahl von Verpflichtungen ermittelt wird, scheidet nach BFH-Rechtsprechung aus.[351] Im verhandelten Fall wurde die Drohverlustrückstellung verwehrt, die auf Grundlage des länderspezifischen Risikos (auf Basis von Ratings) des Kreditausfalls gebildet wurde. Siehe weiter Kontokorrentkredit, Zinsswap. **1046**

Kreditverbindlichkeit: siehe Darlehenszins. **1047**

Kreditzinsen: siehe Zinszahlung. **1048**

Kulanz: siehe Faktische Verpflichtung, Gewährleistung. **1049**

Kulanzleistung: siehe Gewährleistung. **1050**

Kundendienstverpflichtung: siehe Hör- und Sehhilfen. **1051**

Kundengutschein: siehe Bonus, Kundentreueprogramm. **1052**

Kundentreueprogramm: Sind Ansprüche auf Bonuszahlungen aufgrund eines bestimmten Umsatzes im Geschäftsjahr rechtlich entstanden, aber noch nicht vom Kunden eingelöst, muss eine Rückstellung passiviert werden (z.B. „Miles and More", „Payback-Punkte"). Siehe auch Bonus. **1053**

Kündigung Mietvertrag: Sofern die Gesellschaft – bspw. durch Kündigung ihres Mietvertrags durch den Vermieter – gezwungen wird, den Standort zu wechseln, sind die durch den Standortwechsel bzw. durch die Sitzverlegung bedingten Kosten nur insoweit rückstellungsfähig, als sie auf eine faktische Außenverpflichtung zurückzuführen sind, der keine Gegenleistung gegenübersteht. Insofern ist im Zusammenhang mit dem Wechsel des Standorts der Ansatz einer Rückstellung für Rückbau- oder Entfernungsverpflichtungen oder der Ansatz einer Drohverlustrückstellung für die Zeit einer doppelten Mietbelastung zu prüfen. Die Kosten des Umzugs sind nicht wirtschaftlich in der Vergangenheit verortet, sondern stehen im Zusammenhang mit der Fortführung der Unternehmenstätigkeit in der Zukunft. Damit fehlt es an dem notwendigen kausalen und wirtschaftlich der Vergangenheit zuzurechnenden Ereignis. **1054**

Beispiel

 Die Lucky-Los GmbH ist eine Beratungsunternehmen für Glücksspiele mit einem zentralen Standort in der Königsallee in Düsseldorf. Die Gesellschaft hat ihren Sitz dort seit nahezu 50 Jahren. Der Mietvertrag der Gesellschaft läuft bis Ende t2 und der Vermieter hat angekündigt, das Gebäude, in dem die Lucky-Los GmbH ihren Sitz hat, vollständig zu sanieren, um im Anschluss höhere Mieterlöse erzielen zu können. Der Mietvertrag wird daher nicht weiter verlängert bzw. unter Einhaltung der relevanten Fristen und Voraussetzungen

---

351 Vgl. BFH v. 12.09.2004, I R 5/04, BB 2005, 483.

vom Vermieter gekündigt. Damit ist die Lucky-Los GmbH gezwungen, sich einen neuen Standort zu suchen. Die Kosten, die für die Standortsuche und den Umzug anfallen, werden auf 500 TEUR geschätzt. Aufwendungen für Rückbau-/Entfernungsverpflichtungen fallen nicht an. Kosten für eine doppelte Miete sind nicht zu erwarten, da die Lucky-Los GmbH beabsichtigt, in einen Neubau am Rande Düsseldorfs zu ziehen, den sie in den ersten Monaten mietfrei nutzen kann. Damit kann die Lucky-Los GmbH zum 31.12.t1 keine Rückstellung für den anstehenden, nicht von ihr gewollten Umzug ansetzen.

Siehe auch Sitzverlegung, Standortverlagerung.

1055 Kündigungsschutz: Das KSchG schützt Arbeitnehmer vor sozial ungerechtfertigten Kündigungen, wenn diese mindestens sechs Monate im Unternehmen tätig waren.[352] Spricht der Arbeitgeber eine sozial ungerechtfertigte Kündigung aus, so ist diese rechtsunwirksam. Stellt ein Gericht die Rechtsunwirksamkeit fest und kann es dem Arbeitnehmer nicht zugemutet werden, weiter im Unternehmen zu arbeiten, so kann das Gericht den Arbeitgeber zur Zahlung einer Abfindung verurteilen.[353]

Obwohl die Abfindungszahlung keine Arbeitsleistung des Arbeitnehmers abgeltet,[354] kann grds. keine Rückstellung für eine mögliche Abfindungszahlung während der Beschäftigung angesetzt werden.[355] Etwas anderes gilt, wenn die Kündigung bereits im Einzelfall nachweislich geplant ist und der Kaufmann mit einer Inanspruchnahme aus dem KSchG rechnen muss. Hier kommt eine Rückstellung für ungewisse Verbindlichkeiten in Betracht.

1056 Künftige Anschaffungs- und Herstellungskosten: siehe Anschaffungs- und Herstellungskosten.

L.

1057 Lagerkostenvergütung: siehe Zucker-Lagerungsabgabe.

1058 Langfristfertigung: Bei langfristiger Fertigung kann sich das Erfordernis für eine Drohverlustrückstellung ergeben. Dies ist dann der Fall, wenn die voraussichtlich noch anfallenden Herstellungskosten nicht durch Erlöse gedeckt werden. Sobald der Vermögensgegenstand sodann aktiviert wird, ist die Drohverlustrückstellung aufzulösen und eine außerplanmäßige Abschreibung des Vermögensgegenstands zu buchen.[356] Siehe auch Fehlkalkulation.

---

[352] Vgl. § 1 Abs. 1 KSchG.
[353] Vgl. § 9 Abs. 1 KSchG.
[354] Siehe hierzu *Heddäus*, S. 238.
[355] Der BFH verneint die Rückstellung für Abfindung an langjährige Mitarbeiter – vgl. BFH v. 09.05.1995, IV B 97/94, BFH/NV 1995, 1970.
[356] Vgl. *IDW RS HFA* 4, IDW FN 2010, 298, 301.

Beispiel

 Das Hochbauunternehmen H schließt mit dem Investor I einen Werkvertrag ab. Danach soll H an I ein schlüsselfertiges Haus übergeben, erst zu diesem Zeitpunkt wird dann der vereinbarte Werklohn von 9 Mio. EUR fällig.

Bis zum 31.12.t1 haben sich bereits 10 Mio. EUR Herstellungskosten ergeben. In t2 erwartet H zusätzliche Herstellungskosten i.H.v. 2 Mio. EUR.

Zum 31.12.t1 sind die unfertigen Erzeugnisse um 1 Mio. EUR abzuschreiben (10 Mio. EUR – 9 Mio. EUR). Zudem ist für die voraussichtlich noch anfallenden Herstellungskosten von 2 Mio. EUR eine Drohverlustrückstellung zu bilanzieren.

Im Jahr t2 fallen tatsächlich Herstellungskosten i.H.v. 2,2 Mio. EUR an. Die Drohverlustrückstellung ist in Anspruch zu nehmen und gleichzeitig sind außerplanmäßige Abschreibungen von 2,2 Mio. EUR auf die fertigen Erzeugnisse vorzunehmen.

Lärmschutz: Für den Fall der Übernahme einer Verpflichtung bei Anschaffung eines Vermögensgegenstands wird in der Literatur vorgeschlagen, die Kosten der Erfüllung der Verpflichtung als zusätzliche Anschaffungskosten des Vermögensgegenstands zu behandeln.[357] Wird also eine Konzession nur unter der Auflage der Errichtung von Lärmschutzvorrichtungen erworben, so wären die voraussichtlichen Kosten hierfür den Anschaffungskosten des immateriellen Vermögensgegenstands „Konzession" zuzurechnen und erfolgsneutral gegen die Rückstellungen zu buchen (Konzessionen an Rückstellung).[358] Dieses Vorgehen entspricht dem Grundsatz der Erfolgsneutralität des Anschaffungsvorgangs. Typisches Beispiel für einen solchen Sachverhalt ist der Erwerb einer Nachtfluggenehmigung eines Flughafenbetreibers unter der Auflage, Anlieger mit Lärmschutzfenstern auszustatten.[359]

1059

U.E. zu empfehlende Variante ist jedoch, die Rückstellung aufwandswirksam zu buchen (sonstiger betrieblicher Aufwand an Rückstellung). Dies entspricht auch der gängigen und akzeptierten Praxis.

Lastkraftwagen: siehe Inspektionsverpflichtung.

1060

Latente Steuern: Mit der Neufassung des § 274 HGB durch das BilMoG sind latente Steuern als gesonderter Bilanzposten auszuweisen. Kleine KapG und kleine PersHG i.S.d. § 264a HGB können allerdings unter Anwendung des § 274a Nr. 5 HGB auf die Bilanzierung latenter Steuern verzichten. Macht eine Gesellschaft von dieser Vorschrift Gebrauch, muss es dennoch für sonst als „passive latenten Steuern" ausgewiesene Beträge, die auch die Eigenschaften von Rückstellungen für ungewisse Verbindlichkeiten erfüllen, Steuerrückstellungen bilanzieren.[360] Grund-

1061

---

357 Vgl. Syst. Praxiskommentar Bilanzrecht/*Petersen/Künkele/Zwirner*, § 249 HGB Rn. 93.
358 Siehe hierzu überzeugend *Hoffmann*, PiR 2010, 146, 146 ff.
359 Siehe *Garvens/Lubitz*, StuB 2010, 248, 248 ff.
360 Vgl. Beck Bil-Komm/*Grottel*, § 274a HGB Rn. 6.

lage der Rückstellungsbildung ist somit das GuV-orientierte Timing-Konzept. Unter die Steuerrückstellungen fallen demnach:

- zeitlich begrenzte Differenzen aufgrund der Aktivierung selbst geschaffener immaterieller Vermögensgegenstände des Anlagevermögens,
- zeitlich begrenzte Differenzen aufgrund der Zeitwertbewertung bestimmter Vermögensgegenstände (Deckungsvermögen)
- zeitlich begrenzte Differenzen aufgrund des Wegfalls der umgekehrten Maßgeblichkeit (Sonderabschreibungen, steuerfreie Rücklagen).

Wenn die kleine KapG bzw. PersHG i.S.d. § 264a HGB vom Befreiungswahlrecht Gebrauch macht, ist zur Ermittlung der Rückstellung auf den zum Stichtag vorliegenden Passivüberhang abzustellen. Die passiven latenten Steuern sind insoweit als Rückstellung (unter Beachtung des GuV-orientierten Timing-Konzepts) ansatzpflichtig.[361] Sofern bspw. zum Bilanzstichtag steuerliche Verlustvorträge vorliegen, sind diese bei der Ermittlung der Rückstellung zu berücksichtigen.

Beispiel

Eine kleine GmbH verzichtet auf die Bilanzierung latenter Steuern. Zum 31.12. t1 würden sich bei der Anwendung des GuV-orientierten Timing Konzepts aktive latente Steuern i.H.v. 20.000 EUR und passive latente Steuern i.H.v. 30.000 EUR ergeben.

Das Unternehmen hat zum 31.12.t1 die Saldogröße (10.000 EUR) als Steuerrückstellung auszuweisen.

Praxistipp

Weil quasi-permanente Differenzen nicht die Kriterien einer Rückstellung nach § 249 Abs. 1 Satz 1 HGB erfüllen, bilden sie keine Grundlage für Steuerrückstellungen. Ihnen fehlt es an einer wirtschaftlichen oder rechtlichen Verursachung der Steuerbelastung im abgelaufenen Geschäftsjahr.

Beispiel

Für die Anschaffung von Grund und Boden zu einem Preis von 1.000.000 EUR wird ein Investitionszuschuss i.H.v. 20 % = 200.000 EUR gewährt. Das Wahlrecht der R 6.5 Abs. 2 EStR wird dahingehend ausgeübt, dass die Anschaffungskosten um 200.000 EUR auf 800.000 EUR reduziert werden. Für die Handelsbilanz bleibt es bei der Bilanzierung des Grund und Bodens zu Anschaffungskosten i.H.v. 1.000.000 EUR. Aus den unterschiedlichen Wertansätzen resultiert bei einem kumulierten Ertragsteuersatz von 30 % eine passive latente Steuer i.H.v. 60.000 EUR.

---

361 Vgl. zugleich mit Kritik an der als Erleichterungsvorschrift deklarierten Norm Syst. Praxiskommentar Bilanzrecht/*Petersen/Zwirner/Busch*, § 274a HGB Rn. 14.

Kleine KapG und PersHG i.S.d. § 264a HGB, die nach § 274a Nr. 5 HGB keine latenten Steuern abgrenzen, dürfen diesen Betrag auch nicht i.R.d. Steuerrückstellung berücksichtigen, weil eine quasi-permanente Differenz vorliegt. Die Bilanz weist keine entsprechende Steuerrückstellung aus.

Praxistipp

 Es ist zu empfehlen, die notwendigen Steuerberechnungen nach § 274 HGB in einer Nebenrechnung vorzunehmen, um zum einen den Bilanzansatz rechtfertigen und zum anderen einen Wechsel in eine andere Größenklasse besser bewerkstelligen zu können.

Lawine: siehe Katastrophe.

Leasing: In verschiedenen Fällen kann der Ansatz einer Drohverlustrückstellung oder Verbindlichkeitsrückstellung i.R.v. Leasingverträgen beim Leasinggeber oder Leasingnehmer geboten sein.[362]

Der Leasingnehmer darf laut BFH keine Drohverlustrückstellung bilden, wenn die Leasingraten bei Neuverträgen erheblich niedriger sind. Ein maßgeblicher Verpflichtungsüberschuss, der vorliegt, wenn die Leasingraten den Erfolgsbeitrag des Leasingobjekts übersteigen, sei regelmäßig nicht feststellbar.[363] Hingegen ist der Ansatz einer Drohverlustrückstellung beim Leasingnehmer zu bejahen, wenn der Barwert der Leasingraten den beizulegenden Zeitwert des Leasingobjekts übersteigt, weil das Leasingobjekt nicht mehr oder nur in sehr geringem Umfang zu nutzen ist.[364]

Drohverlustrückstellungen hat der Leasingnehmer auch zu bilden, wenn dieser sich verpflichtet hat, das Leasingobjekt zu einem bestimmten Preis abzunehmen und die Wiederbeschaffungskosten (Marktpreis) diesen Preis unterschreiten.[365] Siehe auch Beschaffungsgeschäft. Dies gilt allerdings nur für die Fälle, in denen der Leasingnehmer nicht wirtschaftlicher Eigentümer des Leasinggutes ist. Andernfalls wäre der gesunkene Wiederbeschaffungspreis i.R.e. außerplanmäßigen Abschreibung auf das Leasinggut zu erfassen.

Verbindlichkeitsrückstellungen sind beim Leasinggeber wegen eines Erfüllungsrückstands zu bilden, wenn der Leasingnehmer überhöhte Leasingraten zahlt, dafür aber die Option eingeräumt bekommt, das Leasinggut am Ende der Grundmietzeit zum Vorzugspreis zu erwerben. Dabei hat der Leasinggeber den Rückstellungsbetrag entsprechend den geleisteten Leasingraten anzusammeln.[366]

---

[362] Auf die Bilanzierung des Leasinggutes wird hier nicht eingegangen. Es sei verwiesen auf *IDW HFA* 1/1989, WPg 1989, 625, 625 f. sowie WP-Handbuch, Bd. I, Buchst. E Rn. 193 ff., die wiederum auch auf die entsprechenden *BMF*-Schreiben verweisen.
[363] Vgl. BFH v. 27.07.1988, I R 133/84, BStBl. II 1988, 999.
[364] Siehe auch *Maus*, S. 169.
[365] Vgl. BFH v. 15.10.1997, I R 16/97, DStR 1998, 480.
[366] Vgl. BFH v. 15.04.1993, IV R 75/91, BFHE 1993, 434.

Verbindlichkeitsrückstellungen sind beim Leasinggeber auch zu bilden, wenn sich dieser verpflichtet, den Mieter unter bestimmten Umständen an einem späteren Verkaufserlös des Leasingobjekts zu beteiligen.[367]

Drohverlustrückstellungen sind beim Leasinggeber zu passivieren, wenn der Barwert der Leasingraten unter dem Barwert der Aufwendungen (inkl. Abschreibungen) liegt.[368]

Die folgende Tabelle fasst die Rückstellungsbilanzierung bei Leasingverhältnissen noch einmal zusammen:

Mögliche Rückstellungen bei Leasingverhältnissen

	Leasinggeber	Leasingnehmer
Rückstellungen für ungewisse Verbindlichkeiten	• Bei Rückvergütungsverpflichtung im Zuge eines Vorzugspreises für den Leasingnehmer nach der Grundmietzeit.	• Bei Erneuerungsverpflichtungen (siehe Erneuerungsverpflichtung bei Mietverträgen).
Drohverlustrückstellungen	• Bei einem Barwert der künftigen Leasingraten, der unter dem Barwert der Aufwendungen für das Leasinggut (inkl. evtl. Abschreibungen) liegt.	• Bei keinem oder außergewöhnlich geringem Erfolgsbeitrag aus dem Leasinggut und diesen übersteigenden Leasingaufwendungen. • Bei Kauf des Leasinggutes nach Grundmietzeit zu ggü. dem Marktpreis zu hohem Preis.

1064 **Leasingverträge:** siehe Leasing.

1065 **Lebensarbeitszeitkonto:** siehe Altersteilzeit.

1066 **Lebensversicherung:** Sofern die Verpflichtung zu weiterer Vertragsbetreuung bei einem Versicherungsvertreter einen Erfüllungsrückstand verursacht, ist eine Verbindlichkeitsrückstellung geboten.[369] Dies ist gegeben, wenn eine Provision an den Vertreter gezahlt wurde, diese jedoch an weitere Leistungen (weitere Betreuung) anknüpft. Ist die Betreuung zeitbezogen, ist die Rückstellung zeitanteilig („pro rata temporis") aufzulösen. Das *BMF* sieht einen Rückstellungsansatz für die Nachbetreuungspflicht als unzulässig an.[370] Wenn die Provision nicht von der Erbringung künftiger Leistungen abhängig ist, darf handels- wie steuerrechtlich eine Rückstellung nicht gebildet werden. Eine Beschränkung auf

---

367 Vgl. BFH v. 21.09.2011, I R 50/10, BStBl. II 2012, 197.
368 Vgl. BFH v. 19.07.1983, VIII R 160/79, BStBl. II 1984, 56.
369 Vgl. BFH v. 28.07.2004, XI R 63/03, BStBl. II 2006, 866.
370 Vgl. *BMF* v. 28.11.2006, IV B 2 – S 2137 – 73/06, BStBl. I 2006, 765.

wesentliche Verpflichtungen ist dabei nicht vorzunehmen.[371] Zudem muss der Versicherungsvertreter durch eine inhaltlich klare Individualabrede oder eine entsprechende Regelung im Vertretervertrag zur Betreuung verpflichtet sein.[372] Siehe auch Versicherungsmakler.

Beispiel

 A ist Vertreter der B Versicherung. Er verpflichtet sich ggü. B, neben der Beratung im Zusammenhang mit dem Vertragsabschluss den Kunden auch für die Zeit von zwei Jahren nach Vertragsabschluss zu betreuen. Neben der Provision erhält A keine weiteren Leistungen von B.

Zum Zeitpunkt des Vertragsabschlusses hat B eine Rückstellung in Höhe der erwarteten Betreuungskosten der nächsten zwei Jahre zu bilden. Über den benannten Zeitraum ist die Rückstellung aufzulösen.

Leergut: siehe Flaschenpfand.   **1067**

Lehrling: siehe Ausbildungskosten.   **1068**

Leihemballagen: Die für Pfandflaschen gemachten Ausführungen gelten analog.[373] Siehe Flaschenpfand.   **1069**

Leistungsprämie: siehe Gewinnabhängige Vergütung, Gratifikation.   **1070**

Leistungsverpflichtung: siehe Gewinnabhängige Vergütung, Gratifikation.   **1071**

Lieferantenrechnung: siehe Abrechnungskosten.   **1072**

Lizenzgebühr: Für rückständige Lizenzgebühren („Erfüllungsrückstand") ist eine Rückstellung für ungewisse Verbindlichkeiten zu bilden, soweit Höhe und/oder Zeitpunkt der Zahlungsverpflichtung ungewiss sind.[374]   **1073**

Lizenzrecht: Es ist keine Rückstellung wegen der Verletzung der Lizenzrechte einer AG bei fehlender Kenntnis der verantwortlichen Person zu bilden. Aus einem Urteil des Thüringer FG geht hervor, dass in den Fällen, in denen die Gefahr einer ernsthaften Inanspruchnahme wegen der Verletzung von Lizenzrechten einer AG nach § 69a Abs. 3 UrhG besteht, die Bildung einer Rückstellung nicht gerechtfertigt ist, sofern nur ein Mitarbeiter der AG nicht aber eine verantwortliche Person der AG, wie bspw. Vorstands-, oder Aufsichtsratsmitglied oder Prokurist Kenntnis von der Rechtsverletzung hat.[375]   **1074**

Lizenzvertrag: Die Bildung einer Drohverlustrückstellung kann geboten sein, wenn sich i.R.e. einer Gesamtbetrachtung ein Verpflichtungsüberschuss ergibt,   **1075**

---

371 Vgl. BFH v. 28.07.2004, XI R 63/03, BStBl. II 2006, 866; bestätigt durch BFH v. 19.07.2011, X R 26/10, BStBl. II 2012, 856; siehe auch *BMF* v. 20.11.2012, IV C 6 – S 2137/09/10002, BStBl. I 2012, 1100.
372 Vgl. Niedersächsisches FG v. 11.05.2011, 2 K 11301/08, DStRE 2012, 596.
373 Siehe auch WP-Handbuch, Bd. I, Buchst. E Rn. 194.
374 Vgl. BFH v. 23.09.1969, I R 22/66, BStBl. II 1970, 104.
375 Vgl. Thüringer FG v. 26.06.2014, 1 K 240/12, rkr., EFG 2014, 1661.

d.h. entweder die Lizenzgebühren den geldwerten Nutzen der Lizenz übersteigen oder umgekehrt.

Eine besondere Relevanz haben etwaige Drohverlustrückstellungen im Zusammenhang mit Sendelizenzen. Hier muss – zumindest im werbefinanzierten Fernsehen – eine Drohverlustrückstellung bilanziellen Niederschlag finden, wenn aufgrund gesunkener Einschaltquoten die Werbeeinnahmen ausbleiben, jedoch eine Lizenzgebühr weiterhin zu entrichten ist.[376]

Beispiel

Der Fernsehsender Ultra Television hat sich die Übertragungsrechte für die Premiere League Ausstrahlung in Deutschland gesichert. Derzeit sind bei den großen englischen Klubs fünf deutsche Legionäre beschäftigt. Unerwarteterweise werden alle Deutschen in der Ferne zu Bankwärmern degradiert. Das Zuschauerinteresse auf dem heimischen Markt sinkt rapide.

Bei bestehender Zahlungsverpflichtung ist der Ansatz einer Drohverlustrückstellung zu prüfen.

Ist für eine bereits zugegangene Lizenz die vertraglich vereinbarte Gegenleistung (bspw. Lizenzgebühr) nicht bezahlt wurden, kann eine Rückstellungsbildung geboten sein – vgl. Lizenzgebühr.

1076 **Lkw:** siehe Lastkraftwagen.

1077 **Lohnfortzahlung im Krankheitsfall:** Risiken des Arbeitgebers hinsichtlich der Verpflichtung zur Entgeltfortzahlung im Krankheitsfall des Arbeitnehmers berechtigen nicht zur Bildung einer Rückstellung (weder Drohverlust- noch Verbindlichkeitsrückstellung). Die Rechtsprechung spricht in diesem Zusammenhang von einer „nicht widerlegbaren Ausgeglichenheitsvermutung" zwischen Arbeitsleistung und Arbeitsentgelt,[377] welche auch im Krankheitsfall gilt. I.d.S. sieht der BFH auch die höhere Krankheitsanfälligkeit älterer Arbeitnehmer durch deren im Laufe der Jahre gesammelte Erfahrung ausgeglichen.[378]

Praxistipp

Eine Drohverlustrückstellung wird dann zu bilden sein, wenn zum Bilanzstichtag nicht mehr mit der „Rückkehr" eines kranken Mitarbeiters gerechnet werden kann.[379] Die Ausgeglichenheitsvermutung ist in diesem Fall nicht länger haltbar, weil ein Erfolgsbeitrag des Mitarbeiters nicht mehr feststellbar ist.

---

376 Vgl. Handbuch Bilanzrecht/*Zwirner/Wittmann*, D.III. Rn. 126.
377 Vgl. BFH v. 16.12.1987, I R 68/87, BStBl. II 1988, 338.
378 Vgl. BFH v. 27.06.2001, I R 11/00, BStBl. II 2001, 758.
379 Gl.A. *Kessler*, BBK 1997, 691, 707. A.A. Schmidt/*Weber-Grellet*, EStG § 5 Rn. 550.

Lohnfortzahlung im Todesfall: Viele Tarif- bzw. Arbeitsverträge sehen die Fortzahlung des Lohns nach dem Tod des Arbeitnehmers an die Hinterbliebenen vor. Dies betrifft oftmals einen Zeitraum von drei Monaten (sog. Gnadenquartal). Der Anspruch ist bereits mit der Tätigkeit des Arbeitnehmers erdient.[380] Insofern handelt es sich nicht mehr um ein schwebendes Geschäft, weswegen für diesen Fall eine Rückstellung für ungewisse Verbindlichkeiten geboten erscheint.

1078

Bei der (pauschalen) Bewertung der Rückstellung ist die historische Sterberate genauso zu berücksichtigen, wie das Durchschnittsalter der Belegschaft, das durchschnittliche Renteneinstiegsalter, der Durchschnittsverdienst und die Größe der Belegschaft.[381] Darüber hinaus ist mittels einer Fluktuationsrate die Möglichkeit des Verlassens des Unternehmens vor dem Tod zu berücksichtigen. Gemäß des auf Erfahrungswerten geschätzten durchschnittlichen Anstellungszeitraums der Belegschaft bis zur Pensionierung ist der so ermittelte Erfüllungsbetrag auf den Bilanzstichtag abzuzinsen.

Lohnsteuer: siehe Steuerrückstellung.

1079

Lohnsteuerhinterziehung: Wenn ernsthaft mit einer Inanspruchnahme zu rechnen ist, muss der Arbeitgeber für hinterzogene Lohnsteuer (Schwarzarbeit) eine Verbindlichkeitsrückstellung in Steuer- und Handelsbilanz ansetzen.[382] Zweifelsfrei ist die Rückstellung dann zu bilden, wenn die Steuerfahndung tätig wird.

1080

Während die geschuldete Lohnsteuer unter den Steuerrückstellungen auszuweisen ist,[383] sind mögliche Strafzahlungen unter den sonstigen Rückstellungen zu zeigen.

Lohnzahlung: Ist für bereits geleistete Arbeitsleistung der Arbeitnehmer noch keine Vergütung gezahlt worden, befindet sich der Arbeitgeber in Erfüllungsrückstand. Demnach ist der Betrag als Rückstellung für ungewisse Verbindlichkeiten anzusetzen, wenn die Zahlungspflicht nicht hinsichtlich Zeit und Betrag gewiss sind, was die Passivierung als Verbindlichkeit zur Folge hätte.

1081

Praxistipp

Während für eine noch nicht geleistete Lohnzahlung bei geleisteter Arbeit des Arbeitnehmers eine Verbindlichkeit zu passivieren ist, ist für eine geleistete Lohnzahlung, der noch keine Arbeitsleistung entgegensteht, ein Rechnungsabgrenzungsposten zu aktivieren.

Luftfahrzeug: siehe Flugzeug, Hubschrauber.

1082

---

380 Siehe *Olbrich*, WPg 1989, 390, 390.
381 Siehe hierzu mit Rechenbeispiel *Olbrich*, WPg 1989, 390, 391.
382 Vgl. BFH v. 16.02.1996, I R 73/95, BStBl. II 1996, 592.
383 Vgl. Beck Bil-Komm/*Schubert*/*Waubke*, § 266 HGB Rn. 201.

M.

1083 Maklergebühr: Die bei Anschaffung eines Vermögensgegenstands (bspw. Grundstück) anfallenden Maklergebühren sind als Anschaffungsnebenkosten zu aktivieren.[384]

Eine Rückstellung für Maklergebühren (Provisionen) kommt demnach nur für einen Erfüllungsrückstand in Betracht. So ist eine Rückstellung für ungewisse Verbindlichkeiten dann zu bilanzieren, wenn das vermittelte Geschäft ausgeführt wird[385], eine Provisionsabrechnung noch nicht vorliegt[386] und die Provisionshöhe ungewiss ist.

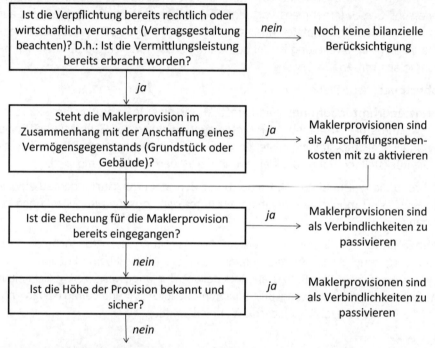

Ansatz einer Rückstellung für die ausstehenden Maklergebühren

Prüfungsschema zur Feststellung eines Rückstellungsgebots;
© *Petersen/Künkele/Zwirner*

Siehe auch Ausgleichsanspruch von Handelsvertretern, Lebensversicherung.

1084 Maklerhaftung: Für Risiken aus der Maklerhaftung sind Rückstellungen für ungewisse Verbindlichkeiten anzusetzen, wenn die entsprechenden allgemeinen Voraussetzungen vorliegen. In Betracht kommen etwaige Schadensersatzansprüche wg. Falschberatung etc. Siehe auch Lebensversicherung, Nachbetreuungskosten.

---

384 Vgl. BFH v. 04.06.1991, X R 136/87, BStBl. II 1992, 70.
385 Vgl. § 87a Abs. 1 Satz 1 HGB.
386 Vgl. *Maus*, S. 143.

Mängelrüge: siehe Gewährleistung. **1085**

Markenrechtsverletzung: Hinsichtlich Ansatz und Bewertung von Rückstellungen für Verletzungen derartiger Schutzrechte gelten die unter „Patentrechtsverletzung" und „Urheberrechtsverletzung" gemachten Aussagen. Zum steuerlichen Auflösungsgebot siehe Kap. 2.1.4.3, Rn. 102 ff. **1086**

Markenzeichen: siehe Markenrechtsverletzung. **1087**

Marktzins: siehe Darlehenszins. **1088**

MDK-Prüfung: Rechnungsprüfungen durch den Medizinischen Dienst der Krankenversicherung (MDK) können bei Krankenhäusern zu Kürzungen der ursprünglich an die Krankenkassen gestellten Rechnungen führen. Wurde die ursprüngliche Rechnung von der Krankenkasse bereits beglichen und besteht aufseiten des Krankenhauses das Risiko einer Rückzahlungsverpflichtung, ist vom Krankenhaus eine Rückstellung für ungewisse Verbindlichkeiten zu bilden. **1089**

Medikamentenmuster: siehe Ärztemuster. **1090**

Mehrerlösabschöpfung: Die Betreiber von Energieversorgungsnetzen haben Netznutzern gegen ein angemessenes Nutzungsentgelt Zugang zum Netz zu verschaffen.[387] Dabei besteht hinsichtlich des Nutzungsentgelts eine Genehmigungspflicht durch die zuständige Regulierungsbehörde.[388] Die Höhe des maximalen Entgelts ergibt sich aus der Stromnetzentgeltverordnung. Demnach ist das maximale Entgelt als Summe der anfallenden Kosten und einer angemessenen Eigenkapitalverzinsung festgelegt. Werden bis zur Genehmigung eines (niedrigeren) Netzentgelts zu hohe Netzentgelte von den Nutzern verlangt, so sind diese sog. „Mehrerlöse" zu kompensieren.[389] Der BGH entschied in diesem Fall, dass die zu hohen Nutzungsentgelte periodenübergreifend bei der Kalkulation der Entgelte für die nächste Periode zu berücksichtigen sind.[390] Die wirtschaftliche Verursachung der Verpflichtung ist bei der Vereinnahmung der zu hohen Erlöse gegeben, weswegen bereits in diesem Zeitpunkt eine Rückstellung für ungewisse Verbindlichkeiten als geboten erscheint. Über das Maßgeblichkeitsprinzip gilt dies auch für die Steuerbilanz. Das *BayLfSt* hingegen sieht kein Rückstellungsgebot. Ihrer Ansicht nach ergibt sich ein Erfüllungsrückstand noch nicht bei Vereinnahmung der Mehrerlöse.[391] **1091**

Die Höhe der Verpflichtung ergibt sich als Differenz zwischen dem zu hohen und dem genehmigten Entgelt für die Zeit der zu hohen Berechnung. Etwaige Zahlungsverpflichtungen aus zivilrechtlichen Klagen gegen den Netzbetreiber wegen der zu hohen Entgelte sind in Abzug zu bringen.

Mehrkomponentengeschäft: siehe Rücknahmeverpflichtung. **1092**

---

387 Vgl. § 20 EnWG.
388 Vgl. § 23a EnWG.
389 Vgl. *Hruby*, DStR 2010, 127, 127.
390 Vgl. BGH v. 14.08.2008, KVR 39/07, KoR 2009, 86.
391 Vgl. *BayLfSt* v. 03.09.2010, S 2137.1.1-6/22 St 32, StuB 2010, 752.

8 Rückstellungs-ABC

1093 **Mehrrücknahmen:** siehe Flaschenpfand.

1094 **Mehrsteuern:** Bei doppelt ausgewiesener Umsatzsteuer ist, im Gegensatz zu hinterzogenen Steuern, eine Rückstellung in dem Wirtschaftsjahr zulässig, in dem sie entstanden sind.[392] Siehe auch Hinterzogene Steuern.

1095 **Mehrwegsystem:** siehe Flaschenpfand.

1096 **Mietereinbauten:** siehe Abbruchverpflichtung, Wiederherstellungsverpflichtung. Siehe hierzu auch das Beispiel in Kap. 2.1.2.3, Rn. 67.

1097 **Mietfreistellung:** Eine Mietfreistellung bedingt lediglich dann ein Passivierungsgebot, wenn durch sie Mietzahlungen aufgeschoben werden.[393] Im Übrigen gelten die Grundsätze der Bilanzierung schwebender Geschäfte.

1098 **Mietgarantie:** Wenn ein Verkäufer von Eigentumswohnungen den Käufern Mietgarantien für einen definierten Zeitraum gewährt und es sich um ein einseitiges Garantieversprechen handelt, kann für diese ungewissen Verbindlichkeiten eine Rückstellung gebildet werden.[394] Siehe auch Mietpreiszusicherung.

1099 **Mietnebenkosten:** siehe Nebenkosten.

1100 **Mietpreiszusicherung:** Bei einer Mietpreiszusicherung,[395] die der Bauträger einem Investor erteilt, können bei negativer Mietpreisentwicklung Verluste für den Bauträger entstehen. In der Literatur und in der Rechtsprechung wird diskutiert, ob hierfür eine Rückstellung für ungewisse Verbindlichkeiten oder eine Drohverlustrückstellung anzusetzen ist.[396]

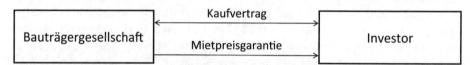

Beziehung zwischen Bauträgergesellschaft und Investor;
© Petersen/Künkele/Zwirner

Beispiel

 Der Bauträger verkauft eine Immobilie für 10 Mio. EUR an einen Investor. Derartige Immobilien in ähnlicher Lage werden üblicherweise für 8 Mio. EUR verkauft. Der Investor akzeptiert den Preis von 10 Mio. EUR, da ihm vonseiten des Bauträgers für die Laufzeit von elf Jahren eine jährliche Mietgarantie von 250.000 EUR gewährt wird. In der Folgezeit werden keine vergleichbar hohen Mieten erzielt, sodass der Bauträger einen Verlust aus der Mietgarantie erleidet.

---

392 Vgl. BFH v. 15.03.2012, III R 96/07, BStBl. II 2012, 719.
393 Vgl. BFH v. 05.04.2006, I R 43/05, BStBl. II 2006, 593.
394 Vgl. FG Berlin-Brandenburg v. 23.06.2010, 7 K 9247/05 B, EFG 2011, 695 Nr. 8.
395 Zu Formen der Mietpreiszusicherung siehe *Hofer*, DB 2010, 1069, 1069; *Maus*, S. 174.
396 Siehe *Hofer*, DB 2010, 1069, 1069 ff.; *Maus*, S. 174 f.; *Schmidt/Weber-Grellet*, EStG § 5 Rn. 550 sowie zur neueren Rechtsprechung FG München v. 18.08.2008, BB 2008, 2566.

Z.T. wird die Bildung einer Rückstellung für ungewisse Verbindlichkeiten befürwortet.[397] Als Begründung hierfür wird angeführt, dass die Grundstücksveräußerung und die Mietpreiszusicherung wirtschaftlich und zivilrechtlich eine Einheit bilden: Der Erwerber erwirbt das Grundstück nur aufgrund der Mietpreiszusicherung zu einem erhöhten Kaufpreis. Da die Aufwendungen für die Mietgarantie bereits durch die Grundstücksveräußerung wirtschaftlich verursacht sind, ist eine Rückstellung für die ungewissen Verbindlichkeiten aus der Mietgarantie zu bilanzieren.

Diese Auffassung wurde erst jüngst vom FG München abgelehnt.[398] Nach Ansicht des Gerichts ist die Festlegung der Miethöhe für eine bestimmte Zeit nur „[…] Ausfluss der in einem Dauerschuldverhältnis verbindlichen festgelegten beiderseitigen Leistungspflichten"[399] und somit höchstens Grundlage für eine Drohverlustrückstellung, die steuerlich nach § 5 Abs. 4 EStG nicht anerkannt wird.

U.E. ist die erstgenannte Meinung zutreffend. Die Verpflichtung ist bei der Veräußerung schon vollständig entstanden. Ungewiss ist nur, ob und wann tatsächlich Kosten entstehen. Der Ansatz einer Rückstellung für ungewisse Verbindlichkeiten setzt jedoch die Wahrscheinlichkeit der Inanspruchnahme voraus. Diese Voraussetzung ist erfüllt, wenn sich nach den Mietpreisen am Bilanzstichtag ein Verlust ergeben würde.

Beispiel

 Fortsetzung des Beispiels:

Mittels Mietspiegel errechnet sich eine ortsübliche Miete von 205.000 EUR. Dies bedeutet, dass der Bauträger jährliche Verluste von 45.000 EUR zu befürchten hat. Nach den soeben gemachten Ausführungen hat der Bauträger für die Erfüllung der Mietpreisgarantie eine Rückstellung für ungewisse Verbindlichkeiten zu bilden.

Nach Berechnung der durchschnittlichen Kapitalbindungsdauer der Verpflichtung (die Verhältnisse zum Bilanzstichtag werden hier als konstant angenommen), muss der Erfüllungsbetrag mit dem Zinssatz der durchschnittlichen Kapitalbindungsdauer abgezinst werden.

Durchschnittliche Kapitalbindungsdauer $= \sum_{t=1}^{11} t / 11 = 6$

i(t=6) = 4,48 %

Rückstellungsbetrag = (11 × 45.000) / $1,0448^6$ = 380.545 EUR

Mietverhältnis: siehe Mietvertrag. **1101**

Mietverpflichtung: Eine Rückstellung ist anzusetzen für vertraglich oder gesetzl. festgelegte Instandhaltungen, die im Geschäftsjahr trotz Verpflichtung nicht getätigt wurden („Erfüllungsrückstand"). **1102**

---

[397] Siehe hierzu zusammenfassend *Hofer*, DB 2010, 1069, 1073. Sich dem anschließend Schmidt/Weber-Grellet, EStG § 5 Rn. 550.
[398] Vgl. FG München v. 18.08.2008, 7 K 585/07, BB 2008, 2566.
[399] FG München v. 18.08.2008, 7 K 585/07, BB 2008, 2566.

1103 Mietvertrag: Der Ansatz einer Drohverlustrückstellung ist allgemein bei Unausgeglichenheit des Mietvertrags geboten. Diese Unausgeglichenheit muss bei unbefristeten Vertragslaufzeiten nachhaltig sein, der Verlust muss auf Sicht des gesamten Vertragsverhältnisses drohen. Der Ansatz einer Drohverlustrückstellung beim Mieter ist dann erforderlich, wenn er die Mietsache nicht mehr oder nur in vermindertem Umfang nutzen kann.[400] Wenn der Aufwand des Vermieters zur Erhaltung eines zum vertragsgemäßen Gebrauch geeigneten Zustands[401] die Mietzahlungen übersteigt und damit aus dem Mietverhältnis insgesamt ein Verlust droht, ist aufseiten des Vermieters eine Drohverlustrückstellung zu bilden. Hierbei sind aber etwaige andere Vorteile (Standortvorteil bei Vermietung von Arztpraxen durch einen Apotheker bspw.) zusätzlich zu beachten.[402] Eine Verbindlichkeitsrückstellung kommt nur in Ausnahmefällen in Betracht, wenn ein Erfüllungsrückstand vorliegt. Dies kann der Fall sein, wenn der Vermieter seinen Instandhaltungspflichten nicht nachgekommen ist und die vertragsgemäße Nutzung durch den Mieter nicht möglich ist. Siehe auch Mietpreiszusicherung.

1104 Millenium Bug: Für EDV-Anpassungsaufwand darf keine Rückstellung gebildet werden.[403] Siehe auch SEPA.

1105 Minderung: siehe Gewährleistung.

1106 Mitarbeiterbeteiligungsprogramm: siehe Aktienoptionsplan, Gewinnabhängige Vergütung, Gratifikation.

1107 Mitarbeiterfreistellung: Grds. gilt für Arbeitsverhältnisse, nicht zuletzt wegen der schwer objektivierbaren Bewertung der menschlichen Arbeitsleistung, die „Ausgeglichenheitsvermutung" zwischen Arbeitsleistung und Arbeitsentgelt. Durch die Entscheidung eines Arbeitgebers, auf die Arbeitsleistung eines Arbeitnehmers bei Kündigung eines Arbeitsvertrags bis zum Ablauf der Kündigungsfrist zu verzichten (Freistellung), steht für die Zeit der Kündigungsfrist der Leistung des Arbeitgebers keine Leistung des Arbeitnehmers entgegen. Eine Ausgeglichenheit ist dann nicht mehr gegeben. Der Arbeitgeber ist unter diesen Umständen berechtigt, für die Zeit der Freistellung eine Drohverlustrückstellung zu bilden.[404]

Der Bildung der Drohverlustrückstellung steht auch nicht entgegen, dass der Arbeitnehmer seine Arbeitsleistung anbietet und der Arbeitgeber darauf verzichtet.[405] Entscheidend ist vielmehr, dass tatsächlich mit einem Verpflichtungsüberschuss zu rechnen ist – d.h. keine Arbeitsleistung vom Arbeitnehmer mehr erwartet wird.

---

400 Vgl. BFH v. 07.10.1997, VIII R 84/94, DStR 1998, 802. In dem Fall leer stehender Mieträume bei bestehender Zahlungsverpflichtung für eine Verbindlichkeitsrückstellung plädierend *Niehues*, DB 2007, 1107, 1107 f. Dagegen stimmen u.E. zutreffend einer Drohverlustrückstellung zu HdJ/ *Herzig/Köster*, Abt. III 5 Rn. 428.
401 Vgl. § 535 Abs. 1 BGB.
402 Vgl. BFH v. 23.06.1997, GrS 2/93, BStBl. II 1997, 735.
403 Vgl. Schmidt/*Weber-Grellet*, EStG § 5 Rn. 550.
404 Vgl. BFH v. 25.02.1986, VII R 377/83, BStBl. II 1986, 465 mit Bezug auf Freistellung wegen fehlender Beschäftigungsmöglichkeit – u.E. aber analog anwendbar.
405 Vgl. *Schönnenbeck*, DB 1962, 1281, 1284.

Für die Bilanzierung irrelevant ist die Frage, ob es sich um eine widerrufliche oder unwiderrufliche Freistellung handelt. Bei der widerruflichen Freistellung muss zum Bilanzstichtag jedoch der subjektive Wille des Kaufmanns erkennbar sein, auf die Arbeitsleistung zu verzichten.

Mittelbare Pensionsverpflichtung: Siehe hierzu Kap. 5.2.3, Rn. 397 ff. **1108**

Modernisierung: Aufwendungen für eine notwendige Modernisierung sind mit Ausnahme unterlassener Instandhaltungsaufwendungen nach § 249 Abs. 1 Satz 1 Nr. 1 HGB nicht zu bilden, sondern als Aufwand in der Periode ihres Anfalls zu behandeln. **1109**

Mutterschutz: Auch wenn zum Bilanzstichtag dem Arbeitgeber bereits bekannt ist, dass eine Arbeitnehmerin schwanger ist, dürfen für damit verbundene Lasten nach dem MuSchG keine Rückstellungen gebildet werden.[406] Für solche allgemeinen Soziallasten wie die Verpflichtung, temporär die Differenz zwischen Nettogehalt und Mutterschaftsgeld ausgleichen zu müssen, kann weder eine Drohverlust- noch eine Verbindlichkeitsrückstellung gebildet werden.[407] Anders liegen die Dinge, wenn zum Bilanzstichtag nicht damit zu rechnen ist, dass die Arbeitnehmerin wieder in den Dienst des Arbeitgebers tritt.[408] Dann ist in Höhe der voraussichtlich zu zahlenden Beträge für die Zeit des Mutterschutzes eine Drohverlustrückstellung zu bilden. **1110**

Nach § 14 Abs. 1 MuSchG ist dabei die Differenz zwischen 13 EUR (Mutterschaftsgeld) und dem auf Basis des Nettogehalts (nach Abzug aller gesetzl. Abzüge, also auch Sozialversicherungsbeiträge) der letzten drei abgerechneten Monate pro Kalendertag zugrunde zu legen.

Beispiel

Frau Großbauch ist seit dem 01.01.t1 bei der Lady Baby GmbH angestellt. Im Frühjahr des Jahres wird Frau Großbauch schwanger. Später schätzt ihr Arzt den Entbindungstermin auf den 31.12.t1. Bereits sechs Wochen vor dem geschätzten Entbindungstermin ist nach § 3 Abs. 2 MuSchG Frau Großbauch von der Arbeit freizustellen (ab dem 19.11.t1).

Ab diesem Zeitpunkt hat die Lady Baby GmbH die Zuzahlung zum Mutterschaftsgeld zu leisten. Da die Lady Baby GmbH die Gehälter regelmäßig zum 01. des Folgemonats auszahlt, sind die Löhne für August, September und Oktober für die Berechnung des Differenzbetrags heranzuziehen.

Frau Großbauch verdiente in jedem dieser Monate 1.800 EUR netto. Es errechnet sich ein kalendertägiges Gehalt von:

(3 × 1.800 EUR) / (31 + 30 + 31) = 58,69 EUR

---

406 Vgl. BFH v. 02.10.1997, IV R 82/96, BStBl. II 1998, 205.
407 Vgl. BFH v. 07.06.1988, VIII R 296/82, BStBl. II 1988, 886; a.A. Beck Bil-Komm/*Schubert*, § 249 HGB Rn. 100; Bertram/Brinkmann/Kessler/Müller/*Bertram*, § 249 HGB Rn. 280.
408 Vgl. *Kessler*, WPg 1996, 2, 11.

> *Zwischen Mutterschaftsgeld und Nettogehalt besteht eine Differenz von 45,69 EUR.*
>
> *Am 31.12.t1 bringt Frau Großbauch tatsächlich ihre Tochter Sabine zur Welt. Stolz verkündet sie ihrem Chef, nie wieder arbeiten zu wollen, um sich rundum um Sabine kümmern zu können. Dies sei aber nur möglich, wenn ihr Mann auch weiterhin so viel verdiene.*
>
> *Die Lady Baby GmbH hat aufgrund der wahrscheinlichen Unausgeglichenheit des Arbeitsvertrages eine Drohverlustrückstellung für die restliche Zeit, in der der Zusatzbetrag zu zahlen ist, zu bilden.*
>
> *Das Elterngeld ist gemäß § 6 Abs. 2 MuSchG für weitere acht Wochen zu zahlen. Es ergibt sich eine Drohverlustrückstellung von 49 Tagen × 45,69 EUR = 2.238,81 EUR.*

N.

1111 **Nachbesserung:** siehe Gewährleistung.

1112 **Nachbetreuungskosten:** Für vertraglich entstandene Nachbetreuungskosten bei einem Versicherungsmakler ist eine Verbindlichkeitsrückstellung zu bilden.[409] Siehe auch Lebensversicherung.

1113 **Nachbetreuungsleistungen:** siehe Hör- und Sehhilfen, Lebensversicherung.

1114 **Nacherfüllung:** siehe Gewährleistung.

1115 **Nachhaftung:** Für eine Nachhaftung von Gesellschaftern von PersHG (bspw. bei Ausscheiden einer Komplementär-GmbH einer KG) kommt allein der Ansatz einer Rückstellung für ungewisse Verbindlichkeiten infrage, wenn die Verpflichtung hinreichend konkretisiert ist. Insb. muss mit einer Fälligkeit der möglichen Verpflichtung innerhalb von fünf Jahren nach Ausscheiden des Gesellschafters gerechnet werden und die Verpflichtung bis zum Ausscheiden wirtschaftlich verursacht sein.

1116 **Nachlaufkosten:** Wenn für realisierte Umsätze noch Nacharbeiten zu tätigen sind, deren Vergütung nicht gesondert erfolgt, sondern bereits im vereinnahmten Umsatz einbezogen wurde, ist eine Rückstellung für ungewisse Verbindlichkeiten zu bilden.[410] Die unter den Stichwörtern „Hör- und Sehhilfen" und „Lebensversicherung" gemachten Ausführungen gelten entsprechend – siehe Hör- und Sehhilfen, Lebensversicherung.

1117 **Nachrüstungsverpflichtung:** siehe Anpassungsverpflichtung.

1118 **Nachschussverpflichtung:** siehe Verlustausgleichsverpflichtung.

---

[409] Vgl. BFH v. 28.07.2004, XI R 63/03, BStBl. II 2006, 866; bestätigt durch BFH v. 19.07.2011, X R 26/10, BStBl. II 2012, 856; siehe auch BMF v. 20.11.2012, IV C 6 – S 2137/09/10002, BStBl. I 2012, 1100; vgl. Niedersächsisches FG v. 11.05.2011, 2 K 11301/08, DStRE 2012, 596.

[410] Vgl. mit Beispiel Bertram/Brinkmann/Kessler/Müller/*Bertram*, § 249 HGB Rn. 282.

Nachteilige Verträge: siehe Dauerschuldverhältnis sowie Kap. 2.2, Rn. 172 ff. **1119**

Nachzahlungszinsen: siehe Zinsen auf Steuernachforderungen. **1120**

Nebenkosten: Für erwartete Nachzahlungen von Nebenkosten (bspw. Energie, Strom, Wasser) sind Rückstellungen zu bilden. **1121**

Beispiel

> Zum Bilanzstichtag ist ersichtlich, dass die Abschlagszahlungen für Stromkosten nicht den ablesbaren Stromverbrauch decken. Für die erwartete Nachzahlung ist eine Rückstellung für ungewisse Verbindlichkeiten zu bilanzieren.

Netzentgelt: siehe Mehrerlösabschöpfung. **1122**

Nicht abziehbare Betriebsausgaben: Rückstellungen für nicht abziehbare Betriebsausgaben sind in der Steuerbilanz außerbilanziell zu korrigieren.[411] Siehe auch Bußgeld, Gewerbesteuer, Körperschaftsteuer, Prozesskosten. **1123**

Nutzungsrecht: Hinsichtlich Ansatz und Bewertung von Rückstellungen für Verletzungen ausschließlicher Nutzungsrechte gelten die unter „Patentrechtsverletzung" und „Urheberrechtsverletzung" gemachten Aussagen. Zum steuerlichen Auflösungsgebot siehe Kap. 2.1.4.3, Rn. 102 ff. **1124**

O.

Offene Rechnungen: siehe Ausstehende Rechnung. **1125**

Offenlegung: siehe Publizität. **1126**

Öffentlich-rechtliche Verpflichtung: siehe Abbruchverpflichtung, Abfallbeseitigung, Abraumbeseitigung, Altauto, Altlastensanierung, Altreifen, Anliegerbeitrag, Anpassungsverpflichtung, Arbeitslosengeld, Arzneimittelprüfung, Atomanlage, Aufbewahrung von Geschäftsunterlagen, Auffüllverpflichtung, Baulast, Bauschutt-Recycling, Bergschaden, Betriebsprüfungskosten, Betriebsverlegung, Börsenzulassungsfolgepflichten, Buchführungsarbeiten, Bußgeld, Datenbereinigung, Datenschutz, Datenzugriff der Finanzverwaltung, Eichkosten, Elektroschrott, Emissionsberechtigung, Entfernungsverpflichtung, Erdgasspeicher, Flugzeug, Gasrückführungssystem, GDPdU, Gewerbesteuer, Inspektionsverpflichtung, Jahresabschluss, Körperschaftsteuer, Lärmschutz, Lohnsteuerhinterziehung, Mehrerlösabschöpfung, Mutterschutz, Publizität, REACH-Verordnung, Rekultivierung, Schwerbehindertenabgabe, Steuererklärung, Steuerrückstellung, Umweltschaden, Verpackung, Wiederaufforstung. Siehe Kap. 2.1.2.3, Rn. 71 ff. **1127**

Optiker: siehe Hör- und Sehhilfen. **1128**

Optionsgeschäft: Während der maximale Verlust beim Käufer einer Kaufoption („long position") auf die Optionsprämie begrenzt ist und am Tag des Vertrags- **1129**

---

[411] Zu den nicht abziehbaren Betriebsausgaben siehe § 4 Abs. 5 EStG sowie § 4h EStG i.V.m. § 8a KStG.

abschlusses schon feststeht, sieht sich der Stillhalter einer Kaufoption (Verkäufer – „short position") einem unbegrenzten Verlustrisiko gegenüber. Aufseiten des Stillhalters kann deswegen eine Drohverlustrückstellung geboten sein – siehe Call-Option.

Gleiches gilt für den Verkäufer (Stillhalter) einer Verkaufsoption – siehe Put-Option.

Siehe auch Zinsoption.

1130 **Organschaft:** siehe Verlustübernahmeverpflichtung.

P.

1131 **Pachterneuerung:** siehe Erneuerungsverpflichtungen bei Pachtverträgen.

1132 **Pachtvertrag:** Die Bildung einer Rückstellung für ungewisse Verbindlichkeiten kann geboten sein, wenn der Pächter beim Verlassen des Pachtobjekts bestimmten, bereits vertraglich festgelegten Verpflichtungen unterliegt. Darüber hinaus muss in bestimmten Fällen eine Drohverlustrückstellung gebildet werden. Siehe hierzu die entsprechenden Ausführungen unter Mietvertrag – siehe Mietvertrag.

Siehe auch Erneuerungsverpflichtungen bei Pachtverträgen.

1133 **Palettenkreislauf:** siehe Flaschenpfand.

1134 **Partiarische Darlehen:** siehe Zuwendung.

1135 **Passivprozess:** siehe Prozesskosten.

1136 **Patentrechtsverletzung:** Eine Patentrechtsverletzung ist handelsrechtlich rückstellungsbegründend, wenn der Kaufmann ernsthaft mit einer Inanspruchnahme rechnen muss. Dafür ist es nicht notwendig, dass dem Anspruchsinhaber zum Bilanzstichtag die Rechtsverletzung zum Bilanzstichtag bekannt ist.[412] Ausreichend ist vielmehr die Wahrscheinlichkeit der Kenntnisnahme und dass die Schutzrechtsverletzung begangen worden ist.[413] Diese ist gegeben, wenn erwartet werden darf, dass der Anspruchsberechtigte eine ständige Überwachung des Marktes betreibt.[414] Bei Kaufleuten ist sodann auch von einer Geltendmachung des Anspruchs auszugehen.[415]

Für die Steuerbilanz benennt § 5 Abs. 3 Satz 1 EStG die Ansatzvoraussetzungen für derartige Rückstellungen. Demnach dürfen „Rückstellungen wegen Verletzung fremder Patent-, Urheber- oder ähnlicher Schutzrechte [...] erst [dann] gebildet werden, wenn:

1. der Rechtsinhaber Ansprüche wegen der Rechtsverletzung geltend gemacht hat oder

2. mit einer Inanspruchnahme wegen der Rechtsverletzung ernsthaft zu rechnen ist."[416]

---

[412] A.A. *Maus*, S. 180.
[413] Vgl. HdJ/*Herzig/Köster*, Abt. III 5 Rn. 431; Lademann/*Plewka/Schmidt*, § 5 EStG Rn. 1280; Syst. Praxiskommentar Bilanzrecht/*Tanski*, § 246 HGB Rn. 107.
[414] Vgl. HdR-E/*Mayer-Wegelin*, § 249 HGB Rn. 229.
[415] Vgl. BFH v. 09.02.2006, IV R 33/05, BStBl. II 2006, 517.
[416] § 5 Abs. 3 Satz 1 EStG.

Da es sich hier um zwei Alternativen handelt, von denen bereits eine ausreichend ist, um einen Rückstellungsansatz begründen zu können, sind der handels- und der steuerrechtliche Bilanzansatz gleichlaufend.[417] Dabei gilt als Geltendmachung von Ansprüchen i.S.d. § 5 Abs. 3 Satz 1 Nr. 1 EStG bereits eine schriftliche oder mündliche Aufforderung zur Unterlassung; eine Klageerhebung ist nicht erforderlich.[418]

Ist allerdings kein Anspruch geltend gemacht, aber mit einer Inanspruchnahme zu rechnen,[419] so knüpft § 5 Abs. 3 Satz 2 eine bedingte Auflösung an die Rückstellungsbilanzierung in der Steuerbilanz: Sollte in dem dritten, auf das Wirtschaftsjahr der Rückstellungsbildung folgenden Wirtschaftsjahr kein Anspruch geltend gemacht worden sein, ist die Rückstellung aufzulösen.

Beispiel

Ein Unternehmen setzt für eine in t1 begangene Patentrechtsverletzung sowohl in der Handels- als auch in der Steuerbilanz zum 31.12.t1 eine Rückstellung an.

In der Steuerbilanz ist, sofern keine Ansprüche des Anspruchsberechtigten geltend gemacht werden, die Rückstellung zum 31.12.t4 erfolgswirksam aufzulösen (sonstige Rückstellung an sonstiger betrieblicher Ertrag).

Wird die nach § 5 Abs. 3 Satz 1 Nr. 2 EStG gebildete Rückstellung in den Folgejahren wegen einer weiteren Verletzung des Schutzrechts erhöht, ohne dass der Anspruchsberechtigte bis dato seine Ansprüche geltend gemacht hat, so bleibt es bei der bereits definierten Frist (siehe mit Beispiel Kap. 2.1.4.3, Rn. 103).

Für die Handelsbilanz gilt: Die Rückstellung ist auszuweisen, solange der Anspruch des Geschädigten nicht verjährt ist. Diesbzgl. verweist § 141 PatG auf das BGB. Demnach gelten folgende Fristen:

---

417 Anders wohl HdJ/*Herzig/Köster*, Abt. III 5 Rn. 431.
418 Vgl. Schmidt/*Weber-Grellet*, EStG § 5 Rn. 395. Ähnlich *Hoffmann/Lüdenbach*, § 249 HGB Rn. 222.
419 Damit ist § 5 Abs. 3 Satz 1 Nr. 2 EStG gemeint.

Verjährungsfristen für Rechtsansprüche im Zusammenhang mit Patentrechtsverletzungen

Norm	Einschlägige Sachverhalte	Frist	Fristbeginn
§ 195 BGB	Alle Ansprüche außer Schadensersatz und Herausgabe	3 Jahre	Schluss des Jahres, in dem der Anspruch entstanden ist und der Gläubiger von den Anspruch begründenden Umständen und der Person des Schuldners Kenntnis erlangt oder ohne grobe Fahrlässigkeit erlangen müsste[420]
§ 199 Abs. 3 BGB	Schadensersatzansprüche bei Kenntnis oder grob fahrlässiger Unkenntnis	10 Jahre	Entstehung des Anspruchs
§ 199 Abs. 3 BGB	Schadensersatzansprüche ohne Berücksichtigung der Kenntnis	30 Jahre	Begehung der Verletzungshandlung
§ 852 BGB	Herausgabeanspruch (bei Erlangung ungerechtfertigter Vorteile Bereicherungen aufseiten des Schädigers)	10 Jahre	Entstehung des Anspruchs
§ 852 BGB	Herausgabeanspruch (bei Erlangung ungerechtfertigter Vorteile Bereicherungen aufseiten des Schädigers)	30 Jahre	Begehung der Verletzungshandlung

Bzgl. der Höhe des Schadensersatzspruches ist der Geschädigte in der Wahl der Methode der Schadensbestimmung frei.[421] Grds. bieten sich ihm drei verschiedene Möglichkeiten.[422]

---

420 Vgl. § 199 Abs. 1 BGB.
421 Vgl. HdR-E/*Mayer-Wegelin*, § 249 HGB Rn. 229 mit Verweis auf den Grundsatz der freien Beweisführung nach § 286 ZPO.
422 Vgl. § 139 Abs. 2 Satz 1 PatG.

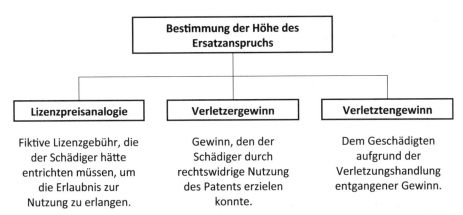

Möglichkeiten der Schadensbestimmung; © Petersen/Künkele/Zwirner

Aufgrund der freien Methodenwahl aufseiten des Geschädigten ist fraglich, auf welchem Wert die Rückstellungsbemessung basieren soll. I.S.e. Kompromisses zwischen Objektivierung und Bedienung des Vorsichtsprinzips sollte u.E. im konkreten Einzelfall eine plausible Schätzung vorgenommen werden. Lässt die Beweislage zweifelsfrei nur die Lizenzpreisanalogie zu, so ist auch diese zu wählen. Ansonsten ist wahrscheinlichkeitsgewichtet die Rückstellungshöhe zu berechnen. Im Zweifelsfall sollte der Mittelwert der drei Ergebnisse nach den jeweiligen Methoden zum Tragen kommen.[423]

Patronatserklärung: Für eine gegebene harte Patronatserklärung darf erst dann eine Rückstellung gebildet werden, wenn ernsthaft mit einer Inanspruchnahme zu rechnen ist.[424] Als harte Patronatserklärung wird bspw. die Zusage eines Mutterunternehmens an ein Tochterunternehmen verstanden, das Tochterunternehmen finanziell so auszustatten, dass es seinen Verbindlichkeiten fristgerecht nachkommen kann.[425] Ist aber nicht ernsthaft mit einer Inanspruchnahme aus der Patronatserklärung zu rechnen – bspw. weil eine Schwestergesellschaft die benötigten liquiden Mittel bereitstellt und diese Gesellschaft keine Ansprüche gegen die Mutter geltend machen wird – ist eine Rückstellungsbilanzierung verboten.[426]

1137

Pendelkosten: Bei Pendel- oder Umzugskosten, die Mitarbeitern im Zusammenhang mit Standortveränderungen bzw. Restrukturierungsmaßnahmen angeboten werden, handelt es sich um Personalaufwand. Die Kosten stehen im Zusammenhang mit der Fortführung des Unternehmen und haben ihre wirtschaftliche Verursachung in der Zukunft. Eine Rückstellung ist daher nicht zu bilden.[427]

1138

Pensionsähnliche Verpflichtung: Hierbei handelt es sich um Verpflichtungen des Arbeitgebers ggü. dem Arbeitnehmer, die nicht direkt den Pensionsrückstellungen

1139

---

423 *Van Venrooy*, StuW 1991, 28, 32 sieht es als zulässig an, zwischen den Werten der drei Methoden frei zu wählen.
424 Vgl. Syst. Praxiskommentar Bilanzrecht/*Petersen/Künkele/Zwirner*, § 249 HGB Rn. 379.
425 Vgl. *IDW* RH *HFA* 1.013, IDW FN 2008, 116, 117.
426 Vgl. BFH v. 25.10.2006, I R 6/05, BStBl. II 2007, 384.
427 Vgl. *Melcher/David/Skowronek*, S. 380 f.

zuzuordnen sind. Diese sind ebenfalls unter den Rückstellungen für Pensionen und ähnliche Verpflichtungen auszuweisen. Hierzu zählen u.a.:

- Vorruhestandsgelder (siehe Vorruhestandsverpflichtung),
- Übergangsgelder (siehe Übergangsgeld).

Siehe Kap. 5.2.2, Rn. 385 ff.

1140 Pensionsrückstellungen: siehe Kap. 5, Rn. 376 ff.

1141 Pensionssicherungsverein: Durch die Umstellung des Finanzierungsverfahrens sind nunmehr keine Rückstellungen für derartige Beiträge zulässig – siehe Kap. 5.8.3, Rn. 511.

1142 Pensionsverpflichtungen: siehe Pensionsrückstellung.

1143 Pensionsverpflichtung Handelsvertreter: siehe Ausgleichsanspruch von Handelsvertretern.

1144 Pensionszusage: siehe Kap. 5, Rn. 376 ff.

1145 Pensionszusage an Beamte: Einige Bundesländer bilden, ungerechtfertigterweise, keine Pensionsrückstellungen für Zusagen an Beamte. Ist die Gebietskörperschaft rechtlich zur Leistung verpflichtet, muss jedoch zwingend eine Rückstellung für die Altersversorgungsverpflichtungen gebildet werden.[428]

1146 Pensionszusage an Ehepartner/nicht eheliche Lebensgefährten: Pensionsrückstellungen für einen im Unternehmen mitarbeitenden Ehepartner sind zulässig, wenn die Zusage betrieblich veranlasst war, die Verpflichtung aus der Zusage ernstlich gewollt und eindeutig vereinbart ist und eine solche Pension auch einem familienfremden Arbeitnehmer zugesagt worden wäre. Dies gilt auch bei Pensionszusagen für nicht eheliche Lebensgefährten. Die betriebliche Veranlassung solcher Pensionszusagen und die Wahrscheinlichkeit der Inanspruchnahme ist ggf. zu prüfen.[429]

1147 Pensionszusage an GmbH-Gesellschafter: Die steuerrechtliche Anerkennung von Pensionszusagen an GmbH-Gesellschafter ist neben der Konformität mit § 6a EStG von anderen Voraussetzungen abhängig. Anderenfalls liegt eine verdeckte Gewinnausschüttung vor. Speziell müssen die folgenden Anforderungen erfüllt sein (siehe auch Kap. 5.8.1, Rn. 499 ff.):[430]

1. Angemessenes Pensionsalter,
2. Einhaltung einer Wartezeit,
3. Finanzierbarkeit der Pensionszusage,
4. Erdienbarkeit,
5. Angemessenheit der Zusage.

---

[428] Vgl. Handbuch Bilanzrecht/*Adam/Mahnke*, D.VI. Rn. 22.
[429] Vgl. BFH v. 30.03.1983, I R 162/80, BStBl. II 1983, 500; *BMF* v. 25.07.2002, IV A 6 – S 2176 – 28/02, BStBl. I 2002, 706.
[430] Siehe *Maus*, S. 205 f. m.w.N.

Ein angemessenes Pensionsalter ist gegeben, wenn die Pensionszusage auf den Zeitpunkt des gesetzl. Renteneinstiegsalters geschlossen wird oder zumindest für ein Alter zwischen 60 und 75 Jahren.[431] Für beherrschende Gesellschafter-Geschäftsführer ist der Ansatz von Pensionsrückstellungen restriktiver. So sind die Pensionszusagen stets auf den Zeitpunkt des gesetzl. Renteneinstiegsalters zu berechnen, auch wenn vertraglich etwas anderes vereinbart wurde. Eine vertraglich vorgezogene Altersgrenze kann indes nur dann steuerlich anerkannt werden, wenn besondere Umstände diese Ausnahme rechtfertigen.[432]

Die Erteilung der Pensionszusage darf nicht vor Ablauf einer bestimmten Wartezeit geschehen. Grds. ist bei neu gegründeten Unternehmen eine Wartezeit von mindestens fünf, bei bereits seit längerer Zeit bestehenden Unternehmen eine Probezeit von zwei bis drei Jahren einzuhalten.[433]

Die ggü. einem beherrschenden Gesellschafter-Geschäftsführer gemachte Pensionszusage muss für das Unternehmen wirtschaftlich tragbar sein (Finanzierbarkeit). Davon ist auszugehen, wenn eine nach den insolvenzrechtlichen Grundsätzen aufgestellte Überschuldungsbilanz keine Überschuldung aufweisen würde.[434]

Eine Erdienbarkeit der Pensionszusage für den Gesellschafter-Geschäftsführer ist nicht gegeben, wenn diese nur kurze Zeit vor dem Renteneinstieg erteilt wurde. Stattdessen muss die Zusage mindestens zehn Jahre vor Eintritt des Versorgungsfalls und vor Vollendung des 60. Lebensjahres erteilt werden.[435]

Beurteilungskriterien für die Angemessenheit sind Art und Umfang der Tätigkeit, die künftigen Ertragsaussichten des Unternehmens, das Verhältnis des Geschäftsführergehaltes zum Gesamtgewinn und zur verbleibenden Eigenkapitalverzinsung sowie Art und Höhe der Vergütungen, die im selben Betrieb gezahlt werden oder in gleichartigen Betrieben an Geschäftsführer für entsprechende Leistungen gewährt werden.[436]

Pensionszusage an Mitunternehmer: siehe Pensionszusage an GmbH-Gesellschafter.   1148

Personalrückstellung: siehe Altersteilzeit, Beihilfe, Gleitzeitüberhang, Lebensarbeitszeitkonto, Urlaubsanspruch, Vorruhestandsverpflichtung.   1149

Personalüberhang: siehe Ausbildungskosten.   1150

Personenbeförderung: Eine von den Bezirksregierungen erteilte Betriebsgenehmigung stellt für das Personenbeförderungs-UN keine Grundlage für die Bildung von Drohverlustrückstellungen dar, wenn der bis zum Ablauf der Betriebsgenehmigung voraussehbare und bestimmbare Aufwand die voraussichtlichen Einnahmen nach dem Bilanzstichtag übersteigt.[437]   1151

---

431 Vgl. *Maus*, S. 206.
432 Vgl. BFH v. 23.01.1991, I R 113/88, BStBl. II 1991, 379.
433 Vgl. *BMF* v. 14.05.1999, IV C 6 – S 2742 – 9/99, BStBl. I 1999, 512.
434 Vgl. BFH v. 07.11.2001, I R 79/00, BStBl. II 2005, 659.
435 Siehe *Maus*, S. 210.
436 Vgl. BFH v. 05.10.1994, I R 50/94, BStBl. II 1995, 549.
437 Vgl. FG Köln v. 10.05.2006, 13 K 67/03, EFG 2006, 1608.

8 Rückstellungs-ABC

1152 **Pfand:** siehe Flaschenpfand.

1153 **Pfandkreislauf:** siehe Flaschenpfand.

1154 **Pflanzenschutzmittel:** siehe Zulassungskosten.

1155 **Pharmaindustrie:** siehe Arzneimittelprüfung, Ärztemuster.

1156 **Pkw:** siehe Inspektionsverpflichtung.

1157 **Prämien- bzw. Bonusschuld:** siehe Prämiensparvertrag.

1158 **Prämiensparvertrag:** Die Verpflichtung zur Zahlung einer Sparprämie an den „Sparer" am Ende der Vertragslaufzeit muss als Rückstellung für ungewisse Verbindlichkeiten auf der Passivseite der Bilanz berücksichtigt werden.[438] Die Sparprämie ist als zusätzliche Verzinsung auf das angesparte Kapital zu verstehen und soll demnach ratierlich gemäß den eingezahlten Beträgen anzusammeln sein.[439] Anhand von Erfahrungswerten der Vergangenheit ist zudem für die Möglichkeit, dass der Sparer nicht alle vertraglich vereinbarten Sparleistungen erbringt, ein Fluktuationsabschlag auf die Rückstellung vorzunehmen.[440] Die Rückstellung ist gemäß ihrer Restlaufzeit (also bis zum Zeitpunkt der Zahlung der Sparprämie) abzuzinsen.

1159 **Preisnachlass:** Macht ein Kunde ggü. dem Unternehmen einen Preisnachlass wegen Mangels noch vor dem Bilanzstichtag geltend, ist dafür eine Rückstellung für ungewisse Verbindlichkeiten anzusetzen, wenn die Höhe der Verpflichtung noch nicht bekannt ist (z.B. Wertminderung durch Mangel ist noch nicht festgestellt).

Keine Rückstellung darf gebildet werden, wenn ein Unternehmen selbst hergestellte kundengebundene Formen veräußert und sich verpflichtet, bei später hergestellten Erzeugnissen einen Preisnachlass zu gewähren.[441]

Zu Preisnachlässen, die das Unternehmen einräumt, siehe Bonus.

1160 **Preisprüfung:** Öffentliche Aufträge unterliegen dem deutschen Preisrecht und können im Rahmen sog. Preisprüfungen durch die jeweilige Preisüberwachungsstelle der Länder auf die Angemessenheit der Auftragssumme hin untersucht werden. Wird in der Preisprüfung ein geringerer zulässiger Höchstpreis ermittelt, ersetzt dieser den ursprünglich vereinbarten Preis. Das hierdurch entstehende Risiko einer Rückzahlungsverpflichtung kann aufseiten des Auftragnehmers ggf. zu einer Rückstellung führen.

1161 **Preissteigerung:** Für mutmaßlich steigende Wiederbeschaffungskosten für Vermögensgegenstände des Anlage- oder Umlaufvermögens dürfen keine Rückstellungen gebildet werden.[442] Eine Drohverlustrückstellung kann allerdings dann geboten sein, wenn die gestiegenen Preise auf dem Beschaffungsmarkt einen Verlust bei einem Absatzgeschäft herbeiführen könnten – siehe analog Beschaffungsgeschäft.

---

438 Vgl. BFH v. 15.07.1998, I R 24/96, BStBl. II 1998, 728.
439 Denn nur für die Prämie auf den eingezahlten Betrag besteht ein Erfüllungsrückstand.
440 Vgl. auch *BMF* v. 18.11.1991, IV B 2 – S 2137 – 58/91, DB 1992, 67.
441 Vgl. BFH v. 31.01.1973, I R 205/69, BStBl. II 1973, 305.
442 Vgl. BFH v. 17.01.1980, IV R 156/77, BStBl. II 1980, 434.

Privatrechtliche Verpflichtung: Ein Rückstellungsansatz ist bei einer Verletzung von privatrechtlicher Normen bzw. von Vertragsvereinbarungen geboten, wenn zum Bilanzstichtag mit einer künftigen Inanspruchnahme aus der Verletzung der Pflichten gerechnet werden kann. „Für den Ansatz einer Rückstellung kommt es nicht auf die Einklagbarkeit des Anspruchs an."[443] Siehe z.B. Beratungskosten, Bürgschaft, Entfernungsverpflichtung, Erneuerungsverpflichtung bei Mietverträgen, Erneuerungsverpflichtung bei Pachtverträgen, Garantieleistung, Haftpflicht, Haftungsverhältnisse, Prozesskosten, Schadensersatz.

1162

Produkthaftung: Sofern es bei bestimmungsgemäßer Nutzung eines Produkts zur Schädigung einer Sache oder Person kommt,[444] ist der Produkthaftende (i.d.R. der Produzent) zum Schadensersatz verpflichtet.[445] Die Bildung einer Rückstellung für ungewisse Verbindlichkeiten ist legitim, wenn der Schadensfall zum Zeitpunkt der Bilanzerstellung bereits bekannt ist, mit einer Inanspruchnahme also zu rechnen ist. Darüber hinaus ist umstritten, ob bereits Pauschalrückstellungen zu bilden sind, wenn ein fehlerhaftes Produkt bereits ausgeliefert ist, aber noch keine Produkthaftungsansprüche geltend gemacht worden sind.[446] U.E. hat der vorsichtige Kaufmann bei Kenntnis über die Auslieferung eines fehlerhaften Produktes eine (Pauschal-)Rückstellung zu bilden, wenn davon auszugehen ist, dass aus diesem Haftungsansprüche resultieren.

1163

Beispiel

Ein Unternehmen produziert Plüschteddys im asiatischen Ausland. Ein bislang unbekannter Schadstoff wird vom TÜV kurz vor dem Bilanzstichtag entdeckt. Dieser soll Atembeschwerden bei Kindern hervorrufen. Zum Bilanzstichtag ist eine Rückstellung für die mögliche Produkthaftung zu bilanzieren.

Hat der Kaufmann sich durch Versicherungen gegen das Risiko von Produkthaftungen abgesichert, ist dies bei der Rückstellungsbewertung zu berücksichtigen.

Von der Rückstellung für Produkthaftungsrisiken sind Gewährleistungsrückstellungen abzugrenzen.

Praxistipp

Rückstellungen für Produkthaftungsrisiken sind von Rückstellungen für etwaige Gewährleistungsansprüche zu unterscheiden. Während Ansprüche aus Produkthaftungsverpflichtungen sich nicht unmittelbar aus einem fehlerhaften Produkt ergeben, sind Gewährleistungsansprüche bereits mit einem Mangel des in Rede stehenden Produkts begründet. Mitunter kann ein fehlerhaftes Produkt sowohl eine Rückstellung für Produkthaftungsrisiken als auch

---
443 Syst. Praxiskommentar Bilanzrecht/*Petersen/Künkele/Zwirner*, § 249 HGB Rn. 93.
444 In diesem Zusammenhang sprechen von Mangelfolgeschäden *Funk/Müller*, BB 2010, 2163, 2163.
445 Siehe §§ 1 ff. ProdHaftG.
446 Für eine solche Rückstellung sprechen sich u.a. Beck Bil-Komm/*Schubert*, § 249 HGB Rn. 100, *Funk/Müller*, BB 2010, 2163, 2165 sowie HdR-E/*Mayer-Wegelin*, § 249 HGB Rn. 229 aus. Dieser Standpunkt wird verneint von *Hoffmann/Lüdenbach*, § 249 HGB Rn. 83 und von Finanzverwaltung und Rechtsprechung – vgl. BFH v. 30.06.1983, IV R 41/81, BStBl. II 1984, 263.

8 Rückstellungs-ABC

> *eine Rückstellung für Gewährleistungsansprüche begründen. I.S.e. übersichtlichen Darstellung sollten diese im Anhang jedoch getrennt gezeigt werden.*[447]

1164	**Produktionsabgabe:** Einer Verpflichtung zur Zahlung einer Produktionsabgabe bei der Zuckerherstellung ist in einer Rückstellung für ungewisse Verbindlichkeiten Rechnung zu tragen. „Bei der Bewertung dieser Rückstellungen sind die Exporterstattungen, die aufgrund der am Bilanzstichtag abgeschlossenen Verträge über den Export von Zucker künftig zu erwarten sind, mindernd zu berücksichtigen."[448]
1165	**Produktionsanlage:** siehe Umrüstung von Produktionsanlagen.
1166	**Produktionsgutschrift:** siehe Bonus.
1167	**Produktrücknahme:** siehe Produkthaftung, Rücknahmeverpflichtung.
1168	**Produktverantwortung:** siehe Altauto, Elektroschrott.
1169	**Produktzulassungskosten:** siehe Zulassungskosten.
1170	**Produzentenhaftung:** siehe Produkthaftung.
1171	**Prospekthaftung:** Wird im Prospekt die Haftung ausdrücklich ausgeschlossen, besteht keine Grundlage mehr für den Ansatz einer Rückstellung. Siehe auch Ärztemuster.
1172	**Provision:** siehe Lebensversicherung, Maklergebühr.
1173	**Provisionsanspruch des Handelsvertreters:** siehe Ausgleichsanspruch von Handelsvertretern.
1174	**Prozesskosten:** Hinsichtlich der Behandlung von Prozesskosten ist zwischen Aktiv- und Passivprozessen zu unterscheiden. Während der Begriff Aktivprozesse alle Prozesse umfasst, in denen der Bilanzierende als Kläger auftritt, beschreibt der Begriff Passivprozess alle Prozesse, in denen der Bilanzierende als Angeklagter auftritt.[449]

Für Aktivprozesse gilt, dass eine Rückstellung erst dann angesetzt werden darf, wenn das Verfahren bereits gerichtsanhängig ist,[450] denn bis dahin wird es der Gegenpartei grds. möglich sein, auf die Forderungen des potenziellen Klägers zu reagieren. Für Passivprozesse ist allerdings bereits dann eine Rückstellung zu bilden, wenn die Gegenpartei erkennbar gemacht hat, dass sie das Gericht anrufen wird, sofern ihre Forderungen nicht erfüllt werden und der Bilanzierende diesen Forderungen nicht nachkommen will.[451] Die Finanzverwaltung vertritt eine andere Auffassung und sieht grds. ein Rückstellungsgebot erst bei Klageerhebung.[452]

---

447 So auch *Funk/Müller*, BB 2010, 2163, 2166.
448 *BMF* v. 18.06.1999, IV C 2 – S 2137 – 66/99, DStR 1999, 1113.
449 Ähnlich in WP-Handbuch, Bd. I, Buchst. E Rn. 202.
450 Vgl. BFH v. 27.05.1964, IV 352/62 U, BStBl. III 1964, 478.
451 So wohl auch HdR-E/*Mayer-Wegelin*, § 249 HGB Rn. 229; *Osterloh-Konrad*, DStR 2003, 1675, 1677. Gegen eine unterschiedliche Behandlung von Aktiv- und Passivprozessen spricht sich hingegen *Eifler*, S. 192 aus. Er empfiehlt zudem für Rechtsstreitigkeiten, die vor dem Bilanzstichtag auftreten und in den ersten acht bis zehn Wochen nach dem Bilanzstichtag zur Klageerhebung führen, eine Rückstellung zu bilanzieren.
452 Vgl. H 5.7 EStH. Sich dem anschließend *Hoffmann/Lüdenbach*, § 249 HGB Rn. 87a.

Im Aktivprozess hat der Kläger lediglich für das Risiko, die Prozesskosten zu tragen, eine Rückstellung zu bilden. Dabei dürfen nur solche Kosten in die Rückstellungsbemessung einfließen, die noch in der aktuellen Instanz anfallen könnten. Mangels hinreichender Konkretisierung sind die Kosten höherer Instanzen grds. zu vernachlässigen.[453]

Im Passivprozess hat der Beklagte neben dem Kostenrisiko auch das bestrittene Bußgeld, die Schadensersatzzahlung etc. mit einzubeziehen.[454] Dies gilt steuerrechtlich nur für solche umstrittenen Zahlungen, die nicht als nicht abziehbare Betriebsausgabe gelten.[455] Andernfalls ist diese Erfolgswirkung für Zwecke der Steuerbemessung außerbilanziell zu korrigieren.[456] Bzgl. der Beachtung der Kosten höherer Instanzen gilt nichts anderes als bei Aktivprozessen.

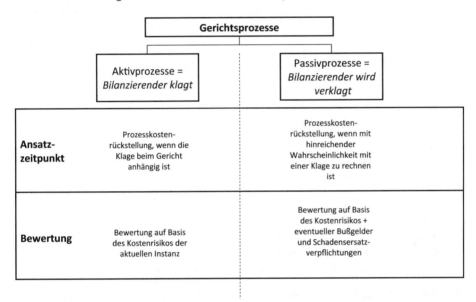

Abhängigkeit des Ansatzzeitpunktes der Prozesskostenrückstellung von der Kategorie des zugrunde zu legenden Prozesses; © Petersen/Künkele/Zwirner

In die Prozesskosten sind sämtliche Aufwendungen im Zusammenhang mit der Prozessvorbereitung und -führung einzubeziehen.[457] Hierunter können u.a. fallen:[458]

- Kosten für Gutachten,
- Gerichtskosten,

---

[453] Vgl. BFH v. 27.05.1964, IV 352/62 U, BStBl. III 1964, 478. Etwas anderes soll gelten, wenn von beiden Parteien zu erwarten ist, dass sie im Fall eines Unterliegens Rechtsmittel einlegen werden – vgl. Osterloh-Konrad, DStR 2003, 1675, 1678.
[454] Vgl. WP-Handbuch, Bd. I, Buchst. E Rn. 147.
[455] Siehe hierzu *Blenkers/Czisz/Gerl*, S. 224 ff.
[456] Vgl. *Maus*, S. 228.
[457] Dies betrifft aber nur die Prozesskosten i.e.S. sowie die Kosten der Gegenpartei im Zusammenhang mit der Prozessvorbereitung und -führung. Die eigenen, innerbetrieblichen Kosten sind mangels Außenverpflichtung nicht rückstellungsfähig; vgl. Osterloh-Konrad, DStR 2003, 1675, 1676.
[458] Vgl. Beck Bil-Komm/*Schubert*, § 249 HGB Rn. 100; *Blenkers/Czisz/Gerl*, S. 223.

8 Rückstellungs-ABC

- Anwalts- und Sachverständigenhonorare,
- Fahrtkosten,
- Kosten für die Beschaffung von Beweismaterial,
- Prozesszinsen (für die zurückliegende Zeit)[459].

Bei der Bemessung der Rückstellung sind zudem die Wahrscheinlichkeiten der verschiedenen, möglichen Beträge des Schadensersatz- oder Herausgabeanspruchs usw. zu beachten. Dies sollte aber stets einzelfallabhängig mit Blick auf das Vorsichtsprinzip geschehen.[460]

Beispiel

 Die weltweit bekannte Surflegende Siggi Platsch wird von einem Fotografen eines Regenbogenblattes bei seinem allabendlichen Nacktbaden in seinem Pool abgelichtet. Das Regenbogenblatt veröffentlicht tags darauf einen exklusiven Beitrag über Herrn Platsch mitsamt dem Foto.

Siggi Platsch fordert von dem Regenbogenblatt daraufhin ein Schmerzensgeld i.H.v. 10 Mio. EUR.

Das Regenbogenblatt hat bereits zum Zeitpunkt der Forderung von Herrn Platsch eine Prozesskostenrückstellung zu bilden, wenn die Zahlung der 10 Mio. EUR nicht vorgenommen wird. Wurden in vergleichbaren Fällen (Nacktbilder von Prominenten in privater Umgebung) stets nur Schmerzensgelder von 2 bis 5 Mio. EUR fällig, so ist dies bei der Bewertung zu berücksichtigen.

Mit Blick auf das Vorsichtsprinzip wäre demnach eine „mittlere" Rückstellungshöhe von 7,5 Mio. EUR vertretbar. Zusätzlich sind die Anwalts- und Gerichtskosten einzubeziehen.

1175 **Prozessrisiko:** siehe Prozesskosten.

1176 **Prüferische Durchsicht:** Aufwendungen für eine prüferische Durchsicht sind zum Bilanzstichtag zurückzustellen, wenn das Unternehmen eine solche bereits in Auftrag gegeben hat und die Ansatzkriterien einer Verbindlichkeitsrückstellung erfüllt sind.

1177 **Prüfungskosten:** siehe Jahresabschluss.

1178 **PSV-Beitrag:** siehe Pensionssicherungsverein.

1179 **Publizität:** Für die verpflichtende Publizität (z.B. Offenlegung im elektronischen Bundesanzeiger) ist eine Rückstellung zu bilden. Siehe hierzu Jahresabschluss.

1180 **Put-Option:** Die Ausführungen zur Call-Option gelten spiegelbildlich. Siehe Call-Option.

---

459 Vgl. BFH v. 06.12.1995, I R 14/95, BStBl. II 1996, 406.
460 Siehe anschaulich hierzu Syst. Praxiskommentar Bilanzrecht/*Brösel/Scheren/Wasmuth*, § 253 HGB Rn. 4.

Q.

Qualifiziert faktischer Konzern: siehe Verlustübernahmeverpflichtung.

Qualitätskontrolle: siehe Qualitätssicherung.

Qualitätsmängel: siehe Gewährleistung.

Qualitätssicherung: Die Qualitätssicherung begründet keine Außenverpflichtung. Die damit in Zusammenhang stehenden Aufwendungen sind als laufender Aufwand aus der normalen Geschäftstätigkeit zu behandeln.

Quartalsbericht: Sofern eine rechtliche Verpflichtung zur Quartalsberichterstattung gegeben ist (z.B. aufgrund von Börsenzulassungsfolgepflichten), ist eine Rückstellung zu bilden. Siehe auch Jahresabschluss.

R.

Rabatt: siehe Bonus, Rabattmarke.

Rabattmarke: Für die Verpflichtung zur Einlösung von Rabattmarken ist eine Verbindlichkeitsrückstellung zu bilden.[461] Dabei ist der Betrag, der mit an Sicherheit grenzender Wahrscheinlichkeit nicht eingelöst wird, bei der Bewertung als Abzug zu erfassen.[462]

Praxistipp

Die Schwundrate ist als historischer Mittelwert zu ermitteln. Wird erstmalig eine Rabattaktion durchgeführt, ist eine vorsichtige Schätzung bspw. auf Basis der Branchenerfahrungswerte vorzunehmen.

Siehe auch Bonus.

Rauchfilteranlage: siehe Gasrückführungssystem.

Rauchgasentstaubungsanlage: Rückstellungen für öffentlich-rechtliche Verpflichtungen, bei denen eine Übergangsregelung über mehrere Jahre besteht, sind erst zu dem Bilanzstichtag zulässig, zu dem diese Übergangsfrist abläuft.[463]

REACH-Verordnung: Die EU-Chemikalienverordnung REACH (Registration, Evaluation, Authorisation and Restriction of Chemicals) verpflichtet Hersteller und Importeure von Chemikalien zur Registrierung dieser Stoffe vor der erstmaligen Einfuhr bzw. Herstellung, sofern die relevante Menge einen Wert von einer Tonne pro Stoff und Kalenderjahr übersteigt. Für Aufwendungen im Zusammenhang mit dieser Registrierung dürfen keine Rückstellungen gebildet werden.[464] Die benannte Verpflichtung stellt zwar eine sanktionsbewehrte öffentlich-rechtliche

---

461 Vgl. BFH v. 07.02.1968, I R 267/64, BStBl. II 1968, 445.
462 Vgl. BFH v. 22.11.1988, III R 62/85, BStBl. II 1989, 359.
463 Vgl. BFH v. 06.02.2013, I R 8/12, BeckRS 2013, 94958.
464 Vgl. hierzu *Roß/Drögemüller*, BB 2006, 1044, 1044 ff.

Verpflichtung dar, ist aber rechtlich erst bei Erreichen der Mengengrenze entstanden. Da die Registrierung aber im Regelfall vor Erreichen der Mengengrenze stattfindet, um die Herstellung oder Einfuhr zu gewährleisten, sind Aufwendungen bereits angefallen und nicht mehr rückstellungsfähig.[465] Zudem kann sich das Unternehmen durch gezieltes Unterschreiten der Mengengrenze der Verpflichtung entziehen.[466]

1191 **Rechnungserstellung:** siehe Abrechnungskosten, Ausstehende Rechnung.

1192 **Rechtsanwaltskosten:** siehe Beratungskosten, Prozesskosten.

1193 **Rechtsstreitigkeit:** siehe Prozesskosten.

1194 **Rechtsverfolgungskosten:** siehe Prozesskosten.

1195 **Recycling:** siehe Abfallbeseitigung, Altauto, Altreifen, Bauschutt-Recycling, Elektroschrott.

1196 **Registrierungskosten:** siehe Arzneimittelprüfung, REACH-Verordnung.

1197 **Reifenhändler:** siehe Altreifen.

1198 **Reisekosten:** Für zum Bilanzstichtag noch nicht gedeckte Reisekosten ist eine Rückstellung für ungewisse Verbindlichkeiten zu bilden, wenn von den Arbeitnehmern noch nicht eingereichte Rechnungen im Dienst angefallen sind.

1199 **Rekultivierung:** Durch Gesetz, Vertrag oder behördliche Auflage kann die Pflicht ergehen, im Tagebau oder für Deponien usw. ausgebeutete Flächen zu rekultivieren. Für solche Kosten, die durch die Ausbeutungstätigkeiten des Unternehmens wirtschaftlich und rechtlich verursacht sind, ist eine Rückstellung für ungewisse Verbindlichkeiten auszuweisen. Hierunter fallen z.B. Kosten der

- Auffüllung – siehe Auffüllverpflichtung,

- Planierung,

- Wiederaufforstung.

Der Rückstellungsbetrag ergibt sich hierbei aus dem Erfüllungsbetrag, der notwendig sein würde, um den bis zum Bilanzstichtag ausgebeuteten Teil zu rekultivieren.[467] Künftig zu erwartende Einnahmen durch Kippgebühren sind bei der Bildung von Rückstellungen steuerlich zu berücksichtigen.[468] § 6 Abs. 1 Nr. 3a Buchst. d) Satz 1 EStG über die zeitanteilige Ansammlung in gleichen Raten findet bei derartigen Verpflichtungen keine Anwendung.[469] Der Ansammlungsbetrag lautet folglich handels- und steuerrechtlich gleich. Steuerrechtlich sind zudem künftige Vorteile nach § 6 Abs. 1 Nr. 3a Buchst. d) EStG gegenzurechnen. Hierunter fallen u.a. Auffüllgebühren, wenn Verkippungsverträge mit Dritten bereits geschlossen wurden oder der Abschluss eines solchen Vertrags sehr wahrscheinlich ist. Rekultivierungs-

---

465 Vgl. *Roß/Drögemüller*, BB 2006, 1044, 1045.
466 Vgl. *Roß/Drögemüller*, BB 2006, 1044, 1046.
467 Vgl. BFH v. 05.05.2011, IV R 32/07, BStBl. II 2012, 98.
468 Vgl. FG München v. 27.03.2012, 6 K 3897/09, EFG 2012 Nr. 16, 1533, NZB eingelegt (BFH I B 60/12).
469 Vgl. Beck Bil-Komm/*Schubert*, § 249 HGB Rn. 100.

verpflichtungen sind steuer- wie handelsrechtlich abzuzinsen. Für die Steuerbilanz ist die Restlaufzeit bis zu Beginn der Erfüllung und ein Zinssatz von 5,5 % zugrunde zu legen.[470] Für die Handelsbilanz sind grds. bei verschieden terminierten Erfüllungszeitpunkten die jeweiligen Restlaufzeiten maßgeblich; der Zinssatz ist der Veröffentlichung der Bundesbank zu entnehmen.

Beispiel

Die Prometheus AG ist verpflichtet, den durch ihre Geschäftstätigkeit kontaminierten Grund und Boden bei Einstellung des Geschäftsbetriebs zu rekultivieren. Es wird davon ausgegangen, dass der Aufwand in fünf Jahren anfällt, da dann der Geschäftsbetrieb eingestellt werden soll. Auf Grundlage aktueller Schätzungen sind dafür 100 Bagger-Stunden notwendig. Zum Bilanzstichtag kostet eine Bagger-Stunde 100 EUR. Für die Zukunft wird von 120 EUR je Stunde ausgegangen. Der Zinssatz beträgt bei einer fünfjährigen Laufzeit annahmegemäß 4,5 %. Zum Bilanzstichtag ist die Rückstellung mit 100 Stunden × 120 EUR anzusetzen und abzuzinsen. Der Rückstellungsbetrag errechnet sich damit wie folgt:

100 Stunden × 120 EUR × (1 / $1,045^5$) = 9.629 EUR

Remissionsverpflichtungen: siehe Remittenden. **1200**

Remittenden: Im Bereich des Buch-, Zeitschriften- und Zeitungshandels verpflichten sich Verlage ggü. Händlern, unverkäufliche oder mangelhafte Ware zurückzunehmen (sog. Remissionsverpflichtung). Diese Rücknahmeverpflichtung wird mit dem Verkauf der Druckexemplare an den Händler wirtschaftlich wie rechtlich begründet,[471] sodass – eine wahrscheinliche Inanspruchnahme des Rückgaberechts durch den Händler vorausgesetzt – eine Rückstellung für ungewisse Verbindlichkeiten zu bilden ist.[472] Mithilfe einer derartigen Rückstellung werden die Umsatzerlöse um mögliche Rückzahlungen korrigiert. **1201**

Bei der Bewertung der Rückstellung für Remissionsverpflichtungen ist auf Basis von Erfahrungswerten eine Remissionsquote festzulegen, welche die geschätzte, relative Zahl der „Rückläufer" widerspiegelt.[473]

Praxistipp

Die Rückstellung bemisst sich der Höhe nach an der Gewinnmarge der zurückzunehmenden Bücher. Anders liegen die Dinge, wenn die betroffenen Titel nach der Rücknahme vernichtet bzw. makuliert werden. In diesen Fall ist die Remissionsrückstellung in voller Höhe, also in Höhe des Veräußerungspreises zu bilden.

---

470 Vgl. § 6 Abs. 1 Nr. 3a Buchst. e) EStG.
471 An dieser Stelle ist auf die „Verkehrsordnung für den Buchhandel" zu verweisen, in der die buchhändlerischen Handelsbräuche festgehalten sind – vgl. § 6 Verkehrsordnung für den Buchhandel.
472 Siehe auch H 5.7 Abs. 1 EStH.
473 Vgl. zu Remissionsrückstellungen ausführlich *Petersen/Künkele/Göttler*, DStR 2012, 2141, 2141 ff.

Beispiel

 Der Verlag V verkauft Ende des Jahres t1 10.000 Bücher des Werkes „Remissionsrückstellungen – Gewusst wie!" an verschiedene Händler. Aufgrund der bisherigen Erfahrung geht der Verlag von einer Remissionsquote von 20 % aus. Der Verkaufspreis beträgt 50 EUR netto, die Herstellungskosten pro Buch 35 EUR (Material 20 EUR, Löhne 10 EUR, Abschreibungen 5 EUR). Der Verlag nutzt das GKV. Der Verlag bucht wie folgt (vereinfachende Darstellung):

Materialaufwand	200 TEUR	an	Vorräte	200 TEUR
Personalaufwand	100 TEUR	an	Kasse	100 TEUR
Abschreibungen	50 TEUR	an	Sachanlagen	50 TEUR
Kasse	500 TEUR	an	Umsatzerlöse	500 TEUR
Umsatzerlöse	30 TEUR	an	sonstige Rückst.	30 TEUR

Mit der letzten Buchung (0,2 × 10.000 · (50 – 35) = 30 TEUR) wird der Umsatz um den wahrscheinlichen Verlust aus der Rücknahmeverpflichtung korrigiert; im Fall der voraussichtlichen Vernichtung der Werke ist die Rückstellung mit 100 TEUR anzusetzen. Die Inanspruchnahme der Rückstellung stellt sich im vorliegenden Beispiel wie folgt dar (es wird davon ausgegangen, dass der erwartete Fall eintritt):

sonstige Rückst.	30 TEUR			
Vorräte	70 TEUR	an	Kasse	100 TEUR

Abwandlung: Entgegen der Annahme werden nur 1.000 Bücher zurückgegeben. Gebucht wird:

sonstige Rückst.	30 TEUR		Umsatzerlöse	15 TEUR
Vorräte	35 TEUR	an	Kasse	50 TEUR

Zusätzlich sind bei der Rückstellungsbemessung Aufwendungen für Transport, Verpackung, Lagerung und Remissionsbearbeitung zu berücksichtigen. Eine Abzinsung wird aufgrund der Kurzfristigkeit der Remissionsverpflichtung nicht in Betracht kommen.

1202 **Reparatur:** siehe Großreparatur, Hör- und Sehhilfe, Instandhaltung.

1203 **Restrukturierungskosten:** siehe Sozialplan.

1204 **Restrukturierungsmaßnahmen:** siehe Pendelkosten, Transfergesellschaft.

1205 **Restrukturierungsverpflichtung:** siehe Sozialplan.

1206 **Rückabwicklung:** siehe Gewährleistung, Rückgaberecht.

Rückbauverpflichtung: siehe Abbruchverpflichtung, Anpassungsverpflichtung, Entfernungsverpflichtung. 1207

Rückdeckungsversicherung: Die Bewertung der Rückdeckungsversicherung hat mit dem Deckungskapital der Versicherung zu erfolgen. Dieser Wert ist bei Erfüllung der Voraussetzungen des § 246 Abs. 2 HGB mit den Rückstellungen für Altersversorgungs- und ähnliche Verpflichtungen, die rückgedeckt werden, zu saldieren (siehe Rn. 607). 1208

Rückerstattung: siehe Rückabwicklung, Rückgaberecht. 1209

Rückgaberecht: Bei Lieferungen mit Rückgaberecht ist grds. eine Gewinnrealisierung vorzunehmen.[474] I.S.d. Vorsichtsprinzips sind die Umsatzerlöse allerdings durch die Bildung einer Rückstellung zu korrigieren (Buchung: Umsatzerlöse an Rückstellung).[475] Inbes. in Bezug auf Versandhandelsunternehmen wird ein solches Vorgehen auch von der h.M. vertreten.[476] 1210

Praxistipp

 Werden Forderungen, denen noch ein Rückgaberecht anhaftet, in voller Höhe ausgewiesen, so ist bei wesentlichen Beträgen ein Davon-Vermerk zu setzen: „Forderungen…, davon mit Rückgaberecht …". Die Umsatzerlöse sind zudem in Höhe einer erwartenden Erlösminderung durch Bildung einer Rückstellung für die mögliche Rückgabe der Artikel zu korrigieren (Buchung Umsatzerlöse an Rückstellung).

Im Fall von Versandhandelsunternehmen ist aufgrund der Vielzahl an verkauften Artikeln die Rückstellung als Pauschalrückstellung zu ermitteln. Bei der Bilanzierung der Höhe nach ist der wie folgt ermittelte Betrag mit der aufgrund von Erfahrungs- oder Branchenwerten geschätzten Rückgabequote zu multiplizieren.

    Summe der Nennbeträge aller Forderungen, denen noch ein Rückgaberecht anhaftet
- Aktivierbarer Betrag dieser veräußerten Vermögensgegenstände
+ Mögliche Rücknahmekosten
+ Kosten einer möglichen Beschädigung
= **Mögliche Belastung bezogen auf alle ausgelieferten Waren**
× Rückgabequote (geschätzt auf Erfahrungswerten)
= **Rückstellungshöhe**

Eine entsprechende Handhabung ist auch bei Verträgen mit Widerrufsrecht geboten.

Zu Kaufverträgen, deren rechtswirksamer Abschluss noch von der Billigung des Käufers abhängig ist, siehe Kauf auf Probe.

---

474 Vgl. Syst. Praxiskommentar Bilanzrecht/*de la Paix*, § 277 HGB Rn. 6; differenzierend Beck Bil-Komm/*Schubert/Roscher*, § 247 HGB Rn. 90 ff.
475 Vgl. Beck Bil-Komm/*Schubert*, § 249 HGB Rn. 100.
476 Vgl. WP-Handbuch, Bd. I, Buchst. E Rn. 572.

8 Rückstellungs-ABC

1211 **Rückgriffsmöglichkeit:** siehe Haftpflicht.

1212 **Rückkaufverpflichtung beim Leasinggeschäft:** siehe Leasing.

1213 **Rückkaufverpflichtung von Kfz-Händlern:** Sofern Kfz-Händler sich verpflichten, verkaufte Fahrzeuge zu einem verbindlich festgelegten Preis zurückzukaufen, sind diese Verpflichtungen in der Bilanz als Verbindlichkeiten zu erfassen.[477]

1214 **Rücknahmeverpflichtung:** siehe Elektroschrott, Garantieverpflichtung, Remittenden.

1215 **Rückstellungen für noch nicht abgewickelte Versicherungsfälle:** siehe Schadensrückstellung.

1216 **Rückstellungsspiegel:** siehe ausführlich Kap. 4.3, Rn. 355.

1217 **Rücktrittsrecht:** siehe Gewährleistung.

1218 **Rückvergütung:** siehe Beitragsrückgewähr.

1219 **Rückverkaufsoption:** siehe Rückkaufverpflichtung von Kfz-Händlern.

1220 **Rückzahlung von Arzthonoraren bei Unwirtschaftlichkeit:** siehe Arzthonorar.

1221 **Rückzahlung von Beiträgen:** siehe Beitragsrückgewähr.

S.

1222 **Sachleistungsverpflichtung:** Der Erfüllungsbetrag von Sach- und Dienstleistungsverpflichtungen umfasst die im Erfüllungszeitpunkt voraussichtlichen Vollkosten (Einzel- und notwendige Gemeinkosten). Der Ansatz der Rückstellungen hat zu Vollkosten zu erfolgen und zwar unabhängig davon, ob die entsprechenden Aufwendungen im Rahmen der Herstellungskosten von Vermögensgegenständen nach § 255 Abs. 2 HGB aktivierungspflichtig oder lediglich aktivierungsfähig ist.

1223 **Sammelbewertung:** Nach § 6 Abs. 1 Nr. 3a EStG gilt für gleichartige voneinander unabhängige Verpflichtungen, dass beim Ansatz der Rückstellung auf Grundlage der Erfahrungen in der Vergangenheit aus der Abwicklung solcher Verpflichtungen die Wahrscheinlichkeit zu berücksichtigen ist, dass der Steuerpflichtige nur für einen Teil der Summe der Verpflichtungen in Anspruch genommen wird.

1224 **Sanierungsaufwendungen:** siehe Altlastensanierung.

1225 **Sanierungsgeld:** Für künftig zu zahlende Sanierungsgelder für eine Umlage-Versorgungseinrichtung darf keine Rückstellung gebildet werden, denn „es fehlt an der Verursachung der Sanierungspflicht in der Vergangenheit, weil zu den wirtschaftlich wesentlichen Merkmalen für die Zahlungspflicht auch die künftige Beschäftigung von Arbeitnehmern gehört."[478]

1226 **Sanierungsverpflichtung:** siehe Altlastensanierung, Erneuerungsverpflichtung bei Mietverträgen, Erneuerungsverpflichtung bei Pachtverträgen.

---

[477] Vgl. FG Münster v. 25.08.2009, 9 K 4142/04 K, F, DStR 41/2009, VI.
[478] FG Münster v. 26.08.2008, I R 103/08, EFG 2008, 1942. Vgl. BFH v. 27.01.2010, I R 103/08, DStZ 2010, 346.

Sanktion: siehe Bußgeld, Vertragsstrafe. **1227**

Säumniszuschläge: siehe Versäumniszinsen. **1228**

Schachtauffüllung: siehe Verfüllungskosten. **1229**

Schachtversatzverpflichtung: siehe Bergschaden, Gruben- und Schachtversatz. **1230**

Schadenermittlungskosten: siehe Schadensrückstellung bei Versicherungsunternehmen. **1231**

Schadensbearbeitung: siehe Schadensrückstellung bei Versicherungsunternehmen. **1232**

Schadensersatz: Für den Ansatz von derartigen Rückstellungen gelten die allgemeinen Grundsätze zur Bildung von Rückstellungen für ungewisse Verbindlichkeiten. Resultiert die evtl. Verpflichtung aus einer strafbaren Handlung, ist es nach BFH-Rechtsprechung für einen Rückstellungsansatz erforderlich, dass die Tat aufgedeckt wurde.[479] Dies gilt auch für betriebliche Schadensersatzforderungen aus strafbaren Handlungen.[480] Im Übrigen ist die Rückstellung bereits zu bilden, wenn mit einer Inanspruchnahme ernsthaft gerechnet werden muss. Dies ist der Fall, wenn davon auszugehen ist, dass der Anspruchsberechtigte von der rechtswidrigen Handlung Kenntnis erlangt. Siehe ferner Haftpflicht, Patentrechtsverletzung, Produkthaftung, Prozesskosten (Passivprozess), Urheberrechtsverletzung. **1233**

Schadensersatzansprüche: Der BFH hat mit seinem Urteil vom 16.12.2014 – VIII R 45/12 seine Rechtsprechung hinsichtlich des Wahrscheinlichkeitserfordernis als Voraussetzung der Rückstellungsbildung modifiziert.[481] Es bleibt zwar beim zweistufigen Verfahren der Prüfung der Wahrscheinlichkeit. Hinsichtlich des Wahrscheinlichkeitserfordernisses unterscheidet der BFH zwischen der Wahrscheinlichkeit des Bestehens einer Verbindlichkeit und der Wahrscheinlichkeit der Inanspruchnahme der Verbindlichkeit. Im Zusammenhang mit der Bildung einer Rückstellung für eine drohende Schadensersatzforderung prüft der BFH zudem die Prozessaussichten, sodass dieser eine differenzierte Wahrscheinlichkeitsprognose anwendet.[482] Es müssen mehr Gründe dafür als dagegen sprechen, dass aufgrund einer gerichtlich geltend gemachten Schadensersatzforderung eine Inanspruchnahme überwiegend wahrscheinlich ist. Eine bloße ggf. anwaltlich angedrohte Schadensersatzforderung reicht für die Bildung einer Rückstellung nicht aus.[483] **1234**

Schadensfälle: siehe Schadensrückstellung bei Versicherungsunternehmen. **1235**

Schadensrückstellung: siehe Schadensrückstellung bei Versicherungsunternehmen. **1236**

---

479 Vgl. BFH v. 02.10.1992, III R 54/91, BStBl. II 1993, 153.
480 Vgl. FG Köln v. 17.03.2011, 13 K 52/11, EFG 2011, 1768, Nr. 20.
481 Vgl. BFH v. 16.12.2014, VIII R 45/12, BStBl. II 2015, 759.
482 Vgl. *Günkel*, BB 2014, 2091, 2091 ff.; *Prinz*, WPg 2015, 1223, 1223 ff.; *Rätke*, StuB 2015, 658, 658 ff.
483 Vgl. FG Baden-Württemberg v. 19.03.2015, 13 K 540/13, rkr., BB 2015, 1391 f.; *Abele*, BB 2015, 1391, 1391 ff.

8 Rückstellungs-ABC

1237 Schadensrückstellung bei Versicherungsunternehmen: Für bekannt gewordene, aber noch nicht abgewickelte Versicherungsfälle haben Versicherungsunternehmen eine „Rückstellung für noch nicht abgewickelte Versicherungsfälle"[484] zu bilden. Hierbei sind auch die Kosten für die Schadensermittlung und -bearbeitung zu erfassen.[485] Den Schadensermittlungskosten sind zu subsumieren.[486]

- Gehalts-, Reise- und Gemeinkostenanteile der Mitarbeiter des Schadeninnen- und -außendienstes,
- Gutachterkosten,
- Kosten für Behördenauskünfte und Materialunterlagen.

Zu den Schadensbearbeitungskosten zählen:[487]

- Kosten für die Prüfung des Versicherungsverhältnisses,
- Kosten für Statistiken,
- Kosten für die Durchführung von Deckungsprozessen,
- Kosten für die Abrechnung mit Rückversicherern.

Grds. sind derartige Rückstellungen auf Basis des Einzelfalls zu bilden; eine Pauschalrückstellung ist mit Ausnahme der Rückstellung für unbekannte Spätschäden verboten.[488] Eine Abzinsung ist für versicherungstechnische Rückstellungen gem. § 341e Abs. 1 Satz 3 HGB untersagt.

1238 Schadstoffbelastung: siehe Altlastensanierung.

1239 Schallschutz: siehe Lärmschutz.

1240 Schätzungszwang: siehe Kap. 2.1.2.1, Rn. 51.

1241 Schiff: Zu Inspektionen gilt dasselbe wie für Flugzeuge – siehe Flugzeug, Inspektionsverpflichtung.

1242 Schutzrechtverletzung: siehe Patentrechtsverletzung, Urheberrechtsverletzung.

1243 Schwankungsrückstellung: Sind als Dauerschuld zu behandeln.[489] Siehe Dauerschuldverhältnis.

1244 Schwarzarbeit: siehe Lohnsteuerhinterziehung.

1245 Schwarzgeld: Der Gesellschafter einer PersG, der Einnahmen, die der PersG zustehen, veruntreut, kann erst dann in seiner Sonderbilanz eine Rückstellung ansetzen, wenn die geschädigten Gesellschafter von der Veruntreuung Kenntnis genommen haben[490] oder mehr dafür als dagegen spricht, dass die geschädigten Gesellschafter Kenntnis erlangen werden.

---

484 WP-Handbuch, Bd. I, Buchst. K Rn. 392; Schmidt/*Weber-Grellet*, EStG § 5 Rn. 550.
485 Vgl. § 341g Abs. 1 Satz 2 HGB. Für die Steuerbilanz hält *Maus*, S. 138 den Ansatz der Kosten für die Schadensbearbeitung für unzulässig.
486 Siehe *Blenkers/Czisz/Gerl*, S. 344.
487 Siehe *Blenkers/Czisz/Gerl*, S. 344.
488 Vgl. Handbuch Bilanzrecht/*Wallasch/Mayr*, D.II. Rn. 70.
489 Vgl. BFH v. 12.06.1968, I 278/63, BStBl. II 1968, 715.
490 Vgl. BFH v. 22.06.2006, IV R 56/04, BStBl. II 2006, 838.

Schwebendes Geschäft: siehe Dauerschuldverhältnis. **1246**

Schwebendes Rohstoffbeschaffungsgeschäft: siehe Beschaffungsgeschäft, Schwebendes Geschäft. **1247**

Schwerbehinderte: siehe Schwerbehindertenabgabe. **1248**

Schwerbehindertenabgabe: Aus öffentlich-rechtlichen Normen ergibt sich die Pflicht zur Beschäftigung Schwerbehinderter im Unternehmen.[491] Werden die Vorgaben hinsichtlich der Anzahl schwerbehinderter Beschäftigter unterschritten, ist eine Schwerbehindertenabgabe zu entrichten. Liegt zum Bilanzstichtag eine Zahlungsverpflichtung vor, der noch nicht nachgekommen wurde und deren Höhe ungewiss ist, muss eine Rückstellung für ungewisse Verbindlichkeiten gebildet werden.[492] **1249**

Praxistipp

 Im Regelfall wird aufgrund der detaillierten Angaben des § 77 SGB IX hinsichtlich der Höhe der Schwerbehindertenabgabe eine Verbindlichkeit anstatt einer Rückstellung auszuweisen sein.

Aufgrund der weitläufigen Ausgeglichenheitsvermutung bzgl. Arbeitsleistung und Arbeitsentgelt ist eine Drohverlustrückstellung für die Beschäftigung eines Schwerbehinderten nur in Ausnahmefällen zulässig. Hier muss das Arbeitsentgelt wesentlich die Arbeitsleistung sowie sonstige Vorteile übersteigen.

Schwerbehinderten-Pflichtplätze: Bei der Beschäftigung von Schwerbehinderten kommt eine Verlustrückstellung in der Handelsbilanz infrage, soweit der Wert der Leistungen des schwerbehinderten Arbeitnehmers während der restlichen Gesamtlaufzeit des Arbeitsverhältnisses unter dem Wert der vom Arbeitgeber zu erbringenden Gegenleistungen (Arbeitslohn und Nebenleistungen) liegen wird. In der Steuerbilanz ist keine Rückstellung bzgl. drohender Verluste aus schwebenden Geschäften für allgemeine Soziallasten zu bilden. **1250**

Selbstversicherung: Für Selbstversicherungen sind keine Verbindlichkeitsrückstellungen möglich. Es mangelt an einer erforderlichen Außenverpflichtung ggü. einem Dritten.[493] **1251**

SEPA: Aufwendungen für Anpassungen eines EDV-Systems an die ab dem 01.02.2014 geltenden, europaweit standardisierten Verfahren für den bargeldlosen Zahlungsverkehr (SEPA) dürfen in Geschäftsjahren vor Inkrafttreten der Neuregelungen nicht als Verbindlichkeitsrückstellung passiviert werden.[494] **1252**

Serienauftrag: Im Zuge langfristiger Serienaufträge können ggf. Rückstellungen für drohende Verluste gebildet werden.[495] **1253**

---

491 Vgl. § 71 SGB IX.
492 So auch *Maus*, S. 240;
493 Vgl. HdJ/*Herzig/Köster*, Abt. III 5 Rn. 445 m.w.N.
494 Vgl. IDW-Auffassung v. 10.04.2013, BC 2013, 182 f.
495 Vgl. Bertram/Brinkmann/Kessler/Müller/*Bertram*, § 249 HGB Rn. 310.

1254 **Sicherheitsinspektion:** siehe Inspektionsverpflichtung.

1255 **Sicherheitsleistung:** siehe Bürgschaft, Patronatserklärung.

1256 **Sitzverlegung:** Der Ansatz einer Rückstellung für eine Sitzverlegung aus betriebswirtschaftlichen Überlegungen scheidet ebenso aus, da den damit verbundenen Aufwendungen – wie im Kontext optimierter Prozessabläufe – künftige Ersparnisse gegenüberstehen. Damit liegt keine Außenverpflichtung vor.

Beispiel

 Die Happy GmbH ist ein modernes Beratungsunternehmen mit Sitz in München. Um die hohe Gewerbesteuerbelastung in München künftig zu vermeiden, entschließt sich die Gesellschaft in t1 dazu, ihren Sitz ab t2 in den Süden von Bayern zu verlegen. Aufgrund des Standortwechsels rechnet die Gesellschaft mit Aufwendungen für den Umzug, die Neustrukturierung der EDV sowie zwischenzeitlich doppelte Mietbelastungen von rd. 500 TEUR. Diese Kosten sind nicht rückstellungsfähig, da es sich um eine freiwillige, betriebswirtschaftlich bedingte Entscheidung der Happy GmbH handelt.

Siehe Betriebsverlegung, Geschäftsverlegung, Kündigung Mietvertrag, Standortverlagerung.

1257 **Skonto:** Skonti sind nicht als Rückstellungen zu passivieren, sondern bei der Bewertung der Forderung in Abzug zu bringen.[496] Siehe auch Bonus.

1258 **Skontoabzug:** Sind nicht als Rückstellung zu passivieren. Siehe Bonus.

1259 **Software:** Eine Rückstellung für Kosten im Zusammenhang mit der Wartung und Erhaltung von Software dürfte regelmäßig aufgrund der Neufassung des § 249 Abs. 2 HGB unzulässig sein. Eine Rückstellung für ungewisse Verbindlichkeiten kommt allerdings bei Umstellungen im Zusammenhang mit den GDPdU in Betracht – siehe GDPdU.

1260 **Solidaritätszuschlag:** siehe Körperschaftsteuer.

1261 **Sortenschutzrecht:** Hinsichtlich Ansatz und Bewertung von Rückstellungen für Verletzungen derartiger Schutzrechte gelten die unter „Patentrechtsverletzung" und „Urheberrechtsverletzung" gemachten Aussagen. Zum steuerlichen Auflösungsgebot siehe Kap. 2.1.4.3, Rn. 102 ff.

1262 **Sozialast:** siehe Altersfreizeit und -mehrurlaub, Lohnfortzahlung im Krankheitsfall, Kündigungsschutz, Mutterschutz, Schwerbehindertenabgabe, Sozialplan.

1263 **Sozialleistungen:** siehe Soziallast.

---

496 Vgl. *Eifler*, S. 166; WP-Handbuch, Bd. I, Buchst. E Rn. 156. Analog auch Beck Bil-Komm/*Schubert*, § 249 HGB Rn. 100, Stichwort „Bonus": Rückstellung unzulässig, wenn die Verpflichtungen erst aus späteren Geschäftsjahren erwachsen. Vgl. auch Baetge/Kirsch/Thiele/*Kirsch/Siefke/Ewelt*, § 277 HGB Rn. 25, die einen „Nettoausweis" der Forderung (also gemindert um mögliche Skonti) fordern, wonach keine Grundlage mehr für einen Rückstellungsansatz besteht.

Sozialplan: Bestimmte Unternehmen werden durch die §§ 111 ff. BetrVG dazu verpflichtet, Sozialpläne bei Betriebsänderungen in Abstimmung mit dem Betriebsrat aufzustellen. Diese haben zum Ziel, die durch die Betriebsänderung (bspw. Betriebsschließung wegen Standortverlagerung) entstehenden wirtschaftlichen Nachteile der Arbeitnehmer auszugleichen oder zu mildern.[497]

1264

Nach ganz h.M. entsteht die Pflicht zum Ausweis einer Rückstellung für ungewisse Verbindlichkeiten bereits mit Beschlussfassung der Organe über die Betriebsänderung.[498] Die Finanzverwaltung befindet hingegen einen späteren Zeitpunkt als maßgeblich, nämlich den der Unterrichtung des Betriebsrats. Allerdings wird eine Rückstellungsbilanzierung auch dann als zulässig erachtet, wenn diese Unterrichtung erst nach dem Bilanzstichtag, aber vor Aufstellung und Feststellung, stattfindet.[499]

Beispiel

Der Vorstand der S AG beschließt zum Ende des Jahres t1 einen deutschen Betrieb zu schließen und die entsprechende Arbeit zukünftig in einem neuen Werk in China verrichten zu lassen. Im April t2 wird der Betriebsrat über die Pläne der Geschäftsleitung informiert. Ein endgültiger Sozialplan wird im Juni t2 geschlossen.

Für die handelsrechtliche Rückstellungsbilanzierung wäre nach h.M. bereits der Beschluss zum Ende des Jahres t1 ausreichend gewesen. Auf die Information des Betriebsrats vor Aufstellung der Bilanz kommt es nicht an.

Aus Sicht der Finanzverwaltung ist ein Rückstellungsansatz erst in t2 begründet, wenn im hier besprochenen Fall davon ausgegangen wird, dass im April t2 der Jahresabschluss bereits erstellt und festgestellt ist.

In die Rückstellungsbewertung müssen alle Kosten einfließen, deren Ursache in den Vereinbarungen des Sozialplans zu sehen ist.[500] Hierunter fallen insb. Abfindungen, die an die Arbeitnehmer zu zahlen sind. Ferner sind Kosten aufgrund der Erstattungspflicht von Arbeitslosengeld, Umzugs- oder Fahrtkosten und Rentenausgleichszahlungen einzubeziehen.

Bei Betriebsprüfungen wurde mitunter von der Finanzverwaltung eine Einbeziehung oben genannter Kosten mit dem Hinweis auf die Grundsätze der Bilanzierung schwebender Geschäfte abgelehnt.[501] Hierzu hat *Prinz* bereits zutreffend die Gegenargumentation geliefert: Die Leistungen aufgrund eines Sozialplans gelten

---

[497] Vgl. auch § 112 Abs. 1 BetrVG.
[498] Vgl. u.a. HdJ/*Herzig/Köster*, Abt. III 5 Rn. 446; Beck Bil-Komm/*Schubert*, § 249 HGB Rn. 100; Bertram/Brinkmann/Kessler/Müller/*Bertram*, § 249 HGB Rn. 313; WP-Handbuch, Bd. I, Buchst. E Rn. 204; mit dem Hinweis, dass der Unterrichtung des Betriebsrats nur noch eine Beweisfunktion zukommt HdR-E/*Kessler*, § 249 HGB Rn. 140.
[499] Vgl. R 5.7 Abs. 9 EStR.
[500] Ebenso *Prinz*, DB 2007, 353, 355.
[501] Vgl. *Brink/Tenbusch*, DB 2008, 363, 365.

keine Arbeitsleistung der Arbeitnehmer ab, sondern dienen der Abmilderung wirtschaftlicher Nachteile. Hierzu sei auf ein Beispiel hingewiesen.

Beispiel

 I.R.e. Sozialplans werden weiterbeschäftigten Mitarbeitern für zusätzliche Wegstrecken zu der neuen Betriebsstätte die zusätzlichen Aufwendungen erstattet.

Die Zahlung des Arbeitgebers soll keine Arbeitsleistung des Arbeitnehmers abgelten, sondern dient der Minderung wirtschaftlicher Nachteile und ist somit nicht Bestandteil der synallagmatischen Verknüpfung von Leistung und Gegenleistung. Damit liegt kein schwebendes Geschäft vor. Diese Belastungen müssen in die Bewertung der Rückstellung für ungewisse Verbindlichkeiten mit einfließen.

1265 **Sozialverpflichtung:** siehe Arbeitsverhältnis.

1266 **Sozialversicherungsabgabe:** Für die bereits dem Unternehmen bekannte, aber noch nicht erfüllte und der Höhe und/oder dem Zeitpunkt nach unsichere Verpflichtung zur Begleichung hinterzogener Sozialversicherungsabgaben ist eine Rückstellung für ungewisse Verbindlichkeiten anzusetzen.[502]

1267 **Spänetrocknungsanlage:** Der behördlich bereits auferlegte Einbau einer Spänetrocknungsanlage verpflichtet zum Ansatz einer Rückstellung.[503] Entscheidend im entsprechenden Verfahren war, dass es sich bei der Erfüllung der Anpassungsverpflichtung nicht um aktivierungspflichtige Aufwendungen handelte.[504]

1268 **Sparprämie:** siehe Prämiensparvertrag.

1269 **Sparvertrag:** siehe Prämiensparvertrag.

1270 **Standortverlagerung:** Für den Ansatz von Rückstellungen müssen die zentralen Tatbestandmerkmale für ungewisse Verbindlichkeiten erfüllt werden. Diese sind einerseits der vorliegende Schuldcharakter, der rechtlicher und/oder wirtschaftlicher Natur sein kann und ggü. Dritten (Außenverpflichtung) gilt, und andererseits die Ungewissheit über Bestehen bzw. Entstehen der Verbindlichkeit und/oder deren Höhe und/oder deren Fälligkeit (siehe Rn. 64 ff.).

Restrukturierungsmaßnahmen betreffen i.d.R. die Aufbau- und/oder Ablauforganisation eines Unternehmens, wie bspw. Standortverlagerungen, Abwanderungen oder die Ausgliederung von einzelnen Funktionseinheiten. Für die im Rahmen einer Restrukturierung anfallenden Aufwendungen sind im Jahresabschluss ggf. entsprechende Rückstellungen zu bilden. Voraussetzung für den Ansatz einer Rückstellung ist, dass die zentralen Tatbestandsmerkmale für den Ansatz einer Rückstellung –

---

[502] Vgl. BFH v. 16.02.1996, I R 73/95, BStBl. II 1996, 592.
[503] Vgl. BFH v. 29.11.2007, IV R 85/05, BStBl. II 2008, 516.
[504] Siehe ausführlich und kritisch zu den Grundsätzen des Urteils *Moxter*, Bilanzrechtsprechung, S. 151 ff.

insbesondere das Kriterium der Außenverpflichtung – erfüllt werden. Entscheidend bei der Beurteilung, ob es sich im vorliegenden Sachverhalt um eine Außenverpflichtung handelt, ist, dass es sich nicht um eine sich vom Bilanzierenden selbst auferlegte Verpflichtung handelt, sondern Ansprüche von fremden Dritten geltend gemacht werden (können). Eine nur interne betriebswirtschaftliche Verpflichtung rechtfertigt indes keine Schuldrückstellung.

Im Fachschrifttum wird der Ansatz von Rückstellungen für Restrukturierungsmaßnahmen, bspw. bei Standortverlagerungen, für zulässig erachtet, sofern infolge einer Standortverlagerung bspw. Personal abgebaut wird.[505] Für den Personalabbau wird in diesen Fällen häufig ein Sozialplan ausgehandelt. Aufgrund eines ausgehandelten Sozialplans entsteht für den Bilanzierenden eine Außenverpflichtung, sodass der Ansatz einer Rückstellung nach handelsrechtlichen Gesichtspunkten im Einzelfall geboten ist. Weitere Beispiele wären Aufwendungen für vorzeitige Vertragsauflösungen im Geschäftsjahr (Mieten, Pachten, Leasingverträge oder sonstige einzelvertragliche Verpflichtungen) oder Rechts- und Beratungskosten für im Zusammenhang mit der Restrukturierung eingeleitete Maßnahmen.

Anders verhält es sich jedoch in den Fällen, in denen es sich um eine Verlagerung von Teilen des Betriebs oder des gesamten Betriebs handelt (Geschäftsverlegung, Standortwechsel, Sitzverlegung). Daraus können (Restrukturierungs-)Aufwendungen im Zusammenhang mit der Verlagerung von Maschinen oder Umbaumaßnahmen an einen anderen Standort sowie anderen (rein) internen Umstrukturierungsmaßnahmen resultieren. In diesen Fällen scheidet der Ansatz einer Rückstellung regelmäßig aufgrund der fehlenden Außenverpflichtung ggü. einem (fremden) Dritten aus.[506] Dem Standortwechsel liegen i.d.R. betriebswirtschaftliche Überlegungen zugrunde, die keine faktische Außenverpflichtung rechtfertigen.

Beispiel

 Die Alpha GmbH ist ein Automobilhersteller. Die Gesellschaft ist an den Standorten A und B tätig. Die Alpha GmbH stellt zwei Fahrzeuge her – den „Maikäfer" und den „Marienkäfer". Bisher wurden die Teile, die für die Fahrzeugfertigung benötigten werden, ausschließlich am Standort B produziert. Die Fahrzeugfertigung erfolgte für beide Fahrzeuge am Standort A. Zum Ende des Geschäftsjahres t_0 beschließt die Alpha GmbH im Rahmen einer Optimierung ihrer Produktionsprozesse, ab dem Geschäftsjahr t_1 das Fahrzeug „Maikäfer" ausschließlich am Standort A und das Fahrzeug „Marienkäfer" ausschließlich am Standort B zu fertigen. Zudem sollen die jeweiligen benötigten Teile für die Fahrzeugfertigung an dem entsprechenden Standort hergestellt werden. Zur Umsetzung der Maßnahme werden die für die Fertigung des Fahrzeugs „Maikäfer" benötigten Maschinen vom Standort B zum Standort A verlagert. Die Aufwendungen werden zum Bilanzstichtag 31.12. t_0 mit einem Betrag i.H.v. 1 Mio. EUR geschätzt. Die Alpha GmbH kann für die künftigen

---

505 Vgl. *Hoffmann/Lüdenbach*, § 249 Rn. 16.
506 Vgl. *Hoffmann/Lüdenbach*, § 249 Rn. 16 ff.

Aufwendungen im Geschäftsjahr t1 zum Bilanzstichtag 31.12. t_0 keine Rückstellung bilden. Das lässt sich damit begründen, dass es sich bei der Verlagerung der Produktionsstätte (hier: der Verlagerung der Maschinen vom Standort B zum Standort A für die Fertigung des Fahrzeugs „Maikäfer") um eine reine (interne) Umstrukturierungsmaßnahme handelt, der betriebswirtschaftliche Überlegungen zugrunde liegen und keine faktische Außenverpflichtung.

Siehe Kündigung Mietvertrag, Sitzverlegung.

1271 **Steuerberater:** siehe Beratungskosten.

1272 **Steuererklärung:** Künftige Kosten für die Verpflichtung zur Erstellung einer Steuererklärung für abgelaufene Geschäftsjahre bzw. erklärungspflichtige Sachverhalte sind in der Handelsbilanz als Rückstellung zu passivieren, sofern sie Betriebssteuern betreffen.[507] Nicht zulässig ist hingegen eine Rückstellung für die Verpflichtung zur Einkommensteuererklärung. Das steuerrechtliche Verbot[508] für Rückstellungen für Erklärungen zur gesonderten und einheitlichen Feststellung des Gewinns sowie zur Feststellung des Einheitswerts einer PersGt[509] ist handelsrechtlich irrelevant.[510] In die Rückstellung einzubeziehen sind auch Kosten für Steuererklärungen früherer Veranlagungszeiträume, für die eine Fristverlängerung gewährt wurde.[511]

Die Rückstellung ist zu Vollkosten zu bewerten. Bei externer Erstellung ist das voraussichtliche Honorar des Steuerberaters oder Wirtschaftsprüfers maßgeblich – siehe auch Beratungskosten.[512]

Siehe auch Jahresabschluss.

1273 **Steuerliche Nebenleistung:** Für steuerliche Nebenleistungen sind ebenso Rückstellungen anzusetzen wie für Steuerschulden. Steuerliche Nebenleistungen (z.B. Säumniszuschläge nach AO) sind unter den sonstigen Rückstellungen zu erfassen, sofern diese nicht zum Erfüllungsbetrag der Steuerschuld zu zählen sind.[513]

1274 **Steuerliche Verrechnungspreisdokumentation:** Die Bildung von Rückstellungen für die steuerliche Verrechnungspreisdokumentation betrifft Sachverhalte, bei denen ein Steuerpflichtiger grenzüberschreitende Geschäftsbeziehungen, zu nahestehenden Personen (i.S.d. § 1 Abs. 2 AStG), pflegt. In diesen Fällen unterliegen, die im Rahmen dieser Geschäftsbeziehungen getätigten Geschäftsvorfälle hinsichtlich der Verrechnungspreisdokumentation besonderen Aufzeichnungspflichten. Die Aufzeichnungspflichten sind in § 90 Abs. 3 AO kodifiziert. Demnach ist ein Steuerpflichtiger dazu verpflichtet, bei internationalen Geschäftsbeziehungen mit nahestehenden Personen, Aufzeichnungen über die Art und den Inhalt dieser Geschäfts-

---

507 Vgl. H 5.7 Abs. 4 EStH.
508 Vgl. § 12 Nr. 1 EStG.
509 Vgl. BFH v. 24.11.1983, IV R 22/81, BStBl. II 1984, 301.
510 Vgl. *Moxter*, Bilanzrechtsprechung, S. 125.
511 Vgl. HdR-E/*Kessler*, § 249 HGB Rn. 350.
512 Vgl. HdR-E/*Kessler*, § 249 HGB Rn. 350.
513 Vgl. WP-Handbuch, Bd. I, Buchst. E Rn. 205.

beziehungen zu erstellen. Die Aufzeichnungspflicht bezieht sich sowohl auf die wirtschaftlichen als auch rechtlichen Grundlagen für eine den Grundsatz des Fremdvergleichs beachtende Vereinbarung von Preisen und anderen Geschäftsbeziehungen mit nahestehenden Personen. Steuerlich dürfen Rückstellungen gebildet werden, sofern diese die Passivierungsvoraussetzungen (siehe Kap. 1.5.1, Rn. 37 ff.) erfüllen. Die nach § 90 Abs. 3 AO geforderte Verrechnungspreisdokumentation stellt für einen Steuerpflichtigen eine öffentlich-rechtlich begründete Verpflichtung dar, sofern diese inhaltlich hinreichend bestimmt, zeitlich konkretisiert sowie sanktionsbewährt ist. In diesen Fällen ist der Ansatz von Rückstellungen für die Erstellung der Verrechnungspreisdokumentation (dem Grunde nach) zulässig. Eine demensprechend notwendige Konkretisierung ist für die Dokumentation gewöhnlicher Geschäftsvorfälle regelmäßig und für die Dokumentation außergewöhnlicher Geschäftsvorfälle stets gegeben

Steuernachforderung: siehe Zinsen auf Steuernachforderungen. **1275**

Steuerrückstellung: Soweit die Höhe einer Steuerschuld für das entsprechende Geschäftsjahr nicht bekannt ist, muss eine Steuerrückstellung i.S.e. Rückstellung für ungewisse Verbindlichkeiten gebildet werden – dies betrifft grds. alle Steuern, siehe aber auch Gewerbesteuer, Grunderwerbsteuer, Körperschaftsteuer. Es kommen insb. folgende Steuerverpflichtungen rückstellungsbegründend in Betracht: **1276**

- Gewerbesteuer,
- Umsatzsteuer,
- Grundsteuer,
- Lohnsteuer,[514]
- Körperschaftsteuer – siehe Körperschaftsteuer.

Die Rückstellung ist dabei stets gegen das entsprechende Steueraufwandskonto zu buchen (Steueraufwand an Steuerrückstellung).

Bestandskräftig veranlagte Steuern sind gesondert unter den sonstigen Verbindlichkeiten in einem „Davon-Vermerk" und nicht als Rückstellungen auszuweisen. Während bei den Steuerverbindlichkeiten der Grund, die genaue Höhe und die Fälligkeit (alles regelmäßig durch den als Verwaltungsakt erlassenen Steuerbescheid eindeutig bestimmt) bekannt sind, müssen für ausstehende Steuerzahlungen, die dem Grunde nach bekannt sind, Rückstellungen solange angesetzt werden, **bis die entsprechende Veranlagung** vorgenommen wurde.

Unabhängig von der erwarteten Steuerverpflichtung sind erwartete Steuererstattungsansprüche gesondert als sonstige Vermögenswerte zu erfassen. Eine **Saldierung** ist nicht zulässig.[515]

---

514 Hinterzogene Lohnsteuer ist vom Arbeitgeber in dem Zeitpunkt zurückzustellen, in dem er mit seiner Haftungsinanspruchnahme ernsthaft rechnen muss – vgl. BFH v. 16.02.1996, I R 73/95, BStBl. II 1996, 592.
515 Vgl. Beck HdR/*Scheffler*, B 233 Rn. 473; Syst. Praxiskommentar Bilanzrecht/*Petersen/Künkele/Zwirner*, § 249 HGB Rn. 340.

8 Rückstellungs-ABC

Der Ansatz von Rückstellungen für private Steuerschulden, also bspw. die voraussichtlichen Steuerzahlungen des Einzelunternehmers oder der Gesellschafter einer PersG, ist ausgeschlossen.[516] Zusammenfassend ist zur Bestimmung der Zulässigkeit einer Steuerrückstellung zu prüfen, ob[517]

- die Steuern das abgelaufene Geschäftsjahr betreffen,
- es sich nicht um eine private Steuerschuld handelt,
- die Höhe der Steuerschuld zum Bilanzstichtag nicht eindeutig feststeht.

Praxistipp

 Wahrscheinliche Abschluss- und Nachzahlungen an Steuern sind gemäß § 266 Abs. 3 HGB als Steuerrückstellungen (Posten B.2.) gesondert auszuweisen. Allerdings sind Nebenverpflichtungen wie Säumniszuschläge und Zinsen unter den sonstigen Rückstellungen zu zeigen.[518]

1277 **Steuerschulden:** Soweit die Höhe einer Steuerschuld für das entsprechende GJ nicht bekannt ist, muss eine Steuerrückstellung i.S.e. Verbindlichkeitsrückstellung gebildet werden (siehe auch Gewerbesteuer, Lohnsteuer, betrifft aber grds. alle Steuern).

1278 **Stiller Gesellschafter:** siehe Gewinnbeteiligung.

1279 **Stock Options:** siehe Aktienoptionsplan, Call-Option, Gratifikation.

1280 **Strafbare Handlung:** Für Schadensersatzverpflichtungen aus strafbaren Handlungen sind nur dann Rückstellungen anzusetzen, wenn der Schuldner ernsthaft mit einer Inanspruchnahme rechnen muss. Diese Wahrscheinlichkeit ist gegeben, wenn bis zum Tag der Bilanzaufstellung die den Anspruch begründenden Tatsachen durch Aufdeckung der Tat bekannt geworden sind.[519] Siehe auch Bußgeld.

1281 **Strafe:** siehe Bußgeld, Haftpflicht, Prozesskosten, Vertragsstrafe.

1282 **Strafrechtliche Verpflichtung:** siehe Prozesskosten.

1283 **Strafverteidiger:** siehe Strafverteidigerkosten.

1284 **Strafverteidigerkosten:** Der Ansatz einer Rückstellung für ungewisse Verbindlichkeiten kommt in Betracht, wenn die Straftat ausschließlich und unmittelbar in Ausübung der betrieblichen Tätigkeit begangen wurde.

1285 **Strafzins:** siehe Bußgeld.

1286 **Straßenanliegerbeitrag:** siehe Anliegerbeitrag.

1287 **Stromkosten:** siehe Nebenkosten.

---

516 Vgl. HdR-E/*Kessler*, § 249 HGB Rn. 350.
517 Vgl. *Maus*, S. 243.
518 Vgl. Syst. Praxiskommentar Bilanzrecht/*Brösel/Scheren/Wasmuth*, § 253 HGB Rn. 275; WP-Handbuch, Bd. I, Buchst. E Rn. 205 m.w.N.
519 Vgl. FG Köln v. 17.03.2011, 13 K 52/11, EFG 2011, 1768.

Stundungszinsen: siehe Zinszahlung. **1288**

Substanzerhaltungspflicht: siehe Erneuerungsverpflichtung bei Pachtverträgen. **1289**

Sukzessivlieferungsvertrag: Hierunter sind Vereinbarungen über die mehrmalige Erbringung einer Leistung zu verstehen (z.B. Strom-, Gas- oder Wasserversorgung). Sukzessivlieferungsverträge sind als Dauerschuldverhältnisse regelmäßig Grundlage einer Drohverlustrückstellung. Siehe Dauerschuldverhältnis. **1290**

Swapgeschäft: Unter Swapgeschäften sind individualvertraglich festgelegte Austauschverhältnisse über Zahlungsströme zu verstehen. Es ist grds. zwischen Zins-, Währungs- und Zins-/Währungsswaps zu unterscheiden.[520] **1291**

Eine Drohverlustrückstellung kann bei einem drohenden Verpflichtungsüberschuss geboten sein. Dies ist der Fall wenn der Swap einen negativen Marktwert aufweist, weil sich Leistung und Gegenleistung (voraussichtlich) nicht ausgeglichen gegenüberstehen.[521]

Beispiel

Unternehmen A hat einen Swap abgeschlossen, nachdem das Unternehmen jährlich einen Festzins von 2,5 % an den Vertragspartner leisten muss. Im Gegenzug erhält das Unternehmen jährlich eine variable Zinszahlung i.H.v. Euribor + 1,5 %. Zum Bewertungsstichtag beträgt die Restlaufzeit des Zinsswaps noch vier Jahre, der Euribor beträgt 1,3 %. Der Nominalbetrag auf dessen Grundlage die Zinszahlungen berechnet werden, beträgt 10 Mio. EUR.

Die Abzinsungsfaktoren seien wie folgt:[522]

Jahr	Abzinsungsfaktor
1	0,9915
2	0,9794
3	0,9622
4	0,9400

---

520 Vgl WP-Handbuch, Bd. I, Buchst. E Rn. 69.
521 Vgl. *Bieg*, StB 2003, 259, 261; WP-Handbuch, Bd. I, Buchst. E Rn. 153 m.w.N.
522 Zur Ermittlung sowie grds. zur Bewertung von Zinsswaps siehe *Happe*, S. 89 ff. Die Abzinsungsfaktoren wurden auf Basis einer aktuellen Zinsstrukturkurve mit der Formel Zerobondabzinsungsfaktor $_i$ = (1 /[1 + r_i] – r_i / [1 + r_i]) × $\sum_{j=1}^{i}$ Zerobondabzinsungsfaktor$_{j-1}$ ermittelt.

Damit ergeben sich für den Swap folgende Barwerte für die Einzahlungen:[523]

Termin	Einzahlung	Abzinsungsfaktor	Marktwert
31.12.t1	280.000 EUR	0,9915	277.620 EUR
31.12.t2	123.545 EUR	0,9794	121.000 EUR
31.12.t3	178.757 EUR	0,9622	172.000 EUR
31.12.t4	236.170 EUR	0,94	222.000 EUR
		Summe	792.620 EUR

Für die Auszahlungen kommen folgende Werte zustande:

Termin	Auszahlung	Abzinsungsfaktor	Marktwert
31.12.t1	– 250.000 EUR	0,9915	– 247.875 EUR
31.12.t2	– 250.000 EUR	0,9794	– 244.850 EUR
31.12.t3	– 250.000 EUR	0,9622	– 240.550 EUR
31.12.t4	– 250.000 EUR	0,94	– 235.000 EUR
		Summe	– 958.275 EUR

Für den Swap ergibt sich ein negativer Marktwert i.H.v. – 175.655 EUR. In dieser Höhe hat das Unternehmen eine Drohverlustrückstellung zu bilden.

Grds. ausgeschlossen ist eine Drohverlustrückstellung, wenn der Swap ein anderes zugrunde liegendes Geschäft sichert (bspw. ein Darlehen) und das Grundgeschäft eine entgegengesetzte Wertentwicklung aufweist, sodass Verluste sich ausgleichen – siehe Bewertungseinheit[524]. Siehe ferner Termingeschäft, Währungsswap, Zinsswap.

T.

1292 **Tagebau:** siehe Abraumbeseitigung.

1293 **TA-Luft:** siehe Technische Anleitung zur Reinhaltung der Luft.

1294 **Tankstelle:** siehe Gasrückführungssystem.

1295 **Tantieme:** siehe Gewinnabhängige Vergütung.

1296 **Tarifverträge:** siehe Demografiefonds.

1297 **Technische Anleitung zur Reinhaltung der Luft:** siehe Anpassungsverpflichtung.

1298 **Technischer Berater:** siehe Beratungskosten.

---

523 Die Einzahlungen sind mittels Multiplikation des Nominalbetrags mit den Forward Rates zu ermitteln, die sich durch folgende Formel aus den Zerobondabzinsungsfaktoren ergeben: FR_n = Zerobondabzinsungsfaktor$_{n-1}$ / Zerobondabzinsungsfaktor$_n$ – 1. Vgl. *Happe*, S. 101.
524 Siehe ausführlich *Petersen/Zwirner/Froschhammer*, StuB 2009, 449, 449 ff.

Teilzahlungsbank: Für Verwaltungskosten darf neben der passiven Abgrenzung der vereinnahmten Kreditgebühren keine Rückstellung gebildet werden. Eine Rückstellung für Ausfälle von Forderungen aus Teilzahlungsgeschäften ist steuerlich jedoch zulässig.[525]

Termingeschäft: Grds. kommt die Bildung einer Drohverlustrückstellung in Betracht. Siehe Bewertungseinheit, Call-Option, Devisentermingeschäft, Financial Futures, Optionsgeschäft, Warentermingeschäft.

Transfergesellschaft: Aufwendungen für eine Transfergesellschaft, die im Zuge von Umstrukturierungsmaßnahmen die Mitarbeiter eines Unternehmens aufnimmt, können als Teil des Sozialplans angesehen werden. Es ist eine Rückstellung zu bilden, wenn es nicht Ziel der Transfergesellschaft ist, die Mitarbeiter weiter beim ursprünglichen Unternehmen zu beschäftigen.[526]

Transportversicherung: Für entstandene, aber noch nicht abgewickelte Versicherungsfälle ist eine Rückstellung für ungewisse Verbindlichkeiten in Höhe der zu erwartenden Kosten zu bilden. Eine Pauschalrückstellung ist für unbekannte Spätschäden möglich. Siehe auch Schadensrückstellung bei Versicherungsunternehmen.

Treuebonus: siehe Bonus.

Treuegeld: Treuegelder (auch: Treugeld) sind Bezüge[527], die für den Arbeitnehmer einen Anreiz zum Festhalten des aktuellen Arbeitsplatzes darstellen sollen. Siehe auch Dienstjubiläumszuwendung, Übergangsgeld.

Treueprämie: siehe Bonus, Dienstjubiläumszuwendung, Gratifikation.

TÜV: siehe Inspektionsverpflichtung.

Typisierte Wahrscheinlichkeit bei Passivklagen: Vgl. Rn. 249 ff.

U.

Überbezahlte Werbekosten: Dass Werbekosten voraussichtlich nicht durch von ihnen generierte Erlöse gedeckt werden, begründet keinen Rückstellungsansatz.[528]

Übergangsgeld: Die Verpflichtung des Unternehmens, einigen Mitarbeitern nach einer bestimmten Dauer der Betriebs-, Unternehmens- oder Konzernzugehörigkeit für die Zeit nach dem Arbeitsleben zusätzliche Monatsgehälter zu gewähren (sog. Übergangsgelder), ist regelmäßig als Rückstellung für ungewisse Verbindlichkeiten zu bilanzieren.[529] Übergangsgelder zielen nur auf die kurzfristige Unterstützung des Arbeitnehmers ab und stellen insoweit keine Versorgungsleistungen, sondern

---

525 Vgl. BFH v. 17.07.1974, I R 195/72, BStBl. II 1974, 684; BFH v. 13.08.1986, II R 213/82, BStBl. II 1987, 48.
526 Vgl. *Melcher/David/Skowronek*, S. 379 f.
527 Vgl. § 850a Nr. 2 ZPO.
528 Vgl. FG Niedersachsen v. 13.11.1997, XIV 291/93, EFG 1998, 633.
529 Vgl. *BMF* v. 16.01.2006, IV C 5 – S 2333 – 2/06, DB 2006, 642.

aufgeschobenen Arbeitslohn dar.[530] Die steuerrechtlichen Sondernormen bzgl. Pensionsrückstellungen[531] sind deshalb nicht zu beachten.

Praxistipp

 Übergangsgelder unterliegen nicht den strengen Voraussetzungen des § 6a EStG. Sie sind von den „Pensionsrückstellungen" zu unterscheiden und als „pensionsähnliche Verpflichtungen" zu verstehen.

1310 **Überschwemmung:** siehe Katastrophe.

1311 **Überstunden:** siehe Gleitzeitüberhang.

1312 **Überversorgung:** Sofern ein bilanzpflichtiges Unternehmen einem Angestellten eine Versorgungszusage erteilt, die unter Anrechnung sonstiger Rentenansprüche mehr als 75 % der letzten Aktivbezüge beträgt (sog. Überversorgung), kann es die entsprechenden Rückstellungen in voller Höhe in seine Bilanz einstellen.[532]

1313 **Überverzinslichkeit von Verbindlichkeiten:** Eine Drohverlustrückstellung kann gebildet werden, wenn die Überverzinslichkeit der Verbindlichkeit aufgrund eines gesunkenen Marktzinsniveaus entstanden ist. Bei der Ermittlung des drohenden Verlusts ist von den Anschaffungs- und Herstellungskosten und nicht von den Wiederbeschaffungskosten auszugehen. Kann der für die Rückstellung relevante Beitrag der Gegenleistung zum Unternehmenserfolg nicht objektiv ermittelt werden, ist die Bildung einer Rückstellung nur möglich, wenn der Beitrag kaum oder gar nicht vorhanden ist.[533]

1314 **Überwachung und Dekontamination:** siehe Altlastensanierung.

1315 **Uferschlamm:** siehe Flusswasserkraftwerk.

1316 **Umrüstung von Produktionsanlagen:** Eine Rückstellungsbildung ist in den Fällen zu verneinen, in denen der Aufwand nur auf die künftige Gewährleistung der Produktion oder Dienstleistungserbringung zielt. Siehe hierzu Flusswasserkraftwerk, Gasrückführungssystem.

1317 **Umsatzabhängige Verbindlichkeit:** siehe Gewinnabhängige Verbindlichkeit, Zuwendung.

1318 **Umsatzbonus:** siehe Bonus.

1319 **Umsatzsteuer:** Wird eine Forderung wertberichtigt und zahlt der Kunde wider Erwarten doch den vollen Rechnungsbetrag, so sind die im Zuge der Wertberichtigung vorgenommenen Änderungen des Umsatzsteuerbetrags und des Vorsteuerabzugs zu berichtigen.[534] Eine Rückstellung für mögliche, derartige Erhöhungen kommt jedoch

---

530 Vgl. *Loritz*, DStZ 1995, 577, 583.
531 Siehe § 6a EStG.
532 Vgl. FG Berlin-Brandenburg, n.rkr. Urteil v. 02.12.2014, 6 K 6045/12.
533 Vgl. Beck Bil-Komm/*Schubert*, § 249 HGB Rn. 51; *IDW* RS *HFA* 4, IDW FN 2010, 298, 302.
534 Vgl. § 17 UStG.

nicht in Betracht.⁵³⁵ Die Belastung ergibt sich erst mit der Zahlung des Forderungsbetrags, weil erst zu diesem Zeitpunkt die Berichtigung vorzunehmen ist.⁵³⁶

Umsatztantieme: siehe Gewinnabhängige Vergütung. **1320**

Umsatzvergütung: siehe Bonus. **1321**

Umsetzungskosten: siehe Betriebsverlegung. **1322**

Umweltschaden: Sofern Umweltschäden im abgelaufenen Geschäftsjahr verursacht wurden und aufgrund privat- oder öffentlich-rechtlicher Bestimmungen beseitigt werden müssen, sind hierfür Rückstellungen für ungewisse Verbindlichkeiten in der Bilanz auszuweisen. **1323**

Die öffentlich-rechtliche Verpflichtung kann sich aus verschiedenen Gesetzen zum Schutze der Umwelt ergeben. Neben den spezielleren Normen ist zudem für Schäden aus beruflichen Tätigkeiten das USchadG⁵³⁷ zu beachten, das subsidiär gilt, wenn die spezielleren Normen keine Ausführungen zu einem Sachverhalt machen oder hinter den Anforderungen des USchadG zurück bleiben.⁵³⁸ Ausreichend für eine Verpflichtung ist bereits eine Gefährdungslage.⁵³⁹ Der Kaufmann kann sodann zur Gefahrenabwehr durch Verwaltungsakt verpflichtet werden. U.E. ist deswegen bereits bei Bekanntwerden einer etwaigen Gefährdungslage eine Rückstellung zu bilden, wenn davon ausgegangen werden kann, dass die Behörde von dem Sachverhalt Kenntnis erlangen wird.

Siehe auch Altlastensanierung, Bergschaden, Gruben- und Schachtversatz.

Umweltschutz: Die Zulässigkeit einer Verbindlichkeitsrückstellung ist an die Erfüllung bestimmter Voraussetzungen geknüpft. So muss der Grund für die Rückstellung seine wirtschaftliche Verursachung bereits vor dem Bilanzstichtag haben. Darüber hinaus muss eine Inanspruchnahme aus der Verpflichtung wahrscheinlich sein. Dies ist gegeben, sobald ein Verwaltungsakt von einer Behörde erlassen wurde oder eine Missachtung dieser Verpflichtung unweigerlich zu Sanktionen führt.⁵⁴⁰ Entscheidend ist zudem, dass sich der Kaufmann nicht der Verpflichtungserfüllung entziehen kann. Siehe auch Altlastensanierung, Anpassungsverpflichtung, Inspektionsverpflichtung. **1324**

Umzugskosten: siehe Betriebsverlegung. **1325**

Ungewisses Risiko: Rückstellungen für ungewisse Risiken sind grds. zu bilden, wenn aus einem einzelnen, separat feststellbaren Risiko eine Inanspruchnahme droht oder plausible Annahmen über die Wahrscheinlichkeit der Inanspruchnahme **1326**

---

535 So auch *Blenkers/Czisz/Gerl*, S. 353.
536 Vgl. § 17 Abs. 1 Satz 7 UStG.
537 Das USchadG erfasst neben Schädigungen von Gewässern und des Bodens auch Schädigungen von Arten und natürlichen Lebensräumen (sog. Biodiversitätsschäden) – vgl. *Schubert*, WPg 2008, 505, 506.
538 Vgl. *Schubert*, WPg 2008, 505, 505.
539 Vgl. § 5 USchadG.
540 In der Literatur herrscht ein Meinungsstreit darüber, ob bereits die gesetzl. Kodifikation samt Sanktionshinweis (sodass der Kaufmann bei Vorliegen des Tatbestands mit einer Inanspruchnahme ernsthaft rechnen muss) für die Begründung einer Rückstellung ausreicht. Vgl. hierzu *Maus*, S. 254; *Hoffmann/Lüdenbach*, § 249 HGB Rn. 57 ff.

getroffen werden können.⁵⁴¹ Der Ansatz rein willkürlich bemessener Beträge ist unzulässig.⁵⁴² Vielmehr sind Rückstellungen für ungewisse Risiken auf Basis der Rückstellungsvoraussetzungen nach § 249 HGB zu beurteilen.

1327 **Unmittelbare Pensionsverpflichtungen:** Für den Ansatz von Pensionsrückstellungen aufgrund unmittelbarer Zusagen gilt Folgendes:

Abgrenzung der Behandlung unmittelbarer Pensionsverpflichtungen

Neuzusagen⁵⁴³	Altzusagen⁵⁴⁴
Passivierungspflicht⁵⁴⁵	Passivierungswahlrecht⁵⁴⁶

Siehe auch Kap. 5.2.4, Rn. 405 ff.

1328 **Unterdeckung:** Nach § 1 Abs. 1 Satz 3 BetrAVG steht der Arbeitgeber auch dann für die Pensionsverpflichtungen ein, wenn diese mittelbar, also über einen externen Versorgungsträger erfüllt werden (Subsidiärhaftung). Im Fall einer Unterdeckung kann das bilanzierende Unternehmen für diesen Betrag eine Rückstellung für ungewisse Verbindlichkeiten ansetzen (siehe Kap. 5.4.1.2, Rn. 473).⁵⁴⁷ Für das Steuerrecht besteht ein Passivierungsverbot (siehe Kap. 5.4.2, Rn. 482 f.).

1329 **Unterlassene Instandhaltungen:** siehe Instandhaltung.

1330 **Unternehmensregister:** siehe Offenlegung.

1331 **Unternehmensvertrag:** siehe Verlustausgleichsverpflichtung.

1332 **Unterpachtverhältnis:** Eine Brauerei, die eine selbst angepachtete Gaststätte an einen Wirt unterverpachtet und dies mit einer Getränkeabnahmevereinbarung kombiniert, muss die wirtschaftlichen Vorteile dieser Vereinbarung bei der Bildung von Drohverlustrückstellungen wegen Pachtunterdeckung berücksichtigen.

1333 **Unterstützungskasse:** siehe Zuweisung an Unterstützungskassen.

1334 **Untreue:** siehe Schadensersatz,⁵⁴⁸ Schwarzgeld, Strafverteidigerkosten.

1335 **Urheberrechtsverletzung:** Urheberrechtsverletzungen sind dann in Rückstellungen für ungewisse Verbindlichkeiten zu berücksichtigen, wenn bereits Ansprüche der Gegenpartei anhängig gemacht wurden oder wenn ernsthaft mit einer Inanspruchnahme zu rechnen ist. Dabei ist auch die Bildung einer Pauschalrückstellung legitim, wenn die Verletzungen bereits begangen wurden, aber dem Rechtsinhaber

---

541 Vgl. WP-Handbuch, Bd. I, Buchst. E Rn. 213 mit dem Hinweis, dass „[…] willkürlich bemessene[r] Beträge unzulässig [sei]", was aber selbstredend für alle Rückstellungen gilt.
542 Vgl. WP-Handbuch, Bd. I, Buchst. E Rn. 213.
543 Rechtsanspruch wurde nach dem 01.01.1987 erworben – vgl. Art. 28 Abs. 1 Satz 1 EGHGB.
544 Rechtsanspruch wurde vor dem 01.01.1987 erworben – vgl. Art. 28 Abs. 1 Satz 1 EGHGB.
545 Vgl. § 249 Abs. 1 Satz 1 HGB i.V.m. Art. 28 Abs. 1 Satz 1 EGHGB.
546 Vgl. Art. 28 Abs. 1 Satz 1 EGHGB.
547 Vgl. Art. 28 Abs. 1 Satz 2 EGHGB.
548 Siehe hierzu auch BFH v. 03.07.1991, X R 163-164/87, BStBl. II 1991, 802 sowie *Moxter*, Bilanzrechtsprechung, S. 89.

noch nicht bekannt sind. Die Ausführungen unter dem Stichwort „Patentrechtsverletzung" gelten entsprechend – siehe Patentrechtsverletzung.

Hinsichtlich der steuerrechtlichen Bilanzierung ist § 5 Abs. 3 EStG zu beachten (siehe Kap. 2.1.4.3, Rn. 102).

Praxistipp

Kommt es zu einer Auflösung der steuerrechtlichen Rückstellung aufgrund des § 5 Abs. 3 Satz 2 EStG, während handelsrechtlich die Rückstellung aufgrund der erwarteten Inanspruchnahme bestehen bleibt, sind aktive latente Steuern in der Handelsbilanz anzusetzen.

Beispiel

Mitte t1 besucht ein Kameramann der Datenpiraten AG die Vorführung des neuen Stücks des bekannten Pianisten El Piano. Der Kameramann filmt heimlich und ohne Genehmigung die gesamte Aufführung des Weltstars. Später vervielfältigt die Datenpiraten AG die Aufzeichnungen und verkauft die DVD von diesem „Special Event" über seinen Internetshop.

Die Aufzeichnung und Vervielfältigung der Aufführung stellt einen Verstoß gegen § 16 UrhG dar. Die Verbreitung der Kopien verstößt gegen § 17 Abs. 1 UrhG.[549]

Da zu erwarten ist, dass der Künstler, sein Label oder eine sonstige Institution regelmäßig das Internet nach Raubkopien „durchforsten", ist damit zu rechnen, dass die Datenpiraten AG aus der Rechtsverletzung in Anspruch genommen wird. Wahrscheinlich ist die Durchsetzung eines Schadensersatzanspruchs nach § 97 Abs. 2 UrhG.

In Höhe des voraussichtlichen Schadensersatzanspruchs (bspw. des erzielten Gewinns durch den Verkauf der DVDs) ist eine Rückstellung für die Urheberrechtsverletzung zu bilden. Ferner sind die Prozesskosten zu beachten.

Zum Bilanzstichtag t4 ist die Rückstellung aufzulösen, wenn El Piano bzw. seine Vertreter keinen Anspruch geltend gemacht haben. Zu diesem Zeitpunkt ist nämlich die Dreijahresfrist des § 5 Abs. 3 Satz 2 EStG bereits abgelaufen, in welcher der Anspruch geltend gemacht werden muss, damit die Rückstellung weiter beibehalten werden kann. Es ist zu buchen:

sonstige Rückstellung   an   sonstiger betrieblicher Ertrag

---

549 Zu den Verwertungsrechten des Urhebers siehe übersichtlich *Fechner*, S. 130 ff.

8 Rückstellungs-ABC

Wird weiterhin seitens der Datenpiraten AG damit gerechnet, dass ein Schadensersatzanspruch geltend gemacht wird, ist die Rückstellung in der Handelsbilanz beizubehalten. Nunmehr sind aufgrund der Abweichung zwischen Handels- und Steuerbilanz unter Voraussetzung der Nutzung des Aktivierungswahlrechts aktive latente Steuern zu bilden. Es ist zu buchen:

aktive latente Steuern   an   latenter Steuerertrag

1336 **Urlaubsanspruch:** Haben Arbeitnehmer die ihnen zustehenden Urlaubstage zum Bilanzstichtag noch nicht vollständig aufgebraucht, ist hierfür eine Rückstellung für ungewisse Verbindlichkeiten aufgrund eines Erfüllungsrückstands zu passivieren, sofern ein Anspruch auf Urlaubsgewährung[550] oder Barabgeltung besteht oder das Unternehmen beabsichtigt, den Urlaub zu gewähren oder abzugelten.[551] Wirtschaftlich verursacht ist der Urlaubsanspruch durch die Tätigkeit des Arbeitnehmers im abgelaufenen Jahr. Ungewiss ist hier regelmäßig der Zeitpunkt der Inanspruchnahme, also wann der Arbeitnehmer seinen Anspruch geltend machen wird, weniger die Höhe der Belastung für das Unternehmen.

Bei einem vom Kalenderjahr abweichenden Wirtschaftsjahr ist die Rückstellung zeitanteilig zu bemessen.[552]

Beispiel[553]

 Das GJ der ABC GmbH & Co. KG läuft vom 01.10. bis zum 30.09. Jedem Mitarbeiter werden pro Kalenderjahr 32 Urlaubstage gewährt. Zum 30.09.t1 hat der Mitarbeiter M 16 Urlaubstage genommen.

Der Berechnung der Rückstellung ist der zeitanteilige Urlaubsanspruch zugrunde zu legen. Dieser beträgt 24 Tage (= 0,75 × 32 Tage). Davon hat M 16 Urlaubstage genommen, sodass acht Tage für die Rückstellungsberechnung verbleiben.

Ausgangspunkt der Ermittlung der Urlaubsrückstellung ist der Lohnaufwand für die Arbeitskraft pro Arbeitstag. Dabei sind die regulären Arbeitstage maßgeblich.[554] Eine Kürzung um Krankheits- und Urlaubstage scheidet aus, da Urlaubs- wie auch Krankheitstage Bestandteil des Arbeitslohns sind. Bei einer Fünftagewoche und unter Berücksichtigung von Feiertagen ergibt sich für 2015 und 2016 die folgende Anzahl von Arbeitstagen:

---

550 Ein Anspruch hierauf ergibt sich regelmäßig aus dem Arbeitsvertrag.
551 Vgl. BFH v. 10.03.1993, I R 70/91, BStBl. II 1993, 446; BFH v. 08.07.1992, X I R 50/89, BStBl. II 1989, 910.
552 Vgl. BFH v. 16.06.1980, IV R 35/74, BStBl. II 1980, 506. Siehe auch *Happe*, BBK 2010, 225, 226.
553 Abgewandelt entnommen aus *Happe*, BBK 2010, 225, 227.
554 Vgl. BFH v. 08.07.1992, XI R 50/89, BStBl. II 1992, 911.

8.2 ABC der Rückstellungen

Werktage in den einzelnen Bundesländern 2015 und 2016

Bundesland	Werktage 2015	Werktage 2016
Baden-Württemberg	252	249
Bayern	252	250
Bayern mit Mariä Himmelfahrt	252	251
Bayern (Augsburg)	252	251
Berlin	252	251
Brandenburg	253	251
Bremen	253	252
Hamburg	253	252
Hessen	253	252
Mecklenburg-Vorpommern	253	252
Niedersachsen	253	252
Nordrhein-Westfalen	253	253
Rheinland-Pfalz	254	253
Saarland	254	253
Sachsen	254	253
Sachsen mit Fronleichnam	254	254
Sachsen-Anhalt	254	254
Schleswig-Holstein	254	254
Thüringen	254	254
Thüringen mit Fronleichnam	254	254

Soweit arbeits- oder tarifvertraglich nicht anders geregelt, ist für die Berechnung des Urlaubsentgelts § 11 BUrlG zugrunde zu legen. Demnach ist der durchschnittliche Arbeitsverdienst der letzten 13 Wochen die maßgebliche Grundlage der Berechnung des Urlaubsentgelts.[555] Bei der Rückstellungsbewertung sind dem Bruttoarbeitslohn noch die Arbeitgeberanteile zur Sozialversicherung, ein etwaiges Urlaubsgeld sowie weitere lohnabhängige Lohnnebenkosten (bspw. Berufsgenossenschaftsbeiträge) hinzuzurechnen.[556] Ein 13. Monatsgehalt bzw. Weihnachtsgeld ist dann mit zu berücksichtigen, wenn es einen festen Bestandteil der Bezüge darstellt und keine Sondervergütung.[557]

Die Urlaubsrückstellung darf abweichend von § 11 BUrlG auch im Wege der Durchschnittsermittlung auf Jahresbasis vorgenommen werden.[558] In diesem Fall ist der

---

555 Vgl. § 11 Abs. 1 Satz 1 BUrlG.
556 Vgl. BFH v. 08.07.1992, XI R 50/89, BStBl. II 1992, 911.
557 Vgl. FG Rheinland-Pfalz v. 15.03.2006, 1 K 2369/03, DStRE 2007, 139. Nicht ganz eindeutig H 6.11 EStH 2008, in dem das Weihnachtsgeld unter den jährlich vereinbarten Sondervergütungen aufgezählt wird.
558 Vgl. *Happe*, BBK 2010, 225, 229.

maßgebliche Lohnaufwand durch die Zahl der regulären Arbeitstage zu dividieren und mit der Zahl der offenen Urlaubstage zu verrechnen.[559]

Beispiel

Herr Hugo von der Spree ist bei der A AG in Brandenburg angestellt. Sein Jahresbruttolohn beträgt 48.000 EUR. Arbeitsvertraglich festgehalten ist zudem ein Weihnachtsgeld (inkl. Arbeitgeberanteil) von 2.000 EUR. Der Arbeitgeberanteil zur Sozialversicherung beträgt 9.750 EUR. Herr Hugo von der Spree hat zum Jahresende t1 noch zehn Urlaubstage „offen", die ihm gemäß Arbeitsvertrag noch bis Mitte des nächsten Jahres zustehen.

Die Rückstellung für den Urlaubsanspruch von Herrn von der Spree beträgt 2.361,66 EUR (59.750 / 253 × 10).

Eine Durchschnittsberechnung der Urlaubsrückstellung ist jedoch dann nicht zulässig, wenn der so ermittelte Wert von dem der „13-Wochen-Berechnung" wesentlich abweicht.[560] Dieser Fall tritt regelmäßig bei unterjährigen Gehaltserhöhungen auf.

Beispiel

Abwandlung des vorherigen Beispiels

Mitte des Jahres kann Hugo von der Spree eine (Brutto-)Gehaltserhöhung von 25 % durchsetzen, sodass sein Monatsbruttogehalt nunmehr 5.000 EUR beträgt. Während das Weihnachtsgeld unverändert bleibt, steigen die Sozialversicherungsabgaben des Arbeitgebers auf 830,00 EUR pro Monat.

Bei Ermittlung der Rückstellung nach der „Jahresdurchschnittsmethode" ergibt sich folgender Betrag:

Bruttoarbeitslohn (gesamt/Jahr)	*54.000 EUR*
Sozialversicherungsabgaben (Arbeitgeber)	*9.855 EUR*
Weihnachtsgeld	*2.000 EUR*
Summe	*65.855 EUR*

Für seinen Urlaubsanspruch von zehn Tagen wären demnach 2.602,96 EUR anzusetzen (65.855 EUR / 253 × 10).

Im Fall der „13-Wochen-Berechnung" wäre wie folgt zu rechnen:

Bruttoarbeitslohn (drei Monatsgehälter)	*15.000 EUR*
Sozialversicherungsabgaben (Arbeitgeber)	*2.490 EUR*
Weihnachtsgeld (zeitanteilig)	*500 EUR*
Summe	*17.990 EUR*

---

559 BFH v. 08.07.1992, XI R 50/89, BStBl. II 1992, 910.
560 Siehe *Happe*, BBK 2010, 225, 229.

Bei 62 regulären Arbeitstagen in den letzten 13 Wochen des Jahres t1 ergibt sich eine Rückstellung i.H.v. 2.901,61 EUR, die wesentlich vom Ergebnis nach der „Jahresdurchschnittsmethode" abweicht. Hier ist i.S.d. Vorsichtsprinzips auf die „13-Wochen-Berechnung" abzustellen.

Urlaubsgeld: siehe Gratifikation, Urlaubsanspruch. 1337

Urlaubsverpflichtungen: siehe Urlaubsanspruch. 1338

V.

Veräußerung eines Gewerbebetriebs: siehe Aufgabe und Veräußerung eines Gewerbebetriebs. 1339

Verdienstsicherung für ältere Arbeitnehmer: Zusätzliche Kosten, die durch die vertragliche Verpflichtung entstehen, einen älteren Arbeitnehmer bei einer Umsetzung auf einen anderen, gewöhnlicherweise geringer vergüteten Arbeitsplatz zu versetzen, begründen laut BFH nicht den Ansatz einer Drohverlustrückstellung.[561] Insofern gilt die Ausgeglichenheitsvermutung, wonach das vereinbarte Entgelt dem Wert der Arbeitsleistung entspricht. Der Ansatz einer Drohverlustrückstellung kann aber dann geboten sein, wenn der Arbeitnehmer keinen oder keinen nennenswerten Erfolgsbeitrag (bspw. infolge mangelnder betrieblicher Beschäftigungsmöglichkeiten oder Weiterbeschäftigung trotz Arbeitsunfähigkeit) mehr liefert.[562] 1340

Vereinsbeiträge: siehe Beitragsrückgewähr. 1341

Verfallsanordnung: Bei einer zu erwartenden strafrechtlichen Verfallsanordnung ist eine Rückstellung für ungewisse Verbindlichkeiten zu bilden.[563] Siehe auch Bußgeld. 1342

Beispiel[564]

Die Rauschgifthändler A und B werden aufgrund des Besitzes und des Verkaufs von Kokain verurteilt. Für den unrechtmäßigen Vermögenszuwachs (Gewinn aus Kokainhandel) ist eine Rückstellung für die zu erwartende Verfallsanordnung zu bilden.

Verfüllungskosten: Für die vertragliche oder gesetzl. kodifizierte Verpflichtung, Erdöl- oder Erdgasbohrungen zu verfüllen, müssen Rückstellungen gebildet werden. Der voraussichtliche Erfüllungsbetrag ist hierbei über den Zeitraum der Bohrung anzusammeln. Vergleichbare Verpflichtungen können sich im Zusammenhang mit aufzufüllenden Gruben oder Schächten ergeben. Siehe auch Auffüllverpflichtung, Erdgasspeicher. 1343

---

561 Vgl. BFH v. 16.12.1987, I R 68/87, BStBl. II 1988, 338. Gl.A. Schmidt/*Weber-Grellet*, EStG § 5 Rn. 550; *Maus*, S. 261.
562 Vgl. BFH v. 25.02.1986, VIII R 377/83, BStBl. II 1986, 465.
563 Vgl. BFH v. 06.04.2000, IV R 31/99, BStBl. II 2001, 536.
564 Das Beispiel basiert auf dem soeben genannten Urteil des BFH v. 06.04.2000, IV R 31/99, BStBl. II 2001, 536.

1344 Verkaufsvertrag: Ein (Ver-)Kauf(s)vertrag ist ein wechselseitiger Vertrag, bei dem die Rechte an einem bestimmten Vermögensgegenstand vom Verkäufer an den Käufer übergehen. Hierbei verpflichtet sich der Käufer, den Vermögensgegenstand für eine bestimmte Leistung oder Sache zu übernehmen. Sofern aus dem bestehenden Vertragsverhältnis voraussichtlich ein Verlust entstehen wird und auch keine Möglichkeit besteht, das bestehende Vertragsverhältnis zu ändern, ist eine Rückstellung für drohende Verluste zu passivieren. Siehe Drohende Verluste.

1345 Verkehrsbetrieb: siehe Personenbeförderung.

1346 Verlag: siehe Remittenden.

1347 Verlustabdeckung: siehe Verlustausgleichsverpflichtung.

1348 Verlustausgleich bei Beherrschungs- und Gewinnabführungsverträgen: siehe Verlustausgleichsverpflichtung.

1349 Verlustausgleichsverpflichtung: Gem. § 302 Abs. 1 AktG hat das MU (Organträger) bei Bestehen eines Beherrschungs- oder eines Gewinnabführungsvertrags jeden während der Vertragsdauer entstehenden JFB grds. auszugleichen. Hierfür ist in der HB eine Rückstellung geboten, sofern die Höhe des Betrags unsicher ist. Bei nachhaltiger Ertragslosigkeit ist der Barwert der voraussichtlichen Zahlungen bis zum frühestmöglichen Zeitpunkt der Kündigung des Vertrags anzusetzen.[565] Steuerrechtlich darf eine solche Rückstellung nicht gebildet werden.[566]

1350 Verluste aus schwebenden Geschäften: siehe Drohende Verluste m.w.H.

1351 Verlustrückstellung: siehe Drohende Verluste.

1352 Verlustübernahmeverpflichtung: Gem. § 302 Abs. 1 AktG hat das Mutterunternehmen bei Bestehen eines Beherrschungs- oder eines Gewinnabführungsvertrages jeden während der Vertragsdauer entstehenden JFB grds. auszugleichen. Diese Verpflichtung ist handelsrechtlich zu passivieren. Bei gleichlaufenden Geschäftsjahren ist der bis zum Bilanzstichtag angefallene Verlust als Verbindlichkeit zu passivieren, wenn die Ausgleichsverpflichtung der Höhe nach bereits bekannt ist.[567] Bei unterschiedlich laufenden Geschäftsjahren ist die bis zum Bilanzstichtag entstandene Ausgleichsverpflichtung zu schätzen und als Rückstellung für ungewisse Verbindlichkeiten auf der Passivseite der Bilanz zu zeigen.[568]

Für künftige drohende Verluste darf keine Rückstellung gebildet werden.[569] Es handelt sich beim Gewinnabführungsvertrag nicht um einen schuldrechtlichen Austauschvertrag, der auf den Ausgleich von Leistung und Gegenleistung zielt.[570]

---

565 Vgl. WP-Handbuch, Bd. I, Buchst. E Rn. 216.
566 Vgl. BFH v. 26.01.1977, I R 101/75, BStBl. II 1977, 441.
567 Ähnlich *Kropff* in: FS Döllerer, S. 367.
568 Vgl. Beck Bil-Komm/*Schubert*, § 249 HGB Rn. 100.
569 Gl.A. Beck Bil-Komm/*Schubert*, § 249 HGB Rn. 100; *Kropff* in: FS Döllerer, S. 367; *Oser*, WPg 1994, 312, 321. Die a.A. wird vertreten von Bertram/Brinkmann/Kessler/Müller/*Bertram*, § 249 HGB Rn. 328; HdR-E/*Mayer-Wegelin*, § 249 HGB Rn. 229; WP-Handbuch, Bd. I, Buchst. E Rn. 161.
570 Es liegt also kein schwebendes Geschäft vor. Vgl. *Oser*, WPg 1994, 312, 317.

Allerdings ist bei offensichtlich nachhaltiger Verlusterzielung des Tochterunternehmens eine Abschreibung der Beteiligung zu prüfen.

Steuerrechtlich darf eine solche Rückstellung nicht gebildet werden.[571] Der handelsrechtlich insofern aufwandswirksam erfasste Betrag ist insofern durch eine Zurechnung auszugleichen.[572]

Veröffentlichung des Jahresabschlusses: siehe Jahresabschluss. 1353

Verordnungskosten: Eine Rückstellung für Rückzahlungen an die Kassenärztliche Vereinigung wegen der Überschreitung der zulässigen Verordnungskosten ist erst mit dem Vorliegen eines behördlichen Beschlusses des Prüfungsausschusses über die Inanspruchnahme des Vertragsarztes zulässig.[573] 1354

Verpackung: Durch die Verpackungsverordnung werden Hersteller und Vertreiber von Verpackungen bzw. verpackten Erzeugnissen zur Rücknahme und Verwertung dieser verpflichtet.[574] Mit dem erstmaligen Inverkehrbringen der Verpackung wird die Rücknahme- bzw. Verwertungsverpflichtung begründet, sodass bereits ab diesem Zeitpunkt eine Rückstellung für ungewisse Verbindlichkeiten zu bilden ist.[575] Dies gilt sowohl für Handels- als auch für die Steuerbilanz. Die Anforderungen der höchstrichterlichen Rechtsprechung an Rückstellungen aufgrund öffentlich-rechtlicher Verpflichtungen werden durch die Konkretisierungen in der VerpackV bereits erfüllt.[576] 1355

Zur Bewertung der Rückstellung sind die (Voll-)Kosten zugrunde zu legen. Die in den Verkehr gebrachten Verpackungen sind zu ermitteln und wegen der typischerweise unterschiedlichen Kosten nach Stoffen zu kategorisieren. Durch Multiplikation der jeweiligen Stoffmenge mit den Entsorgungskosten pro Mengeneinheit und Summierung über alle Stoffe ergibt sich die Rückstellungshöhe.

Verpflichtungsübernahme: siehe Angeschaffte Drohverlustrückstellungen. 1356

Verrechnungspreisdokumentation: Für die Dokumentation von Verrechnungspreisen, die aufgrund grenzüberschreitender Geschäftsbeziehungen vorzunehmen ist, ist steuerlich im Fall außergewöhnlicher Geschäftsvorfälle stets eine Rückstellung zu bilden. Bei gewöhnlichen Geschäftsvorfällen ist dies regelmäßig der Fall. 1357

Verrechnungspreisrisiko: Die Bildung einer Steuerrückstellung wegen einer möglichen Steuernachforderung durch die Finanzverwaltung aufgrund der Wertung der Wahl von Verrechnungspreisen als verdeckte Gewinnausschüttung ist erst dann möglich, wenn es an einer zivilrechtlich wirksamen, klaren und im Voraus geschlossenen Vereinbarung für eine Geschäftsbeziehung zwischen einer KapG und ihrem beherrschenden Gesellschafter fehlt. Die Rückstellung darf allerdings erst in dem Moment gebildet werden, indem ernsthaft mit einer Inanspruchnahme gerechnet 1358

---

571 Vgl. BFH v. 26.01.1977, I R 101/75, BStBl. II 1977, 441. A.A. *Oser*, WPg 1994, 312, 321.
572 Vgl. *Maus*, S. 262.
573 Vgl. FG Bremen v. 08.02.2012, 1 K 32/10 (5), EFG 2012, 1330, Revision eingelegt, BFH VIII R 13/12.
574 Siehe §§ 4 ff. VerpackV.
575 So auch *Berizzi/Guldan*, DB 2007, 645, 647; WP-Handbuch, Bd. I, Buchst. E Rn. 106.
576 Vgl. *Berizzi/Guldan*, DB 2007, 645, 647, HdR-E/*Mayer-Wegelin*, § 249 HGB Rn. 110.

werden muss. Maßgeblich hierfür ist der Beginn der Betriebsprüfung. Siehe Betriebsprüfungsrisiko.[577]

1359 **Verrechnungsverpflichtung:** Zu viel gezahlte Entgelte im Rahmen eines Dauerschuldverhältnisses können nur dann zum Bilanzstichtag passiviert werden, wenn sich die Vertragsparteien auf eine sofortige Erstattung einigen. Werden die Mehrzahlungen jedoch mit künftigen Einnahmen verrechnet (Verrechnungsverpflichtung), ist eine Rückstellung nicht zulässig.[578] Um Verrechnungsverpflichtungen kann es sich auch bei dem Ausgleich von Kostenüberdeckungen bei kommunalen Versorgungsbetrieben handeln.[579]

1360 **Versäumniszinsen:** „Steuerliche Nebenleistungen sind grds. […] unter „sonstige Rückstellungen" zu erfassen."[580]

1361 **Versicherungsmakler:** Ein Versicherungsmakler befindet sich nur dann in einem Erfüllungsrückstand, wenn er aufgrund eindeutiger Individualvereinbarungen dazu verpflichtet ist, die von ihm vermittelten Versicherungsverträge zu betreuen und abzuwickeln. Fehlt es an einer solchen Verpflichtung, scheidet der Ansatz einer Rückstellung für Nachbetreuungskosten aus.[581] Siehe auch Lebensversicherung, Maklerhaftung, Nachbetreuungskosten.

1362 **Versicherungsprämie:** Rückstellungen sind zu bilden, wenn für bereits in Anspruch genommenen Versicherungsschutz die zugehörigen Prämien noch nicht in Rechnung gestellt wurden.

1363 **Versicherungstechnische Rückstellung:** Zu den versicherungstechnischen Rückstellungen zählen u.a.:[582]

- Deckungsrückstellungen,[583]
- Rückstellungen für noch nicht abgewickelte Versicherungsfälle,[584]
- Schwankungsrückstellungen,[585]
- Rückstellungen für Beitragsüberträge,[586]
- Rückstellungen für Beitragsrückerstattungen,[587]
- Rückstellungen für drohende Verluste aus dem Versicherungsgeschäft.[588]

---

577 Siehe *Andresen*, WPg 2003, 593, 598 f.
578 Vgl. *BMF* v. 28.11.2011, IV C 6 – S 2137/09/10004, BStBl. I 2011, 1111.
579 Vgl. OFD Rheinland v. 04.04.2012, Kurzinfo EST 16/2012, BB 2012, 1215.
580 WP-Handbuch, Bd. I, Buchst. E Rn. 205.
581 Vgl. FG Hamburg v. 06.09.2012, 2 K 90/12, NZB eingelegt (Az. BFH X B 209/12), BeckRS 2012, 96646; Niedersächsisches FG v. 11.05.2011, 2 K 11301/08, DStRE 2012, 596.
582 Zu Ansatz und Bewertung versicherungstechnischer Rückstellungen siehe auch Handbuch Bilanzrecht/*Wallasch/Mayr*, D.II. Rn. 49 ff.
583 Vgl. § 341f HGB.
584 Vgl. § 341g HGB.
585 Vgl. § 341h HGB.
586 Vgl. § 341e Abs. 2 Nr. 1 HGB.
587 Vgl. § 341e Abs. 2 Nr. 2 HGB.
588 Vgl. § 341e Abs. 2 Nr. 3 HGB.

§ 341e Abs. 1 Satz 1 HGB erweitert den Umfang der Rückstellungen um solche Beträge, die „[...] notwendig [sind], um die dauernde Erfüllbarkeit der Verpflichtungen aus den Versicherungsverträgen sicherzustellen." Die Rückstellungsbilanzierung ist damit nicht so restriktiv vorzunehmen, wie bei Unternehmen anderer Branchen.

Werden Risiken durch Rückversicherer übernommen, sind die versicherungstechnischen Rückstellungen netto auszuweisen, „[...] wobei der Anteil für das in Rückdeckung gegebene Versicherungsgeschäft offen von den jeweiligen Bruttobeträgen in Vorspalten abgezogen wird."[589]

Versicherungstechnische Rückstellungen sind nach den Wertverhältnissen zum Abschlussstichtag zu bewerten und nicht nach § 253 Abs. 2 HGB abzuzinsen.[590] Die versicherungstechnischen Risiken sind grds. einzeln zu berücksichtigen. Pauschalrückstellungen sind ausnahmsweise bei ansonsten unverhältnismäßig hohem Aufwand möglich.[591]

Versicherungsunternehmen: siehe Schadensrückstellung bei Versicherungsunternehmen.   1364

Versicherungsvertrag: Bei schadensabhängiger Prämienhöhe darf ein Versicherungsnehmer wegen zukünftig steigender Prämien durch einen Schadensfall keine Verlustrückstellung bilden.[592] Für die Betreuung von Versicherungsverträgen beim Versicherungsmakler kommt der Ansatz einer Rückstellung nur dann in Betracht, wenn der Makler zur Betreuung auf Basis einer Individualabrede verpflichtet ist. Siehe auch Versicherungsmakler.   1365

Versicherungsvertreter: siehe Ausgleichsanspruch von Handelsvertretern, Lebensversicherung, Maklergebühr.   1366

Versorgungsvertrag: siehe Abrechnungskosten, Fernwärmeversorgungsunternehmen.   1367

Verspätungszuschlag: siehe Versäumniszinsen.   1368

Verteilungsrückstellung: siehe Ansammlungsrückstellung.   1369

Vertragsstorno: siehe Rückabwicklung.   1370

Vertragsstrafe: Ist zum Bilanzstichtag ernsthaft mit einer Vertragsstrafe zu rechnen, ist dafür eine Verbindlichkeitsrückstellung zu passivieren. Hierbei muss der Vertrag jedoch bereits rechtsgültig abgeschlossen sein.[593]   1371

Verurteilung: siehe Kündigungsschutz, Prozesskosten, Verfallsanordnung.   1372

Verwaltungskosten: siehe Abrechnungskosten, Bausparttechnische Abgrenzung.   1373

---

589 Handbuch Bilanzrecht/*Wallasch/Mayr*, D.II. Rn. 50.
590 Vgl. § 341e Abs. 1 Satz 3 HGB.
591 Vgl. Handbuch Bilanzrecht/*Wallasch/Mayr*, D.II. Rn. 54 m.w.N.
592 Vgl. Scheidt, DB 1991, 12, 613; Schmidt/*Weber-Grellet*, EStG § 5 Rn. 550.
593 Vgl. FG Brandenburg v. 27.07.1994, 2 K 557/93 K, BB 1994, 1677.

Verwaltungskosten zur Durchführung der betrieblichen Altersvorsorge sind nicht dem Begriff der pensionsähnlichen Verpflichtungen zu subsumieren, können aber bei der Bewertung der eigentlichen Pensionsverpflichtung berücksichtigt werden.[594]

1374 **Verwertungsgesellschaft:** Mit Urteil vom 21.04.2016 (I ZR 198/13) entschied der BGH, dass die VG Wort entgegen der jahrzehntelangen Praxis von den vereinnahmten Geldern nicht mehr einen pauschalen Anteil an die Verlage ausschütten darf, weil diese keine für die Ausschüttung erforderlichen Leistungsschutzrechte an den jeweiligen Werken besitzen. Aufgrund des Urteils vom 21.04.2016 müssen Verlage voraussichtlich die seit dem Geschäftsjahr 2012 erhaltenen Gelder der Verwertungsgesellschaften, insbesondere der VG Wort, an diese wieder zurückzahlen, weil diese unter Rückforderungsvorbehalt ausgeschüttet wurden.

Aufgrund des Urteils des BGH vom 21.04.2016 ist die Wahrscheinlichkeit der Verpflichtung bzw. die drohende Rückzahlungspflicht der Verlage an die VG Wort hinreichend bestimmt. Die Verpflichtung besteht gegenüber Dritten, ist wirtschaftlich verursacht und betrieblich veranlasst. Da die Ausschüttungen der VG Wort seit dem Geschäftsjahr 2012 unter Rückforderungsvorbehalt erfolgten, ist zudem davon auszugehen, dass mit einer tatsächlichen Inanspruchnahme hinreichend sicher zu rechnen ist.[595] Im Zusammenhang mit den Rückzahlungsforderungen besteht bei den betreffenden Verlagen insofern eine Pflicht zur Bildung einer Rückstellung aufgrund einer ungewissen, aufgrund der erhaltenen Zahlungen aber hinreichend sicher quantifizierbaren Verbindlichkeit.

Fraglich ist, ob die Rückstellung für Rückzahlungen an die Verwertungsgesellschaften bspw. VG Wort rückwirkend in noch nicht aufgestellten Jahresabschlüssen der Verlage, deren Stichtag vor dem Ergehen des Urteils liegt (bspw. zum 31.12.2015), passiviert werden muss, ggf. sogar eine Nachholung unterlassener Rückstellungen in bereits auf- und festgestellten Jahresabschlüssen erforderlich ist oder eine Rückstellung erst im nächst folgenden Jahresabschluss (etwa zum 31.12.2016) notwendig ist.

Anzumerken ist in diesem Zusammenhang und im Hinblick auf die Urteilsverkündung des BGH, dass der EuGH (C-572/13) bereits am 12.11.2015 darüber urteilte, ob Verleger an einem Ausgleich für Vervielfältigungen der vertriebenen Werke zu beteiligen sind. Der BGH hatte mit Beschluss vom 18.12.2014 das Klageverfahren ausgesetzt, um das Urteil des EuGH abzuwarten. Insofern konnte man davon ausgehen, dass der BGH der Ansicht des EuGH Gewicht beimisst. Damit kann das Urteil des BGH als wertaufhellende Tatsache eingestuft werden, die eine rückwirkende Rückstellungspflicht begründet. Denn spätestens mit der Entscheidung des

---

594 Siehe Beck Bil-Komm/*Grottel/Rhiel*, § 249 HGB Rn. 163.
595 Der Verteilungsplan der VG Wort sieht in seinem § 6 eine Regelung vor, die eine nachträgliche Korrektur der Verteilung auf kollektiver Ebene ermöglicht und auf deren Grundlage auch etwaige Rückforderungen und Nachzahlungen abzuwickeln sind. Abrufbar unter http://www.vgwort.de/fileadmin/pdf/allgemeine_pdf/4_5_2016_VG_WORT_pr%C3%BCft_BGH-Urteil_zur_Verlegerbeteiligung.pdf.

EuGH musste der Bilanzierende hinreichend sicher damit rechnen, dass auch der BGH zuungunsten der Verlage entscheidet. Die Höhe der Rückstellung richtet sich nach der Höhe der voraussichtlich zurückzuzahlenden Gelder. Diese sind im Einzelfall bekannt. Es sprechen also mehr Aspekte dafür als dagegen, dass die Rückstellung – handels- und steuerrechtlich – bereits im Jahresabschluss zum 31.12.2015 anzusetzen ist.

Sofern im bereits festgestellten Jahresabschluss zum 31.12.2015 keine Rückstellung für die nunmehr höchstrichterlich bestätigte Rückzahlungspflicht gebildet wurde, ist die Notwendigkeit einer Änderung des Jahresabschlusses zu prüfen.

VG Wort: siehe Verwertungsgesellschaft. 1375

Vollkostenbewertung: Der Erfüllungsbetrag von Sach- und Dienstleistungsverpflichtungen umfasst die im Erfüllungszeitpunkt voraussichtlichen Vollkosten (Einzel- und notwendige Gemeinkosten). 1376

Vorfälligkeitsentschädigung: Für zum Bilanzstichtag begründete, aber noch nicht berechnete Vorfälligkeitsentschädigungen sind Rückstellungen anzusetzen, sofern die Höhe der Entschädigung nicht bekannt ist. 1377

Vorruhestandsverpflichtung: Für die Verpflichtung zu Leistungen zum Vorruhestand des Arbeitnehmers ist die Bildung einer Rückstellung geboten. Vorruhestandsverpflichtungen sind den pensionsähnlichen Verpflichtungen zuzuordnen.[596] Die Bewertung hat jedoch den Grundsätzen der Bewertung der Pensionsrückstellung zu folgen. Siehe auch Altersteilzeit, Pensionsverpflichtungen. 1378

W.

Wachstumssparen: siehe Prämiensparvertrag, Zuwachssparen. 1379

Wahrscheinlichkeitskriterium: siehe Kap. 1.2.3, Rn. 13. 1380

Währungskursrisiko: Bei schwebenden Import- oder Exportgeschäften kann es i.R.v. Wechselkursänderungen zu Verlusten kommen. Soweit diese nicht durch Sicherungsinstrumente ausgeglichen werden, ist die Passivierung möglicher Verluste in einer Drohverlustrückstellung handelsbilanziell geboten. 1381

Währungsswap: Ein drohender Verlust kann sich aus den Verpflichtungen zur Zinszahlung i.R.e. Währungsswaps ergeben. Dieser ist i.R.e. Drohverlustrückstellung zu berücksichtigen. Neben dem Erfüllungsrisiko bzgl. der Gegenpartei sind hier das Zinsänderungsrisiko sowie das Risiko von Wechselkursschwankungen (weil Zinsen auf unterschiedliche Währungen gezahlt werden) zu beachten. 1382

Wandlung: siehe Garantieverpflichtung. 1383

Warengutschein: siehe Bonus, Rabattmarke. 1384

Warenprobe: siehe Ärztemuster. 1385

---

596 Vgl. Syst. Praxiskommentar Bilanzrecht/*Petersen/Künkele/Zwirner*, § 249 HGB Rn. 210 m.w.N.

8 Rückstellungs-ABC

1386 Warenrückvergütung: Der bei einer Genossenschaft nach Ablauf des GJ beschlossenen Warenrückvergütung ist durch den Ansatz einer Verbindlichkeitsrückstellung Rechnung zu tragen.[597]

1387 Warentermingeschäft: Bei Warentermingeschäften, die nur durch Barausgleich („Cash Settlement") und nicht durch physische Lieferung erfüllt werden können, ist in Höhe des Verlusts, der sich am Bilanzstichtag bei Glattstellen der Position ergeben würde, eine Drohverlustrückstellung zu passivieren.

1388 Wartung: siehe Instandhaltung.

1389 Wartung von Flugzeugen: Es ist keine Rückstellung für die Wartung von Flugzeugen zu bilden. Das FG Düsseldorf begründet seine Entscheidung im Urteil vom 21.04.2015 – 6 K 418/14 K, F, Rev. Zugelassen, damit, dass eine wesentliche Voraussetzung der Rückstellungsbildung das Kriterium der Außenverpflichtung ist.[598] Zwar handelt es sich bei der Wartung um eine öffentlich-rechtliche Verpflichtung, da ein Flugfahrzeug ab einer bestimmten Anzahl von Betriebsstunden gem. § 7 LuftBO zu warten ist. Doch ist die Wartung des Luftfahrzeugs rechtlich nicht durchsetzbar und kann nicht im Klageverfahren oder Verwaltungsverfahren verfolgt und vollstreckt werden. Daher fehlt es an der Erfüllung des Kriteriums der Außenverpflichtung, sodass die Bildung einer Rückstellung für die Wartung eines Flugfahrzeugs nicht in Betracht kommt.[599]

1390 Wartungsvertrag: siehe Dauerwartungsvertrag, Inspektionsverpflichtung.

1391 Wasserkosten: siehe Nebenkosten.

1392 WEA: siehe Windenergieanlage.

1393 Wechselkursrisiko: Bei schwebenden Import- oder Exportgeschäften kann es i.R.v. Wechselkursänderungen zu Verlusten kommen. Soweit diese nicht durch Sicherungsinstrumente ausgeglichen werden, ist die Passivierung möglicher Verluste in einer Drohverlustrückstellung handelsbilanziell geboten.[600] Bei nicht schwebenden Geschäften, also bspw. wenn eine Forderung bereits bilanziert wurde, sind die Wechselkursschwankungen bei der Bewertung der Forderung und nicht als Drohverlustrückstellung zu berücksichtigen.

1394 Wechselkursschwankung: siehe Währungskursrisiko (vgl. auch Kap. 2.1.2.8, Rn. 92 bzgl. des Konkurrenzverhältnisses zu außerplanmäßigen Abschreibungen).

1395 Wechselobligo: Bei vom Kaufmann vor dem Bilanzstichtag weitergegebenen Wechseln besteht die „Gefahr", dass der Wechselinhaber im Zuge seines Regressanspruchs nach dem Bilanzstichtag die Zahlungsverpflichtung des Unternehmens geltend macht. Ist eine solche Verpflichtung wahrscheinlich, muss dafür eine Verbindlichkeitsrückstellung passiviert werden.[601] Diese ist als Pauschalrückstellung

---

[597] Vgl. BFH v. 08.11.1960, I 152/59 U, BStBl. III 1960, 523.
[598] Vgl. FG Düsseldorf v. 21.04.2015, 6 K 418/14 K,F, Rev. eingelegt, BB 2015, 2479 ff.
[599] Vgl. *Kleinmanns*, BB 2015, 1713, 1713; *Abele*, BB 2015, 2479, 2482 ff.
[600] Vgl. Syst. Praxiskommentar Bilanzrecht/*Petersen/Künkele/Zwirner*, § 249 HGB Rn. 164 f.
[601] Vgl. BFH v. 07.05.1998, IV R 24/97, DStRE 1998, 914.

(Prozentsatz auf den Gesamtbetrag aller weitergegebenen Wechsel) anzusetzen. Diese Summe darf allerdings nicht die Summe der zur Bilanzaufstellung noch nicht eingelösten Wechsel übersteigen.[602]

Weihnachtsgeld: siehe Weihnachtsgratifikation. 1396

Weihnachtsgratifikation: Die Bildung einer Rückstellung für Weihnachtsgratifikationen kommt dann in Betracht, wenn die Zahlungsverpflichtung für das abgeschlossene Geschäftsjahr noch ausstehend und bzgl. Höhe und/oder Zeitpunkt der Zahlung unsicher ist. Bei vom Kalenderjahr abweichenden Geschäftsjahren darf nur der Betrag als Rückstellung ausgewiesen werden, der bei zeitproportionaler Aufteilung auf die Zeit vor dem Bilanzstichtag entfällt.[603] Siehe auch Gratifikation. 1397

Werbekosten: Der Ansatz einer Rückstellung für Kosten von aufgeschobenen Werbemaßnahmen kommt nicht infrage. 1398

Werbekostenzuschuss: Ein Zuschuss vonseiten des Herstellers an ein Handelsunternehmen, welcher für Werbezwecke überlassen wird. Siehe auch Zuschuss. 1399

Werbezuschuss: siehe Zuschuss. 1400

Werkvertrag: Ein Vertrag, bei dem der Erfolg bzw. das Ergebnis des Erbringers vom Empfänger vergütet wird. Sofern aus dem bestehenden Vertragsverhältnis voraussichtlich ein Verlust entstehen wird und auch keine Möglichkeit besteht, das bestehende Vertragsverhältnis zu ändern, ist eine Rückstellung für drohende Verluste zu passivieren. Siehe Drohende Verluste. 1401

Werkzeugkostenbeitrag: siehe Herstellungskostenbeitrag. 1402

Werkzeugkostenzuschuss: siehe Herstellungskostenbeitrag. 1403

Wertgutschein: siehe Bonus, Gutmünzen. 1404

Wertpapiergebundene Altersversorgungszusagen: Bemisst sich die Höhe einer Altersversorgungszusage ausschließlich nach der Höhe von Wertpapieren, ist die Pensionsrückstellung an den beizulegenden Zeitwert der Wertpapiere anzupassen, soweit dieser einen garantierten Mindestbetrag übersteigt.[604] 1405

Wertsicherungsklausel: Im Fall einer Leistungserhöhung ist keine Rückstellung zu bilden. Es handelt sich um eine Verbindlichkeit, da das Ansteigen der Verpflichtung der Höhe und dem Grunde nach bekannt ist. 1406

Wettbewerbsverbot: Hat der Handelsvertreter bei Auflösung des Vertretungsvertrags eine Provision erhalten und im Gegenzug sich dem Wettbewerbsverbot verpflichtet, ist dafür keine Rückstellung zu bilden. Es fehlt an einer wirtschaftlichen Verursachung in der Vergangenheit.[605] 1407

Wiederaufbereitung: siehe Recycling. 1408

---

602 Vgl. *BMF* v. 28.04.1974, IV B 2 – S 2137 – 6/74, DB 1974, 848.
603 Vgl. BFH v. 26.06.1980, IV R 35/74, BStBl. II 1980, 506.
604 Vgl. *Melcher/David/Skowronek*, S. 408 ff.
605 Vgl. BFH v. 24.01.2001, I R 39/00, BStBl. II 2005, 465.

1409 Wiederaufforstung: Innerhalb einer bestimmten Frist nach einem Einschlag von Holzbeständen müssen Waldbesitzer die unbestockten oder unvollständig bestockten Waldflächen wieder aufforsten.[606] Liegt ein Einschlag vor, d.h., der Tatbestand der gesetzl. Verpflichtung tritt ein, ist eine Rückstellung für ungewisse Verbindlichkeiten anzusetzen und zwar in Höhe der voraussichtlichen Kosten der Wiederaufforstung. Bei der Bemessung der Rückstellung sind nur die Kosten in die Rückstellung einzustellen, die durch den Einschlag bis zum Bilanzstichtag verursacht sind. Die Verpflichtung ist entsprechend der Laufzeit bis zur ihrer Erfüllung abzuzinsen. Für die Steuerbilanz ist der Beginn der Wiederaufforstung maßgeblich.[607] Siehe Rekultivierung.

1410 Wiederherstellungsverpflichtung: Für die Verpflichtung, einen gemieteten Raum im ursprünglichen Zustand zurückzugeben, ist die Bildung einer Rückstellung für ungewisse Verbindlichkeiten geboten. Siehe Erneuerungsverpflichtung bei Mietverträgen.

1411 Windenergieanlage: siehe Windkraftanlage.

1412 Windkraftanlage: Ist eine Baugenehmigung für eine Windkraftanlage mit der Auflage erteilt worden, dass nach Einstellung der Stromerzeugung die Anlage zu beseitigen ist, muss dafür eine Verbindlichkeitsrückstellung passiviert werden. Siehe auch Abbruchverpflichtung, Entfernungsverpflichtung.

1413 Windkraft-Energie-Übernahmeverpflichtung: Eine solche Verpflichtung ist nicht rückstellbar.[608]

1414 Wirtschaftsberater: siehe Beratungskosten.

1415 Wirtschaftsverband: siehe Beitrag an Wirtschaftsverband.

1416 Wohnrechtszusage: Gewährt der Bilanzierende einem Dritten (z.B. einem ehemaligen GF) eine Wohnrechtszusage, ist diese im Rahmen einer Pensionsrückstellung abzubilden und zu bewerten. Jenseits von rein monetären Zuwendungen können Versorgungsbezüge auch aus der Gewährung von Sachleistungen und Nutzungsleistungen bestehen.[609] Damit stellt ein lebenslanges Wohnrecht zum Zweck der Versorgung eines GmbH-GF vom Zeitpunkt seines Renteneintritts an eine Pensionsverpflichtung i.S.d. § 249 Abs. 1 Satz 1 HGB dar und ist zu passivieren.

1417 Wohnungsvermietung: siehe Mietvertrag.

Z.

1418 Zeitchartervertrag: Drohverlustrückstellungen müssen gebildet werden, wenn der Kapitaldienst aus dem für den Schiffskauf aufgenommenen Darlehen die Erträge aus der Vermietung des Schiffs voraussichtlich übersteigt.[610]

---

606 Grds. drei Jahre für Bayern – vgl. Art. 15 Waldgesetz für Bayern.
607 Vgl. § 6 Abs. 1 Nr. 3a Buchst. e) Satz 2 EStG.
608 Vgl. Beck Bil-Komm/*Schubert*, § 249 HGB Rn. 100; *Schmidt/Weber-Grellet*, EStG § 5 Rn. 550.
609 Vgl. *IDW HFA*, WPg 1994, 26 f.
610 Vgl. BFH v. 11.02.1988, IV R 191/85, BStBl. II 1988, 661.

Beispiel

 Die A GmbH (Vermieter) schließt einen einjährigen Zeitchartervertrag mit der B GmbH über ein Schiff ab. Die B GmbH hat für diesen Nutzungszeitraum eine Zahlung von 1,2 Mio. EUR zu leisten. Zum Bilanzstichtag sind sechs Monate des Nutzungszeitraums vergangen. Für die restliche Laufzeit rechnet die A GmbH mit Betriebskosten i.H.v. 400.000 EUR, in gleicher Höhe fallen Abschreibungen auf das Schiff an.

Es ergibt sich ein potenzieller Verlust i.H.v. 200.000 EUR (600.000 EUR − 2 × 400.000 EUR). In dieser Höhe ist eine Drohverlustrückstellung zu bilden.

Zinsen auf Steuernachforderungen: Ist ernsthaft mit einer Steuernachforderung zu rechnen, sind auch die auf die Nachforderungen entfallenden Zinsen[611] in einer Rückstellung für ungewisse Verbindlichkeiten zu berücksichtigen. Dabei sind Rückstellungen nur insofern anzusetzen, als damit eine Zeitspanne vor dem Bilanzstichtag abgegolten wird.[612] In der Steuerbilanz darf nur auf solche Zinsen eine Rückstellung gebildet werden, die laut Gesetz abzugsfähig sind.[613] Eine Rückstellung für Hinterziehungszinsen ist frühestens zum Zeitpunkt der Zinsfestsetzung möglich.[614]

Für die Steuerbilanz sind derartige Rückstellungen wegen § 6 Abs. 1 Nr. 3a Buchst. e) Satz 1 EStG i.V.m. § 6 Abs. 1 Nr. 3 Satz 2 EStG nicht abzuzinsen. Dies soll laut *BMF* aus Vereinfachungsgründen auch dann gelten, „[...] wenn möglicherweise Zinsen nicht festgesetzt werden (z.B. bei einer Steuerfestsetzung vor Beginn des Zinslaufs nach § 233a Abs. 2 AO)"[615].

Zinsniveau: siehe Darlehenszins.

Zinsoption: Der Stillhalter einer Zinsoption hat dann eine Rückstellung für drohende Verluste zu bilden, wenn der implizierte Zinsterminsatz den Ausübungszinssatz zzgl. Optionsprämie übersteigt.[616] Eine Ermittlung der Drohverlustrückstellung auf Basis der Glattstellungsmethode scheidet aufgrund des Fehlens eines liquiden Sekundärmarkts bei individualvertraglich vereinbarten Optionen aus.

Zinsswap: Eine Drohverlustrückstellung kommt z.B. in Betracht, wenn der Swap Payer (Partei, die feste Zinszahlungen leistet) sich einem sinkenden Marktzins gegenübersieht. Ferner kann das Kreditrisiko, also das Risiko, dass eine Partei ihren Zahlungsverpflichtungen nicht mehr nachkommen kann, eine Drohverlustrückstellung begründen. Siehe auch Swapgeschäft.

---

611 Vgl. § 233a AO.
612 Vgl. BFH v. 08.11.2000, IV R 35/74, WPg 2001, 506.
613 Vgl. BFH v. 08.11.2000, IV R 35/74, WPg 2001, 506.
614 Vgl. BFH v. 16.02.1996, I R 73/95, BStBl. II 1996, 592.
615 *BMF* v. 26.05.2005, IV B 2 – S 2175 – 7/05, BStBl. I 2005, 699, 703.
616 Siehe *Winter*, BB 1995, 1631, 1634 mit weiteren Literaturnachweisen insb. zur Ermittlung der implizierten Zinsterminsätze aus einer gegebenen Zinsstrukturkurve. Die benannte Methode ist zudem die einzig mögliche bei Over-the-Counter-Zinsoptionen europäischer Art.

1423 Zinszahlung: Bei Rückstellungen für Zinszahlungsverpflichtungen sind nur Vorgänge bis zum Bilanzstichtag zu berücksichtigen.[617] Siehe auch Prozesskosten.

1424 Zivilrechtliche Verpflichtung: siehe Privatrechtliche Verpflichtung.

1425 Zucker-Lagerungsabgabe: Eine Rückstellung für künftig anfallende Lagerkostenabgaben bei Zuckererzeugern, die zur Finanzierung einer monatlichen Subvention (Lagerkostenvergütung) dienen, ist nicht zulässig.[618]

1426 Zug: Zu Inspektionen gilt dasselbe wie für Flugzeuge. Siehe Flugzeug, Inspektionsverpflichtung.

1427 Zulassungsfolgepflichten: siehe Börsenzulassungsfolgepflichten.

1428 Zulassungskosten: Gebühren, die ein UN für die Zulassung eines neu entwickelten Pflanzenschutzmittels an die zuständige Behörde zu entrichten hat, sind Teil der HK der Rezeptur. Für die Verpflichtung zur Zahlung der Gebühren, die wirtschaftlich mit der Stellung des Antrags entstanden sind, ist eine Rückstellung zu bilden.[619] Im Fall von Eigenentwicklungen ist der Ansatz einer Rückstellung für Zulassungskosten unter Beachtung von § 5 Abs. 2 EStG bzw. bei Nichtausübung des Wahlrechts nach § 248 Abs. 2 HGB erforderlich. Siehe auch Arzneimittelprüfung.

1429 Zusatzleistung für Pensionäre: siehe Pensionsrückstellung.

1430 Zusatzversorgungskasse: Ein Rückstellungsgebot ergibt sich nur bei Erfüllungsrückständen.

1431 Zuschuss: Bei gewährten Zuschüssen, die bei Eintreten bestimmter Ereignisse an den Zuschussgeber zurückzuzahlen sind, begründet die Vereinnahmung der Zuschüsse bereits eine ungewisse Verbindlichkeit, sodass eine Rückstellung zu bilden ist. Im Fall eines aus Sicht des Unternehmens eingehenden Zuschusses. Siehe Zuschuss, bedingt rückzahlbarer.

1432 Zuschuss, bedingt rückzahlbarer: Bedingt rückzahlbare Zuschüsse sind bis zum Eintritt der aufschiebenden Bedingung als Rückstellung für ungewisse Verbindlichkeiten zu passivieren, wenn mit dem Eintritt der Bedingung gerechnet wird.[620] Steuerbilanziell ist der Zuschuss als Ertrag zu vereinnahmen.[621]

1433 Zuwachssparen: Ein Kreditinstitut, das kündbare Sparverträge mit steigendem Zinssatz (sog. Zuwachssparen) anbietet und am Ende jedes Vertragsjahres eine Verzinsung vornimmt, die der marktüblichen Gesamtverzinsung für Kapitalüberlassungen der bis dahin erreichten Laufzeit entspricht, kann für künftig noch steigende Zinsen keine Rückstellung bilden.[622] Siehe auch Prämiensparvertrag.

1434 Zuweisung an Unterstützungskassen: Hat der Arbeitgeber der Unterstützungskasse die zur Erfüllung der Vorsorgepflichten notwendigen Mittel nicht in ausrei-

---

617 Vgl. BFH v. 06.12.1995, I R 14/95, BStBl. II 1996, 406.
618 Vgl. BFH v. 13.05.1998, VIII R 58/96, BFH/NV 1999, 27.
619 Vgl. BFH v. 08.09.2011, IV R 5/09, BStBl. II 2012, 122.
620 Vgl. WP-Handbuch, Bd. I, Buchst. E Rn. 219.
621 Vgl. Schmidt/*Weber-Grellet*, EStG § 5 Rn. 550.
622 Vgl. BFH v. 20.01.1993, I R 115/91, BStBl. II 1993, 373.

chendem Maß zugewendet, kann für diesen Erfüllungsrückstand eine Rückstellung passiviert werden.[623] Steuerlich besteht allerdings ein Passivierungsverbot für solche mittelbaren Verpflichtungen.

Zuwendung: Der BFH bejaht die Passivierung einer Rückstellung für Zuwendungen, die von künftigen Erträgen bzw. Erfolgen abhängig sind, noch vor Eintritt der Bedingung (also bspw. vor Ertragsrealisierung).[624] Darauf reagierte das *BMF* mit Nichtanwendungserlassen.[625] Das steuerliche Ansatzverbot ist in § 5 Abs. 2a EStG kodifiziert. 1435

Zuwendung, bedingt rückzahlbare: siehe Bedingt rückzahlbare Zuwendung. 1436

Zwischenabschluss: siehe Halbjahresbericht, Quartalsbericht. 1437

---

623 Vgl. ADS, § 249 HGB Rn. 107 ff.
624 Vgl. BFH v. 20.05.1995, X R 225/93, BStBl. II 1997, 320; BFH v. 03.07.1997, IV R 49/96, BStBl. II 1998, 244; BFH v. 17.12.1998, IV R 21/97, BStBl. II 2000, 116; BFH v. 04.02.1999, IV R 54/97, BStBl. II 2000, 139.
625 Vgl. *BMF* v. 28.04.1997, IV B 2 – S 2137 – 38/97, BStBl. I 1997, 398; *BMF* v. 17.02.1998, IV B 2 – S 2134a – 42 – 25/98, BStBl. I 1998, 368.

Stichwortverzeichnis

Die Zahlen bezeichnen die Randnummern.

A

Abbruchkosten 696
Abbruchverpflichtung 119, 697
Abfall 698
Abfallbeseitigung 699
Abfallentsorgung 700
Abfindung 701
Abgaben 702
Abgasreinigungsanlage 703
Abgasuntersuchung 704
Abgrenzung von anderen Bilanzierungsposten 7 ff.
– Eventualverbindlichkeiten 12 ff.
– Rechnungsabgrenzungsposten 9 f.
– Rücklagen 7 f.
– sonstige finanzielle Verpflichtungen 15 f.
Abgrenzungsschwierigkeit 57
Abraumbeseitigung 225 ff., 705
– Aufwandsrückstellung 226
– Nachholung 227
Abrechnungskosten 706
Abrechnungsverpflichtung 707
Abrisskosten 708
Absatzgeschäft 148 ff., 191 ff., 709
– bei Dauerschuldverhältnissen 206 ff.
Abschaffung der Umkehrmaßgeblichkeit 43
Abschlussgebühr für Bausparvertrag 710
Abschlusskosten 711
Abschlussprüfung 712
Abschlussvergütung 713
Abschmelzdynamik 669
Abstandszahlung 714
Abwicklungskosten 715
Abzinsung
– allgemein 716
– in der Steuerbilanz 315 ff.
– Pensionsrückstellungen 568 ff., 717
– Sachleistungsverpflichtung 312
– Zinssatz 292 ff.

Abzinsungseffekt 341 ff.
Abzinsungsgebot 234, 282 ff.
Abzinsungspflicht 282
Abzinsungswahlrecht 289
AHK 718
Aktienoptionsplan 719
Aktienoptionsprogramme 720
Aktienorientierte Vergütung 721
Aktive Risikovorsorge 92
Aktivierungspflichtige Aufwendungen 88 f.
Aktivprozess 722
Alimentationsthese 63
Altauto 723
Altbatterie 724
Altersfreizeit und -mehrurlaub 725
Altersteilzeit 389 ff., 726
– Passivierungspflicht 389
Altersversorgung 727
Altfahrzeug 728
Altlastensanierung 729
Altreifen 730
Altschulden 731
Altzusage 534, 732
– Begriff 405 ff.
– Passivierungswahlrecht 420
Anfechtbare Rechtshandlungen 733
Angabepflichten im Anhang 350 ff.
Angeschaffte Drohverlustrückstellungen 734
Anliegerbeitrag 735
Anpassung des Ansammlungszeitraums 118
Anpassungsprüfungspflicht 484 ff., 555
Anpassungsverpflichtung 736
Ansammlungsrückstellung 65, 118 ff., 737
Ansammlungsverfahren 539
Ansammlungszeitraum 120
Ansatz
– in der Steuerbilanz 44
– Voraussetzungen für Rückstellungen für ungewisse Verbindlichkeiten 49 ff.
Ansatzkriterien 51 ff.
Ansatzpflicht 21

Stichwortverzeichnis

Ansatzverbot 21
– steuerbilanziell 209
Anschaffungs- und Herstellungskosten 738
Anschaffungspreisnachvergütung 739
Antizipative Bewertungseinheit 135, 740
Anwaltshonorar 741
Anwartschaft 742
– Beginn der Leistungsverpflichtung 382
Anwartschaftsbarwertverfahren 540
Apotheke 743
Arbeitnehmer 744
Arbeitslosengeld 745
Arbeitsverhältnis 746
Arbeitszeit 747
Arbeitszeitguthaben 748
Arbeitszeitkonto 749
Archivierung 750
Arzneimittelhersteller 751
Arzneimittelprüfung 752
Arzneimittelzulassung 753
Ärzte-GbR Honorarrückforderungen 754
Ärztemuster 755
Arzthonorar 756
Asset Deal 757
Atomanlage 758
Atomare Entsorgung 759
Atomkraft 760
Atomkraftwerk 324 f.
Aufbewahrung von Geschäftsunterlagen 761
Aufbewahrungspflichten 762
Auffüllverpflichtung 763
Aufgabe und Veräußerung eines Gewerbebetriebs 764
Aufhebungsvertrag 765
Auflösung 33 ff.
– periodenfremde Erträge 357
Auflösung von Rückstellungen 766
Auflösungsgebot 102
Aufsichtsratsvergütung 767
Aufstockungsbeträge 768
Aufwandsrückstellung 213 ff., 769
– Begriff 20
Aufzeichnungspflichten 360 ff.
Aufzinsungseffekt 341 ff.
Ausbildungskosten 770

Ausgeglichenheitsvermutung 139, 771
– bei Beschäftigung Schwerbehinderter 1249
– bei Beschäftigung von Auszubildenden 770
– bei betrieblicher Versetzung älterer Arbeitnehmer 1340
– bei Mitarbeiterfreistellung 1107
– im Krankheitsfall 1077
Ausgleichsanspruch 772
– von Handelsvertretern 773
Ausgleichzahlung 774
Ausschüttungssperre 677 ff.
Außenprüfung 775
Außenverpflichtung 55 ff., 73
Außerplanmäßige Abschreibung
– Vorrang vor Drohverluststellung 169
Aussetzungszinsen 776
Ausstehende Rechnung 777
Ausweis 332, 346
– Ab- und Aufzinsungseffekte 341 ff.
– bei Saldierung von Deckungsvermögen mit Pensionsrückstellungen 345
– bilanziell 330 f.
– GuV 332 ff.
– Rückstellungsspiegel 355
Ausweis- und Angabepflichten 330 ff.
Avalhaftung 778
Avalprovision 779

B

Bankkostenzuschuss 780
Bankzinsen 781
Barwertverfahren 65
Batterierücknahme 782
Baubetreuung 783
Baulast 784
Bauschutt-Recycling 785
Bausparkasse 786
Bausparkassenabschlussgebühr 787
Bauspartechnische Abgrenzung 788
Bausparvertrag 789
Baustellenräumung 790
Bedeutung 1 ff.
– in der Praxis 6

Stichwortverzeichnis

Bedingt rückzahlbare Zuwendung 791
– Bilanzierung in der Steuerbilanz 100
Bedingte Verbindlichkeit 792
Begriff 1 ff.
Behindertenabgabe 793
Beibehaltung überdotierter Rückstellungen 638 ff.
Beibehaltungswahlrecht 638 ff.
– bei überdotierten Pensionsrückstellungen 645 ff.
– für Aufwandsrückstellungen 641 ff.
Beihilfe 794
Beitrag an Wirtschaftsverbände 795
Beiträge 796
Beitragsrückgewähr 797
Beratungskosten 798
Bergbauwagnis 799
Bergschaden 800
Berufsausbildung 801
Berufsgenossenschaftsbeitrag 802
Beschaffungsgeschäft 148, 177 ff., 200 ff., 803
Beschaffungsvorgänge über aktivierungsfähige Vermögensgegenstände/Leistungen 176 ff., 185
– bei Rechnungsabgrenzungsposten 185 ff.
– im Anlagevermögen 177 ff.
– im Umlaufvermögen 180 ff.
Beschaffungsvorgänge über nicht aktivierungsfähige Leistungen 188 ff.
Besserungsschein 804
Besserungsverpflichtungen 805
Bestandspflege 806
Bestellobligo 807
Beteiligungen 808
Betreiberpflicht 809
Betreuung 810
Betriebliche Altersversorgung 811
Betriebliche Berufsausbildung 812
Betriebliche Veranlassung 82 f.
Betriebsaufgabe 813
Betriebsprüfungskosten 814
Betriebsprüfungsrisiko 815
Betriebsschließung 816
Betriebsunterbrechungsversicherung 817
Betriebsveräußerung 818
Betriebsverlegung 819

Betriebsverpachtung 820
Bewertung 282 ff., 517 ff.
– Abzinsung 282 ff.
– Preis- und Kostenentwicklungen 265 ff.
– steuerlich 47
Bewertung von Rückstellungen für Altersversorgungsverpflichtungen
– gesetzlicher Hintergrund 667 ff.
Bewertungseinheit 125 ff., 602, 821
Bewertungsgrundsätze 229 ff.
Bewertungsobergrenze
– steuerlich 326 ff.
BFH-Rechtsprechung 41 ff.
Bilanzieller Ausweis 22
Bildung von Rückstellungen 23 ff.
Bildungsurlaub 822
BilMoG 635 ff.
– Umstellung 646
Biometrische Wahrscheinlichkeiten 559
Blitzeinschlag 823
Bodenkontamination 824
Bohrlochauffüllung 825
Bonus 826
Börsenzulassungsfolgepflichten 827
Börsenzulassungskosten 828
Brandschutzmaßnahmen 829
Brauerei 830
Brennelemente 831
Bruttomethode 304 ff, 356
– Fortführung 344
Buchführungsarbeiten 832
Buchführungskosten 833
Buchhalterische Auflösungsmethode 437
Buchhaltungsunterlagen 834
Buchung laufender Geschäftsvorfälle 835
Bundesanstalt für Arbeit 836
Bundesanzeiger 837
Bundesanzeiger, elektronischer 838
Bürgerlich-rechtliche Verpflichtung 839
Bürgschaft 840
Bus 841
Bußgeld 842

C

Call-Option 843
Cash-Pooling-Gebühren 844
Chartervertrag 845
Commodity Futures 846
Computer-Update 847
Contractual Trust Agreements 513 ff.
Credit Link Notes 848

D

Darlehen bei gesunkenem Marktzins 849
Darlehensverbindlichkeit 850
Darlehenszins 851
Datenbereinigung 852
Datenschutz 853
Datenspeicherung 854
Datenverarbeitungsunternehmen 855
Datenzugriff der Finanzverwaltung 856
Dauerschuldverhältnis 146, 196 ff., 857
Dauerwartungsvertrag 858
Davon-Vermerk 333
Deckungsvermögen 391 ff., 491 ff.
Defizitäre Filiale 859
Dekontaminierungskosten 860
Demografiefonds 861
Deponien 862
Deputat 863
Devisentermingeschäft 864
Dialer 865
Dienstjubiläumszuwendung 866
Dienstleistungsgutschein 867
Diensttreueprämie 868
Dienstvertrag 869
Digitale Archivierung 870
Dingliche Lasten 871
Direktversicherung 401, 475 f.
Dokumentationserfordernisse 360 ff.
Dokumentationsverpflichtung 872
Drittelungsmethode 430
Drohender Verlust 19, 38, 138 ff., 160 ff., 873
Druckbeihilfe 100, 874
Duration 300, 570
Durchführungsweg 434
Durchschnittliche Kapitalbindungsdauer 300

E

Eichkosten 875
Einkaufskontrakt 876
Einklagbarkeit der Verpflichtung 56
Einlagensicherungsfonds 877
Einlöseverpflichtung 878
Eintrittswahrscheinlichkeit 249
Einzelbewertungsgrundsatz 288
Einzelrückstellung 236
Einziehung 879
Eiserne Verpachtung 880
Elektroschrott 881
Emissionsberechtigung 882
Emissionsrechte 883
Energieaudit 884
Energiekosten 885
Entfernungsverpflichtung 67, 886
Entgangener Gewinn 887
Entgelt- und Gebührenabsenkung 888
Entgeltabsenkung 889
Entgeltrahmenabkommen 890
Entschädigung 891
Entsorgung 892
Entwicklung 893
ERA-Anpassungsfonds 894
Erbbaurecht 895
Erdbeben 896
Erdgasspeicher 897
Erfindervergütung 898
Erfolgsabhängige Verpflichtung 899
Erfolgsprämie 900
Erfüllungsbetrag 229 ff., 239 ff., 901
Erfüllungsrückstand 167, 902
Ergänzungsbeitrag 903
Erhaltungsaufwand 222
Erneuerungsverpflichtung 904
– bei Mietverträgen 905
– bei Pachtverträgen 906
Ersatzbeschaffungspflicht 907
Erschließungsbeitrag 908
Erstattungsanspruch 255
Erstinnovationszuschuss 909
Ertragszuschuss 910
Erwartungswert 911
EU-Chemikalienverordnung 912
Eventualverbindlichkeiten 12 ff.
Explorationskredit 913

F

Factoring 914
Faktische Verpflichtung 80, 93 ff., 915
Fehlkalkulation 916
Fernwärmeleitungen 917
Fernwärmeversorgungsunternehmen 918
Feuer 919
Filiale 920
Filmkredit 921
Financial Futures 922
Finanzinstrument 923
Finanzverwaltung 924
Finanzwirtschaftliche Risiken 129
Firmenjubiläum 105, 925
Flaschenpfand 926
Flughafen 927
Flugzeug 928
Flugzeugwartung 929
Fluktuation 565
Flurentschädigung 930
Flusswasserkraftwerk 931
Flut 932
Forschung und Entwicklung 933
Forschungsaufwendungen 90
Freistellung 934
Freiwillige Jahresabschlussprüfung 935
Fremdwährungsverpflichtung 298 f.
Friseurgutschein 936
Futures 937

G

Garantie 938
Garantiefonds 939
Garantieleistung 940
Garantieverpflichtung 941
Gas- und Elektrizitätsversorgung 942
Gasrückführungssystem 943
GDPdU 944
Gebrauchsmusterrecht 945
Gebühren im Zusammenhang mit Dekontamination/Reinigung 946
Gebührenabsenkung 947, 959
Gefährdungsabschätzung 948
Gegenwartswertverfahren 545 ff.
Gegnerische Ansprüche 949
Gehaltsfortzahlung 950
Geldbußen 951
Geldleistungsverpflichtung 275
GEMA 952
Generalüberholung 953
Gerichtshängigkeit von Forderungen 954
Gerichtsprozess 955
Geschäftsbericht 956
Geschäftsrisiko 957
Geschäftsunterlagen 958
Geschäftsverlegung 959
Geschmacksmusterrecht 960
Gesellschafterhaftung 961
Gesetz der großen Zahl 253, 566
Gewährleistung 93 ff., 962
– mit faktischer Verpflichtung 93 ff.
– ohne rechtliche Verpflichtung 93
Gewährträgerhaftung 963
Gewerbesteuer 964
Gewerbesteuerschuld 965
Gewerblicher Rechtsschutz 966
Gewinn 967
Gewinnabhängige Verbindlichkeit 968
Gewinnabhängige Vergütung 969
Gewinnabhängige Verpflichtung 970
Gewinnbeteiligung 971
– typischer stiller Gesellschafter 972
Gleichverteilungsverfahren 65, 539, 542 ff.
Gleitzeitüberhang 973
Gnadenquartal 974
GoBD 975
Gratifikation 976
Großbetrieb 977
Großreparatur 978
Gruben- und Schachtversatz 979
Grunderwerbsteuer 980
Grundsatz der Nichtbilanzierung 139
Grundschuld 981
Grundsteuer 982
Gutmünzen 983
Gutschein 984
GuV
– Auflösung 340
– Ausweis bei Bildung und Zuführung 338
– Ausweis des Zuführungsbetrags bei Pensionsrückstellungen 432
– Ausweis von Zinseffekten 341
– Inanspruchnahme 339 f.

H

Haftpflicht 985
Haftungsrisiko 986
Haftungsverhältnis 987
Halbjahresbericht 988
Halbleiterschutzrecht 989
Handelsunternehmen 990
Handelsvertreter 991
Hauptuntersuchung 992
Hauptversammlung 993
Hausverwaltung 994
Hedges 740
Hedging 995
Heimfallverpflichtung 996
Heizöltank 997
Herstellungskosten 998
Herstellungskostenbeitrag 999
Hinterzogene Steuern 1000
HK 1001
HK-Beitrag 1002
Höchstwertprinzip 271
Höhere Gewalt 1003
Honorare 1004
Hör- und Sehhilfen 1005
Hubschrauber 1006

I

IFRS-Umstellung 1007
Imparitätsprinzip 2
Inanspruchnahme 31
Innenfinanzierung 5
Insolvenzsicherung 511 f., 1008
Inspektionsverpflichtung 1009
Instandhaltung 1010
Instandhaltungsaufwendungen
– Voraussetzungen der Rückstellungsbilanzierung 218 ff.
Inventur 418
– Risiko 26
Investitionszulage 1011
Inzahlungnahme 1012

J

Jahresabrechnung 1013
Jahresabschluss 1014
Jahresabschlussprüfung 74 ff., 122 ff., 1015
– freiwillige 123
Jubiläumszusage 105 ff.
Jubiläumszuwendung 1016
Juristische Beratung 1017

K

Kammerbeiträge 1018
Karrieretrends 556
Kartellrechtsverstoß 1019
Katastrophe 1020
Kategorisierung 22
Kauf auf Probe 1021
Kernbrennelement 1022
Kernbrennstoffe 111 f.
Kernkraftwerk 113 f., 1023
Kfz 1024
Kfz-Händler 1025
Kiesgrubenausbeute 1026
Kippgebühr 1027
Kommandithaftung 1028
Komplementärhaftung 1029
Kompostierung 1030
Konjunkturrisiko 1031
Konkurrenzverhältnis 92, 166
Kontamination 1032
Kontoauszug 1033
Kontokorrentkredit 1034
Konzernhaftung 1035
Körperschaftsteuer 1036
Kostenüberdeckung 1037
Kraftfahrzeug 1038
Krankenhaus 1039
Krankenkasse 1040
Krankheitsbeihilfe für Rentner 1041
Krankheitstag 1042
Kreditgebühr 1043
Kreditinstitut 1044
Kreditlinie 1045
Kreditrisiko 1046
Kreditverbindlichkeit 1047
Kreditzinsen 1048

Kulanz 1049
Kulanzleistung 94, 1050
Kundendienstverpflichtung 1051
Kundengutschein 1052
Kundentreueprogramm 1053
Kündigung Mietvertrag 1054
Kündigungsschutz 1055
Künftige Anschaffungs- und
    Herstellungskosten 110, 1056

L

Lagerkostenvergütung 1057
Langfristfertigung 1058
Lärmschutz 1059
Lastkraftwagen 1060
Latente Steuern 1061
Lawine 1062
Leasing 1063
Leasingverträge 1064
Lebensarbeitszeitkonto 1065
Lebensversicherung 1066
Leergut 1067
Leerkosten 281
Lehrling 1068
Leihemballagen 1069
Leistungen aus der gesetzl.
    Rentenversicherung
    – Ermittlung für steuerliche Zwecke 587
Leistungsaustausch 172 ff.
Leistungsprämie 1070
Leistungsverpflichtung 1071
Leistungszwang 79
Lieferantenrechnung 1072
Lineare Interpolation 286
Lizenzgebühr 1073
Lizenzrecht 1074
Lizenzvertrag 1075
Lkw 1076
Lohn- und Gehaltssteigerungen 553
Lohnfortzahlung im Krankheits-
    fall 1077
Lohnfortzahlung im Todesfall 1078
Lohnsteuer 1079
Lohnsteuerhinterziehung 1080
Lohnzahlung 1081
Luftfahrzeug 1082

M

Maklergebühr 1083
Maklerhaftung 1084
Mängelrüge 1085
Markenrechtsverletzung 1086
Markenzeichen 1087
Marketing- oder Werbeaufwendungen 90
Marktzins 1088
Marktzinssatz 691 ff.
Maßgeblichkeitsprinzip 37, 99
Mathematisch-statistische Verfahren 246
MDK-Prüfung 1089
Medikamentenmuster 1090
Mehrerlösabschöpfung 1091
Mehrkomponentengeschäft 1092
Mehrrücknahmen 1093
Mehrsteuern 1094
Mehrwegsystem 1095
Mietereinbauten 1096
Mietfreistellung 1097
Mietgarantie 1098
Mietnebenkosten 1099
Mietpreiszusicherung 1100
Mietverhältnis 1101
Mietverpflichtung 1102
Mietvertrag 1103
Millenium Bug 1104
Minderung 1105
Mindestbetrag 597, 599
Mitarbeiterbeteiligungsprogramm 1106
Mitarbeiterfreistellung 1107
Mittelbare Pensionsverpflichtung 395 ff.,
    467 ff., 1108
Modernisierung 1109
Mutterschutz 1110

N

Nachbesserung 1111
Nachbetreuungskosten 1112
Nachbetreuungsleistungen 1113
Nacherfüllung 1114
Nachhaftung 1115
Nachholverbot 219, 425, 431, 576 ff.
Nachlaufkosten 1116
Nachrüstungsverpflichtung 1117

Nachschussverpflichtung 1118
Nachteilige Verträge 1119
Nachträgliche Herstellungskosten 221
Nachzahlungszinsen 1120
Nebenkosten 1121
Nettomethode 304 ff., 356
Netzentgelt 1122
Neuzusage
– Begriff 405 ff.
– Bilanzierung in der Handelsbilanz 412
– Bilanzierung in der Steuerbilanz 441
Nicht abziehbare Betriebsausgaben 45, 1123
Niedrigzinsphase 673 f.
Nutzungsrecht 1124

O

Objektivierung 250
Offene Rechnungen 1125
Offenlegung 1126
Öffentlich-rechtliche
 Verpflichtung 71, 1127
Optiker 1128
Optionsgeschäft 1129
Organschaft 1130

P

Pachterneuerung 1131
Pachtvertrag 1132
Palettenkreislauf 1133
Partiarische Darlehen 1134
Passive Risikovorsorge 92
Passivierungsgebot 37
Passivierungsverbot 37, 90 f.
Passivierungsvoraussetzung 48 ff.
Passivierungswahlrecht 37
Passivprozess 1135
Patent-, Urheber- und ähnliche
 Schutzrechte 101
Patentrechtsverletzung 101 ff., 1136
Patronatserklärung 1137
Pauschalrückstellung 236 f.
Pendelkosten 1138
Pensionsähnliche Verpflichtung 1139
– Begriff 385

– Übergangsgelder 387
– Vorruhestandsgelder 386
Pensionsbewertung durch
 Versicherungsmathematiker 536
Pensionsfonds 400, 478
Pensionsgutachten 536
Pensionskasse 399, 474 ff.
Pensionsrückstellungen 445 ff., 1140
– Altersgrenze 567, 574
– Anhangangaben 617
– Anpassungsprüfungspflicht 484 ff.
– Auflösung 433
– Ausweis der Zuführungsbeiträge 615 f.
– Betriebsübergang 630 ff.
– Bewertung 517 ff.
– Bewertungsparameter 552 ff.
– Eintrittsalter 459 ff.
– Gesamtrechtsnachfolge 408, 633
– mittelbare Verpflichtung 397
– Neuregelung 667 ff.
– Neuzusagen 441
– Pensionsverpflichtungen 379
– Pensionszusage an GmbH-Gesellschafter 1147
– Pensionszusage an Gesellschafter-Geschäftsführer einer KapG 499 ff.
– Pensionszusage an Gesellschafter-Geschäftsführer einer PersG 506 ff.
– Saldierungsgebot 491 ff.
– schädlicher Vorbehalt 451 ff.
– Schriftformerfordernis 456
– Steuerbilanz 438 ff.
– steuerrechtliche Bewertung 572 ff.
– Überdotierung 645 ff.
– unmittelbare Verpflichtung 396
– Unterdotierung 651 ff.
– Voraussetzungen für steuerrechtliche
 Passivierung 445 ff.
– wertpapiergebundene Zusagen 596 ff.
– Zeitpunkt der Bewertung 613 f.
– Zuführung 429 ff.
Pensionssicherungsverein 511 ff., 1141
– Finanzierungsverfahren 511 f.
Pensionsverpflichtung 379, 1142
– Handelsvertreter 1143
Pensionszusage 1144
– an Beamte 1145

– an Ehepartner/nicht eheliche Lebensgefährten 1146
– an GmbH-Gesellschafter 1147
– an Mitunternehmer 1148
Periodengerechtigkeit 64
Personalrückstellung 1149
Personalüberhang 1150
Personenbeförderung 1151
Pfand 1152
Pfandkreislauf 1153
Pflanzenschutzmittel 1154
Pharmaindustrie 1155
Pkw 1156
Praktikerlösung 247
Prämien- bzw. Bonusschuld 1157
Prämiensparvertrag 1158
Preis und Kostenänderungen 278
– Drohverlustrückstellung 278
Preis- und Kostenentwicklungen 265
Preis- und Kostenminderungen 271 ff.
Preis- und Kostensenkungen
– Behandlung in der Steuerbilanz 320 ff.
Preis- und Kostensteigerungen 231, 265 ff.
– Behandlung in der Steuerbilanz 320 ff.
Preisnachlass 1159
Preisprüfung 1160
Preissteigerung 1161
Privatrechtliche Verpflichtung 78, 1162
Produkthaftung 1163
Produktionsabgabe 1164
Produktionsanlage 1165
Produktionsgutschrift 1166
Produktrücknahme 1167
Produktverantwortung 1168
Produktzulassungskosten 1169
Produzentenhaftung 1170
Prospekthaftung 1171
Provision 1172
Provisionsanspruch des Handelsvertreters 1173
Prozesskosten 1174
Prozessrisiko 1175
Prüferische Durchsicht 1176
Prüfungshinweise 360 ff.
Prüfungskosten 1177
PSV-Beitrag 1178
Publizität 1179
Put-Option 1180

Q

Qualifiziert faktischer Konzern 1181
Qualitätskontrolle 1182
Qualitätsmängel 1183
Qualitätssicherung 1184
Quartalsbericht 1185

R

Rabatt 1186
Rabattmarke 1187
Rauchfilteranlage 1188
Rauchgasentstaubungsanlage 1189
REACH-Verordnung 1190
Realisationsprinzip 2
Rechnungsabgrenzungsposten 9 ff.
Rechnungserstellung 1191
Rechtliche Entstehung 58 ff.
Rechtliche Verpflichtung 70
Rechtsanwaltskosten 1192
Rechtsfolgen 372 ff.
Rechtsstreitigkeit 1193
Rechtsverfolgungskosten 1194
Recycling 1195
Registrierungskosten 1196
Reifenhändler 1197
Reisekosten 1198
Rekultivierung 1199
Remissionsverpflichtungen 1200
Remittenden 1201
Reparatur 1202
Restlaufzeit 283 f.
– Ermittlung in der Steuerbilanz 319
Restrukturierungskosten 1203
Restrukturierungsmaßnahmen 1204
Restrukturierungsverpflichtung 1205
Restwertbetrachtung 199
Richttafeln von Heubeck 563 ff.
Risikoinventur 26
Risikovorsorge 92
Rückabwicklung 1206
RückAbzinsV 292
Rückbauverpflichtung 1207
Rückdeckungsversicherung 1208
– Begriff 401
– Bewertung 493
Rückerstattung 1209

Rückgaberecht 1210
Rückgriffsmöglichkeit 1211
Rückkaufverpflichtung beim
 Leasinggeschäft 1212
Rückkaufverpflichtung von
 Kfz-Händlern 1213
Rücklagen 7 f., 11
Rücknahmeverpflichtung 1214
Rückstellungen
– Auflösung 33 ff.
– Ausweis 22
– Bedeutung 1 ff.
– Begriff 1 ff.
– Bildung 23
– Inanspruchnahme 31 f.
– Kategorisierung 22
– steuerbilanzielle Behandlung 37
– steuerlicher Ansatz 44
– zentrale Eigenschaften 3 f.
– Zweck 1 ff.
Rückstellungen für Beihilfen 383 f.
Rückstellungen für drohende Verluste
 138 ff., 149, 158 ff., 165 ff., 172 ff.
– Abgrenzungsnotwendigkeiten und
 Konkurrenzen 165 ff.
– Ansatz 160 ff.
– Beginn und Ende der Rückstellungs-
 pflicht 152 ff.
– steuerbilanzielles Ansatzverbot 209 ff.
Rückstellungen für drohende Verluste aus
 schwebenden Geschäften 19
Rückstellungen für noch nicht abgewickelte
 Versicherungsfälle 1215
Rückstellungen für Pensionen und ähnliche
 Verpflichtungen 376 ff.
Rückstellungen für ungewisse
 Verbindlichkeiten 48 f., 167
– Begriff 18
– Passivierungsvoraussetzungen 48 ff.
Rückstellungsarten 17 ff.
Rückstellungspflicht 152 ff.
Rückstellungsspiegel 355, 1216
Rücktrittsrecht 1217
Rückvergütung 1218
Rückverkaufsoption 1219
Rückzahlung von Arzthonoraren bei
 Unwirtschaftlichkeit 1220

Rückzahlung von Beiträgen 1221
Rückzahlungsverpflichtungen 100

S

Sachleistungsverpflichtung 308 ff., 1222
– Abzinsung in der Steuerbilanz 312 ff.
– Bilanzierung in der Steuerbilanz 308
Saldierung 491 ff.
Saldierung von Pensionsrückstellungen und
 Vermögensgegenständen 604, 609, 612,
 623 ff.
– Angabepflichten 623 ff.
– Zeitwertbilanzierung 609
Saldierungsverbot 256
Sammelrückstellung 236 f.
Sammelbewertung 1223
Sanierungsaufwendungen 1224
Sanierungsgeld 1225
Sanierungsverpflichtung 1226
Sanktion 372 ff., 1227
Säumniszuschläge 1228
Schachtauffüllung 1229
Schachtversatzverpflichtung 1230
Schadenermittlungskosten 1231
Schadensbearbeitung 1232
Schadensersatz 1233
Schadensersatzansprüche 1234
Schadensfälle 1235
Schadensrückstellung 1236
– bei Versicherungsunternehmen 1237
Schadstoffbelastung 1238
Schallschutz 1239
Schätzung des notwendigen
 Erfüllungsbetrags 244 ff.
– einzelfallabhängige Ermittlung 252
– mathematisch-statistische
 Verfahren 246 ff.
Schätzungszwang 1240
Schiff 1241
Schriftformerfordernis 108
Schuldcharakter 50
Schutzrechtverletzung 101 ff., 1242
Schwankungsrückstellung 1243
Schwarzarbeit 1244
Schwarzgeld 1245
Schwebendes Geschäft 138 ff., 146, 1246

Stichwortverzeichnis

Schwebendes
  Rohstoffbeschaffungsgeschäft 1247
Schwerbehinderte 1248
Schwerbehindertenabgabe 1249
Schwerbehinderten-Pflichtplätze 1250
Selbstversicherung 1251
SEPA 1252
Serienauftrag 1253
Sicherheitsinspektion 1254
Sicherheitsleistung 1255
Siebenjahresdurchschnitt 691 ff.
Sitzverlegung 1256
Skonto 1257
Skontoabzug 1258
Software 1259
Solidaritätszuschlag 1260
Sonstige finanzielle Verpflichtungen 15
Sonstige Rückstellungen 22, 638 ff.
– Erläuterungspflicht 351
– Beibehaltungswahlrecht 638 ff.
Sortenschutzrecht 1261
Soziallast 1262
Sozialleistungen 1263
Sozialplan 1264
Sozialverpflichtung 1265
Sozialversicherungsabgabe 1266
Spänetrocknungsanlage 1267
Sparprämie 1268
Sparvertrag 1269
Standortverlagerung 1270
Sterbetafeln 559 ff.
Steuerberater 1271
Steuererklärung 1272
Steuerliche Bewertungsobergrenze 326 ff.
Steuerliche Bilanzierung von
  Pensionsrückstellungen 438 ff.
Steuerliche Nebenleistung 1273
Steuerliche Verrechnungspreis-
  dokumentation 1274
Steuernachforderung 1275
Steuerrückstellung 1276, 1283
Steuerschulden 1277
Steuerstundungseffekt 5
Stilllegungsaufwendungen bei
  Atomkraftwerken 324 f.
Stiller Gesellschafter 1278
Stock Options 1279
Strafbare Handlung 1280

Strafe 1281
Strafrechtliche Verpflichtung 1282
Strafverteidiger 1283
Strafverteidigerkosten 1284
Strafzins 1285
Straßenanliegerbeitrag 1286
Stromkosten 1287
Stundungszinsen 1288
Subsidiärhaftung 403, 449
Substanzerhaltungspflicht 1289
Sukzessivlieferungsvertrag 1290
Swapgeschäft 1291
Synallagma 140

T

Tagebau 1292
TA-Luft 1293
Tankstelle 1294
Tantieme 1295
Tarifverträge 1296
Tatsächliche Inanspruchnahme 84 ff.
Technische Anleitung zur Reinhaltung der
  Luft 1297
Technische Rentner 574
Technischer Berater 1298
Teilwertverfahren 546 ff.
Teilzahlungsbank 1299
Termingeschäft 1300
Transfergesellschaft 1301
Transportversicherung 1302
Trendfortschreibung 274
Treuebonus 1303
Treuegeld 1304
Treueprämie 1305
TÜV 1306
Typisierte Wahrscheinlichkeit bei
  Passivklagen 1307

U

Überbezahlte Werbekosten 1308
Überdotierte
  Pensionsrückstellungen 645 ff.
Übergangsgeld 387, 1309
Übergangsvorschriften beim Übergang auf
  das BilMoG 638 ff.
– Beibehaltung überdotierter
  Pensionsrückstellungen 645 ff.

- Beibehaltung überdotierter Rückstellungen 638 ff.
- Beibehaltungswahlrecht für Aufwandsrückstellungen 641 ff.
- Verteilungswahlrecht bei unterdotierten Pensionsrückstellungen 651 ff.

Übernahmepflicht 410
Überschwemmung 1310
Überstunden 1311
Überversorgung 583 ff., 1312
Überverzinslichkeit von Verbindlichkeiten 1313
Überwachung und Dekontamination 1314
Uferschlamm 1315
Umrüstung von Produktionsanlagen 1316
Umsatzabhängige Verbindlichkeit 1317
Umsatzbonus 1318
Umsatzsteuer 1319
Umsatztantieme 1320
Umsatzvergütung 1321
Umsetzungskosten 1322
Umweltschaden 1323
Umweltschutz 1324
Umweltschutzverpflichtung 77, 114
Umzugskosten 1325
Ungewisse Verbindlichkeit 18, 48 ff.
Ungewisses Risiko 1326
Ungewissheit 16, 32, 84 ff.
Unmittelbare Pensionsverpflichtung 395 ff., 445 ff., 1327
- handelsrechtliche Bilanzierung 412 ff.
Unterdeckung 1328
Unterdotierte Pensionsrückstellungen 651 ff.
Unterlassene Aufwendungen 212 ff.
- für Abraumbeseitigung 225 ff.
Unterlassene Instandhaltungen 1329
Unterlassung 30
Unternehmensregister 1330
Unternehmensvertrag 1331
Unterpachtverhältnis 1332
Unterstützungskasse 398, 472 f., 1333
Untreue 1334
Urheberrechtsverletzung 101 ff., 1335
Urlaubsanspruch 1336
Urlaubsgeld 1337
Urlaubsverpflichtungen 1338

V

Veräußerung eines Gewerbebetriebs 1339
Verbindlichkeiten 16
- Abgrenzung zu Rückstellungen 16
Verdienstsicherung für ältere Arbeitnehmer 1340
Vereinsbeiträge 1341
Verfallsanordnung 1342
Verfüllungskosten 1343
Verkaufsvertrag 1344
Verkehrsbetrieb 1345
Verlag 1346
Verlängerung des Verteilungszeitraum 121
Verlustabdeckung 1347
Verlustausgleich bei Beherrschungs- und Gewinnabführungsverträgen 1348
Verlustausgleichsverpflichtung 1349
Verluste aus schwebenden Geschäften 1350
Verlustrückstellung 1351
Verlustübernahmeverpflichtung 1352
Veröffentlichung des Jahresabschlusses 1353
Verordnungskosten 1354
Verpackung 1355
Verpflichtung
- Entstehung 58 ff.
Verpflichtungsübernahme 1356
Verpflichtungsüberschuss 15, 161 ff.
Verpflichtungszwang 79
Verrechnungspreisdokumentation 115 ff., 1357
Verrechnungspreisrisiko 1358
Verrechnungsverpflichtung 1359
Versäumniszinsen 1360
Versicherungsmakler 1361
Versicherungsmathematische Methode 436
Versicherungsprämie 1362
Versicherungstechnische Rückstellung 1363
Versicherungsunternehmen 1364
Versicherungsvertrag 1365
Versicherungsvertreter 1366
Versorgungskasse 402
Versorgungsvertrag 1367
Verspätungszuschlag 1368

Verteilungsrückstellung 67, 261 ff., 1369
Verteilungszeitraum 66, 121
Vertragsstorno 1370
Vertragsstrafe 1371
Verurteilung 1372
Verwaltungskosten 1373
Verwertungsgesellschaft 1374
VG Wort 1375
Vollkosten 279
Vollkostenbewertung 1376
Vollständigkeitsgebot 64
Vorbehalt der Pensionszusage 451 ff.
Vorfälligkeitsentschädigung 1377
Vorruhestandsgelder 386
Vorruhestandsverpflichtung 1378
Vorschaltzeit 416
Vorsichtsprinzip 248
Vorzeitiger Pensionseintritt 579

W

Wachstumssparen 1379
Wahlrecht
– unterschiedliche Ausübung in Handels- und Steuerbilanz 39
Wahrscheinlichkeit der Inanspruchnahme 13
Wahrscheinlichkeitserfordernis 51 ff.
Wahrscheinlichkeitskriterium 1380
Wahrscheinlichkeitsverteilung 246
Währungskursrisiko 1381
Währungsswap 1382
Wandlung 1383
Warengutschein 1384
Warenprobe 1385
Warenrückvergütung 1386
Warentermingeschäft 1387
Wartung 1388
Wartung von Flugzeugen 1389
Wartungsvertrag 1390
Wasserkosten 1391
WEA 1392
Wechselkursrisiko 1393
Wechselkursschwankung 1394
Wechselobligo 1395
Weihnachtsgeld 1396
Weihnachtsgratifikation 1397
Werbekosten 1398

Werbekostenzuschuss 1399
Werbezuschuss 1400
Werkvertrag 1401
Werkzeugkostenbeitrag 1402
Werkzeugkostenzuschuss 1403
Wertaufhellung 27, 254
Wertbegründung 28
Wertgutschein 1404
Wertpapiergebundene Altersversorgungszusage 1405
Wertpapiergebundene Zusage 532, 596 ff.
Wertsicherungsklausel 1406
Wettbewerbsverbot 1407
Wiederaufbereitung 1408
Wiederaufforstung 1409
Wiederherstellungsverpflichtung 1410
Windenergieanlage 1411
Windkraftanlage 1412
Windkraft-Energie-Übernahmeverpflichtung 1413
Wirtschaftliche Verursachung 58 ff.
Wirtschaftsberater 1414
Wirtschaftsverband 1415
Wohnrechtszusage 1416
Wohnungsvermietung 1417

Z

Zehnjahresdurchschnitt 691 ff.
Zeitchartervertrag 1418
Zeitwert 598
– Bewertungshierarchie 598
– Bilanzierung von Altersversorgungsverpflichtungen 596 ff.
Zentrale Eigenschaften 3 f.
Zentrale Tatbestandsmerkmale 50
Zinsen auf Steuernachforderungen 1419
Zinsniveau 1420
Zinsoption 1421
Zinssatz 294
– lineare Interpolation 286
– Rundung 294
Zinssätze Deutsche Bundesbank 292
Zinssatzschmelze 670
Zinsschranke
– Ab- und Aufzinsung in der Steuerbilanz 318
Zinsswap 1422

Stichwortverzeichnis

Zinszahlung 1423
Zivilrechtliche Verpflichtung 1424
Zucker-Lagerungsabgabe 1425
Zug 1426
Zugangsbewertung 235
Zulassungsfolgepflichten 1427
Zulassungskosten 1428
Zusatzleistung für Pensionäre 1429
Zusatzversorgungskasse 1430

Zuschuss 1431
Zuschuss, bedingt rückzahlbarer 1432
Zuwachssparen 1433
Zuweisung an Unterstützungskassen 1434
Zuwendung 1435
Zuwendung, bedingt rückzahlbare 1436
Zweck 1 ff.
Zweckexklusivität 393
Zwischenabschluss 1437